Das Wirtschaftslexikon

Volker Happe · Gustav Horn · Kim Otto

Das Wirtschaftslexikon

Begriffe · Zahlen
Zusammenhänge

DIETZ

Bibliografische Information der Deutschen Bibliothek

Die Deutsche Bibliothek verzeichnet
diese Publikation in der Deutschen Nationalbibliografie;
detaillierte bibliografische Daten sind im Internet
unter *http://dnb.ddb.de* abrufbar.

ISBN 978-3-8012-0371-9

Verlag J. H. W. Dietz Nachf. GmbH
Dreizehnmorgenweg 24, 53175 Bonn
Lektorat: Alexander Behrens

Satz und Layout: Kempken DTP-Service (Büro für Satztechnik), Marburg
Tabellen, Diagramme, Grafiken, Karten: Kempken DTP-Service
(Büro für Satztechnik), Marburg

Umschlaggestaltung: Groothius, Lohfert, Consorten (Hamburg)
Druck und Verarbeitung: CPI – Ebner & Spiegel GmbH, Ulm

Printed in Germany 2009

Inhalt

Vorwort

Angesichts der fortschreitenden Ökonomisierung fast aller Lebensbereiche ist es heute unerlässlich, wirtschaftliche Vorgänge zu verstehen. »Das Wirtschaftslexikon« erklärt und illustriert ökonomische Grundlagen und Fachbegriffe, es erschließt wichtige Themen der wirtschaftspolitischen Debatte und macht damit die Teilnahme am demokratischen Diskurs möglich.

Die mehr als 1.400 Stichwörter werden von 70 Tabellen, Grafiken und Karten anschaulich ergänzt. So lassen sich alle grundlegenden Zusammenhänge des Wirtschaftslebens leicht erfassen, zum Beispiel eine angebots- oder nachfragorientierte Wirtschaftspolitik oder die Triebfedern und Mechanismen der Globalisierung. Gängige Schlagwörter zur Wirtschaftspolitik (wie »Agenda 2010« oder »Hartz IV«) und zur aktuellen Finanzkrise (wie »Bad Bank«, »Rettungspaket für Banken« oder »Abwrackprämie«) wurden in angemessener Form berücksichtigt. Das Lexikon trägt auch dem Deutungswandel Rechnung, der durch die Finanzkrise im Jahr 2008 ausgelöst wurde. Die wissenschaftliche Diskussion um staatliche Eingriffe ins Wirtschaftsgeschehen im Allgemeinen und der Wirksamkeit von Konjunkturpaketen im Besonderen hat sich grundlegend gewandelt. Die weit verbreitete Skepsis ist einer wesentlich positiveren Sichtweise gewichen, die auch im Lexikon ihren Niederschlag findet.

Querverweise in den einzelnen Artikeln machen auf verwandte Themen und Begriffe im Lexikon aufmerksam (siehe die Benutzerhinweise S. 8). Hinzu kommen ausführliche zentrale Statistiken, die den Wirtschaftsprozess mit Daten und Fakten anschaulich machen – zum Beispiel zur Entwicklung des Bruttoinlandsprodukts in Deutschland, der Beschäftigung oder des Bundeshaushalts. Ferner verdeutlichen Zeitleisten zur wirtschaftspolitischen Geschichte Westdeutschlands und der DDR die großen Entwicklungslinien der letzten 60 Jahre im Überblick und helfen, ihre historische Bedeutung einzuordnen. Am Schluss soll ein gut sortierter Serviceteil mit Internetlinks den Leserinnen und Lesern die Möglichkeit bieten, sich rasch zuverlässige Wirtschaftsdaten und wirtschaftliches Wissen im Internet zu beschaffen, um in dieser rasch sich entwickelnden Zeit stets über aktuelle Informationen verfügen zu können.

Die Autoren fühlen sich Ursula Grosse-Grollmann, Mouna Maaroufi und Sabine Malsbender sowie Michael Dauderstädt, Peter Hohlfeld, Gerd Kempken, Mario Müller und Alexander Behrens zu herzlichem Dank verpflichtet für Ihre Mitarbeit, Unterstützung und Kritik.

Düsseldorf/Köln im Frühjahr 2009 *Volker Happe, Gustav Horn, Kim Otto*

Benutzerhinweise

Die Stichwörter sind in alphabetischer Reihenfolge geordnet, wobei, wie heute allgemein üblich, ä wie a, ö wie o und ü wie u eingeordnet sind. Werden im Artikel Stichwörter genannt, die einen eigenständigen Eintrag im Lexikon haben, ist dies nicht extra gekennzeichnet. Nur weiterführende Stichwörter im Lexikon, die nicht ausdrücklich genannt sind, werden am Ende von Artikeln mit ➠ angezeigt. Wird der Artikelbegriff im Artikeltext wiederholt, so steht seine Initiale als Abkürzung für Singular, Plural und alle Flexionen.

Alle übrigen Abkürzungen sind im separaten Abkürzungsverzeichnis erklärt (vgl. S. 9 ff.).

Für Anregungen oder Kritik richten Sie sich bitte an:
Verlag J. H. W. Dietz Nachf. GmbH
Redaktion Wirtschaftslexikon
Dreizehnmorgenweg 24
53175 Bonn
E-Mail: alexander.behrens@dietz-verlag.de

Abkürzungsverzeichnis

ABM	Arbeitsbeschaffungsmaßnahmen
ABS	Asset Backed Securities
Abs.	Absatz
ADB	Asiatische Entwicklungsbank
AEntG	Arbeitnehmerentsendegesetz
AEX	Amsterdam EXchange Index
AfA	Absetzung für Abnutzung
AfDB	Afrikanische Entwicklungsbank-Gruppe
AFG	Arbeitsförderungsgesetz
AFRASEC	Afro-asiatische Organisation für wirtschaftliche Zusammenarbeit
AFRG	Arbeitsförderungs-Reformgesetz
afrik.	afrikanisch
AFTA	Asiatische Freihandelszone
AG	Aktiengesellschaft
AGB	Allgemeine Geschäftsbedingungen
AKI	Arbeitskostenindex
AKP	Afrikanisch-Karibisch-Pazifisch
AktG	Aktiengesetz
ALG	Arbeitslosengeld
amerik.	amerikanisch
AMEX	American Stock Exchange
AMF	Arab Monetary Fund
angloamerik.	angloamerikanisch
AO	Abgabenordnung
APEC	Asiatisch-pazifische Wirtschaftskooperation
ArbZG	Arbeitszeitgesetz
Art.	Artikel
ASEAN	Association of Southeast Asian Nations
asiat.	asiatisch
AÜG	Arbeitnehmerüberlassungsgesetz
AWG	Außenwirtschaftsgesetz
BA	Bundesanstalt für Arbeit
BaFin	Bundesanstalt für Finanzdienstleistungsaufsicht
BAföG	Bundesausbildungsförderungsgesetz
BAKred	Bundesaufsichtsämter für das Kreditwesen
BAV	Bundesaufsichtsamt für das Versicherungswesen
BAWe	Bundesaufsichtsamt für den Wertpapierhandel
BetrVG	Betriebsverfassungsgesetz
BDI	Bundesverband der Deutschen Industrie
BGB	Bürgerliches Gesetzbuch
BHO	Bundeshaushaltsordnung
BIP	Bruttoinlandsprodukt
BIZ	Bank für Internationalen Zahlungsausgleich
BRD	Bundesrepublik Deutschland
brit.	britisch
BSP	Bruttosozialprodukt
BstatG	Bundesstatistikgesetz
BvS	Bundesanstalt für vereinigungsbedingte Sonderausgaben
BWL	Betriebswirtschaftslehre
CDO	Collateralized Debt Obligations
CDU	Christlich Demokratische Union
CSU	Christlich-Soziale Union
DAX	Deutscher Aktienindex
DDR	Deutsche Demokratische Republik
DGB	Deutscher Gewerkschaftsbund
d. h.	das heißt

DIHK	Deutscher Industrie- und Handelskammertag
DIW	Deutsches Institut für Wirtschaftsforschung
DM	Deutsche Mark
dt.	deutsch
EAC	East African Community
Ecofin	Rat Wirtschaft und Finanzen der EU
ECU	European Currency Unit (Richtwährung und Rechnungseinheit des EWS)
EEA	Einheitliche Europäische Akte
EFRE	Europäischer Fonds für die regionale Entwicklung
EFTA	Europäische Freihandelszone
EFZG	Entgeltfortzahlungsgesetz
EG	Europäische Gemeinschaft
EGKS	Europäische Gemeinschaft für Kohle und Stahl
EGB	Europäischer Gewerkschaftsbund
engl.	englisch
EnWG	Energiewirtschaftsgesetz
EOE	European Options Exchange
EPZ	Europäische Politische Zusammenarbeit
ERP	European Recovery Program
ESF	Europäischer Sozialfonds
EstG	Einkommensteuergesetz
ESVG	Europäisches System Volkswirtschaftlicher Gesamtrechnungen
etc.	et cetera
EU	Europäische Union
europ.	europäisch
EVS	Einkommen- und Verbrauchsstichprobe
EVG	Europäische Verteidigungsgemeinschaft
EWG	Europäische Wirtschaftsgemeinschaft
EWR	Europäischer Wirtschaftsraum
EWS	Europäisches Währungssystem
EWU	Europäische Währungsunion
EWWU	Europäische Wirtschafts- und Währungsunion
EZB	Europäische Zentralbank
FAO	Ernährungs- und Landwirtschaftsorganisation
Fed	Federal Reserve System (US-Zentralbank)
FinDAG	Gesetz über die integrierte Finanzdienstleistungsaufsicht
FDP	Freie Demokratische Partei
frz.	französisch
FuE	Forschung und Entwicklung
g	Gramm
GATS	Allgemeines Abkommen über den Handel mit Dienstleistungen
GATT	Allgemeines Zoll- und Handelsabkommen
gegr.	gegründet
GG	Grundgesetz
GKV	Gesetzliche Krankenversicherung
GmbH	Gesellschaft mit beschränkter Haftung
GPV	Gesetzliche Pflegeversicherung
GRV	Gesetzliche Rentenversicherung
GWB	Gesetz gegen Wettbewerbsbeschränkungen
HGB	Handelsgesetzbuch
HGrG	Gesetz über die Grundsätze des Haushaltsrechts des Bundes und der Länder
HVPI	Harmonisierter Verbraucherpreisindex
IAB	Institut für Arbeitsmarkt- und Berufsforschung der Bundesagentur für Arbeit

IASB	International Accounting Standards Board
IBRD	International Bank for Reconstruction and Development
IBD	Islamische Entwicklungsbank
ICU	International Clearing Union
i. d. R.	in der Regel
ifo	Institut für Wirtschaftsforschung
IFRS	International Financial Reporting Standards
IfW	Institut für Weltwirtschaft
IHK	Industrie- und Handelskammer
i. H. v.	in Höhe von
IKB	Deutsche Industriebank AG
IKT	Informations- und Kommunikationstechnologie
ILO	International Labour Organization
IMF	International Monetary Fund (Internationaler Währungsfond)
IMK	Institut für Makroökonomie und Konjunkturforschung in der Hans-Böckler-Stiftung
INSM	Initiative neue soziale Marktwirtschaft
InsO	Insolvenzordnung
IOSCO	Internationale Organisation der Wertpapieraufsichtsbehörden
IPCC	Weltklimarat
IW	Institut der deutschen Wirtschaft
IWF	Internationaler Währungsfonds
IWH	Institut für Wirtschaftsforschung Halle
KAG	Kapitalanlagegesellschaft
KfW	Kreditanstalt für Wiederaufbau
kg	Kilogramm
KG	Kommanditgesellschaft
KgaA	Kommanditgesellschaft auf Aktien
KOF	Konjunkturforschungsstelle
KSchG	Kündigungsschutzgesetz
KSt	Körperschaftssteuer
KStG	Körperschaftssteuergesetz
KWG	Kreditwesengesetz
lat.	latein, lateinisch
LDCs	Least Developed Countries
LHO	Landeshaushaltsordnung
LLDCs	Landlocked Developing Countries
Mio.	Million
Mrd.	Milliarde
MuSchuG	Gesetz zum Schutz der erwerbstätigen Mutter/Mutterschutzgesetz
NachwG	Nachweisgesetz
NAFTA	Nordamerikanische Freihandelszone
OHG	Offene Handelsgesellschaft
OECD	Organisation für wirtschaftliche Zusammenarbeit und Entwicklung
OPEC	Organisation erdölexportierender Länder
österr.	österreichisch
pazif.	pazifisch
PSA	Personal-Service-Agenturen
RGW	Rat für gegenseitige Wirtschaftshilfe
RM	Reichsmark
ROI	Return on Investment
russ.	russisch
RWI	Rheinisch-Westfälisches Wirtschaftsforschungsinstitut
SAM	Strukturanpassungsmaßnahme
SchwarzArbG	Gesetz zur Bekämpfung der Schwarzarbeit und illegalen Beschäftigung
schwed.	schwedisch
SGB	Sozialgesetzbuch

SIDS	Small Island Developing States
SIMAP	Système d'information pour les marchés publics
SNA	System of National Accounts
SoFFin	Sonderfonds Finanzmarktstabilisierung
sog.	so genannt
SolzG	Solidaritätszuschlaggesetz
SPD	Sozialdemokratische Partei Deutschlands
SPV	Special purpose vehicle
StWG	Gesetz zur Förderung der Stabilität und des Wachstums der Wirtschaft
SZR	Sonderziehungsrechte
TARP	Troubled Asset Relief Program
TRIMS	Allgemeines Abkommen über handelsbezogene Investitionsmaßnahmen
TRIPS	Abkommen über handelsbezogene Aspekte der Rechte des geistigen Eigentums
TVG	Tarifvertragsgesetz
TzBfG	Teilzeit- und Befristungsgesetz
u. a.	und and[e]re(s) ; unter and[e]rem, unter ander[e]n
UdSSR	Union der Sozialistischen Sowjetrepubliken
UEMOA	Westafrikanische Wirtschafts- und Währungsunion
UNCTAD	Konferenz der Vereinten Nationen für Handel und Entwicklung
UNO	Vereinte Nationen
US-amerik.	US-amerikanisch
UWG	Gesetz gegen unlauteren Wettbewerb
u. U.	unter Umständen
v. a.	vor allem/vor allen
VAG	Versicherungsaufsichtsgesetz
VermBG	Vermögensbildungsgesetz
VGR	Volkswirtschaftliche Gesamtrechnung
VWL	Volkswirtschaftslehre
WIFO	Wirtschaftsforschungsinstitut
WiStruktG	Gesetz über die Gemeinschaftsaufgabe »Verbesserung der regionalen Wirtschaftsstruktur«
WKM	Wechselkursmechanismus
WpHG	Wertpapierhandelsgesetz
WSI	Wirtschafts- und Sozialwissenschaftliches Institut in der Hans-Böckler-Stiftung
WTO	Welthandelsorganisation (World Trade Organization)
WWU	Wirtschafts- und Währungsunion
VZBV	Verbraucherzentrale Bundesverband
z. B.	zum Beispiel
ZEW	Zentrum für Europäische Wirtschaftsforschung GmbH
ZollVG	Zollverwaltungsgesetz
z. T.	zum Teil

Abfindung

Bezeichnet im Arbeitsrecht den gesetzlichen Anspruch auf eine einmalige finanzielle Entschädigung, um den Arbeitsplatzverlust eines Arbeitnehmers auszugleichen. Nach der Rechtsprechung hat ein Arbeitnehmer ein Anrecht auf eine A., wenn ein Arbeitsgericht festgestellt hat, dass die Kündigung »sozial ungerechtfertigt« ist und das Arbeitsverhältnis dennoch aufgelöst wird. Die Höhe der A. wird von den Arbeitsgerichten mit Berufung auf das Kündigungsschutzgesetz festgelegt. I. d. R. wird pro Jahr Betriebszugehörigkeit ein Monatsverdienst gezahlt. Die A. steigt, je länger die Betriebszugehörigkeit und je älter der Arbeitnehmer ist.

Abgaben

Gesetzlich festgelegte Geldzahlungen an öffentlich-rechtliche Körperschaften (Bund, Länder, Gemeinden, Sozialversicherungsträger) und die Kirchen. Steuern und Zölle sind Pflichtabgaben ohne besondere Gegenleistung. Dagegen können Beiträge und Gebühren nur für eine öffentliche Leistung bei den Bürgern erhoben werden. Gebühren fallen an, wenn eine Leistung in Anspruch genommen wird. Dabei wird unterschieden zwischen Benutzungsgebühren (etwa die Müllabfuhr) oder Verwaltungsgebühren (z. B. Ausstellung eines Passes). Beiträge sind zu entrichten, wenn eine Leistung vom Staat bereitgestellt wird, unabhängig davon, ob sie auch tatsächlich in Anspruch genommen wird (z. B. Renten-, Kranken-, Arbeitslosen-, Pflegeversicherung).

Abgabeneigung

1. Bezeichnet eine Börsentendenz, die durch fallende Kurse gekennzeichnet ist. Die Verkäufe bestimmen die Kursentwicklung.
2. Maß für die Bereitschaft der Bürger Steuern und Abgaben zu zahlen.

➡ Aktien ➡ Börse

Abgabeninzidenz

Zeigt an, wer eine Abgabe letztlich trägt. Z. B. kann der Arbeitgeberanteil an den Sozialabgaben, der zunächst von Unternehmen gezahlt werden muss, über höhere Preise ganz oder teilweise auf die Verbraucher abgewälzt werden. Die A. liegt dann beim Verbraucher. Trägt der Betrieb die Abgaben zulasten seines Gewinns selbst, liegt sie beim Unternehmen.

➡ Steuerüberwälzung

Abgabenkeil

Bezeichnet das Verhältnis von Arbeitskosten und Nettolöhnen. Während die Arbeitskosten sämtliche Kosten umfassen, die den Arbeitgeber belasten, z. B. für eine Arbeitsstunde, bezeichnet man mit Nettolohn nur den Betrag, der tatsächlich für den Arbeitnehmer übrig bleibt. Den Unterschied machen die Sozialbeiträge aus, die Arbeitgeber und Arbeitnehmer zahlen müssen, sowie die Einkommensteuer. Vielfach wird die Höhe des A. in einen Zusammenhang mit der Entstehung abgabeninduzierter Arbeitslosigkeit gebracht. Verglichen mit andern Ländern ist der A. in Deutschland relativ hoch wegen der relativ hohen Sozialbeiträge. Nach Berechnungen der OECD betrug er im Jahre 2004 für einen unverheirateten Arbeitnehmer, der im Produktionsbereich tätig ist und einen durchschnittlichen Verdienst hat, rund 40 %.

Abgabenquote

Bezeichnet das Verhältnis zwischen den gesamten Steuer- und Sozialabgaben eines Landes und seiner Wirtschaftsleistung (Bruttoinlandsprodukt). An dieser

Quote kann man die Belastung einer Volkswirtschaft mit staatlichen Abgaben festmachen. Eine hohe Abgabenquote verweist i. d. R. auf eine umfangreiche staatliche Umverteilung.

Die Höhe der Abgabenlast in ausgewählten Staaten

Einkommensteuern und Sozialabgaben in % der Bruttoverdienste

Land	% vom Brutto
Deutschland	42,8
Belgien	42,0
Dänemark	41,0
Ungarn	38,7
Niederlande	35,4
Österreich	33,5
Finnland	30,1
Norwegen	29,5
Luxemburg	29,1
Italien	28,5
Frankreich	27,8
Schweden	27,6
Großbritannien	27,0
Griechenland	26,1
USA	24,5
Tschechien	22,9
Portugal	22,5
Schweiz	21,8
Spanien	20,4
Irland	13,9

Tab. 1 Quelle: OECD (2007)

Abgeltungsteuer

Quellensteuer auf Kapitaleinkünfte. Sie wird mit einem feststehenden Steuersatz erhoben und ist damit unabhängig vom persönlichen Einkommenssteuersatz. Ab 2009 wird in Deutschland auf Einkünfte aus Kapitalvermögen (§ 20 EStG) sowie private Veräußerungsgewinne (§ 23 EStG) Quellensteuer erhoben. Dieser Steuer unterliegen Zinsen, Dividenden, Erträge aus Investmentfonds und Zertifikaten. Der Abgeltungsteuersatz beträgt 25 %. Hinzu kommen Solidaritätszuschlag und ggf. Kirchensteuer, in der Summe aber höchstens 28 %. Damit sind dann alle Steuerpflichten erledigt. Inländische Kreditinstitute, bei denen Wertpapiere hinterlegt sind, führen die Steuer direkt an die Finanzverwaltung ab. Früher wurden die Zinserträge der individuellen Einkommensteuer unterworfen und oft mit dem Spitzensteuersatz belegt. Wertpapierbesitzer wurden durch die Reform stark entlastet. Damit Steuerpflichtige mit einem niedrigen Einkommen nicht schlechter gestellt werden, besteht ein Veranlagungswahlrecht. Die Erträge können auch mit dem persönlichen Steuersatz versteuert werden.

Abhängig Beschäftigte

Erwerbstätige, die auf der Basis eines Arbeitsvertrages in Unternehmen, bei privaten Haushalten oder beim Staat beschäftigt sind.

ABM

→ Arbeitsbeschaffungsmaßnahmen

Abmahnung, allgemeine

Formelle schriftliche Verwarnung von Arbeitnehmern, welche ihren Pflichten im Betrieb nicht nachkommen, z. B. wiederholtes Zuspätkommen oder schlechte Arbeitserfüllung. Die A. ist notwendig, um einem Arbeitnehmer kündigen zu können und sie ist in § 314, Abs. 2 Bürgerliches Gesetzbuch (BGB) festgelegt.

→ Kündigung

Abmahnvereine

Werden häufig von bestimmten Branchen oder Berufsgruppen gegründet, um gezielt nach Verstößen gegen wettbewerbsrechtliche Vorschriften zu suchen. Diese Wettbewerbsverstöße mahnt der Verein dann ab und fordert i. d. R. den Abgemahnten zur Abgabe einer Unterlassungserklärung auf. Grundlage hierfür ist das Gesetz gegen den unlauteren Wettbewerb (UWG).

Absatz

Wird als Begriff in unterschiedlichen Sinnzusammenhängen verwendet. Er bezeichnet zum einen die Menge der abgesetzten Sach- oder Dienstleistungen innerhalb eines bestimmten Zeitraums. Er wird aber zum anderen auch für das Ergebnis aus verkauften Mengen und Preisen verwendet, steht also für Umsatz oder Erlös. Drittens meint A. den Verkauf und Vertrieb eines Produkts oder einer Dienstleistung, also die letzte Phase des betrieblichen Arbeitsprozesses. Zentrale Aufgabe des A. ist der Verkauf, d. h. die Abgabe der Güter und Leistungen gegen Geld. Durch den Verkauf fließt das im Betriebsprozess eingesetzte Kapital und Geld wieder in den Betrieb zurück, sodass neue Mittel für die Fortsetzung der Produktion vorhanden sind. Die Absatzpolitik umfasst alle unternehmerischen Entscheidungen und Aktivitäten, die dazu dienen, den Erfolg des Unternehmens am Markt zu sichern.

Absatzerwartungen

Werden von den Unternehmen erstellt und sollen den wahrscheinlichen zukünftigen Umsatz angeben. Für Unternehmen sind die A. ein wichtiger Bestandteil der betriebswirtschaftlichen Planung. Bevor mit der Kostenplanung begonnen wird, legt das Unternehmen die Absatzziele für die nächsten Perioden fest.

Abschreibungen

Bezeichnen den Wertverlust von Unternehmensvermögen. Der Wertverlust kann durch allgemeine Gründe wie Benutzung, Verbrauch, Alterung (planmäßige A.) oder durch unvorhergesehene Ereignisse wie Preisverfall und Unfallschaden (außerplanmäßige A.) eintreten. Einerseits werden A. vorgenommen, um den aktuellen Wert des Betriebsvermögens bestimmen zu können, anderseits mindern die A. als Betriebsausgaben den zu versteuernden Gewinn. Die A. werden buchhalterisch ermittelt – d. h., die Anschaffungs- oder Herstellkosten werden ohne Restwert ausgewiesen – und als Betriebsausgaben berücksichtigt. Die Abschreibungssumme sollte möglichst exakt der Wertminderung entsprechen. Bei der sog. linearen A. werden jährlich konstante Quoten bzw. Beträge geltend gemacht. Bei der sog. degressiven A. sinken die Abschreibungsbeträge von Periode zu Periode, und bei der sog. progressiven A. steigen die Abschreibungsbeträge periodisch.

➡ Unternehmen

Abschwung

Phase im Konjunkturzyklus, in der die Wachstumsrate der gesamtwirtschaftlichen Produktion im Vergleich zur Vorperiode abnimmt. Zwar herrscht in einer solchen Phase immer noch Wachstum, das aber im Laufe der Zeit schwächer wird. Der A. liegt i. d. R. zwischen einem Boom und einer Rezession. Im ifo Geschäftsklimaindex ist ein A. als Phase mit guter Wirtschaftslage, aber negativen Geschäftserwartungen definiert.

Absetzung für Abnutzung

Steuerrechtlicher Ausdruck für Abschreibungen.

➠ Abschreibungen

Absicherungsgeschäft

Bezeichnet ein Termingeschäft, das zum Schutz gegen mögliche Verluste abgeschlossen wird, die durch Preisänderungen im Waren-, Devisen- oder Wertpapierverkehr entstehen können.

➠ Aktien ➠ Börse

Absolute Arbeitskosten

Arbeitskosten heißen alle Kosten, die durch den Einsatz von Arbeit in einem bestimmten Zeitraum verursacht werden. Sie bestehen im Kern aus den Bruttolöhnen und Bruttogehältern der Beschäftigten (Bruttoverdienste). Hinzu kommen die Sozialbeiträge der Arbeitgeber. Arbeitskosten werden i. d. R. pro Stunde ausgewiesen, und genau diese Kosten pro Stunde bezeichnet man als A. Nach Untersuchungen des Instituts für Makroökonomie und Konjunkturforschung in der Hans-Böckler-Stiftung betrugen die A. in Deutschland im Jahr 2007 im Verarbeitenden Gewerbe 32,00 € und im Dienstleistungsbereich (ohne Staat) 25,60 € je Stunde.

Absolute Einkommenshypothese

Besagt, dass die Nachfrage privater Haushalte nach Konsumgütern vom aktuellen Einkommen der Haushalte abhängig ist. Damit entsteht eine enge Verbindung zwischen laufendem Einkommen und laufendem Konsum. Keynesianische Modelle sehen in diesem Zusammenhang einen wichtigen Grund für die Verstärkung von Konjunkturschwankungen. Steigt die Arbeitslosigkeit an, während die Löhne nur schwach zunehmen, fällt folglich die Einkommensdynamik ebenfalls schwach aus. Die A. besagt nun, dass in diesem Fall auch die Konsumdynamik zum Erliegen kommt. Die Konsequenz hieraus ist wiederum steigende Arbeitslosigkeit. So entsteht nach und nach eine Abwärtsspirale. Umgekehrt bildet sich eine Aufwärtsspirale, wenn die Arbeitslosigkeit sinkt und die Löhne steigen. In diesem Fall zieht der Konsum wieder an. Wachstum und Beschäftigung nehmen deutlich zu.

Absorption

1. Prozess, in dessen Verlauf eine bestimmte Menge angebotener Güter in einer Volkswirtschaft verkauft werden. Gesamtwirtschaftlich gesehen ist der Erfolg dieses Prozesses von der Einkommensentwicklung abhängig – einzelwirtschaftlich betrachtet vom Interesse der Käufer und vom relativen Preis.
2. Prozess, mit dessen Hilfe in einer Volkswirtschaft Schocks verarbeitet werden. Steigt z. B. der Ölpreis dramatisch an, werden die übrigen Preise steigen und das Wachstum zurückgehen. Wie und in welchem Ausmaß dies geschieht, bestimmt der Absorptionsprozess. Er kann sich mit der Zeit deutlich verändern. Das zeigte z. B. die Verarbeitung der Ölpreisschocks seit dem Jahr 2000, die im Vergleich zu den 1970er-Jahren sehr viel unschädlicher verlief.

Abwertung

Wenn eine Währung gegenüber einer oder mehreren anderen Währungen auf dem Devisenmarkt an Wert verliert, fällt der Wechselkurs. Die Währung wertet ab. Beispiel: Wenn der Kurs des Euro gegenüber dem US-Dollar von 1,30 $ auf 1,20 $ fällt, bekommt man je Euro 10 US-Cent weniger als vorher. Bei einer A. werden sich die Exporte verbilligen, da die Kosten im Inland gleich bleiben, die Exporteure aber für die gleiche Menge an ausländischen Devisen, die sie für ihre Waren erhalten haben, mehr Inlandswährung bekommen als zuvor. Ihre Gewinne steigen also. Durch den Wettbewerb um Marktanteile werden sie allerdings im Laufe der Zeit gezwungen, etwas von diesem Vorteil an ihre Auslandskunden weiterzugeben, und zwar in Form von Preissenkungen. Auf diese Weise können Exporteure ihre Marktanteile gegenüber Konkurrenten anderer Länder, deren Währungen nicht abgewertet haben, ausdehnen. Der Export wird also steigen. Dadurch können auch Wachstum und Beschäftigung an Dynamik gewinnen. Eine A. ist also für das Wachstum förderlich. Die Kehrseite besteht jedoch in der Verteuerung der Importe. Denn die Importeure müssen nun für die gleiche Menge an ausländischen Waren mehr Inlandswährung einsetzen als zuvor. Folglich sinken ihre Gewinne. Sie werden diese Gewinneinbußen aber nur kurzfristig hinnehmen und früher oder später ihre Preise erhöhen. Dadurch steigt die Inflationsrate. Gleichzeitig gehen den Importeuren durch höhere Importpreise Marktanteile verloren. Eine A. dämpft also die Importe. Im Ergebnis jedoch führt eine A. mit gestärkten Exporten und gedämpften Importen zu einer positiveren Handelsbilanz. Diese wirkt sich positiv auf Wachstum und Beschäftigung aus. Die Gefahr ist allerdings: Weil auch die Inflation höher ist, könnte die Geldpolitik gezwungen sein, die Zinsen anzuheben, um das Wachstum zu dämpfen und dadurch Preisstabilität zu gewährleisten. In diesem Fall gingen die positiven Wachstumseffekte wieder verloren.

Abwertungswettlauf

[Auch: Abwertungsspirale] Entsteht, wenn einzelne Volkswirtschaften bewusst die Abwertung ihrer Währungen anstreben, um in den Genuss hierdurch ausgelöster Wachstumsvorteile zu kommen. Indem sie sich ständig wechselseitig unterbieten, fällt der Kurs der betroffenen Währungen auf den Devisenmärkten i. d. R. beträchtlich. Die Wachstumseffekte bleiben jedoch aus, wenn sich mehrere Länder, die durch intensiven Handel verbunden sind, am A. beteiligen. Denn in diesem Fall hat man gegenüber den wichtigsten Handelspartnern keine Währungsvorteile, die ja die Voraussetzung für Wachstumseffekte wären. Gleichwohl steigen in den beteiligten Volkswirtschaften die Importpreise spürbar an, was die Inflation angeheizt. Im Ergebnis führt ein A. daher i. d. R. nicht zu mehr Wachstum, sondern ausschließlich zu höherer Inflation.

Abwrackprämie

Bestandteil des Konjunkturpakets II, das im Zuge der Finanzmarktkrise von 2008/2009 beschlossen wurde. Die A. i. H. v. 2.500 € bekam jeder Autobesitzer, der sein mindestens 9 Jahre altes Auto verschrotten lies und zugleich ein nach EU-Standards umweltverträgliches neues kaufte. Mit der A. verbanden sich 2 Ziele. Zum einen sollte der Kauf eines Neuwagens angeregt werden, um der Automobilindustrie konjunkturelle Impulse zu geben. Zum anderen sollte der PKW-Bestand umweltfreundlicher werden.

Adaptive Erwartungen

Erwartungen, die sich aus vergangenen Ereignissen speisen und auf die Zukunft projiziert werden. Dies lässt sich am Beispiel von Inflationserwartungen erläutern: Herrschen in einem Haushalt oder Unternehmen A. zur Inflationsentwicklung vor, geht man dort davon aus, dass sich die Preise in der laufenden Periode genauso verändern werden wie in der vorhergehenden. Zugleich erinnert man sich an frühere Fehlerwartungen und nimmt entsprechende Korrekturen vor. Wurde z. B. in der jüngeren Vergangenheit die Inflationsrate ständig überschätzt, wird ein Unternehmen, das A. hegt, in seinen Berechnungen einen Abschlag vornehmen, um diesen Fehler zu vermeiden. Wesentlich ist dabei, dass A., anders als rationale Erwartungen, immer rückwärtsgewandt sind, also auf Informationen aus der Vergangenheit beruhen.

Adverse Selektion

[Dt.: negative Risikoauslese] Bezeichnet einen Zustand, bei dem es auf einem Markt systematisch zu unerwünschten Ergebnissen kommt, weil der Käufer nur über unzureichende Informationen verfügt. Wissen die Nachfrager wenig über die Qualität eines Produktes, werden sie ihre Erwartung und Zahlungsbereitschaft an der Durchschnittsqualität des entsprechenden Produktes ausrichten. Die Anbieter werden Produkte mit höherer Qualität vom Markt nehmen, weil die Käufer nur bereit sind, Preise für Durchschnittsqualität zu zahlen. Als Folge sinkt die Durchschnittsqualität aller am Markt angebotenen Produkte. Die Käufer überprüfen wiederum ihre Qualitätseinschätzung und zahlen dann noch weniger für das Produkt. Weil jetzt Produkte mittlerer Qualität keine Käufer mehr finden, werden diese vom Markt genommen und die Durchschnittsqualität sinkt weiter. Am Ende dieses Prozesses werden nur noch Produkte mit einer sehr schlechten Qualität angeboten. Das erste Modell hierzu wurde 1970 von George A. Akerlof entwickelt. Für die Erforschung der A. wurden Akerlof 2001 sowie Michael Spence und Joseph E. Stiglitz mit dem Nobelpreis für Wirtschaftswissenschaften ausgezeichnet.

➡ Informationsasymmetrie

AEX

➡ Amsterdam EXchange Index

Afrikanische Entwicklungsbank-Gruppe

Besteht aus der African Development Bank (AfDB, gegr. 1964), dem African Development Fund (AfDF, gegr. 1972) und dem Nigeria Trust Fund (NTF, gegr. 1976). Ziel der Bankengruppe ist die Förderung der wirtschaftlichen und sozialen Entwicklung in den afrik. Mitgliedstaaten durch Vergabe von Krediten und eine fachkundige Beratung in allen wirtschaftlichen Angelegenheiten. V. a. Projekte von überregionaler wirtschaftlicher Bedeutung werden gefördert. Für viele unterentwickelte afrik. Staaten stellt die Kreditaufnahme bei der Bankengruppe eine wichtige Finanzierungsquelle für neue Investitionsprojekte dar. Viele geförderte Projekte kommen direkt den ärmsten Bevölkerungsschichten in Afrika zugute. Viele afrik. und nichtafrik. Staaten sind inzwischen Mitglieder und halten Anteile an der Bank. Seit 1979 können auch nicht-afrik. Länder beitreten. Deutschland trat 1983 bei und auch Industrienationen wie die USA und Japan gehören diesem Bankenverbund an. Die Afrikanische Entwicklungsbank hat ihren Sitz in Abidjan/ Côte d'Ivoire (Elfenbeinküste).

➡ Entwicklungspolitik

Afro-asiatische Organisation für wirtschaftliche Zusammenarbeit (AFRASEC)

Zusammenschluss von 45 Mitgliedsländern aus Afrika und Asien, um die wirtschaftliche Zusammenarbeit untereinander zu stärken. Gegründet wurde die Organisation 1960. Sie hat ihren Sitz in Kairo.

Agenda 2010

Der frühere Bundeskanzler Gerhard Schröder (SPD) stellte im März 2003 unter dem Namen A. Vorschläge zur Reform der sozialen Sicherungssysteme, des Arbeitsmarktes und der öffentlichen Finanzen vor. Die Zielsetzung fasste Schröder in seiner Regierungserklärung so zusammen »Wir werden die Leistungen des Staates kürzen, Eigenverantwortung fördern und mehr Eigenleistung von den Einzelnen fordern«. Die A. besteht aus insgesamt 30 Einzelvorhaben, wobei die meisten bis 1.1.2005 in Kraft getreten sind. Dazu gehört insbesondere die Arbeitsmarkt- und Sozialreform (Hartz IV), bei der die Arbeitslosen- und Sozialhilfe zum so genannten Arbeitslosengeld II zusammengelegt wurde. V. a. diese Reformen des Arbeitsmarktes lösten heftige innenpolitische Kontroversen aus.

➠ Sozialstaat

Agentur für Arbeit

Verwaltungsstelle der Bundesagentur für Arbeit, die vor dem 1.1.2004 »Arbeitsamt« hieß. Sie hat Arbeitnehmer über ihre beruflichen Entwicklungsmöglichkeiten zu beraten, ihnen Angebote zur Ausbildungs- oder Arbeitsaufnahme zu vermitteln und Leistungen der Arbeitsförderung anzubieten. Darüber hinaus sind Arbeitgeber umfassend zu informieren, und es gehört auch zu den Aufgaben der Agenturen, ihnen eine auf ihren Betrieb zugeschnittene Arbeitsmarktberatung und Vermittlung anzubieten (SGB III, § 2). Die örtliche Erreichbarkeit sollen bundesweit insgesamt 176 A. mit 611 Geschäftsstellen (Mai 2009) sicherstellen.

Aggregierte Nachfrage

[Auch: gesamtwirtschaftliche Nachfrage] Summe der gesamten Nachfrage aller privaten Haushalte, Unternehmen, des Staates und des Auslands.

Agrarbericht

Laut Landwirtschaftsgesetz von 1955 ist die Bundesregierung verpflichtet, jährlich einen agrarpolitischen Bericht dem Deutschen Bundestag vorzulegen. In diesem werden die Einkommen in der Landwirtschaft, ihre allgemeine Lage und ihre Finanzsituation im Vergleich zu anderen Wirtschaftszweigen dargelegt.

Agrarfonds

➠ Europäischer Ausrichtungs- und Garantiefonds für die Landwirtschaft

Agrarmarkt

Markt für Produkte aus der Landwirtschaft

Agrarmarktordnungen

Zentrale Instrumente der europ. Agrarpolitik, die den Marktprozess einzelner Agrarmärkte steuern. A. legen die Maßstäbe für die Preisbildung und den Marktausgleich bei Agrarprodukten fest, um das landwirtschaftliche Einkommen zu stabilisieren. Deshalb ist es das Ziel der einzelnen A., den EU-Binnenmarkt vom Weltmarkt mit seinen teilweise sehr niedrigen Preisen, abzugrenzen. Innerhalb der EU werden die Preise für Agrarprodukte künstlich hoch gehalten, um die heimischen Produzenten vor Wettbewerbern aus dem Nicht-EU-Ausland zu schützen. Dadurch entstehen auch die z. T. viel niedrigeren Erzeuger- und Verbraucherpreise auf dem Weltmarkt. Die verschiedenen A. verfügen über unterschiedliche Steuerungsinstrumente, darunter Abschöpfungen, Ausfuhrprämien und Einfuhrkontingente.

Abschöpfungen sind Abgaben, welche auf die Einfuhr von Agrarprodukten in die EU erhoben werden. Dadurch wird der Preis für die Ware vom niedrigen Weltmarktniveau auf das Preisniveau des EU-Binnenmarktes gehoben. Ausfuhrvergütungen werden für den Export von Agrarprodukten aus der EU an den Exporteur gezahlt, damit die teurere Ware aus der EU auf dem Weltmarkt konkurrenzfähig ist. Die Höhe der Ausfuhrvergütung entspricht ungefähr dem Unterschied zwischen Weltmarktpreis und Binnenpreis in der EU. Die einzelnen A. greifen in unterschiedlich starker Form in den Marktprozess der jeweiligen Agrarmärkte ein. Die Zucker- bzw. Milchmarktordnung sieht z. B. staatliche Maßnahmen durch Mengenregulierung in der Produktion vor. Im Gegensatz dazu stehen die Obst- oder Gemüsemarktordnungen, die einen geringeren Produzentenschutz bieten. Bereits 1962 sind die ersten A. beschlossen worden.

➡ Agrarpreispolitik ➡ Agrarüberschüsse

Agrarpolitik

Umfasst alle staatlichen und institutionellen Maßnahmen, welche die Ordnung, Struktur oder Prozesse in der Landwirtschaft beeinflussen. Die Ziele der A. umfassen gemäß § 1 des Landwirtschaftsgesetztes von 1955 sowie laut Art. 39 des EWG-Vertrages aus dem Jahr 1957: die Verbesserung der Lebensverhältnisse im ländlichen Raum; die Teilnahme der in der Landwirtschaft Tätigen an der allgemeinen Einkommens- und Wohlstandsentwicklung; die Versorgung der Bevölkerung mit qualitativ hochwertigen Nahrungsmitteln zu angemessenen Preisen; die Herbeiführung eines Marktgleichgewichts; die Erhaltung der natürlichen Produktionsgrundlagen (inbegriffen: die Pflege von Natur und Landwirtschaft). Neben den staatlichen Instanzen wirken auch Einrichtungen wie der Deutsche Bauernverband aktiv an der A. mit. Mit der Gründung der Europäischen Wirtschaftsgemeinschaft (EWG) ging die Zuständigkeit für die Markt- und Preispolitik auf die Gemeinschaft über. Für die Agrarstrukturpolitik besitzt die Gemeinschaft jedoch nur begrenzte Entscheidungskompetenz. Die Ausführung bleibt in den Händen der Mitgliedstaaten.

➡ Agrarmarktordnungen ➡ Agrarpreispolitik ➡ Agrarüberschüsse

Agrarpreispolitik

Wichtiger Bestandteil der Agrarpolitik. Durch staatlich festgelegte oder beeinflusste Handelspreise werden die landwirtschaftlichen Produktpreise gefestigt. Diese liegen dann i. d. R. sehr viel höher als der Preis, der sich auf dem freien Markt ergeben würde.

➡ Agrarmarktordnungen ➡ Agrarüberschüsse

Agrarüberschüsse

Entstehen, wenn in der Landwirtschaft mehr produziert als verkauft wird. Innerhalb der EU entstehen sie, weil die Landwirte staatlich garantierte Preise erhalten und deshalb nicht auf den Bedarf auf dem freien Markt achten müssen.

➡ Agrarmarktordnungen ➡ Agrarpreispolitik

Akkommodierend

[Dt.: sich anpassend] Wird meist mit Blick auf einen bestimmten geldpolitischen Kurs verwendet. Die Geldpolitik verhält sich a., wenn sie sich an die aktuelle konjunkturelle Lage anpasst, d. h., wenn von ihr keine Impulse für Veränderungen ausgehen. Ein a. geldpolitischer Kurs steht also im Gegensatz zu jeder Art von Kurs, mit dem die Zentralbank die Konjunkturlage ändern will, sei er nun expansiv, um die Wirtschaft in einer Konjunkturschwäche zu stimulieren, oder restriktiv, um sie in einem Boom zu bremsen.

Akkord

Entlohnungsform für geleistete Arbeit. Beim sog. Stückgeldakkord werden die Arbeiter nach der Arbeitsleistung, die sie verrichten bezahlt. Je mehr Leistung die Arbeiter erbringen, desto mehr Geld verdienen sie. Beim sog. Stückzeitakkord bekommen die Arbeiter eine bestimmte Zeit vorgeschrieben, in der sie die Arbeit zu erledigen haben.

Akkumulation

Bezeichnet den ständigen Anstieg des Kapitalbestandes einer Volkswirtschaft. Als Grundvoraussetzung für das Wirtschaftswachstum nannte sie als erster D. Ricardo (* 18.4.1772 † 11.9.1823). In seinem Hauptwerk »Das Kapital« griff Karl Marx diesen Gedanken auf und erläuterte, wie eine Volkswirtschaft in konstanten Raten wachsen kann, wenn Kapital akkumuliert (angesammelt) wird. Danach ist die antreibende Kraft im Kapitalismus das Streben nach Profit. Der Kapitalist investiert sein Geld in Rohstoffe, Maschinen und Arbeitskräfte, um einen Gewinn mit den erzeugten Produkten zu erzielen. Diesen Gewinn (also Mehrwert) verwendet der Kapitalist einerseits für den privaten Gebrauch, anderseits investiert er in neue Maschinen, Rohstoffe oder Arbeitskräfte. Dadurch wächst die Wirtschaft konstant und ein Teil des Mehrwertes wird in Kapital verwandelt.

➠ Planwirtschaft

AKP-Staaten

[Engl.: African, Caribbean and Pacific Group of States; dt.: AKP-Staaten/-Gruppe] Bezeichnet eine internationale Organisation von zurzeit 78 Ländern in den Regionen Afrika, Karibik und Pazifik. Diese Länder sind i. d. R. ehemalige Kolonien von EU-Mitgliedstaaten und bilden einen Schwerpunkt der europ. Entwicklungspolitik. Durch das Lomé-Abkommen sind viele der A. mit der EU verbunden. Durch dieses Abkommen ist es den A. erlaubt, zoll- und abgabefrei Produkte in die EU einzuführen. Außerdem erhalten sie u. a. Entwicklungshilfe und Politikberatung. Den A. steht ein Generalsekretariat mit Sitz in Brüssel (Belgien) vor.

Aktien

Anteil- oder Teilhaberpapier an dem Grundkapital einer Aktiengesellschaft. A. zerlegen das Grundkapital eines Unternehmens in kleine Anteile. Durch den Kauf stellt der Aktionär dem Unternehmen für unbestimmte Zeit Geld zur Verfügung. Im Gegenzug erhält der Aktionär einen Gewinnanteil aus dem Reingewinn der Aktiengesellschaft (Dividende) auf seine A. Außerdem erwirbt der Käufer pro A. ein Stimmrecht und kann damit auf der Hauptversammlung die Geschäftspolitik des Unternehmens beeinflussen. Das bedeutet, dass der Käufer dort grundsätzlich zu Entscheidungen des Unternehmens Stellung nehmen kann. Der Aktienwert wird an der Börse ermittelt und durch den Kurs der A. ausgedrückt. Der Wert der A. kann steigen oder fallen.

➠ Aktienemission

Aktienemission

Bezeichnet die Ausgabe von Aktien. Das Unternehmen, das die Aktien ausgibt, wird als Emittent bezeichnet. Investmentbanken platzieren die Aktien für die Unternehmen auf den Märkten und erhalten für ihre Dienstleistung ei-

nen prozentualen Anteil des Emissionserlöses. A. sind in 3 Situationen erlaubt: bei der Neugründung einer Aktiengesellschaft, bei der Umwandlung eines Unternehmens anderer Rechtsform in eine Aktiengesellschaft und bei der Ausgabe neuer – sog. junger – Aktien im Rahmen einer Kapitalerhöhung.
➠ Börse

Aktienfonds
Bezeichnet einen Investmentfonds, dessen Werte ganz oder vorwiegend aus Aktien bestehen. Er kann global als internationaler A. investieren oder nur Aktien aus speziellen Regionen, Ländern (geografisch) oder wirtschaftlichen Bereichen (Branchen) halten.

Aktiengesellschaft
Kapitalgesellschaft, deren Gesellschaftsvermögen in Aktien zerlegt ist und meist von verschiedenen Aktionären gehalten wird. Gesetzliche Grundlage ist das Aktiengesetz. Danach müssen mindestens 5 Gründer sowie 50.000 € Grundkapital vorhanden sein. Außerdem regelt das Aktiengesetz die Rechte und Pflichten der Aktionäre, die Gewinnverteilung und den organisatorischen Aufbau der A. Dazu gehören ein Vorstand (führt die Geschäfte), ein Aufsichtsrat (überwacht den Vorstand) und die Hauptversammlung der Aktionäre.
➠ Aktienemission

Aktiengesetz
➠ Aktiengesellschaft

Aktienindex
Beschreibt anhand einer einzelnen Zahl die aktuelle Kursentwicklung am Aktienmarkt. Er kann außerdem einzelne Aktiengruppen aus bestimmten Branchen oder Marktausschnitten (z. B. Neuer-Markt-Index) darstellen. Diese Zahlen sollen eine Orientierung über die Entwicklung am Aktienmarkt geben. Darum nennt man den A. auch Kursbarometer. Es gibt 2 verschiedene Aktienindizes, den Preisindex und den Performance-Index. Der Preisindex gibt die reine Preisentwicklung wieder. Beim Performance-Index wird der Wert der Aktie angegeben, der nach Auszahlung der Gewinne übrig bleibt. Die verschiedenen Aktienindizes werden von Banken, Zeitungen oder anderen Einrichtungen ermittelt und veröffentlicht. Der bekannteste dt. A. ist der »Deutsche Aktienindex«, kurz Dax. Zu den international bekanntesten zählen der amerik. Dow-Jones-Index und der asiat. Nikkei-Index.
➠ Aktien ➠ Börse

Aktienindex-Futures
Vertragliche Vereinbarungen mit dem Ziel, einen standardisierten Wert eines Aktienindex zu einem künftigen Zeitpunkt zu kaufen (Long Position) oder verkaufen (Short Position).
➠ Aktien ➠ Börse

Aktienkapital
➠ Grundkapital

Aktienkurs
Bezeichnet den Preis, zu dem eine Aktie am Markt gehandelt wird (Börsenpreisbildung).
➠ Börse

Aktienmarkt
Markt, auf dem Aktien gehandelt werden.
➠ Börse

Aktienpaket
Man spricht von A., wenn sich eine größere Anzahl von Aktien eines Unternehmens im Besitz einer einzelnen Person

oder eines anderen Unternehmens befindet.

➠ Börse

Aktienrückkauf

Aktiengesellschaften können unter bestimmten Voraussetzungen die von ihnen emittierten (ausgegebenen) Aktien wieder zurückkaufen. Ziel eines solchen A. ist es zumeist, den Wert der verbleibenden Aktien am freien Markt zu erhöhen.

Aktiensplit

Bezeichnet die Teilung einer Aktie in 2 oder mehrere Aktien. Ein A. soll die Aktie optisch verbilligen und damit attraktiver machen. Aus teuren »schweren« Aktien werden dann billigere »leichte« Aktien gemacht, die besser zu handeln sind. Der einzelne Aktionär hält nach einem A. den gleichen Anteil an einem Unternehmen. Das Gesellschaftskapital verteilt sich einfach auf mehr Aktien als vorher. Dadurch ergibt sich für die Aktiengesellschaft weder eine Kapitalzufuhr noch ein Finanzierungseffekt.

➠ Börse

Aktienstimmrecht

Stimmrecht der Aktionäre. I. d. R. gewährt eine Aktie ein Stimmrecht. Ausgeübt wird das Stimmrecht auf der Hauptversammlung durch den Aktionär oder einen schriftlich legitimierten Bevollmächtigten. Sollte die Aktien sicherheitsübereignet sein, dann kann das Stimmrecht durch den Sicherungseigentümer oder einen Treuhänder ausgeübt werden. Die Form der Stimmrechtsausübung richtet sich gem. § 134, Abs. 4 Aktiengesetz nach der Satzung der jeweiligen Aktiengesellschaft.

Aktionär

Inhaber von Aktien. Dies können Personen oder Gesellschaften sein. Sie sind Teilhaber einer Aktiengesellschaft (AG) und damit am Gewinn oder Verlust in Höhe ihres Engagements beteiligt. Der Kauf von Aktien berechtigt, Einfluss auf die Unternehmenspolitik zu nehmen. Das bedeutet, dass der Hauptaktionär dort grundsätzliche Entscheidungen des Unternehmens mitverhandeln kann. Die Höhe des Einflusses hängt von dem eingesetzten Kapital ab. Je mehr Aktien der A. kauft, desto mehr Einfluss hat er. So besitzt der Kleinaktionär wenige Aktien und hat dadurch weniger Einfluss als der Großaktionär. Besitzt ein Aktionär oder eine Aktionärsgruppe mehr als 50 % des gesamten Aktienvolumens, spricht man von Mehrheitsaktionär. Im Gegensatz dazu gibt es auch den Minderheitsaktionär. Dieser kann Gebrauch von einem sog. Minderheitsrecht machen, wodurch er die Möglichkeit hat, eine unplanmäßige Hauptversammlung einzuberufen.

➠ Aktienstimmrecht

Aktiva

Bezeichnung für die einem Unternehmen frei zur Verfügung stehenden Vermögenswerte. Sie stehen auf der sog. Aktivseite seiner Bilanz. Sie zeigen, wie die finanziellen Mittel im Unternehmen eingesetzt werden. Bei der Bilanzaufstellung eines Unternehmens (Bilanzierung) werden die A. auf der linken Seite der Bilanz ausgewiesen. Die Aktivseite der Bilanz unterteilt sich in 3 verschiedene Posten: Anlagevermögen, Umlaufvermögen und Rechnungsabgrenzungsposten.

➠ Passiva

Aktive Arbeitsmarktpolitik

➠ Arbeitsmarktpolitik

Jahr	Wert Ost	Wert West
Gültig 1.7.1999–30.6.2000	21,61 €	24,84 €
Gültig 1.7.2000–30.6.2001	21,74 €	24,99 €
Gültig 1.7.2001–30.6.2002	22,06 €	25,31 €
Gültig 1.7.2002–30.6.2003	22,70 €	25,86 €
Gültig 1.7.2003–30.6.2004	22,97 €	26,13 €
Gültig 1.7.2004–30.6.2005	22,97 €	26,13 €
Gültig 1.7.2005–30.6.2006	22,97 €	26,13 €
Gültig 1.7.2006–30.6.2007	22,97 €	26,13 €
Gültig 1.7.2007–30.6.2008	23,09 €	26,27 €
Gültig 1.7.2008–30.6.2009	23,34 €	26,56 €
Ab 1.7.2009	24,13 €	27,20 €

Tab. 2 Rentenwert Ost und West

Aktueller Rentenwert

Bezeichnet seit dem 1.1.1992 den Betrag, der in der dt. gesetzlichen Rentenversicherung einer monatlichen Rente wegen Alters (Altersrente) entspricht, sofern für ein Kalenderjahr Beiträge gezahlt worden sind, die sich an der Höhe des Durchschnittsverdienstes bemessen. Er soll sicherstellen, dass die Renten auch weiterhin der aktuellen Lohnentwicklung angepasst werden. Zum 1.7.2004 und 2005 wurde die Anpassung der Renten per Gesetz ausgesetzt. Der A. ist in Sozialgesetzbuch VI, § 68 geregelt. Solange sich die Einkommensverhältnisse im Westen und Osten der Bundesrepublik Deutschland nicht angeglichen haben, gilt für die neuen Bundesländer ein eigener aktueller Rentenwert, der aktuelle Rentenwert (Ost).

➠ Altersvorsorge

Akzeleratorprinzip

[Dt.: Prinzip der Beschleunigung] Bezeichnet einen Prozess, bei dem sich das Investitionsvolumen von Unternehmen stark verändert, obwohl die Schwankungen in der Nachfrage relativ moderat sind. Ein Nachfrageimpuls setzt sich also beschleunigt (akzeleriert) in Investitionstätigkeit um. Das A. ist damit ein zentrales Element der keynesianischen Theorie und Empirie, denn es erklärt einerseits, warum eine gesteigerte Nachfrage einen Aufschwung auslösen kann, und andererseits, warum ein Rückgang der Nachfrage (Kontraktion) in einen Abschwung führt. Beides entsteht durch Investoren, die aufgrund von Veränderungen in der Nachfrage die Rentabilität ihrer Investitionen optimistischer oder pessimistischer einschätzen. Im Falle optimistischer Annahmen steigern Unternehmen ihre Investitionen sogar oft in einem stärkeren Ausmaß, als die Nachfrage gewachsen ist. Auf diese Weise beflügeln sie die Konjunktur und setzen eine Aufwärtsspirale in Gang. Das Gegenteil geschieht bei gedrückter Nachfrage. Die Unternehmen spüren den Absatzmangel, werden pessimistischer und reduzieren ihre Investitionen über den ursprünglichen Nachfragerückgang hinaus. Das Ergebnis ist eine Abwärtsspirale. Das A. erklärt, warum Investitionen deutlich höhere Schwankungen aufweisen als die übrigen Komponenten des Wirtschaftswachstums. Und es unterstreicht, wie bedeutsam die Rolle von Investitionen für konjunkturelle Wendepunkte ist.

➠ Multiplikatorprinzip

Allgemeine Geschäftsbedingungen (AGB)

Von Unternehmen vorformulierte Vertragsbedingungen, welche allen abgeschlossenen Verträgen zu Grunde gelegt werden. Dabei müssen die AGB kein äußerlich gesonderter Bestandteil des Vertrags – das »Kleingedruckte« – sein oder gar in die Vertragsurkunde selbst aufgenommen werden. Allerdings gelten die AGB nur unter folgenden Voraussetzungen: Der Käufer muss entweder ausdrücklich auf die A. hingewiesen werden (im Vertrag) oder in zumutbarer Weise von ihrem Inhalt Kenntnis nehmen können (durch Aushang). Außerdem müssen die AGB normal lesbar und verständlich geschrieben sein, und der Käufer muss ihnen zustimmen. Geregelt ist die Verwendung von AGB im 2. Abschnitt des 2. Buchs des Bürgerlichen Gesetzbuchs (BGB), §§ 305-310.

Allgemeines Zoll- und Handelsabkommen (GATT)

[Engl.: General Agreement on Tariffs and Trade (GATT)] Trat am 1.1.1948 in Kraft. Ziel des Abkommens war, Zölle und Handelshemmnisse zwischen den Staaten nach und nach abzubauen und so die Weltwirtschaft zu liberalisieren. Durch den verstärkten weltweiten Warenaustausch sollen Produktion und Beschäftigungsgrad in den einzelnen Ländern erhöht und damit das Realeinkommen und der Lebensstandard in der Bevölkerung verbessert werden. Folgende Grundsätze standen bei den Verhandlungsrunden im Vordergrund: Abbau der Zölle, Abbau von mengenmäßigen Handelsbeschränkungen, Gewährung der allgemeinen Meistbegünstigung, d. h., dass jede Vertragspartei in den Genuss des günstigsten Zollsatzes sowie aller anderen vergünstigten Abgaben und Belastungen bei Ein- und Ausfuhr kommt, die eine Vertragspartei irgendeinem anderen Land einräumt. Außerdem tritt bei Handelsstreitigkeiten zwischen Vertragsstaaten ein gegliederter Konfliktlösungsablauf in Gang. Bei Unstimmigkeiten müssen die Vertragsparteien zunächst über Verhandlungen versuchen, Handelsprobleme eigenständig zu lösen. Gelingt dies nicht, wird der entsprechende Fachausschuss des GATT mit einem Schlichtungsversuch beauftragt. Wenn auch hier der Konflikt nicht zu lösen ist, setzt der Fachausschuss eine Sonderarbeitsgruppe für den speziellen Fall ein. Bei einem Scheitern der Konfliktlösung kann diese GATT-Sondereinheit Vergeltungen erlauben: z. B. Strafzölle für das Land, das zu einer Lösung des Handelsproblems nicht bereit ist. Weiterer Inhalt des GATT-Abkommens ist eine Handelserleichterung für Entwicklungsländer. Diese beinhaltet einen Zollerlass für Importe in Industrieländer. Um Entwicklungsländer zu stärken, ist die Handelserleichterung einseitig. Industrieländer bekommen keine Zollerleichterungen. In Ausnahmefällen soll es auch den Entwicklungsländern gestattet sein, Maßnahmen zu ergreifen, um den Handel mit eigenen Waren zu fördern. Dadurch soll dem Verkauf nationaler Waren Vorrang eingeräumt werden. Es gab 8 Verhandlungsrunden über den Abbau von Hindernissen im weltweiten Handel. Die letzte, die sog. Uruguay-Runde, wurde 1993 abgeschlossen. Mit dem Inkrafttreten der Vereinbarungen der »Uruguay-Runde« wurde die Welthandelsorganisation (World Trade

Organization, WTO) eingerichtet. Die WTO soll als Organisation Konflikte beilegen (institutionalisierte Beilegung) und damit das Vertrauen in die multilateralen (mehrseitigen) Handelsvereinbarungen stärken. Innerhalb der WTO ist das GATT eines der bedeutendsten Abkommen. Die WTO hat zurzeit 153 Mitgliedstaaten. Die Bundesrepublik Deutschland gehört dem GATT seit 1.10.1951 an, der WTO seit Beginn (1.1.1995).

➡ Weltwirtschaft

Allgemeinverbindlichkeitserklärung

➡ Tarifbindung

Allokation

[Dt.: Platzierung] Meint die Verteilung knapper Ressourcen auf die verschiedenen Arten ihrer Verwendung. Kennzeichnend für eine allozierte Ressource ist, dass sie nur für einen bestimmten Zweck auf einmal eingesetzt werden kann und nicht für mehrere gleichzeitig. So kann z. B. die Arbeitszeit, die für die Produktion eines bestimmten Gutes aufgewendet wird, nicht gleichzeitig für ein anderes zum Einsatz kommen und ein bestimmter Geldbetrag nicht gleichzeitig gespart und für den Konsum verwendet werden. Die A. von Ressourcen wird dann als effizient bezeichnet, wenn keine Ressourcen vergeudet, sondern alle einem bestimmten Verwendungszweck zugeführt werden. Wird außerdem ein Wohlfahrtsoptimum erreicht, spricht man von der optimalen A. der Ressourcen.

Alternativkosten

➡ Opportunitätskosten

Altersentlastungsbetrag

Steuerpflichtigen, die vor Beginn des Veranlagungszeitraums das 64. Lebensjahr vollendet haben, wird ein Steuerfreibetrag gewährt. Der A. sollte mehr Gerechtigkeit der Besteuerung im Alter gewährleisten. Bei Leibrenten wird nur der Ertragsanteil besteuert, Beamte können von ihren Pensionen einen Versorgungsfreibetrag abziehen. Dem gegenüber wären normale Arbeitnehmer benachteiligt, wenn sie nicht den A. steuerlich geltend machen könnten. Im Rahmen der Einkommensteuerveranlagung wird ein Freibetrag i. H. v. 40 % des Arbeitslohnes und der (positiven) Summe der übrigen Einkünfte gewährt, maximal jedoch 1.900 €. Gesetzliche Grundlage ist § 24 a des Einkommensteuergesetzes. Nach dem Inkrafttreten des Alterseinkünftegesetzes verringert sich der Altersentlastungsbetrag ab 2005 jährlich.

➡ Rentenversicherung ➡ Rentenreform

Altersrente für Schwerbehinderte, Berufs- und Erwerbsunfähige

➡ Vorgezogenes Altersruhegeld

Altersrente wegen Arbeitslosigkeit

➡ Vorgezogenes Altersruhegeld

Altersteilzeitgesetz

Gesetzliche Rahmenregelung für Tarifverträge und ein Instrument der aktiven Arbeitsmarktpolitik. Es gilt für Arbeitnehmer ab dem 55. Lebensjahr und bietet ihnen die Möglichkeit, ihr Zeitarbeitsverhältnis mit 55 Jahren in ein Teilzeitarbeitsverhältnis bis zum Ruhestand umzustellen. Die tarifliche Arbeitszeit wird halbiert, während das Gehalt auf mindestens 70 % des Lohns einer Vollzeitarbeitskraft aufgestockt wird. Diesen Aufstockungsbetrag finanziert die Bundesagentur für Arbeit, soweit von dieser Regelung im Einzelfall spätestens bis zum 31.12.2009 Gebrauch gemacht wird. Ziel ist es, die Einstellung von Auszubildenden und Arbeitslosen zu fördern. Im Durchschnitt wird jedes Altersteilzeit-Beschäftigungsverhältnis über einen Zeitraum von 6 Jahren mit 80.000 € gefördert. Insgesamt summierte sich diese Subventionierung nach Schätzungen auf rund 5 Mrd. € pro Jahr. In einigen Großunternehmen wechseln inzwischen über 50 % der älteren Arbeitnehmer in die subventionierte Altersteilzeit. Die Kosten dieser Subventionierung werden von der Allgemeinheit getragen. Kritiker sehen in der subventionierten Altersteilzeit eine Privilegierung großer Unternehmen, sich auf Kosten der Allgemeinheit von älteren Arbeitnehmern zu trennen und das Unternehmen damit zu verjüngen.

Altersvorsorge

Meint die finanzielle Absicherung nach dem Ausscheiden aus dem Erwerbsleben. Die A. setzt sich in Deutschland heute aus »3 Säulen« zusammen:

- *Erstens* die gesetzliche Vorsorge (Einzahlungen von Pflichtbeiträgen in die gesetzliche Rentenversicherung während des gesamten Erwerbslebens oder Pensionszahlungen des Staates). Dazu zählen die gesetzliche Rente, die Alterssicherung der Landwirte (AdL), die Berufsständische Versorgung (BSV) und die Beamtenversorgung.
- *Zweitens* die ergänzende erwerbsbasierte Alterssicherung. Dazu zählt hauptsächlich die betriebliche Altersvorsorge, aber auch die Zusatzversorgung des öffentlichen Dienstes (ZÖD).
- *Drittens* schließlich die private Vorsorge (eigenverantwortliche Ansparung von Eigenkapital mit der Möglichkeit des späteren Verzehrs): Das können Aktienfonds-Sparpläne, Riester-Rente, Lebensversicherungen oder Immobilienbesitz sein.

➠ Gesetzliche Rentenversicherung ➠ Private Alterversorge

Altersvorsorge-Sparmotiv

Bezeichnet die Ersparnis, die aus Gründen der Altersvorsorge getätigt wird.

➠ Altersvorsorge

Altersversorgung

➠ Rente ➠ Rentenreform ➠ Private Altersvorsorge ➠ Riester-Rente

American International Group (AIG)

AIG gehört zu den weltweit größten Versicherungskonzernen. Er wies allerdings im Zusammenhang mit der Finanzmarktkrise allein für das 4. Quartal 2008 einen Verlust von 61,7 Mrd. US-$ aus. Der Konzern hatte in großem Umfang Subprime Loans gegen Wertverlust versichert und ebenfalls wertlos gewordene Subprime-Papiere im eigenen Portfolio. AIG musste mehrfach durch Hilfen der amerik. Regierung vor dem Konkurs gerettet werden, die sich allein bis November 2008 auf mehr als 150 Mrd. US-$ beliefen.

American Stock Exchange (AMEX)

Eine Börse in New York, an der Aktien von kleineren und mittleren Unternehmen gehandelt werden. Sie ist erheblich kleiner als die New York Stock Exchange.

Amsterdam EXchange Index (AEX)

Aktienindex der Börse in Amsterdam, der weltweit ersten Wertpapierbörse, an der 1602 die erste Aktie der Welt gehandelt wurde. Der AEX beinhaltet die 25 größten Werte, die an der Amsterdamer

Börse gehandelt werden. Im Jahr 1983 wurde der Index unter dem Namen European Options Exchange (EOE) das erste Mal errechnet.

Amtliche Statistik

Alle statistischen Nachweise, die von staatlichen Behörden veröffentlicht werden. In Deutschland sind z. B. das Statistische Bundesamt, die Statistischen Landesämter der Bundesländer und die Statistischen Ämter von Städten und Gemeinden dafür zuständig. Auf internationaler Ebene ist es v. a. das Statistische Amt der EU, kurz EUROSTAT, das einheitliche europ. Statistiken erhebt. Die Ausführung und Analyse wird jedoch von den jeweiligen nationalen Behörden vorgenommen.

Analystenempfehlung

Experten von Banken, Medien oder Analystenhäusern bewerten Aktien und geben Kaufempfehlungen. Die üblichen Bewertungen sind:

1. Strong Buy = starke Kaufempfehlung
2. Buy = Kaufempfehlung
3. Hold = Halten
4. Sell = Verkaufsempfehlung
5. Strong Sell = starke Verkaufsempfehlung
6. Reduce = Verkaufen bei Kursstärke
7. Accumulate = Kaufen bei Kursschwäche

➡ Börse

Andenpakt

Im Jahre 1969 wurde von den lat.-amerik. Staaten Bolivien, Peru, Ecuador, Kolumbien und Venezuela der A. gegründet. Ziel dieses Zusammenschlusses ist es, den Mitgliedstaaten zu sozialer und wirtschaftlicher Integration nach europ. Vorbild zu verhelfen. Als wesentliche Aufgaben sind hierbei die Schaffung eines gemeinsamen Marktes, der Abbau von Zöllen und die Realisierung einer gemeinsamen Außenpolitik anzusehen. Langfristig soll ebenfalls eine gemeinsame Währung eingeführt werden. (☛ Karte 4, S. 122)

Angebot

Bestimmte Menge von Gütern, Dienstleistungen und Arbeitsstunden, die zum Erwerb zur Verfügung stehen. Ein A. gibt es auf dem Güter- sowie auf dem Arbeitsmarkt. Unter A. versteht man sowohl das A. einzelner Haushalte und Unternehmen als auch das gesamtwirtschaftliche A. aller Marktteilnehmer.

Angebotsbedingungen

Rahmenbedingungen einer Volkswirtschaft, unter denen die Anbieter von Arbeit, Gütern und Dienstleistungen ihr Einkommen erzielen müssen. Man unterscheidet zwischen den A. auf dem Gütermarkt und A. auf dem Arbeitsmarkt. Dabei gibt es allerdings Überschneidungen. Auf allen Märkten zählen Standortfaktoren wie z. B. die Infrastruktur, das Bildungswesen oder das Steuersystem zu den A. Auf dem Gütermarkt spielen darüber hinaus die Produktionskosten eine Rolle (z. B. Löhne und Zinsen) sowie die Produktivität. Für die Anbieter von Arbeit sind nicht nur die Löhne, sondern auch die allgemeinen Arbeitsbedingungen von Bedeutung. Die A. müssen so gestaltet sein, dass die Anbieter ein Angebot machen können, das aus ihrer Sicht rentabel ist. Anderenfalls kommt es zu Angebotsbeschränkungen, die höhere Preise, geringeres Wachstum und niedrigere Beschäftigung zur Folge haben.

Angebotselastizität

Gibt an, wie stark ein bestimmtes Angebot auf Veränderungen anderer Wirtschaftsfaktoren reagiert, also um wie viel Prozent sich das Angebot verändert, wenn ein bestimmter Faktor wie z. B. der Preis um 1 % erhöht wird. Die meistgenannte Form der A. ist die Preiselastizität. Hierbei ist zu unterscheiden zwischen der direkten Preiselastizität, die die Reaktion auf Änderungen des eigenen Preises anzeigt, sowie der Kreuzpreiselastizität, die die Reaktion auf Preisschwankungen anderer Produkte misst.

➡ Kreuzpreiselastizität

Angebotsfunktion

Stellt den Zusammenhang zwischen Angebot und Preis mathematisch dar. Ein Angebot nimmt bei höherer Rentabilität und steigendem Preis zu, also weist die A. eine positive Steigung auf. Einer A. liegt die Annahme zu Grunde, dass hier alle übrigen Einflussgrößen außer dem Preis gleich bleiben. Wenn sich diese allerdings auch ändern, was in der Realität oft vorkommt, verschiebt sich die A.

➡ Nachfragefunktion ➡ Marktgleichgewicht

Angebotsinflation

[Auch: Kostendruckinflation] Häufigste Form der Inflation. Dabei geben die Unternehmen stark steigende Kosten – insbesondere durch höhere Löhne, aber auch durch höhere Ausgaben für Rohstoffe und Energie – über den Preis an die Kunden weiter. Eine Inflation entsteht hieraus aber erst, wenn die höheren Preise von den Arbeitnehmern zum Anlass genommen werden, höhere Löhne durchzusetzen. Aus diesem Zweitrundeneffekt entwickelt sich eine Spirale aus immer höheren Kosten und immer höheren Preisen, die typisch für eine Inflation ist. Sie wird auch als Lohn-Preis-Spirale bezeichnet. Der Impuls für Preis- und Lohnanhebungen geht dabei immer von der Angebotsseite des Güter- bzw. Arbeitsmarktes aus.

Angebotslücke

[Auch: Produktions-/Output-Lücke] Dem Begriff liegt die Annahme zu Grunde, dass die aktuelle Produktion die Angebotskapazität tendenziell immer voll auslasten kann. Eine Lücke entsteht dann, wenn das Gesamtangebot hinter den Möglichkeiten, die seine Kapazität bietet, zurückbleibt,wie dies in Phasen konjunktureller Schwäche der Fall ist.

Angebotsmengenüberschuss

Entsteht, wenn die auf einem Markt angebotene Menge eines Gutes nicht nachgefragt wird. Auf dem Gütermarkt hat dies unerwünscht hohe Lagerbestände zur Folge, weil die Unternehmen ihre Produktion nicht absetzen können. Auf dem Arbeitsmarkt bedeutet ein A. Arbeitslosigkeit, da die angebotene Arbeit von den Unternehmen nicht nachgefragt wird. Aus theoretischer Sicht kann ein A. nur entstehen, wenn das Gleichgewicht von Angebot und Nachfrage gestört ist. Die Ursache sehen insbesondere neukeynesianische Ansätze darin, dass der Preismechanismus, der Angebot und Nachfrage zur Übereinstimmung bringen soll, nicht flexibel genug ist. Ein A. greift auch auf andere Märkte über. Besteht ein Überangebot auf dem Gütermarkt, werden die Unternehmen ihre Beschäftigungsnachfrage reduzieren und es entsteht ein Überangebot auf dem Arbeitsmarkt, also Arbeitslosigkeit.

Angebotsorientierte Wirtschaftspolitik

[Auch: Angebotspolitik] Wirtschaftspolitische Maßnahmen, die die Förderung von Angebotsbedingungen zum Ziel haben. Das bedeutet, eine A. zielt auf eine Verbesserung der Infrastruktur, des Bil-

Angebotspolitik Elemente und Forderungen moderater Angebotspolitik			
Traditionelle Elemente			
Wettbewerbspolitik	**Geldpolitik**	**Fiskalpolitik**	**Lohnpolitik**
Verbot von Kartellen	Regelgebundene statt diskretionäre Maßnahmen	Geringerer Staatsverbrauch	Am Produktivitätsfortschritt orientierte Lohnsteigerungen
Verhinderung von Marktmacht	Unabhängigkeit der Zentralbank	Reduktion der gesamten Steuerbelastung	Regionale und sektorale Differenzierungen im Lohn
Privatisierung	Flexible Wechselkurse	Durchsichtigeres Steuersystem	Flexibilisierung des Arbeitsmarktes (z. B. reduzierter Kündigungsschutz)
Deregulierung		Abbau der Staatsverschuldung	Minderung der Lohnzusatzkosten
Abbau von Subventionen			
***			
Neuere Elemente			
Sozialpolitik	**Forschungspolitik**	**Bildungspolitik**	**Umwelpolitik**
Insgesamt niedrigeres Niveau sozialer Unterstützung	Förderung von Grundlagenforschung	Kürzere Ausbildungszeiten	Weniger ordnungsrechtliche Regulierungen
Unterstützung anreizkompatibel gestalten, damit z. B. die Aufnahme einer Arbeit lohnend bleibt	Gezieltere Förderung von Wachstumstechnlogien	Mehr marktwirtschaftliche Elemente (z. B. freie Wahl des Studienplatzes, Studiengebühren, Entlohnung der Professoren nach Leistung	Mehr marktwirtschaftliche Elemente (z. B. Handel von Umweltzertifikaten)
			Wenn Ökosteuern, dann europaweit, um Wettbewerbsnachteile zu vermeiden

Tab. 3

dungssystems, auf niedrige Steuern, einen intensiven Wettbewerb, die Senkung der Arbeitskosten (v. a. durch niedrige Lohnnebenkosten) sowie höhere Arbeitsanreize durch die Beschränkung von Sozialleistungen. Nach neoklassischen Vorstellungen, die die Grundlage neoliberaler Wirtschaftspolitik bilden, können Wachstum und dauerhafte Beschäftigung nur auf der Basis einer A. entstehen, die v. a. zu einer hohen Investitionsneigung der Unternehmen führt, während eine Wirtschaftspolitik, die sich an der Nachfrage orientiert, bestenfalls kurzfristige konjunkturelle Wirkungen erziele. Die Grundlage für eine A.

bildet das Saysche Theorem, das besagt: Jedes Angebot schaffe sich auf Dauer seine entsprechende Nachfrage, weshalb es im Kern keine Nachfrageprobleme geben könne.

Angebotspolitik

➠ Angebotsorientierte Wirtschaftspolitik

Angebotstheorie

Versucht zu erklären, wie bestimmte wirtschaftliche Einflussgrößen auf das Angebot einwirken. In der modernen Makroökonomie legt man Wert darauf, dass die Verhaltensweisen der Anbieter mit rationalen Entscheidungen begründet werden. I. d. R. geht man davon aus, dass ein Unternehmen, das bestimmte Güter anbietet, seine Gewinne maximieren will, weshalb laut A. das Angebot an Gütern ausgeweitet wird, wenn die Preise steigen. Denn dann steigen, sofern alle anderen Faktoren gleich bleiben, auch die Gewinne. Von einem privaten Haushalt, der als Anbieter auf dem Arbeitsmarkt in Erscheinung tritt, wird hingegen meist angenommen, dass er den größten möglichen Nutzen erzielen will, indem er seine verfügbare Zeit zwischen Arbeit und Freizeit aufteilt. Aus diesem Verhalten ergibt sich die Annahme, dass das Angebot an Arbeit ausgedehnt wird, wenn die Reallöhne steigen. Denn dann lohnt es sich, mehr zu arbeiten.

Angestellte

➠ Arbeitnehmer

Ankerwährung

Währung, an die andere Länder ihre Währung koppeln. Diese Kopplung kann je nach Wechselkursystem fest oder flexibler sein. Ein wesentlicher Grund dafür, seine Währung in dieser Weise zu binden, besteht darin, starke Wechselkursschwankungen, die den Handel stören, zu vermeiden. Ein zweiter besteht darin, Preisstabilität zu »importieren«. Denn mit der Bindung an eine A. wird die Geldpolitik der Notenbank, die für die A. verantwortlich ist, praktisch übernommen. Als A. dienen v. a. solche Währungen, die sich über einen langen Zeitraum als relativ stabil erwiesen haben. In der Zeit seit dem Zweiten Weltkrieg bis in die 1970er-Jahre hinein war dies v. a. der US-Dollar im Rahmen des Bretton-Woods-Systems fester Wechselkurse. Danach übernahm diese Rolle im europ. Raum allmählich die D-Mark. Der Euro setzte diese Tendenz fort, nicht zuletzt durch die Konstruktion der Europäischen Zentralbank (EZB), die an die Bundesbank angelehnt ist. In Asien sind nach wie vor der US-Dollar und japanischer Yen bedeutsame A. Problematisch sind A., wenn sie die Hoffnung auf Preisstabilität, die in sie gesetzt wurde, nicht erfüllen. Dann importiert ein Land über die A. Inflation. Auch kann es sein, dass die Bindung an eine A. wegen sehr unterschiedlicher Strukturen – wie z. B. bei der Lohnbildung – realwirtschaftlich unvernünftig ist. Dann kommt es durch den Verlust der Wettbewerbsfähigkeit oder eine Deflation zu Verwerfungen mit Wachstumseinbrüchen. Ein Beispiel hierfür ist Argentinien, das Ende der 1990er-Jahre zeitweise den US-Dollar als A. nutzte und in eine tiefe Krise stürzte.

Ankündigungs- oder Signalwirkungen

Beschreibt, welchen Einfluss angekündigte staatliche Maßnahmen auf das Verhalten von Wirtschaftssubjekten ausüben. Durch die Ankündigung stehen den Wirtschaftssubjekten neue ökonomische Daten zur Verfügung, und sie verändern ihr Verhalten entsprechend, ohne dass sich zunächst die reale Situation verändert hat. Kündigt die Regierung z. B. eine Erhöhung der Mehrwertsteuer an, dann werden von den Konsumenten Käufe vorgezogen. Das Ausmaß des Ankündigungseffektes hängt vom Informationsstand der Wirtschaftssubjekte ab.

Anleihe

Bezeichnet eine festverzinsliche, langfristige Schuldverschreibung, durch deren Verkauf sich Kreditnehmer am Kapitalmarkt Geld beschaffen können. Dabei sind die Verzinsung, Tilgungsmodalitäten, Sicherheiten etc. vertraglich fixiert. Die Rendite ist abhängig vom Zinssatz, vom Ausgabekurs und vom Rückzahlungskurs. Gehandelt werden Anleihen am Rentenmarkt, und ihre Kurse schwanken sehr viel geringer als Aktienkurse. Anleihen werden sowohl von der öffentlichen Hand als auch von privaten Unternehmen zu Finanzierungszwecken ausgegeben. Man unterscheidet je nach Schuldner zwischen Bundesanleihen (Bundesobligationen), Anleihen der Länder oder Gemeinden (Kommunalobligationen), Industrieanleihen (Industrieobligationen), Anleihen öffentlich-rechtlicher Kreditanstalten sowie Anleihen von ausländischen Emittenten (Auslandsanleihen).

Annuität

Bezeichnet eine periodisch (i. d. R. jährlich) zu zahlende, immer in gleicher Höhe bleibende Rate auf eine Kapitalschuld, die aus einem Zinstilgungsanteil besteht (Annuität = Tilgungsrate + Zins). Bei einem sog. Annuitätendarlehen wird daher die (zunehmende) Tilgungs- und die (abnehmende) Zinszahlung so errechnet, dass die regelmäßige Gesamtbelastung gleich bleibt.

Anrechnungszeiten

Bei der Berechnung des Rentenanspruchs werden in der gesetzlichen Rentenversicherung bestimmte Zeiten berücksichtigt, in denen keine Beiträge eingezahlt wurden. Durch diese Zeiten erhöhen sich die Rentenansprüche, allerdings in geringerem Maße als vollwertige Beitragszeiten. Dazu zählen Zeiten der Krankheit und der Rehabilitation, der Schwangerschaft, der Mutterschaft, des Bezugs von Arbeitslosengeld bzw. -hilfe – soweit keine Versicherungspflicht bestand – und Zeiten des Schul-, Fachhochschul- oder Hochschulbesuchs nach dem vollendeten 16. Lebensjahr bis zu 7 Jahre sowie Ersatzzeiten, d. h. Zeiten des Wehrdienstes und des Zivildienstes. Nicht zu den Anrechnungszeiten gehören Kindererziehungszeiten. Diese werden vielmehr als vollwertige Beitragszeiten betrachtet.

Anreizmechanismen

➠ Incentives

Antizyklische Fiskalpolitik

Fiskalpolitische Strategie, die mittels ihrer Instrumente situativ gezielte Impulse für die gesamtwirtschaftliche Nachfrage geben will und so den Konjunkturzyklus zu glätten versucht. In einer Konjunkturschwäche muss sie anregend (expansiv) auf die Wirtschaft wirken und in einem Boom bremsend (restriktiv). Ihre rechtliche Grundlage hat die A. im Stabilitäts- und Wachstumsgesetz von 1967. Ihre Instrumente können entweder bei den Ausgaben- oder bei den Einnahmen des Staates ansetzen: In einer konjunkturellen Schwächephase werden die öffentlichen Investitionen ausgeweitet, in einer Boomphase werden die Ausgaben für den Verbrauch gekürzt. Generell sind solche Konjunkturprogramme wirksamer als eine Lenkung durch Steuern. Denn Staatsausgaben wirken direkt auf den Wirtschaftskreislauf: Die staatliche Nachfrage kann erhöht oder gesenkt werden und schlägt in vollem Umfang bei den privaten Haushalten und Unternehmen zu Buche – selbst wenn ein Teil versickert, für mehr Importe ausgegeben wird und für die Binnenkonjunktur letztlich wirkungslos bleibt. Dagegen wirken die Instrumente der Einnahmenseite, also vornehmlich Steuern, indirekt. Werden in einer Schwächephase die Steuern gesenkt, bleibt zwar den privaten Haushalten und den Unternehmen ein höheres verfügbares Einkommen übrig. Dieses geben sie aber nur z. T. wieder aus. Ein anderer Teil wird gespart, und ein wieder anderer fließt in die Importnachfrage. Damit fällt der gewünschte Impuls entsprechend schwächer aus. Gleiches gilt, wenn in einer Boomphase die Steuern erhöht werden. Ein Teil der höheren Abgaben wird durch geringere Ersparnis finanziert. Damit ist der Bremseffekt entsprechend schwächer. Allerdings sind Ausgabenprogramme ein relativ schwerfälliges Instrument, da sie oft Ermessensentscheidungen der Regierungen und Parlamente erfordern und häufig Zeit benötigen. Deshalb besteht die Gefahr, dass die Programme nicht rechtzeitig wirken können, vielleicht sogar zum falschen Zeitpunkt kommen. Steuern wirken dagegen fast automatisch. Wenn in einer Konjunkturschwäche Löhne, Gehälter und Gewinne zurückgehen, sinken auch die Steuereinnahmen. Umgekehrt sind bei stark steigenden Einkommen auch höhere Steuern zu zahlen. So wird der Zyklus teilweise automatisch geglättet. Zusammen mit den konjunkturbedingten Ausgaben bezeichnet man diese Instrumente daher auch als automatische Stabilisatoren; sie sind damit ein wesentlicher Teil der A.

Antizyklische Geldpolitik

Geldpolitische Strategie, die mit zins- oder geldmengenpolitischen Impulsen den Konjunkturzyklus glätten will, um Rezessionen oder ein Überschäumen der Wirtschaft zu verhindern. In einer Konjunkturschwäche muss sie anregend (expansiv) auf die Wirtschaft wirken und in einem Boom bremsend (restriktiv).
Dazu muss die Zentralbank in Zeiten schwacher Konjunktur die Zinsen senken und sie bei starker konjunktureller Dynamik erhöhen. Die veränderten Zinsen wirken über die verschiedenen Kanäle der Geldpolitik auf die Wirtschaft ein. Allerdings treten ihre Effekte sehr verzögert auf. Daher muss eine A. vorausschauend agieren. Sie darf die Zinsen nicht erst dann senken, wenn die Wirtschaftslage sich bereits verschlechtert hat, und sie sollte sie erhöhen, bevor der Boom beginnt. Daher muss sie nicht nur auf aktuelle Daten Bezug nehmen, sondern auch auf Prognosen der Wirtschaftsentwicklung. Ansonsten besteht die Gefahr, dass die Maßnahmen zu spät wirken und ihr Ziel verfehlen. Auch muss eine A. berücksichtigen, dass die Wirkungen der Zinspolitik mit hoher Wahrscheinlichkeit asymmetrisch ausfallen – eine Anhebung der Zinsen bremst die Wirtschaft, und zwar stärker, als eine Zinssenkung um exakt den gleichen Prozentsatz sie stimulieren würde: Durch Zinserhöhungen entstehen für die Unternehmen höhere Opportunitätskosten bei der Finanzierung ihrer Investitionsprojekte. Darauf wird sofort reagiert. Bei einer schlechten Wirtschaftslage haben niedrige Zinsen hingegen einen schwächeren Effekt, denn obwohl die Finanzierungsbedingungen nun günstiger sind, fallen die Erwartungen der Unternehmen aufgrund der allgemeinen Situation negativer aus, und dies stellt ein massives Aufschwunghindernis

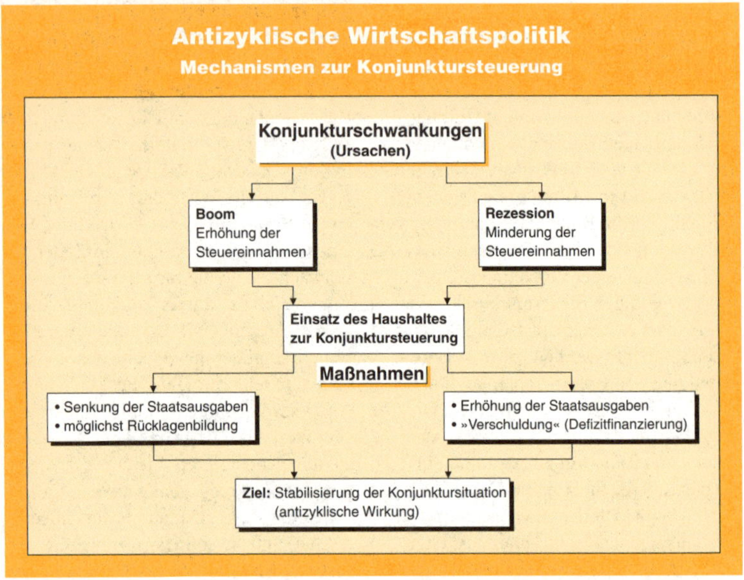
Antizyklische Wirtschaftspolitik
Mechanismen zur Konjunktursteuerung
Konjunkturschwankungen
(Ursachen)
Boom
Erhöhung der
Steuereinnahmen
Rezession
Minderung der
Steuereinnahmen
Einsatz des Haushaltes
zur Konjunktursteuerung
Maßnahmen
• Senkung der Staatsausgaben
• möglichst Rücklagenbildung
• Erhöhung der Staatsausgaben
• »Verschuldung« (Defizitfinanzierung)
Ziel: Stabilisierung der Konjunktursituation
(antizyklische Wirkung)

Abb. 1

dar. Anders als noch in den frühen 1970er-Jahren zählt die Stabilisierung der Konjunktur durch eine A. nicht mehr zu den ausdrücklichen Zielen der Zentralbanken. Lediglich das Federal Reserve System (Fed) in den USA hat immer noch diese Aufgabe. Bei den meisten übrigen Zentralbanken, darunter auch die Europäische Zentralbank (EZB), besteht das vornehmliche geldpolitische Ziel darin, Preisstabilität zu erreichen, indem eine maximale Inflationsrate vorgegeben wird. Laut Vertrag von Maastricht ist dies sogar das vorrangige Ziel der EZB, während die Stabilisierung der Konjunktur als Aufgabe einer antizyklischen Wirtschaftspolitik in der Eurozone derzeit nur geringe Priorität genießt. Dies änderte sich erst unter dem Einfluss der dramatischen Finanzkrise 2008, als auch die EZB explizit die Konjunktur stützte.

Antizyklische Wirtschaftspolitik

Wirtschaftspolitische Strategie, die den Konjunkturzyklus mithilfe wirtschaftspolitischer Maßnahmen glätten will. In einer Konjunkturschwäche muss sie anregend (expansiv) auf die Wirtschaft wirken und in einem Boom bremsend (restriktiv). Im Kern besteht A. aus einer antizyklischen Finanzpolitik und einer antizyklischen Geldpolitik. Ein wesentliches Element ist dabei die Stabilisierung der gesamtwirtschaftlichen Nachfrage. Die A. geht auf Keynes zurück, der postulierte, dass der Staat in Zeiten schwacher privater Nachfrage die Nachfragelücke schließen müsse. Dies kann direkt geschehen, indem der Staat seine Nachfrage erhöht, oder indirekt, indem der Staat die Zinsen senkt und hierdurch die Finanzierungsbedingungen für Investitionen verbessert. In Zeiten übermäßiger privater Nachfrage muss die

Wirtschaftspolitik sie durch einen entsprechend restriktiven Kurs abschöpfen. So können und sollen Haushaltsdefizite, die in Phasen schwacher Konjunktur entstanden sind, in einer Hochkonjunktur abgebaut werden.

Äquivalenzprinzip

Bezeichnet in den Wirtschaftswissenschaften die Gleichwertigkeit von Leistung und Gegenleistung. Dieses Grundprinzip ist v. a. bei Versicherung und als Besteuerungsgrundsatz von Bedeutung. Die Leistungen einer Versicherung müssen mit den Beiträgen übereinstimmen, und die Höhe der Beiträge richtet sich nach der versicherungstechnischen Wahrscheinlichkeit des Schadenseintrittes. Einige Steuern werden nach dem Ä. mit staatlichen Leistungen begründet bzw. als Ausgleich für staatliche Kosten gesehen. Wer einen Vorteil von der staatlichen Leistung hat, soll in diesem Rahmen Steuern zahlen. Dieses Prinzip wird als Begründung auch für die Erhebung etwa der Grundsteuer herangezogen, welche die Kosten der Erschließung decken soll, oder der Mineralölsteuer, die zumindest einen Teil der Kosten des Straßenbaus decken soll.

Arab Monetary Fund (AMF)

Einrichtung der Arabischen Liga. Gegr. 1976. Der Fonds soll seine Mitglieder bei Zahlungsbilanzschwierigkeiten unterstützen und so Wechselkursstabilität im arabischen Raum gewährleisten. Außerdem unterstützt er den Abbau von Devisenbeschränkungen und fördert die Wirtschafts- und Währungsintegration zwischen den Mitgliedstaaten. Der AMF hat seinen Sitz in Abu Dhabi.

Arbeit

Allgemein bezeichnet A. alle planmäßige menschliche Tätigkeit, die darauf gerichtet ist, ein Einkommen zur Bedarfsdeckung zu erzielen. Allerdings gibt es auch die unbezahlte Reproduktionsarbeit (entsprechend in der Alltagssprache Haus- und Familienarbeit und ehrenamtliche Tätigkeit). In der Volkswirtschaftslehre meint A. einen der 3 Produktionsfaktoren – neben Kapital und Boden. Dabei wird A. ebenso wie Boden als ursprünglicher (originärer) Produktionsfaktor benannt, weil ohne geistige oder körperliche A. keine Güter produziert werden können. Auch der Produktionsfaktor Kapital entsteht erst durch A. Deshalb wird Kapital auch als abgeleiteter (derivativer) Produktionsfaktor bezeichnet.

Arbeiter

➠ Arbeitnehmer

Arbeitgeber

Jede natürliche oder juristische Person, die mindestens einen Arbeitnehmer beschäftigt und diesem gegenüber mit Weisungsrechten ausgestattet ist. Im Gegenzug ist der Arbeitgeber zur Zahlung eines Arbeitsentgelts verpflichtet. Rechte und Pflichten zwischen beiden Parteien werden im Arbeitsvertrag geregelt, z. B. die Vergütungspflicht des Arbeitgebers oder der Urlaubsanspruch. Eine gesetzliche Definition des Begriffs existiert nicht.

Arbeitgeberanteil

Unter A. wird der Anteil der Sozialbeiträge verstanden, der von den Arbeitgebern gezahlt wird. Ursprünglich bestand eine paritätische Finanzierung durch Arbeitnehmer und Arbeitgeber mit gleich hohen Beiträgen. Der A. wurde allerdings mit dem Argument, er würde die Wettbewerbsfähigkeit der Unternehmen beschränken, im Zuge der Reformen des Sozialsystems im

Vergleich zum Arbeitnehmeranteil gesenkt.

Arbeitgeberverbände

Freiwillige Zusammenschlüsse von Arbeitgebern zur Wahrung ihrer gemeinsamen sozialpolitischen und arbeitsrechtlichen Interessen. Als Tarifvertragspartner nehmen die A. an den Tarifverhandlungen mit den Gewerkschaften teil. Arbeitgeberverbände sind fachlich strukturiert, entsprechend den einzelnen Branchen, z. B. Metallindustrie, chemische Industrie. Gleichzeitig sind sie regional gegliedert und haben sich zu Landes- und Bundesvereinigungen zusammengeschlossen. Spitzenverband ist die »Bundesvereinigung der Deutschen Arbeitgeberverbände« in Köln. Ihr gehören zurzeit rund 45 Fach- und 15 Landesverbände an.

➡ Gewerkschaften ➡ Tarifvertrag ➡ Tarifpartner

Arbeitgeberzuschuss

Eine vom Arbeitgeber zusätzlich zu einer Aufwendung des Arbeitnehmers erbrachte Leistung (z. B. Essenszuschuss, Fahrtkostenzuschuss). Der Begriff ist gesetzlich nicht definiert.

Arbeitnehmer

Sammelbegriff für nicht selbstständige Erwerbstätige: Angestellte, Arbeiter, Auszubildende oder Heimarbeiter. Beamte, Richter, Wehr- oder Zivildienst leistende gelten hingegen nicht als A., weil sie keinen privatrechtlichen Vertrag mit einem Arbeitgeber abschließen, sondern in einem öffentlich-rechtlichen Dienstverhältnis stehen. Der A. schließt mit dem Arbeitgeber einen Arbeitsvertrag ab, in dem die Rechte und Pflichten festgehalten werden. Der A. muss seiner Dienstpflicht nachkommen und den Weisungen des Arbeitgebers folgen. Im Gegenzug hat er Anspruch auf eine Vergütung, Urlaub und die Fürsorge des Arbeitgebers.

➡ Arbeitgeber ➡ Arbeitgeberverbände ➡ Gewerkschaften

Arbeitnehmerbeteiligung

Erstens versteht man darunter die Einbeziehung von Arbeitern und Angestellten in die Entscheidungsfindung eines Unternehmen. Dies geschieht entweder über Vertreter oder in direkter Form. Arbeitnehmer können z. B. über beratende Ausschüsse oder den Betriebsrat Einfluss auf die Unternehmenspolitik nehmen. Eine direkte Beteiligung erfolgt etwa durch Gruppenbesprechungen, eigenverantwortliche Arbeitsgruppen, Diskussionsforen oder Qualitätszirkel. *Zweitens* versteht man unter A. die Finanzbeteiligung von Arbeitnehmern am Vermögen eines Unternehmens.

➡ Gewerkschaften

Arbeitnehmerentsendegesetz (AEntG)

[Vollst.: Gesetz über zwingende Arbeitsbedingungen bei grenzüberschreitenden Dienstleistungen] Das A. trat am 1.3.1996 in Kraft und soll verhindern, dass Niedriglohnarbeitnehmer aus anderen Ländern die inländischen Arbeitnehmer verdrängen (z. B. in der Bauindustrie). Auf der Grundlage dieses Gesetzes kann das Bundesministerium für Arbeit und Soziales per Rechtsverordnung Mindeststandards für Arbeitsbedingungen festlegen. Dazu müssen diese in einem allgemein verbindlichen oder durch Rechtsverordnung dazu erklärten Tarifvertrag festgelegt worden sein. Tarifverträge, die eine Tarifbindung für dt. Arbeitgeber einschließen, gelten dann auch für Firmen, die aus dem Ausland kommen und Arbeitnehmer in Deutschland beschäftigen (Allgemeinverbindlich-

keitserklärung). Die Arbeitsbedingungen beziehen sich insbesondere auf Lohn (Mindestlohn) und Urlaubsanspruch.
➠ Arbeitsmarktpolitik

Arbeitnehmerfreibetrag

Anstelle einzeln nachgewiesener Werbungskosten kann in der Einkommensteuererklärung bei Einkünften aus nicht selbstständiger Arbeit ein Betrag von jährlich 1.044 € des Bruttolohns abgezogen werden. Bei Ehegatten kann jeder den A. in Anspruch nehmen.

Arbeitnehmerpauschbetrag

➠ Arbeitnehmerfreibetrag

Arbeitnehmerschutz

Bezeichnet alle sozialpolitischen Maßnahmen, die abhängig Beschäftigte vor materiellen und immateriellen Schädigungen und Gefahren am Arbeitsplatz schützen sollen. Zum A. gehören auch der Arbeitszeitschutz, der Betriebsschutz, der Unfallschutz und der Gefahrenschutz.

Arbeitnehmersparzulage

Instrument zur Förderung der Vermögensbildung bei Arbeitnehmern. Sie ist nach dem 5. Vermögensbildungsgesetz und durch Begünstigung nach § 19 a des Einkommensteuergesetzes derzeit folgendermaßen ausgestaltet: Eine A. können alle Arbeitnehmer erhalten, deren Einkommen eine gewisse Grenze (17.900 € für Ledige, 35.800 € für Ehepaare) nicht übersteigt. Die A. ist eine staatliche Zulage für vermögenswirksame Leistungen, welche die Arbeitnehmer in bestimmten, vom Gesetz als förderungswürdig betrachteten Anlageformen anlegen können. Für Bausparverträge z. B. werden Zulagen i. H. v. 10 % der Sparsumme gewährt, maximal jedoch 480 €.

Anzahl der beschäftigten Leiharbeitnehmer	
30.6.2002	273.000
30.12.2002	254.000
30.6.2003	273.000
30.12.2003	290.000
30.6.2004	344.000
30.12.2004	321.000
30.6.2005	385.000
30.12.2005	391.000
30.6.2006	516.000
30.12.2007	731.152
30.6.2008	794.363

Tab. 4 Quelle: Bundesagentur für Arbeit (BA)

Arbeitnehmerüberlassung

In Rahmen der A. stellt ein Arbeitgeber (Verleiher, Zeitarbeitsunternehmen) einem anderen Unternehmen (Entleiher) Arbeitnehmer (Leiharbeitnehmer, Zeitarbeitnehmer) zur Verfügung. Der Arbeitnehmer hat seinen individuellen Arbeitsvertrag mit einer Zeitarbeitsfirma und besitzt deshalb die gesetzlichen Arbeitnehmerrechte gegenüber dieser Firma. Seine Arbeitsleistung erbringt er allerdings nicht im Zeitarbeitsunternehmen, sondern wird von diesem an ein anderes Unternehmen ausgeliehen. Die Vorgesetzten dieses Betriebs besitzen die Weisungsbefugnis über den Zeitarbeitnehmer und die Verantwortung für den Arbeitsschutz. Vor der Übernahme eines Leiharbeitnehmers ist der Betriebsrat des Entleiherbetriebes einzuschalten (Betriebsverfassungsrecht). Einerseits profitieren die Kundenunternehmen von der Zeitarbeit, da bei einer vorübergehenden guten Auftragslage keine regulären Arbeitskräfte eingestellt werden müssen. Auf der anderen Seite werden weniger reguläre Arbeitsplätze in den Unternehmen geschaffen. Weil die Leiharbeiter i. d. R. schlechter entlohnt werden als die Stammbelegschaft, sinkt die Summe der gezahlten Sozialversicherungsbeiträge und das Einkommensteueraufkommen. Rechtliche Grundlage für die A. ist das Arbeitnehmerüberlassungsgesetz (AÜG). Dieses Gesetz regelt die Rechtsbeziehungen zwischen dem Leiharbeitgeber und dem Entleiher.

Arbeitnehmerüberlassungsgesetz (AÜG)

Gesetz vom 7.8.1972, das die gewerbsmäßige Überlassung von Arbeitnehmern regelt. Nach dem A. braucht das Verleihunternehmen eine behördliche Erlaubnis der Bundesagentur für Arbeit. Es diente ursprünglich ausschließlich dem sozialen Schutz der Leiharbeitnehmer, inzwischen verfolgt der Gesetzgeber mit dem A. auch arbeitsmarktpolitische Ziele. Dazu wurde das A. durch das erste Gesetz für moderne Dienstleistungen am Arbeitsmarkt (»Hartz I«) in wesentlichen Punkten geändert: Das besondere Befristungsverbot, das Synchronisationsverbot, das Wiedereinstellungsverbot und die Beschränkung der Überlassungsdauer auf höchstens 2 Jahre wurden aufgehoben. Das Gesetz trat am 1.1.2004 in Kraft.

➠ Arbeitnehmerüberlassung

Arbeitsamt

Alte Bezeichnung der Agentur für Arbeit (bis zum 1.1.2004).

➠ Agentur für Arbeit

Arbeitsbeschaffungsmaßnahmen (ABM)

Ziel ist es, Arbeitssuchenden bei der Wiedereingliederung in eine Beschäftigung zu helfen oder ein geringes Einkommen zu sichern. Durch Zuschüsse oder Darlehen der Bundesagentur für Arbeit werden Arbeiten v. a. bei Kommunen und Wohlfahrtsverbänden gefördert, welche im öffentlichen Interesse liegen und sonst gar nicht oder erst zu einem späteren Zeitpunkt erledigt werden würden. In den 1990er-Jahren sind außerdem sog. A.-Träger entstanden: kommunale Beschäftigungsgesellschaften, Vereine oder Sozialverbände. Zumeist werden nur qualifikationslose bzw. nur sehr niedrig qualifizierte Jobs vermittelt und das zeitlich nur befristet – i. d. R. auf 6–12 Monate. Die A. wurden nach der Wiedervereinigung wegen der erheblichen Arbeitslosigkeit in den strukturschwachen neuen östlichen Bundesländern eingesetzt. A. galten früher zahlenmäßig als das wichtigste Instrument der aktiven Arbeitsmarktpolitik. Mit der Einführung des Arbeitslosengeld (ALG) II wurden die A.-Mittel weitgehend zu Gunsten der günstigeren »Arbeitsgelegenheiten«, den sog. Ein-Euro-Jobs, umgestellt. Außerdem ist es seit 2004 – aufgrund einer Änderung des Sozialgesetzbuchs (SGB) III – nicht mehr möglich, sich durch eine A.-Beschäftigung einen neuen Anspruch auf ALG I zu erarbeiten. Wer aus dem ALG II in eine A. geht, bekommt nach deren Beendigung wieder nur ALG II. Außerdem besteht die Gefahr, dass aufgrund der Anrechnung von Partnereinkommen innerhalb einer ALG II-Bedarfsgemeinschaft der Partner kein ALG II mehr bekommt. Bei A. besteht aus ordnungspolitischer Perspektive die Gefahr, dass ein zweiter Arbeitsmarkt mit großen Beschäftigungsgesellschaften entsteht, der nur von staatlichen Subventionen lebt und Leistung unter den realen Kosten anbietet. Dadurch verlieren Unternehmen am ersten Arbeitsmarkt Aufträge.

Arbeitsentgelt

Im engeren Sinn die Summe sämtlicher Einnahmen eines abhängig Beschäftigten für seine Arbeit. Generell kann das A. in 3 verschiedene Gruppen eingeteilt werden, je nachdem, welcher Arbeitnehmer es bezieht: Lohn (Arbeiter), Gehalt (Angestellte), Besoldung (Beamte). Zum A. zählen auch Urlaubs- und Weihnachtsgeld sowie vermögenswirksame Leistungen des Arbeitgebers. Im weiteren Sinne meint A. jedes Entgelt für die Erbringung einer Arbeitsleistung. Auch das Honorar für Freiberufler oder der (fiktive) Unternehmerlohn gehören dazu.

Arbeitsförderungsgesetz (AFG)

Das »Gesetz über die Leistungen und Aufgaben zur Beschäftigungssicherung und zur Förderung des Wirtschaftswachstums« vom 25.6.1969 war viele Jahre lang die rechtliche Grundlage der gesamten Arbeitsmarktpolitik in Deutschland. Es wurde durch das Arbeitsmarktreformgesetz zum 1.1.1998 als Drittes Buch (SGB III) in das Sozialgesetzbuch eingeordnet.

Arbeitsförderungsreformgesetz (AFRG)

Wurde 1997 verabschiedet und regelt die Veränderung des alten Arbeitsförderungsgesetzes (AFG) und des Sozialgesetzbuches. Es dient dazu, verschiedene Teile der Arbeitsmarktpolitik zu verbessern und v. a. den Sozialmissbrauch in der Arbeitslosenversicherung und Arbeitslosenhilfe zu verhindern. Dadurch sollen die Beitragszahler entlastet werden.

➡ Arbeitsförderungsgesetz

Arbeitsgebundener technischer Fortschritt

➡ Technischer Fortschritt

Arbeitsgerichte

Unabhängige Gerichte, die ausschließlich über arbeitsrechtliche Streitigkeiten entscheiden. Es gibt 3 Instanzen: die Kammern bzw. Fachkammern der A., die Landesarbeitsgerichte und das Bundesarbeitsgericht in Kassel. In normalen Streitigkeiten wird ein Urteil gesprochen. Ist allerdings ein Gesetz betroffen, entsteht ein Beschluss. Man kann sich über jedes Urteil und gegen jeden Beschluss bei dem nächsthöheren Gericht beschweren (in Revision gehen). Vor dem A. können sich die streitenden Parteien durch Gewerkschaften bzw. durch ihren Arbeitgeberverband vertreten lassen. Wenn beide Streitpartner einverstanden sind, kann man auch ein Schiedsgericht entscheiden lassen. Das ersetzt dann das A. Ein Schiedsgericht besteht aus gleich vielen Vertretern von Arbeitnehmern und Arbeitgebern.

Arbeitsintensität

Verhältnis von Arbeits- und Kapitaleinsatz bei der Herstellung eines Produktes. Je mehr Arbeit man in ein Produkt steckt, desto arbeitsintensiver wird es. Wenn mehr Kapital als Arbeit in einem Produkt steckt, ist es nicht so arbeitsintensiv. Wird z. B. ein Roboter gekauft, um ein Produkt herzustellen, steigt der Kapitaleinsatz enorm, der Arbeitseinsatz wird aber viel kleiner. Mit der Arbeitsintensität wird oft der technische Fortschritt beschrieben.

Arbeitskampf

Von Arbeitnehmern oder Arbeitgebern gezielt vorgenommene Störungen des normalen Arbeitsbetriebs. Gewerkschaften können einen Streik ihrer Mitglieder aufrufen, und die Arbeitgeber können mit der Aussperrung von Arbeitnehmern reagieren. Ziel beider Seiten ist, Druck auf Tarifverhandlungen auszuüben. Das

Recht des A. ist gesetzlich nicht im Detail geregelt, sondern beruht im Wesentlichen auf der Rechtsprechung.
→ Arbeitgeberverbände → Gewerkschaften → Streik

Internationale Arbeitskämpfe

Durch Streiks und Aussperrungen verlorene Arbeitstage je 1.000 Beschäftigte [Jahresdurchschnitte 1992–2001]

Land · Kontinent	Anzahl Tage
Schweiz	2
Japan	2
Österreich	2
Deutschland	9
Niederlande	17
Großbritannien	22
Portugal	26
Schweden	30
Belgien	32
USA	48
Frankreich	87
Australien	88
Norwegen	97
Irland	98
Finnland	116
Italien	117
Dänemark	169
Kanada	184
Spanien	282

Tab. 5 Ursprungsdaten: ILO, OECD

Arbeitskoeffizient

Gibt das Verhältnis zwischen Arbeitseinsatz und Produktionsergebnis wieder.

Arbeitskosten

Personalkosten eines Unternehmens. Sie setzen sich zusammen aus den Löhnen der Arbeiter bzw. den Gehältern der Angestellten sowie den gesetzlich, tariflich oder arbeitsvertraglich festgelegten Lohnnebenkosten. Hinzu kommen die Personalzusatzkosten wie Sozialversicherungsaufwendungen Weihnachtsgeld, Urlaubsgeld oder Lohnfortzahlung im Krankheitsfall. In der volkswirtschaftlichen Gesamtrechnung werden die A. als durchschnittliche Stundenlöhne der Arbeitnehmer ausgewiesen, errechnet aus dem Einkommen und der innerhalb eines bestimmten Zeitraums geleisteten Arbeit.
→ Absolute Arbeitskosten

Arbeitskostenerhebung

Von den Mitgliedstaaten der EU seit 1959 durchgeführt, um die Personalkosten der Unternehmen des produzierenden Gewerbes und des Dienstleistungsbereichs zu erfassen. Die Ergebnisse dieser amtlichen Statistik werden alle 4 Jahre veröffentlicht und finden v. a. in der Diskussion über die Qualität des Wirtschaftsstandorts in den einzelnen Mitgliedsstaaten große Beachtung.

Arbeitskostenindex (AKI)

Index, der von Eurostat seit Mitte 2005 auf der Basis der absoluten Arbeitskosten erstellt wird. Der A. misst die Veränderung der Arbeitskosten je geleisteter Arbeitsstunde in der Industrie und im privaten Dienstleistungssektor. Grundlage ist eine EU-Verordnung, die für alle Länder einen einheitlichen und verbindlichen Rahmen zur Datenerhebung festlegt, wodurch die Vergleichbarkeit der Arbeitskosten in Europa entscheidend verbessert wurde. Alle EU-Länder sind verpflichtet, ihre nationalen Zeitreihen für den A. spätestens 70 Tage nach Ende des Quartals an Eurostat zu übermitteln. Auf Basis dieser Daten berechnet Eurostat dann die Arbeitskostenindizes für die Eurozone und die EU. Zu den geleisteten Arbeitsstunden, die im A. berücksichtigt werden, zählen nur die tatsächlich geleisteten Arbeitsstunden. Krankheits-, Urlaubs und Feiertage sind nicht enthalten.

Arbeitskostenstatistik

➡ Arbeitskostenerhebung

Arbeitskräftebilanz

Wird jährlich vom Institut für Arbeitsmarkt- und Berufsforschung veröffentlicht und beinhaltet die gemeldeten Arbeitslosen, einschließlich der geschätzten »stillen Reserve«, ferner die Erwerbstätigen und das Erwerbspersonenpotenzial. Aus Veränderungen in den einzelnen Gruppen können Kenntnisse über die Ursachen von Arbeitslosigkeit gewonnen und der Erfolg der aktiven Arbeitsmarktpolitik beurteilt werden.

Arbeitslohn

Alle Einnahmen, die einem Erwerbstätigen als Gegenleistung (Entlohnung) für seine Arbeitskraft aus einem gegenwärtigen oder früheren Dienstverhältnis zufließen.

➡ Arbeit

Arbeitslose

➡ Registrierte Arbeitslose

Arbeitslosengeld (ALG)

[Auch: ALG I] Geldliche Lohnersatzleistung aus der Arbeitslosenversicherung. Anspruch darauf hat jeder, der arbeitslos ist, beim Arbeitsamt registriert ist, ALG beantragt hat und der Arbeitsvermittlung zur Verfügung steht. Außerdem muss man die Anwartschaftszeit erfüllt haben. Das ist der Fall, wenn man in den letzten 3 Jahren vor der Arbeitslosigkeit zumindest ein Jahr lang Beiträge zur Arbeitslosenversicherung gezahlt hat. Ein besonderer Fall sind die Saisonarbeiter: Bei ihnen reicht es, wenn sie nur 6 Monate eingezahlt haben. Die Höhe des ALG beträgt 60 % (mit Kind 67 %) des letzten Nettogehalts. Nebeneinkommen des Arbeitslosen und Abfindungen des Arbeitgebers können angerechnet werden. Seit 2007 ist die Anspruchsdauer grundsätzlich auf 12 Monate begrenzt. Ausnahme: Arbeitslose über 55 Jahre. Sie erhalten 24 Monate ALG. Dem Arbeitslosen kann für 12 Wochen das Geld gestrichen werden, wenn er seine Arbeitsstelle ohne wichtigen Grund aufgegeben hat. Eine solche Sperrzeit erhält der Arbeitslose auch, wenn er sich weigert, eine zumutbare Stelle anzunehmen oder an einer Maßnahme zur beruflichen Fortbildung oder Umschulung teilzunehmen.

➡ Arbeitslosengeld II

Arbeitslosengeld II

Finanzielle Grundsicherung für Bedürftige, die aus Steuermitteln finanziert wird. Die Höhe der Leistungen orientiert sich aus diesem Grunde am Bedarf der Empfänger und nicht am letzten Nettolohn. Anspruchsberechtigt sind alle Bürger, die den Bedarf für sich und ggf. weitere Angehörige des Haushaltes nicht aus eigener Kraft aufbringen können. Die Höhe des ALG II beträgt 345 € für alleinstehende Erwachsene bzw. 311 € pro Kopf für zusammenlebende Erwachsene. Kinder unter 14 Jahren erhalten 207 € und Kinder über 14 Jahren erhalten 276 €. Dazu werden die Kosten für eine angemessene Wohnung (Miete und Heizkosten) übernommen. Daneben besteht ggf. Anspruch auf einen befristeten Zuschlag. Arbeitslose, die aus dem Arbeitslosengeld in das ALG II wechseln, erhalten ein Jahr lang 2/3 des Unterschiedes beider Leistungen. Nach einem Jahr wird der Zuschlag halbiert, nach 2 Jahren fällt er ganz weg. Am

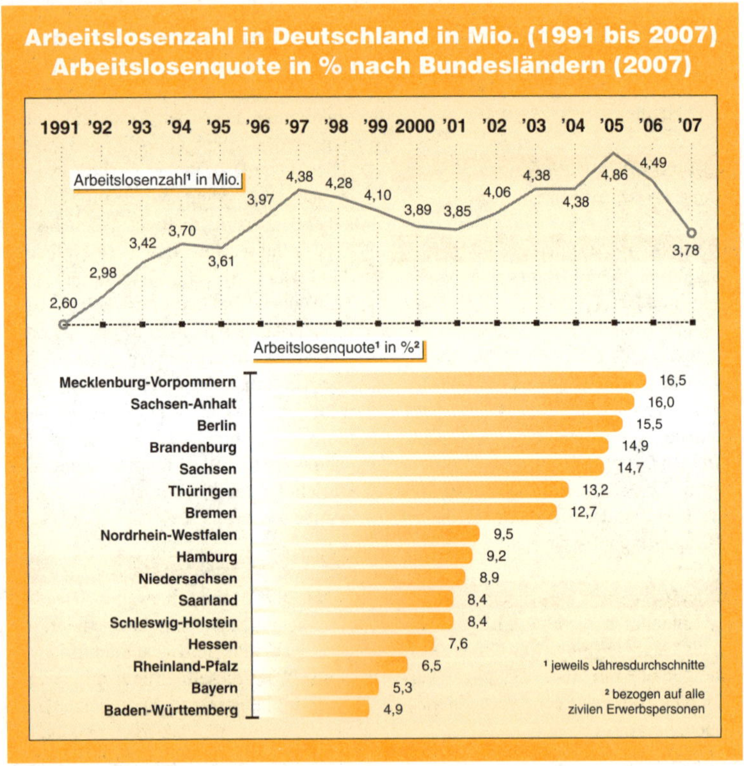
Arbeitslosenzahl in Deutschland in Mio. (1991 bis 2007)
Arbeitslosenquote in % nach Bundesländern (2007)
1991 '92 '93 '94 '95 '96 '97 '98 '99 2000 '01 '02 '03 '04 '05 '06 '07
Arbeitslosenzahl[1] in Mio.
2,60
2,98
3,42
3,70
3,61
3,97
4,38
4,28
4,10
3,89
3,85
4,06
4,38
4,38
4,86
4,49
3,78
Arbeitslosenquote[1] in %[2]
Mecklenburg-Vorpommern 16,5
Sachsen-Anhalt 16,0
Berlin 15,5
Brandenburg 14,9
Sachsen 14,7
Thüringen 13,2
Bremen 12,7
Nordrhein-Westfalen 9,5
Hamburg 9,2
Niedersachsen 8,9
Saarland 8,4
Schleswig-Holstein 8,4
Hessen 7,6
Rheinland-Pfalz 6,5
Bayern 5,3
Baden-Württemberg 4,9
[1] jeweils Jahresdurchschnitte
[2] bezogen auf alle zivilen Erwerbspersonen

Abb. 2 Quelle: Bundesagentur für Arbeit

1.1.2005 löste das ALG II die alten Sozialleistungen Arbeitslosenhilfe und Sozialhilfe ab.

➠ Arbeitslosenversicherung

Arbeitslosenhilfe

Lohnersatzleistung, die bis 2004 gezahlt wurde, wenn kein Anspruch mehr auf Arbeitslosengeld bestand. A. wurde i. H. v. 53 % (mit Kind 57 %) des Nettogehaltes gewährt. Mit den Hartz-Reformen wurden A. und Sozialhilfe zusammengelegt. Erwerbsfähige Hilfeempfänger bekommen ein Arbeitslosengeld II auf dem Niveau der Sozialhilfe und werden von sog. Jobcentern als gemeinsame Einrichtung von Arbeitsamt und Sozialamt betreut.

Arbeitslosenquote

Gibt an, wie viel Prozent der Erwerbspersonen, die dem Arbeitsmarkt offiziell zur Verfügung stehen, bei den Arbeitsämtern arbeitslos gemeldet sind. Zu den Arbeitslosen zählen alle, die nicht oder nur kurzfristig beschäftigt sind und für eine Vermittlung zur Verfügung stehen, jünger als 65 Jahre und nicht arbeitsunfähig erkrankt sind. Außerdem müssen sie beim Arbeitsamt registriert sein. Die

A. ist die wichtigste Kennzahl zur Darstellung der Beschäftigungssituation und des Umfanges der Arbeitslosigkeit. Die Bundesanstalt für Arbeit veröffentlicht jeden Monat die bundesweite Quote und die regionalen A. Allerdings ist die Aussagefähigkeit der A. aus verschiedenen Gründen begrenzt. Zu den Erwerbspersonen werden etwa auch Beamte gezählt, obwohl die Gefahr, arbeitslos zu werden, bei diesen praktisch nicht vorhanden ist. Nicht erfasst werden hingegen Personen, die sich nicht beim Arbeitsamt melden, weil sie keinen Anspruch auf Arbeitslosengeld haben, etwa ehemalig Selbstständige. Diese Arbeitslosen nennt man die »stille Reserve«. Nicht hinzugezählt werden Arbeitslose, welche etwa an Arbeitsbeschaffungs- oder Umschulungsmaßnahmen teilnehmen oder sog. Unterbeschäftigte, also Personen, die weniger als 15 Stunden pro Woche einer bezahlten Arbeit nachgehen, falls diese sich nicht arbeitslos gemeldet haben.

➡ Arbeitsmarktpolitik

Arbeitslosenstatistik

➡ Arbeitsmarktstatistik

Arbeitslosenversicherung

Sie gehört zu den sozialen Sicherungssystemen der Bundesrepublik Deutschland und ist eine Pflichtversicherung für alle Arbeitnehmer, Auszubildende, seit Februar 2006 auch für Wehr- und Zivildienst leistende. Geringfügig Beschäftigte sind nicht pflichtversichert. Im Rahmen der freiwilligen Weiterversicherung gegen Arbeitslosigkeit können sich auch Selbstständige, Pflegepersonen und Arbeitnehmer, die außerhalb der EU beschäftigt sind, versichern. Im Jahr müssen 4,2 % des Bruttolohns eingezahlt werden (2007). Arbeitnehmer und Arbeitgeber zahlen jeweils die Hälfte. Das Arbeitslosengeld (auch Arbeitslosengeld I) wird maximal 12 Monate gezahlt, außer bei Arbeitslosen über 55 Jahre. Sie erhalten 24 Monate Arbeitslosengeld. Das sog. Arbeitslosengeld II wird zeitlos gewährt und ersetzte die alte Arbeitslosenhilfe und die Sozialhilfe. Es wird auch nicht aus der A. gezahlt, sondern ist steuerfinanziert. Für das Arbeitslosengeld liegt die Beitragsbemessungsgrenze 2009 in den alten Bundesländern bei 5.400 € und in den neuen Bundesländern 4.550 €. Ab dieser Bruttoeinkommenshöhe steigt der abzuführende Betrag nicht mehr. Die A. findet ihren gesetzlichen Niederschlag im Sozialgesetzbuch und im Arbeitsförderungsreformgesetz. Zuständig für die A. ist die Bundesagentur für Arbeit in Nürnberg. Aufsichtführendes Ministerium ist das Bundesministerium für Wirtschaft und Arbeit. Die Versicherung gibt es seit 1927.

Arbeitslosigkeit

Bezeichnet den Zustand von Erwerbspersonen ohne Arbeit. Sie resultiert aus einem Ungleichgewicht auf dem Arbeitsmarkt oder Teilarbeitsmärkten, bei dem das Arbeitsangebot die Arbeitsnachfrage übersteigt und arbeitswillige Erwerbspersonen zeitweise keine Beschäftigung von Arbeitgebern erhalten. In Abhängigkeit von den Ursachen kann man folgenden Arten von A. unterscheiden:

- Konjunkturelle A.: Sie entsteht durch Konjunkturschwankungen. Während eines wirtschaftlichen Abschwungs entlassen die Unternehmen Arbeitskräfte, die sie im Aufschwung wieder einstellen. Konjunkturelle A. hält i. d. R. nur 2–3 Jahre an.
- Strukturelle A.: Sie wird ausgelöst durch einen Wandel der Wirtschaftsstruktur und/oder durch technologi-

sche Entwicklungen. Dadurch ergeben sich veränderte Anforderungsprofile an die Arbeitnehmer bei veränderten Arbeitsabläufen. Die Folge ist, dass die Arbeitnehmer nicht mehr den neuen Qualifikationsanforderungen entsprechen und keine Anstellung mehr finden, wenn gleichzeitig der Arbeitsmarkt oder das Ausbildungssystem zu unflexibel sind, um Arbeitslose in anderen Branchen, Regionen oder Berufen unterzubringen. Sie ist ein dauerhaftes Phänomen.

- Saisonale A.: Sie entsteht durch jahreszeitlich bedingte Schwankung der Nachfrage- und Angebotsbedingungen in einzelnen Sektoren der Volkswirtschaft, z. B. Bau- oder Landwirtschaft im Winter. Sie ist ein dauerhaftes Phänomen.
- Friktionelle A.: Auch als Fluktuations- oder Sucharbeitslosigkeit bezeichnet, entsteht in der Zeitspanne zwischen der Aufgabe der alten und dem Beginn der neuen Tätigkeit. Sie ist i. d. R. nur von kurzer Dauer und auch in Phasen einer Vollbeschäftigung unvermeidlich.

Außerdem kann man unterscheiden zwischen freiwilliger A. (z. B. durch Kündigung des Arbeitnehmers) und unfreiwilliger A. (z. B. Kündigung durch den Arbeitgeber) sowie zwischen dauernder und vorübergehender A. Auch findet man eine Unterscheidung nach anderen Merkmalen wie Dauer der A. (Langzeit-A.) oder auch nach der betroffenen Gruppe (Jugend-A.). A. ist nicht nur schwer wiegend für die Betroffenen, sondern auch ein wirtschaftspolitisches Problem der öffentlichen Haushalte. Einerseits steigen mit der A. die Ausgaben der öffentlichen Hand für Arbeitslosengeld, Sozialhilfe oder beschäftigungspolitische Maßnahmen, andererseits sinken ihre Einnahmen, weil weniger Steuern und Sozialabgaben gezahlt werden.

➡ Arbeitslosenversicherung ➡ Arbeitslosengeld ➡ Arbeitslosengeld II ➡ Hysterese ➡ Kosten der Arbeitslosigkeit

Arbeitsmarkt

Auf dem A. treffen Arbeit anbietende Erwerbspersonen sowie private Unternehmen und staatliche Stellen, die Arbeit nachfragen, aufeinander. Die einen treten als Anbieter auf, die anderen fragen den Produktionsfaktor Arbeit nach. Das Arbeitsangebot wird bestimmt durch Bevölkerungsentwicklung, Erwerbsbeteiligung, Lohn und gewünschte Arbeitszeit. Im sog. Erwerbspersonenpotenzial ist das Arbeitskräfteangebot zusammengefasst. Multipliziert man das Erwerbspersonenpotenzial mit der gewünschten jahresdurchschnittlichen Arbeitszeit, erhält man das gewünschte Arbeitsvolumen. Die Arbeitsnachfrage wird bestimmt durch die gesamtwirtschaftliche Nachfrage nach Waren und Dienstleistungen, die Höhe des Lohns, die Produktionsbedingungen (technologisches Niveau), die Zukunftserwartung der Unternehmen und etliche Nebenbedingungen (Arbeitsrecht, Lohnnebenkosten etc.). Multipliziert man die bereitstehenden Arbeitsplätze (Anzahl der Beschäftigten) mit der angebotenen Beschäftigungszeit (effektive Jahresarbeitszeit je Erwerbstätigem), erhält man das Beschäftigungsvolumen (effektives Arbeitsvolumen) in einer Volkswirtschaft. Im Gegensatz zu anderen Märkten (z. B. dem Kapitalmarkt) unterliegt der A. einigen Sonderbedingungen, da er nicht hauptsächlich durch das Gesetz von Angebot und Nachfrage geregelt wird. So bildet sich der Preis, die Höhe der Löhne und Gehälter nicht frei nach Angebot und Nachfrage, sondern wird von Arbeitgeberverbänden und Gewerkschaf-

ten durch Tarifverhandlungen festgelegt. Der Gesamtarbeitsmarkt wird zur besseren Untersuchung und Beschreibung in Teilarbeitsmärkte aufgegliedert, so nach Regionen (z. B. A. für Ostdeutschland), Berufen (z. B. A. für Baufacharbeiter), Qualifikationen (z. B. A. für Hochschulabsolventen) oder Personengruppen (z. B. A. für Frauen). Außerdem wird zwischen offiziellem und informellem A. (Schattenwirtschaft) unterschieden.
➠ Arbeitslosigkeit ➠ Unterbeschäftigung

Arbeitsmarktpolitik

Alle staatlichen Maßnahmen, die Angebot und Nachfrage auf dem Arbeitsmarkt beeinflussen sollen. Unterschieden werden aktive und passive A. Die aktive A. versucht, willigen Arbeitslosen den Zugang in den Arbeitsmarkt zu ermöglichen. Dazu stehen der Bundesagentur für Arbeit sowie den Gemeinden verschiedene Instrumente zur Verfügung, z. B. Arbeitsvermittlung, Berufsberatung, Förderung der beruflichen Weiterbildung, Trainingsmaßnahmen, Arbeitsbeschaffungsmaßnahmen, »Arbeitsgelegenheiten« (Ein-Euro-Jobs) und Eingliederungsbeihilfen sowie Lohnkostenzuschüsse zur Förderung der Arbeitsaufnahme. Durch diese Instrumente sollen die Arbeitslosen wieder an die Arbeit gewöhnt, ihre Qualifikation erhöht werden. Die passive A. hingegen unterstützt die Arbeitslosen finanziell durch Arbeitslosengeld und Arbeitslosengeld II.
➠ Arbeitslosenversicherung

Arbeitsmarktstatistik

Zusammenfassung aller von der Bundesagentur für Arbeit oder vom Statistischen Bundesamt erstellten Statistiken, die für den Arbeitsmarkt von Bedeutung sind. Sie beinhaltet Angaben über Bestand, Struktur sowie Zu- und Abgänge der Arbeitslosen. Die Arbeitsmarktstatistik gibt einen Überblick der Gesamtlage des Arbeitsmarktes.
➠ Amtliche Statistik

Arbeitsmarkttheorien

A. versuchen, die Funktionsweise des Arbeitsmarkts aus ökonomischer Sicht zu erklären. Man unterscheidet gesamtwirtschaftliche und einzelwirtschaftliche A. Erstere widmen sich der Erklärung gesamtwirtschaftlicher Arbeitsmarktphänomene, wobei Beschäftigung und Arbeitslosigkeit im Mittelpunkt stehen. Die einzelwirtschaftlichen Ansätze beschäftigen sich mit den Anreizen zur Arbeitsaufnahme sowie den Anreizen zur Arbeitsnachfrage unter den gegebenen ökonomischen und institutionellen Voraussetzungen. Zwei Größen sind in den gängigen A. von maßgeblicher Bedeutung: die Reallöhne und die gesamtwirtschaftliche Güternachfrage. Allerdings kommen sie je nach Theorie in unterschiedlicher Weise zum Tragen. So sind in neoklassischen Modellen die Reallöhne die entscheidende Größe für Beschäftigung und Arbeitslosigkeit, während die Nachfrage keine Rolle spielt. In neukeynesianischen Ansätzen haben beide Größen Einfluss, während in keynesianischen Theorien nur die Nachfrage bedeutsam ist. In vielen A. der jüngsten Zeit wird auch die Bedeutung von Institutionen und Regulierungen des Arbeitsmarktes hervorgehoben, wie z. B. die Arbeitslosenunterstützung und Kündigungsvorschriften. Auch soziale Normen, dass Arbeit eine soziale Verpflichtung sei, finden in neueren Überlegungen Berücksichtigung.

Arbeitsnachfrage

Nachfrage der Unternehmen nach Arbeit am Arbeitsmarkt. Sie kann in Arbeitsstunden oder auch in Arbeitskräf-

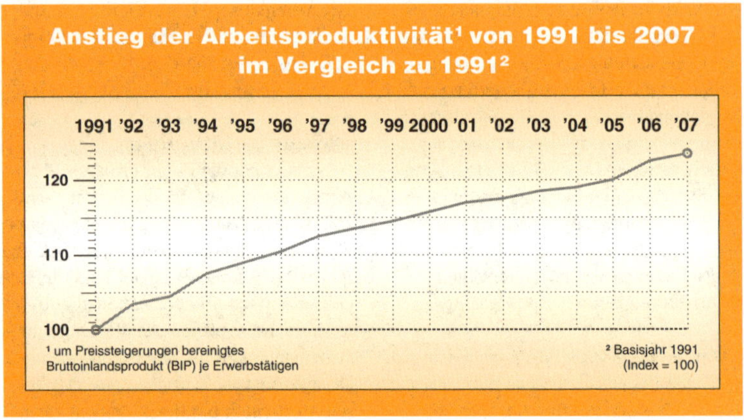
Anstieg der Arbeitsproduktivität¹ von 1991 bis 2007 im Vergleich zu 1991²
1991 '92 '93 '94 '95 '96 '97 '98 '99 2000 '01 '02 '03 '04 '05 '06 '07
120
110
100
¹ um Preissteigerungen bereinigtes Bruttoinlandsprodukt (BIP) je Erwerbstätigen
² Basisjahr 1991 (Index = 100)

Abb. 3 Quelle: Statistisches Bundesamt

ten angegeben werden. Zusammen mit dem Arbeitsangebot entscheidet die A. über die Höhe der Beschäftigung bzw. der Arbeitslosigkeit. In den meisten Erklärungsmodellen hängt die A. v. a. vom Reallohn ab. Je höher der Reallohn, desto niedriger die A. Ein Unternehmen fragt dann zusätzliche Arbeit nach, wenn der Ertrag aus den zusätzlichen Arbeitsstunden den gezahlten Reallohn übersteigt. Hieraus ergibt sich: Je höher die Kosten der Arbeit sind, desto geringer die Bereitschaft der Unternehmen Arbeit nachzufragen, sofern alle anderen Faktoren gleich bleiben. Folglich sinken die Reallöhne. Aus keynesianischer Sicht hängt die A. v. a. von der gesamtwirtschaftlichen Güternachfrage ab. Denn sie entscheidet darüber, wie viele seiner Produkte ein Unternehmen absetzen kann. Folglich wird dieses so viel Arbeit nachfragen, wie unter den gegebenen technologischen Bedingungen benötigt wird, um die nachgefragte Absatzmenge produzieren zu können. Niedrigere Reallöhne erhöhen nach Keynes nur dann die Beschäftigungsnachfrage, wenn sie ihrerseits nicht die Güternachfrage beeinträchtigen.

Arbeitsproduktivität

Gibt an, welches Produktionsergebnis mit einem bestimmten Arbeitseinsatz auf betriebs- oder volkswirtschaftlicher Ebene hergestellt werden kann. Dabei werden Arbeitseinsatz und Produktionsergebnis ins Verhältnis gesetzt. Gemessen wird die A. in der amtlichen Statistik durch das reale Wirtschaftswachstum (Bruttoinlandsprodukt) zu Marktpreisen je Erwerbstätigen. Kritisch anzumerken ist bei der Berechnung pro Kopf, dass die Veränderung der jährlichen Arbeitszeiten nicht einbezogen wird. Die jährliche Arbeitszeit hängt ab von der tariflichen Arbeitszeit, der Anzahl der Überstunden sowie der Kurzarbeits-, der Urlaubs- und Streiktage. Da die jährliche Arbeitszeit in Deutschland stark zurückgegangen ist (z. B. durch die 35-Stunden-Woche), ergibt sich bei der Berechnung der A. auf Basis der Erwerbspersonen ein niedriger Wert. Die Berechnung der A. auf Stundenbasis ergibt hingegen einen wesentlich höheren Wert. In der Bundesrepublik Deutschland ist sie seit 1950 absolut gestiegen, seit 1973 allerdings mit schwächer werdendem Anstieg und periodischen Schwankungen. Die jährlichen Wachstumsraten der A. spielen in den Tarifverhandlungen über höhere Löhne sowie in der Debatte über die internationale Wettbewerbsfähigkeit eines Landes eine entscheidende Rolle.

➡ Arbeit

Arbeitsrecht

Umfasst alle Rechtsregelungen, die das Arbeitsverhältnis zwischen Arbeitgebern und Arbeitnehmern gestalten, sowie die rechtlichen Rahmenbedingungen, welche die Erbringung individueller Arbeitsleistungen beeinflussen. Dabei unterscheidet man zwischen dem individuellen und dem kollektiven A. Das individuelle A. regelt die gegenseitigen Rechte und Pflichten der Arbeitgeber und Arbeitnehmer. Zum Individualarbeitsrecht zählen das Arbeitsvertragsrecht und das Arbeitnehmerschutzrecht. Das Kollektivarbeitsrecht regelt die Rechtsbeziehungen der Tarifvertragspartner, ferner die Bildung von Arbeitnehmervertretungen durch die Organe der Betriebsverfassung sowie die Mitbestimmungsrechte der Arbeitnehmer im Unternehmen. Entsprechend gehören zum Kollektivarbeitsrecht das Betriebsverfassungsgesetz (hier werden allerdings auch individuelle Rechte zwischen Arbeitgebern und Arbeitnehmern geregelt), das Koalitionsrecht (Art. 9, Abs. 3 GG), das Tarifvertragsrecht, das Arbeitskampfrecht, das Montanmitbestimmungsgesetz sowie das Mitbestimmungsgesetz von 1976. Das A. wird zunehmend von richterlichen Entscheidungen der Arbeitsgerichte geprägt sowie von der Rechtsentwicklung in der EU.

➡ Arbeit ➡ Arbeitsvertrag

Arbeitsrechtliches Beschäftigungsförderungsgesetz

In Deutschland seit dem 1.10.1996 in Kraft. Es sollte v. a. die Lohnnebenkosten senken. Dazu wurde die gesetzlich vorgeschriebene Lohnfortzahlung im Krankheitsfall von 100 % auf 80 % reduziert, der Kündigungsschutz gelockert und der Abschluss befristeter Arbeitsverträge erleichtert. Inzwischen wurden Teile des Gesetzes wieder rückgängig gemacht.

Arbeitsparender technischer Fortschritt

➡ Technischer Fortschritt

Arbeitsteilung

Aufspaltung des Wirtschaftsprozesses in bestimmte Tätigkeiten, die dann von verschiedenen Personen, Abteilungen, Unternehmen, Wirtschaftssektoren oder ganzen Volkswirtschaften erledigt werden. Entsprechend wird zwischen innerbetrieblicher, gesellschaftlich-technischer, volkswirtschaftlicher oder internationaler A. unterschieden. Das Ziel der A. ist eine Steigerung der Produktivität. Durch die A. erfolgt eine Spezialisierung, und diese schafft eine höhere Produktivität und damit ein höheres Wirtschaftswachstum. Im Außenhandel meint internationale A. v. a., dass sich jede Nation auf die Produktion jener Güter spezialisiert, die sie am kostengünstigsten produzieren kann.

Arbeitsverhältnis, befristetes

Ein Arbeitgeber kann einen Arbeitnehmer befristet einstellen. Für den Arbeitnehmer besteht allerdings die Gefahr, dass die Arbeitgeber damit Kündigungsschutzbestimmungen umgehen. Aus diesem Grund wurde die Befristung durch das Teilzeit- und Befristungsgesetz (TzBfG) vom 1.1.2001 eingeschränkt.

Ein befristetes A. ist zwar zulässig, aber nur unter strengen Bedingungen. Beispielweise ist eine Befristung ohne sachlichen Grund nicht zulässig, wenn schon vorher mit dem Arbeitnehmer ein befristetes Arbeitsverhältnis bestand.

Arbeitsvermittlung

Bereich der aktiven Arbeitsmarktpolitik und eine der zentralen Aufgaben der Bundesagentur für Arbeit. Sie stellt Arbeitgebern und Arbeitssuchenden Informationen über den Arbeitsmarkt zur Verfügung und erhöht so die Markttransparenz. Dadurch wird die Arbeitslosigkeit verringert. Die Vermittlung hat aber auch eine sozialpolitische Funktion, gerade wenn Personen aus sog. Problemgruppen vermittelt werden. Bereits seit 1994 sind in Deutschland auch private Arbeitsvermittler. Allerdings ist die A. nach wie vor eine Hauptaufgabe der Bundesagentur für Arbeit.

Arbeitsvertrag

Privatrechtlicher Vertrag zwischen einem Arbeitgeber und einem Arbeitnehmer. Er regelt die gegenseitigen Rechte und Pflichten. Im Wesentlichen sind dies die regelmäßige Erbringung einer Arbeitsleistung durch den Arbeitnehmer und die Bezahlung eines Arbeitsentgeltes durch den Arbeitgeber. Es besteht i. d. R. eine generelle Weisungsgebundenheit des Arbeitnehmers und eine allgemeine Fürsorgepflicht des Arbeitgebers für den Arbeitnehmer. Sofern nicht gesetzliche Bestimmungen oder der Inhalt von Tarifverträgen dem widersprechen, können weitere Rechte und Pflichten im A. frei vereinbart werden. Normalerweise wird der A. schriftlich abgeschlossen, er gilt aber auch formlos, sofern Gesetze, Tarifverträge oder Betriebsvereinbarungen nicht explizit die Schriftform vorschreiben. Nur der Ausbildungsvertrag muss schriftlich abgeschlossen werden. Allerdings besteht für die meisten Arbeitnehmer seit Inkrafttreten des Nachweisgesetzes (NachwG) im Jahre 1995 ein einklagbarer Anspruch auf einen schriftlichen A., worin den wesentlichen Inhalten des Gesetzes Rechnung getragen werden muss (z. B. Beginn des Arbeitsverhältnisses, Arbeitsentgelt, Urlaubsanspruch etc.). Unterschieden wird zwischen unbefristeten Verträgen (Dauerarbeitsverträge) und befristeten A. Beendet werden kann der A. z. B. durch einen Aufhebungsvertrag oder durch Kündigung. Der befristete A. muss dagegen nicht gekündigt werden, er endet automatisch zu dem vertraglich vereinbarten Zeitpunkt. Die gesetzliche Kündigungsfrist beträgt 4 Wochen, jeweils zum 15. oder zum Ende eines Kalendermonats. Wesentliche Inhalte eines A. sollten sein: Arbeitszeit, Kündigungsfrist, Probezeit, Sozialleistungen, Tätigkeitsbezeichnung, Tätigkeitsbeschreibung, Urlaubsregelung, Vertragsbeginn und Vergütung. Grundsätzlich ist der A. ein Dienstvertrag gemäß den Bestimmungen in den §§ 611-630 Bürgerliches Gesetzbuch (BGB).

➠ Arbeitsrecht

Arbeitsverwaltung

➠ Arbeitsvermittlung

Arbeitsvolumen

Gesamtheit der geleisteten Arbeitsstunden in einem Unternehmen, in einer Branche oder in einer ganzen Volkswirtschaft. Um das A. zu messen, multipliziert man i. d. R. die Zahl der Beschäftigten mit der durchschnittlichen Arbeitszeit.

Arbeitszeit

Betriebswirtschaftlich wird die A. definiert als Zeitspanne vom Beginn bis zum Ende der von einem Arbeitnehmer ausgeübten Tätigkeit, ohne die dabei in Anspruch genommenen Ruhepausen (Arbeitszeitgesetz). Volkswirtschaftlich gesehen bildet die Arbeitszeit zusammen mit der Zahl der Arbeitskräfte die tatsächlich geleistete Arbeit in einer Volkswirtschaft, man spricht auch vom gesamtwirtschaftlichen Arbeitsangebot. Maßgeblich für die volkswirtschaftliche A. der Arbeitnehmer ist die durchschnittlich geleistete Wochen- und Jahresarbeitszeit sowie ihre Lebensarbeitszeit. In Deutschland zeigt die Entwicklung, dass die A. deutlich zurückgeht. Das liegt an der tarifvertraglich vereinbarten Wochenarbeitszeitverkürzung, einer starken Zunahme von Teilzeitstellen zulasten von Vollzeitarbeitsplätzen sowie diversen Frühverrentungsmodellen (z. B. Vorruhestandsgeld). Gleichzeitig wurden die Arbeitszeitregelungen aber auch erheblich flexibilisiert, wodurch sich die Betriebs- und Maschinenlaufzeiten verlängerten.

➠ Arbeitszeitpolitik ➠ Arbeitszeitschutz

Arbeitszeitgesetz

Legt die Rahmenbedingungen für die individuellen und betrieblichen Arbeitszeiten der Arbeitnehmer fest. Darin geregelt ist z. B. die maximale Arbeitsstundenanzahl pro Werktag und Woche. Dabei wird unterschieden zwischen tariflicher Arbeitszeit, tatsächlich geleisteter Arbeitszeit und vergüteter Arbeitszeit, welche auch die Feier-, Urlaubs- und Krankheitstage beinhaltet. Das Gesetz dient v. a. der Sicherheit und dem Gesundheitsschutz der Arbeitnehmer. Die Regelung ist am 1.7.1994 in Kraft getreten und hat damit die seit 1938 bestehende Arbeitszeitordnung ersetzt. Das Gesetz ist für Arbeitgeber und -nehmer verbindlich, sofern kein Tarifvertrag besteht. Existiert dieser doch, kann er das A. ergänzen, begrenzen oder sogar ersetzen.

➠ Arbeitszeitpolitik ➠ Arbeitszeitschutz

Arbeitszeitordnung

➠ Arbeitszeitgesetz

Arbeitszeitpolitik

Umfasst alle Maßnahmen, die zur Festlegung betrieblicher und individueller Arbeitszeiten notwendig sind. Gestaltet wird die A. nicht nur vom Gesetzgeber, sondern, im Rahmen der Tarifautonomie, v. a. auch von Arbeitgeberverbänden und Gewerkschaften sowie Unternehmensleitungen und Betriebsräten. Die Gesetze zur A. beinhalten hauptsächlich sozialpolitische Aspekte. Hingegen sind Vereinbarungen zwischen den Tarifpartnern oft auch von beschäftigungs- bzw. arbeitsmarktpolitischen Argumenten geprägt. Die Arbeitgeberverbände und Unternehmensleitungen befürworten flexible Arbeitszeiten, um den veränderten betrieblichen Anforderungen gerecht zu werden. Bei den Gewerkschaften steht die Diskussion um Arbeitnehmerschutz und Arbeitszeitverkürzung im Mittelpunkt. Infolge dieser unterschiedlichen Zielsetzungen spielen für die A. sowohl sozial- als auch arbeitsmarktpolitische Gesichtspunkte eine Rolle. Als Beispiel für solche arbeitsmarktpolitischen Gesichtspunkte ist das Vorruhestandsgeld zu nennen; es wird anteilig festgesetzt, d. h. an der kürzeren Arbeitszeit des Arbeitnehmers bemessen. Die verkürzte Lebensarbeitszeit soll zur Entlastung des Arbeitsmarktes beitragen.

➠ Arbeitszeitgesetz ➠ Arbeitszeitschutz

Arbeitszeitschutz

Dient dazu, Arbeitnehmer vor körperlicher und geistiger Überforderung zu schützen. Die Einhaltung des Arbeitszeitschutzes wird durch die Gewerbeaufsicht überwacht. Die wichtigsten Arbeitszeitregelungen im Überblick:

- Die tägliche Arbeitszeit von 8 Stunden darf nicht überschritten werden. In Ausnahmefällen kann die Arbeitszeit auf bis zu 10 Stunden erhöht werden. Dies darf aber nur geschehen, wenn der Arbeitnehmer im Durchschnitt eines halben Jahres nicht die Dauer von täglich 8 Stunden überschreitet. (§ 3 Arbeitszeitgesetz, ArbZG).
- Falls ein Arbeitnehmer unter gesundheitsgefährdenden Umständen arbeiten muss, kann die Bundesregierung seine Arbeitszeit über § 3 ArbZG weiter beschränken.
- Nach § 9 des ArbZG darf an Sonn- und Feiertagen nicht gearbeitet werden, außer in besonderen Fällen, die in § 10 des ArbZG aufgeführt sind.
- Falls ein Arbeitnehmer am Sonntag arbeiten muss, so ist in § 11 ArbZG festgelegt, dass er für jeden Sonntag, den er gearbeitet hat, einen zusätzlichen Ruhetag bekommt. Ihm wird außerdem eine Ruhezeit von mindestens 35 Stunden zugesichert. Zusätzlich stehen ihm 15 freie Sonntage im Jahr zu.
- Besonders wichtig sind die Ruhezeiten, die zwischen 2 Arbeitsschichten liegen und die Ruhepausen während der Arbeit.
- Nach den §§ 14, 17, 18 des Jugendschutzgesetzes dürfen Jugendliche weder in der Nacht noch an Sonn- und Feiertagen arbeiten.
- Ebenfalls gilt das Verbot für schwangere Frauen im Mutterschutzgesetz (§ 8 MuSchuG). Außerdem ist ihnen nicht erlaubt, die letzten 6 Wochen vor der Geburt des Kindes und 8 Wochen danach zu arbeiten (§§ 3 und 6 des MuSchuG).
- Für werdende Mütter besteht die Möglichkeit, nach der Geburt einen 18-monatigen Erziehungsurlaub in Anspruch zu nehmen (§§ 4 und 15 MuSchuG).
- Im Gesetz ist ebenfalls der bezahlte Mindesturlaub festgelegt. So steht jedem Erwachsenen nach § 3 Bundesurlaubsgesetz ein bezahlter Urlaub von 24 Werktagen zu, Jugendlichen nach § 19 des Jugendarbeitsschutzgesetzes ein Mindesturlaub von 25–30 Tagen.

➡ Arbeitszeitpolitik

Arbeitszeitverkürzung

➡ Arbeitszeitpolitik

Arbitrage

A. ist die Bezeichnung für das Ausnutzen von Preis-, Zins- oder Kursdifferenzen, die auf unterschiedlichen Märkten für bestimmte Wertpapiere oder Güter bestehen. Wenn z. B. eine Aktie in den USA zu einem höheren Kurs gehandelt wird als in Europa, werden Wertpapierhändler diese Aktie zum niedrigeren Kurs in Europa kaufen und in den USA wieder verkaufen, bis die Kurse weitgehend angeglichen sind. Auch Preis- und Zinsunterschiede zwischen verschiedenen Märkten werden in der Regel durch A. ausgeglichen.

➡ Devisenarbitrage ➡ Regulierungsarbitrage

Armutsmessung

Versucht, die Armen und die Entwicklung von Armutserscheinungen zu erfassen, die in einem Indikator dargestellt werden. Um eine Person als arm zu bezeichnen, wird eine Armutsschwelle (engl.: poverty line) festgelegt. Infolgedessen wird eine Person als arm bezeichnet, wenn ihr Existenzniveau unter dieser Schwelle liegt.

I. d. R. werden 2 verschiedene Methoden verwendet, um die Armutsgrenze zu bestimmen. Einerseits legt man das Durchschnittseinkommen der Bevölkerung zu Grunde. Davon nimmt man einen bestimmten Prozentsatz, etwa 60 % des mittleren Gesamteinkommens (Medianeinkommen). Als »arm« gilt jeder, der weniger verdient. Mit dieser Methode wird die sog. relative Armut ermittelt. Andererseits richtet man sich nach einem bestimmten Warenkorb, dessen Kosten die Armutsgrenze definiert. Als »arm« gilt, wer weniger verdient als der Wert des Warenkorbs beträgt. Mit dieser Methode wird die absolute Armut bestimmt.

➠ Armutsquote

Armutsquote

Gibt den prozentualen Anteil an der Gesamtbevölkerung eines Landes wieder, der mit einem Einkommen unterhalb der Armutsgrenze leben muss.

➠ Armutsmessung

Asiatische Entwicklungsbank (ADB)

Ihr oberstes Ziel ist es, die Armut in Asien zu verringern und sich an wirtschaftlichen sowie sozialen Projekten zu beteiligen. Diese Projekte werden durch die Vergabe von Krediten zu marktähnlichen Bedingungen finanziert. Verantwortlich für die allgemeine Geschäftspolitik sind 12 Direktoren. Damit die Interessen der asiat. Länder gewahrt bleiben, müssen 8 der Direktoren aus regionalen und 4 aus überregionalen Mitgliedsstaaten stammen. Trotz dieser Verteilung ist das regionale Interesse nicht so groß wie bei anderen Entwicklungsbanken. Die ADB arbeitet zukunftsorientiert und ist weiter entwickelt als andere Entwicklungsbanken. Das lässt sich an der Geschäftspolitik der ADB erkennen. Zum einen verleiht sie Geld an Privatpersonen, zum anderen handelt sie mit sog. Währungsswapgeschäften (Swap). Da die Mitgliedstaaten über eine hohe Kreditwürdigkeit verfügen, ist die Rückzahlung der Gelder sehr sicher. Die ADB wurde 1966 in Manila gegründet. Deutschland war ein Gründungsmitglied der Bank und hat sich mit 4,8 % vom gezeichneten Grundkapital beteiligt. Zurzeit hat die ADB 59 Mitgliedsländer.

➠ Entwicklungspolitik

Asiatische Freihandelszone (AFTA)

Seit 1967 gibt es die ASEAN-Gruppe, einen Zusammenschluss verschiedener asiat. Länder. Da es mit Japan und den USA immer wieder wirtschaftliche Unstimmigkeiten gab, wollte die ASEAN-Gruppe den Vorteil der Staatengemeinschaft nutzen, um eine bessere Verhandlungsposition zu erhalten. Indirekte Handelseinschränkungen wie z. B. Importzölle u. a. Handelshemmnisse machten es den Entwicklungsländern oft unmöglich, ihre bestehenden oder potenziellen Wettbewerbsvorteile auszunutzen und ihre Produkte Gewinn bringend in die Industrieländer auszuführen. Im Oktober 1991 haben sich die ASEAN-Länder daher entschlossen, Importzölle u. a. Handelshemmnisse innerhalb von 15 Jahren abzubauen und abzuschaffen. Durch diesen Entschluss kam es zur Errichtung der AFTA (Asian Free Trade Area = Freihandelszone des Verbandes Südostasiatischer Staaten). Zur Verbesserung der Handelsbeziehungen zwischen der ASEAN-Gruppe, Japan und den USA, arbeitete die ASEAN-Gruppe auch in der APEC (Asiatisch-pazifische Wirtschaftskooperation) mit.

➠ Association of Southeast Asian Nations

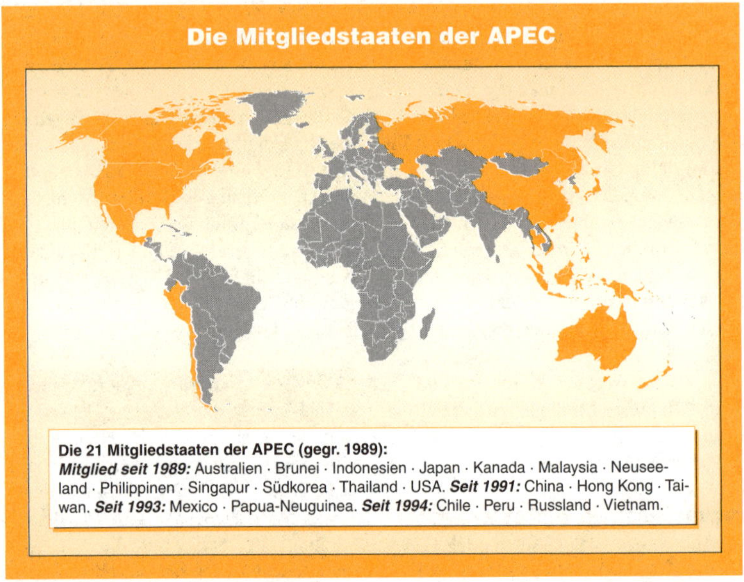
Die Mitgliedstaaten der APEC
Die 21 Mitgliedstaaten der APEC (gegr. 1989):
Mitglied seit 1989: Australien · Brunei · Indonesien · Japan · Kanada · Malaysia · Neuseeland · Philippinen · Singapur · Südkorea · Thailand · USA. *Seit 1991:* China · Hong Kong · Taiwan. *Seit 1993:* Mexico · Papua-Neuguinea. *Seit 1994:* Chile · Peru · Russland · Vietnam.

Karte 1

Asiatisch-pazifische Wirtschaftskooperation (APEC)

Forum zur Förderung von Handel und Investitionen im asiat.-pazif. Raum. Das Forum beschäftigt sich insbesondere mit Fragen des Freihandels, dem Abbau von Wirtschaftshindernissen und Zöllen sowie länderübergreifenden Wirtschaftskooperationen. Die APEC befasst sich aber auch mit aktuellen Themen wie etwa den Folgen der Vogelgrippe. Sie wurde 1989 gegründet, ihr gehören inzwischen 21 Staaten an: Australien, Brunei, Kanada, Chile, China und Hongkong, Indonesien, Japan, Südkorea, Malaysia, Mexiko, Neuseeland, Papua-Neuguinea, Peru, Philippinen, Russland, Singapur, Taiwan, Thailand, USA und Vietnam.

Asset Backed Securities (ABS)

[Dt.: mit Aktivposten abgesicherte Wertpapiere] Als ABS bezeichnet man Zinspapiere, die mit von Schuldnern unterschiedlicher Bonität kombinierten Kreditforderungen z. B. von Banken abgesichert sind. ABS werden dann geschaffen, wenn eine Bank ihre Kreditforderungen an eine eigens dafür gegründete Zweckgesellschaft verkauft. Diese wird im Börsenjargon Special purpose vehicle (SPV) genannt. Die SPV finanziert den Kauf über die Verbriefung der Kreditforderungen und ihre Weiterveräußerung als ABS-Anleihen. Für die Bank besteht der Vorteil einerseits darin, dass in ihrer Bilanz nun die Kreditforderungen mit dem darin enthaltenen Risiko von Forderungsausfällen nicht mehr erscheinen und andererseits risikoreiche Kreditforderungen über die SVP auf dem allgemeinen Kapitalmarkt verkauft werden können. Oft können Banken oder Anleger das Risiko von Forderungsausfällen wegen der unterschiedlichen Schuldner nicht zutreffend beurteilen, so u. a. durch die Bündelung etwa von Hypothekenforderungen in den ABS-Papieren. Ein Beispiel sind die Forderungen aus amerik. Hypothekenkrediten, die von amerik. Instituten zu Wertpapieren umgewandelt und mit großem Erfolg verkauft wurden. Als immer mehr Hausbesitzer in den USA die fälligen Hypothekenzahlungen nicht mehr leisten konnten, versuchten viele nervös gewordene Anleger ihre ABS-Wertpapiere zu verkaufen. Der Markt brach zusammen und die weltweit gehandelten A. verloren binnen Kurzem erheblich an Wert oder blieben unverkäuflich. Ein Vorgang, der 2008 die Finanzmarktkrise ausgelöst hat.

➡ Verbriefung von Krediten

Association of Southeast Asian Nations (ASEAN)

Zusammenschluss verschiedener asiat. Länder (gegr. 1967 in Bangkok). Die ASEAN soll das Wirtschaftswachstum, den sozialen Fortschritt sowie die kulturelle Entwicklung in den Mitgliedstaaten fördern. Jährlich treffen sich die Außen- und Wirtschaftsminister der Teilnehmerstaaten. Das ASEAN-Generalsekretariat und der Generalsekretär haben ihren Sitz in Jakarta. Mitgliedstaaten sind: Brunei, Indonesien, Kambodscha, Laos, Malaysia, Myanmar (Burma), die Philippinen, Singapur, Thailand und Vietnam. (☛ Karte 4, S. 122)

➡ Asiatische Freihandelszone

Assoziierung

Bezeichnet einen besonderen Rechtsstatus »mit gegenseitigen Rechten und Pflichten, gemeinsamem Vorgehen und besonderen Verfahren« (EU-Vertrag) zwischen der EG und einem Drittstaat, einer Staatenverbindungen oder einer internationalen Organisation. Was dieser Status konkret beinhaltet, wird von Fall zu Fall ausgehandelt und ist in einem Assoziierungsvertrag niedergeschrieben. Grundsätzlich wird zwischen 4 Grundformen der A. unterschieden. Erstens die Beitrittsassoziierung, d. h. mit konkreter Aussage über einen späteren Beitritt zur EU, (z. B. das Assoziierungsabkommen EWG-Türkei von 1964), zweitens die Freihandelsassoziierung, drittens die Entwicklungshilfeassoziierung (z. B. das Lomé-Abkommen) und viertes die Assoziierung der überseeischen Länder und Gebiete. Die EG trifft seit Juli 1987 Assoziierungsabkommen. Sie bedürfen der Zustimmung des Europäischen Parlaments.

Attac

[Frz.: Association pour une Taxation des Transactions financières pour l'Aide aux Citoyens; dt.: Verein für eine Besteuerung von Finanztransaktionen zum Wohle der Bürger] A. wurde als globalisierungskritische soziale Bewegung am 3.6.1998 in Frankreich gegründet. Attac fordert die Einführung einer Devisenumsatzsteuer (Tobin-Steuer), eine bessere Kontrolle der Weltfinanzmärkte sowie die Berücksichtigung von ökologischen und sozialen Zielen im Rahmen der Globalisierung. Die Globalisierungskritiker von Attac agieren als Netzwerk in über 50 Ländern und haben rund 90.000 Mitglieder. Seit 2000 ist die soziale Bewegung auch in Deutschland vertreten. Zurzeit (Januar 2007) hat Attac in Deutschland rund 17.000 Mitglieder, von denen sich die aktiven in etwa 250 Regionalgruppen und einem guten Dutzend bundesweiter Arbeitsgruppen organisieren. Zu dem Netzwerk gehören in Deutschland rund 150 Organisationen, darunter ver.di, BUND und viele entwicklungspolitische und kapitalismuskritische Gruppen.

Aufkommenselastizität

Misst die relative Veränderung des Steueraufkommens in Bezug auf das Bruttoinlandsprodukt. Sie ist ein wichtiges Kennzeichen eines Steuertarifs. Man berechnet mit ihr, wie sich das Steueraufkommen ändert, wenn sich das Bruttoinlandsprodukt um 1 Prozentpunkt ändert.

Aufschlagkalkulation

[Auch: Mark-up Pricing] Primär an den Kosten orientierte Preisbildung. Demnach berechnen die Unternehmen zunächst ihre Kosten, also Löhne, Zinsen und die Preise für die erforderlichen Vorprodukte. Dann versehen sie die Summe dieser Kosten für ihr Produkt mit einem Aufschlag, der ihrem gewünschten Gewinn entspricht. Das Ergebnis ist der Preis. Der Gewinnaufschlag ist je nach Konjunkturlage variabel. Bei schlechter Konjunktur werden die Unternehmen niedrige und bei besserer höhere Zuschläge verlangen. Doch nur das Unternehmen, das über genügend Marktmacht verfügt, ist in der Lage, so errechnete Preise am Markt zu fordern und durchzusetzen. Bei vollständiger Konkurrenz müsste es einen gegebenen Marktpreis akzeptieren und seine Kosten anpassen.

Aufschwung

Phase im Konjunkturzyklus, in der die Wachstumsrate der gesamtwirtschaftlichen Produktion im Vergleich zur Vorperiode zunimmt. In dieser Phase kann sich das Wachstum deutlich beschleunigen. Die Kapazitätsauslastung und die Beschäftigung steigen; die Arbeitslosigkeit geht zurück. Die Inflation nimmt i. d. R. leicht zu. Der A. liegt zwischen einer Rezession oder einer Erholung und einem Boom. In der Systematik des ifo Geschäftsklimaindex ist ein A. als Phase mit guter Wirtschaftslage und positiven Geschäftserwartungen definiert. Eine antizyklische Wirtschaftspolitik muss bei einem A. ihren Kurs von expansiv, über neutral bis zu restriktiv verändern, um ein Überschäumen der Konjunktur zu vermeiden, das sich in zu hohen Inflationsraten zeigen würde. Zudem muss sich der Staatshaushalt in dieser Phase konsolidieren und insbesondere die Schulden abbauen, die möglicherweise in einer vorangegangenen Rezession entstanden sind.

Aufsichtsrat

Ist das Kontrollgremium einer Aktiengesellschaft. Der A. überwacht die Geschäftsführung und kann die Geschäftsbücher prüfen. Außerdem bestimmt er die Mitglieder des Vorstands und erstellt zusammen mit diesem den Jahresabschluss. Der A. besteht aus mindestens 3 Mitgliedern und fasst seine Beschlüsse mit einfacher Stimmenmehrheit. In der Satzung der Aktiengesellschaften ist festgelegt, welche Geschäfte nur mit der Zustimmung des A. getätigt werden können. Er ist neben Vorstand und Haupt- bzw. Gesellschafterversammlung eines von 3 Organen einer Aktiengesellschaft.

Auftragseingangsindex

Umfasst den Wert (ohne Umsatzsteuer) aller im jeweiligen Berichtsmonat von den Unternehmen des verarbeitenden Gewerbes fest akzeptierten Aufträge. Die Auftragseingänge werden derzeit in 170 Wirtschaftszweigen des verarbeitenden Gewerbes ermittelt. Dabei wird zwischen Auftragseingängen aus dem Inland und dem Ausland unterschieden, um die Binnen- und Exportnachfrage zu

erfassen. Die Zahlen werden monatlich vom Statistischen Bundesamt veröffentlicht und zählen zu den wichtigsten Frühindikatoren für die Beobachtung und Analyse der Konjunkturentwicklung in Deutschland.
➠ Amtliche Statistik

Aufwertung

Wenn eine Währung gegenüber einer oder mehreren anderen Währungen an Wert gewinnt. Sie ist das Gegenteil einer Abwertung. Bei einer A. müssen die Inhaber der aufwertenden Währung weniger für den Kauf der anderen Währung zahlen, umgekehrt zahlen die Inhaber der anderen Währung mehr. Eine A. verteuert daher die Exporte und verbilligt die Importe. Dies könnte das Wachstum belasten, da die Exporteure durch eine A. an internationaler Wettbewerbsfähigkeit verlieren und möglicherweise Produktionsverluste erleiden. Gleichzeitig wird die Inflation gedrückt, da die Importe tendenziell billiger werden. Man unterscheidet zwischen einer nominalen, einer realen und einer real effektiven A. Erstere drückt sich in einem Anstieg des Wertes gegenüber einer einzelnen anderen Währung aus. Bei einer realen A. steigt der Wert unter Berücksichtigung der Inflationsdifferenz zwischen den Währungen. Eine real effektive A. ist eine reale A. gegenüber einem Bündel von anderen Währungen, das durch die Anteile der einzelnen Währungsgebiete am Außenhandel bestimmt wird. Mit diesem Maß lässt sich die Veränderung der internationalen Wettbewerbsfähigkeit eines Währungsgebietes durch eine A. errechnen.
➠ Abwertung ➠ Währungspolitik

Ausbildungsfreibeträge

➠ Bundesausbildungsförderungsgesetz

Ausfallzeiten

Zeiträume, in denen ein Arbeitnehmer während eines Kalenderjahrs zeitweilig nicht in einem Arbeitsverhältnis stand.

Ausfuhr

➠ Export

Ausfuhrkreditversicherung

Bietet privatwirtschaftlichen Versicherungsschutz (auch Exportkreditversicherungen) gegen ausländische Risiken von Ausfuhrgeschäften. Versichert wird z. B. die Gefahr der Zahlungsunfähigkeit eines ausländischen Kunden. Ausgeschlossen sind i. d. R. politische Risiken.

Ausfuhrpreise

Preise der Exportgüter.
➠ Terms of Trade

Ausgabekurs

Bezeichnet den Preis, den Anleger für neu ausgegebene Aktien oder festverzinsliche Wertpapiere zahlen müssen.

Ausgaben

Bezeichnet den Geldwert von Waren oder Dienstleistungen beim Kauf. Im Rechnungswesen bezeichnet der Begriff A. den Wert aller Wirtschaftsgüter, die in einem Unternehmen innerhalb einer bestimmten Periode hinzugekommen sind. Dabei spielt es keine Rolle, ob das Unternehmen die Wirtschaftsgüter bereits bezahlt hat oder nicht.

Auslastungsgrad

➠ Produktionspotenzial

Außenbeitrag

Mittlerweile veralteter Begriff aus der Volkswirtschaftlichen Gesamtrechnung (VGR). Er bezeichnet die Differenz zwischen den realen Exporten und den

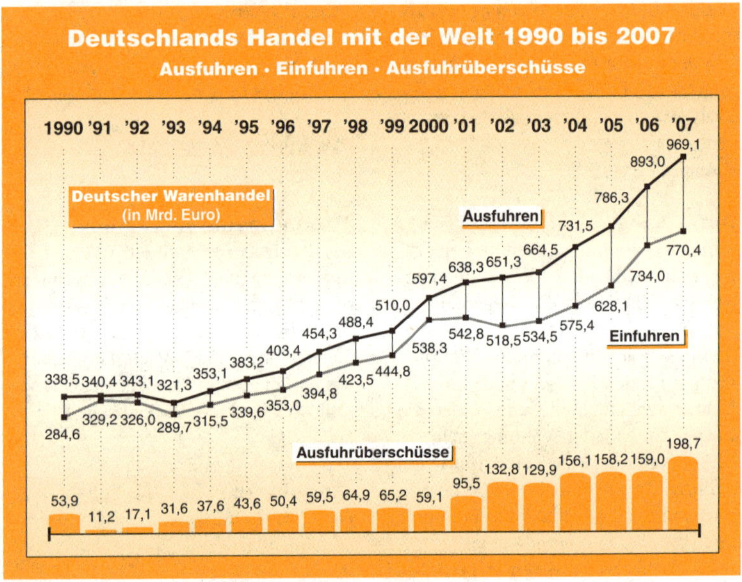
Deutschlands Handel mit der Welt 1990 bis 2007
Ausfuhren · Einfuhren · Ausfuhrüberschüsse
1990 '91 '92 '93 '94 '95 '96 '97 '98 '99 2000 '01 '02 '03 '04 '05 '06 '07
Deutscher Warenhandel (in Mrd. Euro)
Ausfuhren
Einfuhren
Ausfuhrüberschüsse
338,5 340,4 343,1 321,3 353,1 383,2 403,4 454,3 488,4 510,0 597,4 638,3 651,3 664,5 731,5 786,3 893,0 969,1
284,6 329,2 326,0 289,7 315,5 339,6 353,0 394,8 423,5 444,8 538,3 542,8 518,5 534,5 575,4 628,1 734,0 770,4
53,9 11,2 17,1 31,6 37,6 43,6 50,4 59,5 64,9 65,2 59,1 95,5 132,8 129,9 156,1 158,2 159,0 198,7

Abb. 4 Quelle: Statistisches Bundesamt

realen Importen. Hieraus lässt sich ermitteln, wie stark der Außenhandel am Wirtschaftswachstum beteiligt war. Im neueren System wird diese Größe nicht mehr als A., sondern als Nettoexport bezeichnet.

➡ Außenhandel ➡ Außenhandelspolitik

Außenhandel

Bezeichnet den Handel mit Waren und Dienstleistungen über die Landesgrenzen hinweg (Einfuhr und Ausfuhr). Einfuhren und Ausfuhren werden in der Außenhandelsbilanz (Handelsbilanz) einander gegenübergestellt. Berücksichtigt man die jeweiligen Preise eines Basisjahres, ergibt sich aus den Ein- und Ausfuhrmengen das sog. Außenhandelsvolumen. Die Handelsbilanz der Bundesrepublik Deutschland weist i. d. R. einen Überschuss auf. Für Deutschland ist der Anteil der Waren- und Dienstleistungsexporte auch als Konjunkturmotor von maßgeblicher Bedeutung gewesen (»Exportweltmeister«). Im Jahr 2008 betrug der Anteil der Exporte am Bruttoinlandsprodukt 47,2 %. Das waren 5 Prozentpunkte mehr als 5 Jahre zuvor.

➡ Außenbeitrag ➡ Außenhandelspolitik

Außenhandelsdefizit

A. bezeichnet monetäre Defizite im Handel mit dem Ausland. Es kann sich dabei um Fehlbeträge bei den Nettoexporten, der Handelsbilanz oder der Leistungsbilanz handeln.

Außenhandelspolitik

Bezeichnet alle staatlichen Eingriffe in den freien Ex- und Import von Gütern. Einerseits kann die A. Importe aus dem Ausland begrenzen, indem Handelsbarrieren aufgebaut werden (Protektionismus). Anderseits kann sie die Exporte des eigenen Landes auch gezielt fördern. Eine weitere Strategie ist die Beteiligung an internationalen Freihandelsorganisationen (z. B. WTO) und der Abschluss von Handelsverträgen, die zur Liberalisierung des internationalen Handels beitragen.

➠ Außenhandel

Außenhandelsstatistik

Offizielle Statistik, die den Export und Import von Waren erfasst. Der Dienstleistungs- und Kapitalverkehr mit dem Ausland ist dagegen nicht Bestandteil der A. Der grenzüberschreitende Warenverkehr wird in der Statistik als Generalhandel und als Spezialhandel ausgewiesen. Der Generalhandel bezieht alle nach Deutschland eingehenden und ausgehenden Waren ein. Der Spezialhandel hingegen umfasst im Wesentlichen nur Waren, die zum Ge- oder Verbrauch, zur Be- oder Verarbeitung importiert werden sowie Waren, die für den Export bestimmt sind und zu diesem Zweck in Deutschland erzeugt bzw. be- oder verarbeitet wurden. Dabei wird zwischen 2 Erhebungskonzepten unterschieden. Die Intrahandelsstatistik enthält den Warenverkehr mit Mitgliedstaaten der EU. Dazu melden Unternehmen, die Außenhandel betreiben, ihre Daten an das Statistische Bundesamt. Meldepflichtig sind Firmen, deren innergemeinschaftlicher Warenverkehr sowohl beim Eingang wie bei der Versendung jeweils mehr als 300.000 € im Jahr beträgt. Die Extrahandelsstatistik erfasst den grenzüberschreitenden Warenverkehr zwischen Deutschland und Staaten außerhalb der EU, den sog. Drittländern. Diese Daten werden von der Zollverwaltung erfasst. Gemeldet werden müssen Warensendungen mit einem Wert von über 1.000 € und/oder einem Gesamtgewicht von mehr als 1.000 kg. Die A. wird in Deutschland ausschließlich vom Statistischen Bundesamt erstellt und monatlich veröffentlicht.

➠ Amtliche Statistik ➠ Statistisches Bundesamt

Außenwert einer Währung

Bezeichnet die Menge ausländischer Währungseinheiten, die man für eine Einheit aus inländischer Währung erhält, z. B. 1,26 US-$ für 1 €. Wird eine Währung aufgewertet, steigt ihr Außenwert. Dann erwirbt man für eine inländische Währungseinheit mehr ausländische Währungseinheiten. Wird eine Währung hingegen abgewertet, sinkt ihr Außenwert. In diesem Falle erhält man für eine inländische Währungseinheit weniger ausländische Währungseinheiten. Wird der Außenwert ohne Rücksicht auf die unterschiedlichen Inflationsraten des In- und Auslands angegeben, handelt es sich um den sog. nominalen Außenwert. Werden die unterschiedlichen Inflationsraten des In- und Auslands hingegen berücksichtigt, handelt es sich um den sog. realen Außenwert. Die Europäische Zentralbank (EZB) errechnet einen gemeinsamen Außenwert des Euro gegenüber Drittländern.

➠ Währungspolitik

Außenwirtschaft

Die Gesamtheit des Waren-, Dienstleistungs-, Kapital-, Zahlungs- und sonstigen Wirtschaftsverkehrs zwischen In- und Ausland.

➠ Außenhandel

Außenwirtschaftliche Absicherung

Alle wirtschaftspolitischen Maßnahmen, die negative Einflüsse aus dem Ausland auf die Binnenwirtschaft eines Landes

abwehren sollen. Dazu dient insbesondere die Währungspolitik eines Landes.
➠ Währungspolitik

Außenwirtschaftliches Gleichgewicht

Liegt dann vor, wenn die Zahlungsbilanz des Landes bei unveränderlichen Wechselkursen ausgeglichen ist. Somit liegt ein außenwirtschaftliches Gleichgewicht vor, wenn vom Ausland weder Inflation oder Arbeitslosigkeit noch eine Wirtschaftskrise in die Binnenwirtschaft getragen werden und umgekehrt, wenn heimische Fehlentwicklungen nicht zulasten des Auslands gelöst werden (d. h. kein Export heimischer Inflation, heimischer Beschäftigungsprobleme bzw. keine exportierte Wachstumsschwäche). Neben Geldwertstabilität (Preisniveaustabilität), Vollbeschäftigung (hoher Beschäftigungsstand) und Wirtschaftswachstum zählt das A. zu den gesamtwirtschaftlichen Zielen. Diese sind als »Magisches Viereck der deutschen Wirtschaftspolitik« formuliert, das in § 1 des Stabilitätsgesetzes definiert ist.

Außenwirtschaftsgesetz (AWG)

Bundesgesetz vom 28.4.1961, das den wirtschaftlichen Austausch mit dem Ausland regelt. Der freie Außenwirtschaftsverkehr steht beim A. im Vordergrund. Allerdings gelten generelle oder spezielle Beschränkungen wie z. B. beim Handel mit Kriegswaffen. Denn diese stehen unter Genehmigungsvorbehalt und werden durch das Kriegswaffenkontrollgesetz erfasst.

Außenwirtschaftspolitik

Alle staatlichen Maßnahmen, die in den freien Ex- und Import von Gütern, Dienstleistungen und Kapitalverkehr eingreifen. Einerseits kann die A. Handelsbarrieren abbauen und Freihandel fördern, anderseits kann sie Importe aus dem Ausland begrenzen (Protektionismus) oder durch staatliche Maßnahmen die Exporte des eigenen Landes fördern. Seit dem Zweiten Weltkrieg hat sich in den meisten Ländern schrittweise eine mehr auf Freihandel ausgerichtete A. durchgesetzt. Diese wird in den letzten Jahren aber von Globalisierungskritikern infrage gestellt.
➠ Außenhandel

Außenwirtschaftstheorie

Teil der allgemeinen Wirtschaftstheorie, der sich mit den Warenströmen des Außenhandels (reale [reine] Außenwirtschaftstheorie) und mit Problemen der Zahlungsbilanz und deren Einflussfaktoren (monetäre Außenwirtschaftstheorie) beschäftigt.

Außerordentliche Aufwendungen

Ausgaben außerhalb der gewöhnlichen Geschäftstätigkeit. Sie beruhen auf Kosten, die nicht durch die ordentliche Geschäftstätigkeit entstanden sind (z. B. Spekulationsverluste, Beteiligungsverluste usw.). Die A. werden erst nach dem Ergebnis vor Zinsen und Steuern in der Gewinn-und-Verlust-Rechnung ausgewiesen.

Außerordentliche Erträge

Erträge außerhalb der gewöhnlichen Geschäftstätigkeit. Sie beruhen auf Einnahmen, die nicht durch die ordentliche Geschäftstätigkeit erzielt wurden (z. B. Verkauf von Beteiligungen, Immobilien, usw.). Die A. werden erst nach dem Ergebnis vor Zinsen und Steuern in der Gewinn-und-Verlust-Rechnung ausgewiesen.

Außerordentliche Kündigung

Eine Kündigung, die das Arbeitsverhältnis vorzeitig und ohne Beachtung der sonst geltenden Fristen beendet, ist i. d. R. fristlos.

Aussperrung

Bezeichnet eine Strategie des Arbeitgebers, Arbeitnehmer nicht zur Arbeit zuzulassen und gleichzeitig die Lohnzahlung auszusetzen. A. ist ein Mittel der Arbeitgeber gegen Streiks von Arbeitnehmern bei Tarifauseinandersetzungen. Von A. können sowohl streikende als auch arbeitswillige Arbeitnehmer betroffen sein. Laut Rechtsprechung gilt eine A. als Reaktion auf Streiks und ist als Bestandteil der verfassungsmäßig garantierten Tarifautonomie zu sehen. Allerdings muss sie sich auf das umkämpfte Tarifgebiet beschränken, und es dürfen gewerkschaftlich organisierte Arbeitnehmer nicht diskriminiert werden. Rechtmäßige A. führt nur zu einer vorübergehenden Aussetzung des bestehenden Arbeitsverhältnisses, nicht zur Auflösung des Arbeitsvertrages.

Austauschverhältnis

Wertverhältnis, zu dem Güter gehandelt werden. I. d. R. wird das A. in Preisen des jeweils anderen Gutes gemessen.

➔ Substitution

Autarkie

Völlige wirtschaftliche Unabhängigkeit eines Haushaltes, einer Region oder eines Landes. Wirtschaftlich autark ist ein Land, wenn es alle Güter und Dienstleistung, die es braucht, selbst besitzt oder erzeugt. In diesem Zusammenhang spricht man auch von einer Selbstversorgung des betreffenden Landes.

Automatische Stabilisatoren

Fiskalische Mechanismen, die bei konjunkturellen Schwankungen gleichsam automatisch die gesamtwirtschaftliche Nachfrage stabilisieren.

Wachsen etwa während eines starken konjunkturellen Aufschwungs in Deutschland die Arbeitnehmereinkommen erheblich, führt der progressive Steuertarif zu einer überproportionalen Steuererhöhung bei Löhnen und Gehältern und damit zu einem geringeren Anstieg der Nachfrage. Der Aufschwung wird damit gedämpft und automatisch eine stabilisierende Wirkung erzielt. Bei konjunkturellem Abschwung und sinkenden Arbeitnehmereinkommen führt der progressive Steuertarif umgekehrt zu einer überproportional fallenden Steuerbelastung, sodass die Nachfrage weniger stark absinkt, als es ohne diesen Steuertarif zu erwarten wäre. Die automatische Stabilisierung der Nachfrage wird dadurch unterstützt, dass Menschen, die im konjunkturellen Abschwung arbeitslos wurden, staatliche Sozialleistungen erhalten. Auch diese Transferleistungen des Staates wirken Konjunktur belebend und stabilisierend.

Bad Bank

Die B. ist eine Bank, die anderen Banken »schlecht« oder als »giftig« erscheinende Forderungen abkauft und sie gegebenenfalls bis zu deren Fälligkeit hält. Die Einrichtung einer B. wird in einer Finanzmarktkrise empfohlen, um den Bankensektor von unsicheren Forderungen zu entlasten und damit zu stabilisieren. Anderenfalls müssten die Banken erhebliche Abschreibungen vornehmen, die ihre Existenz und damit die gesamtwirtschaftliche Stabilität gefährden. Die finanzielle Ausstattung der B. mit Eigenkapital wird daher mindestens teilweise vom Staat geleistet. Mit einer B. werden aber die Verluste des Bankensektors zumindest in Teilen der Allgemeinheit aufgebürdet. Allenfalls besteht die Chance, dass der Ertrag der Forderungen bei deren Fälligkeit höher ist, als während der Krise von den Märkten geschätzt. Hiervon würde auch der Staat im Rahmen seines Anteils an der B. profitieren. Es ist allerdings unwahrscheinlich, dass dies ausreicht, um die vorangegangenen Verluste auszugleichen. Daher wird mit Einrichtung einer B. häufig die Forderung nach einer Staatsbeteiligung an oder gar der gänzlichen Verstaatlichung der entlasteten Bank verbunden.

Bagatellsteuer

Steuern, die so gering sind, dass sie nicht einmal die Kosten für ihre Verwaltung einbringen. Sie dienen oft als politisches Steuerungsinstrument und machen nur einen Bruchteil der Gesamtsteuereinnahmen aus, z. B. Vergnügungssteuer (Länder), Getränkesteuer (Kommunen), Hundesteuer (Gemeinden). Die meisten B. wurden in der Steuer- bzw. Zollverwaltung inzwischen abgeschafft, um die Kosten für ihre Erhebung zusparen.

Bailout

Schuldenübernahme bzw. Tilgung durch Dritte. B. ist auf verschiedenen Ebenen möglich: privatwirtschaftliches B. (z. B. zwischen Banken untereinander oder Staat und Banken), internationales B. (z. B. zwischen internationalen Organisationen und Staaten, etwa zwischen dem Internationalen Währungsfonds (IWF) und Argentinien) oder zwischen Staaten. So können die Schulden eines Landes durch die Abzahlung von anderen Ländern beglichen werden. Risiken bestehen, wenn ein hoch verschuldetes Land immer mehr Schulden verursacht, welche die anderen Länder dann tilgen müssen. Deshalb wurde im Vertrag über die EU (Maastrichter Vertrag) ein B.-Verbot aller zugehörigen Länder festgelegt.

Baisse

Bezeichnung für starkes und längere Zeit anhaltendes Absinken der Wertpapierkurse. Gegenteil: Hausse.

Balanced Growth

Wachstumsmodell, das auf betriebswirtschaftlicher Ebene das ausgewogene Wachstum eines Unternehmens bezeichnet. Auf volkswirtschaftlicher Ebene meint der Begriff einen Zustand, in dem alle wirtschaftlichen Einflussfaktoren gleichermaßen wachsen.

Banken

➠ Geschäftsbanken

Bank für Internationalen Zahlungsausgleich (BIZ)

[Engl.: Bank for International Settlement (BIS)] Am 17.5.1930 in Basel (Schweiz) gegründet. Weltweit die älteste internationale Finanzorganisation. Sieht sich selbst als »internationale Organisation, die die internationale Zusammenarbeit im Währungs- und Finanzbereich fördert und Zentralbanken als Bank dient«. In der Hauptsache gibt die B. Kredite an Notenbanken hoch verschuldeter Länder, um deren Zahlungsfähigkeit zu erhalten und damit die Stabilität des internationalen Bankensystems zu sichern. Ferner überwacht sie die weltweiten Finanzmärkte und versucht insbesondere den europ. Geld- und Kapitalmarkt zu steuern. Die B. ist als Aktiengesellschaft organisiert. Das Nominalkapital beträgt 1,5 Mio. Goldfranken (ca. 2,91 Mio. US-$). Als Aktionäre treten nahezu alle europ. Zentralbanken sowie die Notenbanken Australiens, Japans, der USA, Südafrikas und Kanadas auf. Bedeutend für die internationale Währungspolitik ist der Gedankenaustausch zwischen den Präsidenten der einzelnen nationalen Notenbanken auf den monatlichen Sitzungen des Verwaltungsrats. Die wichtigsten Organe der B. sind neben dem Verwaltungsrat die Generalversammlung der Mitgliedszentralbanken und die Geschäftsleitung, die sich aus Mitgliedern der obersten Führungsebene der Bank zusammensetzt.

Bank run

Wenn die Kunden einer Bank das Vertrauen verlieren und ihr Geld schlagartig abzuziehen versuchen. Da keine Bank die hierfür benötigte Liquidität sofort in hinreichender Menge zur Verfügung hat, bedeutet ein B. ihr Ende, es sei denn, sie wird von einem vertrauenerweckenden Konkurrenten oder dem Staat übernommen.

Bankenaufsicht

Kontrolliert sämtliche Bankgeschäfte und Finanzdienstleistungen. Ausgeübt wird die B. durch die Bundesanstalt für Finanzdienstleistungsaufsicht und der Deutschen Bundesbank. Sie dient dem Gläubigerschutz und soll die Funktionsfähigkeit des Bankengewerbes gewährleisten. Die B. erteilt den Banken die Genehmigung zur Aufnahme von Bankgeschäften und kontrolliert die Einhaltung von Gesetzen und anderen Vorschriften. Grundlage hierfür ist das Gesetz über das Kreditwesen (Kreditwesengesetz).

Bankenstatistik

Alle Statistiken, welche die Deutsche Bundesbank aufgrund des Bundesbankgesetzes monatlich von den mehr als 4.000 Kreditinstituten und Bausparkassen in Deutschland einfordern darf. Diese Erhebungen sind ein zentraler Bestandteil der Geld- und Kapitalmarktstatistik. Ausgewertet werden die Bilanzen der Kreditinstitute, um das Geldvolumen in einer Volkswirtschaft erfassen zu können.

➡ Amtliche Statistik

Bardepotpolitik

Ziel der B. ist zu vermeiden, dass größere Geldmengen aufgrund günstiger Zinsbedingungen aus dem Ausland ins Inland fliesen. Aus diesem Grund müssen Privatpersonen bzw. Unternehmen, die einen Kredit im Ausland aufnehmen, einen bestimmten Prozentsatz bei der Zentralbank hinterlegt (Bardepotsatz). Dieser Anteil des Kredits wird nicht verzinst (Bardepot). In Deutschland wurde die B. zuletzt Anfang der 1970er-Jahre eingesetzt.

Bargaining-Theorie

Besagt, dass bei günstiger Wirtschaftslage, wenn die Arbeitslosigkeit zurückgeht, die Gewerkschaften im Rahmen der Tarifverhandlungen höhere Löhne fordern. Die Unternehmen akzeptieren diese und wälzen die gestiegenen Lohnkosten in Preiserhöhungen ab. Genau anderes herum verläuft dieser Prozess bei einer ungünstigen Wirtschaftslage.

Bargeld

Die von der Notenbank ausgegebenen Banknoten und Münzen. B. ist das flüssigste Mittel der Geldmenge, welche in einem Land im Umlauf ist. Hinzu kommt der bargeldlose Zahlungsverkehr in Form von Buch- bzw. Girogeld.

➡ Zentralbanken

Bargeldquote

Anteil des Bargelds an der Geldmenge.

➡ Bargeldumlauf

Bargeldumlauf

Die von der Europäischen Zentralbank (EZB) herausgegebenen Banknoten und Münzen. Zu diesem Bestand zählt

auch Geld, das sich im Ausland befindet, zerstört wurde oder verloren gegangen ist.
➠ Bargeldquote

Barwert

Auch Gegenwartswert. Das ist der heutige Wert eines in der Zukunft liegenden Zahlungsstromes. Er ermöglicht es, bei gleich bleibendem Zinssatz und jährlichen Zahlungen die Höhe der künftigen Investition zum heutigen Zeitpunkt zu bestimmen. Er wird ermittelt, indem alle in der Zukunft anfallenden Ein- und Auszahlungen auf den heutigen Zeitpunkt abgezinst werden. Er ist wichtig für die Bewertung von Unternehmen, Forderungen oder Finanzprodukten. So kann man unterschiedliche Geld- und Vermögensanlagen mit bestimmten Laufzeiten und Zinssätzen vergleichen.

Basel II

Neueres Regelwerk für die Eigenkapitalvorschriften der Kreditinstitute, mit dem Ziel, die Stabilität des internationalen Finanzsystems zu erhöhen. Risiken im Kreditgeschäft sollen besser erfasst werden, somit soll die Eigenkapitalvorsorge der Kreditinstitute risikogerechter gestaltet werden. Das bedeutet, je höher das Risiko des Kreditnehmers desto höher muss der Eigenkapitalanteil bei der Kreditvergabe sein. Die Bonität des Unternehmens spielt also eine wesentliche Rolle bei der Vergabe von Krediten (bisher wurde ein einheitlicher Satz von 8 % bei der Vergabe von Firmenkrediten angesetzt). In der Finanzkrise seit 2008 erwiesen sich viele im Rahmen von B. vorgeschriebenen Bilanzregeln, die sich an aktuellen Marktwerten orientieren, als Krisen verschärfend, da sie die aktuellen Verluste der Banken erhöhten.

Baugewerbe

Alle Unternehmen des produzierenden Gewerbes, die in der Baustellenvorbereitung (z. B. Abbrucharbeiten), im Hoch-, Wohnhäuser- und Tiefbau (Straßenbau), in der Bauinstallation (Klempnerarbeiten) und sonstigen baulichen Ausstattungsarbeiten (Maler) tätig sind. Das Statistische Bundesamt unterscheidet lediglich zwischen Bauhaupt- und Ausbaugewerbe. Zum Bauhauptgewerbe zählen die Unternehmen, die mit Baustellenarbeiten befasst sowie im Hoch- und Tiefbau tätig sind. Das Ausbaugewerbe umfasst die Bauinstallation und das sonstige Ausbaugewerbe. Die Anzahl der Betriebe im dt. Bauhauptgewerbe sank von 81.301 Betrieben mit 1,16 Mio. Beschäftigten (1998) auf 74.800 Betriebe mit 720.000 Beschäftigten (2007).

Bedarfsdeckungsprinzip

Besagt, dass Hartz-IV-Leistungen nur dafür da sind, einen ganz konkreten individuellen Bedarf in einer gegenwärtigen Notlage zu beseitigen. Dabei orientiert sich das B. an der Deckung bzw. Erfüllung eines Bedarfs am Markt. Nach diesem Prinzip soll Hartz IV ein Existenzminimum sichern, die Teilhabe an der Kultur der Gesellschaft und ihrem sozialen Leben ermöglichen soll.

Bedarfsgemeinschaft

Personen, die besondere persönliche oder verwandtschaftliche Beziehungen zueinander haben und in einem gemeinsamen Haushalt leben. Sie müssen sich in Notlagen gegenseitig finanziell unterstützen und ihren Lebensunterhalt gemeinsam decken. Zu der B. gehören der erwerbsfähige Hilfebedürftige, sein eheähnlicher oder ehelicher Partner sowie die minderjährigen Kinder, die in einem gemeinsamen Haushalt leben. Bei minderjährigen erwerbsfähigen Hilfebedürftigen werden die Eltern, die mit in dem betreffenden Haushalt leben, zur Bedarfsgemeinschaft hinzugezählt. Die B. ist im Sozialgesetzbuch II und XII gesetzlich geregelt.

Bedürfnisprüfung

Bezeichnet die Ermittlung eines wirtschaftlichen Bedürfnisses, um zu einem Beruf oder Gewerbe (z. B. Taxi) zugelassen zu werden. Die B. beschränkt das Grundrecht der Berufsfreiheit durch eine vom Bewerber nicht beeinflussbare Zulassungsvoraussetzung. Deswegen ist die B. ist nur zulässig, wenn der Schutz eines »überragend wichtigen Gemeinschaftsgutes« dieses erfordert.

Beggar my neighbour-policy

Politikstrategie, die zum Ziel hat, den »Nachbarn zum Bettler zu machen«. In der ökonomischen Literatur wird mit B. eine wirtschaftspolitische Strategie bezeichnet, die systematisch versucht, eigene Vorteile ausschließlich zulasten anderer zu erzielen.

Beiträge

➠ Abgaben

Beitragsbemessungsgrenze

Höhe eines jährlichen Arbeitseinkommens, bis zu dem Sozialversicherungsbeiträge erhoben werden. Die B. ist also eine Grenzgröße und darüber hinaus dynamisch, da sie jeweils zum 1. Januar eines Jahres an die allgemeine Einkommensentwicklung angepasst wird. Die monatlichen B. für die gesetzliche Renten- und Arbeitslosenversicherung seit dem Jahre 2003 – nach alten und neuen Bundesländern – betragen:

Beitragsbemessungsgrenzen

	West	Ost
2003	5.100 €	4.250 €
2004	5.150 €	4.350 €
2005	5.200 €	4.400 €
2006	5.250 €	4.400 €
2007	5.250 €	4.550 €
2008	5.300 €	4.500 €
2009	5.400 €	4.550 €

Tab. 6 Beitragsbemessungsgrenzen der Renten- und Arbeitslosenversicherung 2003–2009 in West und Ost

Die monatlichen B. für die gesetzliche Kranken- und Pflegeversicherung seit dem Jahre 2003:

Beitragsbemessungsgrenzen	
2003	3.450,00 €
2004	3.487,50 €
2005	3.525,00 €
2006	3.562,50 €
2007	3.562,50 €
2008	3.600,00 €
2009	3.675,00 €

Tab. 7 Beitragsbemessungsgrenzen der Kranken- und Pflegeversicherung 2003–2009 in West und Ost

➠ Sozialversicherung

Benchmark

[Dt.: Maßstab] Ein Wert, den man als Maßstab für Leistungsvergleiche benutzt. Ein B. kann z. B. ein Aktienindex (z. B. DAX, Dow-Jones) oder das Kurs-Gewinn-Verhältnis einer Aktie sein.

➠ Börse

Benchmarking

Vergleich zwischen den eigenen Produkten und Dienstleistungen mit den besten Wettbewerbern oder mit den anerkannten Marktführern. Dieser Vergleich bezieht sich auch auf die Ablaufprozesse des Unternehmens. Dadurch sollen eigne Defizite aufgedeckt und die Marktstellung des Unternehmens verbessert werden.

➡ Wettbewerb

Berufsunfähigkeitsrente

Leistung der gesetzlichen Rentenversicherung für Versicherte, die berufsunfähig sind. Berufsunfähig ist, wer aufgrund von Krankheit oder Behinderung seiner Arbeit nicht mehr in der Form nachgehen kann, wie er es erlernt hat. Voraussetzung für den Bezug der B. ist, dass der Versicherte mindestens 5 Jahre lang Beiträge in die Rentenversicherung eingezahlt hat und vor dem 1.1.1961 geboren ist. Wer nach diesem Datum geboren ist, muss privat vorsorgen, um sich abzusichern. Privat kann die B. als Zusatzversicherung oder im Rahmen einer Lebensversicherung vereinbart werden, was aufgrund abweichender Rückstellungsvorschriften durchaus preiswerter sein kann. Die private Versicherung zahlt dem Versicherten die vereinbarte B., wenn er den ausgeübten Beruf aus gesundheitlichen Gründen nicht mehr ausüben kann.

➡ Gesetzliche Rentenversicherung

Beschäftigtenstatistiken

Statistik nach Geschlecht und Position aller Beschäftigten. Sie gibt umfassende Informationen über die Gesamtzahl und die Verteilung der Beschäftigten auf die einzelnen Wirtschaftssektoren. Erhoben werden die Zahlen im Rahmen der Volkszählung durch die sog. Arbeitsstättenzählung. Hierbei melden alle Betriebe sowie der öffentliche Dienst die benötigten Daten über ihre Beschäftigten. Eine besondere Form stellt die Statistik sozialversicherungspflichtiger Beschäftigter dar. Hierbei werden die Daten aus den Meldungen der Betriebe an die Sozialversicherungen (Arbeitslosen-, Kranken-, Renten und Pflegeversicherung) gewonnen.

➡ Amtliche Statistik

Beschäftigter

Laut Arbeitsförderungsgesetz eine Person, die mindestens 18 Stunden in der Woche einen Beruf ausübt, um ihren Unterhalt zu verdienen.

➡ Arbeitnehmer

Beschäftigung

B. bezeichnet den tatsächlichen Einsatz von Erwerbspersonen in einer Volkswirtschaft. Statistisch gesehen kann man die B. sowohl anhand der Zahl von Erwerbstätigen oder auch anhand der geleisteten Arbeitsstunden in einem bestimmten Zeitraum messen.

➡ Produktionsfaktor ➡ Produktionsfunktion

Beschäftigungsförderungsgesetz

Trat 1985 in Kraft und sollte die Beschäftigung in Deutschland erhöhen. Dazu versuchte man, das Angebot an Arbeit und die Nachfrage nach Arbeit besser zusammenzuführen. Deshalb wurde u. a. das Vermittlungsmonopol der Bundesanstalt für Arbeit aufgehoben und der Einsatz privater Arbeitsvermittler zugelassen. Außerdem regelte das B. den Abschluss befristeter Arbeitsverträge sowie die Teilzeitarbeit. So durfte laut B. ein Arbeitsvertrag bis zu einer Dauer von 24 Monaten befristet sein, ohne dies begründen zu müssen. Das B. wurde zum Januar 2001 durch das Teilzeit- und Befristungsgesetz (TzBfG) ersetzt.

➠ Bundesagentur für Arbeit

Beschäftigungsgrad

Betriebswirtschaftlich: der Kapazitätsausnutzungsgrad, also das Verhältnis von tatsächlicher und möglicher Produktionsleistung (Kapazität) in Betrieben. Volkswirtschaftlich: Prozentualer Anteil der beschäftigten Erwerbspersonen am gesamten Erwerbspersonenpotenzial.

➠ Produktivität

Beschäftigungsindikatoren

B. beschreiben Größe und Struktur der Beschäftigung eines Wirtschaftszweiges oder der Volkswirtschaft. Zu den B. zählen die folgenden Niveauindikatoren:

- Rate der Erwerbstätigen;
- registrierte Arbeitslose;
- offene Stellen;
- Arbeitsvolumen;
- Kurzarbeiter sowie
- die globale Erwerbslosen- und Arbeitslosenquote.

Die Strukturindikatoren weisen die regionalen, geschlechts-, alters-, branchen- und berufsspezifischen Ausprägungen der Niveauindikatoren aus.

➠ Amtliche Statistik ➠ Indikator ➠ Statistisches Bundesamt

Beschäftigungspolitik

Im Gegensatz zur Arbeitsmarktpolitik, die das Angebot an Arbeitskräfte erhöhen will, konzentriert sich die B. darauf, die Nachfrage nach Arbeitskräften zu vergrößern. Sie fördert damit das gesamtwirtschaftliche Wachstum. Dazu zählen Maßnahmen zur Verbesserung der regionalen und sektoralen Beschäftigungsstrukturen sowie Maßnahmen, um Höhe und Struktur der gesamtwirtschaftlichen Beschäftigung an das Erwerbspotenzial anzupassen. Der Beschäftigungsgrad soll hierbei maximiert, die Beschäftigungsstrukturen sollen verbessert werden. Träger der B. sind v. a. die nationalen Gebietskörperschaften und Sonderorganisationen (z. B. Bundesagentur für Arbeit). Die Tarifvertragsparteien handeln Lohnsätze, Gehälter und Arbeitsbedingungen autonom aus (Tarifautonomie).

Bestandsgrößen

Volkswirtschaftliche Größen, die zu einem bestimmten Zeitpunkt gemessen werden wie z. B. Geldmenge oder Arbeitslosigkeit. B. werden in Geld oder physischen Einheiten gemessen und zeitpunktbezogen ermittelt (z. B. Kassenbestand, Warenlager). Sie können auf einzel- oder gesamtwirtschaftlicher Ebene zusammengestellt werden, dies nennt man dann Bestandsrechnung. Verändern sich die Werte einer Bestandsgröße, wird dies in einer Bestandsänderungsrechnung erfasst.

➠ Amtliche Statistik

Besteuerungsgrundsätze

Grundlage einer zweckmäßigen und gerechten Besteuerung. Es gibt 2 Arten der steuermäßigen Gerechtigkeit:

1. Horizontale: Alle werden gleich besteuert, sofern sie in gleichen oder gleichartigen Verhältnissen leben.
2. Vertikale: Personen in ungleichen Verhältnissen werden ungleich besteuert.

Dementsprechend können Steuertarife proportional oder progressiv verlaufen. Grundlagen für die Frage der Gerechtigkeit sind das Äquivalenz- und Leistungsfähigkeitsprinzip. Außerdem sollte die Besteuerung die wirtschaftlichen Entscheidungen möglichst wenig beeinträchtigen. Ein weiterer Grundsatz der Besteuerung heißt: Die Verwaltung der Steuern sollte einfach, effizient und gut verständlich sein.

Bestimmungslandprinzip

Grundsatz für die Erhebung von Umsatzsteuer für Waren und Dienstleistungen bei Ex- und Import. Er besagt, dass die Ware oder Leistung bei Export und Grenzüberschreitung von der Umsatzsteuer des Ursprungslandes (Herkunftslandes) befreit und im importierenden Land (Bestimmungsland) mit der dortigen Umsatzsteuer belastet wird. Ziel des B. ist es, Doppelbesteuerungen und Wettbewerbsverzerrungen bei internationalem Handel zu vermeiden. Um den europäischen Binnenmarkt zu vollenden und grenzüberschreitenden Handel zu steigern, bemüht sich die EU um eine Umstellung des B. auf das Ursprungslandprinzip. Demnach wäre bei Import von Gütern grundsätzlich die Umsatzsteuer des Ursprungslandes zu entrichten. Da sich die EU-Mitgliedstaaten jedoch darauf bisher nicht einigen konnten, findet weiterhin das B. Anwendung.

➠ Außenhandel

Betrieb

Organisierte Wirtschaftseinheit, in der Produkte und Dienstleistungen für Käufer produziert und erbracht werden. Der B. als Produktionsstätte wird vom Unternehmen unterschieden, das i. d. R. weitere Funktionsbereiche hat (z. B. Finanzwirtschaft, Marketing, Forschung und Entwicklung) und sogar mehrere B. umfassen kann. In der Wirtschaftsstatistik sind B. die örtlich getrennten Niederlassungen von Unternehmen des produzierenden Gewerbes. Im Steuerrecht umfasst der Begriff B. (Betriebsstätte) jede feste Geschäftseinrichtung oder Anlage, die der Ausübung eines stehenden Gewerbes (stehender Gewerbebetrieb) dient (§ 12 AO).

Betriebliche Altersversorgung

Eine Sozialleistung der Unternehmen. Die Arbeitnehmer erhalten diese Leistung nach Beendigung des Arbeitsverhältnisses. U. U. wird die Versorgung auch Familienangehörigen gewährt. Die B. ergänzt die gesetzliche Rentenvorsorge. Ein entsprechendes Gesetz, um die B. zu verbessern, trat 1974 in Kraft. Es regelt, wann ein Arbeitgeber sie gewähren und in welcher Höhe die Versicherung gezahlt werden muss. Der Arbeitsvertrag legt die Leistungen fest. Es gibt verschiedene Arten der B.:

- die Pensionszusage;
- die Direktversicherung (eine abgeschlossene Lebensversicherung);
- eine dritte Möglichkeit ist die Versorgung über eine Pensions- oder Unterstützungskasse.

➠ Altersvorsorge

Betriebliche Mitbestimmung

Recht auf Beteiligung und Mitwirkung der Arbeitnehmer an den betrieblichen Entscheidungen eines Betriebes. Dies betrifft die Gestaltung der Arbeitsplätze, der Arbeitsabläufe, der Arbeitszeit sowie die Grundsätze der Personalauswahl, Zeiterfassung und Leistungskontrolle. Die B. ist im Betriebsverfassungsgesetz geregelt.

Betriebsrat

➠ Betriebsverfassungsgesetz

Betriebsverfassung

➠ Betriebsverfassungsgesetz

Betriebsverfassungsgesetz

Regelt die Zusammenarbeit von Arbeitgebern und Arbeitnehmern. Dabei sind festgelegte Rechte und Pflichten einzuhalten, die vorher vereinbart wurden. In Betrieben mit mindestens 5 Beschäftigten kann bei Vorliegen der gesetzlichen

Voraussetzungen alle 4 Jahre ein Betriebsrat gewählt werden, der die Interessen der Arbeitnehmer eines Betriebs vertritt. Alle dabei entstehenden zusätzlichen Kosten übernimmt der Arbeitgeber. Außerdem genießen die Mitglieder des Betriebsrates einen besonderen Kündigungsschutz. Wenn mindestens 5 Jugendliche in einem Betrieb arbeiten, dürfen von diesen zusätzlich Jugendvertreter gewählt werden (§ 60, BetrVG). Der Betriebsrat ist für folgende Bereiche zuständig:

- soziale Thematiken (Lohnzahlung, Arbeitszeiten, Unfallverhütung);
- personelle Fragen (Kündigungen, Versetzungen, generelle Personalplanung);
- Gestaltung von Arbeitsplätzen (Arbeitsablauf, -umgebung);
- wirtschaftliche Angelegenheiten (Betriebsstilllegungen, -verlegung, Umsatzprobleme);
- wenn mehr als 100 Arbeitnehmer in einem Betrieb arbeiten, muss zudem ein Wirtschaftsausschuss gewählt werden.

In diesen Bereichen kann der Betriebsrat mitbestimmen, informieren beraten. Ebenso wie die Gewerkschaften, sind auch Betriebsräte selbstständige unabhängige Einrichtungen. Beide arbeiten eng zusammen. Das Betriebsverfassungsgesetz gilt nicht für den öffentlichen Dienst und für die Kirchen.

Betriebswirtschaftslehre (BWL)

Lehre von der Organisation und Steuerung von Unternehmen. Die B. bildet neben der Volkswirtschaftslehre eine der beiden grundlegenden Teildisziplinen der Wirtschaftswissenschaft. Gegenstand der B. sind alle Unternehmen, die Sachgüter oder Dienstleistungen erstellen.

Bevölkerungsentwicklung

Beschreibt, wie sich die Bevölkerungen in verschiedenen Ländern der Welt verändern und warum das geschieht. Die Bevölkerungszahl eines Landes wächst, wenn Kinder geboren werden oder Menschen aus anderen Regionen zuwandern. Durch Tod und Auswanderung verringert sie sich. In Deutschland wie auch anderen hoch entwickelten Ländern würde ohne Zuwanderung die Bevölkerung schrumpfen. Doch weltweit wächst die Zahl der Menschen enorm. Besonders in Entwicklungsländern kommt es zu einer wahren Bevölkerungsexplosion. Die Reaktionen in den betroffenen Ländern fallen sehr unterschiedlich aus. In Ostasien und Südamerika z. B. wird das Bevölkerungswachstum gebremst, während in Afrika und Indien immer mehr Kinder zur Welt kommen. Nicht nur die Weltbevölkerungsentwicklung insgesamt wird künftig ein Problem darstellen, sondern v. a. die diesbezüglichen Unterschiede zwischen den einzelnen Ländern.

➡ Bevölkerungspolitik

Bevölkerungspolitik

Alle staatlichen Maßnahmen, um die Zahl und/oder Zusammensetzung einer Bevölkerung zu beeinflussen. Dazu gehören familienpolitische Maßnahmen wie Kindergeld, Wohnungsgeld für familiengerechte Wohnungen, aber auch Maßnahmen zur Ein- und Auswanderung. In vielen Entwicklungsländern zielt die B. auf eine Reduzierung des Bevölkerungswachstums durch aktive Geburtenkontrolle. In Industriestaaten hingegen versuchte die B. durch steuerliche Entlastungen oder die Zahlung von Kinder- und Elterngeld Anreize zur Steigerung der Geburtenrate zu schaffen. Grund sind die rückläufigen Geburtenzahlen in den Industriestaaten.

➠ Bevölkerungsentwicklung

Bilanz

Die B. ist eine vollständige Bestandsaufnahme von Vermögen und Kapital zu einem bestimmten Stichtag nach den Grundsätzen der doppelten Buchführung. Das Vermögen wird dabei auf der Aktivseite dem Kapital auf der Passivseite gegenübergestellt. Aus betriebswirtschaftlicher Perspektive gibt die Passivseite Auskunft über die Finanzierung eines Unternehmens (Eigen- bzw. Fremdkapital), auf der Aktivseite wird die Verwendung der Mittel (Anlage bzw. Umlaufvermögen) festgehalten. In der Außenwirtschaft steht die B. aller ökonomischen Transaktionen zwischen Inländern und Ausländern im Vordergrund: die Zahlungsbilanz.

➠ Leistungsbilanz ➠ Handelsbilanz

Bildungsfinanzierung

Finanzielle Rahmenbedingungen der beruflichen Aus- und Weiterbildung der Bevölkerung. Es gibt 3 Wege der B.:

1. Eigenfinanzierung, z. B. Ausbildungsversicherung oder Kostenübernahme der Ausbildung durch den Arbeitgeber.
2. Fremdfinanzierung, z. B. staatliche oder private Darlehen bzw. Stipendien.
3. Steuerfinanzierung. Darunter versteht man die direkte staatliche Finanzierung von Bildungsstätten, die Gewährung von Bildungsgeld (BAföG) oder die Möglichkeit, Ausbildungskosten einkommenssteuerlich abzugfähig zu machen.

➠ Bildungsinvestitionen ➠ Bildungsökonomie

Bildungsinvestitionen

Staatliche und private Investitionen in die Ausbildung. Durch einen höheren Bildungsstand der Arbeitnehmer kann die Produktivität eines Landes erhöht werden. B. sind daher eine wichtige Grundlage für Wirtschaftswachstum.

➠ Bildungsfinanzierung ➠ Bildungsökonomie

Bildungsökonomie

Analysiert die wirtschaftliche Entwicklung eines Landes in Abhängigkeit vom Bildungsstand. Als Teilgebiet der Wirtschaftswissenschaften nutzt sie den Erfahrungsschatz vergangener Jahrzehnte und entwickelt daraus Theorien zur Steigerung der Produktivität. Seit Ende der 1950er-Jahre weiß man: Durch mehr Arbeit und Kapitaleinsatz lässt sich das Wirtschaftswachstum nur bedingt steigern. Der entscheidende Faktor, neben dem technischen Fortschritt, ist der Arbeitnehmer und sein Ausbildungsstand. Zu den Aufgabenfeldern der B. gehören heute:

- Untersuchung des Zusammenhangs von Bildungsinvestitionen und Wirtschaftswachstum, Vorschläge zur Steuerung und Planung der Bildungsfinanzierung;
- Forschungsarbeiten zum Finanzierungsbedarf von Bildungseinrichtungen mit dem Ziel, das Wirtschaftswachstums zu verbessern;
- Verbesserung von Lehrplänen für Schulen;
- optimale Gestaltung von Bildungsstätten, richtige Schulgröße, Effizienzsteigerung von Ausbildungen;
- Erforschung von Anreizmechanismen, um das Potenzial von Lehrern und Schülern besser abrufen zu können.

➠ Bildungsinvestitionen

Binnennachfrage

Inländische Nachfrage nach den Gütern einer Volkswirtschaft. Die B. setzt sich üblicherweise aus dem privaten und dem öffentlichen Konsum sowie den privaten und öffentlichen Investitionen in Ausrüstungen, Software und Bauten zusammen. Mithilfe der B. lässt sich beurteilen, wie kräftig die Binnenkonjunktur ist. Steigen die Einkommen stark und sind die Rahmenbedingungen für die Unternehmen günstig, dürften sowohl der private Konsum als auch die privaten Investitionen kräftig expandieren. Außerdem wird die Binnenkonjunktur davon beeinflusst, wie stark der Staat konsumiert und investiert. Die Einschätzung der Binnenkonjunktur ist insbesondere für größere Volkswirtschaften wie Deutschland großer Bedeutung.

➠ Staatlicher Konsum

Bodenreform

Zuschreibung neuer Eigentümer, neuer Rechte oder neuer Nutzer an vorhandenen Grundstücken. Beim Zusammenschluss der früheren DDR mit Westdeutschland wurde die sozialistische Bodenreform teilweise rückgängig gemacht, Grundstücke mussten häufig an ursprüngliche Eigentümer zurückgegeben werden. Als Grundsatz gilt mit einigen Ausnahmen: Rückgabe vor Entschädigung. Eine Ausnahme besteht z. B. dann, wenn durch die Rückgabe Arbeitsplätze verloren gehen oder andere gravierende wirtschaftliche Folgen eintreten würden.

Boom

Höhepunkt eines wirtschaftlichen Aufschwungs. In einer Hochkonjunktur sind die Produktionskapazitäten voll ausgelastet und die Preise steigen. Außerdem wachsen in dieser Phase die Aktienkurse an den Börsen stark an. Nach einem B. folgt i. d. R. eine Abschwungsphase. Innerhalb des Konjunkturzyklus ist der B. die 3. von 4 Phasen.

Börse

Amtlicher Markt für vertretbare Güter, diese sind an der B. also nicht fassbar vorhanden. Gehandelt werden können Rohstoffe (Warenbörsen), Währungen (Devisenbörsen) und Wertpapiere (Effektenbörse). An der B. werden Angebot und Nachfrage zusammengeführt und Preise für verschiedene Güter ausgehandelt. Alle Güter, die an der B. gehandelt werden, müssen deshalb miteinander vergleichbar sein (Fungibilität). Kunstgegenstände oder Maschinen etc. werden nicht an der B. gehandelt, weil diese Gegenstände sich nie ganz und gar gleichen. Wenn der Abschluss eines Börsengeschäftes und die Erfüllung des Geschäftes zum gleichen Zeitpunkt erfolgen, spricht man von Kassamarktgeschäft, falls die Erfüllung später erfolgt, von Terminmarktgeschäft.

Brain Drain

Abwanderung hoch qualifizierter Arbeitskräfte aus ihren Herkunftsländern. Man unterscheidet 2 verschiedene Phänomene:

1. Unter externem B. versteht man die Abwanderung hoch qualifizierter Arbeitskräfte aus den Entwicklungsländern, die keine Beschäftigungsmöglichkeit bieten oder nur zu sehr schlechten Arbeitsbedingungen.
2. Setzen sich Wissenschaftler in den Entwicklungsländern mit Problemen auseinander, die hauptsächlich die Industrieländer betreffen, spricht man von internem B.

Beide Phänomene verschlechtern die Chancen auf eine Änderung der wirtschaftlichen Lage in Entwicklungsländern.

➠ Entwicklungspolitik

Bretton-Woods-System

Ein System mit festen Wechselkursen zwischen der Leitwährung US-Dollar und den Währungen der teilnehmenden Länder, dass am 22.7.1944 in Bretton Woods (USA) abgeschlossen wurde und 1946 in Kraft trat. Daran beteiligt waren insgesamt 44 Staaten. Feste Wechselkurse haben den Vorteil, dass sie Kalkulationssicherheit und Vergleichbarkeit bieten. Ziel war der reibungslose und von Handelsbarrieren befreite weltweite Handel. Der US-Dollar galt als Leitwährung. Der Wechselkurs betrug 35 US-$ pro 30 g Gold. Seitens der US-Zentralbank bestand die Verpflichtung, US-Dollar in Gold einzulösen. Gegenüber dem US-Dollar vereinbarten die anderen Mitglieder des Systems starre Wechselkurse. Für mögliche Interventionen, falls das B. in eine Schieflage kommen sollte, wurde der Internationale Währungsfonds (IWF) gegründet. Gleichzeitig wurde auch die Internationale Bank für Wiederaufbau und Entwicklung (Weltbank) gegründet, die heute Kredite für Entwicklungsländer bereitstellt. 1973, nachdem die USA 1971 ihre Goldeinlösungsverpflichtung aufgehoben haben, brach das System zusammen. Der durch das B. gegründete Internationale Währungsfonds (IWF) und die Weltbank blieben erhalten.

Brutto

Bedeutet: das Gesamte (ohne Abzüge), z. B. der Preis für eine Sache einschließlich der Umsatzsteuer (Bruttopreis) oder das Gewicht eines Gutes inkl. Verpackung (Bruttogewicht) oder der Lohn- bzw. Gehaltsbetrag, von dem noch keinerlei Abzüge für Steuer, Renten-, Sozial- und Krankenversicherung vorgenommen worden sind (Bruttolohn/-gehalt).

➡ Netto

Bruttogehalt

Im Arbeitsvertrag vereinbartes, tarifliches oder übertarifliches Arbeitsentgelt eines Angestellten. Nach Abzug der vom Arbeitnehmer zu zahlenden Steuern (Lohnsteuer, evtl. Kirchensteuer) und der Sozial- und Krankenversicherungsbeiträge ergibt sich das Nettogehalt.

Die Leistung unserer Wirtschaft

Bruttoinlandsprodukt (BIP) in Deutschland in Mrd. Euro

Jahr	Mrd. Euro
1997	1.916
1998	1.965
1999	2.012
2000	2.063
2001	2.113
2002	2.143
2003	2.164
2004	2.211
2005	2.243
2006	2.322
2007	2.423
2008	2.489

Tab. 8 Quelle: Statistisches Bundesamt

Bruttoinlandsprodukt (BIP)

Wert aller in einer Volkswirtschaft geschaffenen Güter und Dienstleistungen in einem bestimmten Zeitraum. Dabei ist unerheblich, ob Inländer oder Ausländer an der Herstellung des BIP beteiligt sind, es kommt nur auf den Standort, nämlich das Inland, der Wertschöpfung an. Das BIP kann auf 3 Arten erfasst werden:

1. Entstehungsrechnung: Dabei ist das BIP der Wert aller im Inland herge-

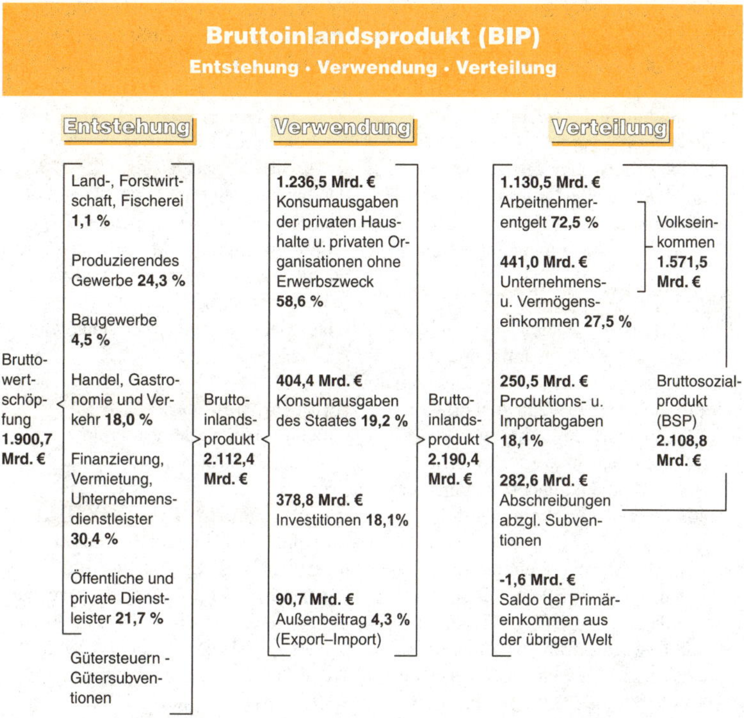

Bruttoinlandsprodukt (BIP)
Entstehung · Verwendung · Verteilung
Entstehung
Verwendung
Verteilung
Land-, Forstwirtschaft, Fischerei 1,1 %
Produzierendes Gewerbe 24,3 %
Baugewerbe 4,5 %
Handel, Gastronomie und Verkehr 18,0 %
Finanzierung, Vermietung, Unternehmensdienstleister 30,4 %
Öffentliche und private Dienstleister 21,7 %
Gütersteuern - Gütersubventionen
Bruttowertschöpfung 1.900,7 Mrd. €
Bruttoinlandsprodukt 2.112,4 Mrd. €
1.236,5 Mrd. € Konsumausgaben der privaten Haushalte u. privaten Organisationen ohne Erwerbszweck 58,6 %
404,4 Mrd. € Konsumausgaben des Staates 19,2 %
378,8 Mrd. € Investitionen 18,1%
90,7 Mrd. € Außenbeitrag 4,3 % (Export–Import)
Bruttoinlandsprodukt 2.190,4 Mrd. €
1.130,5 Mrd. € Arbeitnehmerentgelt 72,5 %
441,0 Mrd. € Unternehmens- u. Vermögenseinkommen 27,5 %
Volkseinkommen 1.571,5 Mrd. €
250,5 Mrd. € Produktions- u. Importabgaben 18,1%
282,6 Mrd. € Abschreibungen abzgl. Subventionen
-1,6 Mrd. € Saldo der Primäreinkommen aus der übrigen Welt
Bruttosozialprodukt (BSP) 2.108,8 Mrd. €

Abb. 5

stellten Güter (Waren/Dienstleistungen) für den Endgebrauch. Hierbei werden Vorleistungen für die Produktion von Gütern nicht einbezogen.

2. Verwendungsrechnung: Danach ist das BIP die Summe aus Konsumausgaben, Investitionsausgaben, Ausgaben des Staates für Güterkäufe und der Differenz aus Export und Import.
3. Die Verteilungsrechnung, bei der die Einkommen aus Unternehmertätigkeit und Vermögen sowie die Einkommen aus unselbstständiger Arbeit addiert werden.

Das BIP wird in jeweiligen Preisen und preisbereinigt berechnet. Die Veränderungsrate des preisbereinigten BIP gilt als die zentrale Messgröße zur Bewertung der wirtschaftlichen Leistungsfähigkeit einer Volkswirtschaft auch im internationalen Vergleich.

➠ Bruttosozialprodukt

Bruttoinvestition

Gesamtbetrag aller Investitionen in einem bestimmten Zeitraum.

Bruttosozialprodukt (BSP)

Erfasst die Wertschöpfung zu Marktpreisen der im Inland ansässigen Personen (Inländer), unabhängig von ihrer Staatsangehörigkeit. Es unterscheidet sich vom Bruttoinlandsprodukt (BIP) dadurch, dass die Erwerbs- und Vermögenseinkommen der Inländer, die im Ausland erzielt wurden, hinzugezählt und die Erwerbs- und Vermögenseinkommen der Ausländer im Inland abgezogen werden. Inzwischen spricht man statt vom B. vom Nationaleinkommen.

Bubbles

[Dt.: Luftblasen] Bezeichnet einen instabilen Boom, der auf Spekulation mit Finanzanlagen basiert, i. d. R. gefolgt von einem Finanzcrash. Wenn sich die Preise auf Finanzmärkten immer weiter von ihren Gleichgewichtswerten entfernen, muss es einen Punkt geben, an dem kein Kapital mehr zur Verfügung gestellt wird. Der Vorgang nennt sich »Bubbles«, da die Marktteilnehmer nicht wissen, wann dies der Fall ist und die Blase somit »platzt«. Diese Ungewissheit bestimmt die Veränderungen auf dem Finanzmarkt und die weiteren Preis- und Kursentwicklungen. Das geschah z. B. um 1630 in den Niederlanden (Spekulationen auf Tulpenzwiebeln), im Jahr 2000/2001 mit Hightechwerten am Neuen Markt oder am Nasdaq oder auch im Jahr 2008 auf dem Immobilienmarkt.

➡ Aktien ➡ Börse ➡ Finanzmarktkrise ➡ Spekulationsblasen

Budget

➡ Haushaltsplan

Budgetausgleich

Haushaltsgrundsatz, der besagt, dass die voraussichtlichen öffentlichen Ausgaben die Staatseinnahmen nicht überschreiten dürfen. Von einem formalen B. spricht man, wenn die zur Deckung der öffentlichen Ausgaben notwendigen Einnahmen auch beschafft werden können. Bei einem materiellen B. werden alle öffentlichen Ausgaben durch Steuern, Gebühren und Beiträge gedeckt und keine Kredite aufgenommen.

➡ Staatsausgaben

Built-in Flexibility

[Dt.: eingebaute Flexibilität] Die ökonomische Literatur verwendet den Begriff im Zusammenhang mit automatischen Stabilisatoren in der Konjunkturphasen. Je nach Bedeutsamkeit der automatischen Stabilisatoren spricht man vom Ausmaß der B.

Built-in-Stabilizers

[Dt.: eingebaute Stabilisatoren]

➡ Automatische Stabilisatoren

Bundesagentur für Arbeit (BA)

Im Jahr 2004 wurde die Bundesanstalt für Arbeit im Rahmen des »dritten Gesetzes für moderne Dienstleistungen am Arbeitsmarkt« in Bundesagentur für Arbeit (BA) umbenannt. Die BA hat im Wesentlichen folgende Aufgaben:

- die Vermittlung in Ausbildungs- und Arbeitsstellen;
- die Berufsberatung;
- die Beratung von Arbeitgebern;
- die Förderung der Berufsausbildung und der beruflichen Weiterbildung;
- die Förderung der beruflichen Eingliederung Behinderter;
- Leistungen zur Erhaltung und Schaffung von Arbeitsplätzen sowie
- die Zahlung von Entgeltersatzleistungen wie z. B. Arbeitslosen- oder Insolvenzgeld.

Des weiteren gehört zu ihren Aufgaben die Beobachtung und Erforschung des Arbeitsmarktes sowie die Erstellung von Statistiken durch ihre Dienststelle »Institut für Arbeitsmarkt- und Berufsforschung« (IAB). Ferner zahlt sie – als Familienkasse – das Kindergeld und bekämpft Leistungsmissbrauch etwa bei der Auszahlung des Arbeitslosengeldes. Die BA ist eine selbstverwaltete Körperschaft des öffentlichen Rechts unter der Aufsicht des Bundesministers für Arbeit und Sozialordnung. Sitz der BA ist Nürnberg, sie ist untergliedert in 10 Regionaldirektionen, 176 Agenturen für Arbeit, rund 611 Geschäftsstellen sowie 7 besondere Dienststellen (BA-Service-Haus, BA-IT-System-Haus, Institut für Arbeits- und Berufsforschung, Zentrale Auslands- und Fachvermittlung, Führungsakademie der BA). Finanziert wird sie durch Beiträge aus der Sozialversicherung.

➠ Arbeitslosigkeit ➠ Arbeitsmarktpolitik

Bundesanleihe

Verzinsliche Wertpapiere, die der Staat Bundesrepublik Deutschland ausgibt und die an der Börse notiert werden. I. d. R. ist der Zinssatz jährlich festgelegt. Neuerdings kann der Zinssatz aber auch an die Inflationsrate gekoppelt sein. Die Laufzeit beträgt i. d. R. 10 Jahre, kann aber auch bis zu 30 Jahren betragen. Die Zinsen werden dem Anleger jährlich ausgezahlt, die Rückzahlung erfolgt dann am Ende der Laufzeit zum Nennwert. B. können über die Deutsche Finanzagentur oder die Börse gekauft werden. Vorteil dieser Wertpapiere ist für den Investor, dass er Geld sehr sicher und langfristig investiert. Der Staat wiederum kann mit dem geliehenen Geld sein Haushaltdefizit zu finanzieren.

Bundesanstalt für Finanzdienstleistungsaufsicht (BaFin)

Die BaFin wurde im Mai 2002 gegründet und vereinigt unter ihrem Dach die 3 ehemaligen Bundesaufsichtsämter für das Kreditwesen (BAKred), für das Versicherungswesen (BAV) und für den Wertpapierhandel (BAWe). Damit gibt es in Deutschland erstmals eine einheitliche staatliche Allfinanzaufsicht über Kreditinstitute, Finanzdienstleistungsinstitute, Versicherungsunternehmen und den Wertpapierhandel. Die BaFin ist eine rechtsfähige, bundesunmittelbare Anstalt des öffentlichen Rechts im Geschäftsbereich des Bundesministeriums der Finanzen. Grundlage ist das »Gesetz über die integrierte Finanzdienstleistungsaufsicht« (FinDAG) vom April 2002.

Bundesaufsichtsamt für das Kreditwesen (BAKred)

Kontrollierte gemeinsam mit der Deutschen Bundesbank sämtliche Kreditinstitute in Deutschland. Zum 1.5.2002 wurde das BAKred mit den Bundesaufsichtsämtern für den Wertpapierhandel und für das Versicherungswesen zur Bundesanstalt für Finanzdienstleistungsaufsicht (BaFin) zusammengelegt. Vorher war das BAKred eine selbstständige Bundesbehörde in Berlin, die dem Bundeswirtschaftsminister unterstand.

Bundesausbildungsförderungsgesetz (BAföG)

Hauptziele sind die Herstellung von Chancengleichheit im Bildungswesen und die Mobilisierung von Bildungsreserven in den einkommensschwächeren Bevölkerungsschichten. Stehen einem Jugendlichen die erforderlichen finanziellen Mittel für eine Ausbildung oder den damit verbundenen Lebensunterhalt nicht zur Verfügung, wird er vom Staat unterstützt. Die Ausbildungsförderung wird an alle Schüler als Zuschuss vergütet, für Studierende allerdings als zinsloses Darlehn geleistet. Gefördert wird der Besuch von weiterführenden allgemein bildenden Schulen, Abend-, Berufsaufbau-, Berufsfach-, Höhere Fachschulen und Akademien sowie Hochschulen.

Ausbildungsförderung ist eine Sozialleistung im Sinne des Sozialgesetzbuches (SGB), das B. daher ein besonderer Teil des SGB (§ 68, Nr. 1 SGB I). Das sog. Meister-BAföG, mit dem die berufliche Aufstiegsfortbildung von Handwerkern u. a. Fachkräften finanziell gefördert wird, ist nicht im B., sondern im Ausbildungsförderungsgesetz (AFBG) geregelt.

Bildungsinvestitionen ➡ Bildungsökonomie

Bundesbank

Nationale Zentralbank der Bundesrepublik Deutschland, die in das System der Europäischen Zentralbanken integriert ist. Ihre Aufgabe ist es, den nationalen und internationalen Bankenzahlungsverkehr abzuwickeln, Bargeld (Noten) auszugeben und bei der Bankenaufsicht mitzuwirken. Mit dem Beginn der Europäischen Währungsunion 1997 hat die B. geldpolitische Steuerungskompetenz, die sie seit Gründung der Bundesrepublik innehatte, verloren.

➡ Europäische Zentralbank

Bundesbetriebe

Öffentliche Unternehmen des Bundes, die abweichend von den Haushaltsgrundsätzen Freiheit und Vollständigkeit einen eigenen Wirtschaftsplan zu erstellen haben, wenn für sie das Wirtschaften nach den veranschlagten Einnahmen und Ausgaben des Haushaltsplans unzweckmäßig ist.

Bundesfinanzminister

➡ Finanzpolitik

Bundeshaushalt

Haushalt der Bundesregierung.

Bundeskartellamt

Eine in Bonn ansässige, zum Geschäftsbereich des Bundesministers für Wirtschaft gehörende selbstständige Bundesbehörde, deren Aufgabe der Schutz des Wettbewerbs ist. Die Behörde setzt das Kartellverbot durch, kontrolliert Unternehmenszusammenschlüsse und übt die Missbrauchsaufsicht über marktbeherrschende Unternehmen aus. Das B. kann Unternehmenszusammenschlüsse untersagen, Auflagen erteilen, Handlungsweisen verbieten und Geldbußen verhängen. Die Bundesbehörde besitzt weitgehende, eigenständige Ermittlungsbefugnisse. Dabei handelt sie auf Grundlage des Gesetzes gegen Wettbewerbsbeschränkungen (GWB), das am 1.1.1958 in Kraft trat. Die Behörde kann auch EU-Recht anwenden, wenn die Europäische Kommission davon keinen Gebrauch macht. Die Zuständigkeit des B. ist auf den dt. Markt beschränkt, weswegen es aufgrund der fortschreitenden Öffnung des europ. Binnenmarktes an Bedeutung verliert. Alle 2 Jahre gibt das B. einen umfassenden Bericht über seine Tätigkeiten heraus. Der Jahreshaushalt beträgt rund 17 Mio. € (2006). 300 Mitarbeiter sind in der Behörde beschäftigt. Präsident des Bundeskartellamts ist seit 2007 Bernhard Heitzer (* 22.3.1949).

➡ Wettbewerbsbeschränkungen

Bundesminister für Arbeit und Soziales

➡ Sozialpolitik

Bundesrechnungshof

Der B. prüft und überwacht gemäß Art. 114 Grundgesetz die Haushalts- und Wirtschaftsführung des Bundes. Er ist ein gegenüber der Bundesregierung unabhängiges Organ der staatlichen Finanzkontrolle, das nur dem Gesetz (Bundesrechnungshofgesetz, BRHG) unterworfen ist. Seine leitenden Mitglieder besitzen richterliche Unabhängig-

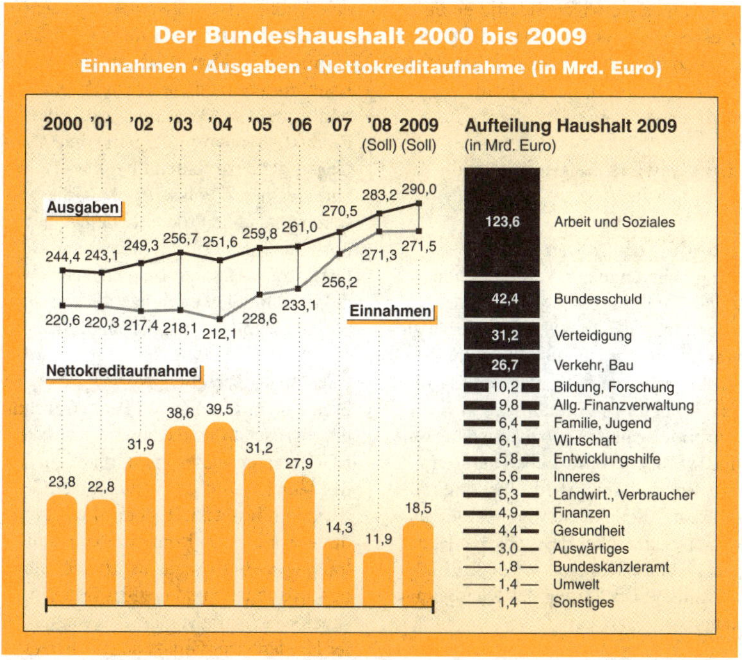
Der Bundeshaushalt 2000 bis 2009
Einnahmen · Ausgaben · Nettokreditaufnahme (in Mrd. Euro)
2000 '01 '02 '03 '04 '05 '06 '07 '08 2009
(Soll) (Soll)
Ausgaben
244,4 243,1 249,3 256,7 251,6 259,8 261,0 270,5 283,2 290,0
Einnahmen
220,6 220,3 217,4 218,1 212,1 228,6 233,1 256,2 271,3 271,5
Nettokreditaufnahme
23,8 22,8 31,9 38,6 39,5 31,2 27,9 14,3 11,9 18,5
Aufteilung Haushalt 2009
(in Mrd. Euro)
123,6 Arbeit und Soziales
42,4 Bundesschuld
31,2 Verteidigung
26,7 Verkehr, Bau
10,2 Bildung, Forschung
9,8 Allg. Finanzverwaltung
6,4 Familie, Jugend
6,1 Wirtschaft
5,8 Entwicklungshilfe
5,6 Inneres
5,3 Landwirt., Verbraucher
4,9 Finanzen
4,4 Gesundheit
3,0 Auswärtiges
1,8 Bundeskanzleramt
1,4 Umwelt
1,4 Sonstiges

Abb. 6 Quelle: BMF

keit. Sie haben jährlich der Bundesregierung, dem Bundestag und dem Bundesrat über die Prüfergebnisse zu berichten. Der Sitz des B. ist Bonn. In jedem Bundesland gibt es Landesrechnungshöfe mit vergleichbaren Aufgaben.

Bundesschatzbrief

Festverzinsliches Wertpapier, das seit 1969 vom Bund ausgegeben wird und nicht an der Börse gehandelt wird. B. gibt es in 2 Varianten: Typ A, mit 6 Jahren Laufzeit und jährlicher Zinszahlung; Typ B, mit 7 Jahren Laufzeit und gesammelten Zinsen. Bei beiden Typen ist die Auflösung frühestens nach einem Jahr möglich. Die Mindestanlage beträgt 50 €. Der B. dient zur Finanzierung öffentlicher Investitionen, zur Förderung des Eigentums und der Vermögensbildung.

Bundessteuern

Steuern, die nur dem Bund zufließen. Dazu gehören die Versicherungssteuer, die Mehrwertsteuer (soweit sie nicht den Ländern und Gemeinden zufließt) und der Solidaritätszuschlag. Außerdem fließt das Aufkommen aus Zöllen und Finanzmonopolen ausschließlich an den Bund.

Bundesverband der Deutschen Industrie (BDI)

Der B. ist die Interessenvertretung der deutschen Industrieunternehmen und industrienahen Dienstleister. Mit seinen

36 Mitgliedsverbänden vertritt er die Interessen von mehr als 100.000 Unternehmen mit über 8 Mio. Beschäftigten. Der B. hat seinen Sitz in Berlin.
➡ Arbeitgeberverbände

Bundeswirtschaftsminister

➡ Wirtschaftspolitik

Bündnis für Arbeit

Gesprächsrunde aus Vertretern von Bundesregierung, Gewerkschaften und Arbeitgebern zum Abbau der Arbeitslosigkeit und zur Bereitstellung von Ausbildungsplätzen in Deutschland. Vollständig heißt es »Bündnis für Arbeit, Ausbildung und Wettbewerbsfähigkeit« und wurde 1996 ins Leben gerufen. Das Bündnis für Arbeit scheiterte im Februar 2003 nach heftigen Auseinandersetzungen über die zulässige Höhe von Lohnforderungen in der Tarifpolitik und die Lockerung des Kündigungsschutzes.

Bürgergeld

Modell einer garantierten Grundversorgung aller Bürger. An diese monatliche Zahlung wäre keinerlei Bedingung geknüpft. Das B. soll in gleichen Beträgen ohne Bedürftigkeitsprüfung an jeden Bürger ausgezahlt werden, unabhängig von dessen Vermögen oder Einkommenssituation. Je nach Modellvorschlag bewegt sich die Höhe dieses bedingungslosen Grundeinkommens zwischen 500 und 1.500 €. Daneben sieht dieses Modell allerdings keine weiteren Transferleistungen wie z. B. BAföG, Rente oder Arbeitslosengeld mehr vor.

Catch-up-Effekt

[Auch: Aufholeffekt] Beschreibt den Zusammenhang zwischen den Startbedingungen eines Landes und seinem wirtschaftlichen Wachstum. Je ärmer eine Volkswirtschaft ist, desto größer ist ihr Wachstum bei einer Investition. Eine geringe Investition in einem ärmeren Land führt dort zu einfachen Produktionsmitteln wie Werkzeugen, die die Produktivität enorm steigern können. Im Gegensatz dazu führen Investitionen in einer reicheren Volkswirtschaft, die schon eine hohe Produktivität hat, nur noch zu einer geringen Steigerung. Das liegt daran, dass dort grundlegende Produktionsmittel wie Werkzeuge und Maschinen bereits vorhanden sind.

Cecchini-Bericht

Studie unter Leitung von Paolo Cecchini über wirtschaftliche Konsequenzen der EU-Binnenmarktvollendung, welche für das Jahr 1992 erwartet wurde. Der C. wurde im Frühjahr 1988 in Brüssel von der Europäischen Kommission in Auftrag gegeben. Er sagte als Effekte Wettbewerbsvorteile und langfristiges Wirtschaftswachstum voraus. Bei Wegfall aller Hindernisse (Grenzkontrollen, technische Handelshemmnisse, Steuerschranken usw.) ließen sich demnach Kosteneinsparungen von etwa 200 Mrd. ECU verwirklichen. Daraus ergäben sich laut Bericht niedrigere Verbraucherpreise, vermehrtes Wirtschaftswachstum und die Schaffung von mindestens 1,8 Mio. Arbeitsplätzen in wenigen Jahren.
➡ Europäische Wirtschaftsgemeinschaft
➡ Europäische Wirtschafts- und Währungsunion ➡ Europäischer Binnenmarkt

Certificates of Deposits

Von Banken ausgegebene Inhaberpapiere, auch Depositen- oder Einlagenzertifikate genannt. Sie sind eine Art Bestätigungsbrief über die Einlage von Geld zu einem bestimmten Zinssatz, der fest oder variabel sein kann. Ihre Laufzeit beträgt zwischen einigen Tagen bis zu

5 Jahren. Die C. wurden zum ersten Mal 1966 in London eingeführt. Seit 1986 gibt es sie in Deutschland, sie sind hier aber erst seit der Europäischen Währungsunion gebräuchlich.

Ceteris-paribus-Klausel

[Dt.: das Übrige gleich bleibend] Diese Klausel spielt v. a. in der ökonomischen Theorie eine wichtige Rolle. Da wirtschaftliche Zusammenhänge sich zumeist wechselseitig beeinflussen, fällt eine theoretische Analyse, bei der Ursachen und Wirkungen eindeutig zu bestimmen sind, schwer. Um dieses komplexe Verhältnis analytisch zu vereinfachen, unterstellt man, dass bestimmte Größen sich nicht verändern. Diese Annahme bezeichnet man als C. Ein unproblematisches Beispiel hierfür ist ein Konjunkturmodell, das unterstellt, dass die Bevölkerung in den folgenden 2 Jahren gleich bleibt. Würde man dies hingegen für die nächsten 10 Jahre unterstellen, wäre die C. schon weitaus problematischer, weil sie unrealistisch wäre: Sie lässt erhebliche Veränderungen in der Bevölkerungsentwicklung außer Acht und schätzt damit ihre Rückwirkungen auf die Konjunktur falsch ein.

Chicagoer Schule

Wurde in den 1930er-Jahren durch Frank Knight und Jacob Viner an der University of Chicago begründet. Bekannt wurde sie aber erst durch Milton Friedman, den prominentesten Schüler dieser beiden Ökonomen. Friedman entwickelte das Konzept des Monetarismus, für den die Geldmenge eine zentrale Rolle in der wirtschaftlichen Entwicklung spielt. Seine Forschungsaktivitäten verband Friedman mit einem wirtschaftspolitischen Programm, das kennzeichnend für die C. geworden ist. Wesentliche Elemente dieses Programms sind:

1. eine freie Marktwirtschaft ohne regulative Eingriffe,
2. die realwirtschaftliche Unwirksamkeit wirtschaftspolitischer Steuerung auf längere Sicht und
3. die uneingeschränkte Gültigkeit der neoklassischen Theorie.

Mit diesem Dreiklang stellte Friedman sich bewusst in Widerspruch zum seinerzeit dominierenden Keynesianismus. Seit dem Ende der 1970er-Jahre, als insbesondere die Ölpreiskrisen trotz wirtschaftspolitischer Interventionen zu tiefen Rezessionen bei hoher Inflation geführt hatten, gewann der Monetarismus die Oberhand sowohl in der Wissenschaft als auch in der Politik. V. a. die Regierungen von Margaret Thatcher und Ronald Reagan ließen sich von der C. inspirieren.

CIF

[Engl.: Cost, Insurance, Freight; dt.: Kosten, Versicherung, Fracht] Eine Frachtklausel. Der Verkäufer trägt die Verantwortung bis zur Ankunft der Ware und somit auch die Kosten, falls die Ware nicht heil ankommt.

Club of Rome

Vereinigung von Vertretern aus Wissenschaft, Kultur, Wirtschaft und Politik aus der ganzen Welt, die sich für eine lebenswerte und nachhaltige Zukunft der Menschheit einzusetzen. Der C. wurde 1968 von dem Industriellen Aurelio Peccei und dem Wissenschaftler Alexander King gegründet. Zurzeit gibt es 66 Vollmitglieder aus ungefähr 30 Ländern. Berühmt geworden ist der C. mit seinen Studien »Grenzen des Wachstums« und »Menschheit am Wendepunkt«. Die Organisation hat ihren Sitz in Winterthur (Schweiz).

Club-Theorie

Beschreibt die Fähigkeit einer Gruppe, ein besonderes Gut herzustellen, das von einem einzelnen Gruppenmitglied nicht hergestellt werden könnte. Gründe dafür können zu hohe Kosten oder der Umstand sein, dass ein Produkt im Herstellungsprozess nicht aufgeteilt werden kann. Deshalb wird oft ein Club, Verband oder Verein gegründet.

➠ Güter

Coasetheorem

Geht davon aus, dass Teilnehmer eines Marktes die Fähigkeit haben, externe Effekte alleine auszugleichen, wenn sie über Ressourcen verhandeln können. Durch diese Selbstständigkeit wird das Eingreifen des Staates unnötig und die Verhandlungskosten sind somit relativ gering. Das C. erzielt zwar theoretisch die optimale Lösung, doch hat es keine praktische Relevanz, da es an unrealistische Bedingungen geknüpft ist, z. B., dass alle Teilnehmer genau wissen müssen, welche Effekte ihr Handeln auf die anderen hat. Das C. ist eine Erweiterung des Hauptsatzes der Wohlfahrtsökonomie und wurde von dem brit. Volkswirtschaftler Ronald Harry Coase (* 29.12.1910) aufgestellt, der dafür 1991 den Nobelpreis für Wirtschaftswissenschaften erhielt.

➠ Wohlfahrtsstaat

Collateralized Debt Obligations (CDO)

Eine besondere Form der mit Kreditforderungen abgesicherten Asset Backed Securities-Wertpapiere. Die CDO-Zinspapiere sind häufig durch komplexe Vermischungen von Kreditforderungen aus Hypothekendarlehen, Konsumenten- und Autokrediten oder Kreditkartenforderungen entstanden. Das zu Grunde liegende Risiko von Forderungsausfällen ist dabei auch für Banken und Wertpapierhändler kaum noch zu durchschauen. Bis zur Finanzmarktkrise im Jahre 2008 wuchs dieser Markt dennoch weltweit auf über 1 Billion US-$.

➠ Asset Backed Securities

Commonwealth

Bezeichnung für einen losen Staatenbund ehemaliger brit. Kolonien. Mit diesem Zusammenschluss soll die technische Zusammengehörigkeit und die wirtschaftliche Verbundenheit zu Großbritannien verstärkt werden. Gerade der Beitritt von Großbritannien in die EG erleichterte die wirtschaftlichen Beziehungen für die Commonwealthländer zur EU. In regelmäßigen Abständen entscheiden Ministerpräsidenten, Staatsoberhäupter sowie Finanzminister und Fachminister der jeweiligen Länder über gemeinsame Vorgehensweisen. Der Sitz des Sekretariats ist London.

Corporate Finance

Sammelbezeichnung für kapitalmarktnahe innovative Finanzierungsdienstleistungen mit speziellem Beratungsbedarf im Firmenkundengeschäft.

Cournot'scher Punkt

Jener Punkt auf einer Preis-Absatz-Funktion, der das Gewinnmaximum eines Monopolunternehmens ist. Benannt wurde dieser Punkt nach dem frz. Ökonomen Antoine Augustin Cournot (* 28.8.1801 † 31.3.1877). Ein Monopolist kann frei entscheiden, wie viel Arbeit und Kapital er einsetzen will, und im Unterschied zu einem Unternehmen, das in vollständigem Wettbewerb steht, entscheidet er auch über den Preis. Er wählt diese Größen so, dass sein Gewinn maximiert wird. Der C. zeigt nun an, welche Menge der Monopolist zu welchem Preis anbieten wird. Typischerweise ist die Absatzmenge eines Monopolisten kleiner als bei vollständigem Wettbewerb, weil er einen höheren Preis verlangen kann. Daher wird das Produkt weniger nachgefragt. Das Gewinnmaximum wird also auch dann schon erreicht, wenn die Absatzmenge kleiner ist als der mögliche maximale Umsatz. Monopole erzeugen folglich niedrigere Produktionsmengen als Wirtschaftszweige in vollständiger Konkurrenz.

Crawling Peg

Wechselkurssystem, in dem die Parität (das Austauschverhältnis zweier Währungen zueinander) mittelfristig festgelegt ist. Die vorausgesagte, schrittweise Änderung der Währungsparität soll eine mögliche Steigung des Preisniveaus verhindern und Devisenspekulationen abwehren. Denn C. werden in erster Linie für eine kontinuierliche Abwertung der eigenen Währung eingesetzt.
➡ Währungspolitik ➡ Währungssystem

Credit Default Swap

Eine Vereinbarung zwischen zwei Parteien, gemäß der eine Partei einen festen Kupon über eine spezifizierte Periode zahlt. Die andere Partei nimmt so lange keine Zahlung vor, bis ein spezifiziertes Ereignis wie z. B. ein Ausfall eintritt. Zu diesem Zeitpunkt wird dann eine Zahlung getätigt, und der C. ist beendet.
➡ Finanzmarktkrise

Crowding-out

[Dt.: Verdrängungseffekt] Wenn wirtschaftspolitische Maßnahmen private Investitionen verdrängen, spricht man von C. Es werden 3 Varianten des C. unterschieden. Der Staat nimmt auf dem Kapitalmarkt mehr Kredite auf, wodurch die Zinsen steigen und die privaten Investoren weniger investieren (zinssteigerungsbedingtes C.). Der Staat fragt mehr Produkte nach, und damit steigen die Preise. Dadurch geht die private Nachfrage zurück (preissteigerungsbedingtes C.). Bei steigender Staatsverschuldung gehen auch die privaten Investitionen und Ausgaben zurück, weil erwartet wird, dass es zu bestimmten staatlichen Maßnahmen wie Steuererhöhungen kommt, um der Verschuldung entgegen zu treten (erwartungsbedingtes C.)
➡ Konjunkturpolitik ➡ Wirtschaftspolitik ➡ Währungspolitik ➡ Zeitverzögerung in der Wirtschaftspolitik

Currency-Board

Wechselkursvereinbarung, bei der ein Land seine Währung an die eines anderen Landes bindet. Die ausländische Währung wird hierbei als Ankerwährung bezeichnet. Jeder hat das Recht, jederzeit zum festgelegten Wechselkurs beliebig viel Geld der inländischen Währung in die Ankerwährung umzutauschen. Deswegen muss die inländische Geldmenge im Ankerstaat gedeckt sein. Ein C., das sog. Währungsamt, wird eingerichtet, um in inflationsgefährdeten und zumeist ärmeren Ländern die Stabilität einer starken Währung zu schaffen. Z. B hatten Argentinien und Hongkong den US-Dollar als Ankerwährung, Estland, Bosnien und Bulgarien den Euro.
➡ Währungspolitik ➡ Währungssystem

DAX

Der D. (Deutscher Aktienindex Index), der 1988 von der Deutschen Börse eingeführt wurde, ist ein Indexwert der 30 wichtigsten Aktien, die an der Börse in Frankfurt gehandelt werden. Die Auswahl der Aktien erfolgt nicht nur nach dem gesamten Börsenwert des Unternehmens, sondern berücksichtigt vor allem den Anteil der Aktien, die sich im

Streubesitz befinden, um einen möglichst großen Markt zu erfassen. Der D. gilt als wichtigster Aktienindex für die Entwicklung der deutschen Aktien.

Deckungsfähigkeit

Betrifft Ausnahmen beim Haushaltsgrundsatz »qualitative Spezialität«. D. legt die Möglichkeit fest, Mehrausgaben bei einem Titel des Haushaltsplans aufgrund von Einsparungen bei einem anderen Titel zu leisten (§ 20 BHO). Möglich ist das z. B., wenn eine wirtschaftliche und sparsame Verwendung von Mitteln dadurch gefördert wird oder wenn etwa eingesparte Personalausgaben anderen Haushaltstiteln zugewiesen werden können.

➠ Haushaltsgrundsätze

Deficit Spending

Staatsausgaben, die durch Kredite und damit höhere Defizite im Staatshaushalt finanziert werden. Ziel dieser Ausgaben ist es, in einer konjunkturellen Krise die gesamtwirtschaftliche Nachfrage anzuregen und auf diese Weise eine volkswirtschaftliche Erholung in Gang zu setzen. Haushaltsneutrale Umschichtungen reichen hierzu nicht aus, weil höhere Ausgaben in einem Bereich Kürzungen in den anderen gegenüberstehen. Die Gesamtnachfrage bleibt dann letztlich unverändert. Die durch D. entstandenen Schulden sollen bei guter Konjunktur durch Haushaltsüberschüsse wieder abgebaut werden. D. steht im Einklang mit der keynesianischen Lehre, die dem Staat die Aufgabe zuschreibt, die Wirtschaft zu stabilisieren, indem er Ausfälle bei der privaten Nachfrage durch eine entsprechend höhere Nachfrage der öffentlichen Hand kompensiert. Allerdings war es nicht Keynes, der vorschlug, diese Ausgaben durch höhere Defizite zu finanzieren, sondern der amerik. Ökonom Abba P. Lerner (* 28.10.1903 † 27.10.1982). D. wird von neoklassischen Ökonomen als unwirksam und inflationstreibend kritisiert. Doch diese Kritik wäre nur berechtigt, wenn D. in einem wirtschaftlichen Gleichgewicht angewendet würde, also bei voll ausgelasteten Kapazitäten und Vollbeschäftigung. Denn dann könnte sich die höhere gesamtwirtschaftliche Nachfrage nicht in einer höheren Produktion niederschlagen. D. muss immer auch von einer stabilitätsorientierten Lohnpolitik begleitet werden, damit die höheren Staatsausgaben nicht zu deutlichen Lohnerhöhungen benutzt werden. Berechtigt ist die Kritik an der Praxis des D., die in vielen Industrieländern zu einer nicht haltbaren Ausdehnung der Staatsverschuldung geführt hat. Die Ausgaben wurden in Zeiten besserer Konjunktur nicht stark genug zurückgeführt, um die Anhäufung von Schulden zu verhindern. Dies liegt aber auch daran, dass sich in den Konjunkturzyklen v. a. Europas und Deutschlands Phasen kurzer Aufschwünge oft mit längeren Zeiten der Rezession und Stagnation abwechselten. In Deutschland kamen noch die Kosten der Vereinigung hinzu, die durch ein prozyklisches D. während einer Hochkonjunktur entstanden sind. Dies weist darauf hin, dass zum erfolgreichen D. eine adäquate Geldpolitik gehört, die längere Aufschwungphasen möglich macht, in denen Schulden abgebaut werden können.

Defizitfinanzierung

Synonym für ➠ Deficit Spending.

Deflation

Anhaltender Rückgang des gesamtwirtschaftlichen Preisniveaus. Die Folgen einer D. sind i. d. R. weitaus schlimmer als die einer Inflation. Bei einer D. gewinnen die Gläubiger, anders als bei einer Inflation, und die Schuldner verlieren. Eine D. entsteht zumeist durch massiven Druck in Richtung niedriger Löhne, der meist dann aufkommt, wenn die Arbeitslosigkeit bereits hoch ist. Die niedrigeren Löhne drücken durch den Wettbewerb auf die Unternehmen, die in der Folge die Preise senken. Ein sinkendes Preisniveau lässt aber den preisbereinigten Wert von Schulden steigen. Dies ist ein Vorteil für die Gläubiger und ein Nachteil für die Schuldner. In der Konsequenz wird die Bereitschaft, Schulden aufzunehmen, sinken und das Risiko, bestehende Schulden wegen ihrer ständigen »Aufwertung« nicht mehr zurückzahlen zu können, steigen. In einer Wirtschaft, die Schuldner fortwährend schlechter stellt, sinkt damit auch die Bereitschaft zu investieren und zu konsumieren. Denn jedes Unternehmen, das zur Finanzierung seiner Investitionen Kredite aufnehmen muss, hat damit zu kämpfen, dass seine Einnahmen durch die sinkenden Preise ebenfalls zurückgehen. Und jeder Haushalt, der eine kreditfinanzierte Anschaffung erwägt, muss diese in einer D. bei sinkenden Löhnen und damit schrumpfenden Einkommen finanzieren. Durch Konsum- und Investitionszurückhaltung entsteht dann eine tiefe wirtschaftliche Krise mit hoher Arbeitslosigkeit, die die D. noch verstärkt, indem der Nachfragemangel die Preise noch weiter drückt. Die Zentralbank könnte durch die Finanzierung von Schuldtiteln, also letztlich durch Gelddrucken, die D. bekämpfen. Der Europäischen Zentralbank (EZB) ist dies aber rechtlich untersagt. Deshalb ist eine präventive Geldpolitik sehr wichtig. Sobald sich deflationäre Tendenzen abzeichnen, muss versucht werden, das Entstehen einer D. mit einer stark expansiven Geldpolitik massiv zu verhindern. Davon abgesehen bleibt es im Kern der Finanzpolitik überlassen, durch eine expansive Ausgabenpolitik die Wirtschaft zu stimulieren und eine D. zu bekämpfen. Doch da solche D.-Krisen i. d. R. schwer wiegend sind, ist die Politik von ihr meist überfordert, sodass D. oft ein Problem von langer Dauer bleibt.

Deflationierung

Preisbereinigung einer wirtschaftlichen Größe.

Deflatorische Lücke

Wenn der aktuelle Preisanstieg nicht mit dem Ziel der Zentralbanken, Preisstabilität zu wahren, vereinbar ist, sondern zu niedrig bleibt, spricht man von einer D. Die Lücke wird nicht nur für eine kurze Periode betrachtet, sondern über einen längeren Zeitraum, um aufkeimende Deflationen rechtzeitig erkennen zu können.

Degressive Abschreibung

Wertverlust von Anlagevermögen in Unternehmen. Auch Absetzung für Abnutzung genannt (AfA). Kauft man in einem Unternehmen ein Wirtschaftsgut, so kann man die Anschaffungskosten absetzen. Der Abschreibungsbetrag wird dabei mit jedem Nutzungsjahr geringer, da man jedes Jahr denselben Prozentsatz vom Restwert abschreibt. Bei Wirtschaftsgütern, die nach dem 31.12.2005 angeschafft wurden, beträgt der Satz 30 %. Das Gegenteil der degressiven ist die lineare Abschreibung, bei der jedes Jahr der gleiche Absolutbetrag vom Restwert abgezogen wird.

➡ Abschreibung

Demand-shift-Inflation

Inflation, die aus Nachfrageverschiebungen resultiert. Immer wieder zitiertes Beispiel: Die Nachfrage von Stahl verschiebe sich auf Aluminium. Die Stahlwerke müssen ihre hohen Fixkosten auf kleinere Stahlmengen umlegen und erhöhen deshalb die Stahlpreise. Die Aluminiumproduzenten reagieren angesichts der erhöhten Nachfrage ihrerseits mit Preiserhöhungen.

Demografie

Wissenschaft von dem Zustand und der Entwicklung einer Bevölkerung. Demografen arbeiten mithilfe von Volkszählungen, Stichproben und statistischen Mitteln. D. wird auch als Bevölkerungswissenschaft bezeichnet und liefert wichtige Daten für Politik und Wirtschaft.

➔ Bevölkerungspolitik

Demografisch bedingte Arbeitslosigkeit

Arbeitslosigkeit, die durch Veränderung der Bevölkerungsstruktur oder Bevölkerungsanzahl entsteht. Die Bevölkerungsstruktur ändert sich, wenn ein neues Geburten-, Eheschließungs-, Scheidungs-, Sterbe- oder Wanderungsverhalten auftritt. Die Bevölkerungsanzahl ändert sich durch Geburten- bzw. Sterbezu- und Abnahme oder durch Ein- und Auswanderung. Diese Veränderungen können zu Arbeitslosigkeit führen, bei der man 4 Formen unterscheidet:

1. Arbeitslosigkeit durch Zuwanderung, höhere Erwerbsbeteiligung oder Heranwachsen vieler Erwerbstätiger aufgrund geburtenstarker Jahrgänge.
2. Arbeitslosigkeit durch zurückgegangene Güternachfrage aufgrund einer sinkenden Bevölkerungsanzahl oder geringerer Konsumfreudigkeit.
3. Arbeitslosigkeit durch Mangel an qualifizierten Leuten wegen der veränderten Alters- oder Nationalitätsstruktur.
4. Arbeitslosigkeit durch Strukturänderungen in der Güternachfrage z. B. aufgrund einer veränderten Altersstruktur und, damit einhergehend, einem veränderten Konsumverhalten.

➔ Demografie

Demografischer Faktor

Faktor in der Rentenformel, mit dem der Anstieg der Renten angesichts einer abnehmenden Zahl von Erwerbstätigen gedämpft werden sollte. Er wurde 1997 von der CDU/CSU-FDP-Koalition als Reaktion auf einen erwarteten Rückgang der Geburtenrate und eine steigende Lebenserwartung vereinbart. Der D. wurde allerdings nicht Gesetz, sondern 1998 von SPD und Grünen gestoppt. Stattdessen ist zum 1.1.2004 der Nachhaltigkeitsfaktor in die Rentenanpassungsformel eingeführt worden. Er mindert die jährliche Rentenanpassung, wenn sich z. B. das Verhältnis der Zahl der Rentner zur Zahl der Beitragszahler verschlechtert.

➔ Gesetzliche Rentenversicherung

Depot

Ein D. enthält erstens alle dem Geldinstitut zur Verwahrung und Verwaltung anvertrauten Wertpapiere. Zweitens bezeichnet ein D. ein Konto zur Verrechnung von Wertpapieren für einen Kunden.

➔ Geschäftsbanken

Depression

Wirtschaftskrise, die mit massiven Rückgängen des Bruttoinlandsprodukts, hoher Arbeitslosigkeit und einer Deflation oder Stagflation einhergeht. Sie reicht damit sowohl in ihrer Dauer als auch Intensität weit über eine konjunkturell bedingte Rezession hinaus.

Deregulierung

Abbau von staatlichen Regelungen wie staatlichen Vorschriften, Preisfestsetzungen, Marktordnungen oder Marktzutrittsbeschränkungen,

➡ Liberalismus

Derivate

Finanzinstrumente, deren Bewertung sich überwiegend vom Preis, von den Preisschwankungen und den Preiserwartungen der zu Grunde liegenden Basisinstrumente (beispielsweise Aktien, Anleihen, Devisen, Indizes) ableitet. Ursprünglich sollten hierdurch Verluste durch Kursschwankungen abgemildert werden. Durch sog. Hebeleffekte wird die Entwicklung des Basiswertes um ein Vielfaches auf das daran gebundene D. verstärkt. Deswegen sind mit D. entweder hohe Verluste oder hohe Gewinne verbunden. D. bieten die Möglichkeit von Arbitragegewinnen, können aber auch aus rein spekulativen Motiven benutzt werden, was im Vorfeld der Finanzmarktkrise von 2008 in massivem Umfang geschah. Zu den D. zählen insbesondere Swaps, Optionen und Futures.

Deutsche Industriebank AG (IKB)

Spezialkreditinstitut, dessen Finanzierungs- und Beratungsangebote ausschließlich auf die gewerbliche Wirtschaft zielt. Hauptgeschäft der D. ist die mittel- und langfristige Kreditfinanzierung von mittelständischen Unternehmen aus Industrie, Handel und Dienstleistungsgewerbe, auch mithilfe von öffentlichen Fördermitteln. Ein weiteres großes Geschäftsfeld ist die Immobilienfinanzierung. Im Zuge der Finanzkrise ist die D. 2007 in wirtschaftliche Notlage geraten. Die Bank hatte mit hochrisikoreichen Immobilienkrediten gehandelt. In der Folge mussten hohe Abschreibungen vorgenommen werden. Die Rettung der Bank kostete schließlich 9,2 Mrd. € an Steuergeldern. Im August 2008 wurde die D. dann für geschätzte 150 Mio. € an US-Finanzinvestor Lone Star verkauft. Die Bank hat ihren Sitz in Düsseldorf.

Deutscher Gewerkschaftsbund (DGB)

Dachverband der Branchengewerkschaften IG Metall, ver.di, IG Bergbau, Chemie, Energie (IG BCE), IG Bauen–Agrar–Umwelt (IG BAU), Gewerkschaft Erziehung und Wissenschaft (GEW), Gewerkschaft Nahrung–Genuss–Gaststätten (NGG), Transnet und der Gewerkschaft der Polizei (GdP) auf Bundesebene. Der DGB soll die Interessen der Gewerkschaften gegenüber Bund, Ländern und Gemeinden vertreten. Der DGB schließt als Dachverband keine Tarifverträge ab.

Deutscher Industrie- und Handelskammertag (DIHK)

Eingetragener Verein, der die Interessen der 80 dt. Industrie- und Handelskammern gegenüber der Bundespolitik und der EU vertritt (seit 1.10.1999 Sitz in Berlin). In Brüssel vertreten ist er seit 1958. DIHK-Präsident ist seit März 2009 Hans Heinrich Driftmann.

Devisen

In der bankwirtschaftlichen Fachsprache bezeichnet man als D. die Forderungen in ausländischer Währung – in Form von Guthaben bei ausländischen Banken oder Wertpapieren wie z. B. Schecks und Wechsel. Bei den Bankguthaben handelt es sich um täglich fällige Sichteinlagen. Teilweise werden auch Terminguthaben, kurzfristige Geldmarktpapiere u. a. geldnahe Forderungen miteinbezogen. D. werden häufig bei hoher Inflation als Wertspeicher benutzt. Aus-

ländisches Bargeld wird in der Fachsprache nicht als D., sondern als Sorte bezeichnet.
➡ Devisenpolitik

Devisenarbitrage

D. liegt vor, wenn eine Devise auf verschiedenen Devisenmärkten zu unterschiedlichen Kursen gehandelt wird und Devisenhändler diese Kursdifferenzen ausnutzen. I. d. R. werden damit die Kursunterschiede rasch wieder eingeebnet.
➡ Arbitrage ➡ Devisenspekulation

Devisenbilanz

Erfasste Veränderungen der Devisenreserven der Zentralbank. Wird auch als Reservebilanz bezeichnet und ist Teil der Zahlungsbilanz.
➡ Devisenmarktintervention ➡ Devisenpolitik

Devisenmarktinterventionen

Wirtschaftspolitisches Instrument zur Beeinflussung des Wechselkurses auf dem Devisenmarkt, in Form von Kauf oder Verkauf von Devisen durch Zentralbanken. Mit dem Kauf von Devisen steigt das inländische Geldangebot, mit dem Verkauf sinkt es. Sind solche Interventionen verpflichtend in Wechselkursregimen vorgeschrieben, entstehen große wirtschaftliche Abhängigkeiten.
➡ Devisenbilanz ➡ Devisenpolitik

Devisenpolitik

Alle Maßnahmen zur Steuerung von Wechselkursen. Man spricht auch von Valutapolitik. Beispiele dafür sind Devisenmarktinterventionen oder auch Devisenbewirtschaftung. Spricht man von indirekter D., so ist damit die Steuerung der Zahlungsbilanz durch andere wirtschaftspolitische Maßnahmen wie die Geld- oder Fiskalpolitik gemeint.
➡ Devisenbilanz

Devisenspekulation

Inkaufnahme hoher Risiken mit der Hoffnung auf große Gewinne bei nicht gesicherten Positionen auf dem Devisenmarkt. Die Hoffnungen basieren auf dem zu erwartenden Kassakurs, der vom tatsächlichen Kassakurs auch abweichen kann. Wird auch »trading« genannt. D. kann auf dem Termin-, aber auch auf dem Kassamarkt stattfinden.
➡ Devisenarbitrage

Dienstleistungsbilanz

Erfassung aller Käufe und Verkäufe von Dienstleistungen zwischen Inländern und Ausländern in der Zahlungsbilanz. Wird auch als Bilanz der unsichtbaren Ein- und Ausfuhr bezeichnet (»invisibles«). Ein Beispiel dafür ist der Reiseverkehr oder auch Transport sowie Versicherungsleistungen. Ist der Dienstleistungsexport größer als der Dienstleistungsimport, handelt es sich um eine aktive D. Im umgekehrten Falle spricht man von passiver D.
➡ Dienstleistungsverkehr

Dienstleistungsgesellschaft

Volkswirtschaft, deren größte Erträge aus dem Dienstleistungssektor kommen. Seit den 1970er-Jahren zeichnet sich in Deutschland ein Strukturwandel ab von einer Industrie- zu einer D. Durch die Automatisierung fallen immer mehr Arbeitsplätze in der Industrie weg. Hingegen entstehen neue im Dienstleistungssektor.

Dienstleistungssektor

[Auch: tertiärer Sektor] Alle Unternehmen in einer Volkswirtschaft, die Dienstleistungen anbieten. Dazu zählen z. B. die Bereiche Handel, Verkehr und Versicherungen. Daneben gibt es den

primären Sektor (Landwirtschaft) und den sekundären Sektor (Industrie).
➡ Dienstleistungsgesellschaft

Dienstleistungsverkehr

Unter freiem D. versteht man den Handel mit grenzüberschreitenden Dienstleistungen zur Schaffung eines Dienstleistungsbinnenmarktes. Jedem Bürger der EU steht es also frei, in einem anderen Mitgliedsstaat Dienstleistungen zu erbringen.
➡ Europäischer Binnenmarkt

Direkte und indirekte Besteuerung

Sind der Steuerschuldner und der Steuerträger identisch, spricht man von direkter Besteuerung. Beispiele hierfür sind Einkommenssteuer oder Körperschaftssteuer. Bei der indirekten Steuer sind aber der Steuerschuldner und Steuerträger nicht identisch. Als Beispiele sind zu nennen Mehrwertsteuer und Verbrauchssteuern.

Direktinvestition

Finanzielle Beteiligung an einem ausländischen Unternehmen oder Gründung von Tochterunternehmen im Ausland. Eine D. dient zur Senkung der ausländischen Markteintrittsbarrieren. Im Gegensatz zu Portfolioinvestitionen tätigt man Direktinvestitionen nicht nur der Rendite wegen, wie bei der Portfolioinvestition, sondern auch um langfristige Wirtschaftsbeziehungen zu schaffen.
➡ Investition

Dirigismus

Staatliche Bevormundung durch Eingreifen in die Steuerungsmechanismen der Marktwirtschaft, besonders durch Ge- und Verbote wie z. B. Lohn- und Preisstopps, Devisenbewirtschaftung und Investitionslenkung. Der Eingriff des Staates ist stärker als beim Interventionismus, erreicht aber nicht Ausmaße wie in der Zentralverwaltungswirtschaft.

Disinflation

Sinken der Inflationsrate, die aber immer noch über null liegt. Fällt die Inflationsrate unter null, sinkt also das Preisniveau, spricht man von Deflation.
➡ Inflation

Diskontpolitik

Politik der Zentralbank bei der Festlegung des Diskontsatzes. Dessen Senkung ermöglicht Banken, billiger an Liquidität zu gelangen. Dies sollte über verbilligte Kredite die Wirtschaft stimulieren. Eine Erhöhung wird die Wirtschaftsaktivität bremsen. Diese geldpolitische Strategie wurde von der Bundesbank verfolgt. Seit der Währungsunion verzichtet die nunmehr verantwortliche Europäische Zentralbank (EZB) auf jede D.

Diskontsatz

Zinssatz in Form eines Abschlags auf den Nominalwert, zu dem eine Bank Wechsel bei der Zentralbank verkaufen kann, um als Gegenleistung zu den Wechseln Liquidität zu erhalten. Je höher der D. desto ungünstiger ist die Einlösung für die Bank und umgekehrt.

Distribution

In der Betriebswirtschaftslehre bedeutet D. die gesamtwirtschaftliche Verteilung vor allem von Waren und Dienstleistungen. Im Vordergrund stehen dabei die ökonomischen Abläufe zwischen Produzent, Händler und Endabnehmer.

Aus volkswirtschaftlicher Sicht bezeichnet D. die Verteilung von Einkommen und Vermögen auf unterschiedliche Wirtschaftsbereiche, Personen und Personengruppen.

Doppelbesteuerungsabkommen

Vertrag zwischen 2 Ländern, um zu vermeiden, dass eine Person, die z. B. nicht im Land ihres Wohnsitzes ihr Gewinn bringendes Unternehmen hat, doppelt besteuert wird. Deutschland unterhält 2007 mit 104 Ländern ein solches Doppelbesteuerungsabkommen bezüglich der Einkommenssteuer, Körperschaftssteuer, Vermögenssteuer und Erbschaftssteuer, das sich an dem OECD-Musterabkommen orientiert.

Dow-Jones-Index

International beachteter und ältester derzeit existierender Aktienindex an der New Yorker Börse, bestehend aus den Kursen der 30 führenden Unternehmen der USA. Geschaffen wurde er 1897 von Charles Henry Dow und Edward David Jones. Pendants dazu sind in Deutschland der DAX, in Europa der Euro-Stoxx und in Japan der Nikkei-Index.

➠ Börse

Drei-Säulen-System

Die deutsche Bankenlandschaft ist in 3 Sektoren unterteilt. Entsprechend unterscheidet das Kreditwesengesetz (KWG) zwischen privaten Geschäftsbanken, Genossenschaftsbanken (Kreditgenossenschaften und genossenschaftliche Zentralbanken) und öffentlich-rechtlichen Instituten (Sparkassen und Landesbanken). Bei der Altersvorsorge wird ebenfalls von einem D. gesprochen, weil diese aus der gesetzlichen Rente, der betrieblichen Altersversorgung und privaten Rentenversicherung bestehen kann.

Drei-Sektoren-Hypothese

Volkswirtschaftliche Theorie, die 1939 von A. G. Fisher aufgestellt und 1949 von C. Clark und J. Fourastié weiterentwickelt wurde. Bei dieser Hypothese unterteilt man die Volkswirtschaft in 3 Sektoren und verfolgt ihre Entwicklung. Dabei ist zu beobachten, dass der Schwerpunkt sich verlagert von dem primären Sektor (Land-, Forstwirtschaft, Fischerei), auf den sekundären Sektor (Industrie) und später auf den tertiären Sektor (Dienstleistungen). Dies ist ein typisches Muster für Industrieländer, jedoch nicht immer für Entwicklungsländer.

Dritte Welt

Bezeichnung für Entwicklungsländer, in denen zurzeit 2/3 der Weltbevölkerung leben. Der Begriff stammt aus den Zeiten des Kalten Krieges, in denen Ländern 2 Blöcken zugeteilt wurden. Der erste Block waren die demokratischen Industriestaaten mit den USA an der Spitze. Der zweite Block bestand aus den sozialistischen Industriestaaten, angeführt von der Sowjetunion. Die restlichen Staaten, die also blockfrei waren, wurden D. genannt.

➠ Entwicklungshilfe

Dritter Arbeitsmarkt

Im Allgemeinen sind drei verschiedene Arbeitsmärkte zu unterscheiden:

- Der erste Markt umfasst die regulären Arbeitsbeschäftigungen;
- der zweite Arbeitsbeschaffungsmaßnahmen wie z. B. Ein-Euro-Jobs, die die Arbeitslosen wieder in den ersten Markt führen sollen;
- der dritte ist die Bezeichnung für einen zusätzlichen Beschäftigungssektor. In ihm bekommen chancenlose Langzeitarbeitslose staatlich bezahlte Arbeitsstellen zum Verrichten gemeinnütziger Tätigkeiten.

Ziel dieser gemeinnützigen »zusätzlichen Arbeitsgelegenheiten« ist es nicht, die Beschäftigten kurz- oder mittelfristig wieder in einen regulären sozialversicherungspflichtigen Job zu bringen. Dieser Bereich richtet sich ausschließlich an Personen, bei denen der Wiedereinstieg in den Arbeitsmarkt aufgrund fehlender persönlicher Qualifikationen oder Eigenschaften nicht möglich erscheint.

➡ Arbeitslosigkeit ➡ Arbeitsmarktpolitik ➡ Zweiter Arbeitsmarkt

Dualer Arbeitsmarkt

Das Konzept des dualen Arbeitsmarkts wurde in den 1960er-Jahren in den USA entwickelt, um die Benachteiligung von Schwarzen u. a. Minderheiten auf den städtischen Arbeitsmärkten erklären zu können. Danach neigt der Arbeitsmarkt dazu, sich in zwei Segmente aufzuspalten. Die Arbeitsplätze im primären Sektor sind charakterisiert durch höhere Löhne, bessere Aufstiegschancen, größere Arbeitsplatzsicherheit und höhere berufliche Qualifikation der Beschäftigten. Demgegenüber sind die Einkommen im sekundären Sektor niedrig, die Arbeitsbedingungen schlecht, die berufliche Qualifikation gering, die Arbeitsplatzsicherheit kaum vorhanden und Aufstiegschancen der Beschäftigten in den primären Sektor eher die Ausnahme. Dies sei die Folge einer zunehmend dualen Wirtschaftsstruktur, die in einen Kernbereich von monopolistisch – oligopolistischer Struktur und einen instabilen peripheren Wettbewerbssektor zerfalle. Kritiker meinen, dass hier eine Strukturparallelität von Produkt- und Arbeitsmärkten unterstellt werde, die in der Wirklichkeit so nicht gegeben sei.

Dumping

Verkauf eines Produkts unterhalb der Herstellungskosten. Erfolgt der Verkauf im Ausland, so liegt der Preis unter den Herstellungskosten im Inland. Es handelt sich dabei um eine spezielle Form der räumlichen Preisdifferenzierung.

Dynamische Rente

Kopplung der Rente an die durchschnittlichen Bruttolöhne. Die dynamische Rente ist in der Gesetzlichen Rentenversicherung festgelegt und dient dazu, Rentner vor Altersarmut durch inflationsbedingte Einkommensverluste zu schützen. Die D. wurde 1957 eingeführt. Seit 1992 orientiert sie sich auch an Nettolöhnen. Heutzutage gibt es nur eine eingeschränkte Form der D. Das liegt an der immensen finanziellen Belastung der Rentenversicherungen, die durch die hohe Arbeitslosenquote verursacht wird.

➡ Gesetzliche Rentenversicherung

Dynamischer Wettbewerb

Bezeichnet in der Preistheorie den Wettbewerb als einen dauerhaften, von Rivalität gezeichneten Prozess zwischen Innovation und Imitation, bei dem einzelne Akteure Vorreiter sind, nachziehen oder sich gegenseitig überholen. Durch diese Vorsprungsgewinne bauen sich Marktmächte auf oder werden eliminiert. Der D. bildet den Gegensatz zum statischen Gleichgewicht in der Marktmodelltheorie. »Die Strategie der Innovation«, die Weiterentwicklung der Theorie des D., wurde 1977 von Jochen Röpke aufgestellt.

Dyopol

Sonderform des Oligopols. Marktform, bei der nur 2 Anbieter existieren. Sind auf der Angebots- und auf der Nachfrageseite jeweils nur 2 Anbieter/Nachfrager, spricht man von einem bilateralen D. Das D. wird auch als Duopol bezeichnet.

➡ Wettbewerbsbeschränkungen ➡ Wettbewerbspolitik

Echoeffekt

1. Wenn die Lebensdauer eines stark vertretenden Investitionsgutes in einem Unternehmen oder in einer Volkswirtschaft abgelaufen ist und es zu entsprechenden Ersatzinvestitionen kommt. Wird auch Reinvestitionszyklus genannt.
2. Ein E. entsteht auch, wenn – nachdem Ausgaben als Folge wirtschaftspolitisch motivierter Anreize zeitlich vorgezogen worden sind – in den Nachfolgeperioden entsprechend weniger Ausgaben getätigt werden.

➠ Investition

Economies of Scale

[Dt.: Skaleneffekte, Skalenerträge] Bezeichnen in der Produktionstheorie die Abhängigkeit der Produktionsmenge (Output) von den eingesetzten Produktionsfaktoren (Input). E. geben an, wie sich die Produktionsmenge ändert, wenn die eingesetzten Produktionsfaktoren verändert werden. Man unterscheidet zwischen konstanten, steigenden und fallenden Skalenerträgen. Bei konstanten Skalenerträgen führt ein Anstieg der Inputs um 1 % zu einem gleichstarken Anstieg der Outputs. Bei steigenden Skalenerträgen wächst die Produktionsmenge um mehr als 1 %. Dies ist i. d. R. dann der Fall, wenn der Produktionsprozess mit steigender Produktzahl immer effizienter wird, wie etwa in der Automobilindustrie, im Bahnverkehr und in der Telekommunikation. Hier finden sich meist nur größere Firmen oder gar Monopolisten am Markt. In der Außenhandelstheorie werden steigende Skalenerträge als Erklärung für die regionale Konzentration von Industrien herangezogen. Bei fallenden Skalenerträgen nimmt die Effizienz des Produktionsprozesses trotz steigender Stückzahl ab. Das gilt zumeist für qualitativ hochwertige Produkte und Einzelanfertigungen. Auch eine zunehmende Bürokratisierung kann diesen Effekt auslösen. Bei fallenden Skalenerträgen werden sich eher kleine und spezialisierte Firmen am Markt behaupten.

Economies of Scope

[Dt.: Verbundvorteil, Verbundeffekte] Vorteile, die für die Produktion durch Verbundeffekte entstehen. Wenn z. B. Industrieprodukte in Verbindung mit Dienstleistungen verkauft werden, stellt dies i. d. R. einen absatzsteigernden Wettbewerbsvorteil für ein Unternehmen dar. Mit Verbundeffekten wird die Produktion also höher ausfallen als ohne. Damit wirkt der Verbund produktivitäts- und wohlstandssteigernd.

Effektivlohn

Lohnsatz (pro Stunde oder pro Kopf), den ein Arbeitnehmer erhält. Er setzt sich zusammen aus dem Tariflohnsatz plus übertarifliche Leistungen, abzüglich der Sozialbeiträge der Arbeitgeber. Folglich entspricht der E. dem Bruttolohn der Arbeitnehmer.

Effizienzlohntheorie

Versucht zu erklären, warum Unternehmen bei hoher Arbeitslosigkeit die Löhne nicht senken. Wenn Arbeitslosigkeit herrscht, sollten die Arbeitslosen in Lohnkonkurrenz zu den Beschäftigten stehen. Es scheint auf den ersten Blick lohnend für die Unternehmen, Beschäftigte durch Arbeitslose mit niedrigeren Löhnen zu ersetzen. Ein solches Verhalten ist empirisch aber nur selten festzustellen. Die E. besagt, dass Unternehmen die Löhne deshalb nicht reduzieren, weil sie befürchten, dadurch die Motivation der Beschäftigten und damit ihre Leistung zu senken, nicht zuletzt, weil die Arbeitnehmer in einem solchen Verhalten einen Verstoß gegen soziale Normen wie das Gebot der Fairness sehen würden. Hinzu kommen noch die Kosten für Einstellungen und Entlassungen.

EG-Außengrenze

Zollgrenze der EG. Innerhalb dieser Grenze gelten die vereinbarten Zolltarife und eine gemeinsame Handelspolitik.
➡ EG-Binnengrenzen ➡ Europäische Wirtschafts- und Währungsunion

EG-Binnengrenzen

Grenzen der Mitgliedsstaaten der EG zu anderen Mitgliedstaaten. An ihnen gelten Arbeitnehmerfreizügigkeit und die Grundfreiheiten für Waren-, Dienstleistungs- und Personenverkehr.
➡ EG-Außengrenze ➡ Europäische Wirtschafts- und Währungsunion

Ehegattensplitting

➡ Splitting

Eigenheimzulage

Staatliche Subvention zur Förderung des Wohnungseigentums, die 1996 eingerichtet wurde. Bezeichnet eine jährliche Zulage bei Neubauten und Altbauten. Zudem werden Heizenergie sparende Maßnahmen und Niedrigenergiehäuser subventioniert. Die Einkommensgrenze liegt für Alleinstehende bei 70.000 € und für Verheiratete bei 140.000 € in den vergangenen 2 Jahren. Die Eigenheimzulage wird seit 1.1.2006 nicht mehr neu gewährt.
➡ Verteilungspolitik ➡ Sozialpolitik

Eigenkapitalquote

Verhältnis zwischen Eigenkapital und Gesamtkapital eines Unternehmens. Die E. ist eine betriebswirtschaftliche Kennzahl. Je höher die E. ist, desto finanziell unabhängiger und unverschuldeter ist das Unternehmen.
➡ Fremdkapital

Eigentum

Das Recht, über eine Sache frei zu verfügen. Die Sache, auf welches sich dieses Recht bezieht, kann sowohl materiell wie auch immateriell sein. Im Gegensatz zum E. bezeichnet der Besitz einer Sache nicht das Verfügungsrecht, sondern nur ihre momentane Zugehörigkeit. Z. B. kann man ein Haus besitzen, solang man die Hypothek noch nicht abbezahlt hat. Ist diese abbezahlt, so ist das Haus nicht nur Besitz sondern E. Das E. ist im Sachenrecht als Bestandteil des bürgerlichen Rechts geregelt. Rechtsgrundlage ist das dritte Buch des Bürgerlichen Gesetzbuchs (BGB). Das Eigentumsrecht wird auch im Art. 14 Grundgesetz garantiert, sein Gebrauch soll zugleich dem Wohl der Allgemeinheit dienen (Sozialbindung des Eigentums).
➡ Eigentumsrechte ➡ Wirtschaftsordnung

Eigentumsordnung

Grundlegendes Element der Wirtschaftsordnung. Generell gibt es das Privateigentum und das gesellschaftliche Eigentum an Produktionsmitteln (Kollektiveigentum). In einer sozialistischen Wirtschaft z. B. sähe die E. vor, dass alle Produktionsmittel verstaatlicht sind; in einer kapitalistischen wären sie Privateigentum. Nach Art. 14, Abs. 2 Grundgesetz ist in Deutschland das Privateigentum grundsätzlich geschützt. Allerdings gilt ebenfalls: »Eigentum verpflichtet. Sein Gebrauch soll zugleich dem Wohle der Allgemeinheit dienen.« Deshalb kann Privateigentum zum Wohl der Allgemeinheit vergesellschaftet werden. Des weiteren spielt die E. in der Theorie der Property Rights eine wesentliche

Rolle. Danach ist die Existenz und Sicherung der Eigentumsrechte eine wesentliche Voraussetzung für das Funktionieren von Arbeitsteilung und Gütertausch in modernen Volkswirtschaften. Die Eigentumsrechte können zeitlich befristet sein, mit Hypotheken etc. belastet werden, an bestimmte Personen oder Personengruppen gebunden sein und an andere weitergegeben werden. In ihrer Gesamtheit wird die E. durch die Ausgestaltung der Eigentumsrechte festgelegt.

Eigentumsrechte

Recht, über Eigentum zu verfügen (auch bekannt unter Property Rights). In der Theorie über Verfügungsrechte werden 4 Einzelverfügungsrechte unterschieden, die geteilt werden oder auch nur einer Person gehören können:

1. Das Recht der Nutzung eines Gutes (usus),
2. das Recht, Erträge und auch Verluste aus der Benutzung des Gutes zu tragen (usus fructus),
3. das Recht, das Gut in Substanz und Form zu verändern (abusus),
4. das Recht, das Gut zu verkaufen und den Gewinn zu behalten (ius abutendi).

Eigentumsvorbehalt

Zukünftiger Eigentumserwerb. Ein Verkäufer kann das Eigentum dem Käufer erst nach vollständiger Auszahlung übergeben. Solang der Käufer den Gegenstand nicht abbezahlt, ist er nur im Besitz des Gegenstandes. Hat der Käufer das Recht, den Gegenstand weiterzuverarbeiten oder zu verkaufen, obwohl es noch nicht sein Eigentum ist, spricht man von verlängertem E. Der Verkäufer hat also in diesem Fall das Recht, den Gegenstand, falls dieser nicht vertragsmäßig abgezahlt wird, zurückzuverlangen, obwohl der Gegenstand schon verarbeitet oder verkauft worden ist. Die Ware bleibt also immer Eigentum des Verkäufers, bis der Käufer sie vertragsgemäß abbezahlt hat.

Eigenverantwortung

Verpflichtung, die Konsequenzen für das eigene Handeln zu tragen. Der Mensch soll für sich selbst sorgen und für die eigenen Taten einstehen und die Konsequenzen dafür tragen. Befürworter der weit reichenden Reformen in Deutschland zu Beginn des 21. Jh. haben den Begriff auch dazu benutzt, den Abbau sozialer Rechte zu rechtfertigen.

➠ Flexibilität

Eigenverbrauch

Übliche Bezeichnung für die Entnahme von Gegenständen oder Leistungen eines Unternehmens durch den Eigentümer der Unternehmung, und zwar für Zwecke, die außerhalb der Unternehmung liegen, z. B. für den privaten Verbrauch. Die Entnahme hat der Unternehmer i. d. R. zu versteuern.

Eigenvorsorge

Ergänzung staatlicher Vorsorgeleistungen. Ein Beispiel dafür ist die Riester-Rente, die 2002 eingeführt wurde. Hierbei fördert der Staat den privaten Rentenaufbau.

Ein-Euro-Job

Jobs für Arbeitslosengeld II-Empfänger, um wieder am Arbeitsleben teilzunehmen. Solche Jobs sollten zeitlich begrenzt und gemeinnützig sein. Die ALG II-Empfänger bekommen für ihre Arbeit keinen Lohn, sondern eine Mehraufwandsentschädigung zusätzlich zum ALG II. Das Arbeitsamt vermittelt solche Jobs. Nimmt ein Arbeitsloser den Ein-Euro-Job nicht an, so kann ihm das

ALG II gekürzt werden oder, wenn er unter 25 Jahren ist, sogar ganz gestrichen. Ein-Euro-Jobber gelten nicht als arbeitslos und werden somit nicht in der Arbeitslosenstatistik aufgenommen.

➠ Arbeitsmarktpolitik

Einfuhr

Import von Waren und Dienstleistungen. Das Gegenteil von Export bzw. Ausfuhr.

➠ Außenhandel

Einfuhrabgaben

Zölle, Abschöpfungen, Währungsausgleichsbeträge, Einfuhrumsatzsteuer und Verbrauchsteuern auf Einfuhren wie z. B. die Kaffee- oder Tabaksteuer. Sie unterliegen dem Zollverwaltungsgesetz (ZollVG) und gelten als indirekte Steuer. Innerhalb der EU werden keine Einfuhrzölle erhoben, da die EU eine Zollunion ist.

➠ Außenhandel ➠ Europäische Wirtschafts- und Währungsunion

Einfuhrpreise

Preis für Importe. Durch das Verhältnis von Ausfuhr- zu Einfuhrpreisen lässt sich ein Preisindex berechnen. Dieses Verhältnis bezeichnet man als Terms of Trade.

➠ Außenhandel

Einfuhrumsatzsteuer

Von der Bundeszollverwaltung erhobene Verbrauchersteuer auf die Einfuhr von Produkten, die aus Drittländern (Staaten, die nicht der EU oder deren Wirtschaftsraum angehören) stammen. Ihr Aufkommen betrug im Jahr 2007 ca. 42,1 Mrd. €. Sie entspricht weitgehend der Umsatzsteuer (auch als Mehrwertsteuer bezeichnet), die beim Verbrauch oder Verkauf von Waren und bei Dienstleistungen im Inland bzw. bei Lieferungen innerhalb der EG anfällt. Der Steuersatz ist also derselbe wie für die Umsatzsteuer des Inlandes, 19 % beziehungsweise auf manche Waren 7 %. Bei der E. handelt es sich neben den Zöllen und den besonderen Verbrauchsteuern (z. B. auf Mineralölerzeugnisse, Alkohol und alkoholhaltige Getränke sowie Tabakwaren) um eine weitere Steuer, die bei der Einfuhr von Waren aus Drittländern in die Bundesrepublik Deutschland erhoben wird.

➠ Einfuhrabgabe

Einfuhrzoll

Abgabe in Form von Verbrauchersteuern auf die Einfuhr von Waren in ein Zollgebiet. Der E. dient dem Schutz der Wirtschaft. In der EU gibt es ausschließlich Einfuhr- und keine Ausfuhrzölle. Die Gesetzgebungskompetenz für Zölle liegt bei der EU.

➠ Außenhandel ➠ Europäische Wirtschafts- und Währungsunion

Eingangstarif

[Auch: Eingangssteuersatz] Steuertarif für die niedrigste besteuerte Einkommensklasse. In Deutschland beträgt der E. derzeit 14 %.

Eingleichungsmodell

Form der Regressionsanalyse (statistisches Analyseverfahren), um die Beziehung zwischen verschiedenen Größen festzustellen. Beim E. geht man davon aus, dass nur eine Größe auf die andere Einfluss hat und kein wechselseitiges Verhältnis besteht.

➠ Empirische Wirtschaftsforschung

Einheitliche Europäische Akte (EEA)

Abschlussdokument des EG-Gipfels von Luxemburg (Dezember 1985). Die EEA ist die wichtigste Veränderung der EG-Verträge seit den römischen Verträgen

Einkommen/Einnahmen und Ausgaben privater Haushalte in Deutschland 2003		
Einnahmen- und Ausgabenvarianten	**D-West**	**D-Ost**
Bruttoeinkommen aus unselbstständiger Arbeit	1.961	1.428
Bruttoeinkommen aus selbstständiger Arbeit	230	124
Einnahmen aus Vermögen[1]	438	225
Einkommen aus öffentlichen Transferzahlungen[2]	897	946
Einkommen aus nichtöffentlichen Transferzahlungen[3]	201	102
Einnahmen aus Untervermietung	2	
Haushaltsbruttoeinkommen	3.729	2.825
- Einkommen-, Kirchensteuer und Solidaritätszuschlag	404	221
- Pflichtbeiträge zur Sozialversicherung	368	311
= Haushaltsnettoeinkommen	2.957	2.293
+ Einnahmen aus dem Verkauf von Waren	35	15
+ sonstige Einnahmen	21	17
= Ausgabefähige Einkommen/Einnahmen	3.013	2.325

Euro je Haushalt und Monat

Tab. 9 Nach Gebietsständen und Größe der Wohngemeinde auf der Basis von erfassten Haushalten in D-West (42.710) und D-Ost (10.722) · Quelle: Statistisches Bundesamt
[1] Vermietung, Verpachtung etc.; [2] Renten, Pensionen; Hilfen etc.; [3] Werks-/Betriebsrenten; Leistungen aus privaten Versicherungen; Unterstützung von privaten Haushalten etc.

von 1957. Ihre Ziele waren die Vollendung des europ. Binnenmarktes bis zum 1.1.1993, schnellere Verfahren zur Entscheidungsfindung im Ministerrat, Bildung der Organisation »Europäische Politische Zusammenarbeit« (EPZ) und Erweiterung der Rolle des Europäischen Parlaments bei der Rechtssetzung.

➠ Europäische Wirtschafts- und Währungsunion

Einheitlichkeit der Lebensverhältnisse

Bis 1994 fand sich die Forderung nach Einheitlichkeit der Lebensverhältnisse in der Bundesrepublik im Art. 72, Abs. 2 Grundgesetz. Dann wurde sie in diesem Artikel auf die Gleichwertigkeit der Lebensverhältnisse in den Bundesländern abgeschwächt. Häufig wird dieser Begriff dennoch benutzt, wenn man die gleichmäßige Versorgung öffentlicher Einrichtungen in den Bundesländern fordert.

➠ Wiedervereinigungskosten

Einkommen- und Verbrauchsstichprobe (EVS)

1964 eingeführt. Wichtigste amtliche statistische Erhebung in dt. Privathaushalten, die alle 5 Jahre vom Statistischen Bundesamt und von den Statistischen Landesämtern durchgeführt wird. Bei der freiwilligen Stichprobenerhebung bei über 50.000 Haushalten geht es um das Einkommen, dessen Verwendung, soziale Stellung, Vermögensverhältnisse und personelle Zusammensetzung des

Haushalts. Diese Daten werden in der volkswirtschaftlichen Gesamtrechnung und für den Preisindex der Lebenshaltung genutzt.

➡ Amtliche Statistik ➡ Warenkorb

Einkommen

Einnahmen eines privaten Haushaltes oder eines Unternehmens. Man unterscheidet Primär- und Sekundäreinkommen. Unter Primäreinkommen versteht man Einnahmen, welche direkt beim Produktionsprozess entstehen. Ein Beispiel dafür ist das E. aus unselbstständiger Arbeit. Darunter versteht man alle Gehälter und Löhne der Angestellten und Arbeiter zuzüglich der gesetzlichen Arbeitgeberbeiträge zur Sozialversicherung. Ein weiteres Beispiel für Primäreinkommen sind Einnahmen aus Unternehmertätigkeiten, also Gewinne von Unternehmen. Des Weiteren zählen Einnahmen aus Vermögen, also Zinsen, Dividenden, Erträge aus Vermietung und Einnahmen aus Patenten zu den Primäreinkommen. Von Sekundäreinkommen spricht man bei Einnahmen, die man ohne direkte Gegenleistung bekommt. Oft handelt es sich hierbei um Subventionen vom Staat, z. B. Hartz IV oder BAföG. Außerdem unterscheidet man noch zwischen Nominal- und Realeinkommen. Beim Nominaleinkommen bleibt die Inflationsrate unberücksichtigt. Im Gegensatz zum Realeinkommen berücksichtigt die Betrachtung der Nominallöhne also nicht den Anstieg des Preisniveaus von Waren.

➡ Einkommens- und Verbrauchsstatistik ➡ Einkommensteuer ➡ Volkseinkommen

Einkommens- und Verbrauchsstatistik

Statistiken, die die Struktur und Verteilung von Einnahmen und Verbrauchsgewohnheiten privater Haushalte erfassen. Genauer gesagt, zählen zu den Einkommens- und Verbrauchsstatistiken die Statistik der Tariflöhne und -gehälter, die laufenden Verdiensterhebungen, die Gehalts- und Lohnstrukturerhebung, die Einkommensteuerstatistik, die Arbeitskostenerhebung, die laufenden Wirtschaftsrechnungen privater Haushalte und die Einkommen- und Verbrauchsstichproben.

➡ Amtliche Statistik ➡ Einkommen ➡ Verbrauch ➡ Volkseinkommen

Einkommens-Konsum-Kurve

Grafische Darstellung der Nachfrage nach einem Gut. Die Nachfrage ist dabei abhängig von der Einkommenshöhe.

Einkommenseffekt

In der Mikroökonomie: Änderung der Nachfrage nach einem Gut, die als Folge veränderter Realeinkommen auftritt. Am E. zeigt sich, ob sog. superiore Güter, wie Luxusgüter, mit steigendem Einkommen immer stärker nachgefragt werden oder inferiore Güter, wie landwirtschaftliche Produkte, immer schwächer. Zusätzlich zum E. gibt es auch den sog. Substitutionseffekt, der misst, wie sich bei verändertem Einkommen die Nachfrage auf andere (Ersatz-)Güter verlagert.

Einkommenselastizität der Nachfrage

Zeigt, um wie viel sich die Nachfrage verändert, wenn sich die realen Einkommen um 1 % ändern.

Einkommensteuer

Steuer, die auf Einkommen erhoben wird. Die E. ist eine direkte Personensteuer, die zu den Ertragssteuern zählt, und zugleich die wichtigste Einnahmequelle des öffentlichen Haushalts der Bundesrepublik Deutschland. Der Einkommenssteuer unterliegen Erträge aus Land- und Forstwirtschaft, Gewerbebetrieben, selbstständiger Arbeit, nichtselbstständiger Arbeit, Kapitalvermögen, Vermietung und Verpachtung sowie sonstige Einkünfte. Der Grundfreibetrag, bis zu dem das Einkommen unversteuert bleibt, liegt derzeit (2009) bei 7.834 €. Der Eingangssteuersatz beträgt 14 %, der Spitzensteuersatz 42 %. Die Einkommenssumme, ab der der Steuersatz nicht weiter ansteigt, beträgt 52.552 €. Liegt das Einkommen allerdings über 250.000 €, gilt die sog. Reichensteuer mit einem Steuersatz von 45 %. Für Ehepaare, die steuerlich zusammen veranlagt werden, gilt das Ehegattensplitting. Das Einkommen des Paares wird getrennt ermittelt, addiert und dann durch 2 geteilt. Die Gesamtsteuerlast ist dadurch meist günstiger. Ehegattensplitting ist also besonders vorteilhaft, wenn das Paar unterschiedlich viel verdient.

➠ Besteuerungsgrundsätze

Einkommensverteilung

Stellt die Verteilung der Einkommen nach ökonomischen und sozialen Kriterien dar. Die bekannteste E. ist die personelle E., die die Verteilung der Einkommen über Personengruppen beschreibt. Sie wird verwendet, um z. B. zu zeigen, wie stark sich die Einkommen der gut Verdienenden von denen der schlecht Verdienenden unterscheiden. Sie dient nach internationalem Brauch auch als Grundlage zur Festlegung der Armutsgrenze, die bei weniger als 60 % des Durchschnitteinkommens beginnt. Bei der personellen E. wird außerdem zwischen der primären Verteilung (durch Erwerbsarbeit erzielte Einkommen) und der sekundären Verteilung (berücksichtigt zusätzlich die staatlichen Transferleistungen) unterschieden. Die funktionale E. beschreibt hingegen, wie die Einkommen über die unterschiedlichen Produktionsfaktoren einer Volkswirtschaft, also i. d. R. Arbeit (Arbeitseinkommen) und Kapital (Gewinneinkommen) verteilt sind. Die E. wie auch die noch wichtigere Vermögensverteilung dienen als Ausgangspunkt für die Beurteilung und Berechnung des Ausmaßes der wirtschaftlichen Ungleichheit in einer Gesellschaft. Zu diesem Zweck werden verschiedene Verteilungsmaße ermittelt. Die E. spielt auch für die gesamtwirtschaftliche Entwicklung eine Rolle. So führt eine zunehmend ungleiche Verteilung zu einer schwächeren Konsumdynamik, da Haushalte mit niedrigerem Einkommen weniger Konsumgüter kaufen können. Dies kann die gesamtwirtschaftliche Dynamik belasten.

Einkommensverteilungspolitik

Politische Maßnahmen, um die ungleiche Einkommensverteilung zwischen einkommensstarken und einkommensschwachen Bürgern auszugleichen. Dies kann im Rahmen der Steuerpolitik geschehen, etwa durch Steuerbefreiung für schlecht bezahlte Arbeitnehmerinnen und Arbeitnehmer. Aber auch im Rahmen der Ausgabepolitik etwa durch Transferleistungen wie z. B. Elterngeld oder Subventionen und Bereitstellung bestimmter Güter und Dienstleistungen (Bildung, Gesundheit und Wohnen). Aber die E. kommt auch in allen Zweigen der Sozialversicherungen vor: von den Erwerbstätigen zu den Pensionierten, von den Beschäftigten zu den Arbeitslosen oder von den Gesunden zu den Kranken. Einerseits werden Prämien und Steuern einbezahlt, anderseits werden Einkommenstransfers an die Anspruchsberechtigten des Sozialversicherungssystems gewährt. Die Umver-

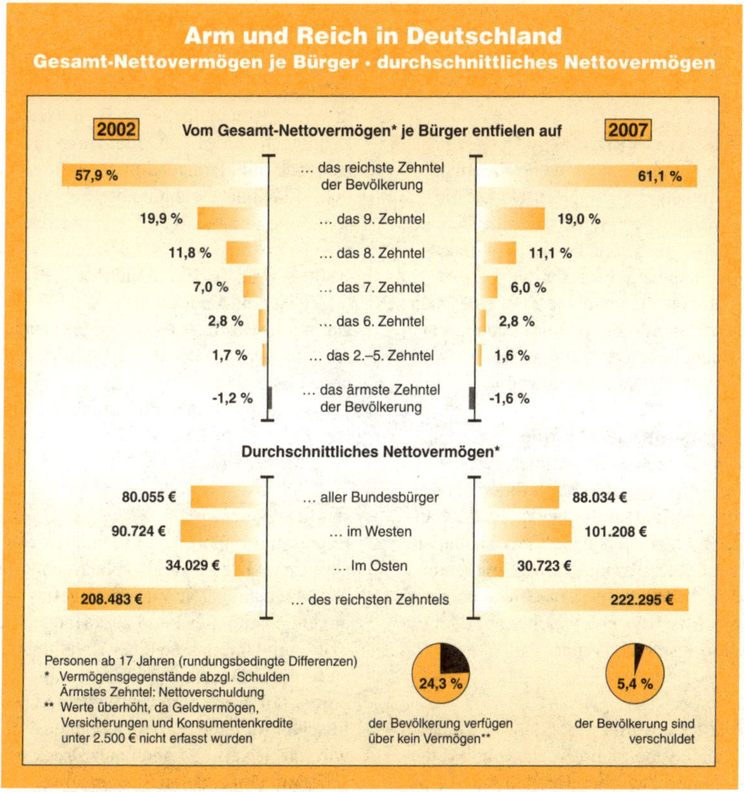
Arm und Reich in Deutschland
Gesamt-Nettovermögen je Bürger · durchschnittliches Nettovermögen
2002
Vom Gesamt-Nettovermögen* je Bürger entfielen auf
2007
57,9 %
... das reichste Zehntel der Bevölkerung
61,1 %
19,9 %
... das 9. Zehntel
19,0 %
11,8 %
... das 8. Zehntel
11,1 %
7,0 %
... das 7. Zehntel
6,0 %
2,8 %
... das 6. Zehntel
2,8 %
1,7 %
... das 2.–5. Zehntel
1,6 %
-1,2 %
... das ärmste Zehntel der Bevölkerung
-1,6 %
Durchschnittliches Nettovermögen*
80.055 €
... aller Bundesbürger
88.034 €
90.724 €
... im Westen
101.208 €
34.029 €
... Im Osten
30.723 €
208.483 €
... des reichsten Zehntels
222.295 €
Personen ab 17 Jahren (rundungsbedingte Differenzen)
* Vermögensgegenstände abzgl. Schulden Ärmstes Zehntel: Nettoverschuldung
** Werte überhöht, da Geldvermögen, Versicherungen und Konsumentenkredite unter 2.500 € nicht erfasst wurden
24,3 %
der Bevölkerung verfügen über kein Vermögen**
5,4 %
der Bevölkerung sind verschuldet

Abb. 7 Quelle (Diagramme): DIW Berlin, SOEP · Quelle (Kreisgrafiken): DIW Berlin (2007) auf Basis SOEP (2002)

teilung der Einkommen als Mittel zur Verbesserung der Lebensumstände wurde zu einem der wichtigsten Instrumente der Sozialpolitik ausgebaut.

➡ Soziale Gerechtigkeit ➡ Wohlfahrtsstaat

Einlagensicherung

Deutschlands Bankensystem ist in 3 Säulen organisiert:

- Sparkassen,
- Genossenschaftsbanken (Volks- und Raiffeisenbank) sowie
- private Banken.

Alle 3 Säulen haben eigene Sicherungssysteme. Geraten Sparkassen oder Genossenschaftsbanken in eine Schieflage, dann springen die anderen ein und sichern so deren Überleben. Die Privatbanken unterhalten dagegen einen Sicherungsfonds, der bei einem Bankenzusammenbruch haften soll. Die meisten Privatbanken zahlen dazu jährlich in einen Rettungstopf ein. Sie sichert 90 % der Einlagen eines Sparers pro Bank, höchstens allerdings 20.000 €. Die Rettungssysteme sind darauf ausgelegt, bei der Pleite einzelner Banken zu helfen. Bei einer Welle von großen Bankinsolvenzen kommt jedoch auch der Sicherungsfonds an seine Grenzen.

Einmaleffekte

Von E. spricht man, wenn Ereignisse nur einen einmaligen Effekt auf die wirtschaftliche Entwicklung ausüben. Besonders bedeutsam ist dies im Zusammenhang mit Inflation. Hier spricht man von E., wenn wie z. B. eine Mehrwertsteuererhöhung nur einmalig einen Preisschub auslöst, nicht aber fortwährend die Inflationsrate erhöht.

Einnahmenverteilung

Aufteilung der Einnahmen eines Staates auf seine verschiedenen föderativen Ebenen (in Deutschland z. B. die Länder). Es gibt 3 Systeme der Einnamenverteilung: Trenn-, Zuweisungs- und Mischsystem. In Deutschland herrscht das Mischsystem, welches auf dem Finanzausgleich beruht.

➡ Föderalismus

Einzelhandel

Handelsunternehmen, das eine Mittlerfunktion zwischen Hersteller und Konsument übernimmt. Solch ein Betrieb beschafft sich seine Ware von einem Großunternehmen und trifft dabei eine Vorauswahl an Produkten, damit er mit seinem Sortiment dem Endverbraucher einen besseren Marktüberblick bieten kann. Beispiele für E. sind Fachgeschäfte, Supermärkte oder Kaufhäuser. Einzelhändler müssen aber nicht unbedingt fest stationiert sein. So gelten auch Versandhändler aus dem Internet oder der Verkaufsstand auf dem Markt als E.

Elastizität

Zeigt an, um wie viel sich eine abhängige wirtschaftliche Größe prozentual ändert, wenn ein Einflussfaktor um 1 % steigt oder sinkt.

Elterngeld

Staatliche Unterstützung in Form von Zahlungen an Familien oder allein Erziehende mit kleinen Kindern. Wird max. 14 Monate während der Babypause gezahlt und beträgt 67 % des vorherigen Nettoeinkommens, höchstens aber 1.800 €. Sind die Eltern nicht erwerbstätig, so ist ein Mindestbetrag von 300 € garantiert. Das E. soll ermöglichen, für ein Jahr aus dem Beruf auszuscheiden, ohne einen allzu großen Verlust des Lebensstandards hinnehmen zu müssen. Das E. löste am 1.1.2007 das frühere Erziehungsgeld ab.

Embargo

Export und Importverbot in und aus einem Land. Dies wird als völkerrechtliche Maßnahme von Staaten eingesetzt, um ein bestimmtes Land zum Handeln bzw. zum Unterlassen einer Handlung zu bringen. Da durch das Export-/Importverbot große wirtschaftliche und politische Probleme entstehen können, wird das jeweilige Land unter Druck gesetzt, mit den anderen Staaten zu verhandeln.

Es gibt verschiedene Arten von Embargos, z. B. kann die Lieferung von Waren, Rohstoffen oder Waffen eingestellt werden.

➡ Außenhandel ➡ Außenhandelspolitik

Emission

E. bezeichnet

1. die Ausbringung von Schadstoffen wie z. B. Gasen, Strahlung oder Lärm in die Umwelt. Emissionen verursachen Umweltschäden, deshalb versucht man durch umweltpolitische Maßnahmen, Emissionen so niedrig wie möglich zu halten, um

unseren Lebensraum zu schützen. Ein Beispiel dafür ist die Großfeuerungsanlagenverordnung von Kohlekraftwerken, in der Grenzwerte für das abgegebene Schwefeldioxid festgeschrieben sind. Weitere Beispiele sind die Emissionssteuer und Emissionszertifikate.

2. bezeichnet E. die Ausgabe von neuen Wertpapieren durch ein oder mehrere Kreditinstitute. Auch das auszugebende Papier wird oft als E. bezeichnet.

➠ Umweltabgaben ➠ Umweltpolitik

Emissionssteuer

Steuer auf Schadstoffemissionen. Die Steuerhöhe richtet sich nach der Emissionsmenge. Damit soll dem Verursacher ein Anreiz gegeben werden, Emissionen zu reduzieren, sich also umweltfreundlich zu verhalten. Die E. ist ein Instrument der Umweltpolitik und gilt als Umweltabgabe.

Emissionszertifikate

Instrument der Umweltpolitik, um Emissionen zu kontrollieren. Dabei wird in einem bestimmten Gebiet für eine bestimmte Zeit die Obergrenze für eine bestimmte Schadstoffabgabe von der Politik festgelegt. Dann werden so viele E. ausgegeben, wie die Obergrenze zulässt. Da die Zertifikate frei handelbar sind, entsteht ein Markt, bei dem die Nachfrager Unternehmen sind, die hohe Umbaukosten für die Reduzierung der Emissionen haben und sich deswegen einfach zusätzliche Zertifikate kaufen. Anbieter sind Unternehmen, für die es günstiger ist, ihre Maschinen und Anlagen umweltfreundlicher zu bauen, als zusätzliche Zertifikate zu erwerben. Vorteil der E. ist, dass man die Obergrenze und damit das umweltpolitische Ziel eindeutig festlegen kann. E. werden zu den marktwirtschaftlichen Instrumenten der Umweltpolitik gezählt.

➠ Umweltabgaben

Empirische Wirtschaftsforschung

Teil der Wirtschaftsforschung, der den Realitätsgehalt von Aussagen überprüft, die aus der Theorie oder aus der Beobachtung gewonnen werden. Zu diesem Zweck werden mathematisch-statistische Methoden (Ökonometrie) verwendet.

Endnachfrage

Summe aus Konsum-, Investitions- und Exportnachfrage.

Endverbrauch

Teil der gesamtwirtschaftlichen Endnachfrage. Auch unter dem Namen »letzter Verbrauch« bekannt. Bezeichnet die Summe aus privatem und staatlichem Konsum.

➠ Aggregierte Nachfrage

Energie

Es gibt verschiedene Arten von Energieträgern. Man unterscheidet zwischen fossiler, erneuerbarer und nuklearer E. Zur fossilen E. zählen Kohle, Erdöl und Erdgas. Nachteil hierbei ist, dass sie nur in begrenzten Mengen vorhanden sind und ihr Verbrauch zu CO_2-Emissionen führt, die den Klimawandel vorantreiben. Erneuerbare E. sind Wind, Wasser, Sonne, Biomasse und Erdwärme. Vorteile sind, dass sie unbegrenzt vorhanden und umweltschonend sind. Deshalb gelten sie als die Zukunftsenergiequellen. Diese sind aber zurzeit noch kaum konkurrenzfähig und werden vom Staat subventioniert, um sie attraktiver zu machen. Unter nuklearer E. versteht man Atomenergie, die bei der Kernspaltung freigesetzt wird. Diese Methode der Energiegewinnung wird öffentlich stark

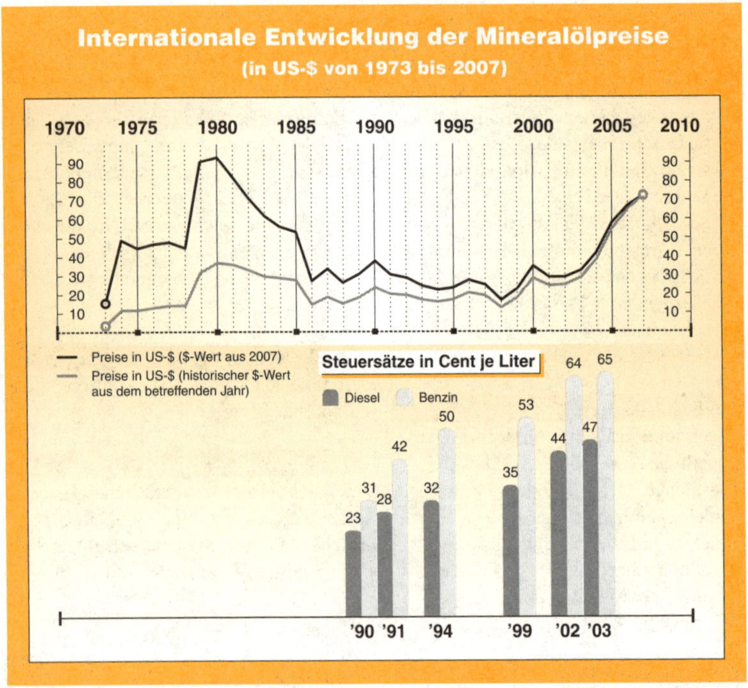
Internationale Entwicklung der Mineralölpreise
(in US-$ von 1973 bis 2007)
1970
1975
1980
1985
1990
1995
2000
2005
2010
90
80
70
60
50
40
30
20
10
Preise in US-$ ($-Wert aus 2007)
Preise in US-$ (historischer $-Wert aus dem betreffenden Jahr)
Steuersätze in Cent je Liter
Diesel
Benzin
23
31
28
42
32
50
35
53
44
64
47
65
'90
'91
'94
'99
'02
'03

Abb. 8

kritisiert, weil bei einem Reaktorunglück tödliche Stoffe in größeren Mengen freigesetzt werden können und die Frage der Endlagerung völlig ungeklärt ist.

➠ Club of Rome ➠ Energiepolitik

Energiepolitik

Bestandteil der Wirtschaftspolitik, welcher auf verbindliche Regelungen der Aufbringung, Umwandlung, Verteilung und Verwendung von Energie zielt. Dabei stehen Wirtschaftlichkeit, Versorgungssicherheit und Umweltverträglichkeit im Mittelpunkt. Z. B. werden regenerative Energien durch die E. gefördert; die Energieversorgung mit Gas und Strom unterliegen staatlicher Aufsicht.

➠ Energieressourcen

Energieressourcen

Vorräte von Energieträgern, wie z. B. Erdöl, Erdgas und Kohle, die für uns noch nicht nutzbar sind, da dies zurzeit technisch oder wirtschaftlich nicht rentabel wäre. Diese Ressourcen sind begrenzt und werden nach Ansicht von Experten bei dem heutigen Verbrauch höchstens 200 Jahre reichen. Deshalb setzt man verstärkt auf die Fortentwicklung erneuerbarer Energien, z. B. Solartechnik, Wasserkraft oder Windenergie, zu wechseln.

➠ Energiepolitik ➠ Energiewirtschaftsgesetz

Energieversorgung

Bezeichnet den gesamten Prozess der Versorgung der Verbraucher mit Energie. Das bedeutet

1. die Erschließung der Energiequelle,
2. die Umwandlung in Energieträger und
3. Transport der Energieträger an den Verbraucher.

Die E. fasst also alle Aktivitäten zusammen, die zur Bereitstellung von Energie führen.

➡ Energiepolitik ➡ Energiewirtschaft ➡ Energiewirtschaftsgesetz

Energiewirtschaft

Einrichtungen, die sich mit der Gewinnung, dem Transport, der Umwandlung und dem Vertrieb von Energieträgern wie Erdgas oder Kraftstoffen wie Strom auseinandersetzen. Beteiligt an der E. sind v. a. die Erdölindustrie, die Gaswirtschaft und die Elektrizitätsversorgung.

➡ Energie ➡ Energieversorgung ➡ Energiewirtschaftsgesetz

Energiewirtschaftsgesetz

Hat die »möglichst sichere, preisgünstige, verbraucherfreundliche, effiziente und umweltverträgliche leitungsgebundene Versorgung der Allgemeinheit mit Elektrizität und Gas« (§ 1, Abs. 1 EnWG) zum Ziel. Das Energiewirtschaftsgesetz, kurz EnWG, ist am 1.6.2007 in Kraft getreten und versucht das EU-Gemeinschaftsrecht umzusetzen. Der Ursprung des Gesetzes liegt im Jahre 1935, als der Staat zum Aufsichtsorgan über die Energiewirtschaft bestimmt wurde.

➡ Energie ➡ Energieversorgung

Entfernungspauschale

➡ Pendlerpauschale

Entflechtung

Trennung von Geschäftsbereichen innerhalb eines Unternehmens; auch »Unbundling« genannt. Gesetzlich oder regulierungsbehördlich vorgegebene Entflechtungsregelungen betreffen besonders Unternehmen, die eine ganze Wertschöpfungskette innehaben, damit einzelne Wertschöpfungsstufen unabhängiger werden. Beispiele sind Energiewirtschaft und Eisenbahn. Diese Entflechtungsregelungen dienen zur Vermeidung von Wettbewerbsverzerrungen. Im Rahmen der bis 2007 umzusetzenden Unbundling-Vorschriften der EU musste die RWE AG zur Steigerung des Wettbewerbs auf dem Strom- und Gasmarkt, ihre Übertragungsnetze in 3 separaten Gesellschaften neu strukturieren.

➡ Monopol ➡ Oligopol ➡ Wettbewerbspolitik

Entgelt

In der Wirtschaftswissenschaft: Vereinbarte Gegenleistung für eine Leistung in einem Arbeitsvertrag. Damit muss nicht unbedingt eine Geldzahlung gemeint sein. Eine Gegenleistung kann genauso gut ein Tauschobjekt sein. Ist keine Gegenleistung vereinbart, bezeichnet man den Vertrag als unentgeltlich.

Entgeltverträge

Verträge über die Entlohnung abhängig Beschäftigter. Dies können z. B. allgemein verbindliche Tarifverträge sein. E. beziehen sich im Unterschied zu Lohn- oder Gehaltsverträgen nicht nur auf Arbeiter oder nur auf Angestellte, sondern sie heben den Unterschied zwischen beiden Gruppen auf.

Entstaatlichung

➡ Privatisierung

Entwicklungshilfe

Unterstützung und Förderung von Entwicklungsländern mit dem Ziel, sie von E. unabhängig zu machen. E. wird auch als Entwicklungszusammenarbeit bezeichnet und ist Bestandteil der internationalen Entwicklungspolitik. Förderer sind hierbei die Industrienationen. 1970 forderten die Vereinten Nationen eine E. i. H. v. 0,7 % des Bruttosozialproduktes eines jeden Industrielandes. Dieses Ziel wurde von den meisten Ländern bis heute nicht erreicht.

Entwicklungsländer

Staaten mit einem sehr geringen Pro-Kopf-Einkommen, die nicht nur wirtschaftlich, sondern auch in sozialer und politischer Hinsicht im Vergleich zu den Industrieländern schlechter abschneiden. Bei E. unterscheidet man zwischen »Least Developed Countries« (LDCs) und »Landlocked Developing Countries« (LLDCs), also zwischen weniger und am wenigsten entwickelten Ländern. Weitere Unterscheidungskategorien sind die »Most Seriously Affected Countries« und die »Highly Indebded Poor Countries«, also die am schwersten betroffenen Länder und die ärmsten hoch verschuldeten Länder. Schwellenländer fallen in die Kategorie »Newly Industrializing Countries«.

➜ Entwicklungshilfe ➜ Entwicklungspolitik

Entwicklungspolitik

Alle Maßnahmen, die darauf abzielen, Entwicklungsländer zu fördern. Hierbei stehen die Bekämpfung von Armut und der Aufbau eines funktionierenden wirtschaftlichen und politischen Systems im Vordergrund. Träger der E. sind Regierungen und Nichtregierungsorganisation (NGO). E, wird nicht nur aus moralischer Überzeugung, sondern auch aus Eigeninteresse gemacht. Eine mögliche Maßnahme der E. ist z. B. die Entwicklungshilfe.

Erbschafts- und Schenkungssteuer

Besteuerung des Vermögens, das der Erbe bzw. der Beschenkte bekommt. Es gibt 3 verschiedene Steuerklassen, die sich aus dem Verwandtschaftsverhältnis zwischen Erblasser/Schenker und Erben/Beschenkten ergeben. Auch die Freibeträge richten sich nach dem Verwandtschaftsverhältnis. So können der Ehepartner und die Kinder eines Verstorbenen ein Haus oder eine Wohnung unabhängig vom Wert steuerfrei übernehmen, wenn der Erbe für mindestens 10 Jahre dort wohnen bleibt. Für Kinder gilt das allerdings nur, wenn die Immobilie nicht größer ist als 200 Quadratmeter. Nicht direkt Verwandte haben allerdings nur einen Freibetrag von 20.000 €. Ein Firmenerbe muss dagegen nur noch 15 % des Betriebsvermögens versteuern, wenn er das Unternehmen 7 Jahre lang weiterführt und die Zahl der Arbeitsplätze am Ende noch in etwa so hoch ist wie zu Beginn. Führt er den Betrieb 10 Jahre lang fort, entfällt die Steuer komplett.

Erlös

Auch Umsatz genannt. Betriebswirtschaftlicher Begriff, der das Produkt aus der verkauften Warenmenge und dem Verkaufspreis meint. Der E. ist eine wichtige Kennzahl zur Ermittlung von Wirtschaftlichkeit und Rentabilität und tritt auch in der Gewinn-und-Verlust-Rechnung sowie in der Kostenrechnung auf.

Ernährungs- und Landwirtschaftsorganisation

[Engl.: Food and Agriculture Organization (FAO)] Sonderorganisation der Vereinten Nationen mit Sitz in Rom, welche 1945 gegründet wurde, um die Ernährungs- und Landwirtschaft in der Welt zu sichern und die Lebensbedingungen der ländlichen Bevölkerung zu verbessern. Zurzeit gibt es 191 Mitgliedsstaaten.

ERP-Sondervermögen

Teil des Bundesvermögens aus dem European Recovery Programm (ERP). Dieses wurde 1948 ursprünglich auf der Grundlage des Marshall-Plans bereitgestellt, um den Wiederaufbau der dt. Wirtschaft zu fördern. Zur Verwaltung der Gelder wurde 1948 die Kreditanstalt für Wiederaufbau (KfW) gegründet. Seit dem ERP-Investitionshilfegesetz von 1967 wird das Geld auch noch für andere Förderprogramme verwendet. Nach der Wiedervereinigung 1990 wurde ein großer Teil des Vermögens für Aufbauprogramme in den neuen Bundesländern eingesetzt. Es beträgt mittlerweile 12 Mrd. € und wird vom Bundesministerium für Wirtschaft und Technologie verwaltet. Die Kreditvergabe erfolgt allerdings durch die KfW.

➠ Wiedervereinigungskosten

Ersatzinvestition

Anlageninvestition, durch die eine bereits vorhandene, abgenutzte Produktionskapazität ersetzt wird. Man unterscheidet 2 Formen der E., die Reinvestition und die Erweiterungsinvestition. Mit der Reinvestition soll erreicht werden, dass durch den Ersatz die Produktionskapazität konstant bleibt. Im Gegensatz dazu dient die Erweiterungsinvestition der Produktionsausweitung.

➠ Investition

Ersparnis

I. d. R. die gesamtwirtschaftliche E. im Rahmen der volkswirtschaftlichen Gesamtrechnung. Sie ergibt sich aus der Differenz zwischen dem gesamtwirtschaftlichen Einkommen und den gesamtwirtschaftlichen Ausgaben. Ein weit verbreiteter Irrtum ist, dass eine höhere einzelwirtschaftliche E. zwangsläufig eine höhere gesamtwirtschaftliche E. zur Folge hat. Wenn die privaten Haushalte mehr sparen, führt dies über einen nachlassenden Konsum z. B. zu sinkenden Einkommen im Unternehmenssektor. Wenn dieser seine Ausgaben unverändert ließe, würde seine E. fallen. Reduziert er aber seine Ausgaben z. B. durch Entlassungen, sinken die Einkommen im privaten Sektor und reduzieren dessen E. Die anfänglichen Sparbemühungen waren dann vergebens. Ähnliche Überlegungen gelten für Sparbemühungen des Staates. (☛ Abb. 9, S. 102)

Ertragsanteil der Rente

Steuerpflichtiger Anteil der Rente. Künftig wird der E. kontinuierlich ansteigen, bis im Jahre 2040 die gesamte Rente von der Steuer erfasst sein wird. Im Gegenzug und im Ausgleich werden immer größere Teile der Rentenbeiträge nicht mehr besteuert. Die gegenwärtige Rentenbesteuerung wird damit in den nächsten 30 Jahren auf die nachgelagerte Besteuerung umgestellt. Die Höhe des Ertragsanteils hängt auch in den kommenden Jahren vom Renteneintrittsalter und von der Art der Rente ab (§ 22 EStG). Zurzeit (2009) beträgt z. B. der steuerpflichtige Ertragsanteil bei einem Renteneintrittsalter von 50 Jahren 30 %, bei einem Renteneintrittsalter von 65 Jahren 18 %.

➠ Gesetzliche Rentenversicherung

Ertragsgesetz

Modell aus der Volkswirtschaftslehre, das von dem Franzosen Anne Robert Jacques Turgot entdeckt worden ist. Es beschreibt den Zusammenhang zwi-

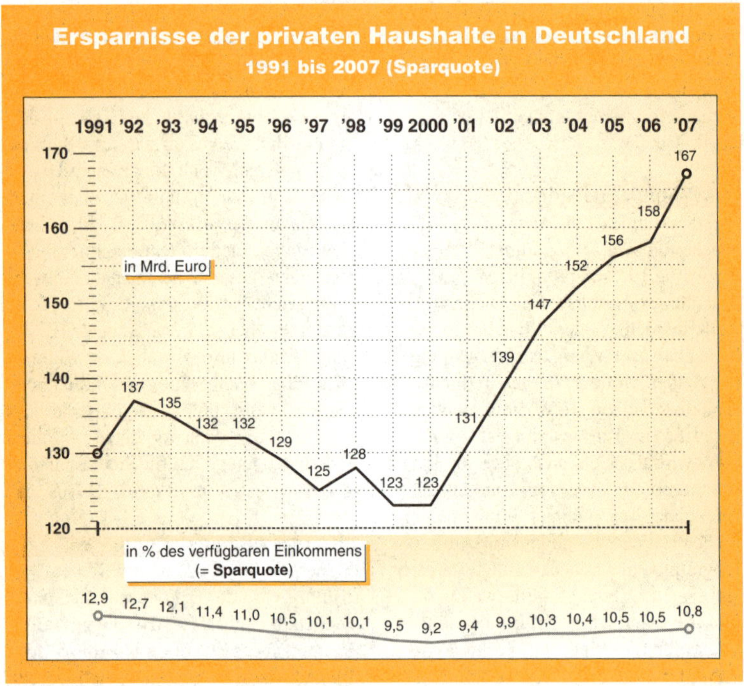
Ersparnisse der privaten Haushalte in Deutschland
1991 bis 2007 (Sparquote)
1991 '92 '93 '94 '95 '96 '97 '98 '99 2000 '01 '02 '03 '04 '05 '06 '07
170
160
150
140
130
120
in Mrd. Euro
137 135 132 132 129 125 128 123 123 131 139 147 152 156 158 167
in % des verfügbaren Einkommens
(= Sparquote)
12,9 12,7 12,1 11,4 11,0 10,5 10,1 10,1 9,5 9,2 9,4 9,9 10,3 10,4 10,5 10,5 10,8

Abb. 9

schen Ertrag und Aufwand. Es besagt, dass durch steigenden Aufwand der Ertrag nicht ebenfalls um denselben Betrag ansteigt. Zwar wird der Ertrag zuerst höher, aber bei jedem weiteren Aufwand fällt der zusätzliche Ertrag geringer aus und ist irgendwann gar nicht mehr vorhanden. Ein Beispiel aus der Landwirtschaft, durch das Turgot überhaupt auf die Idee des E. gekommen ist, ist der Düngemitteleinsatz. Zuerst steigt der Ertrag, je mehr Geld man für Düngemittel ausgibt, doch ab einem bestimmten Punkt schadet das Düngemittel dem Boden und der Ertrag minimiert sich.

Ertragssteuern

Steuern, deren Grundlage Vermögenszuwächse sind. Unter den Oberbegriff E. fallen z. B. Einkommens-, Gewerbe- und Körperschaftssteuer. Das Gegenteil zu den E. sind die Substanzsteuern, die nicht auf Zuwächse, sondern auf Vermögen erhoben werden wie z. B. die Erbschafts- und Schenkungssteuer.

Erwartungen

Aktuelle wirtschaftliche Reaktionen hängen häufig auch von zukünftigen Ereignissen ab. So entscheiden private Haushalte über Käufe u. a. danach, ob die Preise der gewünschten Güter steigen werden oder nicht. Solche zukünftigen Ereignisse fließen über bestimmte

E. in das Verhalten von Haushalten, Unternehmen und wirtschaftspolitischen Instanzen ein. Man unterscheidet in der Volkswirtschaftslehre verschiedene Formen der E.-bildung. So gibt es rationale E., bei denen alle verfügbaren Informationen systematisch ausgenutzt werden und adaptive E., die sich allein auf Entwicklungen der Vergangenheit beziehen.

Erwartungstheorie der Zinsstruktur

Besagt, dass Unterschiede zwischen den Zinsen für Anlagen mit unterschiedlicher Laufzeit (so z. B. zwischen kurzfristigen Anlagen für 3 Monate und mittelfristigen für 3 Jahre) von den Erwartungen an künftige Zinsen bestimmt werden. Wird erwartet, dass die Zinsen steigen, kaufen die Anleger vorzugsweise kurzfristige Anlagen und verkaufen längerfristige. Als unmittelbare Folge dieser veränderten Nachfrage sinken die kurzfristigen Zinsen, und die längerfristigen steigen. Die Differenz zwischen kurz- und langfristigen Zinsen erhöht sich also und die Zinsstrukturkurve wird steiler. Wird hingegen erwartet, dass die Zinsen fallen, wird die Kurve flacher, da sich die Nachfrage in Richtung längerfristiger Anlagen verschiebt. U. U. kann dann sogar eine umgekehrte Zinsstruktur entstehen, bei der die kurzfristigen Zinsen höher sind als die langfristigen. Dies wird häufig als Vorbote einer wirtschaftlichen Schwäche gesehen.

Erwartungswert

Begriff aus der Wahrscheinlichkeitsrechnung. Er ist der Mittelwert einer Größe, die Zufallseinflüssen ausgesetzt ist. Ein Beispiel aus der Ökonomie sind Wechselkurse. Da die täglichen Notierungen sehr stark schwanken können, wird bei Kalkulationen ihr E. über einen bestimmten Zeitraum zu Grunde gelegt.

Erwerbsarbeit

Jegliche Art von bezahlter Arbeit. Personen über 15 Jahre, die für Bezahlung arbeiten, bezeichnet man als erwerbstätig. Darunter fallen neben abhängig Beschäftigten auch Selbstständige, Freiberufliche, Landwirtschaftler, Auszubildende, mithelfende Familienangehörige, Mini-Jobber, Aushilfen und Soldaten.

Erwerbs- und Vermögenseinkommen

Unter Erwerbseinkommen versteht man Einnahmen aus einer beruflichen Tätigkeit, z. B. Löhne und Gehälter. Das Vermögenseinkommen bezeichnet hingegen Erträge aus Kapitalvermögen; darunter fallen u. a. Bezüge aus Aktien und Zinsen aus Hypotheken. Die Summe aller E. innerhalb eines Jahres ergibt das Volkseinkommen.

➡ Einkommensverteilung ➡ Einkommensverteilungspolitik

Erwerbsbeteiligung

Anzahl der Erwerbspersonen (erwerbstätig oder auf Stellensuche), dividiert durch die Gesamtbevölkerung. Im Gegensatz dazu existiert auch noch die Erwerbstätigenquote, bei der nur die Erwerbstätigen im Verhältnis zu der Gesamtwohnbevölkerung gesehen werden.

➡ Arbeitslosigkeit ➡ Erwerbsbevölkerung

Erwerbsbevölkerung

Alle Erwerbspersonen (erwerbstätig oder auf Stellensuche). Auch Erwerbspersonenbestand oder Erwerbspersonenpotenzial genannt. Damit sind also alle Personen gemeint, welche dem Arbeitsmarkt zur Verfügung stehen. Die E. kann durch politische Maßnahmen ver-

größert werden, z. B., indem man die Schulzeit verkürzt oder das Renteneintrittsalter erhöht.
➠ Arbeitslosigkeit

Erwerbsfähiges Alter

Alter zwischen 15 und bislang 65 Jahren, in dem man i. d. R. im Stande ist, unter den üblichen Bedingungen des Arbeitsmarktes einen Beruf auszuüben. Kinder unter 15 und Rentner über 65 gelten als nicht erwerbsfähig. Anhand der Zahl von Personen im erwerbsfähigen Alter lässt sich die Erwerbsquote ermitteln. Mit der Rentenreform wird die Altersgrenze für die Regelaltersrente stufenweise zwischen 2012 und 2029 von 65 auf 67 Jahre angehoben. Mit der Rentenreform wird die Altersgrenze für die Regelaltersrente stufenweise zwischen 2012 und 2029 von 65 auf 67 Jahre angehoben.
➠ Erwerbspersonen ➠ Erwerbstätige
➠ Renteneintrittsalter

Erwerbslose

Jeder, der weniger als eine Stunde arbeitet, aber mehr arbeiten möchte, gilt als erwerbslos. Die Bezeichnung »Erwerbsloser« ist also weit gefasst und deswegen nicht mit registrierten Arbeitslosen zu verwechseln. Die Erwerbstätigen und die E. bilden zusammen die Gruppe der Erwerbspersonen.

Erwerbspersonen

Teil der Bevölkerung, der einen ständigen Wohnsitz im Inland hat und entweder erwerbstätig ist oder sich um eine auf Erwerb ausgerichtete Tätigkeit bemüht, also erwerbslos ist.
➠ Erwerbsfähiges Alter ➠ Erwerbstätige

Erwerbsquote

Anteil der Erwerbspersonen, das sind sowohl die Erwerbstätigen (Beschäftigte) als auch die Erwerbslosen (Arbeitslose), an der Wohnbevölkerung. Die E. gibt also den Prozentsatz der Bevölkerung an, der auf dem Arbeitsmarkt aktiv ist.

Erwerbstätige

Alle Personen, die selbstständig sind, einem freien Beruf nachgehen oder in einem Arbeitsverhältnis stehen. Des Weiteren kann man E. untereilen in Selbstständige, mithelfende Familienangehörige und abhängig Beschäftigte wie z. B. Arbeiter, Angestellte, Beamte, Soldaten, Zivildienst leistende und Auszubildende. Ehrenamtlich tätige Personen werden nicht zu den E. gezählt.
➠ Erwerbsfähiges Alter ➠ Erwerbspersonen

Erwerbstätigkeitsstatistiken

Statistische Erhebung bei denen durch Volkszählung und jährliche, repräsentative Befragungen die Zahl der Erwerbspersonen und der Nicht-Erwerbspersonen in einem Land ermittelt wird. Des weiteren wird festgehalten, wie viele Erwerbspersonen erwerbstätig und wie viele erwerbslos sind.
➠ Statitsisches Bundesamt ➠ Erwerbsfähiges Alter ➠ Erwerbstätige

Erwerbsunfähigkeitsrente

Leistung der gesetzlichen Rentenversicherung, die zum 31.12.2000 abgeschafft wurde. Sie konnte bezogen werden, wenn der Versicherte aus Krankheitsgründen nicht in der Lage war, regelmäßig zu arbeiten oder trotz regelmäßiger Arbeit nur geringe Einnahmen entstanden. Nach dem 65. Lebensjahr wurde sie dann von der Altersrente abgelöst. Seit 2001 gilt die Erwerbsminderungsrente, welche von der früher gezahlten Beitragshöhe abhängig ist und den Betroffenen absichern soll. Erwerbsminderung tritt dann ein, wenn der

Versicherte weniger als 6 Stunden am Tag arbeiten kann.

➠ Gesetzliche Rentenversicherung ➠ Erziehungsgeld

Erziehungsgeld

Staatliche Ausgleichsleistung für den erziehenden Elternteil, der höchstens 30 Stunden pro Woche arbeiten darf, um E. beziehen zu dürfen. Das E., das für Geburten ab dem Jahr 1986 zur Sicherung der Lebensgrundlage eingeführt wurde, ist an Einkommensgrenzen des Elternpaars oder des/der allein Erziehenden gebunden. Für Geburten ab dem 1.1.2007 gilt das Elterngeld, welches, im Gegensatz zum 12–24-monatigen E., nur 12–14 Monate nach der Geburt gezahlt wird und als Entgeltersatzleistung dient.

Etat

➠ Haushaltsplan

EU-Kommission

Wird auch als Hüterin der europäischen Verträge oder Motor der EU bezeichnet. Die E. schlägt dem Ministerrat und dem Parlament Rechtsakte vor, erlässt Durchführungsbestimmung und überwacht die Durchführungen der Entscheidung.

Euro

Gemeinsame einheitliche Währung der 16 Staaten der Europäischen Währungsunion sowie der Kleinstaaten Monaco, San Marino und Vatikanstadt, die keine EU-Mitglieder sind, aber von der EU das Recht erhalten haben, eigene Euromünzen zu prägen. Auch in Andorra, Montenegro und im Kosovo ist der E. offizielle Währung, die dort allerdings einseitig (»unilateral«) übernommen wurde. Der E. wurde im Januar 1999 eingeführt, existierte aber bis Dezember 2001 nur als Buchgeld. Im Januar 2002 dann wurde das E.-Bargeld ausgegeben und die nationale Währung bis Juni 2002 aus dem Verkehr gezogen. Der E. ist neben dem US-Dollar die wichtigste Währung weltweit. (☛ Karte 2, S. 106)

➠ Währungspolitik ➠ Europäische Zentralbank

Eurobanknoten und -münzen

Von Januar 1999 bis Dezember 2001 existierte der Euro nur als Buchgeld. Seit Januar 2002 gibt es auch das Eurobargeld, das seitdem als gesetzliches Zahlungsmittel in Deutschland gilt. Die Deutsche Bundesbank wechselt zeitlich unbefristet D-Mark-Bargeld gegen Eurobargeld.

➠ Währungspolitik ➠ Europäische Zentralbank

Eurodollarmarkt

Teilmarkt der internationalen Finanzmärkte, der in den 1950er-Jahren durch Verlagerung des Dollarguthabens von US-Banken auf europ. Banken entstand. Auf ihm werden die Geschäfte in US-Dollar abgewickelt, wobei die Marktpartner oft Währungsausländer sind. Der E. ist Bestandteil des Eurogeldmarktes. Dieser ist mit dem Eurokreditmarkt und dem Eurokapitalmarkt ein Bestandteil des Euromarktes.

Euromarkt

Internationaler Markt, auf dem Geldgeschäfte getätigt werden, die nicht in der Landeswährung stattfinden. Der Euromarkt ist nicht nur auf Europa oder den Euro beschränkt, wie es der Name vermuten lässt, sondern er steht als Synonym für einen Fremdwährungsmarkt. Er setzt sich aus 3 Teilmärkten zusammen:

1. dem Eurogeldmarkt, auf dem Guthaben zwischen Banken oder Banken

Die Eurozone

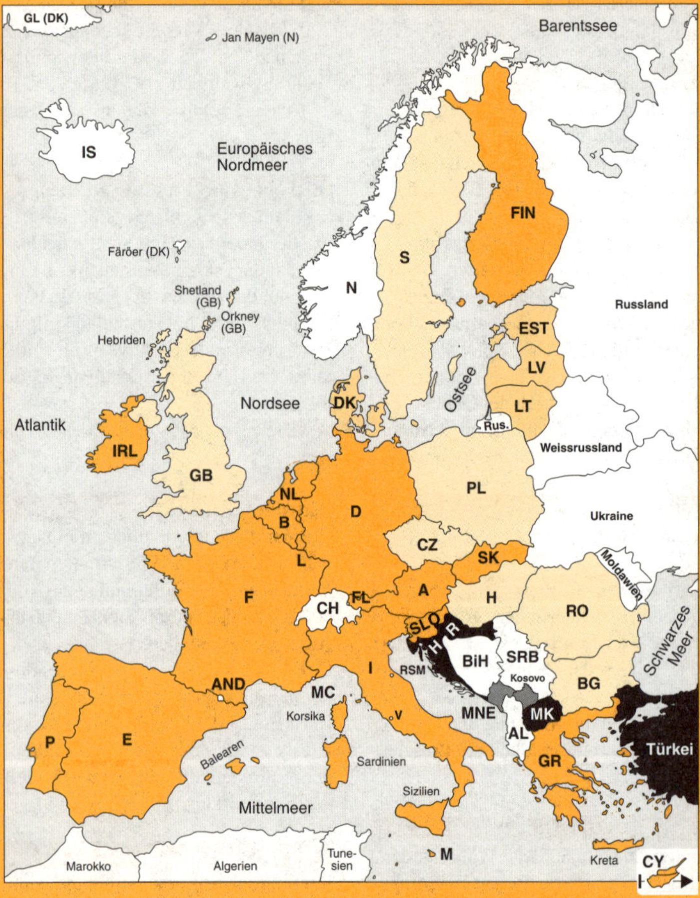
GL (DK)
Jan Mayen (N)
Barentssee
IS
Europäisches Nordmeer
FIN
Färöer (DK)
S
N
Russland
Shetland (GB)
Orkney (GB)
Hebriden
EST
LV
Ostsee
Nordsee
DK
LT
Atlantik
Rus.
IRL
Weissrussland
GB
NL
PL
D
B
Ukraine
CZ
L
SK
Moldawien
F
A
CH
FL
H
RO
SLO
HR
Schwarzes Meer
BiH
SRB
RSM
Kosovo
I
AND
BG
MC
MNE
MK
Korsika
V
AL
P
E
Türkei
Balearen
Sardinien
GR
Sizilien
Mittelmeer
M
Kreta
Marokko
Algerien
Tune-sien
CY

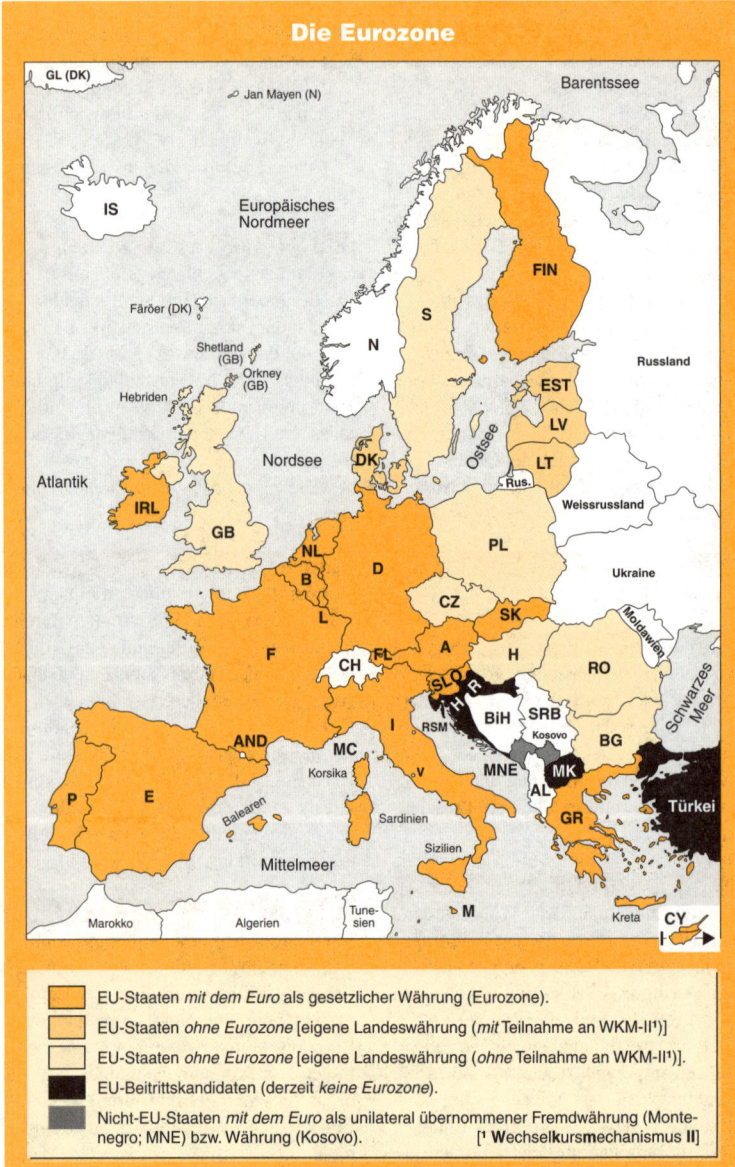

- EU-Staaten *mit dem Euro* als gesetzlicher Währung (Eurozone).
- EU-Staaten *ohne Eurozone* [eigene Landeswährung (*mit* Teilnahme an WKM-II[1])]
- EU-Staaten *ohne Eurozone* [eigene Landeswährung (*ohne* Teilnahme an WKM-II[1])].
- EU-Beitrittskandidaten (derzeit *keine Eurozone*).
- Nicht-EU-Staaten *mit dem Euro* als unilateral übernommener Fremdwährung (Montenegro; MNE) bzw. Währung (Kosovo).

[1 **W**echsel**k**urs**m**echanismus **II**]

Karte 2

und multinationalen Unternehmen gehandelt wird,
2. dem Eurokreditmarkt, auf dem mit Krediten zwischen Banken und Nichtbanken gehandelt wird, und
3. dem Eurokapitalmarkt, auf dem mit Wertpapieren gehandelt wird.

➡ Finanzmärkte

Europäische Freihandelszone (EFTA)

Internationale Organisation, im Januar 1960 in Stockholm gegründet zur Verhinderung der wirtschaftlichen Diskriminierung von Nicht-EG-Staaten. Gründungsmitglieder waren Dänemark, Großbritannien, Norwegen, Österreich, Portugal, Schweden und die Schweiz. 1970 trat Island, 1986 Finnland und 1991 Liechtenstein bei. Da 1973 Dänemark und Großbritannien, 1986 Portugal und Finnland und 1995 Österreich und Schweden in die EG eintraten, besteht die EFTA nur noch aus Island, Norwegen, Schweiz und Liechtenstein – bis auf die Schweiz gehören sie dem europ. Wirtschaftsraum an.

➡ Außenhandel ➡ Freihandel

Europäische Kommission

Die Exekutive der EU. Sie hat die Aufgabe, Beschlüsse von Ministerrat und Parlament umzusetzen, darf ihnen aber auch Gesetzentwürfe unterbreiten. Sie ist die Agentur der Regierungen der EU. Alle 5 Jahre, nach der Wahl des Europäischen Parlamentes, werden von jedem EU-Staat 1–2 Mitglieder zur E. gesendet. Zurzeit gibt es 27 Kommissare. Die E. wurde in den 1950er-Jahren durch die Gründungsverträge der EU eingerichtet und ist seitdem von den nationalen Regierungen unabhängig. Sitz der E. ist Brüssel.

➡ Europäische Wirtschafts- und Währungsunion

Europäische Sozialcharta

Vertrag, in dem sich Mitgliedsstaaten des Europarates zur Anerkennung umfassender sozialer Grundrechte (z. B. Recht auf Arbeit, auf soziale Sicherheit und auf besonderen gesetzlichen, wirtschaftlichen und sozialen Schutz der Familie) verpflichten. Um soziale Rechte in einer immer ökonomischer geprägten Welt weiterhin gewährleisten zu können, beschloss der Europäische Rat 1961, die E. zu entwickeln, welche 19 Rechte beinhaltete und 1965 in Kraft trat. Eine neuere Fassung aus dem Jahr 1996, mit 31 Rechten, trat 1999 in Kraft und erweiterte die Ziele der E.

➡ Soziale Gerechtigkeit

Europäische Union (EU)

Verbund aus 27 europ. Staaten, die sich dazu verpflichtet haben, in vielen politischen Bereichen in enger Zusammenarbeit gemeinschaftlich zu handeln und Entscheidungen in Abstimmung zu treffen. Nach dem Vertrag über die E. aus dem Jahr 1993 steht die EU auf 3 Säulen:

- der EG,
- der gemeinsamen Außen- und Sicherheitspolitik und
- der polizeilichen und justiziellen Zusammenarbeit in Strafsachen.

Die zentralen Organe der EU sind der Europäische Ministerrat, das Europäische Parlament, die Kommission der EU, der Europäische Gerichtshof und der Europäische Rechnungshof.

➡ Europäische Währungsunion ➡ Europäische Wirtschaftsgemeinschaft ➡ Europäischer Binnenmarkt

Europäische Währungsunion (EWU)

Währungspolitisches Bündnis, das die dritte und somit letzte Stufe der Europäischen Wirtschafts- und Währungsunion darstellt. Ziel dieses Bündnisses ist, durch Einführung einer gemeinsamen Währung, des Euro, eine hohe wirtschaftliche Stabilität zu erreichen. Im Juni 1998 begann die Europäische Zentralbank, das Organ der gemeinsamen Geld- und Währungspolitik, mit ihrer Arbeit. Als 1999 der Euro als Buchgeld eingeführt wurde, übernahm die Europäische Zentralbank die Zuständigkeit der gemeinschaftlichen Geldpolitik. Aus den 11 Teilnehmerstaaten von 1998 sind inzwischen 16 geworden (Stand 2009).

➠ Europäische Wirtschaftsgemeinschaft
➠ Europäischer Binnenmarkt

Europäische Wirtschafts- und Währungsunion (EWWU)

Übereinkommen des Europäischen Rats der Staats- und Regierungschefs in Maastricht im Dezember 1991 eine E. zu schaffen. Ziele waren u. a. die Schaffung der Europäischen Zentralbank, die Einführung des Euro als gemeinsame Währung und der Europäische Binnenmarkt, vollendet durch eine völlige Liberalisierung des Kapitalverkehrs. Diese Ziele wurden in 3 Stufen weitgehend realisiert.

Europäische Wirtschaftsgemeinschaft (EWG)

Wichtiges europ. Bündnis, das 1957 in Rom gegründet wurde. Zweck dieses Zusammenschlusses war die Förderung einer gemeinsamen Wirtschaftspolitik, um mehr Wohlstand zu schaffen zu schaffen, das Lebensniveau zu steigern und engere Beziehungen zwischen den Staaten aufzubauen. Gründungsmitglieder waren Belgien, Deutschland, Frankreich, Italien, Luxemburg und die Niederlande. Es folgten Dänemark, Großbritannien und Irland (1973), Griechenland (1981) und Spanien sowie Portugal (1986). 1993 wurde die EWG umbenannt in EG, die zurzeit die wichtigste Säule der EU darstellt. Weitere Mitgliedsstaaten der EU seit 1993 sind: Finnland, Österreich und Schweden (1995), Lettland, Litauen, Estland, Malta, Polen, Tschechien, Slowenien, die Slowakei, Ungarn und Zypern (2004) sowie Bulgarien und Rumänien (2007).

➠ Europäische Währungsunion ➠ Europäischer Binnenmarkt

Europäischer Binnenmarkt

Seit 1993 geltender Begriff für den gemeinsamen Wirtschaftsraum der EU. Die Schaffung des E. wurde schon 1987 in der Einheitlichen Europäischen Akte festgelegt. Teilnehmer dieses Wirtschaftsraumes sind die 27 Mitgliedsstaaten der EU, wobei für die ganz neu eingetretenen Staaten teilweise noch Übergangsregelungen gelten. Die 4 Grundfreiheiten, die in diesem Binnenmarkt verwirklicht werden sollen, sind der freie Warenverkehr (entfallende Grenzkontrollen), die Freizügigkeit (freie Wahl des Arbeitsplatzes und des Wohnortes), der freie Dienstleistungsverkehr (Dienstleistungsunternehmen dürfen überall tätig sein) und der freie Kapital- und Zahlungsverkehr.

➠ Europäische Währungsunion ➠ Europäische Wirtschaftsgemeinschaft

Europäischer Gewerkschaftsbund (EGB)

Dachverband der europ. Gewerkschaftsverbände, der 1973 in Brüssel gegründet wurde. Der Zusammenschluss besteht aus 82 nationalen Gewerkschaftsorganisationen in 36 europ. Ländern. Ziel des E. ist es u. a., vor der EU-Kommission und den europ. Arbeitgeberverbänden die Interessen der Arbeitnehmer zu vertreten. Der E. ist ein Nachfolgebündnis des Europäischen Bundes freier Gewerkschaften der Europäischen Wirtschaftsgemeinschaft und des Gewerkschaftskongresses der EFTA-Staaten (Europäische Freihandelszone).

➠ Europäische Union

Europäischer Rat

Oberste Instanz der EU. Mitglieder sind die Staats- und Regierungschefs der einzelnen EU-Mitgliedsstaaten sowie der Präsident der EU-Kommission. Unterstützt werden diese durch die Außenminister und ein weiteres Mitglied der Kommission. Aufgabe des E. ist, politische Grundsatzentscheidungen zu treffen und Leitlinien festzulegen. Er hat hierbei Weisungsrecht und darf keine rechtlich verbindlichen Beschlüsse fassen. Der E. kommt mindestens zweimal im Jahr zusammen im Land des amtierenden Präsidenten des Rates der EU. Dieses Treffen findet seit 1975 in regelmäßigen Abständen statt und wurde dann 1986 in der Einheitlichen Europäischen Akte vertraglich geregelt.

Europäischer Wechselkursverbund

Währungsabkommen zwischen Deutschland, Belgien, Frankreich, Italien, Luxemburg und den Niederlanden, das im April 1972 geschlossen wurde. Ein Jahr später traten Großbritannien, Irland und Dänemark bei. Es handelte sich dabei um ein System fester, aber veränderbarer Wechselkurse zwischen den beteiligten Währungen und flexiblen Wechselkursen gegenüber anderen Währungen. Der E. ist auch unter dem Begriff »europäische Währungsschlange« bekannt, da sich die Mitgliedswährungen nur um 2,25 % um den vereinbarten Leitkurs bewegen durften. Da dieses System nur wenig zur Stabilisierung der Wechselkurse beitragen konnte, gab es bei Auflösung des Europäischen Wechselverbundes nur noch 5 Mitglieder (Deutschland, Belgien, Luxemburg, die Niederlande und Dänemark). An dessen Stelle trat das Europäische Währungssystem.

➠ Europäische Währungsunion

Europäischer Wirtschaftsraum (EWR)

Gebiet, das die Mitgliedsstaaten der EU sowie Island, Liechtenstein und Norwegen umfasst. Der Vertrag über den E. wurde zwischen den EU-Mitgliedsstaaten und den EFTA-Staaten 1992 geschlossen und trat 1995 in Kraft. Innerhalb des E. gilt ein Großteil der Regelungen, die auch im europ. Binnenmarkt vorhanden sind, z. B. die 4 Grundfreiheiten (freier Warenverkehr, Freizügigkeit der Arbeitnehmer/innen, freier Dienstleistungsverkehr und freier Kapital- und Zahlungsverkehr). Nicht übernommene Regelungen sind die Vereinheitlichung der Währung sowie die Schaffung einer Zollunion.
(☛ Karte 3, S. 110)

Europäisches System der Zentralbanken

Setzt sich zusammen aus der Europäischen Zentralbank mit Sitz in Frankfurt am Main und den einzelnen nationalen Zentralbanken der Mitgliedsstaaten. Das E. ist die dritte und letzte Stufe der Europäischen Wirtschafts- und Währungsunion, die im Januar 1999 eingeführt wurde. Ziel dieses Systems ist, die Preisstabilität des Euro zu gewährleisten und die Wirtschaftspolitik der EU zu unterstützen. Geleitet wird das Europäische System der Zentralbanken durch den Europäischen-Zentralbanken-Rat und das Direktorium.

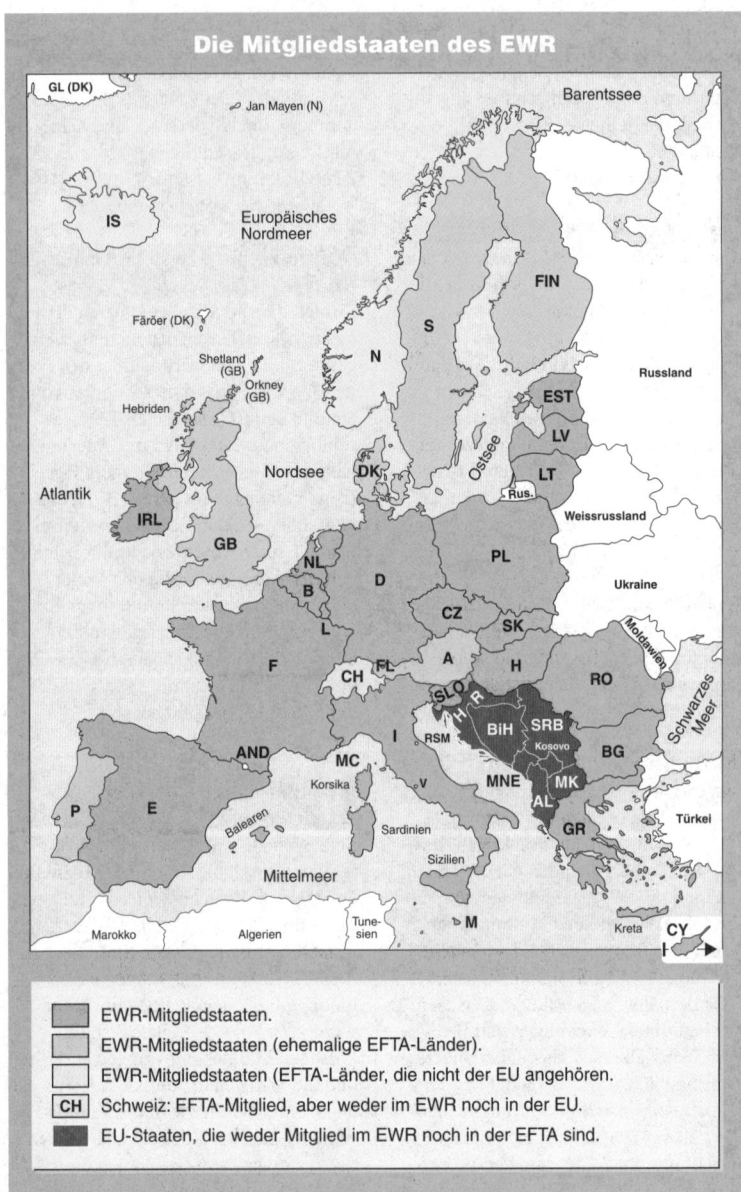

Die Mitgliedstaaten des EWR

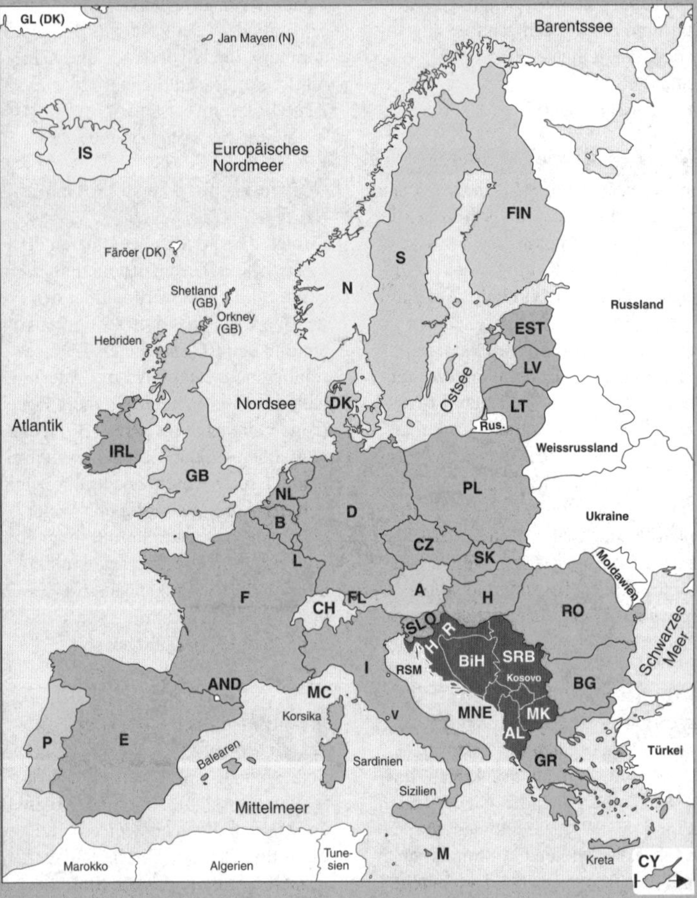
GL (DK)
Jan Mayen (N)
Barentssee
IS
Europäisches Nordmeer
FIN
Färöer (DK)
S
N
Russland
Shetland (GB)
Orkney (GB)
Hebriden
EST
LV
Ostsee
DK
Nordsee
LT
Atlantik
Rus.
IRL
Weissrussland
GB
PL
NL
D
Ukraine
B
CZ
L
SK
Moldawien
A
F
FL
H
CH
RO
SLO
HR
Schwarzes Meer
BiH
SRB
I
RSM
Kosovo
AND
BG
MC
Korsika
V
MNE
MK
AL
P
E
Türkei
Balearen
Sardinien
GR
Sizilien
Mittelmeer
M
Marokko
Algerien
Tunesien
Kreta
CY

▇	EWR-Mitgliedstaaten.
▇	EWR-Mitgliedstaaten (ehemalige EFTA-Länder).
☐	EWR-Mitgliedstaaten (EFTA-Länder, die nicht der EU angehören.
CH	Schweiz: EFTA-Mitglied, aber weder im EWR noch in der EU.
▇	EU-Staaten, die weder Mitglied im EWR noch in der EFTA sind.

Karte 3

Europäisches System Volkswirtschaftlicher Gesamtrechnungen

System zur Vereinheitlichung der volkswirtschaftlichen Gesamtrechnungen in den Mitgliedstaaten der EU. Zu nationalen Zwecken dürfen zwar weiterhin spezielle volkswirtschaftliche Gesamtrechnungen angewandt werden, an das Statistische Amt der Europäischen Gemeinschaften (EUROSTAT) sind jedoch nur EU-einheitliche Gesamtrechnungen zu liefern.

➡ Statistisches Bundesamt

Europäisches Währungssystem (EWS)

Nachfolger des Europäischen Wechselkursverbundes, der 1979 von den EU-Staaten (außer Großbritannien) eingeführt worden war. Gekennzeichnet war das EWS durch einen Wechselkursmechanismus, dessen Ziel darin bestand, einen grundsätzlich festen, aber anpassungsfähigen Wechselkurs zu schaffen. Im Januar 1999 wurde das EWS am Beginn der dritten Stufe der Europäischen Wirtschafts- und Währungsunion durch das Europäische Währungssystem II abgelöst, das nun die Zusammenarbeit zwischen den Staaten des Eurowährungsgebietes und den anderen EU-Staaten regelt.

➡ Europäische Währungsunion

EUROSTAT

Statistisches Amt der EU. Erstellt Statistiken nach einheitlichen Methoden, um einen direkten Ländervergleich zu ermöglichen. Dabei werden die Daten von den jeweiligen statistischen Landesämtern der Mitgliedsstaaten erhoben und an E. weitergeleitet. Der Sitz von E. ist Luxemburg. Ende des ersten Halbjahres 2008 hat der vormalige Präsident des Statistischen Bundesamts, Walter Radermacher, den Posten des E.-Generaldirektors übernommen.

➡ Amtliche Statistik

Ex ante

[Dt.: im Voraus] Bedeutet, dass im Vorhinein eine Aussage über ein ökonomisches Ereignis gemacht wird, das noch nicht eingetreten ist.

Ex ante-Prognose

Prognose, die allein auf Informationen beruht, die aus dem Zeitraum vor Beginn des Prognosezeitraums stammen. Jede übliche Konjunkturprognose ist eine E., da immer nur Informationen bis zur Gegenwart verwendet werden können.

➡ Ex post-Prognose

Ex post

[Dt.: im Nachhinein] Bedeutet, dass etwas aus der Sicht nach Eintreten eines ökonomischen Ereignisses betrachtet wird.

Ex post-Prognose

Prognose, die auf Informationen beruht, die auch aus dem Zeitraum nach Beginn des Prognosezeitraums stammen. E. werden zum Testen der Prognosegüte bestehender ökonometrischer Modelle und für Politiksimulationen mit ökonometrischen Modellen verwendet. Sie unterscheiden sich daher methodisch grundlegend von den üblichen Konjunkturprognosen.

➡ Ex ante-Prognose

Existenzgründungszuschüsse

Instrument zur Förderung der Aufnahme einer selbstständigen Tätigkeit, das seit dem Januar 2003 existiert. In diesem Zusammenhang wurde der Begriff »Ich-AG« bekannt, der ein Einzelunternehmen bezeichnet, das von einem Arbeits-

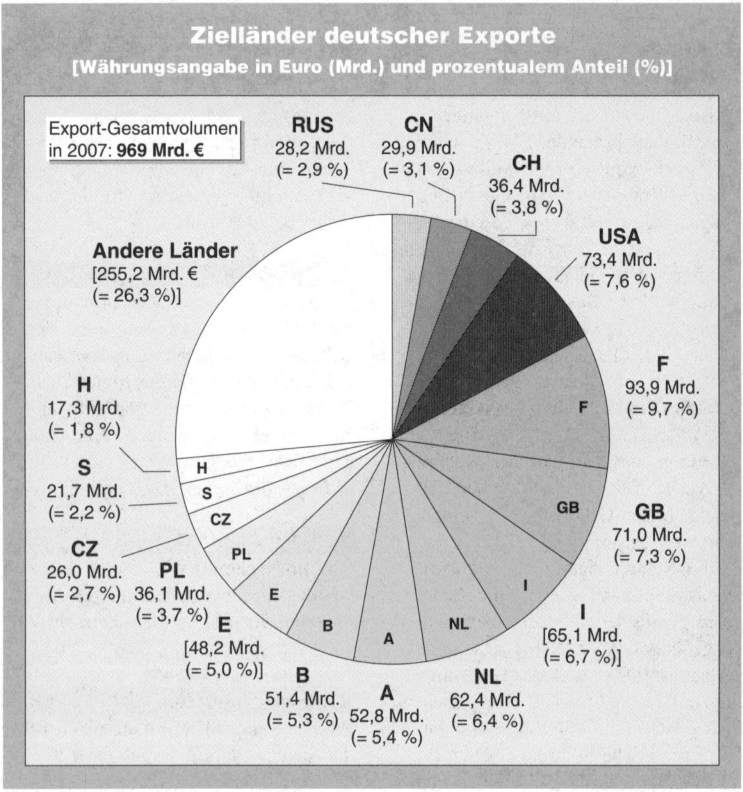
Zielländer deutscher Exporte
[Währungsangabe in Euro (Mrd.) und prozentualem Anteil (%)]
Export-Gesamtvolumen in 2007: 969 Mrd. €
RUS 28,2 Mrd. (= 2,9 %)
CN 29,9 Mrd. (= 3,1 %)
CH 36,4 Mrd. (= 3,8 %)
USA 73,4 Mrd. (= 7,6 %)
F 93,9 Mrd. (= 9,7 %)
GB 71,0 Mrd. (= 7,3 %)
I [65,1 Mrd. (= 6,7 %)]
NL 62,4 Mrd. (= 6,4 %)
A 52,8 Mrd. (= 5,4 %)
B 51,4 Mrd. (= 5,3 %)
E [48,2 Mrd. (= 5,0 %)]
PL 36,1 Mrd. (= 3,7 %)
CZ 26,0 Mrd. (= 2,7 %)
S 21,7 Mrd. (= 2,2 %)
H 17,3 Mrd. (= 1,8 %)
Andere Länder [255,2 Mrd. € (= 26,3 %)]
F
GB
I
NL
A
B
E
PL
CZ
S
H

Abb. 10 Quelle: Statistisches Bundesamt

losen gegründet wurde. Solche Einzelunternehmen bekamen E. Mittlerweile wird diese Subvention nur noch gezahlt, wenn der Anspruch darauf vor Juli 2006 geltend gemacht wurde. Stattdessen können Arbeitslosengeld-I-Empfänger seit August 2006 einen sog. Gründungszuschuss beantragen.

➠ Arbeitsmarktpolitik

Exogene Variable

Wirtschaftliche Größe, die in einem ökonomischen Modell eine erklärende Rolle hat, selbst aber nicht erklärt, sondern als gegeben angesehen wird.

Expansion

[Dt.: Erweiterung] E. bezeichnet die Aufschwungphase im Konjunkturverlauf. Sie ist gekennzeichnet durch zunehmende Auslastung des Produktionspotenzials, steigende öffentliche und private Investitionen und ein deutliches Wachstum des Konsums.

Expansiv

Anregend für die wirtschaftliche Entwicklung. Der Begriff wird häufig zur Charakterisierung der Geldpolitik und der Fiskalpolitik verwendet.

Expansive Impulse

Die Wirtschaft anregende Impulse durch Instrumente der Wirtschaftspolitik wie Investitionen in die Infrastruktur oder wirtschaftliche Fördermaßnahmen.

Export

Ausfuhr von Gütern ins Ausland, die im Inland hergestellt oder weiterverarbeitet wurden. Auch 2008 war Deutschland unter allen Ländern das mit dem weltweit größten Exportvolumen (»Exportweltmeister«).

➡ Außenhandel

Exportabhängigkeit

Eine Volkswirtschaft mit hohem Exportanteil kann ökonomisch nicht unabhängig von der wirtschaftlichen Situation jener Länder bleiben, die die Güter und Dienstleistungen des Exportlandes importieren. Sobald sich in diesen Ländern eine Rezession entwickelt oder sie Güter, die sie bisher importierten, selbst produzieren, wird die Industrie des exportabhängigen Landes spürbare Verluste hinnehmen müssen. Deutschland als Land mit hohem Exportanteil werden daher gegenwärtig (2009) angesichts des weltweiten Wirtschaftsabschwungs besonders hohe Wirtschaftseinbußen prognostiziert.

➡ Außenhandel

Exportanteil

Teil der in einem Unternehmen oder Staat hergestellten Güter oder Dienstleistungen, die ins Ausland geliefert werden. Ein hoher E. ist ein Anzeichen dafür, dass man auf dem internationalen Markt Fuß gefasst hat. Ist der E. aber sehr hoch, so besteht die Gefahr der sog. Exportabhängigkeit, da das Unternehmen/der Staat extrem auf die ausländischen Käufer angewiesen ist.

➡ Außenhandel

Exporterlöse

Umsatz, den ein Unternehmen oder ein Staat durch hergestellte Güter oder Dienstleistungen macht, die ins Ausland geliefert werden, macht. Je größer der Exportanteil ist, desto größer ist der daraus resultierende E. Stützt sich ein Unternehmen oder ein Staat auf hohe E., so besteht die Gefahr der sog. Exportabhängigkeit, da das Unternehmen bzw. der Staat auf die ausländischen Käufer extrem angewiesen ist, um den Gesamtumsatz zu halten.

➡ Außenhandel

Exportfinanzierung

Kredite, die zur Finanzierung von Exporten dienen. Sie sind oft notwendig wegen des scharfen Wettbewerbs am Weltmarkt. Solche Kredite gewährt u. a. die Kreditanstalt für Wiederaufbau. Oft schließen Unternehmen zusätzliche Exportkreditversicherungen ab, um sich gegen politische und wirtschaftliche Risiken im Ausland abzusichern.

➡ Wirtschaftspolitik

Exportierte Arbeitslosigkeit

Arbeitslosigkeit, die in einem Land entsteht oder ansteigt, weil ein anderes Land die eigene Arbeitslosigkeit mit besonderen wirtschaftspolitischen Instrumenten zu senken versucht. Ein Beispiel wären intensive Exportfördermaßnahmen eines von Arbeitslosigkeit betroffenen Landes, die dazu führen, dass die Exportindustrie ihre Exporte erheblich steigern kann, mehr Mitarbeiter einstellt und als Folge die Arbeitslosigkeit zu-

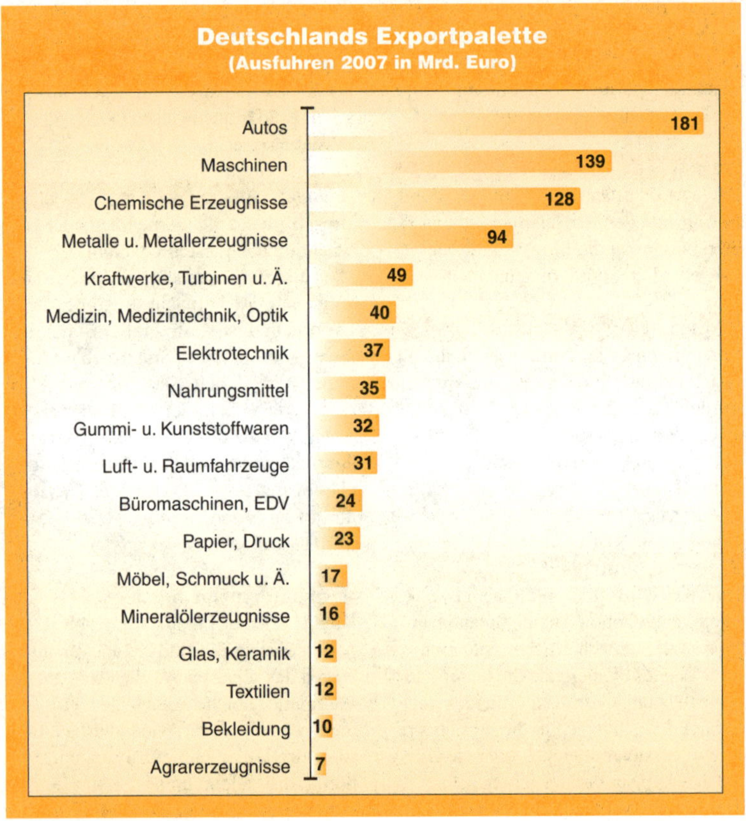
Deutschlands Exportpalette
(Ausfuhren 2007 in Mrd. Euro)
Autos 181
Maschinen 139
Chemische Erzeugnisse 128
Metalle u. Metallerzeugnisse 94
Kraftwerke, Turbinen u. Ä. 49
Medizin, Medizintechnik, Optik 40
Elektrotechnik 37
Nahrungsmittel 35
Gummi- u. Kunststoffwaren 32
Luft- u. Raumfahrzeuge 31
Büromaschinen, EDV 24
Papier, Druck 23
Möbel, Schmuck u. Ä. 17
Mineralölerzeugnisse 16
Glas, Keramik 12
Textilien 12
Bekleidung 10
Agrarerzeugnisse 7

Abb. 11 Quelle: Statistisches Bundesamt

rückgeht. Im importierenden Land dagegen gerät die Wirtschaft durch wachsende Mengen von Importgütern unter Druck. Die Produzenten können weniger an eigenen Produkten absetzen, entlassen Mitarbeiter, und die Arbeitslosigkeit steigt hier.

Exportquote

Anteil des Exports am Gesamtumsatz eines Unternehmens. Bezogen auf eine gesamte Volkswirtschaft ist die E. der Anteil des Exports am Bruttoinlandsprodukt. Deutschland hat eine sehr hohe E., da es ein stark außenhandelsorientiertes Land ist.

➠ Importquote

Exportüberschuss

Wenn die Differenz aus Export minus Import eines Landes positiv ist, liegt ein E. vor. Er wird häufig als Maß für die Wettbewerbsfähigkeit einer Wirtschaft angesehen.

➠ Importquote

Exportweltmeister

Ein Land, das weltweit gesehen die meisten Waren ins Ausland liefert. Diesen Titel trägt seit einigen Jahren Deutschland, noch vor den USA. Nach Prognosen der Bundesagentur für Außenwirtschaft gibt es seit dem Jahr 2009 wahrscheinlich einen neuen E.: die Volksrepublik China.

➠ Außenhandel

Externe Effekte

Auswirkungen ökonomischer Entscheidungen auf unbeteiligte Dritte. Dies ist z. B. der Fall, wenn die Produktion von Gütern die Umwelt schädigt. Zwar sind Produzenten und Konsumenten der Güter im Hinblick auf ihr Angebot bzw. ihre Nachfrage nach den entsprechenden Gütern zufrieden. Jedoch leiden alle, also auch diejenigen, die die entsprechenden Güter nicht herstellen oder konsumieren, unter den Umweltproblemen. Damit sind die Umweltprobleme E. der Produktion, die entweder unterbunden oder kompensiert werden müssen.

EZB-Rat

Dem E. gehören die 6 Mitglieder des EZB-Direktoriums sowie die Präsidenten der Nationalbanken und die Mitglieder der Währungsunion an. Er ist das oberste Beschlussorgan der Europäischen Zentralbank (EZB). So trifft der E. alle Entscheidungen über die Höhe der Leitzinsen und über die geldpolitische Strategie.

Faktorpreisausgleichstheorem

Von dem amerikanischen Ökonomen P. Samuelson im Rahmen der Außenhandelstheorie aufgestellt. Es besagt, dass sich die Preise für Produktionsfaktoren zwischen Handelspartnern ebenso ausgleichen wie die Kapitalpreise und Löhne. Allerdings liegen dem Modell unrealistische Annahmen zu Grunde. Es setzt einen völlig ungehinderten Handel voraus, die vollständige Mobilität von Arbeit sowie die Abwesenheit von Transportkosten und Wechselkursen.

Faktorproportionentheorem

Nach seinen Begründern auch Heckscher-Ohlin-Theorem genannt. Es besagt, dass sich Volkswirtschaften vorzugsweise auf Produkte spezialisieren, die jene Produktionsfaktoren stark beanspruchen, die im Inland reichlich vorhanden sind. Verfügt ein Land also über viel Kapital, wird es kapitalintensive Güter exportieren. Ist hingegen Arbeit reichlich vorhanden, wird es arbeitsintensive Güter ausführen.

Familienlastenausgleich

Finanzielle Leistungen, die an Eltern ausgezahlt werden. Durch sie will der Staat den Mehraufwand, der durch Kinder verursacht wird, ausgleichen. Zum F. zählen u. a. das Kindergeld, der Kinderfreibetrag, der Freibetrag für Betreuungs-, Erziehungs- und Ausbildungsaufwand und das seit 1.1.2007 geltende Elterngeld.

➠ Sozialpolitik

Federal Reserve

Zentralbanksystem der Vereinigten Staaten von Amerika, das seit Dezember 1913 existiert und sowohl staatlich als auch privat organisiert ist. Das Zentralbanksystem besteht aus 12 regionalen Federal Reserve Banks und diversen anderen Mitgliedsbanken und Institutionen. Die Federal Reserve soll die Preisstabilität wahren, ein Zahlungsgleichgewicht erreichen und Wirtschaftswachstum anstreben.

➠ Zentralbanken

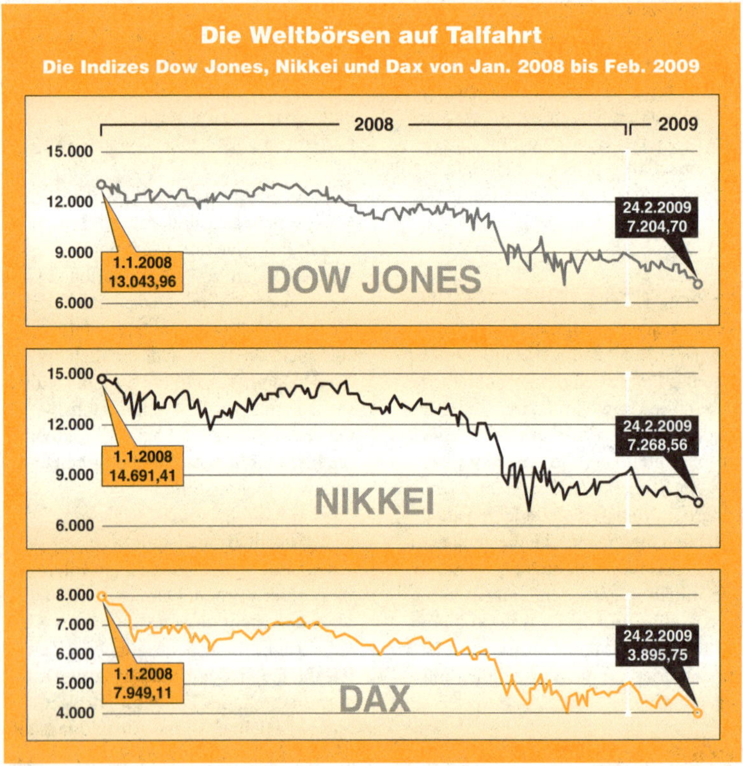
Die Weltbörsen auf Talfahrt
Die Indizes Dow Jones, Nikkei und Dax von Jan. 2008 bis Feb. 2009
2008
2009
15.000
12.000
9.000
6.000
1.1.2008
13.043,96
DOW JONES
24.2.2009
7.204,70
15.000
12.000
9.000
6.000
1.1.2008
14.691,41
NIKKEI
24.2.2009
7.268,56
8.000
7.000
6.000
5.000
4.000
1.1.2008
7.949,11
DAX
24.2.2009
3.895,75

Abb. 12

Feinsteuerung

Kurzfristige Behebung von Störungen, die im ökonomischen Ablauf immer wieder auftreten, als Aufgabe der Wirtschafts- und Konjunkturpolitik. Sie konzentriert sich dabei gezielt auf regionale, sektorale oder monetäre Teilbereiche.

Finanzausgleich

Regelung der Einnahmen, Ausgaben und Aufgaben zwischen verschiedenen staatlichen Ebenen. Mit europ. F. ist z. B. die Einnahmen-, Ausgaben- und Aufgabenverteilung zwischen der EU und den einzelnen Mitgliedsländern gemeint. Speziell auf Deutschland bezogen meint der F. die Aufteilung zwischen Bund, Länder und Gemeinden. Passiver F. bezeichnet die Verteilung der Aufgaben und die damit verbundenen Ausgaben bei Aufgabenerfüllung. Im Gegensatz dazu bezeichnet man mit aktivem F. die Verteilung der Einnahmen. (☛ Abb. 25, S. 193)

➠ Länderfinanzausgleich ➠ Finanzverfassung

Finanzhilfen

Durch den Bund geförderte Investitionen von Ländern und Gemeinden. Mit ihnen

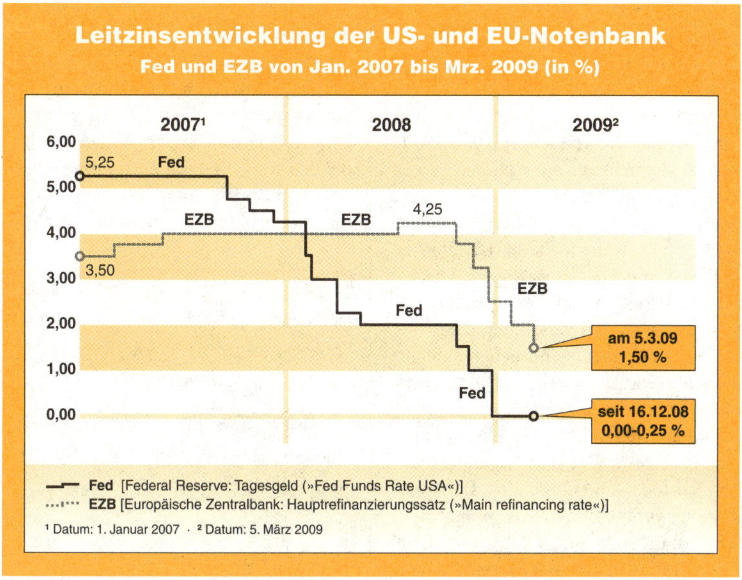
Leitzinsentwicklung der US- und EU-Notenbank
Fed und EZB von Jan. 2007 bis Mrz. 2009 (in %)
2007[1]
2008
2009[2]
6,00
5,00
4,00
3,00
2,00
1,00
0,00
5,25
Fed
EZB
EZB
4,25
3,50
EZB
Fed
Fed
am 5.3.09
1,50 %
seit 16.12.08
0,00-0,25 %
Fed [Federal Reserve: Tagesgeld (»Fed Funds Rate USA«)]
EZB [Europäische Zentralbank: Hauptrefinanzierungssatz (»Main refinancing rate«)]
[1] Datum: 1. Januar 2007 · [2] Datum: 5. März 2009

Abb. 13

soll eine Störung des gesamtwirtschaftlichen Gleichgewichts vermieden werden. Beispiele für F. sind öffentlich geförderte Investitionen in Infrastruktur, Stadtentwicklung oder Energieprogramme.
➡ Wirtschaftspolitik

Finanzierungssaldo des Staates

Allgemein ist ein Saldo die Differenz zwischen der Soll- und der Habenseite eines Kontos. Der F. des Staates setzt sich zusammen aus der Nettoneuverschuldung am Kreditmarkt, dem Saldo der kassenmäßigen Überschüsse/Defizite, dem Saldo der Rücklagenbewegung und den Münzeinnahmen. Durch ihn kann man die konjunkturelle Wirkung des öffentlichen Haushalts einschätzen.
➡ Staatlicher Konsum ➡ Staatsausgaben

Finanzkrise

➡ Finanzmarktkrise

Finanzmärkte

Oberbegriff für alle Märkte, auf denen mit Kapital gehandelt wird, im Gegensatz zu Gütermärkten. Auf nationalen F. wird in der Inlandswährung Handel betrieben. Bei internationalen F. stammen die Marktteilnehmer aus unterschiedlichen Ländern, und es wird in verschiedenen Währungen gehandelt. F. lassen sich unterscheiden nach Geld-, Kredit-, Kapital- und Devisenmärkten.

Finanzmarktkrise

Ein durch spekulative Übertreibungen ausgelöster Einbruch der Preise von Finanzmarktanlagen. Diese Übertreibungen entstehen, wenn sich die Gewinnerwartungen der Marktteilnehmer auf den Finanzmärkten weit über die langfristig realwirtschaftlich zu erzielenden Renditen erheben. Früher oder später versiegt dann der Zustrom notwendigen

Kapitals auf diese Märkte. Die Erwartungen der Marktteilnehmer werden pessimistisch und die Kurse stürzen nicht zuletzt wegen erheblicher Panikverkäufe ein. F. treten in verschiedenen Formen auf. Sie können sich wie 1987 und 2001 allein auf die Aktienmärkte beschränken oder aber, wie 2008, auch auf das gesamte globale Bankensystem übergreifen, wenn sich die riskanten Anlagen in der Hand weniger Spezialbanken befinden und diese ihre Anlageprodukte weltweit verkaufen. Dann kommt zu den Kurseinbrüchen eine allgemeine Vertrauenskrise, die den Handel auf den Finanzmärkten sogar zum Erliegen bringen kann. In diesem Fall ist das gesamte Bankensystem gefährdet. Ein Zusammenbruch des Bankensystems gefährdet aber die gesamte Wirtschaft, sodass dies unter allen Umständen vermieden werden muss. Ohnehin sind Banken im Gefolge einer F. sehr zurückhaltend bei der Vergabe von Krediten. Damit gerät aber der realwirtschaftliche Investitionsprozess ins Stocken und die Wirtschaft erleidet eine zumeist schwer wiegende Konjunkturkrise. Begünstigt werden F. durch Ungleichgewichte im Welthandel und durch Umverteilung zu Gunsten hoher Einkommen, da zum einen hierdurch die Notwendigkeit internationaler Kapitalströme steigt und zum zweiten mehr Finanzkapital zur Verfügung steht.

Finanzmarktstabilisierungsgesetz

Das F. wurde im Oktober 2008 von Bundestag und Bundesrat beschlossen. Es hatte zum Ziel, den durch Übersteigerungen in Schieflage geratenen Finanzsektor zu stabilisieren. Um dies zu erreichen, wurden 480 Mrd. € bereitgestellt. Der weitaus größte Teil (400 Mrd. €) diente als Rücklage für staatliche Bürgschaften von Anleihen der betroffenen Banken. Der Rest war für eine verstärkte Eigenkapitalausstattung der Banken und der Übernahme von »schlechten« Forderungen vorgesehen. Als Gegenleistung wurden seitens des Staates Gebühren für die Bereitstellung von Bürgschaften sowie stille Beteiligungen und Aktienanteile verlangt.

Bundesfinanzminister

Minister	Amtszeit
Fritz Schäffer (CSU)	1949–1957
Franz Etzel (CDU)	1957–1961
Dr. Heinz Starke (FDP)	1961–1962
Dr. Rolf Dahlgrün (FDP)	1962–1966
Kurt Schmücker (CDU)	1966
Franz Josef Strauß (CSU)	1966–1969
Alexander Möller (SPD)	1969–1971
Prof. Dr. Karl Schiller(SPD)	1971–1972
Helmut Schmidt (SPD)	1972–1974
Dr. Hans Apel (SPD)	1974–1978
Hans Matthöfer (SPD)	1978–1982
Manfred Lahnstein (SPD)	1982
Dr. Gerhard Stoltenberg (CDU)	1982–1989
Dr. Theodor Waigel (CSU)	1989–1998
Oskar Lafontaine (SPD)	1998–1999
Hans Eichel (SPD)	1999–2005
Peer Steinbrück (SPD)	ab 2005

Tab. 10

Finanzpolitik

F. gestaltet die Einnahmen und Ausgaben des Staates. Sie kann die Konjunktur durch eine antizyklische F. stabilisieren, eine gerechtere Einkommensverteilung erreichen oder die Infrastruktur verbessern. F. wird auf allen Ebenen der Gebietskörperschaften (Bund, Länder und Gemeinden) betrieben, wobei der finanzpolitische Gestaltungsspielraum der Gemeinden eher gering ist.

Finanzsektor

Zum F. zählen die Börsen, Finanzmärkte, Geschäftsbanken, Sparkassen, Kapitalanlagegesellschaften, Versicherungsgesellschaften und die Zentralbank eines Wirtschaftsraums.

Finanzverfassung

Bezeichnung für die Rahmenbestimmungen des öffentlichen Finanzwesens in einem Staat. In Deutschland ist sie im Grundgesetz festgelegt und regelt den Umfang der Finanzhoheit von Bund, Ländern und Gemeinden, das Recht, Steuern zu erheben und auf die Gebietskörperschaften aufzuteilen. Zur deutschen F. gehören auch die rechtliche und die finanzielle Anbindung an den Haushalt der EU und an die Europäische Zentralbank.

➠ Finanzausgleich

Finanzwissenschaft

Beschäftigt sich mit der Analyse der öffentlichen Finanzverhaltens. Die F. bildet zusammen mit der Wirtschaftstheorie und der Wirtschaftspolitik die Volkswirtschaftslehre. Sie untersucht:

- allokatives Marktversagen und staatliche Allokationspolitik,
- staatliche Entscheidungsprozesse,
- Alternativen der Staatsfinanzierung,
- finanzwirtschaftliche Stabilisierungspolitik,
- finanzwirtschaftliche Verteilungspolitik sowie den
- Finanzausgleich.

Fiskalpolitik

Die F. ist ein wirtschaftspolitisches Instrument, mit dem auf den Konjunkturverlauf eingewirkt werden kann, um ein möglichst stabiles Wirtschaftswachstum zu erreichen. Nach Keynes soll der Staat in der Rezession mit kreditfinanzierten Ausgabenprogrammen die Gesamtnachfrage steigern und mit den Steuerzuflüssen im folgenden Konjunkturaufschwung die entstandene Kreditverschuldung wieder abbauen. Man spricht von einer antizyklischen F.

Fixkosten

Kosten, die unabhängig von Produktion, Verkaufsmenge und Beschäftigungszahlen konstant bleiben. Die F. je produziertem Stück sinken daher umso mehr, je mehr davon produziert werden. Beispiele für F. sind etwa Abschreibungen, Mieten (etwa für ein Verwaltungsgebäude) und Zins, auch Lohn- und Gehaltskosten. Des Weiteren gibt es noch die sog. sprungfixen Kosten, die nur während eines bestimmten Zeitintervalls konstant bleiben. Im Gegensatz zu den F. sind die variablen Kosten abhängig von Beschäftigung und Ausbringungsmenge.

➠ Stückkosten

Flächentarifvertrag

Tarifvertrag zwischen Arbeitgeberverband und Gewerkschaft für eine oder mehrere Branchen in einem bestimmten räumlichen Geltungsbereich. Ein F. ist verbindlich für alle Mitglieder des Arbeitgeberverbandes, der den F. abgeschlossen hat. In Deutschland werden vorwiegend F. ausgehandelt statt sog. Haustarifverträge, die unmittelbar zwischen einer Gewerkschaft und einer Firma ausgehandelt werden.

Flexibilisierung der Arbeitszeit

F. in Form von Überstunden, Sonderschichten und Kurzarbeit gibt es schon seit Jahrzehnten. Eine besondere Form von F. wurde 1984 in der Metallindustrie zusammen mit den Gewerkschaften entwickelt. Man senkte die wöchentliche Arbeitszeit von 40 auf 38,5 Stunden. Diese Stundenzahl galt nicht zwingend für jeden einzelnen Mitarbeiter, sondern legte, multipliziert mit der Zahl der Mitarbeiter, das Gesamtarbeitsvolumen des Betriebes fest. Das Arbeitsvolumen konnte ganz unterschiedlich auf die einzelnen Mitarbeiter verteilt werden.

➡ Arbeitszeit

Flexibilität

F. ist ein ökonomisch nicht präzise definierter Begriff. Im Arbeitsbereich wird F. häufig dem Arbeitnehmer abverlangt, der die Fähigkeit und Bereitschaft haben müsse, sich rasch auf veränderte Anforderungen und Umstände einzustellen.

Flexible Altersgrenze

Die F. bietet die Möglichkeit, den Zeitpunkt, von dem ab Rente bezogen werden kann, vorzuverlegen und vor der regulären Altersgrenze von derzeit 65 Jahren aus dem Arbeitsleben auszuscheiden. Der Deutsche Gewerkschaftsbund fordert seit Neuem von den Unternehmen altersgerechte Arbeitsplätze und damit die Möglichkeit für Arbeitnehmer, über die reguläre Altersgrenze hinaus weiter arbeiten zu können; auch das gehört zu Flexibilität dazu.

➡ Gesetzliche Rentenversicherung

Floating

[Dt.: gleitend] Bezeichnet ein Wechselkursregime, bei dem der Kurs einer Währung sich gleitend ändern kann. F. unterscheidet sich von einem System flexibler Wechselkurse durch die Bereitschaft der Zentralbank, bei starken Kursschwankungen auf dem Devisenmarkt zu intervenieren. Innerhalb Europas existierte vom Zusammenbruch des Festkurssystems von Bretton Woods im Jahr 1973 bis zur Einführung des Euro am 31.12.1998 ein eben solches System kontrolliert »floatender« Wechselkurse.

Fluktuationsarbeitslosigkeit

Wird auch als friktionelle Arbeitslosigkeit bezeichnet. F. entsteht durch Wechsel des Arbeitsplatzes, also zwischen Beendigung der alten Tätigkeit und Beginn der neuen Beschäftigung. Diese Form der Arbeitslosigkeit dauert nur kurz an und ist oft freiwillig, z. B., wenn ein Arbeitnehmer ein Jobangebot ablehnt in Erwartung eines späteren besseren Angebots. Diese Art Arbeitslosigkeit ist auch bei Vollbeschäftigung unvermeidlich und gilt daher als unproblematisch.

Föderalismus

Ordnungsprinzip, das darauf beruht, dass einzelne Teile ihre Eigenständigkeit behalten, obwohl sie zusammen ein Ganzes bilden. Politisch meint F., dass staatliche Aufgabenfelder auf die Gebietskörperschaften und den Gesamtstaat verteilt werden. In Deutschland teilen sich diese Aufgaben Bund, Länder und Gemeinden. Das gegenteilige Ordnungsprinzip dazu ist der Zentralismus, bei dem die Entscheidungsbefugnis nur beim Gesamtstaat liegt.

➡ Finanzausgleich ➡ Länderfinanzausgleich

Fonds »Deutsche Einheit«

Bezeichnung für ein Sondervermögen des Bundes, das am 25.6.1990 gesetzlich errichtet wurde. Es diente zur Erfüllung eines Teils der finanziellen Verpflichtungen der Bundesrepublik Deutschland aus Art. 28 des Staatsvertrages mit der DDR vom 18.5.1990 und v. a. der Deckung des allgemeinen Finanzbedarfs der Länder Berlin, Brandenburg, Mecklenburg-Vorpommern, Sachsen, Sachsen-Anhalt und Thüringen nach Vollendung der deutschen Einheit. Zum 1.1.1995 wurde die Unterstützung aus dem Fonds »Deutsche Einheit« eingestellt und die neuen Bundesländer in den üblichen Länderfinanzausgleich der Bundesrepublik mit einbezogen.

Freibetrag

Teilbetrag der Einkünfte, der von der Besteuerung frei und bei der Ermittlung der Steuerbemessungsgrundlage unberücksichtigt bleibt. Ein steuerlicher F. soll z. B. das Existenzminimum absichern oder aber das Aufwachsen der Kinder (Kinderfreibetrag).

Freie Güter

F. sind Güter, die im Überfluss vorhanden sind und für deren Konsum daher nicht bezahlt werden muss. Beispiele wären die Atemluft oder der Sand in der Wüste.

Freie Liquiditätsreserven

Zentralbankgeld, über das Geschäftsbanken verfügen oder an das sie problemlos gelangen können. Es besteht aus den sog. primären Liquiditätsreserven, damit sind Überschussreserven gemeint, und sekundären Liquiditätsreserven, das sind zentralbankfähige Aktiva, die jederzeit risikolos in Zentralbankgeld umgewandelt werden können, wie z. B. bestimmte Devisen und Geldmarktpapiere. Des Weiteren zählt zu den sekundären Liquiditätsreserven das Refinanzierungspotenzial.

➡ Bundesbank ➡ Europäische Zentralbank ➡ Geldmarkt ➡ Zentralbanken

Freihandel

Handel von Waren und Dienstleistungen zwischen Handelspartnern aus verschiedenen Ländern, der nicht eingeschränkt wird. Das Gegenteil des F. ist staatlicher Protektionismus, der mit Handelshemmnissen ausländische Marktteilnehmer fernzuhalten versucht, um die eigene Wirtschaft zu schützen.

➡ Außenhandel ➡ Außenhandelspolitik

Freihandelszone

Innerhalb einer F. unterliegt der Handel mit Gütern und Dienstleistungen keiner Beschränkung durch Zölle oder andere Handelshemmnisse.

(☛ Karte 4, S. 122)

Freiwillige Arbeitslosigkeit

Form der Arbeitslosigkeit, die entsteht, weil Arbeitssuchende nicht für den Reallohn arbeiten wollen, der am Markt gezahlt wird, und es statt dessen vorziehen, Freizeit zu haben. Das Konzept der F. ist nur in neoklassischen Modellen von Bedeutung. Diese gehen davon aus, dass in jeder Marktsituation, auch auf dem Arbeitsmarkt, die Wünsche der Marktteilnehmer – zumindest langfristig – erfüllt werden. Arbeitslosigkeit ist daher ein Ausdruck des Wunsches, bei den vorherrschenden Löhnen lieber Freizeit zu haben. In keynesianischen Modellen ist die F. nur eine Randerscheinung.

Fremdkapital

Schulden gegenüber Dritten, die zur Finanzierung des Unternehmensvermögens dienen, wie z. B. Verbindlichkeiten. Das F. wird auf der Passivseite der Unternehmensbilanz aufgeführt. Man unterscheidet hinsichtlich der Rückzahlungsdauer zwischen kurzfristigem (bis 1 Jahr), mittelfristigem (1–5 Jahre) und langfristigem (über 5 Jahre) F.

➡ Bilanz ➡ Eigenkapital

Friedenspflicht

Begriff aus dem Tarifrecht, der die Verpflichtung meint, zu bestimmten Zeiten

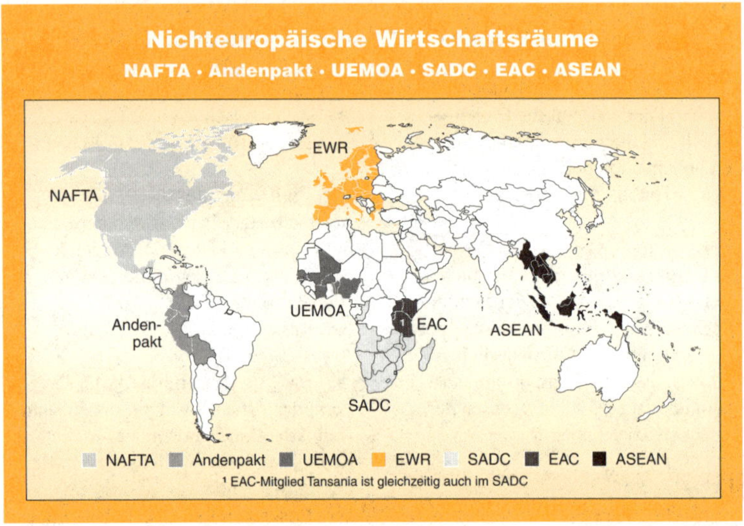
Nichteuropäische Wirtschaftsräume
NAFTA · Andenpakt · UEMOA · SADC · EAC · ASEAN
EWR
NAFTA
UEMOA
Anden-
pakt
EAC
ASEAN
SADC
NAFTA
Andenpakt
UEMOA
EWR
SADC
EAC
ASEAN
¹ EAC-Mitglied Tansania ist gleichzeitig auch im SADC

Karte 4
NAFTA (Nordamerikanische Freihandelszone): Kanada, Mexiko, USA · **Andenpakt** (»Pacto Andino«): Bolivien, Ecuador, Kolumbien, Peru · **UEMOA** (Westafrikanische Wirtschafts- und Währungsunion): Benin, Burkina Faso, Elfenbeinküste, Guinea-Bissau, Mali, Niger, Senegal, Togo. · **SADC** (Südafrikanische Entwicklungsgemeinschaft): Angola, Botswana, Kongo, Lesotho, Madagaskar, Malawi, Mauritius, Mosambik, Namibia, Seychellen, Südafrika, Swasiland, Tansania, Sambia, Simbabwe · **EAC** (Ostafrikanische Gemeinschaft): Burundi, Kenia, Ruanda, Tansania, Uganda · **ASEAN** (Association of Southeast Asian Nations): Brunei, Indonesien, Kambodscha, Laos, Malaysia, Myanmar, Philippinen, Singapur, Thailand, Vietnam.
[Der EWR (Europäischer Wirtschaftsraum) ist aus Gründen der Kontrastierung farblich hervorgehoben].

keine Arbeitskampfmaßnahmen (z. B. Streiks) einzuleiten. Zwischen den Tarifparteien kann eine absolute F. vereinbart werden, also der Verzicht auf Arbeitskampfmaßnahmen während der gesamten Laufzeit des Tarifvertrages. Üblicherweise wird nur eine relative Friedenspflicht vereinbart, die Streiks gegen nicht im Tarifvertrag geregelte während dessen Laufzeit erlaubt.
➡ Gewerkschaften ➡ Schlichtung ➡ Tarifvertragsgesetz ➡ Streik

Friktionelle Arbeitslosigkeit

➡ Fluktuationsarbeitslosigkeit

Frühindikatoren

Ökonomische Größen, die frühzeitig eine bestimmte wirtschaftliche Entwicklung erkennen lassen. Am bekanntesten sind konjunkturelle F., die anzeigen, wie sich die Konjunktur in der Folgezeit entwickeln wird. Hierzu zählen die Auftragseingänge und die Erwartungen von Unternehmen bzw. Finanzanalysten, die z. B. im ifo Geschäftsklimaindex bzw. im ZEW-Index zu Konjunkturerwartungen gemessen werden.

Frühverrentung

➡ Flexible Altersgrenze

FuE

Steht für Forschung und Entwicklung. Man unterscheidet hierbei zwischen Grundlagenforschung, angewandter Forschung und Entwicklung. Grundlagenforschung führt zwar zu neuen wissenschaftlichen Erkenntnissen, nicht aber unbedingt gleich zu einer praktischen Anwendung. In der angewandten Forschung versucht man oft, auch diese Ergebnisse praktisch umzusetzen, um dann im letzten Schritt, der Entwicklung, anwendungsreife Prototypen und Verfahren hervorzubringen. Die Forschungs- und Entwicklungstätigkeit in einem Unternehmen hängt von dem zu erwartenden Profit ab.

➠ Industriepolitik

Funktionale Einkommensverteilung

F. ist die Einkommensverteilung, die über die Produktionsfaktoren Arbeit und Kapital entstanden ist. Durch Arbeit entstandene Einkommen sind die Arbeitnehmerentgelte, durch Kapital entstandene Einkommen sind die Unternehmens- und Vermögenseinkommen. Von Beginn der 1980er-Jahre bis 2008 hat sich die F. in Deutschland und den meisten anderen Industrieländern zum Nachteil des Faktors Arbeit verändert.

Fusionskontrolle

[Lat.: fusio = gießen, verschmelzen) Die F. soll die Verschmelzung von Unternehmen verhindern, die zu einer marktbeherrschenden Stellung führt und damit den wirtschaftlichen Wettbewerb einschränkt. Eine Fusion liegt vor, wenn sich bisher selbständige Unternehmen zusammenschließen oder zumindest miteinander verflechten. Die F. ist Aufgabe des Bundeskartellamts, das Zusammenschlüsse von Unternehmen prüft, die bestimmte Umsatzschwellen überschreiten. Es untersagt eine Fusion, wenn das Entstehen oder die Verstärkung von beherrschender Marktmacht die Folge sein wird, die keinen Wettbewerber mehr fürchten muss und dann die Möglichkeit hat, höhere Preise zu verlangen. Der Bundeswirtschaftsminister kann allerdings die Erlaubnis zu einem vom Bundeskartellamt untersagten Zusammenschluss dennoch erteilen, wenn dieser nach seiner Ansicht z. B. durch ein überragendes Interesse der Allgemeinheit gerechtfertigt sei (§ 42 GWB). Für die Kontrolle der Zusammenschlussvorhaben von Unternehmen auf europäischer Ebene bei sog. »gemeinschaftsweiter Bedeutung« ist ausschließlich die Europäische Kommission zuständig. Sie prüft auf der Grundlage der Europäischen Fusionskontrollverordnung (FKVO).

➠ Kartell ➠ Oligopol ➠ Monopol

Futures

Bezeichnet standardisierte Terminkontrakte, bei welchen zu einem bestimmten zukünftigen Zeitpunkt ein dem Geld- und Kapital-, Edelmetall- oder Devisenmarkt zugehöriges Handelsobjekt zum börsenmäßig festgesetzten Kurs zu liefern beziehungsweise abzunehmen ist.

GATT

➠ Allgemeines Zoll- und Handelsabkommen

Geld- und Kapitalmarktstatistik

Die Geld- und Kapitalmarktstatistik ist eine Übersicht über Daten, die den Geld- und Kapitalmarkt betreffen. Sie umfasst Informationen zu

- der Geldmenge, die sich zu einem bestimmten Zeitpunkt in Umlauf befindet;

- Bilanzen der Geschäftsbanken (Bankenstatistik);
- Zinssätzen;
- Mengen und Preisen gehandelter Wertpapiere;
- Absatz und Umlauf von Wertpapieren (Emissionsstatistik);
- Wertpapieren, die Nichtbanken bei Banken deponiert haben (Depotstatistik);
- Kurswerten der über Makler gehandelten Wertpapiere (Börsenumsatzstatistik);
- Zinskonditionen für gewisse Kredit-, Einlage- und Wertpapierarten (Zinsstatistik);
- Kursen an der Börse gehandelter Aktien (Aktienindizes).

➡ Amtliche Statistik ➡ Geldangebot ➡ Geldbasis ➡ Geldmarkt ➡ Geldmarktpapiere

Geld

Zahlungsmittel, gegen das Waren oder Dienstleistungen eingetauscht werden können. Neben seiner grundlegenden Funktion als Tauschmittel dient G. in modernen Ökonomien als Recheneinheit, Wertmesser, gesetzliches Zahlungsmittel sowie zur Aufbewahrung, Speicherung und Übertragung von Werten. Es wird zwischen dem tatsächlichen Materialwert des G. und dem sog. Nennwert unterschieden, der vom Staat festgelegt wird. Ist der Materialwert größer als oder gleich groß wie der Nennwert, spricht man von überwertigem bzw. vollwertigem G. Wenn der Materialwert des G. unter dem Nennwert liegt oder nicht vorhanden ist, spricht man von unterwertigem bzw. stoffwertlosem G. G. hat heute viele unterschiedliche Formen. Die geläufigsten sind Hart- oder Münzgeld und das Zeichen- oder Papiergeld (Banknoten). Beide zusammen werden als Bargeld bezeichnet. Daneben gibt es noch das Giral-, Buch- oder Geschäftsbankengeld. Es existiert als Sichtguthaben bei Banken. Im Zug des Informations- und Computerzeitalters hat sich zusätzlich das elektronische G. als weitere Geldart etabliert – als Wertkarte mit einem bestimmten im Voraus gespeicherten Geldbetrag oder als Zahlungsmittel in elektronischen Netzen, etwa dem Internet. Neben den verschiedenen Geldarten haben sich weitere geldähnliche Mittel etabliert, die zwar Geldfunktionen übernehmen können, aber kein gesetzliches Zahlungsmittel sind, etwa Wechsel oder Schecks. Bei ihnen besteht im Gegensatz zum G. kein gesetzlicher Annahmezwang.

➡ Geldangebot ➡ Geldbasis ➡ Geldmarkt ➡ Geldmarktpapiere

Geldangebot

Wer Waren oder Dienstleistungen einkaufen will, braucht Geld. Die Geldmenge, die jederzeit als Zahlungsmittel verwendet werden kann, also z. B. nicht an bestimmte Fristen gebunden ist, heißt G. Es umfasst im Prinzip alle unmittelbar verfügbaren liquiden Mittel innerhalb einer Ökonomie. Sie setzen sich zusammen aus der Geldbasis, also dem Bargeld der Nichtbanken, und dem Zentralbankgeld der Geschäftsbanken sowie dem Kreditangebot der Geschäftsbanken.

➡ Geldmarkt ➡ Geldmarktpapiere

Geldbasis

Eine Teilmenge des Geldes. Sie besteht zum einen aus dem Bargeld (Münzen und Banknoten) von Nichtbanken, etwa Unternehmen oder Privathaushalten, das sich im Umlauf befindet. Den zweiten Teil der G. bildet das gesamte Zentralbankgeld der Banken, z. B. ihre Mindestreserven. Die G. wird auch als monetäre Basis oder High-powered Money bezeichnet.

➠ Geldangebot ➠ Geldmarkt ➠ Geldmarktpapiere

Geldfunktionen

Üblicherweise werden dem Geld 3 Funktionen zugesprochen. Zum Ersten ist es Tauschmittel. Durch Tausch einer Ware gegen Geld, das wiederum gegen eine andere Ware eintauschbar ist, werden Transaktionen erheblich vereinfacht. Beim Tausch einer Ware gegen eine andere Ware ist der Tauschprozess wegen der mangelnden Vergleichbarkeit deutlich komplexer. Die zweite Funktion von Geld ist die einer Recheneinheit. Durch Geldeinheiten kann der Wert eines Gutes leicht berechnet werden. Die dritte Funktion ist die eines Wertaufbewahrungsmittels. Soll dem Tausch Ware gegen Geld nicht sofort ein zweiter von Geld gegen Ware folgen, bleibt durch das Geld der Wert des ersten Tausches erhalten. Geld erleichtert also das Sparen.

Geldillusion

Bezeichnet ein wirtschaftliches Verhalten, das den Wertverlusten durch Inflation keine Rechnung trägt: Wenn z. B. eine Gehaltsteigerung von 2 % bei einer Inflationsrate von 3 % zu einem Verhalten führt, als wäre das Einkommen real um 2 % gestiegen, liegt G. vor. G. wird in den meisten modernen makroökonomischen Modellen als ein irrationales Verhalten angesehen. In jüngster Zeit sind jedoch Ansätze entwickelt worden, die zeigen, dass eine begrenzte G. wegen hoher Informationskosten durchaus rational sein kann.

Geldmarkt

Finanzmarkt, auf dem im Wesentlichen Geld und kurzfristige Geldanlagen gehandelt werden. Marktteilnehmer sind hauptsächlich Geschäfts- und Zentralbanken, aber auch Versicherungen, Fondsgesellschaften und große Unternehmen. Auf dem G. handeln die Geschäftsbanken untereinander Zentralbankguthaben mit einer Laufzeit von bis zu einem Jahr. Dieser Teil des Marktes heißt Interbanken-Geldmarkt. Die Zentralbanken kaufen und verkaufen Geldmarktpapiere mit einer Laufzeit von bis zu 2 Jahren auf dem sog. Regulierungsgeldmarkt. Am G. setzen die Zentralbanken mit ihrer Geldpolitik an. Sie wirken etwa auf Geldangebot und Nachfrage ein, indem sie zusätzliches Zentralbankgeld zur Verfügung stellen, um Einfluss auf die Zinsvergabe der Geschäftsbanken zu nehmen. Eine Anspannung oder auch Verknappung des G. ist durch steigende Zinsen, eine Verflüssigung oder Entspannung des G. durch sinkende Zinsen gekennzeichnet. Das Gegenstück zum G. ist der Kapitalmarkt, auf dem langfristige Kredite und Beteiligungen gehandelt werden.

➠ Geld ➠ Geldangebot ➠ Geldbasis
➠ Geldmarktpapiere

Geldmarktgleichgewicht

Ist dann gegeben, wenn Anbieter und Nachfrager von Geld keinen Anreiz haben, ihre angebotene bzw. nachgefragte Geldmenge zu ändern.

Geldmarktpapiere

G. ist ein Sammelbegriff für verschiedene Arten verbriefter Forderungen oder kurzfristiger Schuldtitel. Sie haben Laufzeiten von bis zu 2 Jahren und dienen dazu, kurzfristig Geld zu beschaffen. Mit G. handeln v. a. Zentralbanken und Geschäftsbanken. Es werden verschiedene Arten von G. unterschieden: Die wichtigsten sind Wechsel, unverzinsliche Schatzanweisungen und Commercial Papers. Wechsel sind mit Schecks vergleichbar. Mit einem Wechsel verpflichtet sich ein Schuldner, dem Gläubiger nach Ablauf einer bestimmten Zeitspanne eine bestimmte Menge Geld zu bezahlen. Bei sog. Schatzwechseln tritt der Staat als Schuldner auf, um sich Geld zur Finanzierung öffentlicher Ausgaben zu beschaffen. Commercial Papers schließlich sind ungesicherte Inhaberschuldverschreibungen. Sie werden vorwiegend von großen Unternehmen ausgegeben, um kurzfristig an Kredite zu gelangen. Je besser die Zahlungsfähigkeit oder Bonität des Unternehmens ist, desto höher ist die Chance, dass Geldanleger ihr Kapital plus Zinsen und Risikoprämie zurückbekommen. Daher gilt: je höher die Bonität, desto geringer die Prämie. Die Bonität einzelner Unternehmen bewerten Ratingagenturen wie Moody's oder Standard & Poor's.

➠ Geld ➠ Geldangebot ➠ Geldbasis ➠ Geldmarkt

Geldmarktzinsen

Zinsen für Anleihen mit Laufzeiten von einem Tag bis zu einem Jahr. Es handelt sich also um Anlagen, deren Liquidität der des Bargeldes sehr nahe kommen kann.

Geldmenge

Bestand an Geld in einer Volkswirtschaft. Die G. wird in der ökonomischen Literatur und Statistik mit dem Buchstaben M bezeichnet. Es gibt mehrere Konzepte, die G. zu messen. Diese Konzepte unterscheiden sich je nach Liquiditätsgrad des zu erfassenden Geldes. Den höchsten Liquiditätsgrad hat die sog. Geldmenge M 0 – die Geldbasis. Das ist jene Summe aus Bargeld und Zentralbankgeld, die bei den Geschäftsbanken liegt und jederzeit für Käufe zur Verfügung steht. Die Geldmenge M 1 enthält zusätzlich die Sichteinlagen (Girokonten) bei den Banken, M 2 und M 3 berücksichtigen außerdem noch die Termin- und Spareinlagen (Einlagen mit Kündigungsfristen) sowie Geldmarktanlagen, die nicht mehr sofort für Käufe verfügbar sind. Die Definitionen unterscheiden sich im Detail je nach Zentralbank.

Geldmengenziel

Eine Zentralbank, die sich der ökonomischen Theorie des Monetarismus verpflichtet sieht (Annahme einer engen Abhängigkeit zwischen Inflationsrate und Geldmenge), muss die Geldmenge steuern, um die Inflation in dem von ihr gewünschten Rahmen zu halten. Dabei orientiert die Zentralbank sich an einem G., das die langfristig angestrebte Geldmengenentwicklung benennt. Dieses G. errechnet sich aus dem Wachstumstrend einer Volkswirtschaft, den trendabhängigen Änderungen in der Geldhaltung und der angestrebten Inflationsrate. Die einzige größere Zentralbank, die heute noch ein G. ausweist, ist die Europäische Zentralbank (EZB). Doch die Einhaltung des Ziels gelingt nur selten.

Geldnachfrage

Nachfrage nach Bargeld und kurzfristigen liquiden Anlagen. Die G. spiegelt die aktuelle wirtschaftliche Entwicklung wider.

Geldpolitik

Alle Maßnahmen, die die Zentralbanken ergreifen, um ihre geldpolitischen Ziele in ihrem Währungsgebiet zu erreichen. Für die G. in der Eurozone ist die Europäische Zentralbank (EZB) zuständig. Für das Währungsgebiet der D-Mark lag die Zuständigkeit früher bei der Deutschen Bundesbank.

Geldpolitische Aufgaben

Die G. von Zentralbanken sind i. d. R.:

- Geldversorgung der Volkswirtschaft,
- Durchführung der Geldpolitik,
- Durchführung von Devisengeschäften,
- Garantie des Zahlungsverkehrs.

Neben diesen allgemein üblichen Aufgaben hat die Europäische Zentralbank (EZB) laut Art. 105, Abs. 2 des Vertrages von Maastricht folgende G.:

- Genehmigung des Europapiergeldes,
- wirtschaftspolitische Beratung der EG und nationaler Behörden,
- Kontrolle der Finanzmarktstabilität,
- Sammlung der für ihre Aufgaben wichtigen statistischen Daten.

Geldpolitische Feinsteuerung

Darunter versteht man erstens den Versuch einer der Zentralbank, den Konjunkturverlauf mittels geldpolitischer Maßnahmen so exakt wie möglich auf ein bestimmtes Wachstumsziel hin zu beeinflussen. Jede G. ist durch zahlreiche Änderungen des Leitzinses gekennzeichnet. Allerdings ist umstritten, ob die Konjunktur überhaupt durch die Geldpolitik systematisch beeinflusst werden kann. Zweitens versteht man unter G. das Bemühen, Liquiditätsschwankungen, die aus Sicht der Zentralbank zu stark sind, auszugleichen, indem die Zentralbank rasch Geld in den Markt hineinschleust oder herausnimmt. Diese Art von G. wird von allen Zentralbanken praktiziert, insbesondere in Zeiten großer Unsicherheit.

Geldpolitische Instrumente

Das wichtigste G. einer Zentralbank sind die sog. Leitzinsen – die Zinsen also, zu denen sie Geschäftsbanken Geld zur Verfügung stellt. Dieser Zins für relativ kurzfristige Anleihen bestimmt also den Preis des Geldes bei den Geschäftsbanken, und dies in mehrfacher Hinsicht. Er beeinflusst entscheidend die Zinshöhe für kurz- und längerfristige Anleihen, also jene Zinsen, welche die Geschäftsbanken für Kundenkredite erheben oder für Spareinlagen anbieten. Parallel dazu entscheidet die Höhe des Leitzinses auch über die Erwartungen der Anleger auf den Aktienmärkten sowie generell aller Marktteilnehmer, die aus der Zinsentwicklung Schussfolgerungen über Wachstum und Inflation ziehen. Andere G. sind insbesondere Devisenmarktoperationen, also Käufe und Verkäufe von Devisen, um den Wechselkurs zu stabilisieren, sowie die Mindestreserve – das sind Mindestbeträge, die die Geschäftsbanken auf den Girokonten der Zentralbanken halten müssen und mit denen ebenfalls Einfluss auf die Geldversorgung einer Volkswirtschaft ausgeübt wird.

Geldpolitische Straffung

Wenn die Zentralbank das Ausleihen von Geld verteuert, also die Leitzinsen anhebt. Damit wird die konjunkturelle Dynamik entweder gebremst oder zumindest weniger angeregt.

Geldpolitische Strategie

Zeigt, auf welche Weise eine Zentralbank ihre Ziele erfüllen will. In der neueren wirtschaftspolitischen Literatur werden v. a. 2 G. vorgeschlagen. Erstens, das direkte Prognostizieren der Inflationsrate. Weicht die erwartete Inflationsrate über einen längeren Zeitraum vom Inflationsziel ab, sind entsprechende geldpolitische Maßnahmen erforderlich. Steigt sie über das Ziel hinaus, muss die Geldpolitik gestrafft werden, bleibt sie darunter, muss sie gelockert werden. Die zweite übliche G. besteht in der monetären Analyse. Dabei wird die Entwicklung der Geldmenge beobach-

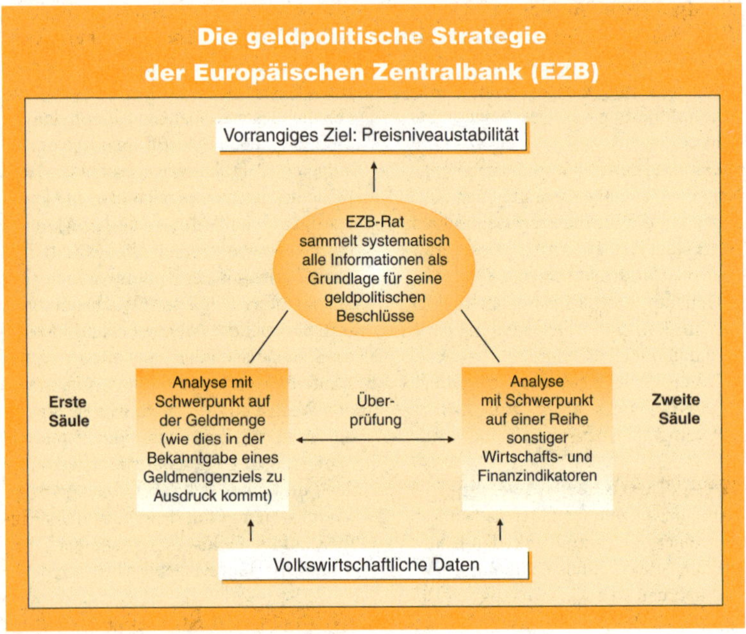
Die geldpolitische Strategie
der Europäischen Zentralbank (EZB)
Vorrangiges Ziel: Preisniveaustabilität
EZB-Rat sammelt systematisch alle Informationen als Grundlage für seine geldpolitischen Beschlüsse
Erste Säule
Analyse mit Schwerpunkt auf der Geldmenge (wie dies in der Bekanntgabe eines Geldmengenziels zu Ausdruck kommt)
Über-prüfung
Analyse mit Schwerpunkt auf einer Reihe sonstiger Wirtschafts- und Finanzindikatoren
Zweite Säule
Volkswirtschaftliche Daten

Abb. 14

tet. Weicht diese von einem bestimmten Geldmengenziel ab, das Einfluss auf die erwartete Inflation hat, müssen ebenfalls geldpolitische Maßnahmen ergriffen werden. Alle bedeutenderen Zentralbanken – mit Ausnahme der Europäischen Zentralbank – verfolgen die erste Strategie. Die Europäische Zentralbank (EZB) verfolgt im Rahmen ihrer Zwei-Säulen-Strategie beide Ansätze, wobei die monetäre Strategie in jüngster Zeit in den Hintergrund getreten ist.

Geldpolitische Ziele

Das gängige G. besteht darin, Preisstabilität zu wahren, die durch ein Inflations- oder Geldmengenziel definiert wird. Neben der Preisstabilität verfolgen einige Zentralbanken auch das Ziel einer stabilen Konjunktur. Dies gilt insbesondere für die amerik. Zentralbank (Fed), die rasch und stark auf konjunkturelle Bewegungen zu reagieren pflegt und damit bei zahlreichen konjunkturellen Krisen erfolgreich war. Dagegen ist für die Europäische Zentralbank (EZB) Preisstabilität das vorrangige G. Darin spiegelt sich die in Europa vorherrschende Lehre wider, dass Geldpolitik die Konjunktur nur begrenzt zu stabilisieren vermag.

Geldschöpfung

Prozess, durch den sich das von den Zentralbanken ausgegebene Geld im Bankensektor vermehrt. Dies geschieht, in dem die Bankkunden nicht jederzeit ihr gesamtes Geld abheben, um mit dem Bargeld Käufe zu tätigen, sondern einen Teil sparen und als Buchgeld auf der

Bank belassen. Dieses Buchgeld steht mithin den Banken zur Vergabe von Krediten zur Verfügung, die ihre Kunden in Form von Bargeld benötigen. Auf diese Weise wird der gesamte Geldbestand, bestehend aus Bargeld und nunmehr Buchgeld erhöht. Dieser Prozess setzt sich fort, denn das von den Banken als Kredit vergebene Bargeld fließt teilweise wieder zur Bank zurück. Es steht damit für weitere Kredite zur Verfügung, und der Geldbestand erhöht sich. Der Prozess der G. ist jedoch endlich, denn die Banken können nicht ihren gesamten Buchgeldbestand ausleihen, da sie eine gewisse Reserve für Bargeldauszahlungen bereithalten müssen. Auch fließen die Kredite der Banken nicht vollständig an diese zurück, ein Teil bleibt als Bargeld bei den Schuldnern. Damit wird die G. von Runde zu Runde schwächer und kommt schließlich ganz zum Stillstand.

Geldschöpfungsmultiplikator

Gibt an, um wie viel sich die ursprünglich von den Zentralbanken ausgegebene Geldmenge durch die Geldschöpfung im Bankensystem erhöht.

Geldtheorie

Wirtschaftswissenschaftliche Theorie, welche die Prozesse zu verstehen sucht, die beim Geldangebot und bei der Geldnachfrage eine Rolle spielen. Im Mittelpunkt der Überlegungen stehen die Zentralbanken und das Bankensystem als Anbieter sowie die privaten Haushalte und Unternehmen als Nachfrager.

Geldwertstabilität

Wenn eine Währung innerhalb eines bestimmten Zeitraums geringe oder gar keine Wertverluste bei Güterkäufen aufweist, also wenn man für einen bestimmten Betrag im laufenden und folgenden Jahr etwa die gleichen Güter kaufen kann. Man unterscheidet zwischen innerer und äußerer G. Innere G. zeigt sich an der Inflationsrate, äußere G. am Wechselkurs. Innere G. herrscht, wenn sich die Inflationsrate mittelfristig kaum oder nicht über längere Zeit von einem durch die Zentralbank definierten Ziel entfernt. Die Europäische Zentralbank (EZB) hat dieses Ziel für die Eurozone auf eine Preissteigerung von unter, aber nahezu 2 % pro Jahr festgelegt. D. h., der Wertverlust des Geldes in Bezug auf Güterkäufe im Inland sollte auf Dauer nicht mehr als 2 % betragen. Äußere G. liegt vor, wenn die Währung nicht ständig abwertet. D. h., auf Dauer sollte bei Güterkäufen im Ausland kein Wertverlust auftreten. Innere und äußere G. bedingen einander. Bei fortwährend hoher Inflationsrate im Inland müssen die Exporteure ihre Preise stark erhöhen. Die Unternehmen verlieren dadurch an Wettbewerbsfähigkeit und die Währung wertet ab. Verliert umgekehrt eine Währung ständig an Wert, steigen die Importpreise und damit die Inflationsrate im Inland.

Geldwirtschaft

Eine Wirtschaft, die Geld als Zahlungsmittel verwendet. Sie unterscheidet sich damit von Tauschwirtschaften, bei denen Güter gegen Güter getauscht werden und nicht Güter gegen Geld.

Geleistetes Arbeitsvolumen

Messgröße für die Menge an Arbeit, die innerhalb einer bestimmten Region oder Volkswirtschaft tatsächlich geleistet wird. Sie umfasst die Arbeitsstunden aller Erwerbstätigen unabhängig davon, wie gut oder intensiv jemand arbeitet. Als erwerbstätig zählt in diesem Zusammenhang jeder, der als Arbeiter, Angestellter, Soldat, Beamter, Selbstständiger oder als mithelfender Familienangehöriger etwas macht, das auf wirtschaftlichen Erwerb ausgerichtet ist. Gezählt werden außerdem Arbeitszeiten, die Personen mit mehreren Jobs ansammeln. Nicht mit in die Rechnung kommen dagegen Arbeitszeiten, die zwar bezahlt, aber nicht geleistet wurden. Dazu zählen z. B. bezahlter Urlaub, Feiertage, Erziehungsurlaub, Essenspausen sowie Krankheits- und Fahrtzeiten. Im Gegensatz zum G. zählen beim bezahlten Arbeitsvolumen die Stunden, für die Arbeitnehmer bezahlt werden – unabhängig davon, ob und wie viel tatsächlich gearbeitet wurde.

➠ Erwerbstätige

Gemeinsamer Markt

Ein G. ist ein einheitlicher Wirtschaftsraum, gekennzeichnet durch den freien Verkehr von Waren, Personen, Dienstleistungen und Kapital, bei freiem Wettbewerb zwischen den Unternehmen. Auf dieser Grundlage wurde der G. in Europa errichtet, der als Ziel 1957 im Vertrag zur Gründung der Europäischen Wirtschaftsgemeinschaft in Art. 2 festgelegt worden ist.

Gemeinschaftsaufgaben

Bestimmte Aufgaben, die in Art. 91 a Grundgesetz festgelegt sind. Sie umfassen den Ausbau und Neubau von Hochschulen einschließlich der Hochschulkliniken, die Verbesserung der regionalen Wirtschaftsstruktur und die Verbesserung der Agrarstruktur sowie des Küstenschutzes. Ursprünglich waren Planung und Finanzierung der G. Aufgabe der Bundesländer. Seit 1969 werden sie von Ländern und Bund gemeinsam wahrgenommen. Der Bund übernimmt die Hälfte der Kosten. Die Beteiligung des Bundes hatte mehrere Gründe: G. sind langfristige Projekte, für ein Bundesland allein oft nicht finanzierbar und über Landesgrenzen hinaus relevant.

➠ Agrarpolitik ➠ Bildungspolitik ➠ Regionale Strukturpolitik ➠ Sektorale Strukturpolitik

Gemeinschaftsdiagnose

Jene wirtschaftswissenschaftlichen Forschungsinstitute, die im Auftrag der Bundesregierung – vertreten durch das Bundesministerium für Wirtschaft – eine gemeinsame Prognose und gemeinsame wirtschaftspolitische Empfehlungen erstellen. Dabei können je nach Institut die Perspektiven und die Ergebnisse der wirtschaftlichen Bewertung sehr unterschiedlich sein. Gibt es fundamentale Differenzen, können ein oder mehrere Institute ein Minderheitenvotum abgeben. Die G. dient als Grundlage für die Prognosen der Bundesregierung. Die G. gibt es seit 1950. Sie wurde zunächst jährlich, später halbjährlich im Frühjahr und Herbst durchgeführt. Bis zum Frühjahr 2007 konnten nur Institute teilnehmen, die Zuwendungsempfänger des Bundes und der Länder sind. Weil die mangelnde Treffsicherheit der Prognosen sowie die mangelnde Realitätsnähe vieler wirtschaftspolitischer Empfehlungen teils massiv in der Kritik standen, wurde die G. für das Herbstgutachten der Jahre 2007–2010 erstmals international offen ausgeschrieben. Seit Herbst 2007 nehmen folgende Institute an der G. teil:

1. IfW Institut für Weltwirtschaft an der Universität Kiel (Kiel).
2. ifo Institut für Wirtschaftsforschung e. V. (München) in Kooperation mit
   - KOF Konjunkturforschungsstelle (Zürich/Ch.).
3. IWH Institut für Wirtschaftsforschung Halle (Halle) in Kooperation mit

- WIFO Österreichisches Wirtschaftsforschungsinstitut (Wien).
- IMK Institut für Makroökonomie und Konjunkturforschung in der Hans-Böckler-Stiftung (Düsseldorf).

4. RWI Rheinisch-Westfälisches Wirtschaftsforschungsinstitut (Essen) in Kooperation mit
   - IHS Institut für Höhere Studien (Wien).

Generationenvertrag

Politische Bezeichnung für einen unausgesprochenen gesellschaftlichen Konsens in Bezug auf das System der umlagefinanzierten Rente. Konkret bedeutet er, dass die abhängig beschäftigten Generationen mit einem Teil ihres Gehalts (zusammen mit Zuschüssen des Bundes) die Rente der nicht mehr arbeitenden Generationen bezahlen. Mit der Zahlung von Rentenbeiträgen häuft man also nicht Kapital an, von dem später die eigene Rente bezahlt wird. Vielmehr wird man zum Anwärter auf Zahlungen der folgenden Generationen, wenn man selbst im Ruhestand ist. Es besteht jedoch keine Parallelität zwischen den selbst gezahlten Beiträgen und dem späteren Rentenanspruch. Die Höhe der Beiträge hängt davon ab, wie viel Geld die Rententräger aktuell benötigen. Derzeit beträgt der Beitragssatz bei Arbeitern und Angestellten 19,9 % des Bruttolohns. Zwei Probleme beeinträchtigen die Funktionsweise des G.: Zum einen sinkt bei hoher Arbeitslosigkeit die Anzahl der Beitragszahler und damit auch die Menge der Beiträge. Zum anderen besteht das demografische Problem, dass immer mehr älteren Rentenempfängern immer weniger junge Beitragszahler gegenüberstehen.

➠ Demografie ➠ Gesetzliche Rentenversicherung

Genossenschaft

Wirtschaftsunternehmen, das versucht, wirtschaftliche, soziale oder kulturelle Interessen seiner Mitglieder oder Genossen zu fördern. Zumeist dient der Zusammenschluss zu einer G. dem Zweck, den wirtschaftlichen Zielen der Mitglieder mehr Gewicht zu verleihen. Ihnen gegenüber stehen die wirtschaftlichen Eigeninteressen der G. zurück. Die Mitglieder sind am Eigenkapital der Genossenschaft beteiligt, indem sie Geschäftsanteile erwerben. G. sind als juristische Personen beim Amtsgericht in das Genossenschaftsregister eingetragen. Sie müssen ein schriftliches Statut und mindestens 7 natürlich oder juristische Mitglieder haben. Eine Obergrenze für die Mitgliederzahl gibt es nicht. Alle Mitglieder wählen den Vorstand und Aufsichtsrat. Je nach Zielen und Interessenlage unterscheidet man Bezugs-, Absatz-, Produktions-, Waren- und Dienstleistungsgenossenschaften. Um staatlicher Aufsicht zu entgehen, haben sich G. zu Verbänden zusammengeschlossen, die die wirtschaftliche und verwaltungstechnische Prüfung einzelner G. übernehmen. Der Dachverband der dt. G. ist der Deutsche Genossenschafts- und Raiffeisenverband e. V.

Gerechtigkeit

Allgemeiner ethischer Grundbegriff, bezeichnet eine bestimmte Art, die Gemeinschaft zu organisieren und materielle wie nichtmaterielle Güter zu verteilen – in einer Weise, die als gerecht empfunden wird. In Deutschland ist G. im Grundgesetz in Form des Gleichheitssatzes »Alle Menschen sind vor dem Gesetz gleich« verankert. G. ist daher ein wichtiges Ziel des Rechtsstaates. In der Praxis ist die Idee der G. vor Gericht und in der Politik äußerst schwierig umzusetzen, da die Meinungen darüber, was in einem speziellen Einzelfall gerecht ist, stark auseinandergehen können. Generell wird nach einer Einteilung von Aristoteles (384–322 v. Chr.) unterschieden zwischen ausgleichender und austeilender G. Ausgleichende G. bezieht sich auf das Verhältnis Einzelner in einer Gemeinschaft, die untereinander einen Ausgleich an Interessen und Gütern schaffen, etwa indem sie Verträge schließen oder für Lohn arbeiten. Austeilende G. bezieht sich dagegen auf das Verhältnis des Einzelnen zur Gemeinschaft. Sie bezeichnet ein faires Verhältnis zwischen den Leistungen, die das Individuum erbringt, um zum Wohl und Erhalt der Gemeinschaft beizutragen, und den Leistungen, die das Individuum dafür von der Gemeinschaft erhält, etwa Schutz oder Fürsorgeleistungen. Praktische Bedeutung hat der Begriff der G. im Wirtschaftsleben v. a. bei der Frage der Besteuerung. In Deutschland liegen der Steuerpraxis die Prinzipien der horizontalen und vertikalen Besteuerung zu Grunde. Horizontale Steuergerechtigkeit heißt, dass Menschen mit gleichem Einkommen gleich besteuert werden. Vertikale Steuergerechtigkeit bedeutet, dass Menschen mit höherem Einkommen stärker steuerlich belastet werden. Wie bei der G. generell tritt auch hier das Problem der konkreten Umsetzung auf: Es gibt keine wissenschaftlich fundierte Methode, die steuerliche Leistungsfähigkeit zu messen, auch wenn das Einkommen hierfür als Indikator benutzt wird. Deshalb ist die Festlegung von Steuergesetzen und -sätzen letztlich eine politische und keine wissenschaftliche Aufgabe.

➡ Einkommensverteilungspolitik ➡ Einkommensverteilung ➡ Sozialpolitik

Geringfügige Beschäftigung

Umgangssprachlich auch Mini-Job genannt. Bezeichnung für 2 Arten von Arbeitsverhältnissen: geringfügig entlohnte Beschäftigungen und kurzfristige Beschäftigungen. Sie unterscheiden sich von anderen Beschäftigungsverhältnissen sowohl bei der Besteuerung als auch in der Sozialversicherung. Als geringfügig entlohnte Beschäftigungen gelten Stellen, für die regelmäßig nicht mehr als 400 € im Monat bezahlt werden. Kurzfristige Beschäftigungen liegen vor, wenn eine Tätigkeit bei mindestens 5 Arbeitstagen pro Woche höchstens 2 Monate dauert oder innerhalb eines Kalenderjahres nicht mehr als 50 Arbeitstage einnimmt. Geringfügig entlohnte Beschäftigungen unterscheiden sich von anderen Beschäftigungsverhältnissen dadurch, dass der Arbeitnehmer keine Steuern und Sozialversicherungsabgaben zahlen muss. Der Arbeitgeber hingegen muss für den Mini-Job bis zu 30,1 % des Arbeitsentgeltes abführen. Darin enthalten sind Beiträge zu Rentenversicherung, Krankenversicherung und Steuern. Unter bestimmten Umständen, etwa bei der Beschäftigung eines Mini-Jobbers in einem Privathaushalt, kann dieser Prozentsatz sinken. Bei kurzfristigen Beschäftigungen ist die Höhe des Einkommens unerheblich, solange die Tätigkeit nicht berufsmäßig ausgeübt wird, also von untergeordneter wirtschaftlicher Bedeutung für den Beschäftigten ist. Kurzfristige Beschäftigungen sind für Arbeitnehmer und Arbeitgeber sozialversicherungsfrei. Der Arbeitgeber muss auch keine Pauschalbeiträge zahlen. Allerdings ist der Lohn aus kurzfristigen Beschäftigungen uneingeschränkt lohnsteuerpflichtig.

➡ Beschäftigungspolitik

Die Höhe der Abgabenlast in ausgewählten Staaten	
Steuern und Sozialabgaben in % der Wirtschaftsleistung [Bruttoinlandsprodukt (BIP)]	
Land	**% vom BIP**
Schweden	50,1
Dänemark	49,0
Belgien	44,8
Frankreich	44,5
Norwegen	43,6
Finnland	43,5
Italien	42,7
Österreich	41,9
Niederlande	39,5
Großbritannien	37,4
Ungarn	37,1
Tschechien	36,7
Spanien	36,7
Luxemburg	36,3
Deutschland	35,7
Portugal	35,4
Irland	31,7
Schweiz	30,1
USA	28,2
Griechenland	27,4

Tab. 11 Quelle: OECD (2006)

Gering qualifizierte Arbeitslose

Die Gruppe unterscheidet sich von anderen Arbeitslosen dadurch, dass die ihr Angehörigen keine abgeschlossene Berufsausbildung haben. Mit dieser fehlenden Qualifikation gehen auf dem Arbeitsmarkt viele Nachteile einher. Gering Qualifizierte sind deutlich öfter arbeitslos als Menschen mit Berufsausbildung. Das liegt zum einen daran, dass Arbeitgeber bei mehreren Bewerbern i. d. R. Arbeitnehmer mit höherer formaler Bildung bevorzugen. Zum anderen gibt es immer weniger Stellen, die gering Qualifizierte ohne Fachkenntnisse ausüben können, da einfache, standardisierte Arbeiten wegen des technologischen Fortschritts zunehmend durch Maschinen erledigt oder in Billiglohnländer verlagert werden. Das formale Unterscheidungskriterium »abgeschlossene Berufsausbildung« für die Beurteilung der Qualifikation eines Arbeitnehmers ist nicht unumstritten. So können Menschen zwar eine abgeschlossene Ausbildung haben, ihre Kenntnisse aber völlig veraltet oder wegen des technologischen Fortschritts nutzlos geworden sein. Zudem können Fachkenntnisse durch langjährige praktische Berufserfahrung erworben werden. Kritiker bemängeln auch, dass eine abgeschlossene Berufsausbildung nichts über die sozialen Qualifikationen des Arbeitnehmers, etwa Pünktlichkeit, Zuverlässigkeit oder Motivation, aussagt.

➡ Arbeitslosigkeit ➡ Arbeitsmarktpolitik ➡ Bundesagentur für Arbeit ➡ Beschäftigungspolitik

Gesamtabgabenquote

[Auch: gesamtwirtschaftliche Abgabenquote] Bezeichnet die Höhe aller Belastungen der Wirtschaftsleistung eines Landes durch Abgaben. Sie wird in Prozent des Bruttoinlandsproduktes angegeben. Abgaben umfassen dabei neben Steuern von Bund, Ländern und Kommunen und den Pflichtbeiträgen zur Sozialversicherung auch Zölle und Gebühren. Von der Abgabenquote ist die Steuerquote zu unterscheiden, die lediglich den Anteil der Steuereinnahmen eines Landes an seiner gesamten Wirtschaftsleistung in Prozent angibt. Die G. liegt 2007 in Deutschland bei 36,2 % laut OECD und bei 43,8 % laut VGR-Statis-

Banken
Das Bankensystem in Deutschland

Europäische Zentralbank

Deutsche Bundesbank
- Währungshüterin
- Refinanzierungsstelle
- Mitwirkung bei der Bankenaufsicht

Bundesanstalt für Finanzdienstleistungsaufsicht (BaFin)
- Bankenaufsicht

Kreditinstitute Geschäftsbanken

Universalbanken (Abwicklung aller banküblichen Geschäfte)

Kreditbanken	Sparkassen und Girozentralen	Kreditgenossenschaften Genossen. Zentralbanken
314 Institute: 4 Großbanken 223 Regional- und sonstige Kreditbanken 87 Zweigstellen ausländischer Banken	**575 Institute:** Dt. Girozentrale Dt. Kommunalbank 12 Landesbanken/ Girozentralen 562 Sparkassen	**1.798 Institute:** DG Bank Dt. Genossenschaftsbank 2 genoss. Zentralbanken 1.795 Kreditgenossenschaften (Volksbanken, Raiffeisenbanken)

Spezialbanken (Beschränkung auf einzelne Bankgeschäfte)

Realkreditinstitute	Kreditinstitute mit Sonderaufgaben	Bausparkassen
31 Institute: z. B. private Hypotheken- und Schiffspfandbriefbanken, öffentlich-rechtliche Grundkreditanstalten	**15 Institute:** z. B. Kreditanstalt für Wiederaufbau (KfW), Frankfurt am Main; Deutsche Ausgleichsbank (DtA), Bonn	**31 Institute:** 19 private Bausparkassen 12 öffentliche Bausparkassen

Verbände der Kreditwirtschaft
- Interessenvertretung
- Beratung
- Prüfungswesen

Abb. 15

tik (VGR = Volkswirtschaftliche Gesamtrechnung). Die OECD-Zahlen beruhen auf einer Steuerstatistik, die auch negative Steuern berücksichtigt (z. B. Eigenheimzulage), sie fallen daher niedriger aus als bei einem statistischen Verfahren, das auf der VGR beruht.

➡ Negative Einkommensteuer

Gesamtstaatliches Defizit

Summe der Fehlbeträge aller öffentlichen Haushalte, also sämtliche Defizite des Bundes, der Länder, der Kommunen und der Sozialversicherung.

Gesamtwirtschaft

Gesamtheit aller Wirtschaftssubjekte, die Wertschöpfung in einer Volkswirtschaft erzeugen. Dies sind die privaten Haushalte, die Unternehmen, der Staat und die Weltwirtschaft.

Geschäftsbanken

Umgangssprachlich meist einfach Banken genannt, sind Wirtschaftsunternehmen, die Dienstleistungen rund um das Thema Geld erbringen. Sie nehmen und gewähren Kredite, bewahren Geld in Konten auf und tauschen Währungen. Außerdem bieten G. Dienstleistungen wie Kontoführung oder Anlageberatung an. Die Annahme von Geld durch Banken nennt man Einlagengeschäft, die Weiterleitung dieses Geldes als Darlehen heißt Kreditgeschäft. Kredite werden in 2 Arten unterteilt: Existiert ein Dokument, das die Schulden dokumentiert, heißen die Kredite verbrieft. Ein

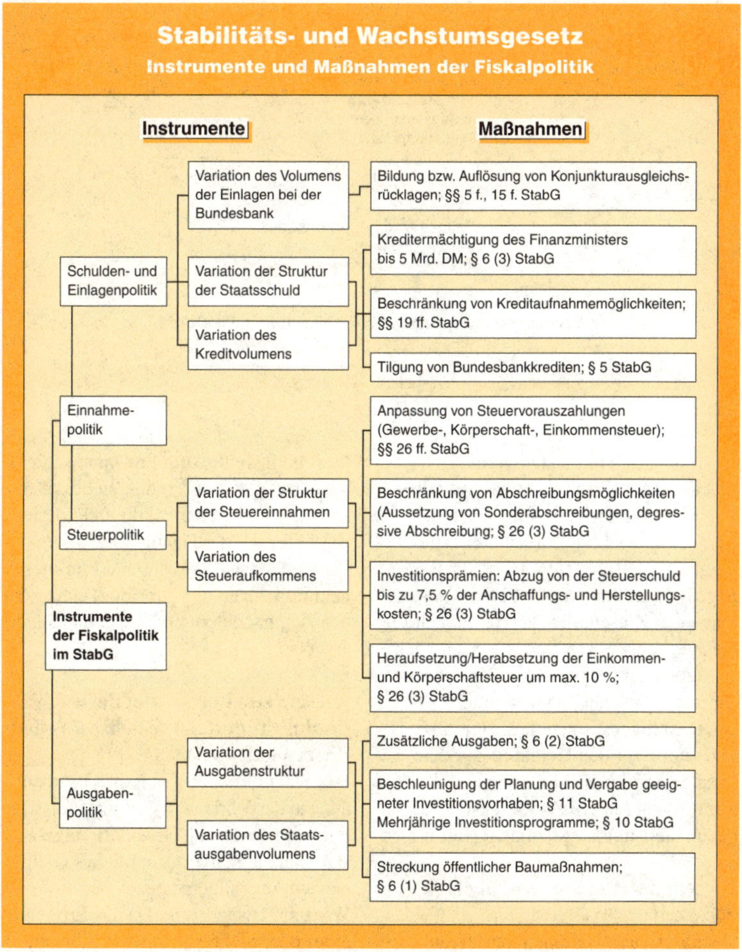
Stabilitäts- und Wachstumsgesetz
Instrumente und Maßnahmen der Fiskalpolitik
Instrumente
Maßnahmen
Variation des Volumens der Einlagen bei der Bundesbank
Bildung bzw. Auflösung von Konjunkturausgleichsrücklagen; §§ 5 f., 15 f. StabG
Kreditermächtigung des Finanzministers bis 5 Mrd. DM; § 6 (3) StabG
Schulden- und Einlagenpolitik
Variation der Struktur der Staatsschuld
Beschränkung von Kreditaufnahmemöglichkeiten; §§ 19 ff. StabG
Variation des Kreditvolumens
Tilgung von Bundesbankkrediten; § 5 StabG
Einnahmepolitik
Anpassung von Steuervorauszahlungen (Gewerbe-, Körperschaft-, Einkommensteuer); §§ 26 ff. StabG
Variation der Struktur der Steuereinnahmen
Beschränkung von Abschreibungsmöglichkeiten (Aussetzung von Sonderabschreibungen, degressive Abschreibung; § 26 (3) StabG
Steuerpolitik
Variation des Steueraufkommens
Investitionsprämien: Abzug von der Steuerschuld bis zu 7,5 % der Anschaffungs- und Herstellungskosten; § 26 (3) StabG
Instrumente der Fiskalpolitik im StabG
Heraufsetzung/Herabsetzung der Einkommen- und Körperschaftsteuer um max. 10 %; § 26 (3) StabG
Variation der Ausgabenstruktur
Zusätzliche Ausgaben; § 6 (2) StabG
Ausgabenpolitik
Beschleunigung der Planung und Vergabe geeigneter Investitionsvorhaben; § 11 StabG Mehrjährige Investitionsprogramme; § 10 StabG
Variation des Staatsausgabenvolumens
Streckung öffentlicher Baumaßnahmen; § 6 (1) StabG

Abb. 16

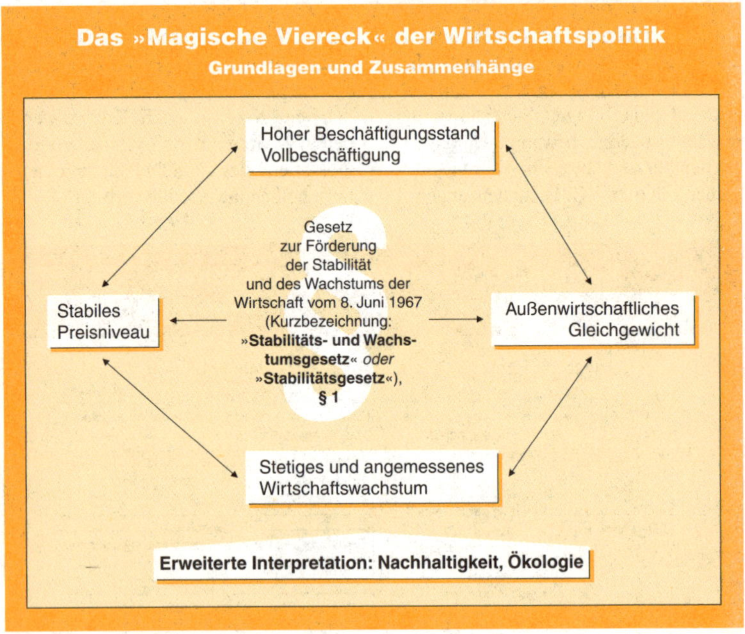
Das »Magische Viereck« der Wirtschaftspolitik
Grundlagen und Zusammenhänge
Hoher Beschäftigungsstand
Vollbeschäftigung
Stabiles Preisniveau
Gesetz zur Förderung der Stabilität und des Wachstums der Wirtschaft vom 8. Juni 1967 (Kurzbezeichnung: »Stabilitäts- und Wachstumsgesetz« oder »Stabilitätsgesetz«), § 1
Außenwirtschaftliches Gleichgewicht
Stetiges und angemessenes Wirtschaftswachstum
Erweiterte Interpretation: Nachhaltigkeit, Ökologie

Abb. 17

Beispiel dafür sind Ratenkredite. Bei unverbrieften Krediten, etwa Kontoüberziehung, existiert kein solches Dokument. Eine wichtige Einnahmequelle der Banken ist die Zinsspanne. Dieser Begriff bezeichnet die Differenz zwischen den Zinsen, die Banken für selbst aufgenommene Kredite zahlen, und den Zinsen, die sie für gewährte Kredite bekommen. Geschäftsbanken unterliegen in Deutschland wegen ihrer zentralen Bedeutung für den Geldkreislauf dem Gesetz über das Kreditwesen und der Kontrolle durch die Bundesanstalt für Finanzdienstleistungsaufsicht (BaFin).

Gesetz der Preisunterschiedslosigkeit

Postuliert, dass auf einem perfekten Markt mit vollständiger Information der Marktteilnehmer kein Preisunterschied zwischen gleichen Produkten bestehen kann. Nur wenn der Markt nicht perfekt ist, weil z. B. der Handel mit Kosten verbunden ist oder nicht alle Marktteilnehmer vollständig informiert sind, können sich nach dem G. Preisunterschiede ergeben.

Gesetz zur Förderung der Stabilität und des Wachstums der Wirtschaft (StWG)

Das StWG trat 1967 in Kraft. Es nennt 4 Ziele der Wirtschaftspolitik: Preisstabilität, einen hohen Beschäftigungsstand, ein außenwirtschaftliches Gleichgewicht und angemessenes und stetiges Wirtschaftswachstum. Da das Erreichen eines oder mehrerer dieser 4 Ziele immer zulasten der übrigen geht, werden

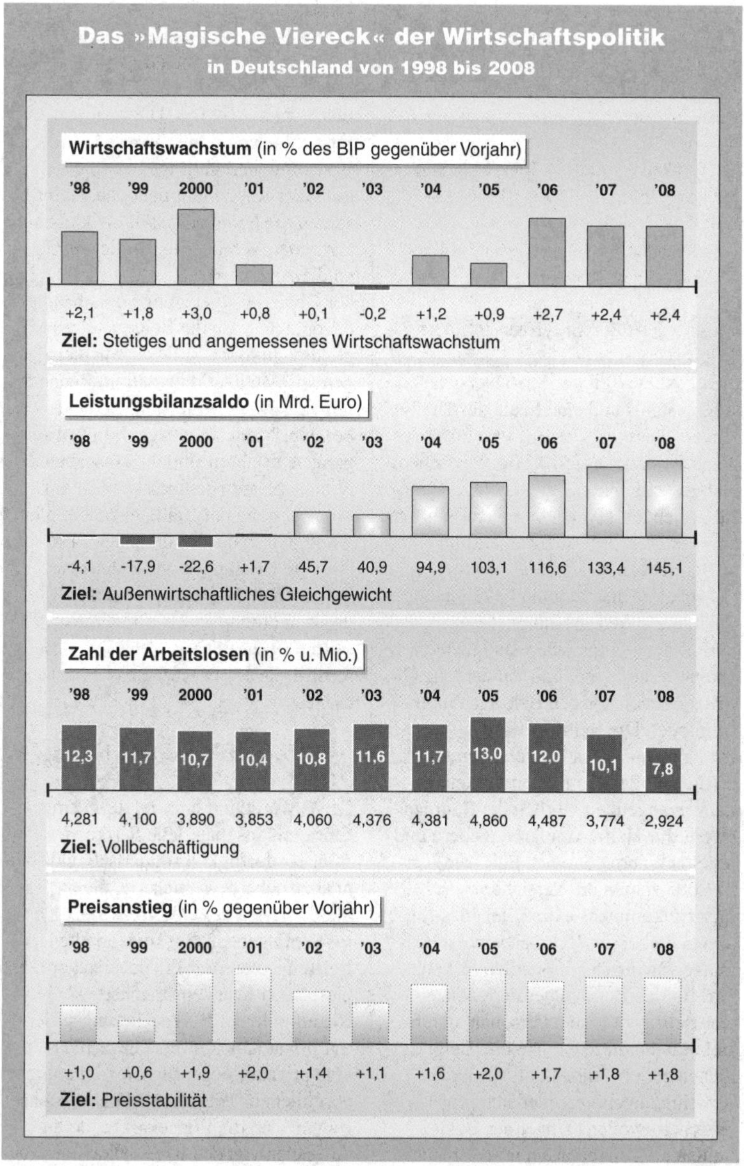
Das »Magische Viereck« der Wirtschaftspolitik
in Deutschland von 1998 bis 2008
Wirtschaftswachstum (in % des BIP gegenüber Vorjahr)
'98 '99 2000 '01 '02 '03 '04 '05 '06 '07 '08
+2,1 +1,8 +3,0 +0,8 +0,1 -0,2 +1,2 +0,9 +2,7 +2,4 +2,4
Ziel: Stetiges und angemessenes Wirtschaftswachstum
Leistungsbilanzsaldo (in Mrd. Euro)
'98 '99 2000 '01 '02 '03 '04 '05 '06 '07 '08
-4,1 -17,9 -22,6 +1,7 45,7 40,9 94,9 103,1 116,6 133,4 145,1
Ziel: Außenwirtschaftliches Gleichgewicht
Zahl der Arbeitslosen (in % u. Mio.)
'98 '99 2000 '01 '02 '03 '04 '05 '06 '07 '08
12,3 11,7 10,7 10,4 10,8 11,6 11,7 13,0 12,0 10,1 7,8
4,281 4,100 3,890 3,853 4,060 4,376 4,381 4,860 4,487 3,774 2,924
Ziel: Vollbeschäftigung
Preisanstieg (in % gegenüber Vorjahr)
'98 '99 2000 '01 '02 '03 '04 '05 '06 '07 '08
+1,0 +0,6 +1,9 +2,0 +1,4 +1,1 +1,6 +2,0 +1,7 +1,8 +1,8
Ziel: Preisstabilität

Abb. 18 Quellen: Statistisches Bundesamt, Deutsche Bundesbank sowie die Bundesanstalt für Arbeit (BA)

sie auch »magisches Viereck« genannt, da nur mit Magie alle auf einmal unter einen Hut zu bringen wären. Die Idee, dass der Staat mithilfe gesetzlich festgelegter Instrumente die Wirtschaft beeinflussen und lenken kann, geht auf den brit. Volkswirtschaftler John Maynard Keynes (* 5.6.1883 † 21.4.1946) zurück.

➠ Geldpolitik ➠ Globalsteuerung ➠ Keynesanische Theorie ➠ Finanzpolitik

Gesetzliche Krankenversicherung (GKV)

Die G. ist ein Teil des Sozialversicherungssystems und eine Säule des Krankenversicherungssystems. Fast 90 % der Deutschen, mehr als 70 Mio. Menschen, sind gesetzlich krankenversichert. Generell besteht eine Versicherungspflicht für Arbeiter, Rentner, Angestellte, Landwirte, Bergleute, Studenten an staatlichen und staatlich anerkannten Hochschulen und manche Selbstständige. Ohne eigene Beiträge mitversichert sind nicht arbeitende Ehepartner und Kinder. Die G. finanziert sich aus den Beiträgen ihrer Mitglieder. Die Beiträge werden von den Krankenkassen festgelegt und sollen die anfallenden Kosten decken. In der Vergangenheit wurden die Beiträge jeweils zur Hälfte von Arbeitgebern und Arbeitnehmern getragen. Seit dem 1.7.2005 zahlen die Versicherten 0,9 % ihres Einkommens extra. Liegt das Einkommen über der Beitragsbemessungsgrenze von 3.675 € monatlich (2009), wird für den Betrag über der Grenze kein Beitrag erhoben. Personen, deren Einkommen diese Grenze übersteigt, können zudem wählen, ob sie der G. freiwillig angehören oder sich privat versichern wollen. Träger der G. sind die Krankenkassen. Man unterscheidet Allgemeine Ortskrankenkassen, Betriebskrankenkassen, Innungskrankenkassen und Ersatzkassen. Wegen ihrer unterschiedlichen Größen und Mitglieder unterscheiden sich die Beiträge teilweise deutlich. Sie liegen durchschnittlich etwa bei 14,5 %. Die Krankenkassen schließen mit den kassenärztlichen Vereinigungen Verträge über die Versorgung der Kassenmitglieder ab. Dafür bezahlen die Krankenkassen die kassenärztlichen Vereinigungen, die das Geld an die Ärzte verteilen. Die Leistungen der G. sind festgelegt und unabhängig davon, wie hoch die Beiträge eines Mitgliedes sind. Sie umfassen Sachleistungen wie Medizin, Prävention, Behandlungen sowie Geldleistungen, etwa Sterbe- oder Mutterschaftsgeld. In den vergangenen Jahren sind die Ausgaben der Krankenkassen deutlich gestiegen. Um die Erhöhung der Beiträge zu dämpfen, wurden deshalb Zuzahlungen für bestimmte Leistungen wie Zahnersatz eingeführt und die Beitragsbemessungsgrenzen erhöht.

➠ Gesetzliche Pflegeversicherung ➠ Gesetzliche Rentenversicherung ➠ Sozialversicherung

Gesetzliche Pflegeversicherung (GPV)

Die P. wurde mit dem 1.1.1995 eingeführt, um das materielle Risiko von Pflegebedürftigkeit solidarisch und sozial abzusichern. Versicherte, die nach den Kriterien des Gesetzes (SGB XI, § 14) pflegebedürftig sind, erhalten Leistungen aus der Pflegeversicherung. Gesetzlich Krankenversicherte sind im Regelfall in der P. versicherungspflichtig, privat Krankenversicherte müssen eine private Pflegepflichtversicherung abschließen. Träger der Pflegeversicherungen sind die Pflegekassen, deren Aufgaben von den Krankenkassen wahrgenommen werden. Zum Jahresbeginn 2007 waren in der Bundesrepublik

Deutschland rund 70,16 Mio. Menschen in der gesetzlichen P., etwa 9,20 Mio. in einer privaten Pflegepflichtversicherung versichert. Das Gesetz unterscheidet 3 Stufen der Pflegebedürftigkeit bei Versicherten:

- Erheblich Pflegebedürftige,
- Schwerpflegebedürftige,
- Schwerstpflegebedürftige.

Entsprechend sind die Leistungen der P. gestaffelt (SGB XI, § 28-45). Die Ausgaben der P. werden durch Beiträge der Mitglieder und der Arbeitgeber je zur Hälfte finanziert. Rentnerinnen und Rentner tragen ihre Beiträge seit dem 1.4.2004 allein. Mit dem 1.7.2008 wird Beitragssatz von bisher 1,7 % des Bruttoeinkommens (bis zur Beitragsbemessungsgrenze) auf 1,95 % erhöht. Bei Kinderlosen steigt der Beitragssatz von bisher 1,95 % auf dann 2,2 %.

Gesetzliche Rentenversicherung (GRV)

Die Aufgaben und Leistungen der G. machen etwa ein Drittel bis 40 % aller Sozialleistungen aus. Sie ist damit die größte Säule des Sozialversicherungssystems. Die G. ist eine Pflichtversicherung aller unselbstständig Beschäftigten. Sie umfasst die Rentenversicherung für Arbeiter, Angestellte und Bergleute. Zudem können sich alle Personen, die in Deutschland ihren Wohnsitz haben, freiwillig versichern. Träger der G. sind die Bundesanstalt für Angestellte, die Landesversicherungsanstalten, die Bundesknappschaft sowie die landwirtschaftlichen Alterskassen. Die Rente wird über Beiträge der Versicherten und ihrer Arbeitgeber, über Beiträge der Träger von Lohnersatzleistungen sowie über Zuschüsse des Bundes finanziert. Der Rentenbeitrag beträgt derzeit 19,9 % des Bruttolohns. Den maximalen Beitrag bestimmt die jährlich neu festgelegte Beitragsbemessungsgrenze. Sie beträgt für 2009 5.400 € (West) bzw. 4.550 € (Ost). Die Bundeszuschüsse zur Rente betrugen 2006 über 60 Mrd. €, die Beiträge etwa 180 Mrd. €. Bei der Finanzierung der Rente gilt das Umlageverfahren, d. h., die aktuellen Rentenbeiträge der Arbeitnehmer werden direkt an die Rentenbezieher weitergeleitet. Allerdings gibt es eine Liquiditätsreserve in Höhe mindestens einer Monatsauszahlung. Die G. verfolgt mehrere Ziele. Sie gibt Renten an Versicherte und Hinterbliebene bei Invalidität, Alter oder Tod und sie zielt auf Erhaltung, Besserung und Wiederherstellung der Erwerbsfähigkeit. Das Renteneintrittsalter liegt bei 65 Jahren und soll bis 2029 schrittweise auf 67 Jahre angehoben werden. Die Höhe der Rente wird nach einer Formel berechnet, in die 4 Faktoren einfließen: Entgeltpunkte, Zugangsfaktor, Rentenartfaktor und aktueller Rentenwert. Die Entgeltpunkte richten sich nach dem Einkommen und den Beitragsjahren eines Versicherten. Der Zugangsfaktor erhöht oder vermindert die Entgeltpunkte abhängig davon, ob die Rente vor oder nach Erreichen des Rentenalters in Anspruch genommen wird. Der Rentenartfaktor unterscheidet Alters- und Erwerbsunfähigkeitsrenten (Faktor 1) von Berufsunfähigkeitsrenten (Faktor 2/3) und Witwer- bzw. Witwenrenten (Faktor 0,6). Der aktuelle Rentenwert schließlich gibt unter Berücksichtigung der allgemeinen Einkommensentwicklung an, wie viel Rente pro Entgeltpunkt gezahlt wird. Die G. steht vor großen Problemen. Die Umlagefinanzierung ist auf eine ausreichend große Anzahl von Beitragszahlern angewiesen. Wegen der Bevölkerungsentwicklung müssen jedoch immer weniger Beitragszahler für immer mehr Empfänger aufkommen. Bisher wurde auf diese Entwicklung v. a.

mit Erhöhungen des Beitragssatzes, Kürzungen der Rentenansprüche und der Erhöhung des Renteneintrittsalters reagiert.

➠ Gesetzliche Krankenversicherung ➠ Gesetzliche Pflegeversicherung ➠ Sozialversicherung

Gewerkschaften

G. sind Organisationen abhängig Beschäftigter, die mit dem Ziel gegründet wurden, eine Verbesserung der sozialen und wirtschaftlichen Lage ihrer Mitglieder gegen Wirtschaft und Staat durchzusetzen. Das Grundgesetz garantiert den Schutz solcher Arbeitnehmerkoalitionen in Art. 9, Abs. 3. Sie sind dadurch in ihrer Existenz, ihrer organisatorischen Autonomie sowie der vereinsgemäßen Betätigung abgesichert. Als G. wird eine Arbeitnehmerkoalition dann bezeichnet, wenn sie ein freiwilliger Zusammenschluss und eine dauerhafte Verbindung einer größeren Zahl von Mitgliedern ist, eine demokratische Struktur aufweist, das geltende Tarifrecht anerkennt und zu Arbeitskämpfen bereit ist. Zu den wichtigsten Aufgaben der einzelnen G. gehören als Tarifvertragsparteien die Tarifverhandlungen mit Arbeitgebern, der Abschluss von Tarifverträgen, die Durchführung von Arbeitskämpfen, der Rechtsschutz und die Rechtsberatung für die Mitglieder. Unter dem Dach des Deutschen Gewerkschaftsbundes DGB sind 8 bedeutende Einzelgewerkschaften vereinigt: ver.di, IG Metall, IG Bau, IG Bergbau, Chemie, Energie (IG BCE), die Gewerkschaft Nahrung, Genuss, Gaststätten (NGG), die Gewerkschaft Erziehung und Wissenschaft (GEW), die Gewerkschaft der Polizei (GdP) und Transnet. Zu den G. zählen auch die im Deutschen Beamtenbund oder dem Christlichen Gewerkschaftsbund Deutschlands zusammengefassten Arbeitnehmerkoalitionen oder der Marburger Bund.

➠ Koalitionsfreiheit ➠ Tarifautonomie ➠ Streik ➠ Schlichtung

Gewinn

Erlös (Umsatz) minus Kosten. Der G. ist also der Geldbetrag, der nach Abzug aller Kosten bei den Unternehmen verbleibt.

Gewinnbeteiligung

Zusätzlich zum regulären Arbeitsentgelt bezahlte, vom Gewinn eines Unternehmens abhängige Entlohnung beziehungsweise Anspruch auf die Ausschüttung von Gewinnen. Gewinnausschüttungen an Aktionäre heißen Dividenden. Gewinn im wirtschaftlichen Sinn ist die Differenz zwischen dem Umsatz eines Unternehmens und den Kosten der verkauften Produkte. Ziel einer G. ist es, das Engagement und die Motivation der Mitarbeiter zu erhöhen, indem man ihre Bezahlung mit dem Erfolg des Unternehmens verknüpft. Von der G. ist die Umatzbeteiligung zu unterscheiden. Diese zielt darauf ab, durch Beteiligung der Mitarbeiter am Umsatz den Absatz zu steigern. Dadurch steigt aber nicht zwangsläufig auch der Gewinn des Unternehmens. Deshalb ist die G. gebräuchlicher.

➠ Aktionär ➠ Arbeitnehmer ➠ Lohn

Gewinnerwartung

Zu Beginn eines Geschäftsjahres oder eines Quartals geben Aktiengesellschaften ihre angestrebten Geschäftsziele inklusive des prognostizierten Geschäftsergebnisses bekannt. Ändert sich etwas, das Einfluss auf die angestrebten Ergebnisse haben kann, ist die Aktiengesellschaft verpflichtet, dies unverzüglich zu melden. Wenn der Gewinn größer wird als angenommen, spricht man davon, dass eine G. »gemeldet« wird. Wenn der Gewinn kleiner oder der Verlust größer wird als angenommen, sagt man hingegen, eine G. wird »herausgegeben«. G. haben häufig Verkäufe von Aktien zur Folge.

➠ Aktionär

Gewinnmaximierung

Das wichtigste Ziel von Unternehmen in einer Marktwirtschaft. Ihr gegenüber treten andere unternehmerische Ziele wie Unternehmenserhaltung, Kundenbindung oder Wirtschaftlichkeit meist in den Hintergrund. Der Gewinn (oder gegebenenfalls auch der Verlust) eines Unternehmens berechnet sich aus der Differenz zwischen Erlös und Kosten. Der Gewinn wird also erhöht bzw. der Verlust verringert, wenn die zusätzlichen Kosten einer Maßnahme (auch Grenzkosten genannt) kleiner sind als der zusätzliche Umsatz, der durch die Maßnahme erzielt wird. Der Gewinn ist daher maximal, wenn Produktpreise so angelegt sind, dass Grenzkosten und Grenzerlös gleich groß sind, d. h., wenn die Kosten für jede zusätzlich produzierte Einheit eines Gutes genauso groß sind wie der zusätzliche Umsatz, den es bewirkt.

Gleichgewichtspreis

Der G. ist der Preis, bei dem Angebot und Nachfrage für ein Gut übereinstimmen, der Markt also im Gleichgewicht ist.

Gleichverteilung

Allgemein: wenn jeder von einer wirtschaftlichen Größe die gleiche Menge erhält. Aus wirtschaftswissenschaftlicher Sicht versteht man unter G. oft eine Verteilung von Einkommen, Vermögen oder Chancen, durch die jeder einzelne Mensch oder jeder einzelne Haushalt das gleiche Einkommen, Vermögen oder die gleichen Chancen besitzt.

Globale Depression

Gleichzeitige und anhaltende Verminderung der Wirtschaftsleistung in allen größeren Volkswirtschaften.

Globalisierung

Begriff, der für verschiedene Entwicklungen steht. Allgemein versteht man darunter die immer stärker werdende internationale und weltweite (globale) Verknüpfung und Verflechtung aller Lebensbereiche, etwa Wirtschaft, Politik, Kultur oder Umwelt. In einem engeren wirtschaftlichen Sinn bezeichnet der Begriff v. a. den Prozess der zunehmend globalen Arbeitsteilung. Konkret bedeutet das: Die Produktion eines Gutes erfolgt dort, wo die Kostenvorteile am größten sind. Das gilt für ein Produkt insgesamt wie auch für die Herstellung seiner Bestandteile. So wirkt sich die wirtschaftliche G. auf die Finanz- und Kapitalmärkte, den Gütermarkt, auf Wettbewerbsstrategien, Produktionsfaktoren und das technische Wissen aus. Ursachen und Gründe für die G. sind vielfältig. Häufig genannt werden die Liberalisierung des Kapital-, Güter-, Dienstleistungs- und Arbeitsmarktes, der Abbau von Handelsschranken, die Schaffung von Binnenwirtschaftsräumen sowie schnellerer Informationsaustausch dank einfacherer Kommunikationstechnik und sinkender Kommunikationskosten. Außerdem steigt die Austauschbarkeit einzelner Produktionsstandorte dank fallender Transportkosten. Hinzu kamen nach dem Ende des Kalten Krieges neue Wettbewerberstaaten sowie tendenziell sinkende Unterschiede und eine bessere Austauschbarkeit zwischen Produkten aus verschiedenen Ländern. Die Folgen der G. für die

Wirtschaft werden kontrovers diskutiert. Den Chancen, etwa auf neue Absatzmärkte und günstigere Produktionsstandorte, stehen ein erhöhter Wettbewerbsdruck und sinkende Arbeitsplatzsicherheit gegenüber. Auch die Bedeutung des einzelnen Staates bzw. der einzelnen Volkswirtschaft schwindet wegen der immer stärkeren Einbindung in internationale Institutionen, Organisationen und wirtschaftliche Prozesse. Daher scheint die nationale Wirtschaftspolitik ein zunehmend ungeeignetes Instrument, um ökonomische Prozesse zu beeinflussen.

➡ International Monetary Fund ➡ Weltbank ➡ Welthandelsorganisation

Globalsteuerung

Beeinflussung der Wirtschaft und des Wirtschaftssystems durch politische Maßnahmen, die sich auf die Nachfrageseite des Marktes auswirken. Dazu bedient sich der Staat einer Reihe von Instrumenten: Neben der Geld- und Kreditpolitik ist dies v. a. die Finanz- und Außenhandelspolitik. G. beruht auf der Idee, dass die Politik mehr tun sollte, als nur den Rahmen für wirtschaftliche Aktivitäten vorzugeben. Allerdings sollen diese Eingriffe nicht den Prinzipien des Marktes widersprechen. Konkrete Maßnahmen, etwa ein Lohn- oder Preisstopp, sind nicht vorgesehen. Eine erfolgreiche G. bedarf genauer ökonomischer Daten, einer detaillierten Kenntnis des Wirtschaftssystems und geeigneter Instrumente, um diagnostizierten Defiziten entgegenzuwirken. In der Bundesrepublik entwickelte sich das Konzept der G. Mitte der 1960er-Jahre. Dem erstmals nach dem Krieg festgestellten Rückgang von Beschäftigung und Produktion in den Endjahren des Wirtschaftswunders war mit dem klassischen Instrument der Geldpolitik nicht mehr beizukommen. Die Überlegungen mündeten 1967 in das Gesetz zur Förderung der Stabilität und des Wachstums der Wirtschaft.

➡ Keynesianische Theorie

Gold-Devisen-Standard

Ein internationales Währungssystem, in dem neben Gold auch Fremdwährungen, sog. Devisen, zur Deckung der eigenen Geldmenge verwendet werden können. Bedingung dabei ist, dass die Devisen zumindest zu einem gewissen Teil selbst wieder mit Gold gedeckt sein müssen. Zentral- und Notenbanken können in einem Währungssystem mit G. auf den Markt einwirken, indem sie am Devisenmarkt intervenieren, also Fremdwährungen an- oder verkaufen. Das 1944 in Bretton Woods (USA) beschlossene und 1945 in Kraft getretene Währungssystem basierte auf dem ersten von Staaten beschlossenen G., im Prinzip also auf festen Wechselkursen. Der US-Dollar wurde zur Leitwährung, und die USA verpflichteten sich zur Golddeckung des US-Dollars zu einem festgelegten Kurs, also dazu, den US-Dollar jederzeit in Gold eintauschen zu können. Die anderen beteiligten Staaten verpflichteten sich im Gegenzug, den Wert ihrer Währungen nur in Bezug auf Gold oder auf den US-Dollar anzugeben. Außerdem waren sie zu Devisenmarktinterventionen verpflichtet, von denen die USA befreit waren. Das System brach 1973 zusammen, nachdem die USA bereits 1971 ihre Pflicht, US-Dollar in Gold einzulösen, gekündigt hatten. Seitdem gelten freie Wechselkurse.

➡ Bretton-Woods-System ➡ Währungsordnung

Goldstandard

Internationales Währungssystem, in dem Gold ein gesetzliches Zahlungsmittel ist oder die Zahlungsmittel ganz oder zu einem gewissen Teil durch Goldreserven gedeckt sein müssen. Theoretisch muss in einem solchen System der vom Edelmetall gedeckte Teil der Zahlungsmittel jederzeit in Gold umgetauscht werden können.

➠ Bretton-Woods-System ➠ Leitwährung
➠ Währungspolitik

Grenzanbieter

Unternehmen, die angesichts der Preise, die am Markt für ihre Produkte zu erzielen sind, ihre wirtschaftliche Tätigkeit gerade noch aufrecht erhalten können. Das bedeutet, dass der Marktpreis für die verkauften Produkte soeben noch ausreicht, um die Gesamtkosten des Betriebs zu begleichen. G. können sich, wenn sich nichts an ihrem Status ändert, meist nicht lange am Markt halten. Selbst bei einem kleinen Preisrückgang übersteigen die Kosten schnell den Gewinn. Kurzfristig lässt sich dieser Zustand überbrücken, langfristig aber führt er in die Insolvenz. Doch wird ein Betrieb ebenso unwirtschaftlich, wenn der Marktpreis konstant bleibt, aber die Produktion etwa wegen steigender Rohstoffpreise teurer wird.

Grenzen des Wachstums

Name einer berühmten Studie zur Weltwirtschaft, die 1972 vom Club of Rome veröffentlicht wurde. Der »Bericht zur Lage der Menschheit« beschäftigte sich mit der Frage, ob dem Wirtschaftswachstum Grenzen gesetzt sind – und wenn ja, welche. Dem Bericht zufolge verhindern mehrere Faktoren ein unbegrenztes Wachstum: Der Lebensraum für immer mehr Menschen ist ebenso begrenzt wie die Rohstoffreserven. Außerdem ist die Umwelt immer weniger in der Lage, durch wirtschaftliche Aktivität verursachte Schäden wie Waldsterben oder Klimaerwärmung zu absorbieren und zu kompensieren. Der Bericht ging bei so zentralen Größen wie Bevölkerung, Ressourcenverbrauch und Umweltverschmutzung von einem exponentiellen Wachstum aus, das sich immer schneller seinen Grenzen nähere. Daher wurde ein Wachstumsverzicht empfohlen, um irreparablen Umweltschäden vorzubeugen. Die Studie, deren Name sich als Synonym für einen kritischen Umgang mit dem Wirtschaftswachstum als oberstem Ziel eingebürgert hat, löste zahlreiche umwelt- und wirtschaftspolitische Diskussionen aus. Zwar wurde sie als wichtiger Impuls anerkannt. Aber Kritiker bemängelten, dass der Bericht erneuerbare Ressourcen sowie den Preismechanismus bei knapper werdenden Gütern und Rohstoffen nicht oder zumindest nicht ausreichend berücksichtigte.

➠ Bruttosozialprodukt ➠ Umweltpolitik

Grenzertrag

Ertrag, den die letzte eingesetzte Einheit eines Produktionsfaktors bei ansonsten unveränderten Gegebenheiten liefert. So besteht der G. von Arbeit z. B. in jenen produzierten Gütern, die die letzte eingesetzte Arbeitsstunde erbringt, sofern z. B. der Kapitaleinsatz unverändert bliebe. I. d. R. geht man von abnehmenden G. aus. Das bedeutet, jede zusätzlich eingesetzte Einheit liefert einen immer geringeren G.

Grenzkosten

Kosten, die durch die Produktion einer zusätzlichen Einheit eines Gutes entstehen. Im Unterschied zum Grenzertrag gibt es im Hinblick auf die G. durchaus unterschiedliche Annahmen darüber, wie sie sich auswirken. Es gibt Modelle mit fallenden, konstanten und steigenden G. Erstere beschreiben Produktionsprozesse, die mit Ausdehnung der Mengen immer kostengünstiger je Einheit werden. Dies ist bei typischen Massenprodukten wie Automobilen weitgehend der Fall. Steigende G. treten bei Kapazitätsgrenzen oder organisatorischen Beschränkungen auf. Dann erhöhen sich die Kosten je produzierter Einheit, und es lohnt sich i. d. R. nicht mehr, die Produktion stärker auszudehnen.

Grenzleistungsfähigkeit des Kapitals

Bestimmter Zinssatz, bei dem die Kosten einer Investition genauso hoch sind wie die Erträge, die von ihr erwartet werden. Wenn man die G., auch interner Zins genannt, bestimmt, lässt sich überprüfen, ob sich eine Investition lohnt. Eine Investition lohnt sich, wenn die G. höher ist als der für einen Investitionskredit gezahlte Marktzins, und sie ist unrentabel, wenn die G. kleiner als der Marktzins ist. Dass der interne Zins auch G. genannt wird, geht auf John Maynard Keynes (* 5.6.1883 † 21.4.1946) zurück. Er brachte die Idee auf, dass Investitionen nicht nur vom Zinssatz für Kredite, sondern in großem Maß auch von den Erwartungen des Unternehmers beeinflusst werden.

Grenznutzen

Zusätzlicher Nutzen, den der Verbrauch einer zusätzlichen Einheit eines Gutes mit sich bringt. Ein Beispiel hierfür ist Essen: Jedes einzelne gegessene Stück Brot ist für das Ziel, satt zu werden, nützlich. Das Konzept des G. basiert auf der Erkenntnis, dass der Nutzen, der sich aus dem Verbrauch einer Einheit eines Gutes ergibt, mit zunehmendem Verbrauch nachlässt und schließlich gegen null tendiert. Im Beispiel bedeutet das, dass die erste Brotscheibe für die Stillung des Hungers von deutlich größerem Nutzen ist als etwa die zehnte. Die Regel des abnehmenden G. bei zusätzlichem Konsum heißt Erstes Gossen'sches Gesetz. Es ist benannt nach dem Volkswirtschaftler Hermann Heinrich Gossen (* 7.9.1810 † 13.2.1858), der es in allgemein gültiger Form aufstellte.

Grenzsteuersatz

Auch marginaler Steuersatz genannt, der zur Anwendung kommt, wenn die Bemessungsgrundlage für die Steuern, die eine Person zahlen muss, etwa ihr Einkommen, sich um eine Einheit erhöht. Ein geläufiges Beispiel hierfür ist die Einkommenssteuer. In Deutschland ist die Einkommenssteuer progressiv gestaffelt. Das bedeutet, Einkommen bis 7.834 € jährlich (2009) werden nicht besteuert (sog. Grundfreibetrag), Einkommen darüber je nach Höhe mit 15–42 %. Mit jedem zusätzlich verdienten Euro steigt der G., und zwar so lange, bis der Spitzensteuersatz erreicht ist. In Deutschland liegt dieser derzeit bei 42 %, d. h., dass ab einem zu versteuernden Jahreseinkommen von 52.552 € für jeden zusätzlich verdienten Euro 42 Cent Steuern abgeführt werden müssen.

Gresham'sches Gesetz

Nach dem brit. Ökonomen Sir Thomas Gresham (* 1519 † 21.11.1579) benannt. Es besagt, dass »schlechtes Geld das Gute verdrängt«. Dieser Effekt tritt in Währungssystemen ein, in denen 2 Geldarten mit festem Umtauschkurs oder Geldarten unterschiedlicher Qualität wie Münz- und Papiergeld im Umlauf sind. Langfristig wird die minderwertig eingeschätzte Geldart als Zahlungsmittel und die höherwertig eingeschätzte Geldart als Wertaufbewahrungsmittel benutzt. Auf diese Weise verschwindet das höher geschätzte Geld allmählich aus dem Umlauf. Das Gesetz ist allerdings nur erfüllt, wenn man die Wahl hat, mit welcher Geldart man zahlen will. Ist diese Voraussetzung gegeben, bestätigt das Gesetz grundsätzlich die Annahme, dass Geld immer für den Zweck verwendet wird, der den größten Ertrag verspricht.

➠ Währungsordnung

Grunderwerbssteuer

Wer ein inländisches Grundstück kauft, muss G. zahlen. Sie beträgt in Deutschland 3,5 % des Kaufpreises. Die Erträge aus der G.r gehen an die Bundesländer. Es gibt Fälle, in denen die Zahlung der G. entfällt. So muss etwa keine G. gezahlt werden, wenn Grundstücke vom Ehepartner oder direkten Verwandten gekauft werden oder wenn die Grundstücke von geringem Wert sind.

➠ Steuern

Grundfreibetrag

Jeder, der in Deutschland Einkommen bezieht, muss bis zu einer gewissen Grenze keine Einkommenssteuer zahlen. Das Einkommen, das von der Besteuerung befreit ist, nennt man G. Dieser soll jedem, der Einkommenssteuer zahlen muss, garantieren, dass sein Einkommen nicht steuerlich belastet ist, soweit es zur Sicherung des Existenzminimums dient. In Deutschland liegt der G. pro Jahr derzeit (2009) bei 7.834 €. Erst Einkommen, die über dieser Grenze liegen, werden besteuert. Wegen der sich ändernden Lebenshaltungskosten wird der G. alle paar Jahre angepasst.

Grundgesamtheit

Begriff aus der Statistik und der Empirie. Er bezeichnet alle Personen, Dinge oder Fälle, die auf eine bestimmte Frage oder mehrere bestimmte Fragen hin untersucht werden. Weil eine G. oft sehr groß ist, etwa wenn die Meinung der Gesamtbevölkerung zu einem bestimmten Thema in Erfahrung gebracht werden soll, reduziert man sie oft aus zeitlichen, organisatorischen und finanziellen Gründen auf eine Stichprobe. Die Antworten der für diese Stichprobe ausgewählten Personen werden anschließend auf die G. hochgerechnet. Um das Ergebnis nicht zu verfälschen, ist es daher wichtig, dass die Stichprobe repräsentativ für die G. ist.

➠ Amtliche Statistik ➠ Empirische Wirtschaftsforschung

Grundrente

Jener Ertrag, der sich erzielen lässt, indem man knappe natürliche Ressourcen nutzt. Insbesondere sind damit Erträge aus der Nutzung des Produktionsfaktors Boden gemeint. Daher wird die G. auch Bodenrente oder Pacht genannt. Sie stellt quasi das Einkommen dar, das sich über die Verzinsung des Bodenkaufpreises hinaus aus der Bewirtschaftung oder auch der industriellen Nutzung des Bodens ergibt. Man unterscheidet mehrere Arten der G. Bei der Bonitätsrente sorgt unterschiedlich fruchtbarer Boden, bei der Intensitätsrente unterschiedliche intensive Nutzung des Bodens für unterschiedliche Erträge. Die Lagerente schließlich bezeichnet unterschiedliche Einkommen, die durch verschiedene Entfernungen zum Markt begründet sind.

Grundsicherung

Eine Sozialleistung, die Menschen im Alter oder bei Erwerbsminderung vor Armut schützen soll. Es gibt sie seit dem 1.1.2003. Die G. wird durch die Sozialämter oder durch überregionale Leistungsträger gezahlt und soll verhindern, dass Sozialhilfe gezahlt werden muss, wenn Personen, die altersbedingt oder aufgrund einer Erwerbsminderung aus dem Berufsleben ausscheiden, ihren Grundbedarf nicht mehr aus ihrem eigenen Einkommen oder Vermögen decken können. G. kann nur beantragen, wer seinen gewöhnlichen Aufenthalt in Deutschland hat. Über die Zahlung von G. entscheidet das zuständige Sozialamt. Keinen Anspruch auf G. haben Personen, deren Eltern oder Kinder ein Einkommen von mehr als 100.000 € im Jahr haben, die ihre Bedürftigkeit innerhalb der vergangenen 10 Jahre vorsätzlich und grob fahrlässig verursacht haben und Personen, die Leistungen nach dem Asylbewerbergesetz erhalten. Die G. umfasst neben einem im SGB XII festgelegten Regelsatz Geld für Unterkunft und Heizung sowie Kranken- und Pflegeversicherungsbeiträge, soweit keine Pflichtversicherung besteht. Der Regelsatz ergibt sich grundsätzlich aus der Formel »Bedarf minus Einkommen gleich Grundsicherung«. Unter besonderen Umständen, etwa bei Schwerbehinderten oder allein erziehenden Müttern, kommen weitere Leistungen hinzu. In einem weiteren Wortsinn wird das Arbeitslosengeld II als »Grundsicherung für Arbeitssuchende« bezeichnet.

Gründungszuschuss

Staatliche finanzielle Hilfe der Bundesagentur für Arbeit für Empfänger von Arbeitslosengeld I, die sich selbstständig machen wollen. Er ist ein relativ neues Instrument der Arbeitsmarktpolitik und zum 1.8.2006 an die Stelle der Ich-AG und des Überbrückungsgeldes getreten. Der G. hat zunächst 9 Monate lang die Höhe des Arbeitslosengeldes I für den Existenzgründer plus einer Pauschale von 300 €. Nach dieser Zeit prüft die Bundesagentur für Arbeit, ob der Empfänger des Zuschusses weiterhin gefördert werden soll. Ggf. wird die Pauschale – nicht aber das Arbeitslosengeld I – noch für weitere 6 Monate gezahlt. Auf diese Zahlung in den letzten 6 Monaten besteht allerdings kein Rechtsanspruch. Die Zahlung des G. ist an eine Reihe von Bedingungen geknüpft. Wer ihn bekommt, muss arbeitslos sein und noch mindestens 3 Monate Anspruch auf Arbeitslosengeld I haben. Die Arbeitslosigkeit muss zudem durch eine selbstständige Tätigkeit beendet werden, die mindestens 15 Stunden pro Woche in Anspruch nimmt. Außerdem muss der Antragsteller nachweisen, dass er alle Fähigkeiten, die für die angestrebte Tätigkeit notwendig sind, besitzt. Keinen G. erhalten Menschen ab 65 Jahren und Personen, die in den vergangenen 2 Jahren Überbrückungsgeld oder Zuschüsse für eine Ich-AG bekommen haben.

➡ Arbeitsmarktpolitik

Günstigkeitsprinzip

Rechtsgrundsatz, der besagt, dass bei der Beurteilung einer Rechtslage die für den Betroffenen günstigere Regelung anzuwenden ist, wenn verschiedene Rechtsquellen gleichzeitig in einem Fall greifen und miteinander kollidieren. Verschiedene Rechtsquellen können etwa Europa- und Verfassungsrecht sowie Arbeits- oder Tarifverträge sein. Das G. ist v. a. im Arbeitsrecht von Bedeutung und gilt auch, wenn die rangniedere Rechtsnorm für den Betroffenen günstiger ist als die ranghöhere.

Güter

Alle Dinge, die zur Befriedigung eines Bedürfnisses geeignet sind. G. können also die Wohlfahrt von Individuen erhöhen. Daher sollte Wirtschaftspolitik darauf abzielen, die Verteilung von G. auf die Personen, die sie nachfragen, möglichst einfach und effektiv zu machen. Es gibt verschiedene Arten von G. Öffentliche G. zeichnen sich dadurch aus, dass sie ohne Konkurrenz von allen konsumiert werden können (Nicht-Rivalität) und niemand vom Konsum ausgeschlossen werden kann (Nicht-Ausschluss). Beispiele dafür sind Frieden, saubere Luft oder Straßenbeleuchtung. Für ihre Bereitstellung taugt der Markt nicht, die öffentliche Hand muss sie zur Verfügung stellen. Private G. dagegen erfüllen die Kriterien der Ausschließbarkeit und Rivalität. Daher kann für sie auf dem Markt ein Preis verlangt werden. Beispiele hierfür sind Brot, Kinokarten, Friseurbesuche etc. Ein Sonderfall sind die sog. meritorischen G. oder Mischgüter. Sie können zwar auch von privater Seite angeboten und nachgefragt werden. Allerdings geschieht das oft in geringerem Maß, als dies von politischer Seite für notwendig und angemessen gehalten wird. Beispiele hierfür sind Schulbildung, Impfschutz oder die Rauschgiftbekämpfung. Deshalb greift der Staat bei meritorischen G. oft mit Subventionen ein, um die Nachfrage zu stärken. Für ein gewinnorientiertes Wirtschaftsunternehmen sind nur die privaten G. und mit Einschränkungen die meritorischen G. von Interesse, da nur für sie am Markt ein Preis verlangt werden kann. Die klassische Einteilung dieser G. unterscheidet zwischen Sachgütern, Dienstleistungen und Nutzungsrechten. Diese Basiseinteilung lässt sich noch weiter nach dem Verwendungszweck spezifizieren. Dauerhafte Sachgüter: Hierunter versteht man Konsumgüter wie Radios oder Computer, aber auch Produktionsgüter wie Maschinen zur Herstellung von Waren. Nicht dauerhafte Sachgüter: Auch bei ihnen unterscheidet man zwischen Konsumgütern, etwa Lebensmitteln, und Produktionsgütern, so z. B. die zur Herstellung von Waren benötigte Energie. Dienstleistungen sind per definitionem nicht dauerhaft. Hier unterscheidet man zwischen Konsumdienstleistungen – wie einer Massage – und Produktionsdienstleistungen, etwa Grundlagenforschungen.

➠ Gütermarktgleichgewicht

Gütermarktgleichgewicht

Situation in einer Volkswirtschaft, in der das Angebot an Gütern der Nachfrage nach ihnen entspricht. Dadurch entsteht ein Gleichgewicht, in dem kein Anreiz besteht, das Angebot oder die Nachfrage auf dem Gütermarkt zu verändern.

Habit-Persistence-Hypothese

[Engl.: habit = Gewohnheit, persistence = Fortdauer] Modell des brit. Ökonomen T. M. Brown, der Konsumenten, deren verfügbares Einkommen sich ändert, ein bestimmtes träges Verhalten unterstellt. Brown nahm an (1952), dass sich Konsumenten in ihren Konsumgewohnheiten nicht nur am verfügbaren Einkommen der laufenden Periode orientieren, sondern auch am gewohnten Konsumniveau der Vorperiode. Darin unterscheidet Brown sich von Keynes' Konsumtheorie. Dieser nahm an, dass der gesamtwirtschaftliche Konsum maßgeblich vom laufenden Einkommen abhängt, nicht aber vom vergangenen oder erwarteten zukünftigen Einkommen.

➠ Keynesianische Theorie ➠ Relative Einkommenshypothese

Halbeinkünfteverfahren

Regelte seit 2002 die steuerliche Gewinnermittlung bei Einnahmen aus Beteiligungen an Kapitalgesellschaften. Nach diesem Verfahren wurden Dividenden und Einnahmen des Aktionärs aus Aktienverkäufen nur zur Hälfte besteuert. Das Gleiche galt für Dividenden aus In-

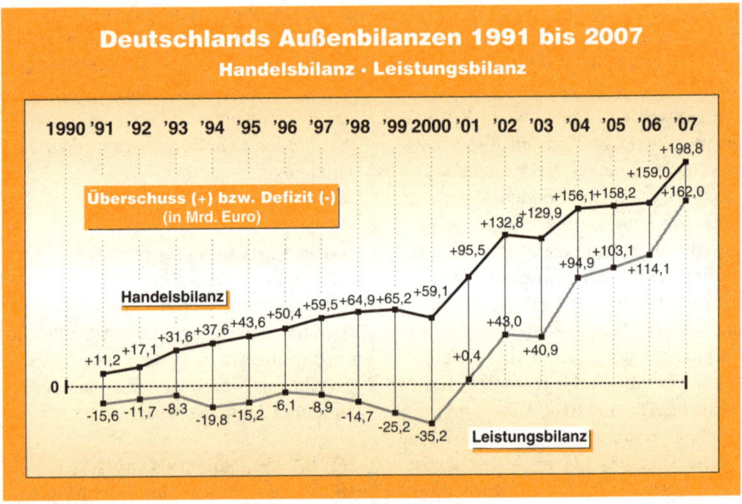
Deutschlands Außenbilanzen 1991 bis 2007
Handelsbilanz · Leistungsbilanz
1990 '91 '92 '93 '94 '95 '96 '97 '98 '99 2000 '01 '02 '03 '04 '05 '06 '07
Überschuss (+) bzw. Defizit (-)
(in Mrd. Euro)
Handelsbilanz
+11,2 +17,1 +31,6 +37,6 +43,6 +50,4 +59,5 +64,9 +65,2 +59,1 +95,5 +132,8 +129,9 +156,1 +158,2 +159,0 +198,8
0
-15,6 -11,7 -8,3 -19,8 -15,2 -6,1 -8,9 -14,7 -25,2 -35,2 +0,4 +43,0 +40,9 +94,9 +103,1 +114,1 +162,0
Leistungsbilanz

Abb. 19 Quellen: Statistisches Bundesamt, Deutsche Bundesbank

vestmentfonds. Mit Beginn des Jahres 2009 ist das H. entfallen. Gewinne aus Aktienverkäufen und Dividenden sind nun insgesamt zu versteuern.

➠ Abgeltungssteuer

Handel

Im H. werden Güter angeboten und nachgefragt. Der Einzelhandel verkauft an den Endverbraucher, der Großhandel an den Wiederverkäufer. Volkswirtschaftlich unterscheidet man zwischen dem Binnenhandel innerhalb der Grenzen von Nationalstaaten oder Staatengruppen, die untereinander Zölle u. a. Handelshemmnisse abgebaut haben, sowie dem grenzüberschreitenden Außenhandel in Form von Export und Import.

Handelsbilanz

Im betriebswirtschaftlichen Sinne: die gesetzlich vorgeschriebene Gegenüberstellung von Aktiva und Passiva, also von Vermögen und Schulden eines Unternehmens, am Ende eines jeden Geschäftsjahres. In der Außenwirtschaft: Teil der Leistungsbilanz, und zwar der, der den gesamten außenwirtschaftlichen Warenverkehr einer Volkswirtschaft erfasst. Die Exporte (Aktiva) werden hier den Importen (Passiva) gegenübergestellt. Bei einem Handelsbilanzüberschuss (aktive Handelsbilanz) übersteigt der Wert der Exporte den Wert der Importe. Im umgekehrten Fall liegt ein Handelsbilanzdefizit vor (passive Handelsbilanz).

➠ Zahlungsbilanz

Handelspolitik

➠ Außenhandelspolitik

Harmonisierter Verbraucherpreisindex (HVPI)

Preisindikator, der die Konsumausgaben aller Haushalte in den Ländern der Eurozone erfassen und damit ein aktuelles und aussagekräftiges Bild von der Inflationsentwicklung liefern soll. In der gesamten EU werden dabei monatlich weit

über 1 Mio. Preisbeobachtungen berücksichtigt. Der HVPI wird für jedes EU-Land, aber auch für das Eurowährungsgebiet berechnet. Ihm liegt ein Warenkorb zu Grunde, der nur die Güter und Dienstleistungen enthält, die sich in allen nationalen Warenkörben finden. Nach Auffassung der Europäischen Zentralbank (EZB) ist der HVPI die Messgröße, die am besten geeignet ist, um die Preisniveaustabilität zu beurteilen. Sie legt ihn daher ihren geldpolitischen Entscheidungen zu Grunde.
➡ Preisniveau ➡ Inflation

Harrod-Domar-Modell

Die Wachstumsmodelle von Harrod und Domar stellen den Versuch dar, Keynes Theorie des kurzfristigen makroökonomischen Gleichgewichts dynamisch fortzuentwickeln. Keynes nahm an, dass in der kurzfristigen Betrachtung des wirtschaftlichen Wachstums die Produktionskapazität (sprich: die Investition) eine gegebene Größe sei. Für eine Betrachtung des langfristigen Wirtschaftswachstums muss aber berücksichtigt werden, dass ein Zuwachs bei den Investitionen 2 Effekte hat: Zum einen wächst das Volkseinkommen in gleicher Höhe wie die Investitionen, zum anderen wächst auch die Produktionskapazität einer Volkswirtschaft. Harrod nimmt nun an, dass die Nettoinvestitionen von der gesamtwirtschaftlichen Güternachfrage abhängig sind. Steigt also das Volkseinkommen, so steigen auch die Nettoinvestitionen und damit wiederum das Volkseinkommen. Dieser Mechanismus wird Akzelerator genannt. Die Steigerung des Volkseinkommens führt über den Multiplikator zu einem weiteren Zuwachs des Volkseinkommens und über den Akzelerator auch zu einer Zunahme bei den Nettoinvestitionen. Wenn das Wirtschaftswachstum schließlich den Höhepunkt erreicht hat, fallen die Investitionen wieder, sodass Akzelerator und Multiplikator in umgekehrter Richtung wirken. Harrod sah hier die Ursache für das Entstehen von Konjunkturzyklen. Domars Modell ist mathematisch formal identisch mit Harrods Modell. Bei Domar sind die Investitionen allerdings nicht an Veränderungen des Volkseinkommens gekoppelt, sondern unabhängige Variablen, deren Kapazitätseffekt er besonders betont. Ein gleichgewichtiger Wachstumsprozess ist nur möglich, wenn die Nachfrage, die etwa durch den Einkommenseffekt zusätzlicher Investitionen entsteht, zur Auslastung der zusätzlich geschaffenen Kapazitäten führt und sie nicht übersteigt. Harrod und Domar bezweifeln mit ihren Modellen, dass eine Volkswirtschaft ohne wirtschaftspolitische Eingriffe des Staates zur Vollbeschäftigung tendiert. Weil schon Keynes dieser Meinung war, werden Harrod und Domar als Keynesianer bezeichnet.

Hartz I (1.1.2003)

Einführung Personal-Service-Agenturen (PSA), Liberalisierung der Arbeitnehmerüberlassung, Bildungsgutscheine, Verschärfung der Zumutbarkeitsregeln bei der Aufnahme von Arbeit, Kürzung des Arbeitslosengeldes bei verspäteter Arbeitslosenmeldung.

Hartz II (1.1./1.4.2003)

Einführung der Ich-AG, faktische Aufhebung des Scheinselbstständigengesetzes, Neuregelung der geringfügigen Beschäftigung, Mini- und Midijobs, Einrichtung von Job-Centern.

Hartz III (1.1.2004)

Umbau der Bundesanstalt für Arbeit in die Bundesagentur für Arbeit, Änderungen beim Arbeitslosengeld, Vereinfachung des Leistungs- und Förderungsrechts der Arbeitslosenversicherung, Vereinfachung des Einsatzes arbeitsmarktpolitischer Instrumente (Arbeitsbeschaffungsmaßnahmen, Zusammenfassung von Eingliederungszuschüssen).

Hartz IV (1.7.2004)

Zusammenführung von Arbeitslosen- und Sozialhilfe für Erwerbsfähige zum Arbeitslosengeld II (Regelsatz im Westen 345 € und im Osten 331 €) auf einem Niveau unterhalb der bisherigen Sozialhilfe mit Wirkung zum 1.1.2005. Langzeitarbeitslose müssen vom anrechenbaren Vermögen leben, bevor sie Arbeitslosengeld II in Anspruch nehmen können. Langzeitarbeitslosen, die einen zumutbaren Job ausschlagen – dazu gehören auch Minijobs – wird das Arbeitslosengeld II für 3 Monate um jeweils 100 € gekürzt. Mit Wirkung zum 1.1.2005 wird das bisherige Arbeitslosengeld auf die Hälfte der bisherigen Laufzeit (maximal 1 Jahr) zum Arbeitslosengeld I herabgesetzt. Bereits zum 1.8.2006 wurden die Hartz-IV-Gesetze wegen ihrer unerwartet hohen Folgekosten durch das Hartz-IV-Fortentwicklungsgesetz korrigiert und verschärft. Die Hartz-Gesetze sind v. a. von den Gewerkschaften und Wohlfahrtsverbänden als unsozial kritisiert worden, zumal sie das erklärte Ziel, die Zahl der Arbeitslosen um 2 Mio. zu verringern, nicht annähernd erreicht haben. Manche Wirtschaftsexperten äußerten dagegen, der Weg sei richtig, das Hartz-Konzept aber nicht weit genug gegangen.

Hartz-Gesetze

Kurzbezeichnung für Gesetze (I–IV) zur Reform des Arbeitsmarktes, die maßgeblich auf Vorschläge der Kommission »Moderne Dienstleistungen am Arbeitsmarkt« unter Leitung des damaligen VW-Personalvorstands Peter Hartz im August 2002 zurückgehen. Die Vorschläge der Kommission wurden von der Regierung Schröder in 4 Schritten weitgehend umgesetzt.

Hartz-Kommission

Erhielt am 22.2.2002 von der Bundesregierung unter Kanzler Gerhard Schröder den Auftrag, Vorschläge zum Abbau der Arbeitslosigkeit und zur Umstrukturierung der Bundesanstalt für Arbeit zu liefern. Vorsitzender der 15 Kommissionsmitglieder war Dr. Peter Hartz, damals Mitglied des Vorstandes der Volkswagen AG. Dieser Kommission gehörten 8 Industrievertreter und Unternehmensberater an, ferner 2 Gewerkschafter, 2 Politiker, 2 Wissenschaftler und 1 Vertreter eines Landesarbeitsamtes. Unter den Kommissionsmitgliedern fand sich eine Frau und kein Vertreter eines Arbeitslosenverbandes. Die Vorschläge der Kommission zielten darauf ab, dass der Arbeitslose eine höhere Eigenleistung erbringen müsse, um wieder in den Arbeitsmarkt integriert zu werden, und lieferten die Grundlagen für die sog. Hartz-Gesetze.

Haushalt

Personengemeinschaft, die gemeinschaftliche wirtschaftliche Entscheidungen trifft. Der öffentliche H. von Bund, Ländern oder Gemeinden ist eine Gegenüberstellung von vorausgesetzten Einnahmen und geplanten Ausgaben. Er kennzeichnet das politische Programm der jeweiligen Gebietskörperschaft und erfüllt damit eine wichtige politische Funktion. Der Bundeshaushalt ist hingegen Ausdruck des politischen Handlungsprogramms der Regierung und wird im Haushaltsplan und im Budget gesetzlich konkretisiert. Weil mehr als

40 % des Sozialprodukts über die öffentlichen H. bewegt werden, beeinflusst die öffentliche Hand in beträchtlichem Maße Wachstum und Konjunktur.

Haushaltsfunktionen (Budgetfunktionen)

Der öffentliche Haushalt hat grundsätzliche Aufgaben, die als H. bezeichnet werden. Von zentraler Bedeutung ist seine politische Funktion. Sie umfasst die politische Programmfunktion und die politische Kontrollfunktion. Man spricht auch von der politischen Programmfunktion des öffentlichen Haushalts, weil über ihn das politische Handlungsprogramm der Regierung zum Ausdruck gebracht wird. Dem Parlament ermöglicht der öffentliche Haushalt die Kontrolle über wichtige Bereiche des Regierungshandelns. Er hat also auch eine politische Kontrollfunktion. Die gesamtwirtschaftliche H. findet ihre verfassungsmäßige Verankerung in Art. 109 Grundgesetz. Zu den Zielen des öffentlichen Haushalts gehört demnach auch das gesamtwirtschaftliche Gleichgewicht. Der öffentliche Haushalt soll also in einer Form vorgelegt werden, die es ermöglicht, Beschäftigung und Wirtschaftswachstum zu fördern und Preisniveaustabilität zu sichern. Dem öffentlichen Haushalt kommt damit auch eine volkswirtschaftliche Lenkungsfunktion zu. Schließlich besitzt der öffentliche Haushalt noch eine juristische Funktion, die zum Ausdruck bringt, dass er auf einer gesetzlichen Grundlage steht und somit die staatliche Haushalts- und Wirtschaftsführung an Recht und Gesetz gebunden ist. Die Verwendung des Budgets kann auf diese Weise exakt kontrolliert werden. Der Haushaltsplan hat also eine Kontrollfunktion und darüber hinaus eine finanzwirtschaftliche Ordnungsfunktion.

Haushaltsgleichgewicht

Bündel aus Gütern, das einem privaten Haushalt, der über ein bestimmtes Einkommen für den Konsum verfügt und mit gegebenen Preisen kalkulieren muss, den größtmöglichen Nutzen bietet. Die optimale Kombination eines Güterbündels kann mathematisch mit der Lagrange-Methode errechnet werden.

Haushaltsgrundsätze (Budgetprinzipien)

H. sind Grundlage für die Aufstellung und Durchführung des Haushaltsplans und sollen den öffentlichen Haushalt kontrollierbar und transparent machen. Die H. wurden in langer Parlamentstradition entwickelt und sind im Grundgesetz gesetzlich geregelt sowie ferner im Gesetz über die Grundsätze des Haushaltsrechts des Bundes und der Länder (HGrG), in der Bundeshaushaltsordnung (BHO), in den jeweiligen Landeshaushaltsordnungen (LHO) der Bundesländer und im Sozialgesetzbuch (SGB).
Die H. umfassen folgende Einzelgrundsätze:

1. Jährlichkeit: Ein Haushaltsplan wird für ein Haushaltsjahr (Kalenderjahr) oder 2 Haushaltsjahre (Doppelhaushalt) von Bund, Ländern und Gemeinden aufgestellt.
2. Vorherigkeit: Der Haushaltsplan muss vor Beginn der Haushaltsperiode aufgestellt sein, auf die er sich bezieht.
3. Verbot der Zweckbindung öffentlicher Einnahmen (Gesamtdeckung, Non Affektationsprinzip): Alle Einnahmen sollen für die Deckung aller Ausgaben genutzt werden. Ausnahmen von diesem Haushaltsgrundsatz sind nur möglich, wenn die Zweckbindung bestimmter Einnahmen gesetzlich oder durch einen Vermerk im Haushaltsplan vorgesehen ist.

4. Einheit und Vollständigkeit: Alle im Haushaltsjahr zu erwartenden Einnahmen, Ausgaben und Verpflichtungsermächtigungen (= Ausgaben, die erst in späteren Haushaltsjahren fällig werden) sind unverkürzt im Haushaltsplan aufzustellen.
5. Genauigkeit und Haushaltsklarheit: Alle im Haushaltsjahr zu erwartenden Einnahmen und Ausgaben werden so genau wie möglich berechnet/geschätzt, die Herkunft der Mittel und der Verwendungszweck im Haushaltsplan systematisch gegliedert und klar aufgestellt. Dadurch soll Verschleierung oder Manipulation von Haushaltsmitteln vermieden werden.
6. Bruttoprinzip/Saldierungsverbot: Die zu erwartenden Einnahmen und Ausgaben müssen im Haushaltsplan in voller Höhe und voneinander getrennt veranschlagt werden. Einnahmen und Ausgaben dürfen nicht miteinander verrechnet werden.
7. Spezialität: Die Einnahmen sind im Haushaltsplan nach dem Entstehungsgrund zu verbuchen. Die Ausgaben dürfen nur für den ausgewiesenen Zweck (= qualitative Spezialität), in der veranschlagten Höhe (= quantitative Spezialität) und im vorgesehenen Zeitraum (=temporäre Spezialität) veranschlagt werden.
8. Ausgeglichenheit: Die veranschlagten Einnahmen und Ausgaben sind auszugleichen.
9. Wirtschaftlichkeit, Sparsamkeit, Notwendigkeit: Die günstigste Relation zwischen dem Zweck und den dazu eingesetzten Mitteln ist einzuhalten, entweder nach dem Minimalprinzip (das Ergebnis soll mit möglichst geringen Mitteln erreicht werden) oder nach dem Maximalprinzip (mit einem bestimmten Einsatz von Mitteln soll das bestmögliche Ergebnis erreicht werden).
10. Öffentlichkeit: Der Haushaltsplan muss der Öffentlichkeit zugänglich sein.

Zu allen Punkten existieren wenige gesetzlich streng geregelte Ausnahmen (Übertragbarkeit, Nothaushaltsrecht, Zweckbindung, Sondervermögen und Bundesbetriebe, Deckungsfähigkeit).

Haushaltskonsolidierung

Schuldenabbau öffentlicher Haushalte. Das Konsolidierungskonzept besteht i. d. R. aus einer Senkung der Ausgaben (politischer Sparkurs) und dem Versuch, die Einnahmen zu erhöhen. Ziel jeder H. ist es, wenigsten mittelfristig das strukturelle Defizit zu beseitigen. Dies ist derjenige Teil am Defizit öffentlicher Haushalte, der nicht auf eine konjunkturelle Rezession zurückzuführen ist, sondern darauf, dass dauerhaft mehr ausgegeben wurde, als man eingenommen hat. Ein allzu strikter Sparkurs zur H. kann allerdings die konjunkturelle Entwicklung gefährden.

Haushaltsplan (Etat, Budget)

Bildet auf der Basis der Haushaltsgrundsätze die Grundlage der öffentlichen Haushalte von Bund, Ländern, Städten und Gemeinden. Den für die Haushaltsperiode (1 oder 2 Kalenderjahre) vorausgeschätzten Einnahmen sind die geplanten sowie die bereits feststehenden Ausgaben gegenübergestellt. Der H. dient der Feststellung, Deckung und Kontrolle des Finanzbedarfs für die öffentlichen Aufgaben. Die Haushaltspläne von Bund und Ländern sind nach den Vorschriften des Haushaltsgrundsätzegesetzes (HGrG) gegliedert und liefern wichtige Hinweise auf die Politik, die von der regierenden Mehrheit verfolgt wird, insbeson-

Haushaltsplan

Budgetkreislauf des Bundeshaushalts vom Entwurf bis zur Kontrolle

Budgetinitiative

Haushaltsrundschreiben des Bundesfinanzministers.

Berücksichtigung der Ergebnisse des Arbeitskreises Steuerschätzung.

Bundesfinanzministerium erstellt Haushaltsplanentwurf.

Der Haushaltsplan wird als Regierungsentwurf i. d. R. im Juli vor Beginn des Haushaltsjahres an Bundesrat und Bundestag weitergeleitet.

Parlamentarische Beratung und Verabschiedung

Drei Lesungen im Bundestag, zwei im Bundesrat.

1. Lesung i. d. R. im September vor Beginn des Haushaltsjahrs.

Detailberatung im Haushaltsausschuss des Bundestags.

Inkrafttreten des im Haushaltsgesetz verabschiedeten Haushaltsplans im Dezember vor Beginn des Haushaltsjahrs.

Vollzug des Haushaltsplans

Dienststellen tätigen Ausgaben im Rahmen des Haushaltsplans.

Bundesfinanzministerium überwacht Haushaltsvollzug.

Bei großen Abweichungen vom Haushaltsplan: Nachtragshaushalt.

Kontrolle der Haushaltsführung

Rechnungslegung durch den Bundesfinanzminister.

Prüfung durch den Bundesrechnungshof.

Politische Kontrolle durch den Rechnungsprüfungsausschuss des Bundestages.

Entlastung der Bundesregierung in Bundestag und Bundesrat.

Der Budgetzyklus beginnt etwa ein Jahr vor Beginn der Haushaltsperiode mit der Aufforderung des Finanzministeriums an alle Behörden zur Bedarfsmeldung (Voranschläge). Er endet mit der Entlastung der Regierung lange nach Ende der Haushaltsperiode. Aus diesem Grunde laufen zu einem festen Zeitpunkt stets verschiedene Phasen der Budgetzyklen für verschiedene Haushaltsjahre parallel: Während der Haushalt des einen Jahres vollzogen wird, laufen die Kontrolle des Vorjahreshaushalts und gleichzeitig die Vorbereitung des Haushaltsplans für das kommende Jahr.

Abb. 20

dere auch darauf, ob diese Politik den Erfordernissen des gesamtwirtschaftlichen Gleichgewichts Rechnung trägt (§ 2 HGrG). Der Finanzminister legt dem Parlament einen Haushaltsentwurf vor, der nach dem angemeldeten Bedarf der Fachministerien erstellt wurde. Nach Beratungen im Haushaltsausschuss und eventuellen Änderungen wird er vom Bundestag als Haushaltsgesetz verabschiedet. Nachträgliche Änderungen können einen Nachtragshaushalt erfordern.

Hausse

Bezeichnung für einen kräftigen und längere Zeit anhaltenden Anstieg der Wertpapierkurse. Gegenteil: Baisse.

Hebesatz

Instrument der Gemeinden, um ihre wichtigen Einnahmequellen Gewerbesteuer und Grundsteuer zu erhöhen oder abzusenken. Die H. werden für diese beiden Ertragsteuern von den Gemeinden jährlich bestimmt und in Prozent angegeben. Um die der Gemeinde zustehende Gewerbesteuer zu ermitteln, wird der H. mit dem Steuermessbetrag, den die Finanzbehörden nach einem festgelegten Verfahren errechnen, multipliziert. Die Gemeinden dürfen bei der Gewerbesteuer einen H. von 200 % nicht unterschreiten. Damit soll beim kommunalen Wettbewerb um die Ansiedlung von Unternehmen die Entstehung von Gewerbesteueroasen verhindert werden.

Heckscher-Ohlin-Theorem

➡ Faktorproportionentheorem

Hedgefonds

H. sind eine besondere Form der Investmentfonds, die risikoreiche Kapitalanlagen mit der Chance hoher Renditen ausnutzen. Die Manager der H. können z. B. in Aktien, Waren, Rohstoffen, Devisen, Anleihen oder anderen Finanzierungsmitteln in der Weise investieren, dass Gewinne bei steigenden aber auch fallenden Märkten möglich sind. Dabei werden v. a. Derivate verwendet oder Leerverkäufe (short-selling) etwa von Aktien, wenn ein Absinken der Kurse erwartet wird. Um eine größere Hebelwirkung zu erreichen, haben H. häufig über Kreditaufnahme ein Vielfaches des vorhandenen Kapitals investiert. Es hat sich v. a. in der Finanzmarktkrise gezeigt, dass die spekulativen Anlagestrategien der H. für die Anleger oft von hohem Risiko sind, denn ein erheblicher Teil der H. ist insolvent geworden. Die sich mit dem Jahr 2008 ausweitende Krise auf den Kapitalmärkten wurde dadurch verschärft. H. sind in Deutschland mit dem Investmentmodernisierungsgesetz zum 1.1.2004 zugelassen worden.

Hedging

[Engl.: to hedge = absichern] Meint die Absicherung von Kursrisiken, die bei geschäftlichen Transaktionen durch Wechselkursbewegungen, Kursschwankungen von Wertpapieren oder Veränderungen der Rohstoffpreise entstehen können. In aller Regel wird die Kurssicherung über ein Termingeschäft angestrebt. Beispiel: Ein Bauer fürchtet, dass die Kartoffelpreise bis zur Ernte stark fallen könnten, während ihm der aktuelle Kartoffelpreis fair und anständig erscheint. Gelingt es ihm nun, seine noch nicht vorhandene Kartoffelernte zum aktuellen Preis mit Liefertermin nach der Ernte schon heute vorab an einen Abnehmer zu verkaufen, so hat er sein Preisrisiko abgesichert. Der Abnehmer spekuliert, dass die Kartoffelpreise nicht fallen sondern im Gegenteil steigen werden. Er kann dann die Ernte des Bauern zum Termin mit Gewinn verkaufen. In der Praxis wird bei Termingeschäften v. a. mit sog. Futures, Optionen oder Optionsscheinen gehandelt.

Herstellungskosten

Im Handels- und im Steuerrecht findet sich dieser Begriff in unterschiedlicher Ausprägung. Handelsrechtlich sind H. (HGB § 255, Abs. 2) bestimmte Aufwendungen, die bei der Herstellung eines Vermögensgegenstandes anfallen. Dazu gehören Materialkosten, Fertigungskosten oder Sonderkosten der Fertigung (ohne Vertriebskosten). Sie müssen Bestandteil der Handelsbilanz sein. Andere Aufwendungen wie etwa notwendige Materialgemeinkosten oder Fertigungskosten dürfen in angemessener Form in der Bilanz berücksichtigt werden, sofern sie auf den Zeitraum der Herstellung entfallen. Das Steuerrecht behandelt den Begriff H. anders als das Handelsrecht. Die H. im handelsrechtlichen und im steuerrechtlichen Sinne dürfen nicht mit den H. eines Wirtschaftsgutes verwechselt werden.

Hicks-Diagramm

[Auch: IS-LM-Modell] Es stellt auf grafische Weise ein gesamtwirtschaftliches Gleichgewichtsmodell dar, das von dem brit. Ökonomen Sir John Richard Hicks (* 8.4.1904 † 20.5.1989) entwickelt wurde. Das gesamtwirtschaftliche Gleichgewicht ergibt sich im Rahmen dieses Ansatzes aus einem partiellen Gleichgewicht auf dem Gütermarkt und einem partiellen Gleichgewicht auf dem Geldmarkt. Das Gütermarktgleichgewicht wird bei der Übereinstimmung von Investitionen (I) und Ersparnis (S) erreicht. Die Lage des Gleichgewichts hängt einerseits vom Zins ab, dessen Anstieg die Investitionen dämpft, und andererseits vom Volkseinkommen, das die Ersparnis erhöht. Das Geldmarktgleichgewicht ergibt sich aus der Übereinstimmung von Geldnachfrage (L) und Geldangebot (M). Es hängt ebenfalls vom Volkseinkommen ab, da mit steigendem Einkommen die Nachfrage nach Geld steigt.

High-powered money

Bezeichnung für Geld der Zentralbank. Durch die Möglichkeit, das Geldangebot zwecks Geldmengensteuerung zu verändern, stehen der Zentralbank mächtige ökonomische Hebel zur Verfügung. Die Europäische Zentralbank (EZB) verwendet dabei den Begriff Zentralbankgeld. Das Zentralbankgeld (Geldbasis) besteht aus dem Bargeldumlauf in den Händen der Nichtbanken (z. B. private Haushalte, Unternehmen, Staat), ferner den Sichtguthaben der Geschäftsbanken (Mindestreserven und Überschussreserven) sowie den Sichtguthaben von Nichtbanken bei der EZB. Die EZB kann durch eine sog. Offenmarktpolitik, durch Veränderungen bei den Mindestreserven oder beim Diskontsatz die umlaufende Geldmenge kontrollieren und beeinflussen. So könnte sie z. B. eine Erhöhung der Geldmenge durch den Ankauf von Wertpapieren durchsetzen. Der Ankauf von Wertpapieren führt dem Geschäftsbankensystem Zentralbankgeld zu. Über die Buchgeldschöpfung im Bankensektor wird die Geldmengenerhöhung dann i. d. R. ein Vielfaches des zugeflossenen Zentralbankgeldes betragen. Die Höhe des Geldmengenzuwachses ist u. a. abhängig vom Geldschöpfungsmultiplikator. Umgekehrt kann die EZB auch durch den Verkauf von Wertpapieren die umlaufende Geldmenge bedeutend verringern, etwa um eine sich abzeichnende Inflation zu bekämpfen.

Hinzuverdienstgrenze

Gibt an, bis zu welcher Höhe Arbeitslose hinzuverdienen können, ohne dass ihnen die Transferleistungen nach Hartz IV gekürzt werden. Auch für die Bezieher gesetzlicher Renten gelten H. Ein Hinzuverdienst, der diese Grenzen überschreitet, führt zur Rentenkürzung. Für Altersrentner entfällt nach Vollendung der Regelaltersgrenze (65. Lebensjahr, ab 2012 stufenweise auf das 67. Lebensjahr ansteigend) die H. (Ausnahme: der Bezug von Diäten als Bundestags- oder Europaabgeordneter neben der Rente).

Hochrechnung

Statistisches Verfahren, das es erlaubt, von den Merkmalen einer repräsentativ erfassten Stichprobe auf die Merkmale der Gesamtmenge (Personen oder Objekte) zu schließen, der die Stichprobe entnommen wurde.

Humankapital

Begriff aus der Volkswirtschafts- und Betriebswirtschaftslehre, aber auch aus der Wirtschaftspolitik. Unter H. wird das Leistungspotenzial der Arbeitskräfte verstanden, das durch angeborene Fähigkeiten, Erziehung, Ausbildung, Weiterbildung und Berufserfahrung bestimmt ist. Es befähigt Erwerbspersonen oder Gruppen von Erwerbspersonen, ökonomisch verwertbare Tätigkeiten auszuüben und damit Einkommen zu erzielen. Das H. ist nach allgemeiner Auffassung eine Grundlage von Wirtschaftswachstum und Produktivität. Kritiker lehnen dieses Fachwort ab, weil es die Bedeutung von Menschen auf ihren wirtschaftlichen Wert reduziere.

HVPI

➠ Harmonisierter Verbraucherpreisindex

Hyperinflation

Entsteht, wenn extrem rasche und hohe Preissteigerungsraten sich zu einer galoppierenden Inflation ausweiten. Wegen der damit verbundenen ebenso raschen Geldentwertung kann das Geld als Zahlungsmittel praktisch untauglich werden. Ein wirtschaftlicher Zusammenbruch ist meist die Folge. Bekanntes Beispiel einer H. ist die dt. H. zwischen Januar 1922 und November 1923.

Hypothek

Grundpfandrecht, mit dem ein Grundstück oder eine Immobilie zur Sicherung einer Geldforderung (z. B. ein Kredit) belastet wird. Wenn der Schuldner die Geldforderung bei Fälligkeit nicht zahlen kann, ist der Gläubiger, z. B. eine Bank, berechtigt, bei Gericht eine Zwangsvollstreckung (den Verkauf des Grundstücks) zu erwirken und sich aus dem Erlös den geschuldeten Betrag überweisen zu lassen. Die H. ist unmittelbar an die Forderung gekoppelt und kann nicht auf einen Dritten übertragen werden (Akzessorietät). Die Bedeutung der H. im Wirtschaftsverkehr nimmt zu Gunsten der Grundschuld ab, die unabhängig von der Forderung übertragen werden kann.

Hypothekenzins

Zins für meist langfristige Darlehen, die z. B. zur Finanzierung von Haus- oder Eigentumswohnungskauf dienen und durch eine Hypothek abgesichert worden sind. Dabei müssen Zinssatz, Geldbetrag und Darlehensgeber im Grundbuch eingetragen sein. Klauseln und Vereinbarungen über einen Zinsrahmen oder einen gleitenden Zinssatz hat die Rechtsprechung unter bestimmten Voraussetzungen zugelassen. Diese sind dann ebenfalls Bestandteil der Grundbucheintragung.

Hysterese

[Auch: Pfadabhängigkeit] Mit H. bezeichnet man eine Hypothese, die erklären soll, warum ökonomische Erschütterungen noch lange, nachdem die auslösenden Störungen beseitigt wurden, fortwirken können. Sie wird auch zur Erklärung steigender Sockelarbeitslosigkeit in Industrieländern angewendet. Sie beschreibt, dass sich ein steiler Anstieg der Arbeitslosigkeit nach dem Wegfall der Ursachen nicht oder nur z. T. wieder zurückbildet. So war es z. B. nach den Ölpreisschocks von 1973 und 1979 der Fall. Dieses auch Sperrklinkeneffekt genannte Phänomen ist selbst in Konjunkturphasen beobachtet worden. So bildet sich die mit einer Rezession verbundene höhere Arbeitslosigkeit im folgenden Konjunkturaufschwung nur unterproportional zurück. Ein langfristiger, treppenförmiger Anstieg der Arbeitslosigkeit ist die Folge. Als Ursache wird v. a. vermutet, dass Arbeitslose während längerer Arbeitslosigkeit einen Verlust an berufsbezogener Qualifikation erleiden und daher auch im konjunkturellen Aufschwung keinen neuen Arbeitsplatz finden. Ob das H.-Konzept die dauerhaft hohe Arbeitslosigkeit erklären kann, ist umstritten.

IBRD

➡ International Bank for Reconstruction and Development

Ich-AG

Umgangssprachliche Wortschöpfung der Autoren des Hartz-Konzepts, keine spezielle Unternehmensform. Der Begriff sollte zum Ausdruck bringen, dass Arbeitslose ihre Fähigkeiten und Kenntnisse auch als Selbstständige nutzen und damit ihre Arbeitslosigkeit beenden können. Zum Jahresbeginn 2003 wurde deshalb ein Existenzgründerzuschuss in das Arbeitsförderungsrecht (SGB III) aufgenommen, der den Einstieg in die Selbstständigkeit erleichtern sollte. Zum 1.7.2006 wurde der Existenzgründerzuschuss (Ich-AG) trotz guter Beurteilungen durch den Gründerzuschuss abgelöst, auf den Empfänger von Arbeitslosengeld II keinen Rechtsanspruch mehr haben.

➡ Hartz II

Identitätsgleichung

Bezeichnung für kombinierte Definitionsgleichungen in ökonomischen und ökonometrischen Modellen. Beispiel einer Definitionsgleichung ist $Y = C + I$ für die geschlossene Volkswirtschaft. Die Gleichung legt fest, dass das Volkseinkommen Y gleich der Summe aus dem Konsum C und der Gesamtinvestition I ist. Die Definitionsgleichung $Y = C + S$ legt fest, dass der nicht konsumierte Teil des Volkseinkommens die gesamtwirtschaftliche Sparquote S bestimmt. Es gilt daher $C + I = C + S$ oder $S = I$. Typische Identitätsgleichungen sind auch die häufig in vielen ökonomischen Modellen verankerten Gleichgewichtsbedingungen. Identitätsgleichungen sind tautologische Beziehungen, die – anders als Verhaltensgleichungen – nichts über kausale Zusammenhänge zwischen den Werten der Gleichungen aussagt.

ifo Geschäftsklimaindex

Wird monatlich vom ifo Institut veröffentlicht und soll sowohl die aktuelle konjunkturelle Lage als auch die Aussichten für die kommenden 6 Monate anzeigen. Der Index basiert auf Befragungen. Den Ergebnissen liegen ca. 7.000 Meldungen aus Unternehmen des verarbeitenden Gewerbes, des Bauhauptgewerbes, des Einzel- und Großhandels zu Grunde. Er gliedert sich in 2 Teile. Der erste beschreibt die aktuelle Lage als Ergebnis der Antworten aus den Unternehmen, die, je nachdem, positive und negative Lagen konstatieren. Der zweite Teil ist der Erwartungsteil und bildet das Ergebnis der Antworten ab, die günstigere und ungünstigere Tendenzen für das kommende halbe Jahr erwarten. Beide Teile werden zum Klimaindex verbunden, der in der Öffentlichkeit häufig diskutiert wird. Der ifo gilt als bedeutendster Konjunkturindikator in Deutschland. Insbesondere der Erwartungsteil spielt für Konjunkturprognosen eine wichtige Rolle.
(☛ Abb. 21, S. 158)

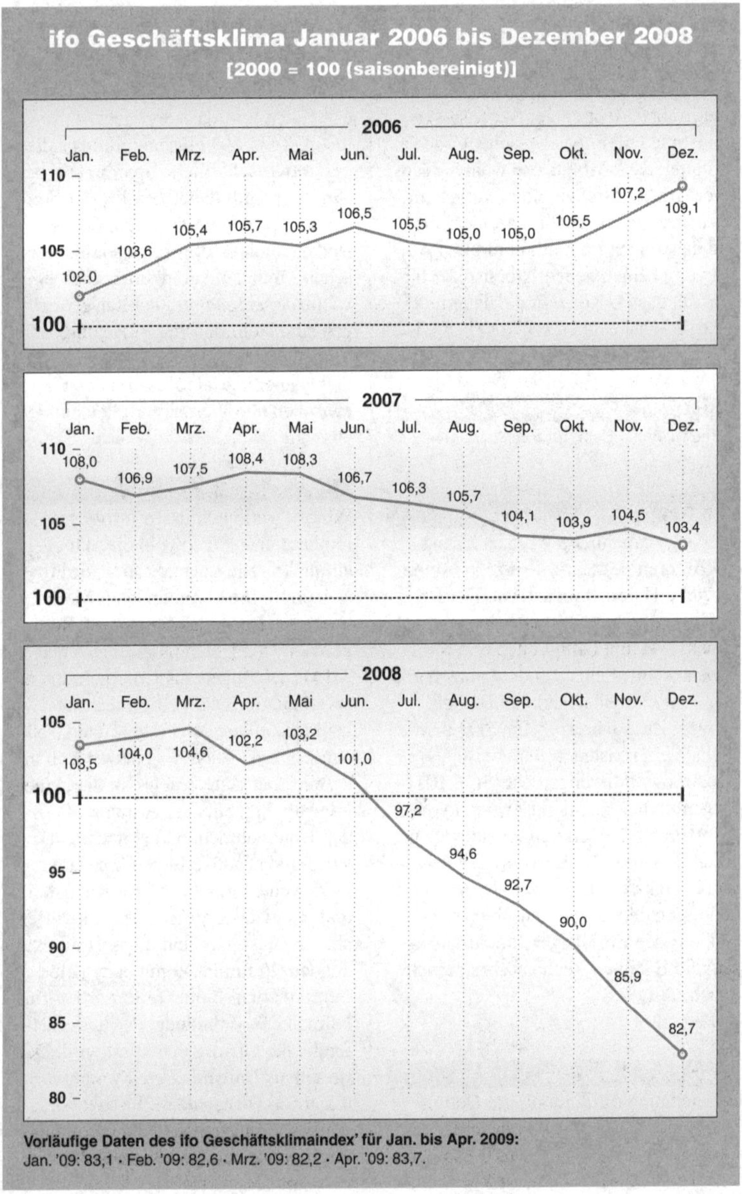
ifo Geschäftsklima Januar 2006 bis Dezember 2008
[2000 = 100 (saisonbereinigt)]
2006
Jan. Feb. Mrz. Apr. Mai Jun. Jul. Aug. Sep. Okt. Nov. Dez.
110
105
100
102,0
103,6
105,4
105,7
105,3
106,5
105,5
105,0
105,0
105,5
107,2
109,1
2007
Jan. Feb. Mrz. Apr. Mai Jun. Jul. Aug. Sep. Okt. Nov. Dez.
110
105
100
108,0
106,9
107,5
108,4
108,3
106,7
106,3
105,7
104,1
103,9
104,5
103,4
2008
Jan. Feb. Mrz. Apr. Mai Jun. Jul. Aug. Sep. Okt. Nov. Dez.
105
100
95
90
85
80
103,5
104,0
104,6
102,2
103,2
101,0
97,2
94,6
92,7
90,0
85,9
82,7
Vorläufige Daten des ifo Geschäftsklimaindex' für Jan. bis Apr. 2009:
Jan. '09: 83,1 · Feb. '09: 82,6 · Mrz. '09: 82,2 · Apr. '09: 83,7.

Abb. 21 Quelle: ifo Institut

Illiquidität
Zustand der Zahlungsunfähigkeit eines Unternehmens.

Import
Übliche Bezeichnung für den Transfer von Waren, Dienstleistungen und Kapital vom Ausland ins Inland.

Importquote
Anteil der Importe von Waren und Dienstleistungen am Bruttoinlandsprodukt.

Importsubstitution
Bezeichnet die Ersetzung bislang importierter Güter durch Produkte, die nun im Inland hergestellt werden. In der Vergangenheit war dies eine Strategie von Entwicklungsländern z. B. in Lateinamerika, um die Devisenreserven zu schonen, die heimische Industrie zu fördern und konkurrenzfähig zu machen.

Incentives
[Dt.: Anreiz, Ansporn] Faktoren, die ökonomisches Verhalten steuern. I. d. R. handelt es sich um Mittel, mit denen die Leistungs- und Einsatzbereitschaft von Mitarbeitern sowie ihre Loyalität zum Unternehmen belohnt und gefördert werden sollen. Dazu zählen z. B. Geld- und Sachprämien oder Belohnungsreisen. Auch Geschäftspartner, Kunden, Politiker oder Journalisten können aus unterschiedlichen Gründen Empfänger von I. sein.

Indexierung
Verfahren, mit dem v. a. eine inflationsbedingte Geldentwertung vermieden werden soll. Lohn, Gehalt, Rente, Miete, Zinsen, Forderungen, Verbindlichkeiten oder Geldvermögen werden zur Wertsicherung mithilfe eines Index an die Geldwertentwicklung gekoppelt. Durch Inflation entstehende oder entstandene Verluste können dann errechnet und durch einen entsprechenden Zuschlag ausgeglichen werden. Ein Beispiel ist der sog. Indexlohn. Gleitklauseln in den Tarifverträgen sorgen dafür, dass ein steigender Index der Lebenshaltungskosten, der häufig als Maßstab für die allgemeine Inflation angesehen wird, automatisch eine kompensierende Lohnerhöhung auslöst. Ob aber durch eine solche I. Inflationsfolgen tatsächlich wirksam abgefedert werden können, ist zweifelhaft. Es ist vielmehr zu befürchten, dass auf diese Weise Inflation durch das Auslösen einer Preis-Lohn-Spirale noch beschleunigt werden kann.

➠ Indexzahl

Indexzahl
[Auch: Index] Drückt in einem einzigen Zahlwert die durchschnittliche Veränderung vieler gleichartiger Daten zwischen 2 Zeitpunkten aus. Mit einer I. können z. B. wirtschaftliche Entwicklungen veranschaulicht werden. Dabei sind Preis-, Waren- und Umsatzindizes von besonderem Interesse. Bei diesen Indizes werden Warenpreise und Warenmenge zueinander in Beziehung gesetzt. I. ermöglichen eine Fülle von Vergleichen. Mit ihnen werden die Veränderungen bei Wirtschaftswachstum, Lebenshaltungskosten, Arbeitslosigkeit, Außenhandelsvolumen oder Aktienkursen beobachtet. Im Inland kann etwa die Entwicklung der Einkommen mit der des Konsums verglichen werden oder die Lebenshaltungskosten im eigenen Land mit denen anderer Länder usw. Viele I. haben in der Wirtschaftspolitik und auch im Journalismus einen festen Platz gefunden, wie etwa der ifo Geschäftsklimaindex, die Werturteile und Erwartungen beinhalten.

Indikator

Im ökonomischen Sinne eine Kennziffer für wirtschaftliche Entwicklungen. Bekanntes Beispiel: die Arbeitslosenquote. In der Ökonomie wird mit einer Vielzahl von meist quantitativ erfassten Indikatoren etwa die konjunkturelle Entwicklung, Veränderungen des Außenhandels oder auch der Rohstoffpreise beschrieben. Ein qualitativer Konjunkturindikator ist der ifo Geschäftsklimaindex. Die Wirtschaftsindikatoren sind eine wichtige Hilfe für die Wirtschaftspolitik und die empirische Forschung.

➡ Indexzahl

Indirekte Steuern

Im Gegensatz zu den direkten Steuern, die der Staat unmittelbar vom Steuerpflichtigen einzieht, werden die indirekten Steuern nicht von dem Steuerträger an das Finanzamt abgeführt. Beispiel: Der Benzinkäufer an der Tankstelle muss auch die im Preis als indirekte Steuer enthaltene Mineralölsteuer zahlen. Der Käufer ist damit Steuerträger. Der Tankstellenpächter gibt den Steueranteil als Steuerschuldner und Steuerzahler dann weiter an das Finanzamt. Zu den indirekten Steuern gehören die Verbrauchssteuern. Die bekanntesten sind Mineralöl-, Strom- und Tabaksteuer. Auch die Verkehrssteuern, wie z. B. Umsatz- bzw. Mehrwertsteuer (der nicht als Vorsteuer abziehbare Teil), Kraftfahrzeug- oder Lotteriesteuer, sind indirekte Steuern. Niedrige Einkommen, die weitgehend für den Konsum ausgegeben werden, sind mit indirekten Steuern stärker belastet als hohe Einkommen.

➡ Mehrwertsteuer

Industrie

Bereich der Wirtschaft, in dem Güter v. a. in größeren Fabriken und Anlagen produziert und weiterverarbeitet werden. Die Arbeit ist dabei durch einen hohen Grad von Automatisierung und Mechanisierung gekennzeichnet. Die wichtigsten Wirtschaftszweige der I. sind:

- Montanindustrie;
- Metallindustrie, darunter die Automobilindustrie und der Maschinenbau;
- Chemische Industrie;
- Konsumgüterindustrie;
- Abfall- und Recyclingindustrie.

In der I. sind 2004 rund 7,2 Mio. Personen erwerbstätig gewesen (2007: 7,9 Mio. im produzierenden Gewerbe).

Industrie- und Handelskammern (IHK)

Die 80 I. in der Bundesrepublik vertreten in ihren jeweiligen Bezirken die Interessen der gewerblichen Unternehmen von Industrie und Handel, die alle gesetzliche Mitglieder – also Pflichtmitglieder – sind. Die I. haben in ihrer über 150-jährigen Geschichte ein breites Aufgabenfeld vom Staat übernommen oder selbst entwickelt. Dazu gehören heute die Standortpolitik bzw. das Standortlobbying, Starthilfen und Unternehmensförderung, Beratung oder auch die Ausstellung von Dokumenten, die im Wirtschaftsverkehr notwendig sind. Sie wirken bei der kaufmännischen und gewerblichen Berufsausbildung ebenso mit wie bei der Aus- und Weiterbildung. Im Zuge der wachsenden Globalisierung haben die I. enge Verbindungen zu den Auslandshandelskammern geknüpft, um frühzeitig relevante Wirtschaftsinformationen aus dem Ausland liefern zu können, die von den heimischen Mitgliedsunternehmen benötigt werden.

Industrielle Reservearmee

Begriff, den Karl Marx in »Das Kapital« verwendet. Marx war der Ansicht, dass durch Kapitalakkumulation und technischen Fortschritt die Lohnarbeiter immer produktiver werden und damit der gesellschaftliche Reichtum immer weiter steigt. Gerade weil aber die Lohnarbeiter immer produktiver werden, braucht der Kapitalist immer weniger von ihnen, schafft also wachsende Arbeitslosigkeit und kann daher die Löhne der Arbeiter auf das Existenzminimum drücken. »Die verhältnismäßige Größe der industriellen Reservearmee«, aus der das Kapital nach Belieben bei Bedarf billigste Arbeitskräfte herausziehen und überall einsetzen kann, »wächst also mit den Potenzen des Reichtums«. (Das Kapital. Kritik der politischen Ökonomie, Bd. I, 1867).

➠ Marxismus

Industrielle Revolution

An ihrem Beginn stand James Watts Erfindung der Dampfmaschine (1769), die in Großbritannien den Übergang vom Agrarstaat zur Industriegesellschaft mit auslöste. Die neue Kraftmaschine war ein wichtiger Bestandteil der nun entstehenden Fabrikindustrie, die sich einige Jahrzehnte später auch in den anderen westeurop. Ländern, in Nordamerika und Japan entwickelte. Zu den sozialen Folgeerscheinungen gehörten weit verbreitete Armut und Arbeitslosigkeit. Die Nutzung der Elektrizität (Generator 1866) v. a. durch die Großindustrie wird häufig als zweite I. charakterisiert. Die breite Verwendung des Computers der Digitalisierung in allen Bereichen der Wirtschaft während der letzten Jahrzehnte gilt als dritte I.

➠ Industrielle Reservearmee

Industrieobligationen

Statt über den klassischen Bankkredit beschaffen sich Industrie-, Handel- und Verkehrsunternehmen langfristige Darlehen für größere Vorhaben gern über die Emission von I. (von lat.: obligare = anbinden, verpflichten). Dabei handelt es sich meist um festverzinsliche Anleihen in Höhe der aufzunehmenden Schuldsummen, die in Teilschuldverschreibungen gestückelt werden, um diese – unter bestimmten Voraussetzungen – an der Börse zum Kauf anbieten zu können. Je besser die Bonität des Unternehmens beurteilt wird, desto günstiger wird es sich auf diesem Weg das gewünschte Darlehen über den Kapitalmarkt beschaffen können. Die Laufzeit der I. beträgt i. d. R. 10–20 Jahre. Die Emission erfolgt zumeist über eine Kreditorganisation oder ein Bankenkonsortium. I. weisen oft eine höhere Rendite auf als etwa vergleichbare Bundesanleihen. Begründet wird das u. a. mit dem höheren Kreditrisiko der Kapitalgeber.

Industriepolitik

Gesamtheit aller staatlichen Maßnahmen, mit deren Hilfe gezielt die Struktur und der Wandel einer Wirtschaft beeinflusst werden sollen. Die Ziele können im Erhalt einer Industriestruktur durch gesetzliche Maßnahmen liegen, in Finanzhilfen oder Steuervergünstigungen. Aber auch die aktive Gestaltung von Industriesektoren (Industrie) durch die Förderung von Grundlagenforschung, Technologie und Innovationen (z. B. Airbusindustrie) zählen dazu. Bestandteil traditioneller I. ist der Schutz inländischer Industriebranchen vor ausländischer Konkurrenz und die Unterstützung der Exportindustrie. Staatseingriffe werden immer dann als nötig angesehen, wenn der Markt versagt.

Inferiore Güter

Güter mit einer negativen Einkommenselastizität, die ab einer bestimmten Einkommenshöhe immer weniger nachgefragt werden. Beispiele hierfür sind Margarine oder Reis in Ländern der Dritten Welt, dessen Verzehr bei wachsendem Einkommen zurückgeht, weil man auf teurere Güter wie Fleisch etc. ausweichen kann.

Inflation

Umgangssprachlich die Anstiegsrate des Preisniveaus. In der Volkswirtschaftslehre wird unter I. lediglich ein zu hoch empfundener Anstieg des allgemeinen Preisniveaus verstanden. Die I. ist also ein Ausdruck für Geldentwertung bzw. des Verlusts von Preisstabilität, da bei Vorliegen von I. das Geld in Relation zu allen Gütern an Wert verliert. Ob der Anstieg des Preisniveaus zu hoch ist, also I. herrscht, wird zumeist auf der Basis einer zulässigen Zielrate für Preissteigerungen beurteilt, die die Zentralbank festlegt. Die Europäische Zentralbank (EZB) hat ihre Zielrate so definiert: nahe bei, aber unter 2 %. I. kann auf Dauer nur entstehen, wenn Löhne zu stark steigen oder dies zumindest erwartet wird, und die Geldpolitik es duldet. Die I. wird daher am besten durch eine restriktive Geldpolitik bekämpft, die die wirtschaftliche Aktivität dämpft und damit auch die Lohn- und Gewinnzuwächse wieder auf ein stabilitätsgerechtes Maß zurückführt. I. führt dann zu Wachstums- und Beschäftigungsverlusten, wenn sie sich fortwährend über eine Lohn-Preis-Spirale beschleunigt. Das Vertrauen in die eigene Währung sinkt und der Investitionsprozess kommt zum Stillstand. Dann lässt die Wachstumsdynamik nach und die Arbeitslosigkeit steigt.

➡ Hyperinflation ➡ Demand-shift-Inflation ➡ Profit-Push-Inflation ➡ Kerninflationsrate ➡ Internationaler Preiszusammenhang

Inflationsbeschleunigung

Tritt ein, wenn sich die Inflationsrate über der Zielrate bewegt, die die Zentralbank zur Sicherung der Preisstabilität festgelegt hat, und sich ständig weiter erhöht. In einer solchen Phase muss die Zentralbank dringend zu einer restriktiven Geldpolitik übergehen, um zunächst den Beschleunigungsprozess zum Stillstand zu bringen und dann die Inflationsrate allmählich wieder in Richtung ihres Stabilitätsziels zu bringen.

➡ Hyperinflation

Inflationsdruck

Druck, der von hohen Inflationsraten auf andere ökonomische Kerngrößen ausgeht. So kann z. B. eine Währung unter hohem I. merklich abwerten. Oder die Löhne steigen als Folge eines hohen I. schneller.

Inflationslücke

Entsteht, wenn die Inflationsrate über längere Zeit unter der Zielrate liegt, die eine Zentralbank zur Wahrung der Preisstabilität festgelegt hat. Die I. errechnet sich aus der Summe der Abweichungen, die im Laufe der Zeit hinsichtlich dieser Zielrate vorgekommen sind. Ihre Größe zeigt das Ausmaß deflatorischer Tendenzen in einer Volkswirtschaft an. Eine I. in einer einzelnen Volkswirtschaft ist z. B. innerhalb einer Währungsunion von Bedeutung. Denn sie stellt einen Indikator für eine reale Abwertung der Gemeinschaftswährung dar und kann auf Dauer sogar ihren Wechselkurs nach unten drücken.

➡ Deflation

Inflationsrate

Misst die gesamtwirtschaftlichen Preissteigerungen im Inland. Als Indikator hierfür gelten die Preissteigerungen für

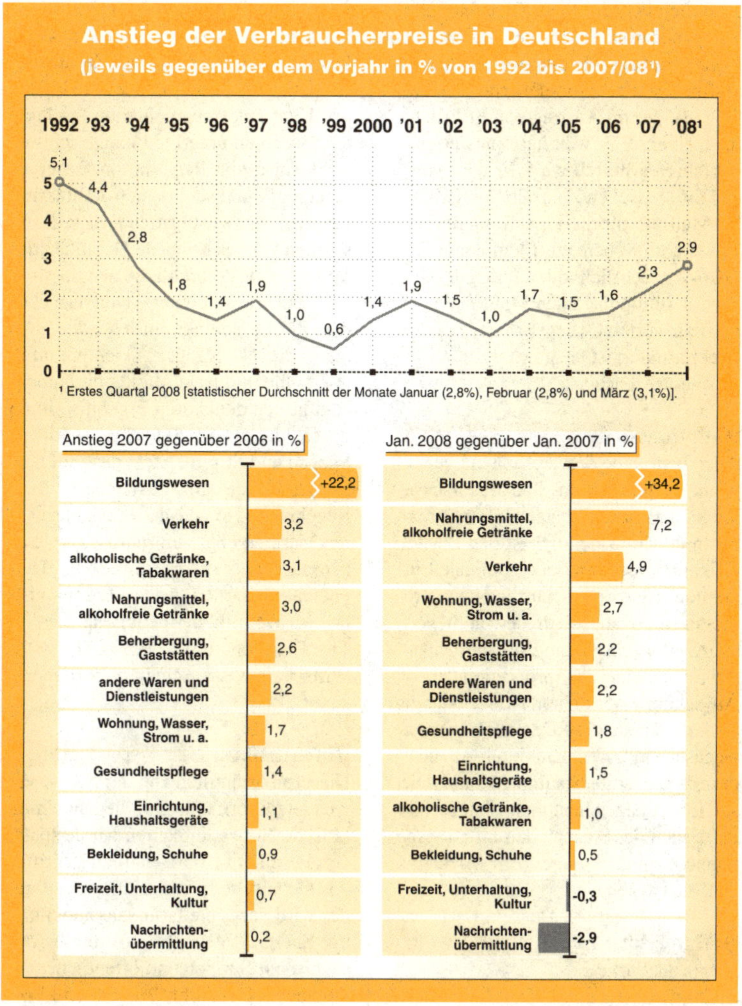
Anstieg der Verbraucherpreise in Deutschland
(jeweils gegenüber dem Vorjahr in % von 1992 bis 2007/08¹)
1992 '93 '94 '95 '96 '97 '98 '99 2000 '01 '02 '03 '04 '05 '06 '07 '08¹
5,1
4,4
2,8
1,8
1,4
1,9
1,0
0,6
1,4
1,9
1,5
1,0
1,7
1,5
1,6
2,3
2,9
¹ Erstes Quartal 2008 [statistischer Durchschnitt der Monate Januar (2,8%), Februar (2,8%) und März (3,1%)].
Anstieg 2007 gegenüber 2006 in %
Bildungswesen +22,2
Verkehr 3,2
alkoholische Getränke, Tabakwaren 3,1
Nahrungsmittel, alkoholfreie Getränke 3,0
Beherbergung, Gaststätten 2,6
andere Waren und Dienstleistungen 2,2
Wohnung, Wasser, Strom u. a. 1,7
Gesundheitspflege 1,4
Einrichtung, Haushaltsgeräte 1,1
Bekleidung, Schuhe 0,9
Freizeit, Unterhaltung, Kultur 0,7
Nachrichtenübermittlung 0,2
Jan. 2008 gegenüber Jan. 2007 in %
Bildungswesen +34,2
Nahrungsmittel, alkoholfreie Getränke 7,2
Verkehr 4,9
Wohnung, Wasser, Strom u. a. 2,7
Beherbergung, Gaststätten 2,2
andere Waren und Dienstleistungen 2,2
Gesundheitspflege 1,8
Einrichtung, Haushaltsgeräte 1,5
alkoholische Getränke, Tabakwaren 1,0
Bekleidung, Schuhe 0,5
Freizeit, Unterhaltung, Kultur -0,3
Nachrichtenübermittlung -2,9

Abb. 22 Quelle: Statistisches Bundesamt

Konsumgüter in einer Volkswirtschaft. Gemessen wird die I. i. d. R. mithilfe eines Warenkorbs, der repräsentativ sein soll für einen durchschnittlichen Haushalt der betreffenden Volkswirtschaft. Die Preise dieser Waren und ihre Veränderungen gehen – entsprechend den Anteilen, die für einzelne Produkte ausgegeben wurden – in die Berechnung eines Preisindex und der daraus abgeleiteten I. ein (Laspeyre-Index-Verfahren). In Deutschland gibt es

2 amtlich berechnete I. Zum einen der Verbraucherpreisindex des Statistischen Bundesamtes und zum zweiten der Harmonisierte Verbraucherpreisindex (HVPI), der im Auftrag von Eurostat nach einem EU- weit harmonisierten Verfahren ermittelt wird. Er wird von der Europäischen Zentralbank (EZB) als Maßstab für die Bewertung der Preisstabilität benutzt. Liegt der HVPI über oder deutlich unter 2 %, gilt die Preisstabilität nach den Maßstäben der EZB als verletzt. Liegt er nahe bei 2 % oder darunter, ist sie gewahrt.

➠ Preisniveaustabilität

Inflationssteuer

Auch heimliche Steuererhöhung genannt. Bezeichnet das Phänomen, dass die Steuerlast mit höherer Inflationsrate zunimmt. Ganz deutlich ist dies bei der Einkommenssteuer. Jede nominale Einkommenssteigerung führt in einem progressiven Steuersystem, dessen Steuersätze mit wachsendem Einkommen ansteigen, zu einer überproportionalen Ausdehnung der Steuerlast, unabhängig davon, ob auch die Realeinkommen gewachsen sind, was man durch Abzug der Inflationsrate bestimmen kann. Diesen Effekt bezeichnet man als I. Er führt dazu, dass der Staat zu den Inflationsgewinnern zählt.

➠ Kalte Progression

Inflatorische Lücke

➠ Inflationslücke

Informationsasymmetrie

Wenn Käufer und Verkäufer eines Produkts nicht über den gleichen Informationsstand verfügen. Ein markantes Beispiel hierfür ist der Kauf eines Gebrauchtwagens, dessen Verkäufer die Schwächen des Produkts kennt, während der Käufer hierüber i. d. R. deutlich weniger Information besitzt. Eine I. macht die Transaktion für den Käufer kostspieliger, denn er muss Zusatzinformationen einholen oder er riskiert den Kauf eines mangelhaften Produktes. Eventuell unterbleibt angesichts einer I. sogar eine Transaktion, es sei denn, der Staat schützt den Käufer mit Regulierungsvorschriften (wie z. B. gesetzlich vorgeschriebene Garantien des Verkäufers). Während die neoklassische Theorie seit jeher davon ausgeht, dass die Teilnehmer eines Marktes, Anbieter und Nachfrager, gleich gut informiert sind und freie Märkte deshalb zum besten denkbaren Ergebnis führen, wiesen die amerik. Forscher Akerlof, Spence und Stiglitz nach, dass auf den Märkten Informationsasymmetrie die Regel ist und sie deshalb zu schlechteren Marktergebnissen führen, als sie die neoklassische Theorie vorhersagt. Den Forschern wurde für diese Erkenntnis, die das Weltbild der neoklassischen Theorie erschütterte, der Nobelpreis für Wirtschaftswissenschaften 2001 zuerkannt.

Infrastruktur

Dieser ursprünglich von der NATO verwendete Begriff für grundlegende militärische Notwendigkeiten wurde später von Politik und Wirtschaft aufgegriffen. Als technische Infrastruktur eines Landes wird dabei die Grundausstattung mit Energie-, Wasser- und Abfallwirtschaft, mit Straßen und öffentlichem Personennahverkehr, Binnen- und Seeschifffahrt, mit Flughäfen und Luftverkehr bezeichnet. Die soziale Infrastruktur zeigt die Versorgung mit Bildung, Wissenschaft und Forschung, Humankapital, mit Ärzten und Krankenhäusern, Bibliotheken und Museen. Auch öffentliche Sicherheit, Rechtsprechung und Verwaltung werden darunter gefasst. Die Infrastruktur – Basis der Volkswirtschaft – wird weitgehend durch den Staat finanziert. Soweit dabei Aufgaben auf Privatfirmen übertragen werden, bleibt i. d. R. die öffentliche Planungshoheit erhalten.

Initiative neue soziale Marktwirtschaft (INSM)

Wurde im Jahr 2000 vom Arbeitgeberverband Gesamtmetall gegründet. Sie hat den Charakter einer PR-Agentur und bezeichnet ihre Arbeit als Reformkampagne für mehr Wachstum und neue Arbeitsplätze in Deutschland. Finanziert wird sie durch die Arbeitgeberverbände der Metall- und Elektroindustrie. Ihre Forderungen, denen sie mit den Mitteln moderner Kommunikation umfassend Gehör verschafft, sind marktwirtschaftliche Reformen, die Eigeninitiative, Leistungsbereitschaft und Wettbewerb fördern sollen. Dazu gehören nach Ansicht der INSM z. B. die Senkung von Steuern und Abgaben, weniger staatliche Sozialleistungen, Lockerung des Kündigungsschutzes, weitere Flexibilisierung der Arbeitszeit und eine Alterssicherung, um die sich der Bürger vermehrt selbst kümmern soll. Kritiker sprechen von »Industriepropaganda« und werfen der INSM vor, sie wolle eine »neoliberale« Marktwirtschaft durchsetzen, die fälschlicherweise als alternativlos dargestellt werde.

Inländerkonzept

Ein Berechnungskonzept im Rahmen der Volkswirtschaftlichen Gesamtrechnung (VGR). Demnach wird die Wertschöpfung aller im Inland ansässigen Wirtschaftseinheiten erfasst. Das sind neben dem Staat alle im Inland lebenden Menschen und die im Inland ansässigen Unternehmen, selbst wenn diese ihre wirtschaftliche Leistung teils als Pendler oder mittels Tochterunternehmen im Ausland erbringen. Im Gegensatz zum Inlandskonzept werden hier die Leistungen der Einpendler und ausländischen Tochterunternehmen nicht gezählt.

Inlandskonzept

Ein Berechnungskonzept im Rahmen der Volkswirtschaftlichen Gesamtrechnung (VGR). Demnach wird die gesamte Wertschöpfung, die im Inland erbracht wird, erfasst. Das umfasst neben dem Staat alle im Inland arbeitenden Menschen und die im Inland produzierenden Unternehmen. Im Gegensatz zum Inländerkonzept werden die Leistungen, die von Inländern oder Tochterunternehmen im Ausland erstellt werden, nicht gezählt.

Inlandsprodukt

➞ Bruttoinlandsprodukt

Innovation

Eine allgemein akzeptierte Definition für den Begriff I., den der Ökonom Joseph A. Schumpeter in die Wirtschaftswissenschaft eingeführt hat, gibt es bislang nicht. I. sind Bestandteil des technologischen Fortschritts. Als Produktinnovationen werden verbesserte oder völlig neue Produkte bezeichnet, die den Markt erreichen. Beispiele sind etwa die Einführung der Großraumjets, die permanente Steigerung der Rechnergeschwindigkeit durch die Computertechnologie oder die Entwicklung der Mobiltelefone. Unternehmen wollen durch Innovationen, für die sie in Forschung und Entwicklung investieren, ihre Wettbewerbsfähigkeit steigern. Die Investitionen sind mit wirtschaftlichem Risiko behaftet. Auf neue Produkte erteilte Patente bedeuten allerdings für einen festgelegten Zeitraum Wettbewerbsschutz. Unter Prozessinnovationen werden v. a.

verbesserte Produktionstechniken verstanden, mit denen sich eine bestimmte Produktmenge – Güter oder Dienstleistungen – unter geringerem Einsatz von Produktionsfaktoren, also billiger herstellen lässt. Unter Innovationen im weiteren Sinne können auch organisatorische, soziale und rechtliche Neuerungen verstanden werden.

➠ Technischer Fortschritt

Input

Alle Güter und Leistungen, die beim Produktionsprozess genutzt werden, um Output zu erzielen.

➠ Output ➠ Input-Output-Rechnung

Input-Output-Rechnung

Instrument der sektoralen Analyse und Politikberatung. Mit der I. können die Wirtschaftsstrukturen einer Volkswirtschaft untersucht und die Auswirkungen von Lohn-, Preis- oder Nachfrageänderungen auf die Gesamtwirtschaft oder ihre Teilbereiche vorausgeschätzt werden. Auch die sektoralen Folgewirkungen wirtschaftlicher Lenkungsmaßnahmen sind mit dieser Berechnungsmethode erfassbar. Sie hilft damit bei der Beantwortung wichtiger ökonomischer Fragen: Welche wirtschaftliche Bedeutung haben die Güter der Informations- und Kommunikationstechnologie (IKT) in der Gesamtwirtschaft? Wie hoch ist der Abbau von Arbeitsplätzen bei sinkenden Bauinvestitionen? Welchen Einfluss haben teurere Ölimporte auf die Preisentwicklung bestimmter Branchen oder das gesamtwirtschaftliche Preisniveau selbst? Basis der Rechnungen sind Input-Output-Tabellen, die detaillierten Einblick in die direkten aber auch indirekten Verflechtungen von Güterproduktion und Güterströmen in der Volkswirtschaft unter Einbeziehung von Export und Import geben.

Inside-money

[Dt.: Innengeld] Normalerweise der größte Teil der Geldmenge, die in einer Volkswirtschaft in Umlauf ist. In der Hauptsache Buchgeld, das im Geschäftsbankensektor über die Vergabe von Krediten und die damit verbundene Geldschöpfung entstanden ist. Auch wenn private Wirtschaftspartner untereinander Kreditbeziehungen eingehen, wird I. geschaffen. Die Schöpfung von I. ist notwendigerweise von einer entsprechenden Zunahme der Verschuldung des privaten Sektors begleitet. In der Wirtschaftstheorie wird zwischen Inside- und Outside-money unterschieden.

Insider-Outsider-Theorien

Theorien der Arbeitslosigkeit (Outsider), die anhaltende Arbeitslosigkeit als Folge überhöhter Löhne für bereits Beschäftigte (Insider) sehen. Allerdings ist dies – wie in konventionellen neoklassischen Modellen – nicht das Ergebnis zu starker Gewerkschaftsmacht bei Lohnverhandlungen. Sie werden vielmehr durch Insider, die Arbeitsplatzinhaber, gegen die Outsider, die Arbeitslosen, durchgesetzt, weil sie Kostenvorteile und damit Marktmacht besitzen. Denn aus der Sicht des Arbeitgebers verursacht der Insider einer vorhandenen Belegschaft keine Einstellungskosten (Bewerbersuche, Auswahlverfahren, Verhandlungskosten, Opportunitätskosten) und keine Trainingskosten (Bildung von betriebsspezifischem Humankapital, Einarbeitungszeit, Lehrgänge etc.). Außerdem muss der Unternehmer, der einen Insider gegen einen weniger Lohn fordernden Outsider austauschen möchte, mit Abfindungszahlungen, Altersregelungen, Kündigungsschutz-Klagen, Prozesskosten, Sozialplänen etc. rechnen. Weil der Arbeitgeber an einem kostenintensiven Austausch kein Interesse hat, behält der Insider seine Arbeit und den überhöhten Lohn. In einer erweiterten Version dieser Theorie verstärken die Insider ihre Machtposition mithilfe von Betriebsräten und Gewerkschaften. Denn die können mit Streik und Dienst nach Vorschrift drohen, um weitere Lohnaufschläge für die Insider zu realisieren. Auf diese Weise können die Arbeitsplatzinhaber das Lohnniveau über das markträumende Niveau (Vollbeschäftigung) heben und damit eine Barriere schaffen, die Neueinstellungen und Vollbeschäftigung verhindert. Die I. sind allerdings empirisch nicht bestätigt. Und sie berücksichtigen nicht, dass Arbeitslosigkeit auch durch eine zu geringe gesamtwirtschaftliche Nachfrage hervorgerufen werden kann.

Insolvenz

Liegt vor, wenn eine Person oder eine Firma nicht in der Lage ist, den fälligen Zahlungsverpflichtungen nachzukommen. Die Zahlungsunfähigkeit ist bei Firmen ein Eröffnungsgrund für das Insolvenzverfahren, wenn noch genügend Werte (Insolvenzmasse) vorhanden sind. Das Vermögen des Schuldners wird verwertet und der Erlös gemeinschaftlich auf die Gläubiger verteilt. In einem Insolvenzplan können abweichende Regelungen zum Erhalt des Unternehmens getroffen und dem Schuldner Gelegenheit gegeben werden, sich von seinen Restschulden zu befreien. Bei der Verbraucherinsolvenz kann der Schuldner einen Antrag auf Restschuldbefreiung stellen und u. U. nach einer Wohlverhaltenszeit von 6 Jahren schuldenfrei sein. Die rechtlichen Regelungen enthält die Insolvenzordnung (InsO).

Institut für Arbeitsmarkt- und Berufsforschung (IAB)

Das IAB ist ein Forschungsinstitut der Bundesagentur für Arbeit. Es betreibt auf der Grundlage gesetzlicher Aufträge Arbeitsmarkt- und Berufsforschung. Beobachtet werden dabei insbesondere die Lage und Entwicklung des Arbeitsmarkts, der Berufe, Wirtschaftszweige und Regionen. Zum Themenspektrum gehört darüber hinaus die Untersuchung der Wirkungen arbeitsmarktpolitischer Instrumente, der Leistungen zur Eingliederung in den Arbeitsmarkt und zur Sicherung des Lebensunterhalts. Das IAB erstellt regelmäßig Statistiken und muss den Informationsbedarf des Bundesministeriums für Arbeit und Soziales sowie des Bundesministeriums für Gesundheit berücksichtigen.

Integration

Als traditionelle Stufen wirtschaftlicher I. von Nationalstaaten werden Freihandelszone, Zollunion und gemeinsamer Markt angesehen, als höchste Integrationsstufe die Wirtschafts- und Währungsunion.

Interbanken-Geldmarkt

Geldmarkt, auf dem ausschließlich zwischen den Geschäftsbanken kurzfristige Liquiditätsüberschüsse (Zentralbanksichtguthaben) angeboten oder nachgefragt werden. Weil die Institute auf diesem Markt kurzfristige Liquiditätsengpässe häufig rasch ausgleichen können, ohne Kredite der Zentralbank in Anspruch zu nehmen, spricht man vom horizontalen Finanzausgleich. Ein funktionierender I. liefert der Zentralbank frühzeitig wichtige Informationen darüber, ob ihre Geldpolitik zu expansiv oder zu restriktiv ausgelegt ist. In der Finanzmarktkrise, die 2008 begann, brach dieser Markt wegen fehlenden

wechselseitigen Vertrauens zeitweise ein.
➠ Geldmarkt ➠ Finanzmarktkrise

International Bank for Reconstruction and Development (IBRD)

[Dt.: Internationale Bank für Wiederaufbau und Entwicklung] Gehört zur Weltbank. Ihre Gründung wurde 1944 im amerik. Bretton Woods beschlossen. Ziel war es v. a., den Wiederaufbau Europas nach dem Ende des Zweiten Weltkriegs mit langfristigem Kapital abzusichern. Später konzentrierte sich die IBRD auf die Förderung der wirtschaftlichen Entwicklung von Ländern der Dritten Welt. Anfang 2009 sind 185 Länder Mitglieder und Kapitaleigner der IBRD. Deutschland gehört ihr seit 1952 an.

International Financial Reporting Standards (IFRS)

Bilanzierungsrichtlinien, die die EU seit Januar 2005 für kapitalmarktnotierte Unternehmen zwingend vorschreibt. Abschlüsse, die nach den I. aufgestellt werden, sollen primär Informationen über die Vermögens-, Finanz- und Ertragslage des Unternehmens liefern. Die I. wurden vom privaten Rechnungslegungsinstitut IASB (International Accounting Standards Board) entwickelt.

International Monetary Fund (IMF)

Der IMF wurde 1944 als Teil des Bretton-Woods-Abkommens gegründet. Seine operative Arbeit als Sonderorganisation der Vereinten Nationen nahm er 1947 auf. Er ist zudem eine Schwesterinstitution zur Weltbank. Sitz beider Institute ist Washington, D. C. Der IMF hat Anfang 2009 185 Mitgliedsstaaten. Deren Stimmrechte bemessen sich an ihrem Kapitalanteil, der sich wiederum an ihrer wirtschaftlichen Größe orientiert, wobei Schwellenländer wie China und Brasilien mittlerweile deutlich unterrepräsentiert sind. Hauptkapitalgeber sind mit gut 17 % die USA. Deutschland verfügt über einen Anteil von knapp 6 %. Der IMF wird von einem geschäftsführenden Direktor geleitet; nach Absprache der wichtigsten Kapitalgeber ist dies i. d. R. ein Europäer, dessen erster Stellvertreter ein US-Amerikaner. Die Hauptziele des IMF bestehen darin, die internationale Zusammenarbeit in der Geld- und Währungspolitik sowie hohes Wachstum und einen hohen Beschäftigungsstand zu fördern. Ferner soll er mittels technischer Unterstützung und Krediten helfen, Wechselkurse zu stabilisieren und Ungleichgewichte in der Zahlungsbilanz zu überwinden. Das Ausmaß der zulässigen Unterstützung richtet sich nach den Einzahlungsquoten der betroffenen Länder. Der IMF vergibt Kredite allerdings nur mit Auflagen für die Wirtschaftspolitik des betreffenden Landes. Wegen dieser Auflagen ist der IMF in den vergangenen Jahren z. T. heftig kritisiert worden. Seine Auflagen seien wirtschaftspolitisch einseitig neoliberal. Zudem wird i. d. R. die Position der Gläubiger vertreten. Beides zeigte sich exemplarisch in den Währungskrisen der 1990er-Jahre, als Argentinien und einige asiat. Länder, durch die strikte Anbindungen ihrer Währungen an den US-Dollar, was auch der IMF empfohlen hatte, in eine tiefe Krise gerieten. Diesen Ländern, deren Wachstum ohnehin schon durch eine falsche Währungspolitik massiv belastet war (Argentinien), wurden fiskalische Sparprogramme verordnet, die die Wirtschaftskrise noch verschärften. Dieses Vorgehen hat die internationale Akzeptanz des IMF merklich geschwächt und vereinzelt dazu geführt, über Alternativen nachzudenken. In jüngster Zeit wurde v. a. auch unter dem Eindruck der Finanzmarktkrise von dem Direktor Dominique Strauss-Kahn ein Kurswechsel zu eher keynesianischen Ansätzen eingeleitet.

Internationale Bank für Wiederaufbau und Entwicklung

➠ International Bank for Reconstruction and Development

Internationaler Konjunkturzusammenhang

Nach dieser These sind die entwickelten Länder wegen der zunehmenden Verflechtung in der Weltwirtschaft auch konjunkturell zunehmend voneinander abhängig. Beispiel USA: Konjunkturschwankungen in der größten Volkswirtschaft der Welt – ob Boom oder Rezession – breiten sich i. d. R. bald und nachhaltig auf andere Länder aus. Ein Übertragungsweg konjunktureller Impulse ist der Außenhandel: Anhänger der sog. Lokomotivtheorie fordern daher, weltwirtschaftliche Lokomotiven wie die USA oder Deutschland sollten den wirtschaftlich schwächeren Ländern in einer globalen Rezession durch expansive konjunkturpolitische Maßnahmen aus der Krise heraushelfen. Nicht nur über den Außenhandel, sondern auch über Direktinvestitionen und die Umsätze einer Vielzahl von Niederlassungen und Tochtergesellschaften im Ausland sind Staaten konjunkturell miteinander verbunden. Auch die eng ineinandergreifenden internationalen Finanzmärkte übertragen konjunkturelle Impulse. Zusätzlich gefördert wird der I. durch psychologische Faktoren wie das in den entwickelten Ländern herrschende Wirtschaftsklima.

➠ Globalisierung

Internationaler Preiszusammenhang

Gleicht bei freiem Welthandel internationale Güterpreise aus und ist damit ein Übertragungsweg für importierte Inflationen. Dabei unterscheidet man folgende Effekte:

1. Einkommenseffekt: Angenommen im Land A steigt wegen eines Konjunkturaufschwungs das Preisniveau an. Bei einem festen Wechselkurs werden die Auswirkungen in Land B ebenfalls zum Preisanstieg führen. B steigert nämlich seine Güterexporte nach A, weil dort höhere Preise zu erzielen sind. Auf der anderen Seite wird B die teurer gewordenen Güterimporte aus A einschränken. Der Außenbeitrag Export–Import wird größer in B, und damit steigt das Volkseinkommen und die gesamtwirtschaftliche Nachfrage, ein Vorgang, der in B zu Preisauftriebstendenzen führt.
2. Liquiditätseffekt: Bei festem Wechselkurs – von Kapitalbewegungen wird abstrahiert – ist die Zentralbank von B verpflichtet, den Wechselkurs zu stabilisieren, indem sie die Mehrerlöse des Exports, die in der Währung von Land A angefallen sind, ankauft und in die Landeswährung wechselt. Damit kommt mehr Landeswährung von B in den Verkehr des Landes B, die Geldmenge steigt und verstärkt bei gleich bleibendem Güterangebot die Inflationstendenzen.

Im Land A wirken Einkommenseffekt und Liquiditätseffekt in entgegengesetzter Richtung und verlangsamen dort den Preisanstieg.

3. Direkter internationaler Preiszusammenhang: International gehandelte Güter weisen auf einem freien Weltmarkt langfristig gesehen nur Preis-

unterschiede in Höhe der Transport- und Handelskosten (Fracht- und Verpackungskosten, Maklergebühren, Versicherungsprämien etc.) auf. Wenn wegen einer Inflation im Ausland teurer gewordene Importe wie etwa Rohstoffe zu Endprodukten verarbeitet werden, versuchen die Produzenten i. d. R. den Kostendruck (cost push) über höhere Preise auf die Nachfrager abzuwälzen und fördern damit den Preisauftrieb im Inland. Er wird verstärkt durch erfolgreiche Exporteure, die nun zusätzliche Investitionsgüter und Vorleistungen nachfragen können (demand pull).

Inflationsübertragung ist auch bei flexiblen Wechselkursen möglich. Der Inflationsimport fällt allerdings geringer aus als bei festen Wechselkursen, weil Wechselkursanpassungen den ausländischen Preisanstieg kompensieren.

➠ International Monetary Fund

Interventionismus

In der Wirtschaftswissenschaft Bezeichnung für Eingriffe des Staates, mit denen der wirtschaftliche Ablauf in der Volkswirtschaft gezielt beeinflusst werden soll. Befürworter sind i. d. R. Ökonomen, die auf dem Boden der keynesianischen Theorie stehen. Sie setzen auf Nachfrage- und Konjunktursteuerung durch staatliche Maßnahmen. Die wesentlichen Grundgedanken sind im immer noch geltenden Stabilitäts- und Wachstumsgesetz aus dem Jahre 1967 enthalten. Danach sollen durch den Einsatz fiskalpolitischer Instrumente mit einer antizyklischen Finanzpolitik konjunkturelle Schwankungen ausgeglichen, ein hoher Beschäftigungsstand bei stabilem Preisniveau und darüber hinaus außenwirtschaftliches Gleichgewicht bei angemessenem Wirtschaftswachstum erreicht werden. Nach der seit Jahrzehnten vertretenen Meinung liberaler Ökonomen sind Staatsinterventionen dagegen im Grundsatz abzulehnen. Sie vertrauen auf selbststeuernde Kräfte, auf die sog. unsichtbare Hand des Marktes. Eingriffe in den Markt seien allenfalls dann sinnvoll, wenn sie Wettbewerb herstellen und sichern. Die im Jahre 2008 erkennbar gewordene Finanzmarktkrise widerlegte diese Meinung. Weil die Krise die Entwicklung der Realwirtschaft in der gesamten Welt bedroht, wurden weltweit Staatsinterventionen in bisher nicht gekanntem Ausmaß erzwungen.

➠ Gesetz zur Förderung der Stabilität und des Wachstums der Wirtschaft
➠ Selbstheilungskräfte des Marktes

Investition

Aus der volkswirtschaftlichen Perspektive ist die I. der Einsatz von Finanzmitteln zur Erweiterung des Realkapitalbestandes an Betriebsgebäuden, technischen Anlagen und Maschinen, die zur Güterproduktion eingesetzt werden. Erweiterungsinvestitionen haben 2 gesamtwirtschaftliche Effekte: Zum einen steigern sie das Volkseinkommen, und zwar in gleicher Höhe wie sie selbst, und erweitern damit die Gesamtnachfrage. Man spricht hierbei vom Einkommenseffekt der I. Zum anderen vergrößert der Zuwachs bei Gebäuden und Maschinen das Sachkapital und damit die zukünftigen Produktionsmöglichkeiten einer Volkswirtschaft. Konjunktur und Wachstum sind in erheblichem Maß vom Verlauf der Investitionstätigkeit abhängig. Der Gesamtbetrag aller I. in einem bestimmten Zeitraum wird als Bruttoinvestitionen bezeichnet. I. zur Aufrechterhaltung der Leistungsfähigkeit von Betrieben sind Ersatzinvestitionen. Werden die Bruttoinvestitionen um die Ersatzinvestitionen gemindert, erhält

man die Nettoinvestitionen, die wiederum aus Erweiterungs- und Lagerinvestitionen bestehen und anzeigen, um wie viel das Sachkapital innerhalb einer bestimmten Zeitspanne gewachsen ist.
➠ Investitionslenkung ➠ Investitionsquote
➠ Investitionszulage

Investitionsfunktion

Beschreibt die Abhängigkeit der Investitionen von verschiedenen Einflussfaktoren, darunter vom Zinsniveau. Der Zusammenhang ist deshalb von besonderem Interesse, weil die Zentralbank die Höhe der Zinsen und damit die Kapitalkosten von Investitionen direkt beeinflussen kann. Denn diese werden überwiegend über Kredite finanziert. I. d. R. wird davon ausgegangen, dass die gesamtwirtschaftliche Investitionsquote bei steigenden Zinsen abnimmt und bei sinkenden Zinsen ansteigt. Neben der Zinshöhe bestimmen v. a. Gewinnerwartungen, Unternehmenssteuern und das Vertrauen in die wirtschaftliche Zukunft über die Frage, ob investiert wird, ob Investitionen aufgeschoben oder abgelehnt werden. Auch die Veränderungen des Volkseinkommens beeinflussen die Investitionsquote einer Volkswirtschaft. Mit ihr steigt oder fällt die Gesamtnachfrage und damit die Gesamtproduktion. Um die Mehrnachfrage zu befriedigen, werden viele Unternehmen zusätzlich investieren. Sinkt dagegen die Gesamtnachfrage, wird die Investitionstätigkeit nachlassen. Dieser Zusammenhang hat in der Wirtschaftstheorie zu einer wichtigen makroökonomischen Größe, dem Akzelerator geführt.

Investitionslenkung

Staatlicher Einfluss auf die Investitionen, die z. T. in jene Bereiche gelenkt werden sollen, die von Privatinvestitionen nur unzureichend bedacht werden.
➠ Investitionszulage

Investitionsquote

Zeigt das Verhältnis der Bruttoinvestitionen zum Bruttoinlandsprodukt an.

Investitionszulage

Staatliche Subventionszahlung zur Förderung wirtschaftspolitisch erwünschter Investitionen. Mit I. wird z. B. der Aufbau der Wirtschaft in den neuen Bundesländern und den Fördergebieten Berlins unterstützt. Gefördert werden Erstinvestitionsvorhaben wie die Errichtung neuer Betriebsstätten, die Erweiterung bestehender Betriebsstätten sowie die Anschaffung oder der Bau neuer Gebäude etc. Grundlage ist das Investitionszulagengesetz von 2007. Anders als Instrumente der Investitionsförderung wie Abschreibungserleichterungen oder die Möglichkeit, Investitionskosten von der Steuerschuld abzuziehen, fließen I. den Investoren direkt zu. So können auch Betriebe, die keine Gewinne erwirtschaften, bei Investitionen nach dem Investitionszulagengesetz begünstigt werden.

Investivlohn

Teil des Lohnes, der nicht in bar ausbezahlt wird, sondern in Form von Anteilsscheinen, mit denen der Arbeitnehmer an einem Unternehmen beteiligt wird. Ziel ist die Beteiligung der Arbeitnehmer am Produktivvermögen, um so allgemein eine breitere Vermögensstreuung zu erreichen und gleichzeitig den Arbeitnehmer durch eine größere Identifikation mit dem Unternehmen stärker zu motivieren. Möglich sind betriebliche und überbetriebliche Anlageformen. Der I. kann aus Aktien des Unternehmens bestehen, in dem der Arbeitnehmer beschäftigt ist. Er trägt dann allerdings – zusätzlich zu der Gefahr, seinen Arbeitsplatz zu verlieren – das Unternehmerrisiko mit. Seine Risiken sind hingegen geringer, wenn der Arbeitnehmer durch Anteilsscheine an überbetrieblichen Kapitalanlagegesellschaften oder an sog. Tariffonds beteiligt wird, die von den Gewerkschaften vorgeschlagen werden. Die vermögenspolitisch gewollte Vermögensverteilung bleibt allerdings aus, wenn die Unternehmen die Kosten des Investivlohns in ihre Preise einkalkulieren. Gegen den I. wird eingewandt, dass er eine Form des Zwangssparens sei und die Gefahr eines Nachfragerückgangs berge, der zusammen mit einer abnehmenden Investitionstätigkeit zur Hemmung des Wirtschaftswachstums führen könne.

Investmentbanking

Allgemeinbegriff für kapitalmarktorientierte Geschäfte. Insbesondere sind das die Emission und der Handel von Wertpapieren, darüber hinaus Zins- und Währungsmanagement sowie die Beratung bei Übernahmen und Fusionen.

Investmentfonds

Investmentfonds sind von einer Kapitalgesellschaft verwaltete Einlagen, die für gemeinsame Rechnung der Einleger zur Gewinnerzielung z. B. in Wertpapiere, Waren oder Immobilien investiert werden.

Islamische Entwicklungsbank (IDB)

[Engl.: Islamic Development Bank] Hat als supranationale Bank den Auftrag, die wirtschaftliche und soziale Entwicklung in den Mitgliedsländern (zurzeit 56) und muslimische Einrichtungen in Nicht-Mitgliedsländern zu fördern. Sie hat dabei in Übereinstimmung mit den religiösen Regeln des Islam und der Scharia vorzugehen. Voraussetzung des Beitritts ist die Mitgliedschaft in der Organisation der Islamischen Konferenz, die Beteiligung am Kapital der Bank und die Akzeptanz bestimmter Bedingungen der Bankenaufsicht (Board of Governors = Repräsentanten der einzelnen Mitgliedsländer). Die Bank wird v. a. durch Ölgelder gestützt. Gemäß der Scharia sind Zinszahlungen verboten, es wurden aber andere Finanzierungswege gefunden. Gezielt werden der Handel in und zwischen den Mitgliedstaaten und die Ausbildung von Studenten unterstützt. Die IDB wurde 1975 gegründet und hat ihren Sitz in Djidda, Saudi Arabien.

IS-LM-Konzept

➨ Hicks-Diagramm

Isokostengerade

Begriff aus der Mikroökonomie, der den geometrischen Ort aller Kombinationen von Inputfaktoren definiert, deren Einsatz in der Produktion gleiche Kosten verursacht. Ein Unternehmen kann also anhand der I. z. B. erkennen, um wie viel es den Arbeitseinsatz erhöhen muss, um bei erhöhtem Kapitaleinsatz seine Kosten unverändert zu halten.

Isoquante

Begriff aus der Produktionstheorie. Eine I. zeigt innerhalb eines Koordinatensystems an, wie die Faktoren Arbeit und Kapital miteinander kombiniert werden müssen, um immer zu einem gleich hohen Produktionsergebnis zu gelangen. Die I. zeigt in ihrem Verlauf stets das gleiche Produktionsergebnis X an, das mit unterschiedlichem Einsatz von Kapital und Arbeit erbracht werden kann.

IWF

➨ International Monetary Fund (IMF)

Jahreswirtschaftsbericht

Ihn muss die Bundesregierung gemäß § 2 des Gesetzes zur Förderung der Stabilität und des Wachstums der Wirtschaft (StWG) alljährlich (meist Febr.) dem Bundestag und Bundesrat vorlegen. Er soll die Ziele und Maßnahmen ihrer angestrebten Wirtschafts- und Finanzpolitik darlegen und eine Vorhersage der gesamtwirtschaftlichen Entwicklung des laufenden Jahres für Deutschland enthalten. Darüber hinaus nimmt der J. Stellung zu den Jahresgutachten des Sachverständigenrates.

J-Kurven-Effekt

Begriff aus der Außenhandelslehre. Er beschreibt, welchen Effekt die reale Abwertung einer Währung auf die Außenhandelsbilanz hat. Demnach ist die Wirkung kurzfristig negativ, langfristig aber positiv. Die Ursache hierfür ist, dass Preise schneller reagieren als Mengen. Wertet eine Währung ab, ist sie in einer Auslandwährung weniger wert, deshalb steigen die Importpreise, während die Exportpreise zurückgehen. Da die gehandelten Mengen wegen längerfristiger Verträge zunächst unverändert bleiben, steigt der Wert der Importe – derjenige der Exporte fällt. Die Handelsbilanz verschlechtert sich zunächst. Auf längere Sicht jedoch führen die gestiegenen Importpreise zu verringerten Importen und die sinkenden Exportpreise zu höheren Ausfuhrmengen. Im längerfristigen Ergebnis führt dies oft zu einer positiverenHandelsbilanz als vor der Abwertung.

➠ Abwertung ➠ Abwertungswettlauf

Job-AQTIV-Gesetz

Gesetz zur Reform der arbeitsmarktpolitischen Instrumente, trat zum 1.1.2002 in Kraft. AQTIV steht für »Aktivieren, Qualifizieren, Trainieren, Investieren, Vermitteln«. Hauptziele des Gesetzes waren v. a., Langzeitarbeitslosigkeit abzubauen und Arbeitslose schneller und passgenauer in Arbeit zu vermitteln. Das Motto »Fördern und Fordern« sollte Arbeitsämter und Arbeitslose verstärkt in die Pflicht nehmen. Zahlreiche Regelungen und Bestimmungen dieses Gesetzes wurden in die sog. Hartz-Gesetze übernommen.

➠ Hartz I–IV

Jugendarbeitslosigkeit

Bezeichnung für die Arbeitslosigkeit in der Altersgruppe von 15–24 Jahren. Eine niedrige J. gehörte traditionell zu den Stärken des dt. Berufsausbildungssystems. Seit Beginn der 1990er-Jahre ist die vorher im europ. Vergleich niedrige J. erheblich angestiegen, sodass sich die dt. Jugendarbeitslosenquote 2006 (berechnet nach ILO-Konzept) dem Durchschnitt der EU-15-Staaten angenähert hat (Bildungsbericht 2008). Zu den Ursachen steigender J. wird die rückläufige Übernahmequote von Auszubildenden in Beschäftigung nach Ende der Ausbildung gezählt. Besonders groß ist das Risiko für die rund 80.000 Schülerinnen und Schüler, die pro Jahr ohne zumindest einen Hauptschulabschluss die Schule verlassen. Die regionalen Unterschiede sind beträchtlich: in Ostdeutschland ist die Jugendarbeitslosenquote etwa doppelt so hoch wie in den westdt. Bundesländern.

Kalte Progression

Übliche Kurzform für die sog. Kalte Steuerprogression. Sie wird auch als heimliche Steuererhöhung bei Inflationsausgleichszahlungen beschrieben. Dahinter verbirgt sich folgender Vorgang: Steigende Einkommen, die zu versteuern sind, unterliegen der Steuerprogression, d. h. einem stufenweise steigenden Einkommensteuersatz. Durch ihn steigt die steuerliche Belastung. Inflationsausgleichende Einkommenssteigerungen – etwa durch vereinbarte Lohnerhöhungen – sollen das Realeinkommen erhalten. Sie führen zu nominal steigenden Einkommen und damit zu einem immer höheren Steuersatz. Am Ende wird der Betroffene höhere Steuern zahlen und sich weniger leisten können. Zu vermeiden wäre die kalte Progression, wenn Einkommensteuerstufen und Steuerfreibeträge regelmäßig der Inflationsentwicklung angepasst würden, wie es z. B. in der Schweiz der Fall ist.

➠ Steuerprogression

Kameralismus

Der Begriff leitet sich ab von dem ital. Wort »camera« (fürstliche Schatzkammer). Wie konnte das Vermögen und damit auch die Macht des Fürsten bzw. des Staates erfolgreich vermehrt werden? Das war bis ins 18. Jh. eine der wichtigsten Fragen für die Vertreter des K., einer preußischen Variante des Merkantilismus. Sie sahen es als Aufgabe des Staates an, das eigene Vermögen und den Wohlstand der Bevölkerung über eine straffe Lenkung der produktiven Wirtschaftskräfte zu erhöhen. Auf diese Weise entstand die Idee des Wohlfahrtsstaats.

Kapazitätsauslastung

Verhältnis zwischen tatsächlicher und höchstmöglicher Auslastung der Produktionskapazität.

➠ Produktionspotenzial

Kapazitätseffekt von Investitionen

Wenn positive Nettoinvestitionen – z. B. eine größere Zahl von Maschinen – zu erhöhten Produktionsmöglichkeiten eines Unternehmens oder gar der Volkswirtschaft insgesamt führt, spricht man von einem K. Daher weisen Investitionen nicht nur einen positiven Effekt auf die Güternachfrage aus, die durch die Nachfrage nach zusätzlichen Maschinen stimuliert und erhöht wird, sondern auch auf das Angebot, da nun auch mehr produziert werden kann.

Kapazitätserweiterungseffekt

➠ Kapazitätseffekt von Investitionen

Kapital

Zählt neben Boden, Arbeit und Wissen zu den Produktionsfaktoren, die benötigt werden, um Waren und Dienstleistungen herzustellen. Im engeren betriebswirtschaftlichen Sinn gelten als K. einerseits alle dauerhaften Güter wie Maschinen und Anlagen, die im Produktionsprozess zum Einsatz kommen (Realkapital) und andererseits das für Investitionszwecke genutzte (Geld-)Vermögen (Finanzkapital), z. B. in Form von Aktien oder Kreditforderungen. Der aus K. gewonnene Ertrag wird als Kapitalzins bezeichnet.

➠ Humankapital

Kapitaldeckungsverfahren

Methode zur Finanzierung von Altersrenten und bestimmten Versicherungen. Dabei wird ein Teil der Beiträge des Versicherten regelmäßig am Kapitalmarkt angelegt und die spätere Versicherungsleistung aus der individuellen Rücklage (Deckungsstock) gezahlt, die durch laufende Zinsen wächst. Die Rente hängt also beim K. von der Höhe der eingezahlten Sparbeiträge sowie von der Entwicklung auf dem Kapitalmarkt ab. In Deutschland basierte auch die gesetzliche Rentenversicherung auf dem K., ehe sie 1957 auf das Umlageverfahren umgestellt wurde. Mit den staatlich geförderten privaten Riester- und Rürup-Renten soll das K. das Umlageverfahren ergänzen. Anders als dieses ist das K. zwar von einer negativen Entwicklung der inländischen Bevölkerungszahl und des inländischen Arbeitsmarkts weitgehend unabhängig. Dafür birgt es das Risiko bei globalen Kapitalmarktkrisen, das Kapital und damit die Rente u. U. ganz oder teilweise zu verlieren.

➡ Private Altersvorsorge

Kapitalertragsteuer

Besondere Form der Einkommensteuer, die auf inländische Einkünfte aus Kapitalvermögen erhoben wird. Für Zinsen aus Bundesanleihen oder Sparkonten beträgt der Steuersatz derzeit 30 %, bei Dividenden 20 %. Kursgewinne aus Aktien, Fonds oder Zertifikaten bleiben steuerfrei, wenn die Papiere länger als ein Jahr (Spekulationsfrist) gehalten werden. Die K. wird seit 1993 direkt an der »Quelle« einbehalten und an den Fiskus abgeführt, deshalb auch die Bezeichnung Quellensteuer oder Zinsabschlagsteuer. Diese Art der Erhebung soll eine Steuerflucht verhindern. Der einbehaltene Anteil wird auf die insgesamt zu zahlende Einkommensteuer angerechnet, sodass die endgültige Belastung vom persönlichen Steuersatz abhängt. Ab 2009 wird das System umgestellt. Ab dann ist auf alle Kapitalerträge, also auch auf die Kursgewinne, eine Abgabe i. H. v. 25 % fällig, die ebenfalls an der Quelle erhoben wird. Gleichzeitig wird die Spekulationsfrist aufgehoben. Da damit die Steuerschuld endgültig beglichen ist, also keine Anrechnung bei der Einkommensteuer erfolgt, spricht man auch von einer Abgeltungssteuer. Für Anleger mit höheren Einkommensteuersätzen ergibt sich also ein Vorteil gegenüber der bisherigen Regelung.

Kapitalexport

Wenn Inländer Vermögen im Ausland anlegen. Dabei werden 3 Arten von K. unterschieden: der Erwerb von dauerhaften Beteiligungen an ausländischen Unternehmen oder Immobilien (Direktinvestitionen), der Kauf von ausländischen Wertpapieren (Portfolioinvestitionen) und die Gewährung von Krediten an Ausländer. All dies lässt die Forderungen an das Ausland steigen. Zum K. zählt aber auch, wenn die Schulden gegenüber dem Ausland verringert werden, also die Verbindlichkeiten abnehmen. Kapitalexporte werden ebenso wie Kapitalimporte in der Kapitalbilanz eines Landes erfasst, die wiederum ein Teil der Zahlungsbilanz ist. Übersteigen die Kapitalexporte die Kapitalimporte, spricht man von Nettokapitalexport. Die Bundesrepublik zählt traditionell zu den großen Kapitalexporteuren. Dies ist v. a. Folge der hohen Überschüsse der Leistungsbilanz. Durch sie nehmen die Forderungen an das Ausland automatisch zu.

Kapitalflucht

Umfangreiche Verlagerung von Vermögenswerten ins Ausland. Auslöser ist meist die Furcht vor Vermögenseinbußen etwa durch staatliche Zwangsabgaben (»Steuerflucht«), Inflation oder politische Repressalien. Tritt sie in größerem Ausmaß auf, kann K. erhebliche wirtschaftliche Schäden anrichten. Betroffen sind v. a. Entwicklungsländer. Im Unterschied zum (legalen) Kapitalexport ist Kapitalflucht häufig mit illegalen Praktiken verknüpft.

➡ Steueroase ➡ Steuerhinterziehung

Kapitalgesellschaft

Gesellschaftsform, bei der die Beteiligung der Gesellschafter nur mit ihrem Kapital im Vordergrund steht. Sie unterscheidet sich von der Personengesellschaft, für die der persönliche Einsatz der Gesellschafter kennzeichnend ist, etwa mit ihrer Arbeitskraft, ihrer Kreditfähigkeit und ihrem Privatvermögen. Der Vorteil der K. liegt in der Beschränkung der Haftung auf das Gesellschaftsvermögen. Die Aktiengesellschaft ist der ausgeprägteste Typ der K., denn hier ist die Leitung des Unternehmens (der Vorstand als handelndes Organ) von den Aktionären (Gesellschaftern) weitgehend getrennt. Daneben werden auch die Gesellschaft mit beschränkter Haftung (GmbH) und die Kommanditgesellschaft auf Aktien (KGaA) zu den Kapitalgesellschaften gezählt, letztere hat allerdings einen persönlich haftenden Gesellschafter, den Komplementär. Jede Kapitalgesellschaft unterliegt als Körperschaft des privaten Rechts der Körperschaftsbesteuerung.

Kapitalimport

Wenn Ausländer Vermögen im Inland anlegen. Gegenstück zum Kapitalexport. Unter K. fallen alle Transaktionen, die die Verbindlichkeiten gegenüber dem Ausland wachsen lassen, wie z. B. der Kauf von Bundesanleihen durch Gebietsfremde oder die Finanzierung von Importen durch Lieferantenkredite. Zum K. zählt aber auch, wenn Forderungen an das Ausland schrumpfen, etwa weil ein inländisches Unternehmen eine ausländische Tochtergesellschaft verkauft. Auf Kapitalimport sind nicht nur viele Entwicklungsländer angewiesen. Größter Kapitalimporteur sind derzeit die USA, die damit ihre gewaltigen Importüberschüsse finanzieren.

Kapitalintensität

Bezeichnet das Verhältnis zwischen dem Kapitalstock eines Unternehmens zu seiner Erwerbstätigenzahl (Kapitalstock/Erwerbstätigenzahl = Kapitalintensität). Dieses Verhältnis ist von erheblicher volkswirtschaftlicher Bedeutung. Wenn ein Unternehmen zusätzlich in Kapitalgüter investiert, steigt die verfügbare Kapitalmenge je Arbeitskraft und damit i. d. R. die Produktionsleistung. Die Kapitalintensität wird in Deutschland im Rahmen der volkswirtschaftlichen Gesamtrechnung ermittelt. Nach Berechnungen des Statistischen Bundesamtes ist sie in Deutschland im Jahre 2005 mit 288.000 € je Erwerbstätigem real etwa doppelt so hoch wie im Jahr 1970 im früheren Bundesgebiet (143.000 €).

Kapitalismus

Wirtschaftssystem, das auf dem Privateigentum an Produktionsmitteln beruht und im Idealfall den gesamten Steuerungsprozess dem Markt überlässt (Marktwirtschaft). Die dort herrschende allgemeine Vertragsfreiheit gilt auch für Arbeitsverhältnisse. Arbeit und Kapital sind im K. getrennt, Arbeitskraft muss wie eine Ware ge- und verkauft werden. Motor des K. ist das (egoistische) Streben aller Wirtschaftsakteure nach möglichst hohem Gewinn. Einen »reinen« K., der die Marktkräfte völlig frei schalten lässt, gibt es nur in der Theorie. In der Praxis existieren K.-Varianten, die sich nur durch den Grad staatlicher Eingriffe (Regulierungen) in das Wirtschaftsgeschehen voneinander unterscheiden (rhein. K., angloamerik. K.). Die zunehmende Abhängigkeit der Realwirtschaft von der Entwicklung an den Finanzmärkten schlägt sich in neuen Wortschöpfungen wie Shareholder-Value-K. oder Casino-K. nieder.

➡ Finanzmarktkrise ➡ Konjunkturpaket I und II

Kapitalkoeffizient

Gibt an, wie viel Kapital (also dauerhafte Produktionsmittel) erforderlich ist, um eine bestimmte Produktionsmenge herzustellen. Er ist betrieblich und gesamtwirtschaftlich definiert als Verhältnis von Kapitalstock (Bruttoanlagevermögen) und erzeugter Produktionsmenge (Bruttowertschöpfung).

Kapitalmangelarbeitslosigkeit

Arbeitslosigkeit, die durch einen Mangel an Sachkapital entstanden ist. K. kann z. B. darauf zurückzuführen sein, dass keine Finanzierungsmöglichkeiten für Investitionen vorhanden waren oder aber auf politische und wirtschaftspolitische Unsicherheit, die Investitionsplanungen und Kapazitätsausweitungen erschweren oder sogar unmöglich machen. Das fehlende Sachkapital gehört zu den wichtigsten Ursachen der Arbeitslosigkeit in Entwicklungsländern.

Kapitalmarkt

Umfasst alle Einrichtungen, an denen längerfristige Finanzinstrumente wie festverzinsliche Wertpapiere (Rentenpapiere) oder Aktien gehandelt werden. Er bringt Anbieter von Kapital (Sparer, Anleger) mit Nachfragern nach Kapital (Haushalte,Unternehmen, Staat) zusammen und soll über den Preismechanismus (Kurs) für eine optimale Verwendung des Kapitals sorgen, was wiederum als wohlstandssteigernd gilt. Wegen ihrer großen volkswirtschaftlichen Bedeutung – und um Betrügereien zu verhindern – unterliegen K. (Börsen) meist einer Form von staatlicher Aufsicht. Auf dem sog. Primärmarkt beschaffen sich private oder öffentliche Institutionen frisches Kapital durch die Ausgabe neuer Wertpapiere. Auf dem Sekundärmarkt werden umlaufende Finanzinstrumente gehandelt.

➡ Börse

Kapitalrendite

Gewinn, der innerhalb einer bestimmten Periode im Verhältnis zum eingesetzten Kapital erzielt wird.

Kapitalstock

Gesamtkapital eines Unternehmens oder einer Volkswirtschaft.

➡ Kapitalkoeffizient

Kapitalverkehr

Bezeichnet grenzüberschreitende, internationale Kapitalbewegungen. Beim sog. induzierten Kapitalverkehr handelt es sich um Zahlungen, die durch Importe und Exporte von Waren und Dienstleistungen verursacht werden. Der sog. autonome Kapitalverkehr umfasst davon unabhängige Transfers von Bargeld und Kapitalanlagen. Auf Letzteren entfällt inzwischen der Löwenanteil der internationalen Finanzströme. Ein (von staatlichen Eingriffen) freier Kapitalverkehr gehört zu den sog. 4 Grundfreiheiten der EU und gilt damit als eines der zentralen Elemente des Binnenmarkts. Allerdings konnte in der im Jahre 2008 erkennbar gewordenen weltweiten Finanzmarktkrise der Kapitalverkehr nur durch massive Eingriffe der Staaten sichergestellt werden.

Kartell

Vereinbarung, mit der unabhängige Unternehmen versuchen, den Wettbewerb untereinander einzuschränken oder zu verhindern. Als Mittel dienen etwa Preisabsprachen oder die Aufteilung von Absatzgebieten. Besonders gefährdet durch Kartelle sind Märkte für Produkte, die sich nur wenig oder gar nicht unterscheiden. Da Kartelle i. d. R. die Kunden benachteiligen, sind sie in vielen Ländern untersagt oder bedürfen

staatlicher Genehmigung. In Deutschland ist das Bundeskartellamt zuständig. Es kann unter bestimmten Umständen Ausnahmen vom Kartellverbot zulassen.
➡ Rabattkartell

Kaufkraft

Bezeichnet die Menge an Gütern, die ein Wirtschaftssubjekt mit dem ihm zur Verfügung stehenden Geld kaufen kann. Sie hängt von der Höhe des verfügbaren Einkommens, dem Preisniveau und der Preisentwicklung ab. Bleibt das Einkommen gleich und steigen die Preise, sinkt die K. und mit ihr der Geldwert. Für internationale Wirtschaftsvergleiche wird häufig die sog. Kaufkraftparität herangezogen. Sie zeigt an, wie viel Geld in verschiedenen Ländern unabhängig vom Wechselkurs für jeweils gleiche Güter bezahlt werden muss. Nach der Kaufkraftparitätentheorie hängen die Wechselkurse langfristig von der Preisentwicklung in den jeweiligen Ländern ab.

Kaufkraftparität

Maßstab, um ökonomische Größen verschiedener Währungsgebiete miteinander vergleichen zu können. Der Maßstab ist die gleiche Kaufkraft, also die gleiche Menge gleichartiger Güter. Daran lässt sich ablesen, wie viel Güter mit dem aktuellen BIP in den jeweiligen Währungsgebieten gekauft werden können. Am häufigsten wird die K. im Zusammenhang mit Wechselkursen angewendet. K. für Wechselkurse gibt an, zu welchem Kurs 2 Währungen getauscht werden müssten, damit bei den jeweiligen Preisniveaus in den Währungsgebieten die gleichen Gütermengen gekauft werden können. Sie dienen als Orientierung bei der Beurteilung von Wechselkursänderungen.
➡ Aufwertung ➡ Abwertung ➡ Terms of Trade

Kerninflationsrate

Inflationsrate, die bereinigt wurde um stark schwankende Preise von Gütern, deren Handel von saisonalen (z. B. Nahrungsmittel) oder spekulativen (Öl und Energie) Einflüssen geprägt ist. Die K. soll die inflationäre Grundtendenz jenseits starker Schwankungen widerspiegeln. Sie wird von Zentralbanken zur Orientierung verwendet.

Keynes Plan

Bestand darin, gegen Ende des Zweiten Weltkriegs eine Zahlungsunion verschiedener Währungsgebiete zu schaffen. Ausgangspunkt der Überlegungen war, ein stabiles Währungssystem zu konstruieren. Der K. sah vor, dass die Wechselkurse fest waren, auch wenn sie im Laufe der Zeit angepasst werden konnten. Weiterhin war die Schaffung einer International Clearing Union (ICU) vorgesehen, bei der alle Zentralbanken der Mitgliedsländer Konten hielten, auf denen die internationalen Zahlungsströme in einer Buchgeldwährung (Bancor) verbucht wurden. Auf diesen Konten sollten sowohl die Überschüsse als auch die Defizite im internationalen Zahlungsverkehr auflaufen. Um den Mitgliedsländern Anreize zu geben, weder zu hohe Überschüsse noch und zu hohe Defizite zu kumulieren, waren Strafzinsen ab ein einem gewissen Niveau vorgesehen, die aus einer vorher zu leistenden Einlage hätten gezahlt werden müssen. Der K. sah somit eine symmetrische Abhängigkeit der Geldpolitik der verschiedenen Länder über die Buchgeldwährung Bancor vor, da die Geldpolitik jedes Landes so gestaltet werden musste, dass übermäßige Überschüsse und Defizite vermieden würden. Der K. wurde abgelehnt. Stattdessen trat das Bretton-Woods-Abkommen in Kraft, durch das die beteiligten Währun-

gen an den US-Dollar gebunden wurden und somit die Geldpolitik der einzelnen Länder einseitig von der amerik. Zentralbank abhängig war.
➡ Bretton-Woods-System

Keynes-Effekt

Der K. beschreibt, wie gesamtwirtschaftliche Preissteigerungen auf die Güternachfrage wirken. So haben sie laut der keynesianischen Theorie keinen unmittelbaren Einfluss auf Nachfrage, sondern nur einen mittelbaren über den Geldmarkt. Höhere Preise führen dazu, dass der Wert des Geldes, das die Zentralbank unverändert zur Verfügung stellt, real – also preisbereinigt – sinkt. Es besteht damit ein Nachfrageüberschuss nach Geld, um die laufenden Transaktionen tätigen zu können. Ein solcher Überschuss führt zu steigenden Zinsen auf dem Geldmarkt. Damit verteuern sich aber die Investitionen und die gesamtwirtschaftliche Nachfrage nimmt als Folge der höheren Preise ab.

Keynesianische Theorie

Geht auf die Lehren von John Maynard Keynes zurück, der das moderne gesamtwirtschaftliche Denken stark geprägt hat. Vor den entscheidenden Arbeiten von Keynes war man der Ansicht, dass die gesamtwirtschaftliche Wirtschaftsaktivität allein vom Angebot an Gütern bestimmt würde. In den meisten Modellen dieser Zeit war Arbeitslosigkeit ein vorübergehendes Phänomen, das sich bei flexiblen Preisen und Löhnen rasch verflüchtigt. Doch die Weltwirtschaftskrise von 1929 mit ihrer bedrückenden Massenarbeitslosigkeit weckten bei Keynes Zweifel an dieser Theorie, und er zeigte in seiner »General Theory of Employment, Interest and Money« (1936), dass die Nachfrage nach Gütern der bestimmende Faktor für die gesamtwirtschaftliche Aktivität ist. In dieser Sichtweise spielen die Einkommen der privaten Haushalte und die Renditeerwartungen der Unternehmen eine zentrale Rolle, denn sie bestimmen über Konsum und Investitionen, die den Kern der gesamtwirtschaftlichen Nachfrage bilden. Die Beziehungen zwischen Einkommen und Konsum sowie insbesondere zwischen Renditeerwartungen und Investitionen sind dabei von fundamentalen Unsicherheiten geprägt. Sind sie zu hoch, halten sich die Konsumenten beim Konsum und die Unternehmen bei den Investitionen zurück. Diese Reaktionen können sich selbst verstärken und in einer tiefen Krise enden, die von anhaltender Massenarbeitslosigkeit gezeichnet ist. Eine solche Krise ist laut Keynes nur durch Eingriffe von »außen« zu überwinden. Denn Preis- und Lohnsenkungen würden die Einkommens- und Renditeunsicherheit verschärfen. Dagegen könnte ein Nachfrageschub aus dem Ausland, der zu höheren Einkommen und verbesserten Gewinnaussichten führt, die Wirtschaft wieder stabilisieren. Ob dies jedoch rechtzeitig geschieht, ist meist ungewiss. Daher ist mit der K. auch die Forderung nach einer binnenwirtschaftlichen Stabilisierungspolitik verbunden: zum einen mithilfe der Fiskalpolitik, durch die der Staat den Ausfall der privaten Nachfrage ersetzt und damit Einkommen und Gewinne stabilisiert; zum Zweiten mithilfe der Geldpolitik, die durch ein erhöhtes Geldangebot und dadurch sinkende Zinsen die privaten Investitionen und den privaten Konsum anregt. Erst diese wirtschaftspolitischen Eingriffe vermögen, die Krise zu überwinden und mit wieder steigenden Einkommen und optimistischen Gewinnaussichten einen Impuls auszulösen, der sich selbst immer mehr verstärkt. Diese wirtschaftspolitische

Sichtweise bestimmte das Handeln der Wirtschaftspolitik bis an Anfang der 1970er-Jahre. Danach geriet sie v. a. durch hohe Inflation und hohe Staatsverschuldung in Verruf. Erst seit Beginn der 1990er-Jahre werden die Lehren der K. in den USA wieder angewandt, während sie in Europa und v. a. in Deutschland zunächst weiterhin skeptisch gesehen wurden. Erst mit der Finanzmarktkrise von 2008 gewannen Überlegungen auf der Basis der K. wieder an Gewicht.

Keynesianisch-neoklassische Synthese

Geht wie die keynesianische Theorie von Märkten aus, auf denen Arbeitslosigkeit durch ungenügende gesamtwirtschaftliche Nachfrage entstehen kann. Quelle dieser Arbeitslosigkeit sind aber – anders als bei Keynes – nicht gedrückte Einkommens- und Gewinnperspektiven, die von fundamentaler Unsicherheit erzeugt werden, sondern träge Preis- und Lohnmechanismen, die sich nicht rasch genug an neue Gegebenheiten anpassen. Findet diese Anpassung im Laufe der Zeit statt, herrschen die Gesetzmäßigkeiten neoklassischer Modelle. Man kann die K. somit auch als ein auf kurze Sicht keynesianisches und auf lange Sicht neoklassisches Modell verstehen.

➡ Neoklassik

Keynesianismus

Bezeichnung für die verschiedenen Schulen in der Nachfolge keynesianischer Theorien. Wichtigste Strömungen des K. sind die Postkeynesianer, die Neokeynesianer und die Neukeynesianer.

➡ Postkeynesianismus

KfW

➡ Kreditanstalt für Wiederaufbau

Kinderfreibetrag

Steuerlicher Freibetrag, der das Existenzminimum des Kindes steuerfrei stellen soll. Er wird bei der Veranlagung zur Einkommensteuer vom zu versteuernden Einkommen abgezogen (§ 32, Abs. 6 EStG). Der K. gehört zum Familienlastenausgleich. Er soll einen Ausgleich zwischen den Lasten herbeiführen, die auf der einen Seite Familien und auf der anderen Seite Personen ohne Kinder zu tragen haben. Dahinter steht der Gedanke, die Leistungen von Familien zur Erhaltung der Gesellschaft durch Nachwuchs und dessen gesellschaftskonforme Sozialisation finanziell anzuerkennen. Seit 1996 können Familien zwischen K. oder Kindergeld wählen (Optionsmodell). Durch den K. werden Familien mit höheren Einkommen tendenziell stärker entlastet als Familien mit niedrigen Einkommen. Dieser Effekt wurde u. a. durch die Erhöhung des Kindergeldes abgemildert, dass für Familien mit geringerem Einkommen i. d. R. günstiger ist als die Inanspruchnahme des Freibetrags.

Kindergeld

Staatliche Geldleistung für Kinder. Ihre Erziehungsberechtigten müssen entweder ihren Wohnsitz oder ihren gewöhnlichen Aufenthalt im Inland haben oder, als nicht freizügigkeitsberechtigte Ausländer, zumindest eine Niederlassungs- bzw. Aufenthaltserlaubnis für das Bundesgebiet besitzen. Die Höhe des K. für das erste bis zweite Kind beträgt ab dem 1.1.2009 164 €, für das dritte Kind 170 € sowie für ein viertes und weitere Kinder jeweils 195 € monatlich. Es wird bis zum 18. Lebensjahr gewährt. Soweit das Kind sich in der Ausbildung befindet, verlängert sich der Anspruch bis zum 25. Lebensjahr, in besonderen Einzelfällen auch darüber hinaus. Zusätzlich kann bei geringem Einkommen und Vermögen der Eltern noch ein Kinderzuschlag gewährt werden (§ 6 a Kindergeldgesetz). Das K. soll das steuerfreie Existenzminimum von Familien sicherstellen. Erst ein Betrag, der darüber hinausgeht, kann also als echte Familienförderung angesehen werden. Grundsätzlich können Familien zwischen K. oder Kinderfreibetrag wählen.

Kirchensteuer

Steuer, welche eine inländische Religionsgemeinschaft, die als Körperschaft des öffentlichen Rechts anerkannte ist, von ihren Mitgliedern aufgrund gesetzlicher Bestimmung erhebt. Folglich stellt die K. einen Akt der öffentlichen Gewalt und keine innerkirchliche Angelegenheit dar. Die Rechtsgrundlage für das Steuererhebungsrecht ergibt sich aus den Kirchensteuergesetzen. Weitere Gebiete, auf denen den Kirchen staatliche Gewalt übertragen wurde, sind die theologischen Fakultäten an Universitäten, der Religionsunterricht an Schulen und die Verwaltung von Friedhöfen. Ansonsten üben Kirchen keine staatliche Gewalt aus (Grundsatz der Trennung von Staat und Kirche). Die K. beträgt je nach Bundesland zwischen 8–9 % der Einkommensteuer und ist bei der Einkommensteuerklärung als Sonderausgabe abzugsfähig.

Klassik

Zusammenfassende Bezeichnung für das Gedankengebäude, das v. a. liberale brit. Ökonomen des 18. und 19. Jh. in der Abkehr vom Merkantilismus entwickelten. Mit seinem Werk »Der Wohlstand der Nationen – Eine Untersuchung seiner Natur und seiner Ursachen« schuf Adam Smith (* 1723 † 17.7.1790), der bedeutendste liberale Denker, das Fundament einer eigenständigen wissenschaftlichen Disziplin, der klassischen Nationalökonomie. Nach Smith ist der auf seinen wirtschaftlichen Vorteil bedachte Eigennutz die treibende Kraft wirtschaftlichen Handelns, die den Wohlstand aller schafft. Was man zum Essen brauche, erhalte man vom Metzger, Brauer oder Bäcker nicht aus Wohlwollen, sondern weil sie ihre eigenen Interessen verfolgten. Dieser Egoismus führt nach Smith bei freiem Wettbewerb zu steigendem Wohlstand aller. Die Wirtschaft soll nicht weiter vom Staat bevormundet, sondern dem selbsttätigen Markt überlassen werden. Denn die sog. »unsichtbare Hand«, ein funktionierender Preis- und Marktmechanismus, lenkt das Marktgeschehen: Wird ein Gut am Markt verstärkt nachgefragt, steigt sein Preis und die Produzenten erhalten das Signal, mehr davon zu produzieren. Sinkt die Nachfrage, so wird auch der Preis fallen und die Produzenten werden sich zurückhalten. Der Preis hat also eine koordinierende Funktion. Er räumt bei vollständiger Konkurrenz den Markt und führt damit zum Marktgleichgewicht. Lohn ist der Preis der Arbeit. Daher wird sich nach Meinung der Klassiker auch bei freier Preisbildung auf dem Arbeitsmarkt Vollbeschäftigung einstellen. Dem Staat wird in den Modellen der Klassiker eine untergeordnete Funktion zugewiesen. Er ist Garant der individuellen Freiheit und hat den ordnungspolitischen Rahmen bereitzustellen. Die Klassiker waren Begründer des wirtschaftlichen Liberalismus. Weil in ihren Modellen der Preismechanismus immer wieder den Markt räumt, finden in den Analysen allerdings Unterbeschäftigung, Wirtschaftskrisen oder Unterinvestitionen zu wenig Beachtung.

➡ Liberalismus ➡ Neoklassik ➡ Neoliberalismus

Klassische Dichotomie

Mit K. bezeichnet man die Sichtweise klassischer und teilweise auch neoklassischer Ökonomen, dass Güter- und Geldmarkt getrennt voneinander funktionieren. Eine Folge davon ist, dass reale und monetäre Sphäre völlig voneinander getrennt sind und man mit Geldpolitik z. B. die reale Wirtschaft nicht stimulieren könnte, wenn es eine K. gäbe. In der modernen Makroökonomie wird i. d. R. keine strikte Trennung zwischen Güter- und Geldmarkt angenommen.

➠ Klassik ➠ Neoklassik

Klassische Zinstheorie

Behauptet, dass der (Kapitalmarkt-) Zins durch das Verhältnis von Sparen und Investieren bestimmt wird und beide Größen ins Gleichgewicht bringt. Je mehr – unter sonst gleichen Bedingungen – gespart wird, desto niedriger der Zins und umgekehrt. Die Geldmenge – und damit auch die Geldpolitik der Notenbanken – hat keinen oder allenfalls einen vorübergehenden Einfluss auf die Zinshöhe. Sie hängt allein von den realwirtschaftlichen Gegebenheiten ab. Die Hypothese gilt inzwischen als widerlegt. Die K. versteht den Zins als Allokationsmechanismus für Kapital. Er sorgt also dafür, dass das Kapital dorthin strömt, wo es am dringendsten benötigt wird. Dort, wo der Zins hoch ist, ist offenbar die Rendite für Kapital hoch; deshalb wird Kapital auch dorthin fließen. Umgekehrt ist, wo nur niedrige Zinsen gezahlt werden, der Kapitalbedarf gering, weshalb in diese Branchen oder Regionen entsprechend weniger Kapital streben wird. Am Ende steht laut K. eine optimale Verteilung von Kapital.

Koalitionsfreiheit

Das Recht von jedermann, mit anderen Koalitionen zur Wahrung und Förderung von Arbeits- und Wirtschaftsbedingungen zu bilden (Art. 9, Abs. 3 GG). Koalitionen sind Vereinigungen wie z. B. Gewerkschaften und Arbeitgeberverbände. Sie sind berechtigt, auf dem Boden dieses Grundrechts Tarifverträge zu vereinbaren. Die K. ist ein Freiheitsrecht und daher ein Abwehrrecht gegen Eingriffe des Staates, sie kann jedoch – als Ausnahmefall unter den Grundrechten – auch unmittelbar gegen Eingriffe von privater Seite schützen. Die individuelle K. umfasst die Bildung eines Verbandes, den Beitritt und den Verbleib in selbigem, die kollektive K. hingegen die Bestandsgarantie, die Verbandsautonomie und die Betätigungsgarantie. Diese richtet sich v. a. auf den Arbeitskampf und die Tarifautonomie, also die Verhandlung und Vereinbarung von Tarifverträgen.

Kohäsionsfonds

Mit dem K. soll der wirtschaftliche und soziale Zusammenhalt zwischen den Mitgliedstaaten der EU gefördert werden. Finanziell gefördert werden seit 1994 v. a. Umwelt- und Verkehrsprojekte. In den Genuss kommen Länder, deren Pro-Kopf-Einkommen unter 90 % des Gemeinschaftsdurchschnitts liegt. Zwischen 2000 und 2006 stellte der K. mehr als 28 Mrd. € bereit.

Kohlepfennig

Abgabe, die jeder Stromverbraucher in der Bundesrepublik von 1974–1995 zahlen musste. Mit den Einnahmen wurde zur Erzeugung von Elektrizität der Einsatz heimischer Steinkohle subventioniert, die im Vergleich zur Importkohle teurer war. Letztlich wurden damit Hunderttausende von Arbeitsplätzen gestützt.

Kollektivgüter

➟ Öffentliche Güter

Kombilohn

Instrument, um niedrige Löhne durch staatliche Zuschüsse an den Arbeitnehmer oder den Arbeitgeber aufzustocken. Das soll v. a. Arbeitslose mit geringer Qualifikation ermuntern, sog. Billigjobs als mögliche Brücke in den ersten Arbeitsmarkt anzunehmen. Die bisherigen Experimente mit Kombilöhnen wie dem »Mainzer Modell« brachten allerdings nicht den erhofften Erfolg. Kritiker befürchten, dass durch Kombilöhne der Niedriglohnsektor noch vergrößert wird, da Arbeitgeber die Existenz staatlicher Zuschüsse nutzen, um die Löhne weiter zu drücken.

➟ Niedriglohnsektor

Kommunismus

Der K. gründet auf der von Karl Marx (* 5.5.1818 † 14.3.1883) und Friedrich Engels (* 28.11.1820 † 5.8.1895) entwickelten Lehre und Theorie des Marxismus. Nach Marx wird dem Zusammenbruch des Kapitalismus eine Übergangsphase des Sozialismus folgen, der sich am Ende in eine klassenlose kommunistische Gesellschaft umwandeln wird, in der das Privateigentum an Produktionsmitteln abgeschafft ist. Die Grundgedanken wurden v. a. von Lenin weiterentwickelt und führten zur Bildung kommunistischer Herrschaftsformen, deren mächtigste die Sowjetunion war. Diese strebte eine kommunistische Gesellschaft als Endziel an, das aber 1991 aufgegeben wurde. Das sich zu einer Wirtschaftsmacht entwickelnde China hält dagegen am K. fest.

➟ Marxismus

Komparative Kosten

➟ Theorie der komparativen Kosten

Kondratieff-Zyklus

Nach N. D. Kondratieff (russ. Ökonom, * 4.3.1892 † 17.9.1938) benannter Konjunkturverlauf, auch bekannt als »Theorie der Langen Wellen«. Nach der Hypothese, die Kondratieff als erster Ökonom mit einer umfangreichen statistischen Analyse zu belegen versuchte, verläuft die konjunkturelle Entwicklung zwischen Expansion und Kontraktion in sich wiederholenden Zyklen von 48–60 Jahren. Die langen Wellen der wirtschaftlichen Entwicklung, so Kondratieff, wohnen dem kapitalistischen Wirtschaftssystem inne.

➟ Marxismus

Konferenz der Vereinten Nationen für Handel und Entwicklung (UNCTAD)

Sonderorganisation der Vereinten Nationen mit derzeit 193 Mitgliedern. Sie wurde 1964 in Genf gegründet. Ihre Aufgabe ist die Förderung des internationalen Handels zwischen Industrie- und Entwicklungsländern, um deren Entwicklung zu unterstützen. Dies wollte man insbesondere durch Grundsätze und Richtlinien für den internationalen Handel erreichen, um die Handels- und Entwicklungspolitik zu harmonisieren. Die Resolutionen der Konferenz, die alle 4 Jahre tagt und der mehrheitlich Entwicklungsländer angehören, haben nur empfehlenden Charakter. Durch die Gründung der Welthandelsorganisation (WTO) wurde die Bedeutung der UNCTAD eingeschränkt. Seit der Konferenz von Midrand 1996 (Südafrika) besteht ihre wesentliche Aufgabe darin, Entwicklungsländer und Staaten des ehemaligen Ostblocks in den freien Welthandel zu integrieren. Sie ist ein konsensstiftendes Forum, das zu diesem Zweck Informationen, Untersuchungen und politische Analysen bereitstellt.

Konjunktur

Aktuelle Gesamtlage einer Wirtschaft zu einem bestimmten Zeitpunkt. Die Konjunkturlage und die Konjunkturschwankungen werden durch Konjunkturindikatoren angezeigt. Der umfassendste Maßstab für die K. ist das Bruttoinlandsprodukt.

➠ Indikator

Konjunkturabschlag

Allgemein: ein Abschlag auf ökonomische Größen wegen schlechter Konjunktur. Dies kann sich auf Preise oder auch Aktienkurse beziehen. Ein K. ist auch im Stabilitäts- und Wachstumsgesetz vorgesehen. Bei schlechter Konjunktur kann die Bundesregierung einen K. von bis zu 10 % bei der Einkommens- und Körperschaftssteuer vornehmen, um die Nettoeinkommen und Gewinne zu stabilisieren.

➠ Gesetz zur Förderung der Stabilität und des Wachstums der Wirtschaft

Konjunkturausgleichsrücklage

Instrument einer antizyklischen Konjunkturpolitik. Nach §§ 5 und 15 Stabilitäts- und Wachstumsgesetz (StWG) kann die Bundesregierung mit Zustimmung des Bundesrats in der Hochkonjunktur anordnen, dass Bund und Länder ihren K. Finanzmittel zuführen. Dadurch sollen die Staatsausgaben gebremst werden, falls die Nachfrage die volkswirtschaftliche Leistungsfähigkeit übersteigt. Die frei gewordenen Mittel der K. sollen in einer Phase der Konjunkturabschwächung dazu genutzt werden, die Wirtschaftstätigkeit wieder anzukurbeln.

➠ Gesetz zur Förderung der Stabilität und des Wachstums der Wirtschaft

Konjunkturelle Arbeitslosigkeit

K. ist die Arbeitslosigkeit, die durch einen konjunkturellen Aufschwung wieder abgebaut werden kann. Ihre Berechnung ist schwierig und mit hohen Unsicherheiten behaftet, da eine exakte Trennung zwischen Konjunktur und Struktur angesichts unregelmäßiger Konjunkturzyklen nicht möglich ist.

Konjunkturneutraler Haushalt

Der um Konjunkturschwankungen bereinigte Saldo der öffentlichen Haushalte. Der Begriff des K. wird auch synonym zu dem des strukturellen Defizits verwendet.

➠ Strukturelles Defizit

Konjunkturpaket I und II

Die K. wurden im Zuge der Finanzmarktkrise 2008/2009 beschlossen, um den hierdurch ausgelösten schwer wiegenden Konjunktureinbruch aufzufangen. Nach anfänglichem Zögern wurde im Dezember 2008 zunächst das K. I beschlossen, das allerdings nur einen sehr begrenzten Umfang von rund 0,4 % vom Bruttoinlandsprodukt (BIP) aufwies und somit angesichts der tiefen Krise völlig unzureichend war. Es folgte daher das K. II im Februar 2009 dessen Größenordnung immerhin rund 2 % vom BIP betrug. Allerdings setzen die Wirkungen sehr verzögert ein. Kern des K. II war ein Investitionsprogramm für den Bund und die Kommunen v. a. im Bildungsbereich sowie Steuer- und Abgabensenkungen. Zusätzlich wurden noch eine Abwrackprämie für Altautos und ein Zuschlag zum Kindergeld gewährt.

➠ Konjunkturprogramm

Konjunkturpolitik

Wirtschaftspolitische Maßnahmen mit dem Ziel, die Konjunktur zu stabilisieren. Daher wird K. auch Stabilisierungspolitik genannt. K. besteht primär aus Geldpolitik und Fiskalpolitik. K. ist bei Rezession und Boom gleichermaßen ge-

fordert, um einerseits Arbeitslosigkeit und andererseits Inflation zu vermeiden.
➠ Konjunkturprogramm ➠ Konjunkturpaket I und II

Konjunkturprogramm
Ein Bündel von fiskalpolitischen Maßnahmen, um die Konjunktur zu stimulieren. Gefordert sind K. bei schlechter Konjunktur, im Wesentlichen bei Rezessionen. Folgt man keynesianischen Theorien, ersetzen K. den privaten Nachfrageausfall und beleben damit die Konjunktur. In Deutschland wurden K. wegen Zweifeln an ihrer Wirksamkeit zuletzt Mitte der 1970er- und Anfang der 1980er-Jahre aufgelegt. In den USA geschah dies auch während der jüngsten Rezession 2001. Im Ergebnis haben die USA die Krisen damit schneller bewältigt. Erst mit der Finanzmarktkrise 2008 wurden auch in Deutschland wieder K aufgelegt.
➠ Konjunkturpaket I und II

Konjunkturschwankungen
Veränderungen der wirtschaftlichen Dynamik mit mittlerer Frequenz, die sich im Lauf eines Konjunkturzyklus ergeben. Diese Veränderungen sind zwischen kurzfristigen (z. B. saisonalen) Schwankungen und langfristigen Änderungen des Wachstumstrends anzusiedeln und werden v. a. durch eine schwankende Nachfrage ausgelöst.

Konjunkturtheorie
Versucht mittels ökonomischer Ansätze Konjunkturschwankungen zu erklären. Die bekanntesten K. sind keynesianische und monetaristische Ansätze.
➠ Keynesianische Theorie ➠ Monetarismus

Konjunkturzuschlag
Allgemein: ein Zuschlag auf ökonomische Größen bei sehr guter Konjunktur. Dies kann sich auf Preise oder auch Aktienkurse beziehen. Ein K. ist auch im Stabilitäts- und Wachstumsgesetz vorgesehen. In Boomphasen kann die Bundesregierung einen K. von bis zu 10 % bei der Einkommens- und Körperschaftssteuer vornehmen, um die Nettoeinkommen und Gewinne zu dämpfen und damit Inflation zu vermeiden.
➠ Gesetz zur Forderung der Stabilität und des Wachstums der Wirtschaft

Konjunkturzyklus
Umfasst die verschiedenen Phasen der Konjunktur. Er besteht nach gängiger Auffassung aus Aufschwung, Boom, Abschwung und Rezession. Dieser Ablauf wiederholt sich immer wieder in der gleichen Reihenfolge. Entgegen dem üblichen Verständnis von Zyklen ist im Konjunkturverlauf eine Regelmäßigkeit nur schwer zu entdecken, da der K. sehr stark durch irreguläre und globale Einflüsse wie Turbulenzen an den Finanzmärkten oder auch Währungskrisen bestimmt wird.

Konsolidierung
In der Makroökonomie: die Sanierung der Staatsfinanzen, d. h. Einnahmen und Ausgaben werden durch Sparen und Steuererhöhungen nach einer Phase hoher Verschuldung wieder zur Übereinstimmung gebracht. K kann auch betriebs- oder finanzwirtschaftlich verstanden werden. Dann bezeichnet K. die Sanierung eines Unternehmens oder Konzerns.

Konsum
[Lat.: consumere = verbrauchen] Bezeichnet den Verzehr oder Verbrauch von Gütern. Der K. steht in einem ökonomischen Gegensatz zur Ersparnis und zu Investitionen. Im Rahmen der volkswirtschaftlichen Gesamtrechnung ist der

K., der durch die Ausgaben für Konsumgüter gemessen wird, die wichtigste Komponente der gesamtwirtschaftlichen Wertschöpfung. Es gibt die privaten Konsumausgaben, die von den privaten Haushalten getätigt werden, und den K. des Staates.

➡ Staatlicher Konsum

Konsumausgaben des Staates

➡ Staatlicher Konsum ➡ Keynesianische Theorie

Konsumentenrente

Differenz zwischen dem Preis, den der Konsument für ein Gut, auf das er nicht verzichten will, zu zahlen bereit ist und dem Marktpreis. Beispiel: Wenn ein Konsument bereit ist, für ein Brot 3 € zu zahlen, auf dem Markt aber nur 2 € für das Brot gefordert werden, so beträgt seine Konsumentenrente bzw. der sog. Nettonutzen 1 €.

Konsumgutschein

Eine v. a. in den USA und Japan in Form von Steuergutschriften angewandte Methode, den privaten Verbrauch zu stimulieren. Dies geschieht, indem pro Haushalt oder pro Kopf ein festgelegter Betrag zur Verfügung gestellt wird, der bis zu einem bestimmten Zeitpunkt ausgegeben werden muss. K. wirken schnell, allerdings nur kurzfristig. Sie sind daher nur bei weniger schwer wiegenden Konjunktureinbrüchen zu empfehlen oder aber als Übergang bis z. B. ein öffentliches Investitionsprogramm wirksam wird.

Konsumquote

Verhältnis aller Konsumausgaben eines Haushalts oder einer Volkswirtschaft zum verfügbaren oder ausgabefähigen Einkommen. In Deutschland betrug die K. insgesamt 56 % im Jahr 2007. Zu unterscheiden ist die durchschnittliche K. (Anteil der Konsumausgaben vom Einkommen) und die marginale K., die die Änderung des Konsums bei verändertem Einkommens zueinander ins Verhältnis setzt. Nach einer Hypothese von J. M. Keynes erhöhen Menschen bei steigendem Einkommen ihren Konsum; der Anstieg ihrer Konsumausgaben bleibt aber hinter dem Anstieg des Einkommens zurück, sodass die Konsumquote bei steigendem Einkommen sinkt. Empirische Daten stützen diese Annahme: 2003 lag nach Angaben des Statistischen Bundesamts die durchschnittliche K. in Haushalten mit einem monatlichen Nettoeinkommen von weniger als 900 € bei 112 %. Diese Haushalte gaben also mehr aus, als sie einnahmen, die der Haushalte mit einem monatlichen Nettoeinkommen zwischen 5.000 und 1.800 € dagegen nur 59 %.

Konvergenzkriterien

➡ Maastricht-Kriterien

Konvertibilität

Möglichkeit, eine Währung frei und unbeschränkt in ausländische Währungen zum allgemein gültigen Wechselkurs umzutauschen. Als voll konvertibel gelten nur Währungen, die den zwischenstaatlichen Zahlungs- und Kapitalverkehr weder für In- noch Ausländer beschränken. Der Euro ist eine voll konvertible Währung.

Konvertierbarkeit

➡ Konvertibilität

Konzertierte Aktion

Abgestimmtes Vorgehen, mit dem verschiedene Akteure freiwillig ein gemeinsames Ziel anstreben. Anfang 1967 rief die Bundesregierung erstmals Vertreter des Staats, der Arbeitgeber, der

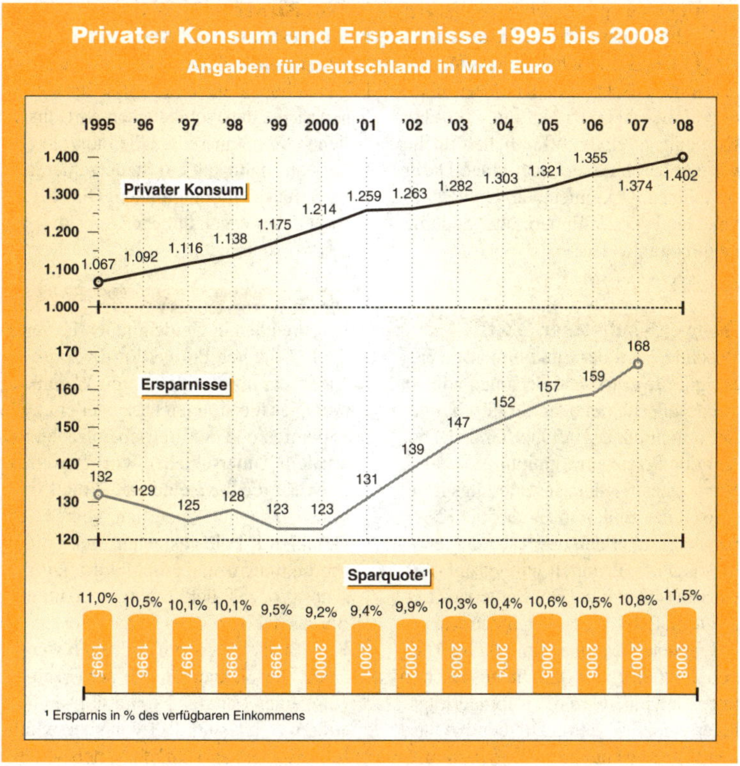
Privater Konsum und Ersparnisse 1995 bis 2008
Angaben für Deutschland in Mrd. Euro
1995 '96 '97 '98 '99 2000 '01 '02 '03 '04 '05 '06 '07 '08
1.400
1.300
1.200
1.100
1.000
Privater Konsum
1.067 1.092 1.116 1.138 1.175 1.214 1.259 1.263 1.282 1.303 1.321 1.355 1.374 1.402
170
160
150
140
130
120
Ersparnisse
132 129 125 128 123 123 131 139 147 152 157 159 168
Sparquote¹
11,0% 10,5% 10,1% 10,1% 9,5% 9,2% 9,4% 9,9% 10,3% 10,4% 10,6% 10,5% 10,8% 11,5%
1995 1996 1997 1998 1999 2000 2001 2002 2003 2004 2005 2006 2007 2008
¹ Ersparnis in % des verfügbaren Einkommens

Abb. 23 Quellen: Statistisches Bundesamt, Deutsche Bundesbank

Gewerkschaften, des Sachverständigenrats zur Begutachtung der wirtschaftlichen Entwicklung und der Deutschen Bundesbank zusammen. Ziel des Gesprächskreises war es, die damalige Wirtschaftskrise zu bekämpfen. Die Idee einer Zusammenarbeit verschiedener Interessengruppen geht auf keynesianisches Gedankengut zurück und wurde durch das 1967 verabschiedete Stabilitäts- und Wachstumsgesetz formalisiert. Die Treffen endeten 1977, als die Gewerkschaften wegen Auseinandersetzungen mit den Arbeitgebern die weitere Teilnahme verweigerten. Im selben Jahr wurde eine K. ins Leben gerufen, die den Kostenanstieg im Gesundheitswesen dämpfen sollte. Auch das 1998 initiierte Bündnis für Arbeit war eine K.

→ Gesetz zur Förderung der Stabilität und des Wachstums der Wirtschaft

Körperschaften

Aus mehreren Mitgliedern bestehende Organisationen in der Rechtsform einer juristischen Person. K. sind vom Wechsel ihrer Mitglieder unabhängig. Die Mitglieder treffen zumindest die Grundsatzentscheidungen für die Körperschaft. Zu den privatrechtlichen K. zählen rechtsfähige Vereine, Genossenschaften und Kapitalgesellschaften wie Aktiengesellschaften oder Gesellschaften mit beschränkter Haftung (GmbH). Körperschaften des öffentlichen Rechts werden durch Gesetz begründet. Darunter fallen z. B. Gemeinden, Universitäten, Handwerkskammern oder allgemeine Ortskrankenkassen.

➡ Körperschaftssteuer

Körperschaftsteuer (KSt)

Besondere Art der Einkommensteuer. Sie gilt für juristische Personen wie Aktiengesellschaften oder Gesellschaften mit beschränkter Haftung (GmbH), bestimmte Personenvereinigungen und Vermögensmassen. Besteuerungsgrundlage ist das Einkommen, das die Körperschaft innerhalb des Kalenderjahrs bezogen hat. Ermittelt wird es auf der Basis des Gewinns. Der Steuersatz beträgt seit 2001 für einbehaltene wie ausgeschüttete Gewinne einheitlich 25 %, von 2008 an 15 %. Auf die ausgeschütteten Gewinne wird die Kapitalertragsteuer von 20 % fällig. Dividenden werden allerdings nur zur Hälfte in die Bemessungsgrundlage für die persönliche Einkommensteuer der Anteilseigner einbezogen, um eine steuerliche Doppelbelastung (einmal bei der Körperschaft und einmal bei den Anteilseignern) zu verhindern. Dieses sog. Halbeinkünfteverfahren wird im Zuge der Unternehmensteuerreform 2008 abgeschafft und von 2009 an durch eine Kapitalertragsteuer (Abgeltungsteuer) von 25 % ersetzt. Die K. zählt zu den Gemeinschaftssteuern und fließt dem Bund und den Ländern zu. Ihr Aufkommen betrug 2006 rund 23 Mrd. €.

Kopfsteuer

Bei dieser Form der Besteuerung haben alle steuerpflichtigen Personen den gleich hohen Steuerbetrag zu entrichten, sodass die unterschiedlichen wirtschaftlichen Verhältnisse und die individuelle Leistungsfähigkeit der Steuerzahler keine Berücksichtigung finden. Die K. verstößt daher gegen übliche Gerechtigkeitsvorstellungen.

Kosten

K. geben den in Geldeinheiten bewerteten Einsatz von Produktionsfaktoren wider, der notwendig ist, um Waren und Dienstleistungen herzustellen, zu verkaufen und den Betrieb aufrechtzuerhalten. Unterschieden wird zwischen fixen K., die bei steigender Produktionsmenge unveränderlich bleiben, und variablen K., die ansteigen, wenn die Produktionsmenge erhöht wird. Durchschnitt- oder Stückkosten geben unter Berücksichtigung der Gesamtkosten die K. je Stück an. Als Grenzkosten werden K. bezeichnet, die bei der Erzeugung einer weiteren Produktionseinheit aufzuwenden sind. Der volkswirtschaftliche Kostenbegriff umfasst neben den Geldausgaben für die Produktionsfaktoren auch die Opportunitätskosten. Externe volkswirtschaftliche Kosten sind jene Aufwendungen, die nicht von den Verursachern getragen, sondern auf Dritte oder die Allgemeinheit abgewälzt werden. Dazu zählen v. a. Umweltschäden.

➡ Fixkosten ➡ Variable Kosten

Kosten der Arbeitslosigkeit

Beziffern die wirtschaftlichen Schäden, die durch Unterbeschäftigung entstehen. Sie setzen sich aus mehreren Komponenten zusammen. Erstens steigen mit der Arbeitslosigkeit die Ausgaben der öffentlichen Haushalte für Arbeitslosengeld, Sozialhilfe oder beschäftigungspolitische Maßnahmen. Zweitens sinken die Einnahmen, weil weniger Steuern und Sozialabgaben bezahlt werden. Nach Berechnungen des Instituts für Arbeitsmarkt- und Berufsforschung der Bundesagentur für Arbeit (IAB) betrugen die K. 2004 knapp 86 Mrd. €. Dabei wurden nur die registrierten Arbeitslosen berücksichtigt, nicht die sog. stille Reserve. Drittens sind die volkswirtschaftlichen K. weitaus höher als die fiskalischen Kosten. Denn Arbeitslosigkeit geht einher mit Einkommensverlusten, die wiederum den Konsum, die Investitionen und damit das Wirtschaftswachstum bremsen. Diese sog. Outputverluste bezifferte das IAB für 2002 auf 232 Mrd. € oder 11 % des Bruttoinlandsprodukts. Viertens fallen Kosten in Form von Wissensverlusten und psychischen oder anderen gesundheitlichen Problemen bei den betroffenen Personen an.

Kosten-Nutzen-Analyse

K. ist eine Form der Wirtschaftlichkeitsrechnung. Der Vergleich von Kosten und Nutzen eines Vorhabens gemessen in Geld ist ein zentrales Element der Betriebswirtschaft. Analysiert wird dabei das potenzielle Gesamtergebnis – überwiegt der Nutzen die Kosten oder ist das Gegenteil der Fall – und die Rentabilität der eingesetzten Faktoren. In der Volkswirtschaftslehre wird die K. genutzt, um etwa die Kosten eines staatlichen Eingriffs in die Wirtschaft dem zu erwartenden Wohlfahrtsgewinn gegenüberzustellen.

Krankengeld

Das K. ist eine gesetzlich vorgeschriebene Regelleistung der gesetzlichen Krankenkassen. Es soll das Einkommen ersetzen bei krankheitsbedingter Arbeitsunfähigkeit, bei bestimmten stationären Kuren, Betreuung eines kranken Kindes sowie bei Arbeitsunfähigkeit durch rechtmäßige Sterilisation oder einen rechtmäßigen Schwangerschaftsabbruch. Beschäftigte haben einen Anspruch auf K. nach Ablauf der sechswöchigen Entgeltzahlung gemäß Lohnfortzahlungsgesetz. Es beträgt im Grundsatz 70 % des letzten Bruttoeinkommens, höchstens aber 90 % des letzten Nettoentgelts. Bei den privaten Krankenversicherungen muss das K. eventuell über eine zusätzlich abzuschließende Verdienstausfallversicherung abgedeckt werden.

Krankenversicherung

Die gesetzliche K. (GKV) ist eine kollektive Risikoabsicherung im Krankheitsfall und stellt ein Kernelement des Sozialstaatsprinzips dar (Art. 20, Abs. 1 GG). Die GKV garantiert eine auf dem Solidarprinzip basierende medizinische Grundversorgung und sichert damit auch sozial Schwächere ab, die niedrigere Beitragssätze als die Bezieher mittlerer Einkommen bezahlen. Oberhalb einer bestimmten Einkommenshöhe, der Bemessungsgrenze, ist die Versicherungspflicht von abhängig Beschäftigten allerdings aufgehoben. Gut Verdienende können also die GKV verlassen und sich jenseits des o. a. Sozialstaatsprinzips bei einer privaten Krankenkasse versichern. Bei der privaten K. wird der Beitragssatz nach individuellen Risikofaktoren ermittelt und nicht nach dem Einkommen gestaffelt. In Relation zum nominalen Bruttoinlandsprodukt sind die Gesundheitskosten in den letzten Jahren kaum stärker angestiegen. Die gefürchtete Kostenexplosion konnte vermieden werde.

➠ Gesetzliche Krankenversicherung

Kredit
Zeitlich begrenzte Überlassung eines Geldbetrags. Dafür verlangt der Kreditgeber (Gläubiger) vom Kreditnehmer (Schuldner) i. d. R. ein Entgelt, den Zins. Die wirtschaftliche Funktion des K. besteht darin, das Sparen und das Investieren voneinander zu trennen, um Kapital möglichst effizient einzusetzen. Der K. ist ein wesentlicher Motor der wirtschaftlichen Entwicklung in modernen Volkswirtschaften. Die Kreditvergabe erfolgt üblicherweise durch Banken und Sparkassen (Kreditinstitute). Durch sie wird die Geldmenge erhöht, d. h. zusätzliches Geld geschaffen.

➡ Geldschöpfung.

Kreditanstalt für Wiederaufbau (KfW)
Förderbank, die 1948 als Anstalt des öffentlichen Rechts zur Finanzierung des Wiederaufbaus der dt. Wirtschaft gegründet wurde. Sie sollte keine unmittelbare Konkurrenz zu privatwirtschaftlichen Kreditinstituten sein. Im Regelfall erfolgt die Kreditaufnahme über eine Hausbank oder andere Finanzierungsinstitutionen. Der Antragsteller schließt den Darlehensvertrag mit dem zwischengeschalteten Kreditinstitut ab und nicht mit der K., die aber diese Bank dann z. B. zu einem bestimmten Prozentbetrag von der Haftung aus dem Darlehensvertrag freistellt. Ein Direktkredit ist nur in ganz bestimmten Fällen möglich. Mittlerweile ist die K. zu einem umfassenden Förderinstrument für die dt. und europ, Wirtschaft, aber auch für entwicklungspolitische Maßnahmen der Bundesregierung geworden. Sie unterstützt nicht nur den Mittelstand, Existenzgründer und die Exportwirtschaft, sondern auch die Bereiche technischer Fortschritt und Innovationen, Bauen, Wohnen, Bildung, Infrastruktur Umwelt- und Klimaschutz, internationale Projektfinanzierung, Investitionen und begleitende Beratungsleistung in Entwicklungsländern (§ 2 KfW-Gesetz). Darüber hinaus schaltet der Bund die K. auch für Privatisierungen ein, z. B. bei der Deutschen Telekom AG, oder auch für Geschäftsbesorgungen etwa der Bundesanstalt für vereinigungsbedingte Sonderausgaben (BvS). Das Fördervolumen belief sich 2006 auf 76,8 Mrd. €. Für die Verbindlichkeiten der KfW haftet weitestgehend der Bund (vgl. § 1 a KfW-Gesetz).

Kreditinstitute
➡ Geschäftsbanken

Kreditkosten
Die tatsächlich anfallenden Gesamtkosten eines Darlehens. Neben den Nominalzinsen zählen dazu v. a. Bearbeitungsgebühren, Provisionen an Kreditvermittler oder auch Restschuldversicherungen. Die üblichen Gesamtkosten werden ins Verhältnis zum Nennwert des Kredits gesetzt und als effektiver Jahreszins bezeichnet. Er erfasst aber nicht zusätzliche Kosten wie Bereitstellungszinsen oder Gebühren für Gutachter. Bei Immobilienkrediten kommt häufig ein Disagio als Kostenbestandteil dazu. Das Disagio ist ein Abschlag auf die vereinbarte Kreditsumme und wirtschaftlich als Zinsvorauszahlung zu werten.

Kreditvolumen
Gesamtumfang der Darlehen, die Kreditnehmer aufgenommen oder Kreditgeber (Banken) vergeben haben.

Kreuzpreiselastizität (der Nachfrage)
Maß für die Elastizität der Nachfrage nach einem Gut, wenn sich der Preis ei-

nes anderen verändert. Steigt z. B. der Preis von Butter merkbar an, wird sich der Absatz von Margarine erhöhen. Umgekehrt wird ein entsprechender Preisanstieg für Margarine tendenziell den Absatz von Butter erhöhen. Zwei Güter, bei denen die jeweils abgesetzte Menge zunimmt, wenn der Preis des anderen angehoben wird, heißen substituierbare Güter. Ihre K. ist positiv. Bei komplementären Gütern ist die K. negativ. Steigen z. B. die Preise für Autos, verringert sich die Nachfrage nach Benzin, steigt die Nachfrage nach Benzin, verringert sich die nach Autos. Bei voneinander gänzlich unabhängigen Gütern ist die Kreuzpreiselastizität null.

➠ Elastizität

Kündigung

Die K. ist juristisch gesehen eine einseitige Willenserklärung mit dem Ziel, einen Arbeitsvertrag, einen Mietvertrag oder einen Darlehensvertrag (sog. Dauerschuldverhältnisse) zu beenden. Eine K. des Arbeitsvertrages ist nur dann rechtsgültig, wenn sie das Kündigungsschutzgesetz (KSchG) beachtet, das den Arbeitnehmer vor ungerechtfertigter Entlassung schützen soll. Nach KSchG kann die K. durch den Arbeitgeber nur dann rechtswirksam sein, wenn die Gründe der K. in der Person des Arbeitnehmers (z. B. häufige oder lang anhaltende Krankheit) oder in dessen Verhalten (Fehlverhalten) oder in betrieblichen Erfordernissen (Umsatzeinbußen etc.) liegen.

➠ Kündigungsschutz

Kündigungsschutz

Soll die Interessen von Arbeitgeber und Arbeitnehmer ausgleichen, darüber hinaus auch Arbeitnehmer vor ungerechtfertigter Entlassung schützen. Der K. ist im Kündigungsschutzgesetz (KSchG) geregelt. Dieses schreibt Formen und Fristen für eine rechtsgültige Kündigung vor. Das KSchG findet – mit einigen Einschränkungen – nur auf Betriebe mit mehr als 10 Beschäftigten Anwendung. Außer dieser Mindestgröße des Betriebs setzt die Anwendung des KSchG voraus, das das Arbeitsverhältnis ohne Unterbrechung länger als 6 Monate bestanden hat. Sozial ungerechtfertigte Kündigungen sind rechtsunwirksam. Dieser Fall liegt vor, wenn die Gründe für die Kündigung nicht in der Person des Arbeitnehmers liegen (z. B. häufige oder langanhaltende Krankheit) oder in dessen Verhalten (Fehlverhalten) oder in dringenden betrieblichen Erfordernissen (etwa Umsatzeinbußen, Wegfall von Aufträgen, Änderung von Produktionsmethoden). Wenn es einen Betriebsrat oder Personalrat gibt, muss der Arbeitgeber ihn vor jeder Kündigung anhören (§ 102 BetrVG). Findet die Anhörung nicht statt, so ist die Kündigung unwirksam. Widerspricht der Betriebsrat oder Personalrat innerhalb einer Woche schriftlich der Kündigung und erhebt der Arbeitnehmer innerhalb von 3 Wochen Kündigungsschutzklage beim zuständigen Arbeitsgericht, so muss der Arbeitnehmer grundsätzlich während des Rechtsstreits bei unveränderten Arbeitsbedingungen weiterbeschäftigt werden. Ein besonderer K. besteht für Schwangere und Mütter bis zum Ablauf von 4 Monaten nach der Entbindung, für Arbeitnehmer während der Elternzeit, für schwerbehinderte Menschen und für Arbeitnehmer während des Grundwehrdienstes, einer zweiwöchigen Dienstzeit als Soldat auf Zeit oder während des Zivildienstes.

Kurzarbeit

Verkürzung der regelmäßigen Arbeitszeit für einen bestimmten Zeitraum. K.

kann in einer wirtschaftlich schwierigen kurzfristig nicht abzuwendenden Lage vom Arbeitgeber oder der Betriebsvertretung bei der zuständigen Agentur für Arbeit schriftlich angemeldet werden. Erforderlich ist dabei – meist im Rahmen einer Betriebsvereinbarung – die Zustimmung der Mitarbeiter. K. soll bei Auftragslöchern, Zulieferungsausfällen oder Naturkatastrophen helfen, Entlassungen zu vermeiden und die Personalkosten zu senken. Die Verdienstausfälle der Beschäftigten werden z. T. durch das staatliche Kurzarbeitergeld ersetzt. Die sog. »Kurzarbeit Null« wurde nach der Wende eingeführt, um soziale Härten in den neuen Bundesländern abzumildern. Bei »Kurzarbeit Null« wird befristet überhaupt nicht gearbeitet. Die betroffenen Arbeitnehmer erhalten gleichwohl ein staatliches Kurzarbeitergeld, um ihren Lebensunterhalt bestreiten zu können.

Kurzarbeitergeld

Entgeltersatzleistung, die durch die Bundesagentur für Arbeit gezahlt wird, wenn Arbeitnehmer von Kurzarbeit betroffen sind. Das K. ist ein gesetzlicher Anspruch, d. h., die Agentur ist zur Zahlung verpflichtet, sollten die Voraussetzungen vorliegen. Dies ist insbesondere der Fall, wenn in einem Betrieb durch die allgemeine wirtschaftliche Entwicklung oder unabwendbare Ereignisse mindestens ein Drittel der Arbeitnehmer einen Entgeltausfall von jeweils mehr als 10 % des monatlichen Bruttoentgelts hinnehmen muss. Betroffene Arbeitnehmer mit Kind erhalten 67 %, die übrigen Arbeitnehmer 60 % des durch die Kurzarbeit verursachten Lohnausfalls als K. Der Bezug von K. ist i. d. R. auf 6 Monate begrenzt. Nach einer Zahlungsunterbrechung von 3 Kalendermonaten kann allerdings wieder K. gewährt werden, wenn die entsprechenden Voraussetzungen erneut vorliegen. In der Finanzmarktkrise 2008 wurde die Bezugsdauer sukzessive auf 24 Monate ausgeweitet.

Lags

Der zeitliche Abstand zwischen wirtschaftlichen Ereignissen oder wirtschaftspolitischen Eingriffen und der ausgelösten ökonomischen Wirkung. So würde z. B. ein konjunktureller Aufschwung in den USA nur verzögert konjunkturelle Impulse auf breiter Front in Deutschland auslösen.

➡ Internationaler Konjunkturzusammenhang

Laissez faire

[Dt.: Lasst sie machen] Glaubensgrundsatz des wirtschaftlichen Liberalismus im 19. Jh., wonach eine Volkswirtschaft nur dann effizient und reibungslos funktioniert, wenn sie nicht durch staatliche bzw. gesetzgeberische Eingriffe gestört wird. Die Forderung »machen zu lassen« geht zurück auf frz. Physiokraten in der zweiten Hälfte des 18. Jh. Sie waren der Meinung, Rohstoffe und landwirtschaftliche Produkte seien die einzigen Quellen des Reichtums einer Nation und die treibenden Kräfte der Wirtschaft, sofern das Eigentumsprinzip und die freie Konkurrenz gesichert sind und der Staat sich auf eine lediglich beobachtende Rolle (»Nachtwächterstaat«) zurückzieht.

➡ Liberalismus

Länderfinanzausgleich

Der L. zwischen den Bundesländern hat nach Art. 107, Abs. 2 Grundgesetz sicherzustellen, dass die unterschiedliche Finanzkraft der Bundesländer »angemessen ausgeglichen wird; hierbei sind die Finanzkraft und der Finanzbedarf der Gemeinden (Gemeindeverbän-

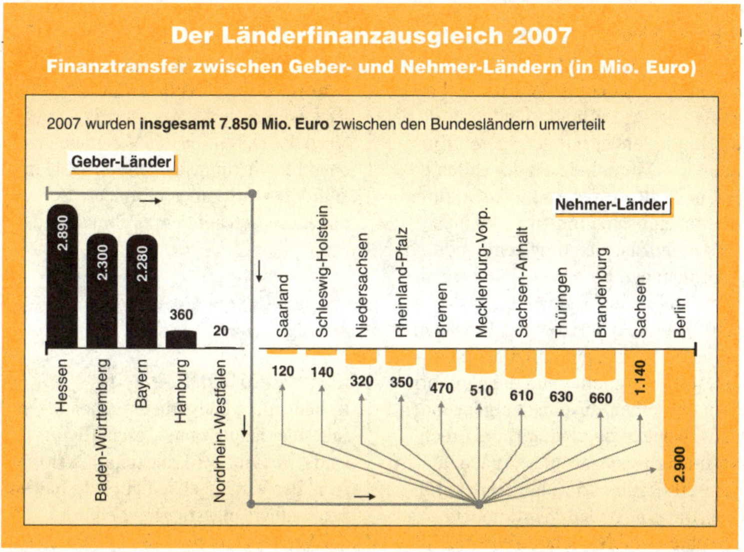

Der Länderfinanzausgleich 2007
Finanztransfer zwischen Geber- und Nehmer-Ländern (in Mio. Euro)
2007 wurden **insgesamt 7.850 Mio. Euro** zwischen den Bundesländern umverteilt
Geber-Länder
2.890
2.300
2.280
360
20
Hessen
Baden-Württemberg
Bayern
Hamburg
Nordrhein-Westfalen
Nehmer-Länder
Saarland
Schleswig-Holstein
Niedersachsen
Rheinland-Pfalz
Bremen
Mecklenburg-Vorp.
Sachsen-Anhalt
Thüringen
Brandenburg
Sachsen
Berlin
120
140
320
350
470
510
610
630
660
1.140
2.900

Abb. 24 Quelle: Hessisches Finanzministerium

Finanzausgleich

Steuer-/Abgabenverteilung zwischen Bund, Ländern und Gemeinden

Gemeinschaftsteuern

	Gemeinden	Länder	Bund	EU
Gemeinschaftsteuern	Lohn- und Einkommensteuer	Lohn- und Einkommensteuer, Körperschaftsteuer, Umsatzsteuer	Lohn- und Einkommensteuer, Körperschaftsteuer, Umsatzsteuer	
Einnahmen	Gewerbesteuer[1] Grundsteuer kleinere eigene Steuern (u. a. Hundesteuer, Getränkesteuer, Vergnügungsteuer, Jagd- und Fischereisteuer)	Erbschaftsteuer Kraftfahrzeugsteuer Grunderwerbsteuer sonstige Verkehrsteuern (sofern nicht an den Bund) Biersteuer Spielbankabgabe	Mineralölsteuer Tabaksteuer Branntweinsteuer sonstige Verbrauchsteuern (sofern nicht an die Länder) Versicherungsteuer	Agrarabschöpfungen und Zölle der Mitgliedstaaten Mehrwertsteuer-eigenmittel BSP-Eigenmittel Finanzbeiträge der Mitgliedstaaten zum Entwicklungsfonds
Aufgaben	Schul- und Kulturwesen Verkehrsaufgaben Sozialhilfe Gesundheitswesen öffentliche Einrichtungen Energieversorgung u. a.	Kulturaufgaben (Schulwesen) Rechtspflege Polizeiwesen Sozialhilfe Steuerverwaltung u. a.	Soziale Sicherung Verteidigung Forschung und Bildung Verkehrswesen Wirtschaftsförderung u. a.	Forschung Energie gewerbliche Wirtschaft Agrarfonds Regionalfonds Entwicklungsfonds u.a.

[1] Abzüglich der an Bund und Länder zu zahlenden Gewerbesteuerumlage

Abb. 25 Quelle: BMF

de) zu berücksichtigen«. Im Ergebnis zahlen »reiche« Bundesländer jährlich an Bundesländer mit geringeren Einnahmen. Alle Bundesländer sollen damit in die Lage versetzt werden, ihren Aufgaben nachkommen zu können. Das Finanzausgleichssystem ist durch die folgenden Elemente gekennzeichnet: den Finanzausgleich unter den Ländern (auch horizontaler Finanzausgleich genannt), die horizontale Umsatzsteuerverteilung und die den horizontalen Finanzausgleich ergänzenden Zuweisungen durch den Bund (auch vertikaler Finanzausgleich genannt). Im Jahr 2007 gab es 5 Zahlerländer (Hessen, Bayern, Baden-Württemberg, Hamburg und Nordrhein-Westfalen) und 11 Empfängerländer. Größtes Zahlerland war Hessen mit 2,9 Mrd. €, Berlin erhielt als größtes Empfängerland 2,9 Mrd. €.

Landesbanken

Sind regionale öffentlich-rechtliche Kreditinstitute und Hausbanken der jeweiligen Bundesländer. Sie betreiben alle Bankgeschäfte, einschließlich der Vergabe von Hypothekar- und Kommunaldarlehen und der Ausgabe von Pfandbriefen und Kommunalobligationen. Eine zentrale Aufgabe ihrer Arbeit ist die Förderung der Wirtschaft des jeweiligen Bundeslandes. Durch den Zusammenschluss mit den Girozentralen sind sie zugleich Zentralinstitute der Sparkassen. I. d. R. gehört dem jeweiligen regionalen Sparkassenverband ein bedeutsamer Teil der L. Größte L. sind die WestLB und die Bayerische Landesbank. Auch die L. haben im Zuge der weltweiten Finanzmarktkrise wegen ihres ausufernden Engagements bei spekulativen Geschäften Milliardenverluste erlitten. Die Existenz der meisten L. ist seither gefährdet.

Landlocked Developing Countries (LLDCs)

Nach der Definition der Vereinten Nationen Entwicklungsländer ohne Zugang zum Meer. Sie haben besondere Schwierigkeiten, sich auf dem Weltmarkt zu behaupten.

Langzeitarbeitslose

➡ Langzeitarbeitslosigkeit

Langzeitarbeitslosigkeit

L. liegt vor, wenn Arbeitssuchende ein Jahr oder länger ohne Beschäftigung sind. Die Zahl der Langzeitarbeitslosen ist in der Vergangenheit auch deshalb beträchtlich angestiegen, weil mit L. oft der Verlust an beruflicher Qualifikation einhergeht und eine Wiederbeschäftigung im ersten Arbeitsmarkt erschwert. Mit dem Einsatz arbeitsmarktpolitischer Förderinstrumente (z. B. Weiterbildung) wird versucht, diese hartnäckige Form der Arbeitslosigkeit zu bekämpfen. Langzeitarbeitslose mit Vermittlungshemmnissen wie fehlendem Berufsabschluss oder gesundheitlichen Einschränkungen sollen künftig zusätzlich durch umfangreiche Betreuung und passgenaue Hilfsangebote gefördert werden.

➡ Arbeitsmarktpolitik

Least Developed Countries (LDCs)

Die nach den Untersuchungen der Vereinten Nationen am wenigsten entwickelten Länder. Sie sollen nach einem Beschluss der UN-Vollversammlung zusammen mit den Landlocked Developing Countries (LLDCs), den Entwicklungsländern ohne Zugang zum Meer, und kleineren Inselstaaten, den Small Island Developing States (SIDS), Unterstützung zu besonders günstigen Konditionen erhalten.

Lebensstandard

Ausstattung von Personen, Gruppen oder Nationen mit materiellen Gütern und Dienstleistungen. Sie ist abhängig von der Höhe der Einkommen und Vermögen und deren jeweiliger Kaufkraft. Meist wird der L. oder Wohlstand mit der gesamten Wirtschaftsleistung (Bruttoinlandsprodukt) eines Landes oder dem Volkseinkommen pro Kopf gleichgesetzt. Als Maß wird aber auch die Ausstattung mit langlebigen Wirtschaftsgütern oder die Lebenserwartung verwendet. Aus der Glücksforschung ist bekannt, dass persönliche Zufriedenheit nicht oder nur wenig von materiellem Wohlstand abhängt. Dies versucht das alternative Konzept der Lebensqualität zu erfassen, indem es Faktoren wie soziale Sicherheit, Bildungsniveau oder eine intakte Umwelt in den Vordergrund stellt.

Leerverkäufe

Als L. bezeichnet man Verkäufe von Wertpapieren, die der Verkäufer zum Zeitpunkt des Geschäftsabschlusses nur geliehen hat. Die Leerverkäufer spekulieren auf fallende Kurse. Sie verkaufen die geliehenen Wertpapiere, erwerben die gleiche Anzahl derselben Aktie aber erst zu einem späteren Zeitpunkt zurück, nämlich dann, wenn sie an den Besitzer zurückgegeben werden müssen (in der Hoffnung, dass der Kurs gefallen ist). Wenn die Kurse tatsächlich gefallen sind, ergibt sich der Gewinn aus der Differenz Verkaufskurs minus Kaufkurs. L. sind grundsätzlich erlaubt, aber gesetzlich nicht geregelt. Sie können nach Ansicht des Internationalen Währungsfonds erhebliche Störungen an den Finanzmärkten hervorrufen, wenn etwa mehr Aktien leer verkauft werden als überhaupt vorhanden sind. Im Zusammenhang mit der sich im Jahre 2008 abzeichnenden Finanzmarktkrise hat die Bundesanstalt für Finanzdienstleistungsaufsicht (BaFin) zeitbegrenzte Einschränkungen bei den L. durchgesetzt.

Leiharbeiter

➠ Arbeitnehmerüberlassung

Leistungsbilanz

Die L. ist eine Teilbilanz der Zahlungsbilanz. Listet die Zahlungsbilanz alle geldwerten Transaktionen eines Landes mit dem Ausland auf, so beschränkt sich die L. auf die zusammenfassende Gegenüberstellung aller grenzüberschreitenden Bewegungen in der Handels- und der Dienstleistungsbilanz, der Bilanz der Erwerbs- und Vermögenseinkommen sowie der Übertragungsbilanz (Bilanz der laufenden Übertragungen). Der Leistungsbilanzsaldo wird als wichtiger Indikator der internationalen Wettbewerbsfähigkeit einer Volkswirtschaft angesehen.

➠ Import ➠ Export

Leistungsmissbrauch

Findet statt, wenn Personen oder Unternehmen unrechtmäßig staatliche Transferzahlungen wie Arbeitslosengeld, Sozialhilfe, Krankengeld, Renten oder Zuschüsse erschleichen, etwa indem sie andere Einkünfte verschweigen. Bei Betrug drohen Freiheitsstrafen bis zu 5 Jahren. Der tatsächliche Umfang von L. liegt weitgehend im Dunkeln, wird aber von Experten als insgesamt nicht sehr groß eingeschätzt. Gleichwohl sorgen Einzelfälle immer wieder für Aufsehen und Aufregung. Um L. zu bekämpfen, können Behörden untereinander die Daten von Leistungsbeziehern abgleichen und deren Bankkonten einsehen.

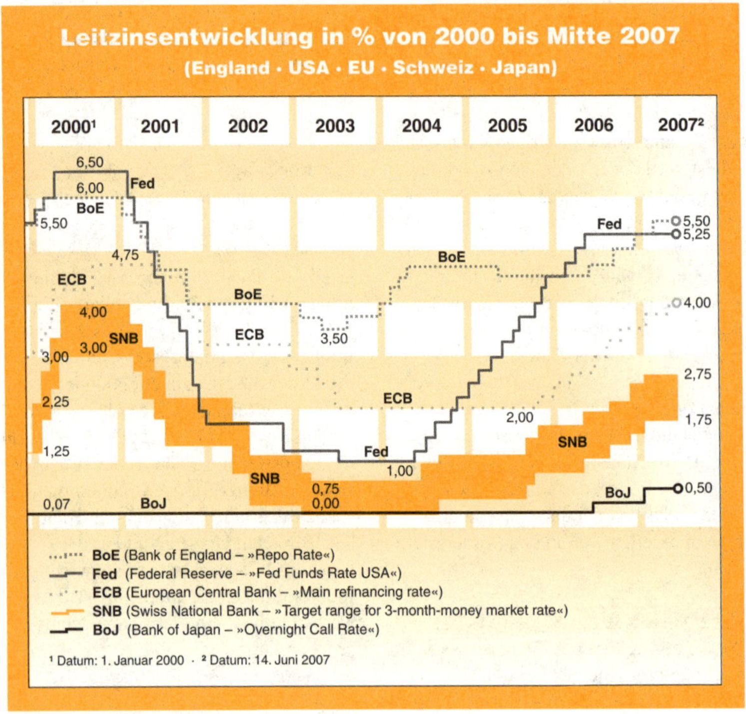

Leitzinsentwicklung in % von 2000 bis Mitte 2007
(England · USA · EU · Schweiz · Japan)
2000[1]
2001
2002
2003
2004
2005
2006
2007[2]
6,50
Fed
6,00
BoE
5,50
4,75
ECB
BoE
4,00
SNB
3,00
3,00
2,25
1,25
ECB
3,50
BoE
ECB
Fed
1,00
2,00
SNB
SNB
0,75
0,00
0,07
BoJ
BoJ
Fed
5,50
5,25
4,00
2,75
1,75
0,50
BoE (Bank of England – »Repo Rate«)
Fed (Federal Reserve – »Fed Funds Rate USA«)
ECB (European Central Bank – »Main refinancing rate«)
SNB (Swiss National Bank – »Target range for 3-month-money market rate«)
BoJ (Bank of Japan – »Overnight Call Rate«)
1 Datum: 1. Januar 2000 · 2 Datum: 14. Juni 2007

Abb. 26 Quellen: BoE, Fed, ECB, SNB, BoJ

Leitwährung

Währung, die deutlich stärker als andere Währungen als internationales Zahlungsmittel und Devisenreserve der Zentralbanken genutzt wird, und zwar weit über das eigene Währungsgebiet hinaus. Die mit Abstand bedeutendste L. seit dem 2. Weltkrieg ist der US-Dollar mit einem Anteil von rund 2 Dritteln an den Weltwährungsreserven. Diese Position behauptet er auch weiterhin, selbst wenn er in jüngster Zeit gegenüber dem Euro, der zweitwichtigsten L. mit rund einem Viertel Anteil an den Weltwährungsreserven, verloren hat.

Leitzins

Zinssatz, den eine Zentralbank festlegt, um ihre Geldpolitik zu steuern. Geschäftsbanken können zum L. bei der Zentralbank Geld leihen, für das sie als Gegenleistung pfändungsfähige Wertpapiere hinterlegen müssen. Man kann den L. als einen Großhandelspreis für Geld bezeichnen, denn das von der Zentralbank geliehene Geld werden die Geschäftsbanken dann an ihre Kunden – andere Banken, Unternehmen und private Haushalte, Staat – mit einem Aufschlag weiterverleihen. Auf diese Weise beeinflusst die Zentralbank die Zinsen für Kredite und damit die Nachfrage nach Investitionen sowie den Konsum.

Wichtigste L. sind die Federal Funds Rate der US-Zentralbank Fed und der Hauptrefinanzierungssatz der Europäischen Zentralbank (EZB).

Leontief-Paradoxon

Der russ.-amerik. Wirtschaftswissenschaftler Wassily W. Leontief (* 5.8.1906 † 5.2.1999) veröffentlichte 1953 eine empirische Untersuchung über die Wirtschaftsstruktur der USA und ihre Außenwirtschaft. Sie fand als L. Eingang in die Außenwirtschaftstheorie, weil sie dem bis dahin allgemein anerkannten Heckscher-Ohlin-Theorem völlig widersprach. Nach diesem Theorem exportieren Länder mit relativ großer Kapitalausstattung wie die USA v. a. Güter, die mit hoher Kapitalintensität hergestellt werden, und importieren arbeitsintensiv produzierte Güter. Leontief zeigte gerade das Gegenteil in den USA auf: Hier waren die Exportgüter arbeitsintensiver, die Importgüter aber kapitalintensiver. Später ist versucht worden, das L. mit unterschiedlichen Qualitäten bei Arbeit und Kapital zu erklären.

Leverage

L. bezeichnet bei einer Investition die Wirkung, die Fremdkapital auf die Rendite von Eigenkapital hat, d. h., wenn ein Investor sein Projekt nicht nur mit eigenen finanziellen Ressourcen finanziert, sondern zusätzlich Fremdkapital aufnimmt. Sind die Kosten, um Fremdkapital z. B. in Form von Krediten aufzunehmen, niedriger als die Rendite der Investition, steigert er hierdurch seine Rendite auf sein eingesetztes Eigenkapital, er erzielt einen L.-Effekt. Niedrige Kreditkosten sind folglich ein Anreiz für ein ausgeprägtes L.-Verhalten. Steigen die Kosten hingegen unerwartet an und liegen sie über der Rendite des Investitionsprojekts, gibt es einen negativen L.-Effekt, da sich nunmehr die Rendite auf das Eigenkapital durch die höheren Kreditkosten vermindert. L. verstärkt daher Auf- und Abwärtsbewegungen. In einem Aufschwung sind die Kreditkosten zunächst sehr niedrig, daher wird die Investitionstätigkeit durch L. verstärkt. Steigen die Kreditkosten aber im Zuge eines Aufschwungs an, verstärkt L. aber auch die Abwärtsbewegungen bei den Investitionen. L. wirkt folglich prozyklisch, bedeutet also ein Risiko für die gesamtwirtschaftliche Stabilität.

Liberalismus

Politisch-philosophische Grundhaltung, die das Individuum und sein Recht auf Freiheit, Eigenverantwortung und Entfaltung der Persönlichkeit in den Vordergrund stellt. Der politische L. richtet sich als nachrevolutionäre Erscheinung sowohl gegen Kontrolle und Bevormundung durch den Staat als auch gegen radikal-demokratische Bewegungen, die demokratische Freiheiten dem Allgemeinwohl im Sinne einer Volksherrschaft oder der Führung der Partei unterordnen. Erste Ausprägungen erfuhr der L. in England im 17. Jh. in den Forderungen nach Glaubens-, Meinungs- und Koalitionsfreiheit gegenüber dem Absolutismus. Den wirtschaftlichen L. begründete im 18. Jh. Adam Smith, der dem materiellen Egoismus des Einzelnen eine legitime und treibende Kraft im Wirtschaftsablauf zuschreibt, sodass im freien Wettbewerb und Wechselspiel von Angebot und Nachfrage alle Beteiligten einer freien Marktwirtschaft letztlich gewinnen. Gewerbefreiheit, Freihandel und Nichteinmischung des Staates bei der Produktion und der Lohnfindung sind wichtige Postulate des L. Die extreme Form des L. war das Laissezfaire, das sich an einer vorindustriellen

Volkswirtschaft selbstständiger Kleinproduzenten orientierte. Der moderne L. sieht demgegenüber die Notwendigkeit staatlicher Ordnungspolitik, da ohne Monopol- und Kartellpolitik der Zugang zu den Märkten, die freie Preisfindung und ein fairer Wettbewerb nicht gewährleistet sind.

→ Neoliberalismus → Neoklassik

Liquidation

Abwicklung eines Unternehmens bzw. einer Handelsgesellschaft, wenn die Eigentümer mit Mehrheit beschlossen haben, die Gesellschaft aufzulösen oder wenn ein Insolvenzverfahren stattfindet. Laufende Geschäfte sind dann i. d. R. zu beenden, Forderungen müssen eingezogen und das noch vorhandene Vermögen in Geld umgesetzt werden. Alle Gläubiger sind zu befriedigen. Etwaige Überschüsse erhält der Unternehmer oder die Gesellschafter. Auch Vereine können in L. gehen.

Liquidität

Grad der Zahlungsfähigkeit. Unternehmen wie Privatleute sind liquide, wenn sie ihre fälligen Verbindlichkeiten termingerecht bezahlen können. In der Betriebswirtschaftlehre wird die L. einer Firma nach dem Ausmaß ihrer Zahlungsfähigkeit beurteilt. Geld ist das Zahlungs- und Tauschmittel mit dem höchsten Liquiditätsgrad. Aktien und Anleihen können i. d. R. rasch und mit geringen Kosten in Geld umgewandelt werden. Bei betrieblichen Wertgegenständen oder Vermögensobjekten kann das schwieriger sein und Zeit kosten. Der Liquiditätsgrad muss dann geringer eingestuft werden. Die L. einer Volkswirtschaft hängt von der im Umlauf vorhandenen Geldmenge ab. Maßgeblich gesteuert wird sie von der Zentralbank. Nur die optimale Versorgung der Gesamtwirtschaft mit Geld kann den Konjunkturverlauf stabilisieren. Im internationalen Zusammenhang ist die L. eines Landes dann gesichert, wenn es seine Verbindlichkeiten gegenüber dem Ausland bezahlen und Zahlungsbilanzdefizite ausgleichen kann.

Liquiditätsfalle

→ Liquiditätspräferenztheorie

Liquiditätspräferenz

→ Liquiditätspräferenztheorie

Liquiditätspräferenztheorie

Zentraler Bestandteil der Keynes'schen Kassenhaltungstheorie. Keynes bezweifelt die Ansicht der klassischen Ökonomen, dass Wirtschaftssubjekte die Höhe ihrer Kassenhaltung (Bargeld und Sichteinlagen) nur von ihren wirtschaftlichen Transaktionen, wie dem Kauf von Gütern und Dienstleistungen oder der Zahlung von Einkommen abhängig machen. Demgegenüber weist Keynes auf 3 Motive hin, die eine Präferenz (Neigung) der privaten Haushalte und Unternehmen begründen, liquide Mittel in der Kasse zu halten, statt sie in zinsbringende Wertpapiere umzuwandeln.

1. Transaktionsmotiv: Geld wird von Privatpersonen und Unternehmern gehalten, um die unterschiedlichen Zeitpunkte zwischen Einkommen (Einnahmen) und Ausgaben zu überbrücken. Die Höhe der Transaktionskasse hängt von der jeweiligen Einnahmen- und Ausgabenstruktur ab.
2. Vorsichtsmotiv: Die Vorsorge für nicht vorhersehbare Ausgaben wächst bei höherer Unsicherheit über die Wirtschaftsentwicklung.
3. Spekulationsmotiv: Geld wird in Erwartung günstigerer Anlagemöglichkeiten in der Kasse zurückgehalten.

Bei hohen Kursen und damit niedrigen Zinsen von Wertpapieren steigt der spekulative Kassenbestand. Denn Anleger werden dann nicht bereit sein, Geld gegen Wertpapiere einzutauschen, sondern werden in Erwartung günstigerer Anlagemöglichkeiten ihre liquiden Mittel in der Kasse zurückhalten. In einer solchen Lage wird der Versuch der Zentralbank, durch eine Ausweitung der Geldmenge die Güternachfrage und Konjunktur anzukurbeln, scheitern und dazu führen, dass die Spekulationskasse weiter aufgefüllt wird. Die Geldpolitik bleibt wirkungslos und befindet sich in der sog. Liquiditätsfalle.

Locking-in-Effekt

Der Begriff stammt aus dem Bankgeschäft, wird neuerdings auch in der Arbeitsmarktpolitik verwendet.

1. In Phasen hoher Zinsen – wenn die Zinsspanne höher ist als der Ertrag aus Wertpapieren – verkaufen die Banken Teile ihrer Wertpapierbestände, um weitere Kredite geben zu können. Gleichzeitig fallen die Kurse der Wertpapiere. Ist der Kursverlust größer als der Ertrag aus zusätzlicher Kreditvergabe, so belässt die Bank weitere Wertpapiere im Depot (»locking-in«).
2. Teilnehmer an geförderter beruflicher Weiterbildung oder Arbeitsbeschaffungsmaßnahmen weisen nach wissenschaftlichen Untersuchungen während der Maßnahme eine geringere Suchintensität nach Beschäftigung auf als Nichtteilnehmer. Dies gilt insbesondere in Phasen hoher Arbeitslosigkeit und hängt mit der teils längeren Dauer der arbeitsmarktpolitischen Maßnahmen zusammen, sowie auch mit dem Interesse der Träger der Maßnahmen, Teilnehmer zu halten. Mit Eingliederungsquoten und integrationsorientierten finanziellen Anreizen für die Träger versuchen die Arbeitsagenturen dem L. entgegenzuwirken.
3. In der Makroökonomie eine v. a. durch steuerliche Anreize hervorgerufene starke Kapitalbindung an bestehende Firmen, was Neugründungen und einen wirtschaftlichen Strukturwandel erschwert. Ein L. wurde in Deutschland vor der Unternehmenssteuerreform des Jahres 2000 diagnostiziert, da es sich insbesondere für Banken nicht lohnte, ihre Beteiligungen zu veräußern. Dann hätten sie hohe Steuern auf angehäufte Kursgewinne zahlen müssen. Also blieb das Kapital in diesen Beteiligungen »eingeschlossen« (engl.: locked in).

Lohn

Entgelt des Arbeitnehmers aus unselbständiger Tätigkeit, das alle Geld- und Sachleistungen umfasst, die von einem Arbeitgeber an einen Arbeitnehmer für die geleistete Arbeit erbracht werden. Die tatsächliche Summe des L. wird als Nominallohn, der um die Inflation bereinigte Nominallohn als Reallohn bezeichnet, der die Kaufkraft der L. wiedergibt.

Lohnabschlüsse

Verhandlungsergebnis der Tarifparteien, also der Tarifabschluss.

➡ Tarifautonomie

Lohnabstandsgebot

Besagt, dass ein hinreichender Abstand zwischen einem am Arbeitsmarkt erzielten Lohnsatz und den Lohnersatzleistungen des Staates bestehen muss, um den Anreiz zur Arbeitsaufnahme zu erhalten.

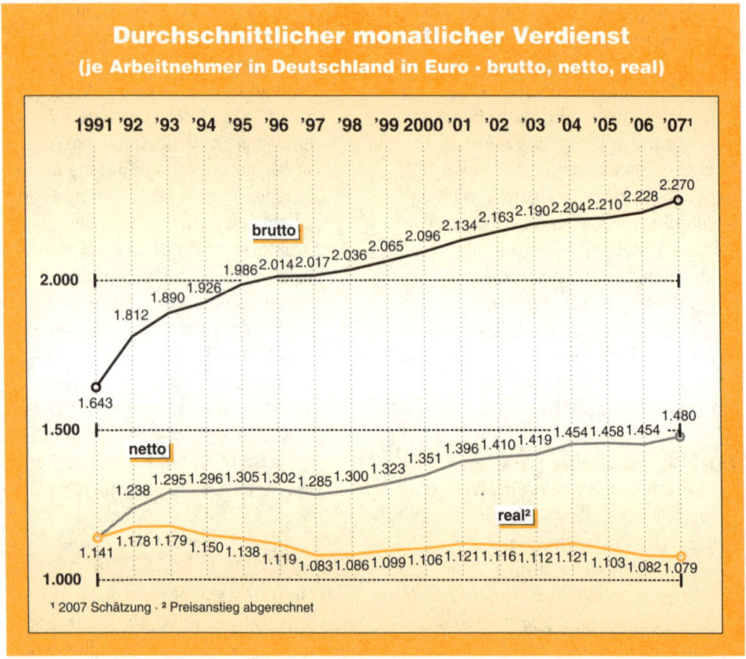
Durchschnittlicher monatlicher Verdienst
(je Arbeitnehmer in Deutschland in Euro • brutto, netto, real)
1991 '92 '93 '94 '95 '96 '97 '98 '99 2000 '01 '02 '03 '04 '05 '06 '07¹
brutto
1.643 1.812 1.890 1.926 1.986 2.014 2.017 2.036 2.065 2.096 2.134 2.163 2.190 2.204 2.210 2.228 2.270
2.000
1.500
netto
1.141 1.238 1.295 1.296 1.305 1.302 1.285 1.300 1.323 1.351 1.396 1.410 1.419 1.454 1.458 1.454 1.480
real²
1.141 1.178 1.179 1.150 1.138 1.119 1.083 1.086 1.099 1.106 1.121 1.116 1.112 1.121 1.103 1.082 1.079
1.000
¹ 2007 Schätzung · ² Preisanstieg abgerechnet

Abb. 27 Quellen: Statistisches Bundesamt, ifo Institut

Lohndiskriminierung

Liegt vor, wenn der für eine Gruppe oder an Einzelne gezahlte Lohn im gleichen Betrieb, Unternehmen oder in der gleichen Branche bei gleicher Leistung niedriger ist als für andere. Ein prominentes Beispiel ist die L. von Frauen.

Lohndruck

Entweder beschleunigte Lohnsteigerungen, die die Unternehmen zu Preisanhebungen veranlassen, die letztlich in eine Inflation münden können (L. »nach oben«) oder anhaltend moderate Lohnanhebungen oder sogar Senkungen, die letztlich in fortgesetzten Preissenkungen und damit Deflation enden können (L. »nach unten«).

Lohnebenkosten

Jene Arbeitskosten, die zusätzlich zum ausgezahlten Lohn entstehen. In Deutschland sind dies v. a. die Sozialbeiträge. Hinzu kommen die Kosten, die der Arbeitgeber dafür zahlt, einen Arbeitsplatz einzurichten und zu betreiben. Steuern zählen hingegen nicht als L.

Lohnentwicklung

Zeitlicher Verlauf der Löhne z. B. in Zuwachsraten oder Senkungen.

Lohnersatzleistungen

[Auch: Entgeltersatzleistungen] Finanzielle Hilfen, die von den Trägern der Sozialversicherung anstelle des Lohns bzw. des Gehalts gezahlt werden: z. B. Arbeitslosengeld, Kurzarbeitergeld,

Mutterschaftsgeld, Krankengeld oder Übergangsgeld. Voraussetzung ist, dass der Leistungsbezieher zuvor pflichtversichert war.

Lohnfortzahlung

Nach dem Entgeltfortzahlungsgesetz (EFZG) ist der Arbeitgeber verpflichtet, allen Arbeitnehmern und Auszubildenden im Krankheitsfalle, d. h. bei unverschuldeter Arbeitsunfähigkeit, 6 Wochen lang den Lohn bzw. das Gehalt in voller Höhe zu zahlen.

Bei Fortdauer der Krankheit leistet ab der 7. Woche die Krankenkasse das Krankengeld. Der Arbeitnehmer muss die Krankheit seinem Arbeitgeber unverzüglich mitteilen und spätestens ab dem 4. Tag ein ärztliches Attest vorlegen.

Lohnkostenzuschuss

Teil des Kombilohns. Als Anreiz zur Beschäftigung gering qualifizierter Arbeitskräfte erhält der Arbeitgeber für zunächst maximal 24 Monate einen Zuschuss i. H. v. 20–40 % des Lohns. In strukturschwachen Gebieten ist die Aufstockung der Niedriglöhne durch L. auch auf Druck der Arbeitgeber sehr verbreitet, was die Diskussion um den Mindestlohn weiter angefacht hat.

Lohnpolitik

Von den Tarifparteien verfolgte längerfristige Strategie bei Lohnverhandlungen. Der staatliche Einfluss auf Lohnverhandlungen ist durch die Tarifautonomie begrenzt.

➠ Tarifautonomie ➠ Verteilungsspielraum

Lohn-Preis-Spirale

Entsteht, wenn Lohnzuwächse so hoch ausfallen, dass die Unternehmen wegen der höheren Arbeitskosten ihre Preise erhöhen. Infolgedessen steigen auch die Löhne schneller, da die Gewerkschaften versuchen, die Reallohnverluste durch die Preissteigerungen auszugleichen. Die Folge sind erneute Preiserhöhungen. Am Ende einer L. steht Inflation, die i. d. R. durch eine restriktive Geldpolitik und eine daraus folgende Rezession bekämpft wird.

Lohnquote

Als L. wird der gesamtwirtschaftliche Anteil sämtlicher Entgelte aus unselbstständiger Arbeit, Löhnen und Gehältern am Volkseinkommen bezeichnet. Es

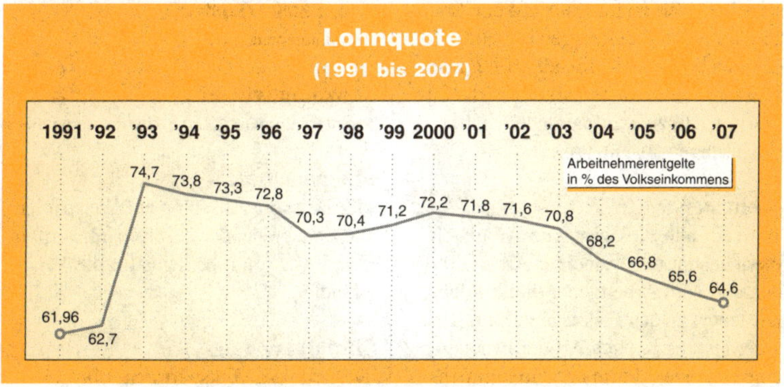

Lohnquote
(1991 bis 2007)
1991 '92 '93 '94 '95 '96 '97 '98 '99 2000 '01 '02 '03 '04 '05 '06 '07
Arbeitnehmerentgelte in % des Volkseinkommens
61,96
62,7
74,7
73,8
73,3
72,8
70,3
70,4
71,2
72,2
71,8
71,6
70,8
68,2
66,8
65,6
64,6

Abb. 28 Quelle: Statistisches Bundesamt

wird unterschieden zwischen der Bruttolohnquote, die den prozentualen Anteil des Gesamteinkommens aus nichtselbstständiger Arbeit vor Abzug von Steuern und Sozialabgaben am Volkseinkommen zeigt und der Nettolohnquote, in der die Einkommen nach Abzug von Steuern und Sozialabgaben dargestellt sind.

Lohnrigidität

Bezeichnet erstens die mangelnde Flexibilität von Löhnen, aufgrund derer es misslingt, einen Ausgleich zwischen Angebot und Nachfrage auf dem Arbeitsmarkt herbeizuführen und z. B. Arbeitslosigkeit zu überwinden. Zum Zweiten bezeichnet L. eine unvollkommene Anpassung der Löhne an Preissteigerungen.

Lohnspreizung

Gibt die Differenz zwischen verschiedenen Lohnhöhen an. Üblicherweise werden die höchsten bzw. die niedrigsten Löhne miteinander sowie mit den mittleren Lohnsätzen verglichen. Je größer die Differenz, desto höher ist die L. Im Idealfall entspricht die L. den Produktivitätsunterschieden. Zum einen ist dies aber nur schwer messbar, zum anderen spielt dabei auch das Verhältnis zwischen der Verhandlungsmacht der Arbeitnehmer und derjenigen der Unternehmen eine entscheidende Rolle. Dies zeigte sich im Fall der Manager, die ihre Marktmacht zu exorbitanten Gehaltssteigerungen ausnutzten.

Lohnsteuer

Wird auf alle Einkünfte von Arbeitnehmern aus unselbstständiger Arbeit erhoben und vom Arbeitgeber direkt (Quellensteuer) an den Fiskus abgeführt. Insofern ist die L. nach Art der Erhebung eine besondere Form der Einkommensteuer. Die L. entrichtet der Arbeitgeber anhand offizieller Steuertabellen, in der die Lohnhöhe und Steuerklasse I-VI (je nach Familienstand und Beschäftigung des Ehegatten) sowie der Grundfreibetrag des Arbeitnehmers ausgewiesen sind. Zuviel erhobene L. kann der Arbeitnehmer über den Lohnsteuerjahresausgleich zurückfordern. Vom gesamten Lohnsteueraufkommen fließen jeweils 42,5 % an den Bund und die Länder, die restlichen 15 % an die Gemeinden. Das Aufkommen an Lohnsteuer betrug 2006 rund 123 Mrd. €.

Lohnstückkosten

Geben an, wie hoch die Arbeitskosten je produzierter Einheit sind. Gesamtwirtschaftlich errechnen sich die L. aus dem Verhältnis von Lohnsatz je Stunde und Produktivität des Arbeitseinsatzes je Stunde. Sie stellen also das Verhältnis von Arbeitskosten zu Arbeitsleistung dar. Die L. sind der wesentliche Einflussfaktor bei der Preisbildung. Ihre Entwicklung beeinflusst daher die Inflationsrate.

Lohnsumme

Summe aller Löhne und Gehälter in einer Volkswirtschaft.

Lohnzusatzkosten

➡ Lohnnebenkosten

Lokomotivtheorie

➡ Internationaler Konjunkturzusammenhang

Lombardsatz

Der L. ist ein Abschlag auf Wertpapiere, die Banken bei der Zentralbank verpfänden. Er ist somit der Zins für die Verpfändung.

Lundberg-Lag

Der schwed. Volkswirt Erik Filip Lundberg (* 13.8.1907 † 14.9.1987) nahm an, dass sich die Unternehmer bei der Produktion von Konsumgütern in der laufenden Periode an den Absatzzahlen der Vorperiode orientieren. Der Produktionssektor von Konsumgütern reagiert damit auf Veränderungen der Konsumnachfrage erst mit zeitlicher Verzögerung, also mit einem Timelag, dem L.

➠ Lags

M 1, M 2, M 3

➠ Geldmenge

Maastricht-Kriterien

Müssen alle EU-Länder erfüllen, wenn sie der dritten Stufe der Währungsunion beitreten wollen. Die offizielle Bezeichnung lautet Konvergenzkriterien, zuweilen auch Stabilitätskriterien. Ursprung ist der Vertrag von Maastricht aus dem Jahr 1992, mit dem eine umfassende Reform der Römischen Verträge (1957) erfolgte und die Grundlagen für die Wirtschafts- und Währungsreform und damit für die Schaffung des Euro gelegt wurden. Zunächst entscheiden die M., welche Mitglieder sich für die Einführung des Euro qualifizierten. Nach Beitritt in den Euro-Währungsraum sollen die M. für die notwendige wirtschaftspolitische Übereinstimmung in den Mitgliedsländern sorgen. Die Ausgestaltung der M. trieb dabei wesentlich die Bundesrepublik und hier im Besonderen die Bundesbank voran. In ihrer derzeit gültigen Form sind die M. im Art. 121 der Nizza-Fassung des EG-Vertrags festgeschrieben.

1. Preisniveaustabilität: Die Inflationsrate des Mitgliedstaats darf nicht mehr als 1,5 % über dem Durchschnitt der 3 preisstabilsten Mitgliedstaaten liegen.
2. Finanzlage der öffentlichen Hand: Die gesamte Staatsverschuldung darf erstens nicht mehr als 60 % des Bruttoinlandsprodukts (BIP) betragen und die Nettoneuverschuldung zweitens im Finanzjahr nicht 3 % des BIP überschreiten.
3. Wechselkurs: Der Wechselkurs der Währung des Beitrittlands muss in den letzten 2 Jahren vor Eintritt in die Europäische Wirtschafts- und Währungsunion gegenüber den anderen EG-Währungen stabil geblieben sein.
4. Langfristige Zinsen: Der langfristige Nominalzins darf den Durchschnitt der 3 preisstabilsten Länder um nicht mehr als 2 % überschreiten.

Die Europäische Kommission überwacht die Einhaltung der Kriterien und erstellt ggf. einen Bericht, aufgrund dessen der Europäische Rat Maßnahmen beschließen kann. Im Vorfeld der Euroeinführung wurde insbesondere das Kriterium der Staatsverschuldung flexibel gehandhabt. Strikt verfuhr die Kommission dagegen bei dem Kriterium der Nettoneuverschuldung. Wegen anhaltender Haushaltsdefizite wurden mehrfach Mitgliedsländer angemahnt. Die M. werden immer wieder kritisiert. Sie seien zu einseitig ausgerichtet auf Preisstabilität und eine vorsichtige Haushaltspolitik mit wenig Spielraum für Investitions- und Beschäftigungsförderung. Dies schränke in konjunkturellen Schwächephasen die Möglichkeiten einer aktiven Wirtschaftspolitik unnötig ein.

➠ Europäische Union

Magisches Viereck

➠ Gesetz zur Förderung der Stabilität und des Wachstums der Wirtschaft

Makroökonomische Stabilität

Auch: »gesamtwirtschaftliche Stabilität« – Zustand, in dem eine Volkswirtschaft ihre Produktion ausdehnen kann, ohne dass auf Dauer wirtschaftliche Schäden entstehen. M. wird durch das Magische Viereck definiert.

➠ Gesetz zur Förderung der Stabilität und des Wachstums der Wirtschaft

Makroökonomische Theorien

Wirtschaftstheoretische Überlegungen über gesamtwirtschaftliche Fragen. Die bekanntesten sind der Keynesianismus und die Neoklassik.

Makropolitik

Eine gesamtwirtschaftliche Politik, die sich – anders als z. B. die Industriepolitik – auf die Entwicklung in der gesamten Wirtschaft ausrichtet. Beispiele für eine M. sind die Fiskalpolitik und die Geldpolitik.

Managed Floating

Wechselkurssystem, bei dem der Wechselkurs im Prinzip völlig frei variiert. Die Zentralbank interveniert jedoch mit Devisenan- oder -verkäufen, falls er sich nach ihrer Vorstellung zu weit oder zu schnell von einem Wechselkursziel entfernt.

Manteltarif

Rahmentarifabkommen, das die mind. einzuhaltenden Arbeitsbedingungen längerfristig festlegt. Dazu gehören z. B. die Wochenarbeitszeit, Fortbildungsmaßnahmen, Urlaub, Kündigungsfristen oder Abfindungsregelungen. Der M. hat i. d. R. eine längere Laufzeit als die Lohn- oder Gehaltstarifverträge.

➠ Tarifvertrag

Markt

Sozialer Mechanismus, mit dessen Hilfe Waren, Dienstleistungen oder Rechte getauscht und ihre Preise ermittelt werden. Ist das Angebot größer als die Nachfrage, spricht man von einem Käufermarkt. Im umgekehrten Fall von einem Verkäufermarkt. Stimmen Angebot und Nachfrage nach einem Gut überein, liegt Marktgleichgewicht vor, dessen Kennzeichen der Gleichgewichtspreis ist. Er »räumt« den M. So wird für einen effizienten Einsatz von Ressourcen und ihre optimale Verteilung gesorgt. Damit steigert der M. die Wohlfahrt, denn jeder Marktteilnehmer erhöht seinen Nutzen. Der Marktmechanismus funktioniert in dieser Weise aber nur unter bestimmten Voraussetzungen, die in der Wirklichkeit oft nicht gegeben sind. Dann spricht man von Marktversagen. Es kann staatliche Eingriffe rechtfertigen.

➠ Markteintrittsschranken ➠ Marktmacht

Marktbeherrschung

➠ Marktmacht

Markteintrittsbarrieren

➠ Markteintrittsschranken

Markteintrittsschranken

Beschränkungen gesetzlicher oder ökonomischer Art, die Unternehmen den Zutritt zu einem bestehenden Markt erschweren oder verwehren. Zu den gesetzlichen Barrieren gehören z. B. der Patentschutz, der Meisterzwang für zulassungspflichtige Handwerke in Deutschland, die in einer Reihe von europ. Staaten geltenden Mindestlöhne oder Importbeschränkungen, mit denen Konkurrenz aus dem Ausland vom Markt ferngehalten wird. Ökonomische Marktbarrieren für mögliche Newcomer können die Höhe der Zutrittskosten sein, wenn etwa die auf dem Markt etablierten Unternehmen überlegene Produktionsmethoden und eingespielte Vertriebskanäle für ihre Produkte haben. Auch Produktdifferenzierung und Werbung – häufig unterstützt durch Marken-

Marktformenschema (1)		
Markteigenschaft	**Vollkommener Markt**	**Unvollkommener Markt**
Zahl der Anbieter		
Viele Kleine	Vollständige Konkurrenz	Monopolistische Konkurrenz
Wenige Mittlere	Homogenes Oligopol	Heterogenes Oligopol
Ein Großer	Reines Monopol	Monopolistische Preisdifferenzierung

Tab. 12

Marktformenschema (2)				
		Nachfrager		
		Viele	**Wenige**	**Einer**
Anbieter	**Viele**	Polypol	Nachfrageoligopol	Nachfragemonopol
	Wenige	Angebotsoligopol	Bilaterales Oligopol	Beschränktes Nachfragemonopol
	Einer	Angebotsmonopol	Beschränktes Angebotsmonopol	Bilaterales Monopol

Tab. 13

Marktformenschema (3)		
	Starke Nachfrage	**Schwache Nachfrage**
Starke Konkurrenz	Massenmarkt	Schrumpfmarkt
Schwache Konkurrenz	Zukunftsmarkt	Nischenmarkt

Tab. 14

treue der Kunden – können den Markteintritt des interessierten Unternehmers verhindern, ebenso Größennachteile. Der Bau von Passagierflugzeugen etwa ist nur Unternehmen möglich, die hohe Milliardenbeträge zu investieren imstande sind. M. schränken damit den Wettbewerb ein und erklären manche oft dauerhaft hohen Gewinne von Unternehmen.

Marktgleichgewicht

Wenn auf dem Markt bei einem bestimmten Preis das geplante Angebot und die geplante Nachfrage übereinstimmen. Das M. wird daher auch als Markträumung bezeichnet. Der zu Grunde liegende Preis ist der Gleichgewichtspreis.

Marktmacht

M. bezeichnet einen Zustand, in dem Anbieter oder (seltener) Nachfrager die Fähigkeit besitzen, das Marktgeschehen und insbesondere die Preise einseitig zu beeinflussen.

Freie Marktwirtschaft	
Leistungen	**Schwächen**
• Industrialisierung	• Krasse soziale Missstände
• Entwicklung der Massenproduktion	• Ausbeutung der Arbeitskraft mit Niedriglöhnen
• Kanalisierung	• Wirtschaftskrisen durch die Neigung zu starken Konjunkturschwankungen
• Schaffung von Eisenbahnlinien	• Konzentration des Vermögens
• Erschließung neuer Märkte in Übersee	
• Beseitigung der Vorrechte des Adels	
• Bürgertum erhielt Chance zum sozialen Aufstieg	

Tab. 15

Marktordnung

Wird als Begriff im Zusammenhang mit dem Agrarmarkt der EU verwendet. In diesem Kontext wird M. als das Regulierungswerk verstanden, das den europ. Markt vom Weltmarkt abgrenzt und die innereurop. Landwirte vor Konkurrenz schützt.

Markträumung

➡ Marktgleichgewicht

Markttransparenz

Wenn alle Marktteilnehmer über sämtliche Informationen verfügen, die für die Preisbildung relevant sind. M. kennzeichnet den vollkommenen Markt.

➡ Informationsasymmetrie

Marktwirtschaft

Wirtschaftsordnung, wo auf der Basis von Eigentumsrechten, Vertragsfreiheit und Wettbewerb ein dezentral koordinierter Austausch von Gütern und Dienstleistungen erfolgt. Wesentliche Merkmale einer M. sind das Vorhandensein von Geld als Tauschmittel und eine arbeitsteilige Produktion.

➡ Soziale Marktwirtschaft

Mark-Up-Pricing

Bezeichnet ein Preissetzungsverhalten, bei dem Unternehmen ihre Preise auf der Basis ihrer Kosten plus einen Gewinnaufschlag (mark-up) festlegen. Letzterer hängt von der Marktposition des Unternehmens und der allgemeinen Wirtschaftslage ab. M. kann nur stattfinden, wenn Unternehmen die Absatzpreise beeinflussen können. Dies ist nur dann möglich, wenn sie über Marktmacht verfügen. M. lässt sich daher nicht mit vollständigem Wettbewerb auf den Märkten vereinbaren. Gleichwohl gilt es als realistisches Preissetzungsverhalten.

Marshall-Plan

[Engl.: European Recovery Program (ERP)] Programm von großer Bedeutung für den Wiederaufbau Europas nach dem 2. Weltkrieg. Es geht auf den damaligen amerik. Außenminister George C. Marshall zurück. Die westeurop. Staaten erhielten als Hilfe zur Selbsthilfe bis Mitte 1951 13 Mrd. US-$ aus amerik. Steuermitteln. Davon entfielen auf Westdeutschland und Westberlin 1,6 Mrd., die den Deutschen nicht als

Wirtschaftsordnungen		
Modellhafte Klassifikation von Wirtschaftsordnungen		
	Idealtypische Wirtschaftssysteme	
Hauptunterscheidungs-elemente	Zentralverwaltungswirtschaft	Marktwirtschaft
Koordination der Wirtschaftseinheiten	Einplanwirtschaft und staatliche Steuerung (»zentral geleitete Wirtschaft«)	Mehrplanwirtschaft und Wettbewerbssteuerung (»freie Verkehrswirtschaft«)
Subordination der Wirtschaftseinheiten unter den Staat	Gebote (Plansollvorgaben)	Verbote (staatlicher Ordnungsrahmen)
Eigentumsordnung	Staatseigentum (»Sozialismus«)	Privateigentum (»Kapitalismus«)
Interdependenz mit der politischen Ordnung	Diktatur	Demokratie

Tab. 16

Geschenk, sondern als Kredit v. a. für die Einfuhr von amerik. Waren gewährt wurden. Die Zahlungen der dt. Importeure flossen gemäß einem dt.-amerik. Abkommen bald in ein Sondervermögen, das »1953-ERP-Sondervermögen« genannt wurde. Die Finanzmittel dieses Sondervermögens sollten als zinsgünstige Kredite zur Förderung und Entwicklung der dt. Wirtschaft dienen und die Kreditrückzahlungen immer wieder in den Fördertopf zurückfließen. Das Sondervermögen ist bis heute ein Instrument zur Förderung der Wirtschaft und bis Ende 2005 auf 12 Mrd. € angewachsen.

Marxismus

Von Karl Marx (* 5.5.1818 † 14.3.1883) und Friedrich Engels (* 28.11.1820 † 5.8.1895) entwickelte Gesellschafts- und Wirtschaftstheorie, die unter dem Eindruck der Industrialisierung und ihrer sozialen Folgen entstand. Der Übergang vom Agrarstaat zur Industriegesellschaft führte zu einer fortgesetzten Anhäufung von Reichtum und Macht bei den Kapitalisten, wie Marx die Fabrikbesitzer nannte, und zur Proletarisierung und Verelendung der meisten Arbeiterfamilien. Nach Marx führt die kapitalistische Produktionsweise notwendig zur Teilung der Gesellschaft in 2 Klassen: die der Kapitalisten, also der Eigentümer von Produktionsmitteln, auf der einen und der Arbeiterklasse auf der anderen Seite. Marx stand ökonomisch gesehen auf dem Boden der Klassik, lenkte ihre Erkenntnisse aber in eine völlig andere Richtung. Während Ökonomen der Klassik vom selbsttätigen Ausgleich der widerstreitenden Interessen des Kapitals und der Arbeit durch die unsichtbare Hand des Marktes ausgingen, ist dies nach Marx nur über den Klassenkampf möglich. Denn infolge der zunehmenden Arbeitsteilung ist der Arbeiter nur noch ein Glied in einer Produktionskette und entfremdet sich seiner Arbeit. Als Lohn erhält er nur die zur Aufrechterhaltung seiner Arbeitskraft erforderlichen Unterhaltskosten, das Existenzminimum. Die Werte aber, die der Arbeiter über seine Unterhaltskosten hinaus schafft, fallen dem Kapitalisten als Mehrwert zu. Wegen der Konkurrenz unter den Kapitalisten sind diese in zunehmendem Maße gezwungen, neue und produktionssteigernde Maschinen einzusetzen. Als Folge werden nicht nur gelernte durch ungelernte Arbeiter ersetzt, sondern es fallen immer mehr Arbeitsplätze auf Dauer weg, denn die Maschine dringt in dem dynamischen Prozess der kapitalistischen Entwicklung in immer neue Produktionsbereiche vor. Für Marx ist aber Arbeit der einzige wertbildende Faktor. Daher verteilt sich der den Kapitalisten noch zufließende Mehrwert auf ein ständig wachsendes Gesamtkapital, mit der Folge, dass der Profit tendenziell sinkt. Der sich nun notwendig verschärfende Konkurrenzkampf unter den Kapitalisten endet damit, das viele kleinere Kapitalisten in die Hände der Sieger fallen oder untergehen. Die wachsenden Produktivkräfte befinden sich damit in immer weniger Händen. Ihnen steht eine industrielle Reservearmee, die verelendete Arbeiterklasse, das Proletariat, gegenüber. Durch Unterkonsumtion der Arbeiter und temporäre Überproduktion entstehen periodisch wiederkehrende Krisen, die sich zuspitzen (Ansätze einer ersten Konjunkturtheorie). Der wirtschaftlichen folgt die politische Krise. In einem revolutionären Akt wird das Proletariat die Macht mit Gewalt ergreifen, das Privateigentum an Produktionsmitteln beseitigen und sie in gesellschaftliches Eigentum überführen. Die Diktatur des Proletariats ist ein Übergangsstadium, das schließlich automatisch in die klassenlose kommunistische Gesellschaft münden wird.

➠ Kommunismus

Mehrwert

Der M. ergibt sich nach der Marx'schen Arbeitswerttheorie aus dem Gewinn, den der Unternehmer aus der Arbeitsleistung der Arbeiter nach Abzug der Lohnkosten und der Aufwendungen für die Produktionsmittel zieht. Der M. ist nach Marx gleichbedeutend mit der Ausbeutung der Arbeiter. Dabei wird von Marx noch unterschieden zwischen absolutem M., der durch einfache Mehrarbeit (längere Arbeitszeit) zu Stande kommt, und relativem M., der durch Produktivitätsfortschritte erreicht wird.

➠ Marxismus

Mehrwertsteuer

Nach der Einkommensteuer die wichtigste Einnahmequelle des Staates. Der Begriff M. ist ungenau und wird in den einschlägigen Verordnungen nicht verwendet, von Politikern und Medien allerdings fast ausschließlich. Die korrekte Bezeichnung ist Umsatzsteuer. Sie wird auf Produkte und Dienstleistungen erhoben und zählt deshalb zu den Verbrauchssteuern (auch: indirekte Steuern). Der sog. Mehrwertsteuersatz beträgt zurzeit (2009) 19 %, der reduzierte Satz z. B. für Waren des täglichen Bedarfs 7 %. Die Umsatzsteuer kann von Unternehmen als Vorsteuerabzug beim Finanzamt geltend gemacht werden, sodass sie vom Endverbraucher als sog. Mehrwertsteuer zu tragen ist.

Meistbegünstigung

Klausel im internationalen Handelsverkehr, wonach sich ein Staat vertraglich verpflichtet, den Partnerländern Vergünstigungen im Außenhandel zu gewähren, z. B. Einfuhrerleichterungen, die er den meistbegünstigten Drittländern einräumt. Gemeinhin fordert ein Land, das die M. akzeptiert, gleiches Verhalten von den Partnerländern. Es gilt der Grundsatz der Nicht-Diskriminierung. Alle Handelspartner sollen gleich behandelt werden. GATT (Allgemeines Zoll- und Handelsabkommen) und Welthandelsorganisation (WTO) bauen auf diesen Prinzipien auf und bilden den rechtlichen Rahmen für die Liberalisierung des Welthandels. Doch einen bedingungslosen Freihandel können sich nur wirtschaftlich starke Länder leisten. V. a. Entwicklungsländer verweisen auf ihre mangelnde Wettbewerbsfähigkeit und fordern Ausnahmen vom Prinzip der M., um z. B. Importgüter mit weit höheren Zöllen belasten zu dürfen, als dies bei ihren Exportwaren der Fall ist. Die WTO gestattet zeitlich begrenzte Ausnahmen von der M. bei Freihandelszonen oder Wirtschaftsgemeinschaften.

Mengentender

Offenmarktgeschäft einer Zentralbank, wobei den Geschäftsbanken ein bestimmter Zinssatz genannt wird, auf das sie mit Nachfrage nach Zentralbankgeld reagieren. Gegensatz: Zinstender.

Meritorische Güter

➡ Güter

Merkantilismus

Bezeichnung für eine auf den Reichtum und die Macht der Monarchien ausgerichtete Wirtschaftspolitik in Europa zwischen dem 16. und 18. Jh. Dabei wurde der Staat als reich angesehen, der viel Geld, Gold und Silber anhäufen konnte. Massive Staatseingriffe in den Wirtschaftsablauf, eine aggressive Exportpolitik und eine Beschränkung der Importe durch Zölle zeichneten den M. aus. Die frühindustriellen Produktionsstätten wurden aktiv gefördert, die Löhne dagegen zur Steigerung der Wettbewerbsfähigkeit der Exportgüter und zur Eindämmung des privaten Konsums niedrig gehalten, um hohe Exportüberschüsse zu erwirtschaften. Letztlich war der M. Ausdruck der wirtschaftlichen und sozialen Verhältnisse. Er diente zur Finanzierung von Monarchien mit Absolutheitsanspruch, wobei daneben noch eine dominierende Schicht von Adligen (Großgrundbesitzern), reichen Kaufleuten, Bankiers und Reedern trat.

➡ Kameralismus

Midijob

Wie die Minijobs subventionierte Arbeitsverhältnisse im Niedriglohnbereich. Mit ihnen sollte der Zugang zum Arbeitsmarkt insbesondere für gering Qualifizierte und Langzeitarbeitslose erleichtert werden und gleichzeitig eine rudimentäre soziale Absicherung geboten werden. Dies führte zunächst zur Einführung von Minijobs. Es stellte sich jedoch heraus, dass der Übergang zu üblichen Arbeitsverhältnissen bei Einkommen, die nur geringfügig höher sind als bei Minijobs zugelassen (400 €), drastisch steigende Sätze für Sozialabgaben nach sich zieht, sodass die Annahme einer solchen Beschäftigung nicht mehr lohnend ist. Aus diesem Grund wurde für Einkommen zwischen 400,01 € und 800 € eine Gleitzone eingeführt, in der die Sätze für Sozialabgaben von 4 % auf 21,5 % steigen, sodass ab 800 € ein Übergang zu üblichen Beschäftigungsverhältnissen ohne finanzielle Einbußen möglich ist. Die Arbeitsverhältnisse in dieser Gleitzone werden als M. bezeichnet.

➡ Hartz II ➡ Minijobs

Mikroökonomik

Beschäftigt sich mit dem ökonomischen Verhalten von einzelnen Wirtschaftseinheiten wie Individuen, privaten Haushalten oder Unternehmen.

➡ Betriebswirtschaftslehre

Mikrozensus

Erhebung des Statistischen Bundesamtes, die jährlich durchgeführt wird. Sie soll auf der Basis von repräsentativen Stichproben relevante ökonomische Informationen liefern, ohne auf eine kostenintensive Totalerhebung zurückgreifen zu müssen.

Mindestlohn

Gesetzlich oder tariflich vorgeschriebener Lohnsatz, der nicht unterschritten werden darf. Mit einem M. sollen einerseits die Arbeitnehmer vor einer Erosion ihrer Einkommen geschützt werden und andererseits die Unternehmen vor einem Verlust ihrer Wettbewerbsfähigkeit durch Lohndumping.

Mindestreserve

Banken und Sparkassen sind verpflichtet, einen bestimmten Prozentsatz der von ihren Kunden erhaltenen Einlagen als (verzinsliche) M. auf Konten des Europäischen Systems der Zentralbanken (ESZB) zu unterhalten. Der sog. Mindestreservesatz beträgt derzeit 2 %. Die M. wurde früher häufig als geldpolitisches Instrument eingesetzt, da durch eine Veränderung der M. die Liquidität der Banken und damit der Geldschöpfungsprozess beeinflusst wird.

Mineralölpreis

➡ Energie

Mineralölsteuer

Energiesteuer, die mit einem jährlichen Aufkommen von über 40 Mrd. € zu den wichtigen Einnahmequellen des Bundes gehört. Sie ist als Verbrauchssteuer eine indirekte Steuer und wird seit dem 1.8.2006 im Energiesteuergesetz geregelt, das an die Stelle des vorher gültigen Mineralölsteuergesetzes trat. Das Energiesteuergesetz umfasst nunmehr neben dem Energieträger Mineralöl auch z. B. Kohle und Erdgas. Die Energiesteuer wird mit unterschiedlichen Sätzen auf Benzin, Diesel, Heizöl, Kohle, Flüssig- und Erdgas erhoben.

Minijobs

Beschäftigungsverhältnisse mit einer Vergütung bis 400 €. Beschäftigte bezahlen weder Steuern noch Sozialabgaben. Arbeitgeber zahlen grundsätzlich 30 %, bei haushaltsnahen Dienstleistungen maximal 12 % Abgaben. Man spricht hier allgemein von geringfügigen Beschäftigungsverhältnissen. Bei Beschäftigungsverhältnissen von 400,01 bis 800 € besteht allgemeine Versicherungspflicht. Die Besonderheit hier ist, dass für Arbeitnehmer die Sozialversicherungsbeiträge schrittweise ansteigen. Der Arbeitgeber zahlt von Anfang an den vollen Satz. Die M. sind mit dem Zweiten Gesetz für Moderne Dienstleistungen am Arbeitsmarkt (Hartz II) zum 1.4.2003 eingeführt worden.

➡ Midijobs

Minimalkostenkombination

Wenn die Produktionsfaktoren zur Herstellung einer bestimmten Produktionsmenge so kombiniert werden, dass nur die geringstmöglichen Gesamtkosten anfallen (Minimumprinzip). Auch wenn bei festem Kostenaufwand für Produktionsfaktoren die größtmögliche Produktionsmenge erreicht wird, spricht man in der Ökonomie von M. (Maximumprinzip). Letztlich ist die M. gleichsam die Anwendung des ökonomischen Prinzips in einem Produktionsbetrieb.

➡ Ökonomisches Prinzip

Ministererlaubnis

Das Gesetz gegen Wettbewerbsbeschränkungen (GWB) untersagt Kartelle, Preisabsprachen und sonstige Vereinbarungen, die den Wettbewerb behindern. Allerdings kann der Bundesminister für Wirtschaft ausnahmsweise die Erlaubnis zu einem vom Bundeskartellamt untersagten Zusammenschluss von Firmen erteilen, vorausgesetzt, der Zusammenschluss ist für die Gesamtwirtschaft und das Gemeinwohl notwendig.

Ministerrat

➠ Rat der Europäischen Gemeinschaften

Mitbestimmung

➠ Betriebliche Mitbestimmung

Mitnahmeeffekt

Von M. wird insbesondere dann gesprochen, wenn Subventionen oder andere finanzielle Anreize der öffentlichen Hand die beabsichtigte Lenkungswirkung verfehlen, aber doch in Anspruch genommen werden, z. B. wenn staatliche Transferausgaben bereitgestellt und für Investitionen in Anspruch genommen werden, die ohnehin im gleichen Umfang durchgeführt worden wären. Oder wenn Betriebe Neueinstellungen längst beschlossen hätten, aber nun zusätzliche staatliche Transferzahlungen (Kombilöhne) für die Einstellung der neuen Mitarbeiter erhielten.

Mittelfristige Finanzplanung

Die Bundesregierung ergänzt den Bundeshaushalt durch die Planung der Einnahmen und Ausgaben für die nächsten 5 Jahre, die sog. M. So sollen die mittelfristigen Ziele der Regierung in den Haushaltsrahmen eingebunden, Einnahmen und Ausgaben ausgeglichen, die Folgekosten bestimmter Maßnahmen überprüft und Doppelplanungen vermieden werden. Die wesentlichen Elemente einer M. finden auch in Unternehmen der privaten Wirtschaft Anwendung, insbesondere bei der finanztechnischen Abwicklung großer Investitionen.

➠ Haushalt

Mittelstandspolitik

Bezeichnet wirtschaftspolitische Maßnahmen zur Förderung kleiner und mittlerer Unternehmen des Handwerks, der Industrie, des Dienstleistungsbereichs sowie der freien Berufe. Damit sollen Wettbewerbsnachteile gegenüber Großbetrieben, z. B. in der Finanzierung, ausgeglichen werden. Der Rahmen dieser Strukturpolitik hat sich durch erfolgreiche Lobbyarbeit der ständischen Interessenvertretungen erweitert und soll die Leistungsfähigkeit, Innovationsfähigkeit und Anpassung der klein- und mittelständischen Unternehmen an wirtschaftliche Veränderungsprozesse sichern. Entsprechende Förderprogramme finden sich bei Bund, Ländern und der EU. Sie umfassen steuerliche Vergünstigungen, Finanzhilfen, zinsverbilligte Darlehen, Kreditbürgschaften, Projekthilfen, Weiterbildung und Technologietransfer sowie Starthilfen bei Existenzgründungen.

➠ Strukturfonds ➠ Strukturpolitik

Monetäre Basis

➠ Geldbasis

Monetarismus

Volkswirtschaftliche Lehrmeinung, der zufolge das marktwirtschaftliche System grundsätzlich stabil ist und zur Vollbeschäftigung tendiert. Von zentraler Bedeutung ist dabei die Geldmenge einer Volkswirtschaft. Staat und Zentralbank sollen sich bei der Steuerung des Wachstums der Geldmenge an der langfristigen Wachstumsrate des realen Sozialprodukts orientieren. Das wichtigste Erfordernis, um gesamtwirtschaftliche Ziele und eine Verstetigung des Wirtschaftsablaufs zu erreichen, sieht der M. in einer konstanten Zuwachsrate der Geldmenge – zu stark ausgeweitet, führt sie zwar zu einer kurzfristigen Steigerung des realen Inlandsprodukts, langfristig aber schlägt sie auf das Preisniveau durch und fördert damit Inflation. Langfristige Geldwertstabilität ist letztlich wichtiger als kurzfristige Vollbeschäftigung. Staatliche Eingriffe wie antizyklische Konjunkturmaßnahmen, Investitionsprogramme oder auch Eingriffe am Arbeitsmarkt, die von den Anhängern Keynes zur Steuerung der Wirtschaft verlangt werden, lehnt der M. strikt ab. Sie führen nach seiner Ansicht zu einer Verstärkung der Konjunkturausschläge. Ein führender Vertreter des M. ist Milton Friedman. Der in den 1960er- und 1970er-Jahren entwickelte M. war über längere Zeit populär, hat sich aber nach Ansicht vieler Ökonomen auf Dauer in keinem Land wirklich bewährt.

➡ Neoliberalismus

Monopol

Marktform mit nur einem Verkäufer (Monopolist) auf der Angebotsseite und einer Vielzahl von Käufern auf der Nachfrageseite. Der Monopolist beherrscht als Alleinanbieter den Markt und ist damit in der Lage, dort eine festgelegte Gütermenge zu verkaufen, deren Preis sich über die Nachfrage der Käufer bildet. Er kann aber auch den Preis für seine Güter selbst festsetzen. Die abgesetzte Gütermenge hängt dann von den Entscheidungen der Nachfrager ab. Da der Monopolist den größtmöglichen Gewinn anstrebt, wird er seine Produktionsmenge solange ausweiten, wie der Grenzerlös für eine zusätzliche Gütereinheit über den Grenzkosten liegt. Wenn der Erlös für eine zusätzliche Gütereinheit mit den Kosten für die Produktion dieser Gütereinheit übereinstimmt, ist der Cournot'sche Punkt und damit der höchstmögliche Gewinn erreicht. Grundsätzlich gilt ein M. als schädlich, weil der Konsument aufgrund fehlender Konkurrenz überhöhte Preise entrichten muss. In der wirtschaftlichen Praxis wacht die Monopolkommission über das Entstehen von zu viel Marktmacht, die in einem M. enden könnte.

➡ Monopson.

Monopolkommission

Berät die Bundesregierung in wettbewerbspolitischen Fragen. Alle 2 Jahre nimmt die M. in einem Hauptgutachten Stellung zum Stand der Unternehmenskonzentration und der absehbaren Entwicklung, zur Fusionskontrolle bei Firmenzusammenschlüssen und zu anderen aktuellen Fragen auf dem Gebiet der Wettbewerbspolitik. Sie erstellt auch Sondergutachten nach eigenem Ermessen oder im Auftrag der Bundesregierung, z. B. über die Wettbewerbsentwicklung auf den Telekommunikationsmärkten, im Bereich der Post, der Eisenbahn und der leitungsgebundenen Versorgung mit Elektrizität und Gas. Die M. wurde 1973 gegründet. Sie besteht aus 5 Mitgliedern. Ihre Tätigkeit ist unabhängig und nur an den gesetzlichen Auftrag gebunden (§ 44, Abs. II GWB).

Monopson

Marktform, bei der ein Nachfragemonopol besteht. Ein Nachfrager (Monopsonist) steht einer Anzahl von Anbietern gegenüber. Klassisches Beispiel: die Nachfrage des Staates nach Straßenbauleistungen (Gegensatz: Monopol).

Montanunion

Kurzform für »Europäische Gemeinschaft für Kohle und Stahl« (EGKS).

Erste überstaatliche Organisation zur wirtschaftlichen und politischen Integration Europas. Gründerstaaten waren Frankreich, Deutschland, Italien, Belgien, die Niederlande und Luxemburg, die 1957 auch die Verträge zur Gründung der Europäischen Wirtschaftsgemeinschaft (EWG) abschlossen. Die M. trat am 23.7.1952 in Kraft und endete nach vertraglich vereinbarten 50 Jahren am 23.7.2002.

Moral Hazard

[Dt.: moralische Gefahr] bezeichnet in der Volkswirtschaftslehre eine riskante verborgene Strategie von Personen, die nach Vertragsabschlüssen Informationsvorteile durch eine Informationsasymmetrie ausnutzen. Sie können davon ausgehen, dass bei Fehlschlägen andere die Folgen z. T. oder ganz zu tragen haben. Beispiel: Eine Versicherung schützt einen Versicherten vor finanziellem Schaden, der deshalb größere Risiken eingeht, als wenn er einen möglichen Verlust selbst tragen müsste.

Multiplikatorprinzip

Bezeichnet den Erhalt oder die Verstärkung eines volkswirtschaftlichen Impulses. Bei einem Multiplikator von Eins bleibt ein Impuls in ursprünglicher Höhe erhalten, ist er größer als Eins, wird er sogar verstärkt. Anwendung findet das M. zumeist in keynesianischen Modellen, in denen z. B. von der staatlichen Investitionsnachfrage Impulse auf die Gesamtwirtschaft ausgehen und sich durch das M. verstärken. Die Ursache hierfür liegt darin, dass die staatlichen Ausgaben zu höherer Beschäftigung und höheren Einkommen führen, die wiederum vermehrte Ausgaben z. B. bei den privaten Haushalten nach sich ziehen und damit den ursprünglichen Impuls erhöhen.

Mutterschaftsgeld

M. wird von den gesetzlichen Krankenkassen während der Mutterschutzfristen an werdende Mütter gezahlt, die Mitglieder der gesetzlichen Krankenversicherung sind und Anspruch auf Zahlung von Krankengeld haben. Außerdem müssen weitere Voraussetzungen erfüllt sein, so muss die Schwangere z. B. in einem Arbeitsverhältnis stehen oder gestanden haben. Die Krankenkasse zahlt, wenn die Frau in einem Arbeitsverhältnis steht, höchstens 13 € je Kalendertag. Der Arbeitgeber ist verpflichtet, die Differenz zum durchschnittlichen Nettolohn als Zuschuss zum M. zu zahlen. Die Details finden sich im Mutterschutzgesetz (Gesetz zum Schutz der erwerbstätigen Mutter). Für Arbeitnehmerinnen, die nicht Mitglied einer gesetzlichen Krankenkasse sind, dazu werden privat krankenversicherte aber auch in der gesetzlichen Krankenversicherung familienversicherte Frauen gezählt, erhalten M. i. H. v. höchstens insgesamt 210 €.

➠ Mutterschutz

Mutterschutz

Der Schutz von Müttern, die in einem Arbeitsverhältnis stehen (Mutterschutzgesetz). Danach dürfen Mütter in den letzten 6 Wochen vor der errechneten Geburt und 8 Wochen nach der Entbindung nicht beschäftigt werden. Eine Reihe von Schutzvorschriften sollen zusätzlich Gesundheitsgefährdungen von Mutter und Kind ausschließen. Mehrbelastungen von Müttern – etwa durch Akkord- oder Nachtarbeit etc. – sind verboten. Ein besonderes Kündigungsverbot soll sie außerdem vor Arbeitsplatzverlust schützen. Als finanzielle Hilfe wird ein Mutterschaftsgeld gewährt.

Nachfragefunktion

Mathematische Beziehung zwischen der nachgefragten Menge eines Gutes und seinem Preis. I. d. R. steigt die nachgefragte Gütermenge bei sinkendem Preis, während die Nachfrage bei steigendem Preis abnimmt.

Nachfrageinflation

➠ Inflation

Nachhaltig

➠ Nachhaltige Entwicklung

Nachhaltige Entwicklung

Aus der Forstwirtschaft stammender Begriff für eine Form des Wirtschaftens, bei der jedes Jahr nur die Holzmenge genutzt wird, die dem Zuwachs eines Jahres entspricht. Dadurch ist gewährleistet, dass sich die Ressourcen beständig erneuern und dauerhaft zur Verfügung stehen. Von dieser forstwirtschaftlichen Bedeutung ausgehend fand der Begriff Eingang in die ökologische Diskussion. Er umfasst inzwischen hauptsächlich die Aspekte soziale Ausgewogenheit, ökologische Tragfähigkeit und ökonomische Effizienz als Größen, die sich wechselseitig bedingen und auch die Bedürfnisse künftiger Generationen berücksichtigen müssen.

Nachschusspflicht

Ist die sich aus dem Gesellschaftsvertrag oder der Satzung ergebende Pflicht des Gesellschafters, Kapital etwa bei entstandenen Verlusten nachzuzahlen. Bei einer Gesellschaft mit beschränkter Haftung (GmbH) müssen die Gesellschafter dann Einzahlungen über den Betrag der Stammeinlage hinaus leisten, wenn dies im Gesellschaftsvertrag so bestimmt ist (§ 26, Abs. 1 GmbH-Gesetz). Bei Genossenschaften muss die Satzung eine Bestimmung über die N. der Mitglieder im Falle eines Konkurses enthalten (§ 6, Abs. 3 Genossenschaftsgesetz). Für die Aktionäre einer AG gibt es hingegen keine N.

NAFTA

➠ Nordamerikanische Freihandelszone

Nationaleinkommen

Ersetzt in der amtlichen Statistik seit 1999 den Begriff »Sozialprodukt«, worunter die Summe aller wirtschaftlichen Leistungen einer Volkswirtschaft in einem bestimmten Zeitabschnitt verstanden wird. Es kann das Bruttonationaleinkommen (Bruttosozialprodukt) oder das Nettonationaleinkommen (Nettosozialprodukt) gemeint sein.

Nationalökonomie

Frühere Bezeichnung für Volkswirtschaftslehre.

Natürliche Arbeitslosenrate

»Normale« Arbeitslosigkeit, die nach einer Theorie von Milton Friedman auch unter den günstigsten konjunkturellen Bedingungen durch keinen wirtschaftspolitischen Eingriff zu beheben sei. Arbeitslose, die auf der Suche nach einem Arbeitsplatz sind (friktionelle Arbeitslosigkeit) werden dabei ebenso unter die N. gefasst wie wegen ungenügender Qualifizierung oder gesundheitlicher Probleme schwer vermittelbare Arbeitslose oder Arbeitsunwillige. Kritiker weisen darauf hin, dass der spezifische Wert einer N. für eine Volkswirtschaft weder theoretisch zu ermitteln ist noch empirisch belegt werden kann.

Nebenhaushalt

Budget, das zwar dem Staat zuzurechnen ist, aber außerhalb des Haushaltsplans steht. Während der Staat Kredite im Rahmen des Haushaltsplans nur dann aufnehmen kann, wenn er vom Parlament per Gesetz dazu ermächtigt wird, gilt diese Regelung für Sondervermögen u. a. N. nicht. Auch sind N. von der generellen Begrenzung der Kreditaufnahme ausgenommen, die die Verschuldung des Staates im Rahmen halten soll. Kritisiert wird, das N. durch diese Sonderregelungen die Budgethoheit des Parlaments unterlaufen und gegen den Haushaltsgrundsatz der Vollständigkeit verstoßen. Beispiel für einen N. in Deutschland ist der »Fonds Deutsche Einheit«, der zur Bewältigung der finanziellen Folgen der dt. Vereinigung eingerichtet wurde.

➡ Haushaltsgrundsätze

Negative Einkommensteuer

Anders als die Einkommensteuer, die dem Steuerpflichtigen abgezogen wird, ist die N. eine Transferleistung des Staates, die darauf abzielt, die Differenz zwischen einem niedrigen Arbeitseinkommen und dem Existenzminimum auszugleichen. Die verschiedenen Modelle der negativen Einkommensteuer befassen sich v. a. mit der Frage, wie der Anreiz zur Arbeit erhalten werden kann, wenn der Staat das Existenzminimum absichert.

➡ Kombilohn

Neokeynesianismus

Als Antwort auf die neoklassische Reaktion gegen den traditionellen Keynesianismus bildeten sich die Theorien des N. heraus, die seit Ende der 1990er-Jahre in der ökonomischen Wissenschaft dominierend sind. Im Unterschied zum traditionellen Keynesianismus sind die Ansätze des N. aus einzelwirtschaftlichen Rationalitätsüberlegungen hergeleitet. Daraus ergeben sich insbesondere Abweichungen zur Neoklassik bei der Preis- und Lohnbildung, die zumeist wegen Informationsmängeln verzögert auf Marktentwicklungen reagiert. Dies führt zumindest temporär zu einer realwirtschaftlichen Wirksamkeit von Wirtschaftspolitik. Wegen der Mischung aus verschiedenen Theorieelementen wird der N. auch als neoklassische Synthese bezeichnet.

Neoklassik

Zusammenfassende Bezeichnung für Wirtschaftstheorien, die als Weiterentwicklung der Klassik zu bezeichnen sind. Auch in der neoklassischen Theorie ist der Eigennutz der Wirtschaftssubjekte die Triebkraft wirtschaftlichen Handelns und führt über Wettbewerb und die »unsichtbare Hand des Marktes« zu steigendem Wohlstand aller. Während sich in der Klassik allerdings der Wert oder Preis eines Produktes aus den Produktionskosten ableitet, bemisst die N. den Wert eines Produktes nach dem Nutzen, der durch seinen Gebrauch erzielt wird. Im Mittelpunkt der N. stehen daher der subjektiv bestimmte Grenznutzen des Güterkonsums für Haushalte und das von Unternehmen angestrebte Gewinnmaximum. Auf der Basis des individuellen Nutzenkalküls von Konsumenten und Produzenten wird das ökonomische Verhalten der Marktteilnehmer in umfassenden mathematisch orientierten Theoriegebäuden zusammengefasst. Preise, Löhne und Zinsen werden als flexibel vorausgesetzt. Die einzelnen Güter-, Geld- und Arbeitsmärkte tendieren, wenn sie nicht durch staatliche Eingriffe gestört werden, zum Marktgleichgewicht und sind dann geräumt. Beispiel Arbeitsmarkt: Bei sinkendem Reallohn steigt nach Ansicht der N. die Nachfrage der Unternehmen nach Arbeitskräften. Alle, die für diesen niedrigeren Lohn zu arbeiten bereit sind, erhalten einen Arbeitsplatz.

Wer nicht für den Gleichgewichtslohn arbeiten will, ist freiwillig arbeitslos. Unfreiwillige Arbeitslosigkeit gibt es in den Theoriemodellen nicht. Für die unfreiwillige Massenarbeitslosigkeit in der Weltwirtschaftskrise der 1930er-Jahre konnte die N. daher keine Erklärung anbieten. Obwohl die Löhne fortgesetzt sanken, sank auch die Nachfrage nach Arbeitskräften dramatisch. Erst die keynesianische Theorie konnte den Zusammenhang befriedigend erklären. Dennoch haben sich die Anhänger der Neoklassik behaupten können und z. B. die Grundlagen des Monetarismus geschaffen.

Neoklassisch

➠ Neoklassik

Neoklassische Arbeitslosigkeit

Arbeitslosigkeit, die trotz guter Wirtschaftslage entsteht. Neoklassische Theorien halten diese Arbeitslosigkeit im Kern für eine freiwillige Entscheidung der Arbeitsuchenden, die nicht bereit sind, zu den herrschenden Löhnen zu arbeiten oder aus Informationsgründen eine längere Zeit der Suche in Anspruch nimmt.

Neoliberalismus

Gesellschaftskonzeption, die – ausgehend vom Liberalismus – zwar Freiheit und Selbstverantwortung betont, den Staat jedoch in der Verantwortung dafür sieht, dem Marktgeschehen einen Regelungsrahmen zu geben. Der Staat hat demnach zum einen das Funktionieren des Marktes sicherzustellen, in dem er z. B. Monopolbildungen verhindert oder durch seine Wirtschaftspolitik strukturelle Veränderungen erleichtert. Zum anderen muss der Staat in jenen Bereichen Vorsorge treffen, in denen die Mechanismen des Marktes nicht greifen, wie etwa in der Sozialpolitik. In Deutschland wird der N. besonders in der Form des Ordoliberalismus von Anhängern der sog. Freiburger Schule vertreten; die Konzeption der Sozialen Marktwirtschaft geht maßgeblich auf den N. zurück. Seit Beginn der 1990er-Jahre ist der Begriff in der politischen Auseinandersetzung allerdings zur Kampfvokabel geworden. Kritiker bezeichnen mit N. das Konzept einer Wirtschaftspolitik, die von Marktfundamentalismus, einseitiger Angebotsorientierung und fehlender sozialer Sensibilität geprägt sei.

Netto

Was nach Abzug anderer Größen vom Brutto übrigbleibt. Vom Bruttolohn/-gehalt des Arbeitnehmers z. B. werden ein Steuerbetrag sowie Beiträge für die Renten-, Sozial- und Krankenversicherung einbehalten. Ausgezahlt werden Nettolohn oder -gehalt. Oder: Das Nettogewicht eines Gutes errechnet sich, wenn vom Bruttogewicht (Gut inkl. Verpackung) das Gewicht der Verpackung abgezogen wird.

Nettoentlastung

Wenn die Steuerbelastung des Gewinns und/oder Einkommens abgesenkt wird, spricht man von N.

Nettoinvestition

Bruttoinvestition vermindert um die Ersatzinvestition.

➠ Investition

Nettokreditaufnahme

Das Kreditvolumen, das der Staat innerhalb eines Zeitraumes – meist eines Jahres – zusätzlich am Kapitalmarkt im In- oder Ausland aufnimmt, also die Differenz zwischen dem Schuldenstand am Anfang und am Ende der Periode. Im Gegensatz zur Bruttokreditaufnahme berücksichtigt die N. auch Leistungen zur Schuldentilgung im jeweiligen Zeitabschnitt, sodass sie nur die zusätzliche Verschuldung erfasst.

Nettoneuverschuldung

➡ Nettokreditaufnahme

Nettovermögen

Das N. eines Wirtschaftssubjekts, auch Reinvermögen genannt, errechnet sich aus dem Gesamtvermögen (Forderungen plus Sachvermögen) abzüglich aller Verbindlichkeiten.

Neuer Markt

Die Deutsche Börse startete den Neuer-Markt-Index Nemax am 10.3.1997 als neues Segment an der Frankfurter Wertpapierbörse. Gelistet und gehandelt wurden hier Aktien aus sog. zukunftsträchtigen Branchen, denen überdurchschnittliche Umsatz- und Gewinnperspektiven zugesprochen wurden, wie etwa Telekommunikation, Biotechnologie, Multimedia oder Umwelttechnik. Die Euphorie der Anleger um die erwarteten Möglichkeiten der New Economy und des Internets trieb die Aktienkurse einzelner Neuer-Markt-Unternehmen explosionsartig nach oben, sodass ihr Börsenwert v. a. im Jahre 2000 zeitweise den großer Industrieunternehmen übertraf. Als die Spekulationsblase (Dotcom-Blase) schließlich platzte, mussten zahlreiche Neuer-Markt-Unternehmen Insolvenz anmelden. Die Aktienbesitzer erlitten schwere finanzielle Verluste. Das Segment Neuer Markt wurde nach den schweren Kursverlusten im Juni 2003 geschlossen.

➡ Spekulationsblase

Neuverschuldung

Das über Kredite finanzierte Defizit des jährlichen Bundeshaushalts. Nach Art. 115, Abs. 1 Grundgesetz dürfen die Einnahmen aus Krediten die Summe der im Haushaltsplan veranschlagten Investitionsausgaben nicht überschreiten. Zur Abwehr einer Störung des gesamtwirtschaftlichen Gleichgewichts sind Ausnahmen allerdings zulässig. Zu unterscheiden sind die Bruttoneuverschuldung (alle in einem bestimmten Zeitraum aufgenommen Kredite) und die Nettoneuverschuldung (Bruttoneuverschuldung abzüglich der im gleichen Zeitabschnitt getilgten Kredite auch aus vorangegangenen Haushaltsjahren). Die Bundesrepublik Deutschland hat sich mit den Maastricht-Kriterien verpflichtet, die Nettoneuverschuldung von Bund, Ländern und Gemeinden auf höchstens 3 % des Bruttoinlandsprodukts zu begrenzen.

Neuverschuldungsquote

Relation zwischen staatlichem Haushaltsdefizit und Bruttoinlandsprodukt.

New Economy

Begriff, der unterschiedliche Dinge bezeichnet. Er kann sich auf das Entstehen von Wirtschaftszweigen durch neue Technologien beziehen, z. B. Internet, Mobilfunk, Halbleiter oder Biotechnologie. Damit verbunden ist auch die Vorstellung von einer neuen, auf digitalen Formen basierenden Wirtschaftsstruktur, die im Gegensatz zur Old Economy mehr auf den Wettbewerb mit innovativen Ideen gerichtet ist und immateriellen Wirtschaftsgütern einen größeren Stellenwert beimisst. Unter N. werden hier die Produktion und der Handel mit sog. Informationsgütern verstanden, dazu gehören Internetseiten, besondere Dateien, Software, aber auch Filme, Bücher und Musik. Andererseits bezeichnet N. auch die Veränderung der bereits bestehenden Wirtschaftsstruktur, die durch den Einsatz von Computern, Telekommunikationseinrichtungen und neuen Informationstechnologien erhebliche Produktivitätssteigerung erfährt.

Nichtbanken

Volkswirtschaftlicher Begriff, der die Kreditinstitute von der übrigen Wirtschaft abgrenzt.

Nichterwerbspersonen

Begriff aus der amtlichen Statistik: Kinder, Rentner, Nur-Hausfrauen usw., die keine auf Erwerb ausgerichtete Tätigkeit ausüben und eine solche auch nicht suchen.

➡ Erwerbspersonen

Niedriglohnsektor

Segment des Arbeitsmarktes mit niedrigen Löhnen, die häufig das Existenzminimum nicht sichern. Eine eindeutige Abgrenzung gibt es nicht. Immer wieder werden jedoch besondere Förder- oder Unterstützungsmaßnahmen und -konzepte für den N. diskutiert, von Vergünstigungen bei Steuern und Sozialabgaben bis hin zu staatlichen Lohnzuschüssen (Kombilohnmodelle). Alternativ wird gefordert, die Existenz eines N. nicht zu akzeptieren und einen gesetzlichen Mindestlohn vorzuschreiben, der zumindest das Existenzminimum sichert.

Nominale Lohnstückkosten

➡ Lohnstückkosten

Nominaler Bruttolohn

➡ Nominallohn

Nominallohn

In Geld dargebotene Gegenleistung für Arbeit. In der Volkswirtschaftslehre werden dabei meist verschiedene Entgelttypen unter dem Lohnbegriff zusammengefasst, darunter Löhne, die an Arbeiter gezahlt werden, und Gehälter, wie Angestellte sie erhalten. N. werden entweder übergreifend in Tarifverträgen oder individuell in Arbeitsverträgen festgelegt. Im Gegensatz zum Reallohn berücksichtigt die Betrachtung der N. nicht die Preise von Waren. Sie gibt also keine Auskunft darüber, welche Kaufkraft die Beschäftigten durch den N. erlangen. Auch Abzüge wie Steuern oder Sozialversicherungsabgaben werden bei der Betrachtung von Nominallöhnen nicht berücksichtigt.

Non-Affektationsprinzip

Grundsatz staatlicher Haushaltsführung, wonach alle Einnahmen des Staates für alle Ausgaben verwendet werden, also nicht zweckgebunden sind. Dieses Prinzip der Gesamtdeckung soll gewährleisten, dass staatliche Mittel stets zur Finanzierung derjenigen Leistungen verwendet werden können, die die höchste Priorität genießen. Ausnahmen vom Haushaltsgrundsatz der N. sind nur möglich, wenn die Zweckbindung bestimmter Einnahmen gesetzlich oder durch einen Vermerk im Haushaltsplan vorgesehen ist.

➡ Haushaltsgrundsätze

Nordamerikanische Freihandelszone (NAFTA)

[Engl.: North American Free Trade Area (NAFTA)] Sie umfasst die hoch entwickelten Industriestaaten Kanada und die USA sowie Mexiko und wurde zum 1.1.1994 eröffnet. Mit der Eröffnung sind zahlreiche Zölle abgeschafft worden. Die Freihandelszone soll gewerbliche Güter, Investitionen, Dienstleistungen und Kapitalverkehr umfassen und bis zum Jahr 2015 stufenweise vollständig realisiert werden. US-Amerik. Gewerkschaften fürchten als Folge den

Export von Arbeitsplätzen nach Mexiko, während mexikanische Landwirte von den Produkten der hoch subventionierten US-Farmer bedrängt werden.
(☛ Karte 4, S. 122)

Notenbank

➠ Zentralbank

Nothaushaltsrecht

Macht Ausnahmen vom Haushaltsgrundsatz Vorherigkeit möglich, und zwar dann, wenn bis zum Ende der vorherigen Haushaltsperiode kein Haushaltsplan für das folgende Jahr aufgestellt und verabschiedet worden ist. Regierung und öffentliche Verwaltung sind dann bis zum Inkrafttreten des Haushaltsplans mit der vorläufigen Haushaltsführung betraut, die besonderen rechtlichen Vorschriften folgt.
➠ Haushaltsplan

Nutzen

Gibt an, in welchem Maß Güter oder Gütergruppen die Bedürfnisse wirtschaftlicher Akteure wie z. B. privater Haushalte befriedigen.

Nutzenfunktion

In eine Kurvendarstellung mündendes mathematisches Modell vom Nutzen, den bestimmte Güter bzw. Kombinationen von Gütern dem einzelnen Konsumenten oder Haushalt bringen, wobei ein abnehmender Grenznutzen unterstellt wird. Eine N. lässt sich nur aufstellen, wenn die Vorlieben des Konsumenten, also seine Vorstellungen und Wünsche, vollständig bekannt und nach Wichtigkeit geordnet sind. Dann lassen sich aus der N. sog. Indifferenzkurven ableiten: Diese zeigen, aus welchen anderen Güterkombinationen der Einzelne einen ähnlich oder genauso großen Nutzen ziehen kann.

OECD

➠ Organisation für Wirtschaftliche Zusammenarbeit und Entwicklung

Offenmarktgeschäfte

Wichtiger Teil des geldpolitischen Instrumentariums der Zentralbanken. O. werden eingesetzt, um den Bestand an Zentralbankgeld, die Geldschöpfung und die Zinssätze bei den Geschäftsbanken zu steuern. Die Zentralbank bietet den Geschäftsbanken entweder bestimmte festverzinsliche Wertpapiere (Offenmarktpapiere) zum Kauf an oder kauft selbst Wertpapiere von den Geschäftsbanken. Wenn die Zentralbank Wertpapiere auf dem offenen Geldmarkt von den Geschäftsbanken befristet ankauft und damit Geld an die Geschäftsbanken gibt, erhöht sich die Liquidität aller Geschäftsbanken, die verkaufen. Sie können nun ihr Kreditgeschäft erweitern. Allerdings müssen sie die Wertpapiere am Ende der meist kurzen Laufzeit auch wieder von der Zentralbank zurückzukaufen. Die Zentralbankgeldmenge im Bankensystem wird dadurch wieder verringert. Die Zentralbank kann so die Kapitalbeschaffung der Geschäftsbanken und damit auch den Geldmarktzins beeinflussen, der i. d. R. an die Kunden weitergegeben wird. Ziel der Zentralbank ist die Geldwertstabilität und/oder die Förderung des Wirtschaftswachstums.

Öffentliche Güter

Allgemein: vom Staat bereitgestellte Güter und Dienstleistungen wie Straßen, Parkplätze, Altersheime, Schulen, Universitäten oder Gewässerschutzbauten, die Teil der öffentlichen Infrastruktur sind. In der Volkswirtschaftstheorie: Güter, die vom Markt nicht bereitgestellt werden können, weil sie keinen Preis haben, und deren Konsum nicht-zahlenden Kunden nicht vorenthalten werden darf. Eng gefasst sind damit die innere und äußere Sicherheit, Seuchenschutz oder Gewässerschutzbauten gemeint, im weiteren Sinne auch Luft und Umwelt, soweit sie beim Pkw- und Lkw-Verkehr kostenlos genutzt werden. Auch die zuverlässige Geldversorgung der Wirtschaft durch den Staat kann zu den Ö. gezählt werden.

Öffentliche Investitionen

V. a. Investitionen des Staates in die öffentliche Infrastruktur.

Öffentliche Verschuldung

➡ Staatsverschuldung

Öffentlicher Haushalt

➡ Haushalt

Öffentlicher Verbrauch

➡ Staatlicher Konsum

Ökologische Steuerreform

➡ Ökosteuer

Ökonometrie

Zweig der Wirtschaftswissenschaft, der einerseits mit mathematisch-statistischen Modellen ökonomische Hypothesen und Theorien mit zuverlässigen Daten und Fakten überprüft und andererseits aus den komplexen Modellrechnungen Prognosen ableitet, die Auskunft über die Entwicklung verschiedenster ökonomischer Größen geben sollen. Als eigenständige wissenschaftliche Disziplin gilt die Ö. seit Gründung der »Econometric Society«. Wesentlich begünstigt wurde ihre Entwicklung durch immer leistungsstärkere Computersysteme.

Ökonomie

[Griech.: oikonomia = Haushaltung]
Alle Formen wirtschaftlichen Handelns bei knappen Ressourcen in der Volkswirtschaft eines Landes oder Gebietes, insbesondere

- das Erwirtschaften von Einkommen durch die die Produktion von Waren und Dienstleistungen,
- die Verwendung von Einkommen durch den Verbrauch von Waren und Dienstleistungen,
- die Gewährung und Verwendung von Krediten.

Ö. wird auch als Bezeichnung für die Wirtschaftswissenschaft mit ihren Untergliederungen Volks- und Betriebswirtschaftslehre verwendet.

Ökonomik

➡ Ökonomie

Ökonomisches Prinzip

Grundsatz der Wirtschaftlichkeit: das Streben, bei feststehendem Einsatz von Ressourcen den Ertrag zu maximieren (Maximalprinzip) beziehungsweise einen vorgegebenen Ertrag mit dem geringsten möglichen Einsatz von Ressourcen zu erzielen (Minimalprinzip). Das Ö. hilft zum einen, wirtschaftliche Fragen zu entscheiden. Zum anderen grenzt es ökonomische von Fragestellungen anderer gesellschaftlicher und wissenschaftlicher Bereiche ab: Nur Fragen, die nach den Maßstäben des Ö. entschieden werden können, sind als ökonomische anzusehen.
➡ Minimalkostenkombination

Ökonomisierung

Trend, auch politische und gesellschaftliche Fragen nach ökonomischen Kriterien zu entscheiden. Es wird beklagt, dass dabei rein ökonomische Kosten-Nutzen-Betrachtungen eine Bewertung verhindern, die alle entscheidungsrelevanten Aspekte einbezieht.

Ökosteuer

Kurzbezeichnung für die ökologische Steuerreform, die am 1.4.1999 in Kraft trat. Strom, Kraft- und Heizstoffe wurden steuerlich verteuert, um Anreize zum Energiesparen zu setzen. Die Steuermehreinnahmen aus der Ö. (2006 etwa 18 Mrd. €) wurden zum größten Teil zur Absenkung von Rentenversicherungsbeiträgen resp. Lohnnebenkosten verwendet. Damit sollen die Rahmenbedingungen für die Schaffung neuer Arbeitsplätze verbessert werden. Auch im Energiesteuergesetz vom 1.8.2006 sind diese Ziele enthalten.

Okuns Gesetz

Nach dem amerik. Ökonomen Arthur M. Okun (* 1928 † 1980) benannter und von ihm empirisch entdeckter Zusammenhang von Wirtschaftswachstum und Arbeitslosigkeit. Okun hatte im betrachteten Zeitraum für die USA eine Korrelation zwischen den konjunkturbedingten Schwankungen des Bruttoinlandsprodukts und den Veränderungen der Arbeitslosenquote festgestellt. Auf der Grundlage Okun'scher Beobachtungen konnte auch für Deutschland ein Zusammenhang von Wirtschaftswachstum und Beschäftigung abgeschätzt werden. Danach dürfte ein zusätzliches Wirtschaftswachstum von etwa 3 % die Arbeitslosenquote im Mittel um 1 % absenken.

Oligopol

Marktform, bei der viele relativ kleine Nachfrager wenigen großen Anbietern gegenüberstehen, wie z. B. Automobilherstellern oder Konzernen der Mineralölindustrie. Hier teilen sich jeweils wenige Unternehmen den Markt. Die Auswirkungen der Preis- und Mengenbeschlüsse jedes Einzelnen treffen daher die wenigen Konkurrenten sehr spürbar. Würde ein Anbieter etwa den Preis für Benzin senken, so sind auch Preissenkungen bei den übrigen Anbietern zu erwarten, die keine Kunden verlieren wollen. Dieser Wettbewerb vermindert die Gewinne der Oligopolisten. Er kann sogar zu ruinöser Konkurrenz führen. Oligopolunternehmen tendieren daher zu Arrangements, zu verdeckten Preis- und Mengenabsprachen. Statt solcher sog. Frühstückskartelle kann auch ein stillschweigendes Einverständnis vorliegen, bei der Preisgestaltung vom Wettbewerb abzusehen und bei Preiserhöhungen der Konkurrenten gleichmäßig mitzuziehen. Daneben kann sich aber unter den Oligopolisten durchaus ein starker Wettbewerb bei der Entwicklung neuer Technologien, bei der Innovation, Verbesserung und Differenzierung von Produkten entfalten. Stimmen Oligopolisten ihr Verhalten ab, um Wettbewerb zu verhindern, verstoßen sie gegen das im Gesetz gegen Wettbewerbsbeschränkungen (GWB) festgesetzte Kartellverbot.

➠ Kartell

OPEC

➠ Organisation erdölexportierender Länder

Opportunitätskosten

O. sind der entgangene Nutzen eines Gutes oder einer Dienstleistung, auf den man wegen einer anderen ökonomischen Entscheidung verzichtet hat. Wenn z. B. zu Gunsten einer teuren Reise auf den Kauf eines Autos verzichtet wird, bildet der Verzicht auf den Pkw die O. Das Konzept der O. findet bei einer großen Zahl von Entscheidungen Anwendung.

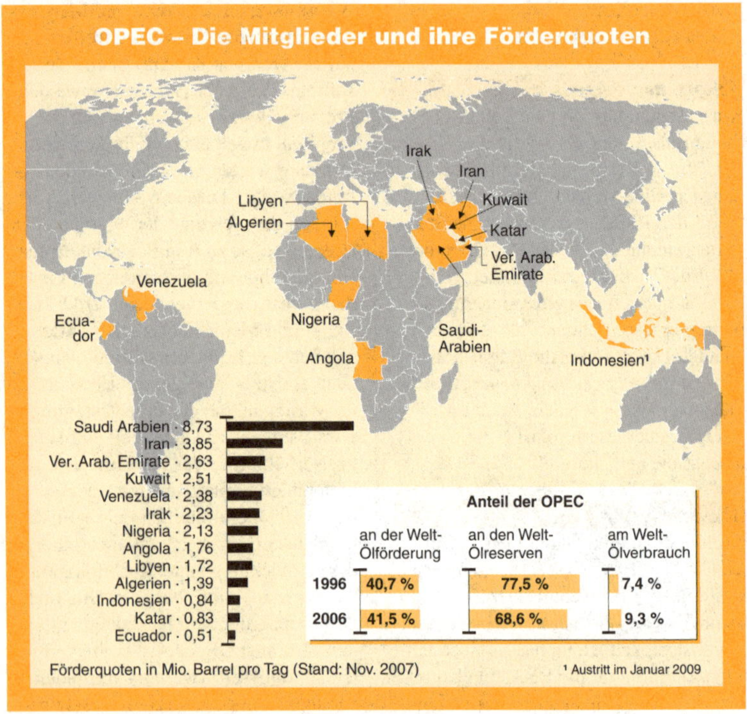
OPEC – Die Mitglieder und ihre Förderquoten
Irak
Iran
Kuwait
Katar
Ver. Arab. Emirate
Libyen
Algerien
Venezuela
Ecuador
Nigeria
Saudi-Arabien
Angola
Indonesien[1]
Saudi Arabien · 8,73
Iran · 3,85
Ver. Arab. Emirate · 2,63
Kuwait · 2,51
Venezuela · 2,38
Irak · 2,23
Nigeria · 2,13
Angola · 1,76
Libyen · 1,72
Algerien · 1,39
Indonesien · 0,84
Katar · 0,83
Ecuador · 0,51
Anteil der OPEC
an der Welt-Ölförderung
an den Welt-Ölreserven
am Welt-Ölverbrauch
1996 40,7 % 77,5 % 7,4 %
2006 41,5 % 68,6 % 9,3 %
Förderquoten in Mio. Barrel pro Tag (Stand: Nov. 2007)
[1] Austritt im Januar 2009

Karte 5

Optionskommunen

63 Landkreise und 6 kreisfreie Städte, die Ansprüche von Arbeitslosen auf finanzielle Leistungen nach dem Sozialgesetzbuch (SGB) II (insbesondere Arbeitslosengeld II) in eigener Trägerschaft prüfen und bearbeiten. Die O. nehmen dabei auch Aufgaben der Agenturen für Arbeit wahr. Sie erhielten diese Möglichkeit gemäß der Experimentierklausel des SGB II (§ 6 a, Abs. 1) ab dem 1.1.2005 für die Dauer von 6 Jahren. Dabei soll herausgefunden werden, ob die Kommunen erfolgreicher bei der Eingliederung von Arbeitsuchenden sind als die Bundesagentur für Arbeit.

Ordnungspolitik

Mit ihrer Hilfe gibt der Staat den rechtlichen Rahmen wirtschaftlichen Handelns vor und weist allen Akteuren ihre Entscheidungs- und Handlungsspielräume innerhalb der angestrebten Wirtschaftsordnung zu. Alle regulatorischen Einzelmaßnahmen des Staates müssen den Rahmen, der durch die O. vorgegeben ist, berücksichtigen, sichern und entwickeln.

Ordoliberalismus

Form des Neoliberalismus. In den 1930er-Jahren von Ökonomen der Freiburger Schule entworfen. Diese waren der Überzeugung, dass der klassische

Wirtschaftsliberalismus zwar die Leistungsfähigkeit des Wettbewerbs erkannt hatte, aber die Gefahr von Wettbewerbsbeschränkungen (Fusionen, Kartelle usw.) und die soziale Frage nicht berücksichtige. Der O. fordert eine freiheitliche und soziale Wirtschaftsordnung, in der ein starker Staat die Rahmenbedingungen des marktwirtschaftlichen Prozesses rechtlich zu sichern und zu erhalten hat (so das Privateigentum, das Recht auf freie wirtschaftliche Betätigung, die Verhinderung des Entstehens zu großer Marktmacht). Sozialpolitisch setzt der O. auf Einkommensumverteilung und liefert damit Grundlagen für die Soziale Marktwirtschaft.

Organisation erdölexportierender Länder (OPEC)

[Engl.: Organization of the Petroleum Exporting Countries (OPEC)] Die OPEC wurde 1960 in Bagdad von Irak, Iran, Kuwait, Saudi-Arabien und Venezuela gegründet. Sie besteht heute aus 12 Mitgliedsländern, die sich zum Quotenkartell zusammengeschlossen haben, um einen Preisverfall beim Rohöl zu verhindern und die Gewinne der Mitglieder zu sichern. Die OPEC vereinigt etwa 40 % der weltweiten Ölproduktion auf sich. Zur Stützung der Preise dient eine gemeinsame Förderpolitik, bei der jedem Mitgliedsland eine bestimmte Förderquote zugewiesen wird. Zweimal jährlich treffen sich die für die Erdölförderung zuständigen Minister der OPEC, beurteilen den weltweiten Rohölmarkt und einigen sich auf eine Verknappung oder Steigerung der Erdölförderung in ihren Ländern. Sitz der OPEC ist Wien.

Organisation für wirtschaftliche Zusammenarbeit und Entwicklung (OECD)

[Engl.: Organisation for Economic Cooperation and Development (OECD)] Seit 1961 Nachfolgevereinigung der Organisation für europäische wirtschaftliche Zusammenarbeit (OEEC), die 1948 von europ. Staaten auf der Suche nach einem gemeinsamen Konzept für wirtschaftlichen Aufbau und Zusammenarbeit gegründet wurde. Die O., deren aktuell 30 Mitgliedsländer – vorwiegend Industriestaaten – sich zu Demokratie und Marktwirtschaft bekennen, will nachhaltiges Wirtschaftswachstum fördern, höhere Beschäftigung und Steigerung des Lebensstandards erreichen, finanzielle Stabilität sichern, die Entwicklung in Drittstaaten unterstützen – auch wenn sie nicht Mitglied der O. sind – und einen Beitrag zum Wachstum des Welthandels leisten. Die O. liefert bedeutende Statistiken zu Wirtschafts- und Gesellschaftsfragen, untersucht makroökonomische Entwicklungen, gibt Prognosen ab und versucht, den Marktmechanismus für effizienten Umweltschutz zu nutzen. Sie bildet dabei ein Forum für den Dialog und Erfahrungsaustausch zwischen Mitglieds- und Nicht-Mitgliedsländern. Eingeladen zu Beitrittsgesprächen sind Chile, Estland, Israel, Russland und Slowenien. Ein Angebot zu vertiefter Zusammenarbeit hat die O. Brasilien, China, Indien, Indonesien und Südafrika vorgelegt. Die Arbeit der O., die ihren Hauptsitz in Paris hat, wird von einem Rat geleitet, in dem Vertreter der Mitgliedsländer und der Europäischen Kommission »Entscheidungen im Konsens« treffen.
(☛ Karte 6, S. 224)

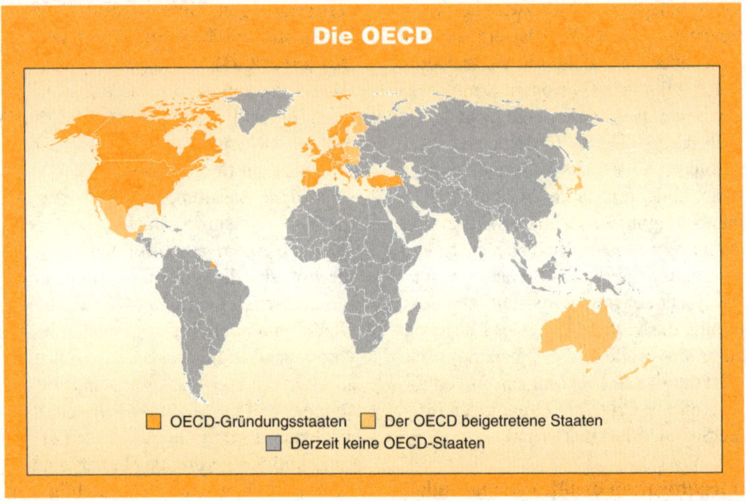
Die OECD
OECD-Gründungsstaaten
Der OECD beigetretene Staaten
Derzeit keine OECD-Staaten

Karte 6 (Stand 2009)
Australien, Belgien, Dänmark, Deutschland, Finnland, Frankreich, Griechenland, Irland, Island, Italien, Japan, Kanada, Luxemburg, Mexiko, Neu Seeland, Niederlande, Norwegen, Österreich, Polen, Portugal, Schweden, Schweiz, Slowakische Republik, Spanien, Südkorea, Tschechische Republik, Türkei, Ungarn, Vereinigte Staaten von Amerika, Vereinigtes Königreich.

Output

Ergebnis der Produktion an Gütern und Dienstleistungen, die entweder konsumiert werden oder in weiteren Produktionsprozessen Verwendung finden.

➠ Input

Output-Lücke

Differenz zwischen der aktuellen Produktion und dem Produktionspotenzial. An ihr lässt sich die aktuelle Konjunkturlage ablesen. Ist die O. positiv, herrscht eine Boomsituation, da die aktuelle Produktion im Vergleich zu ihrem mittelfristigen Trend hoch ist. Ist sie hingegen negativ, liegt eine Konjunkturschwäche vor.

➠ Produktionslücke

Outside-money

[Dt.: Außengeld] Unter O. wird der Teil des Geldes einer Volkswirtschaft verstanden, dessen Schöpfung – anders als beim Inside-money (Innengeld) – nicht auf einer entsprechenden Zunahme der Verschuldung seiner Wirtschaftssubjekte basiert. O. wird z. B. durch die Zentralbank geschaffen, wenn sie den Kauf staatlicher Wertpapiere (Offenmarktgeschäfte) oder von Gütern mit selbst geschaffenem Geld finanziert. Auf diese Weise kommt es zu einer Vergrößerung der Zentralbankgeldmenge, ohne dass diesem Vorgang eine Erhöhung der Verschuldung im privaten Sektor gegenübersteht.

➠ Inside-money

Outsourcing

Auslagerung von bisher im Unternehmen erbrachten Leistungen – und damit von Arbeitsplätzen und Teilen der Wertschöpfung – zu externen Anbietern. Zulieferer können sich dann auf die Produktion bestimmter Komponenten spezialisieren. Dem Spezialisierungsvorteil stehen Nachteile gegenüber: z. B. die Transaktionskosten und eine oft hohe Abhängigkeit von Zulieferern. Letztere wird umso größer, je höher der Anteil der Zulieferer an der Wertschöpfung des Unternehmens ist.

Panel

Gleich bleibender Kreis von Personen oder Betrieben, die zur Datengewinnung für Panel-Untersuchungen regelmäßig zum selben Thema befragt werden. In der Bundesrepublik Deutschland arbeitet z. B. die Gesellschaft für Konsumforschung (Nürnberg) mit einem Haushalts-Panel von 5.000 Haushalten, die über einen längeren Zeitraum immer wieder Auskunft über ihr Kaufverhalten geben. Das Betriebs-Panel des Instituts für Arbeitsmarkt- und Berufsforschung (IAB) bildet jährlich die Befragung von ca. 16.000 Betrieben ab zur Beobachtung der Beschäftigungsentwicklung, der Aus- und Weiterbildung oder der Innovationsforschung in den Betrieben. Ein Problem bei Panel-Befragungen sind die sog. Panel-Effekte, die zu Verzerrungen führen. Z. B. könnten befragte Personen ihr Verhalten zu einem bestimmten Thema erst durch die Befragung entwickeln, sodass als deren Folge Einstellungen verändert oder gefestigt werden.

Parafisci

Körperschaften, die staatliche Aufgaben wahrnehmen oder öffentliche Güter bereitstellen, aber nicht im Staatshaushalt geführt werden. Beispiele für P. sind die gesetzlichen Sozialversicherungen, Berufsvertretungen wie Handels-, Handwerks- oder Ärztekammern, auch Sondervermögen öffentlicher Haushalte, wie etwa das ERP-Sondervermögen (European Recovery Program).

➠ Marshall-Plan

Pareto-Optimum

Begriff aus der Mikroökonomie, benannt nach dem ital. Ökonomen Vilfredo Pareto (* 15.7.1848 † 19.8.1923). Das P. stellt eine wirtschaftliche Situation dar, in der sich keiner der beteiligten Akteure verbessern kann, ohne einen anderen schlechter zu stellen.

Pariser Club

Internationaler Zusammenschluss von Ländern, die sich mit den Problemen von Umschuldung und Schuldenerlass von Staaten beschäftigen. Dabei vermittelt der P. auch zwischen Geber- und Schuldnerländern. Der P. hat derzeit (2008) 19 permanente Mitglieder.

Partialanalyse

Wirtschaftswissenschaftliche Untersuchungsform, bei der einzelne relevante Aspekte eines ökonomischen Gesamtgeschehens isoliert betrachtet werden, um Zusammenhänge herauszufinden.

Passiva

[Auch: rechte Seite der Bilanz] P. zeigen das Kapital eines Unternehmens zu einem bestimmten Stichtag. Stark vereinfacht setzen sich die P. aus dem Eigenkapital, den Rücklagen, aus Pensions- und Steuerrückstellungen, den Verbindlichkeiten etwa gegenüber Kreditinstituten oder Lieferanten und den Rechnungsabgrenzungsposten zum Stichtag zusammen. Die P. legen offen, mit welchen Mitteln die Werte auf der Aktivseite der Bilanz finanziert wurden.

Passive Arbeitsmarktpolitik

➠ Arbeitsmarktpolitik

Pauschalsteuer

Soll der Steuervereinfachung dienen. Ein Beispiel ist die Abgeltungsteuer, die ab 1.1.2009 erhoben wird. Private Kapitaleinkünfte werden dann unabhängig von ihrer Höhe und unabhängig von der Höhe der Gesamteinkünfte des Steuerpflichtigen mit einem Steuersatz von 25 % belegt, zuzüglich Solidaritätszuschlag und ggf. Kirchensteuer. Die Abgeltungssteuer vereinfacht die Steuerermittlung, soll allerdings auch durch ihren niedrigen Satz die Steuerflucht in Steueroasen verhindern. Ein anderes Beispiel für eine P. liegt beim Mini-Job vor. Für Mini-Jobber, die nur bis zu 400 € im Monat verdienen, zahlt der Arbeitgeber eine Lohnsteuerpauschale von 2 % an die Steuerbehörden. Manchmal wird unter P. auch eine Kopf- oder Einheitssteuer verstanden. Alle Bürger sollen danach unabhängig von der Höhe ihrer Einkünfte den gleichen Betrag an das Finanzamt zahlen. Diese Forderung verstößt allerdings gegen allgemein gültige Gerechtigkeitsvorstellungen.

Pendlerpauschale

Entfernungspauschale, mit der in Deutschland die Kosten für den Weg zwischen Wohnung und regelmäßigem Arbeitsplatz seit dem 1.1.2004 pauschal mit 0,30 € je Entfernungskilometer festgesetzt wurden. Sie konnten damit in der Steuererklärung als Werbungskosten in gleicher Höhe steuermindernd aufgeführt werden. Zum 1.1.2007 wurde die Regelung nach Beschluss des Deutschen Bundestages geändert. Während Arbeitnehmer bis dahin die Kosten für den Weg zwischen Wohnung und Arbeitsstelle bereits ab dem ersten Kilometer als Werbungskosten steuerlich geltend machen konnten, sollten nun nur noch die Kosten ab dem 21. Kilometer wie Werbungskosten steuerlich absetzbar sein (§ 9, Abs. 2, Satz 2 EStG). Diese Neuregelung der Entfernungspauschale hat das Bundesverfassungsgericht am 9.12.2008 verworfen. Sie sei verfassungswidrig und verstoße gegen das Grundrecht auf Gleichbehandlung vor dem Gesetz. Der Gesetzgeber wird aufgerufen, rückwirkend zum 1.1.2007 eine verfassungskonforme Regelung zu erlassen. Bis dahin gilt das alte ab dem 1.1.2004 geltende Recht. Als dessen Folge werden den Pendlern für die Jahre 2007–2008 7,5 Mrd. € an zu viel gezahlten Steuern erstattet.

Pensionsfonds

Betriebliche P. sind eine Ergänzung zur traditionellen betrieblichen Altersversorgung und unterliegen der Versicherungsaufsicht. Der P. wird von einem oder mehreren Arbeitgebern finanziert und erbringt über das Kapitaldeckungsverfahren ausschließlich Leistungen der betrieblichen Altersversorgung. Die Arbeitnehmer oder ihre Hinterbliebenen haben einen Rechtsanspruch auf Leistungen. Das im P. vorhandene Kapital unterliegt kaum Anlagevorschriften und kann auf dem Kapitalmarkt z. B. in Aktien investiert werden, um eine Rendite zu erzielen. Die Höhe der Versorgungsleistungen aus dem P. hängt dann auch von der Entwicklung des Aktienmarkts ab. Dem Arbeitnehmer wird im Falle von Kapitalverlusten des P. durch die Insolvenzsicherungspflicht garantiert, dass im Versorgungsfall wenigstens die Summe der für ihn eingezahlten Beiträge zur Verfügung steht.

Pensionsrückstellungen

Sichern die betriebliche Altersversorgung ab. Sie werden vom Arbeitgeber mit Beginn des Wirtschaftsjahres, in dem die betriebliche Altersversorgung vereinbart wurde, aus Gewinn mindernden Rücklagen gebildet.

Performance

[Dt.: Verrichtung, Leistung] Bezeichnet in der Managementsprache das Maß, in dem eine angestrebte Leistung erreicht wurde. Im Wertpapiergeschäft wird unter P. die Wertsteigerung einer Kapitalanlage verstanden, insbesondere die Entwicklung des Wertes von Aktien, Fondsanteilen oder Portfolios.

Permanente Einkommenshypothese

Von Milton Friedman entwickeltes ökonomisches Konzept. Danach richten Privathaushalte sich bei ihren Konsumausgaben nicht am aktuellen Einkommern, sondern an dem über die ganze Lebenszeit erwarteten Durchschnittseinkommen aus.

Persistenz

Zustand der Verharrung oder Beharrlichkeit. Er wird in der Wirtschaftswissenschaft meist im Zusammenhang mit langsamen Preis- und Lohnreaktionen sowie einer anhaltenden Wachstumsschwäche verwendet.

Personal-Service-Agentur (PSA)

Wesentlicher Teil der Agenda 2010 und der sog. Hartz-Gesetze. Die PSA sind von der Bundesagentur für Arbeit subventionierte Zeitarbeitsfirmen, die v. a. Arbeitslose mit sog. Vermittlungshemmnissen einstellen sollen, um sie dann zeitlich befristet an Unternehmen zu verleihen. Ziel ist es, die Arbeitslosen dauerhaft zu vermitteln und zu erreichen, dass sich ein möglichst langfristiges ungefördertes Beschäftigungsverhältnis beim Entleiher ergibt. In Phasen ohne Einsatzmöglichkeiten ist der eingestellte Arbeitslose zu qualifizieren und weiterzubilden. Mit der Einrichtung und dem Betrieb einer P. können die Agenturen für Arbeit gewerbliche Zeitarbeitsfirmen beauftragen, gemeinsam mit privaten Trägern oder den Agenturen für Arbeit. Am 1.1.2006 wurde die bis dahin geltende Verpflichtung, dass jede Agentur für Arbeit eine P. einzurichten habe, aufgehoben. Kritiker der P. bemängeln, die Vermittlungsbemühungen hätten nicht die erhoffte Senkung der Langzeitarbeitslosigkeit erreicht und seien im Vergleich mit anderen Arbeitsmarktinstrumenten zu teuer.

→ Hartz I

Personalzusatzkosten

→ Lohnnebenkosten

Pigou-Effekt

Benannt nach dem brit. Ökonomen Arthur Cecil Pigou (* 18.11.1877 † 7.3.1959). Der P. besagt, dass bei sinkendem Preisniveau das reale Geldvermögen steigt; die Vermögensbesitzer werden also reicher. Sie werden daher ihre Güternachfrage steigern. Gleichzeitig, und dies wurde von Pigou übersehen, steigt aber auch der reale Wert der Schulden; die Schuldner werden also ärmer. Sie werden ihre Nachfrage entsprechend senken. Folglich geht die stimulierende Wirkung des P. verloren.

Pilotabschluss

Der richtungsweisende, zumeist erste Abschluss eines Tarifvertrags in einer Tarifrunde. P. sind in den Branchen von besonderer Bedeutung, in denen Arbeitgeber und Gewerkschaften Tarifverträge

mit regional begrenzter Geltung aushandeln. An dem P. einer Region können sich dann die Tarifvertragsparteien anderer Regionen orientieren. Allgemein verbindlich ist ein P. allerdings nicht.
➠ Tarifvertrag

Planwirtschaft

Mit P. (oft auch: Staats-, Befehls- Zentralplan- oder Zentralverwaltungswirtschaft) wird ein Wirtschaftssystem bezeichnet, in dem alle wirtschaftlichen Aktivitäten vom Staat gelenkt werden. In der P. setzt die Staatsführung allgemeine Zielvorgaben fest, die von einer zentralen Planungsbehörde ökonomisch im Zentralplan umgesetzt werden. Aus ihm ist zu ersehen, welche Güter in welchen Mengen für die Konsumenten produziert werden sollten, mit welchem Einsatz von Rohstoffen und Arbeitskräften das geschehen soll und welcher Betrieb für die Produktion bestimmter Güter zuständig ist. Aus dem Gesamtplan werden verbindliche Einzelpläne abgeleitet. Ein Plansoll ist jeweils zu erfüllen und wird vom Staat kontrolliert, der auch Preise und Löhne festsetzt. Noch bis ins Jahr 1990 lebten 1,5 Mrd. Menschen der ehemaligen sozialistischen Länder in einer solchen Wirtschaftsordnung. Sie konnte allerdings den Vergleich mit der Marktwirtschaft nicht bestehen, erwies sich als unproduktiv, innovationsfeindlich, wenig effizient und hat damit den weltweiten Siegeszug der Marktwirtschaft ins sozialistische Lager möglich gemacht. Eine P. haben nur noch die Länder Nordkorea und Kuba.

Politikineffizienz

Mangelnde Wirkung oder gar Wirkungslosigkeit von konjunkturpolitischen Maßnahmen. Der Begriff der P. wird im Zusammenhang mit der Neoklassik verwendet, nach deren Modellansätzen die Konjunkturpolitik die Produktion kaum oder gar nicht beeinflussen kann.

Portefeuille

➠ Portfolio

Portfolio

Gedankliche Einheit sämtlicher Geld- bzw. Kapitalanlagen, die ein Unternehmer, eine Bank oder eine Privatperson besitzt. Der Begriff umfasst also alle Kapitalformen, sowohl Bargeld als auch kurz-, mittel- und langfristige Kapitalanlagen wie Girokonten, Anleihen, Aktien oder Fondsanteile. I. d. R. hat das P. eine bestimmte Zusammensetzung mit dem Ziel, das Risiko der verschiedenen Anlageformen zu minimieren, die Rendite aber zu optimieren.

Portfolio Management

Steuerung und Verwaltung eines Wertpapierportfolios für Kunden. Kann die ständige Überwachung des Portfolios und nach Absprache mit dem Kunden auch Käufe und Verkäufe einschließen.

Postkeynesianismus

Versucht, die keynesianische Denkweise weiterzuentwickeln und so realitätsnah wie möglich zu gestalten. Die Abfolge von temporären Gleichgewichts- und Ungleichgewichtszuständen wird als der Normalfall in der wirtschaftlichen Entwicklung einer Marktwirtschaft betrachtet. Dabei spielt der Faktor Unsicherheit eine zentrale Rolle. Er führt in der Tendenz zu starren Preisen und Löhnen, mit denen eine kurzfristige Stabilität erreicht werden kann, die Zukunftsplanung erst möglich macht. Die Investitionsentscheidungen oligopolistischer Unternehmen sieht der P. im Wesentlichen als Entscheidungen an, die durch die Orientierung auf Wachstum erzwungen sind und, spricht hier deshalb von der Autonomie der Investitionen. Der P. begreift den Wirtschaftsprozess als Entwicklung, zu deren Erklärung Politik, Machtverteilung und Gewerkschaften stärker herangezogen werden müssen.

➠ Keynesianische Theorie

Potenzialwachstum

Zunahme des Produktionspotenzials.

Preis

Wert einer Ware oder Dienstleistung in Geldeinheiten. Er zeigt damit den Tauschwert von Gütern an. In der marktwirtschaftlichen Ordnung entsteht der P. durch das Zusammenwirken von Angebot und Nachfrage. P. haben dabei Informations- und Signalwirkung für Konsumenten und Produzenten. Wird ein Gut verstärkt nachgefragt, so steigt sein P., und die Produzenten erhalten damit das Signal, mehr davon zu produzieren. P. lenken also die Produktionsfaktoren in die bestmögliche Verwendung. Sinkt die Nachfrage, so wird auch der P. fallen, und die Produzenten halten sich zurück. Der P. hat also eine koordinierende Funktion, die zum Marktgleichgewicht führt. Die Preisbildung selbst ist abhängig von der Marktform (z. B. Polypol, Oligopol, Monopol) und einer Reihe weiterer Faktoren. Die Nachfrage des Konsumenten nach bestimmten Gütern oder Dienstleistungen orientiert sich neben dem aktuellen P. auch am Bedarf, am verfügbaren Einkommen, den wirtschaftlichen Zukunftserwartungen sowie dem P. vergleichbarer Güter. Der Produzent wird sein Angebot neben dem aktuellen Marktpreis zusätzlich von den Kosten, der Konkurrenz und dem Vertrauen in wirtschaftliche Zukunft abhängig machen. Auch der Staat beeinflusst die Preisbildung etwa durch Subventionen, Steuern oder die Festsetzung von Höchst- und Mindestpreisen (europ. Agrarmarkt).

Preis-Absatz-Funktion

Zeigt die Abhängigkeit der absetzbaren Gütermenge vom jeweils geforderten Preis auf.

Preisbildung

Bezeichnet die ökonomische Analyse der Art und Weise, wie sich Preise auf den einzelnen Märkten und in der Gesamtwirtschaft ergeben. Zu unterscheiden ist zwischen einer sog. markträumenden P. und einer P. mit Rationierung. Im ersten Fall können alle Nachfrager und Anbieter, die einen bestimmten Preis fordern oder akzeptieren, ihre sämtlichen Transaktionswünsche befriedigen. Im zweiten Fall werden Nachfrager oder Anbieter rationiert, d. h., sie kommen mit ihren Transaktionswünschen nicht alle zum Zuge.

Preisbindung

Verpflichtung eines Verkäufers gegenüber einem Hersteller oder Zwischenhändler, das eingekaufte Produkt nur zu einem vorgegebenen Preis an Endverbraucher abzugeben. Daher wird auch von P. der 2. Hand gesprochen. Bekanntestes Beispiel in Deutschland ist die Buchpreisbindung. Hier geben die Verlage den Ladenverkaufspreis vor. Diese P. ist aus kulturpolitischen Gründen ausdrücklich zugelassen. In anderen Wirtschaftsbereichen werden P. als wettbewerbswidrig angesehen.

Preiselastizität

Zeigt die prozentuale Veränderung der nachgefragten Menge eines Gutes, wenn dessen Preis um 1 % steigt oder fällt. Die P. ist damit vor allem ein Maß für den Einfluss von Preisveränderungen auf den Umsatz eines Gutes.

Preisfixierung

Wenn der Anbieter den Preis festsetzt und die Nachfrager nur noch entscheiden können, welche Gütermengen sie zu diesem Preis ankaufen.

➡ Monopol

Preisführerschaft

Absatzpolitisches Verhalten auf Märkten, die von wenigen mächtigen Wettbewerbern dominiert werden, also ein Oligopol bilden. Erhöht oder senkt das stärkste Unternehmen als Vorreiter seinen Abgabepreis, so schließen sich die anderen Oligopolisten häufig nach kurzer Zeit an (z. B. Benzin- und Energiepreiserhöhungen). Stillschweigendes Einverständnis der Unternehmen, aber auch verbotene Preisabsprachen und Preiskartelle können im Einzelfall die Ursache sein.

➡ Kartell

Preishausse

Stärkerer und länger anhaltender Anstieg der Preise einzelner Marktbereiche oder des Gesamtmarktes.

Preisindex

Ein P. drückt die durchschnittliche Veränderung einer Vielzahl von Preisen mit einem einzigen Wert aus. Bei der Berechnung eines P. ist es notwendig, die zu Grunde liegende Warenmenge im sog. Warenkorb konstant zu halten, um damit einen Vergleich der durchschnittlichen Preisentwicklung in verschiedenen Zeitabschnitten zu ermöglichen. Ein wichtiger P. ist der Verbraucherpreisindex, den das Statistische Bundesamt berechnet und mit dem die Teuerungs- oder Inflationsrate gemessen wird. Der Warenkorb des Verbraucherpreisindex umfasst etwa 700 Waren und Dienstleistungen. Um die gesamte Teuerungsrate zu ermitteln, wird für jede Art der Waren und Dienstleistungen die durchschnittliche Preisentwicklung mit dem Ausgabenanteil gewichtet, den die privaten Haushalte im Durchschnitt dafür ausgeben. Der Verbraucherpreisindex ist dann ein gewichteter Mittelwert aus der Preisentwicklung der etwa 700 Güterarten. Ein harmonisierter Verbraucherpreisindex ermöglicht einen Vergleich der unterschiedlichen Preisentwicklung in den Ländern der Eurozone.

➡ Harmonisierter Verbraucherpreisindex
➡ Indexzahl

Preiskartell

Verständigung eigenständiger Anbieter von identischen oder eng verwandten Produkten über den Preis, zu dem die Produkte angeboten werden sollen. Durch die Absprache wird verhindert, dass sich möglicherweise niedrigere Preise durch einen freien Wettbewerb der Anbieter bilden. In Deutschland sind P. durch das Wettbewerbsrecht verboten.

➡ Kartell

Preiskonkurrenz

Bestimmte Art des Wettbewerbs zwischen Anbietern gleicher Produkte und Leistungen. Der Preis der Wettbewerber wird dazu unterboten. Maßstäbe wie Qualität, Reputation oder Kundendienst spielen bei P. oft nur eine untergeordnete Rolle. Aus der Perspektive des Konsumenten sind Preisunterbietungen erwünscht. Auf Märkten mit wenigen großen Anbietern kann ein Preiskampf allerdings ganze Unternehmen gefährden.

Preis-Lohn-Spirale

➡ Lohn-Preis-Spirale.

Preisniveau

Bezeichnung für den volkswirtschaftlichen Preisdurchschnitt. Das P. spiegelt die Entwicklung der Kaufkraft des Geldes wider: Steigt das P. an, so sinkt die Kaufkraft des Geldes entsprechend, sinkt umgekehrt das P., so steigt der Wert des Geldes an. Die Stabilität des P. bleibt bei Preisänderungen dann erhalten, wenn sich die Bewegungen der verschiedenen Preise nach oben und unten ausgleichen. Zur Messung des P. dient in der Praxis ein Preisindex, der nur Konsumgüterpreise enthält.

➡ Preisniveaustabilität

Preisniveaustabilität

P. liegt vor, wenn sich in einem bestimmten Zeitabschnitt das Preisniveau nicht oder kaum ändert. Nach Definition des Rates der Europäischen Zentralbank ist P. gleichbedeutend mit einem Anstieg des Harmonisierten Verbraucherpreisindex (HVPI) für das Eurowährungsgebiet von unter 2 % gegenüber dem Vorjahr.

➡ Harmonisierter Verbraucherpreisindex

Preisüberwälzung

Zeigt an, wie stark Unternehmen als Folge von höheren Kosten auch die Preise anheben und auf diese Weise die Kostensteigerungen auf ihre Kunden überwälzen.

Prekäres Beschäftigungsverhältnis

Bezeichnung für Arbeitsverhältnisse mit niedrigen Löhnen, die an der Schwelle zu Arbeitslosigkeit und Armut stehen, keine Absicherung durch die Sozialversicherung und arbeitsrechtliche Schutzrechte aufweisen. Prekäre Beschäftigung findet überwiegend im Niedriglohnsektor statt, der von der Politik als eine mögliche Brücke in den ersten Arbeitsmarkt gefördert wird. In den meisten Fällen gelingt jedoch den Betroffenen der Einstieg in ein geregeltes Normalarbeitsverhältnis nicht.

Primärer Sektor

Der erste volkswirtschaftliche Sektor: Land-, Forstwirtschaft und Fischerei.

➡ Sektoren der Volkswirtschaft

Prinzipal-Agent-Problem

Phänomen aus der spieltheoretischen Analyse von Institutionen. Es besteht darin, dass ein Auftraggeber (Prinzipal), der wirtschaftliche Ziele setzt, und ein Auftragnehmer (Agent), der die Ziele erfüllen soll, nicht über gleichartige Informationen und Interessen verfügen. Vielmehr herrscht eine Informationsasymmetrie. Während der Prinzipal die Macht hat, Ziele zu setzen und den Agenten zu bestimmen, verfügt der Agent über einen Informationsvorsprung zur Zielerfüllung. Er weiß, ob und wie er angesichts seiner Fähigkeiten überhaupt in der Lage ist, die Ziele zu erfüllen und wie weit er hierbei vorankommt. Die Lösung des P. besteht in Anreizmechanismen, die die unterschiedlichen Ziele bei den unterschiedlichen Informationsständen zu weitgehender Übereinstimmung bringen. Das P. wird v. a. auf die Beziehungen zwischen Unternehmenseigentümer und Manager sowie zwischen Unternehmensführung und Arbeitnehmer angewandt.

➡ Spieltheorie

Private Altersvorsorge

Bezeichnung für den Aufbau von Alterseinkünften etwa über private Kapital- oder Rentenversicherungen, den Kauf von Wertpapieren oder Wohneigentum. Seit 2002 fördert der Staat die private zusätzliche Altersvorsorge v. a. von gesetzlich Pflichtversicherten, aber auch anderen Personengruppen mit Steuerersparnissen oder finanziellen Zulagen (Riester-Rente), wenn ein bestimmter Mindesteigenbeitrag geleistet wird. Seit 2008 beträgt die sog. Grundzulage für Alleinstehende 154 € pro Jahr. Die Zulage für jedes kindergeldberechtigte Kind 185 € pro Jahr. Die Eigenvorsorge besteht dann aus dem Eigenanteil plus den staatlichen Zulagen. Seit 2008 muss diese Summe 4 % des sozialversicherungspflichtigen Vorjahreseinkommens erreichen, wenn die Höchstförderung greifen soll. Neben der Förderung durch staatliche Zulagen kann die P. auch durch steuerliche Entlastung gefördert werden. Seit 2008 kann die Summe der Vorsorgeaufwendungen (= Eigenanteil plus staatliche Zulagen) bis zu einer Höhe von 2.100 € steuermindernd geltend gemacht werden. Den Teil der Steuerersparnis, der die staatlichen Zulagen übersteigt, erstattet das Finanzamt im Zuge der Einkommensteuererklärung zurück. Auch eine staatliche Förderung des Wohneigentums ist unter bestimmten Bedingungen möglich.

Private Arbeitsvermittler

Bezeichnung für Privatunternehmer, die sich auf die Vermittlung von Arbeitsplätzen an Arbeitssuchende spezialisiert haben. Die privaten Vermittler erhalten eine Prämie von aktuell 2000 € durch die Bundesagentur für Arbeit, wenn sie für arbeitslose Leistungsempfänger eine mindestens sechsmonatige sozialversicherungspflichtige Beschäftigung erreichen. Im Jahr 2002 führte die Bundesregierung den Vermittlungsgutschein ein. Mit diesem Gutschein können sich Arbeitslose an private Arbeitsvermittler wenden, die ihnen geeignet erscheinen. Die (Teil-)Privatisierung der Arbeitsvermittlung wurde mit der Annahme begründet, dass private Arbeitsvermittler effizienter und effektiver arbeiten als die ehemaligen Arbeitsämter oder heutigen Agenturen für Arbeit. Doch ein nachhaltiger Beitrag der P. zur Integration von Arbeitslosen in den ersten Arbeitsmarkt blieb bislang aus.

Private-Equity-Gesellschaften

Beteiligungsgesellschaften, die Unternehmen privat, also außerhalb der Börse, Eigenkapital anbieten. Die P. sammeln bei reichen Privatleuten, Pensionsfonds, Versicherungen, Stiftungen Geld für einen Fonds. Dieses Geld investieren sie mit häufig überzogenen Renditeerwartungen in Unternehmen. Die Beteiligungsgesellschaften ordnen diese Unternehmen dann neu, um die Gewinne zu erhöhen. Dazu werden oft Arbeitsplätze abgebaut, die Arbeitsprozesse rationalisiert und das Unternehmen restrukturiert. Insbesondere werden Vermögenswerte an die P. übertragen, um den Kaufpreis zu finanzieren. Damit fehlen dem aufgekauften Unternehmen häufig die Reserven, um schlechte Zeiten zu überstehen. Nach 3 bis 10 Jahren werden die Firmen i. d. R. wieder verkauft. Die Gewinne werden an die Geldgeber ausgeschüttet, einen Teil behält die Beteiligungsgesellschaft. In der Kritik stehen P. auch, weil sie die Übernahmen der Firmen häufig nicht nur mit eigenen Mitteln sondern mit hohen zusätzlichen Krediten finanzieren, welche sie gleichfalls den gekauften Firmen aufbürden. Diese Unternehmen sind dann aufgrund der Zinslast in ihren unternehmerischen Tätigkeiten eingeschränkt. Auch wird den P.-Gesellschaften vorgeworfen, nicht transparent zu sein und Arbeitsplätze zu vernichten. Im politischen Sprachgebrauch hat sich für P. der Begriff »Heuschrecken« durchgesetzt.

Private Güter

Stehen einem einzelnen Haushalt zur Verfügung. Alle anderen Haushalte können vom Konsum und dem Nutzen dieser Güter ausgeschlossen werden. Öffentliche Güter nutzen dagegen alle Menschen einer Region.

Privater Haushalt

Gehört aus volkswirtschaftlicher Perspektive zu den Hauptakteuren einer Marktwirtschaft, weil er Einkommen erzielt und verwendet. Er erhält verteilte Gewinne oder stellt seine Arbeitskraft als Produktionsfaktor an Unternehmen und Staat gegen Lohn bzw. Gehalt zur Verfügung. Mit seinem verfügbaren Einkommen kann er Güter und Dienstleistungen nachfragen und damit letztlich über den Konsum und die Sparquote einer Volkswirtschaft entscheiden, außerdem die Produktionsfaktoren Kapital und Boden bereitstellen. Zu den privaten Haushalten werden auch private Organisationen gezählt, die keinem Erwerbszweck nachgehen, wie die Kirchen, Verbände, Parteien und Vereine unterschiedlicher Art.

Privater Konsum

➠ Konsum

Privater Verbrauch

➠ Konsum

Privatisierung

Überführung von staatlichen Unternehmen oder staatlichen Beteiligungen an Unternehmen in privates Eigentum. Beispiele sind die Verkäufe von Bundesbeteiligungen etwa an VW, VEBA, Salzgitter oder Lufthansa in den 1980er-Jahren. Auch die dann folgende Teilprivatisierungen von Deutscher Telekom AG und Deutscher Post AG zählen dazu. Auch sollen Teile der Bundesbahn AG privatisiert werden. Aber auch in den Bundesländern und den Kommunen wurden öffentliche Betriebe wie Wasserwerke, Energieversorgungsunternehmen oder Müllentsorgungsbetriebe auf der kommunalen Ebene an Private verkauft. Dahinter steht die wirtschaftsliberale Ansicht, dass der Staat an sich ineffizient arbeite und zu Gunsten der privaten Wirtschaft zurückgedrängt werden müsse. Kritiker sehen allerdings einen Ausverkauf öffentlich regulierter und kontrollierter Daseinsvorsorge, die häufig mit dem Abbau von Arbeitsplätzen und schlechterer Versorgung verbunden sei, sowie die Aushebelung solidarischer Systeme zu Gunsten von gewinnorientierten Konzernen und Privatleuten. Ein starker Privatisierungsdruck geht von der EU aus, um den gemeinsamen Binnenmarkt und etwa die Dienstleistungsfreiheit (Art. 49-55 EG-Vertrag) durchzusetzen. In den neuen Bundesländern wurden im Übrigen in den 1990er-Jahren die ehemaligen volkseigenen Betriebe der DDR durch die Treuhandanstalt in großem Umfang in privates Eigentum überführt.

Produktinnovationen

➠ Innovation

Produktion

Begriff für den Prozess, bei dem Betriebe durch die Kombination von Produktionsfaktoren Güter produzieren und Dienstleistungen bereitstellen.

Produktionsfaktor

Stark abstrahierend unterscheidet die Volkswirtschaftslehre 3 Hauptkategorien von P.: Boden, Arbeit und Kapital:

- Der P. Boden ermöglicht den landwirtschaftlichen Anbau, den Abbau von Bodenschätzen und den Standort von Häusern, Fabriken oder Verkehrswegen.
- Der P. Arbeit umfasst die Tätigkeit von Menschen für die Produktion, ihre Qualifikation und die geleisteten

Arbeitsstunden. Er ist der wichtigste P. in einer modernen Gesellschaft.

- Unter dem P. Kapital wird das Realkapital oder der Kapitalstock einer Volkswirtschaft verstanden, also z. B. Maschinen, Computer, Fabriken, die in früherer Produktion erzeugt wurden und die Produktion anderer Güter möglich machen.

Wegen seiner immer größeren Bedeutung wird das technische Wissen und Können häufig als vierter grundlegender P. bezeichnet. Die Kombination der P. nach dem Stand der Produktionstechnologie ist die Grundlage aller Produktion.

➠ Humankapital

Produktionsfunktion

Zeigt bei gegebenem Stand der Produktionstechnik den funktionalen (mathematischen) Zusammenhang zwischen den eingebrachten Produktionsfaktoren (Input) und dem Produktionsertrag (Output). Die P. gibt also an, welche Herstellungsmengen mit den jeweils eingesetzten Mengen der Produktionsfaktoren Boden, Arbeit und Kapital zu erzielen sind. Eine sog. limitationale (beschränkende) P. liegt vor, wenn die Produktionsfaktoren in einem festen Mengenverhältnis zueinander eingesetzt werden müssen, um einen bestimmten Output zu erreichen. Beispiel: Das Produktionsergebnis eines Arbeiters, der mit der Schaufel ein Gartengrundstück umgräbt, wird sich nur dann verdoppeln lassen, wenn ein weiterer Arbeiter mit Schaufel eingesetzt wird. Der Einsatz nur eines weiteren Arbeiters oder nur einer weiteren Schaufel reicht nicht aus. Dagegen spricht man von einer substitutionalen (ersetzenden) P., wenn die eingesetzten Produktionsfaktoren untereinander (mindestens z. T.) substituierbar, also ersetzbar sind. Beispiel Landwirtschaft: Kartoffeln werden mit dem Einsatz der Produktionsfaktoren Arbeit und Kapital (Maschinen) geerntet. Die Erntemaschinen könnten aber durch den vermehrten Einsatz von Arbeitern substituiert werden, die mit einer Schaufel ausgestattet sind. Eine der bekanntesten und in der Betriebswirtschafts- wie in der Volkswirtschaftslehre oft verwendete substitutionale P. ist die Cobb-Douglas-P. Ihre Bedeutung liegt v. a. in längerfristigen Analysen, mit denen z. B. die Substitution von Arbeit durch Kapital in einem gegebenen Fall untersucht wird. Die Zusammenfassung der Produktionsfaktoren aller Betriebe einer Volkswirtschaft führt zur gesamtwirtschaftlichen P., die abbildet, wie das Sozialprodukt durch den Einsatz von Boden, Arbeit und Kapital unter Verwendung der Produktionstechnologie entsteht.

Produktionsindex

Indexzahl, mit der die monatliche Leistung des produzierenden Gewerbes in Deutschland gemessen wird. Es umfasst das verarbeitende Gewerbe, die Energie- und Wasserversorgung, das Baugewerbe, den Bergbau und die Gewinnung von Steinen und Erden. Der P. ist Teil der amtlichen Statistik und wird vom Statistischen Bundesamt monatlich und vierteljährlich veröffentlicht. Er gilt als zentraler und besonders wichtiger Indikator der konjunkturellen Entwicklung.

Produktionskosten

Kosten, die bei der Produktion von betrieblichen Leistungen durch den Einsatz der dabei benötigten Produktionsfaktoren anfallen.

Produktionslücke

Eine P. (auch: Output-Lücke) liegt dann vor, wenn das Bruttoinlandsprodukt in einem gegebenen Zeitabschnitt nicht den Wert erreicht, der bei Vollauslastung aller Produktionskapazitäten möglich gewesen wäre. Das höchstmögliche Produktionsergebnis wird auch als Produktionspotenzial bezeichnet. Die prozentuale Abweichung des tatsächlichen Bruttoinlandsprodukts vom Produktionspotenzial kennzeichnet das Ausmaß der P. und damit auch den Auslastungsgrad einer Volkswirtschaft.

→ Output

Produktionspotenzial

Die maximale Produktionsmenge, die produziert werden kann, ohne einen Inflationsprozess auszulösen. Das P. gibt somit eine gesamtwirtschaftliche Produktionsgrenze an. Ihre Berechnung hat sich in der Vergangenheit allerdings vielfach als unzuverlässig, weil zu niedrig, erwiesen.

Produktionsprozess

→ Produktion

Produktionstheorie

Analysiert den Zusammenhang zwischen dem Einsatz von Produktionsfaktoren (Input) und dem Güterausstoß (Output). Sie beschreibt ihn in Produktionsfunktionen und leitet daraus ab, welche Produktmengen man in einer bestimmten Zeit mit einer alternativen Menge von Produktionsfaktoren erzielen könnte.

Produktionsvermögen

Uneinheitlich verwendeter Begriff in der Vermögensrechnung. Aus volkswirtschaftlicher Sicht wird als P. oder auch Produktivvermögen meist der Teil der Güter verstanden, der in der Produktion einer Volkswirtschaft eingesetzt wird. Dazu zählen das gesamte Anlagevermögen, also Anlagen und Bauten, das immaterielle Anlagevermögen, etwa Computerprogramme und Urheberrechte, Vorratsbestände und der Wert des zur Herstellung von Leistungen eingebrachten Grund und Bodens. Die Verteilung des P. gibt immer wieder Anlass zu Diskussionen, weil sich der weitaus größte Teil davon in den Händen einer kleinen Bevölkerungsschicht befindet.

Produktionswert

Bezeichnet im Rahmen der volkswirtschaftlichen Gesamtrechnung den Wert der im Inland (Inlandskonzept) produzierten Güter und Dienstleistungen, die durch Unternehmen, Staat und private Organisationen ohne Erwerbszweck hergestellt wurden.

→ Bruttoinlandsprodukt

Produktivität

Bezeichnet das Produktionsergebnis (Output) im Verhältnis zu den Mengen von Produktionsfaktoren (Input), die dieses Ergebnis hervorgebracht haben. In der volkswirtschaftlichen Analyse wird die P. der Produktionsfaktoren Arbeit und Kapital häufig gesondert errechnet. Die Arbeitsproduktivität gilt als besonders wichtige Kennziffer einer effizienten Wirtschaft. Sie misst z. B., wie viel Output über eine zusätzlich eingebrachte Arbeitsstunde erwirtschaftet wird (Stundenproduktivität) oder wie hoch die gesamtwirtschaftliche Arbeitsproduktivität je Kopf der Erwerbstätigen ist (Pro-Kopf-P.). Letztere wird als Quotient aus preisbereinigtem Bruttoinlandsprodukt und Erwerbstätigen (Arbeitnehmer und Selbstständige) ermittelt. Durch Maßnahmen wie die Qualifizierung von Arbeitskräften lässt sich die Arbeitsproduktivität steigern, wobei auch der technische Fortschritt eine bedeutsame Rolle spielt.

Produzentenrente

Der Gewinn, den ein Produzent erzielt, weil der Marktpreis über dem Preis liegt, zu dem er das Produkt nach seiner Kostenplanung bereits verkaufen würde. Je intensiver der Wettbewerb ist, desto eher wird der Marktpreis auf ein Niveau absinken, das nur noch die Kosten des am günstigsten produzierenden Herstellers deckt, desto schneller wird also die P. minimiert sein.

Profit-Push-Inflation

Wenn die Unternehmen aufgrund ihrer Marktmacht und ihres Gewinnanspruchs höhere Preise durchsetzen können, die einen signifikanten Anstieg des Preisniveaus zur Folge haben.

➡ Demand-shift-Inflation ➡ Inflation

Prognose

Vorhersage der wirtschaftlichen Entwicklung über eine kurze (6 Monate bis 2 Jahre), mittlere (4–5 Jahre) oder lange Frist (mehr als 5 Jahre). P. werden sowohl mithilfe von Prognosemodellen, die auf wirtschaftstheoretischen und empirischen Überlegungen basieren, als auch aufgrund fundierter Urteile von Experten erstellt.

➡ Projektion

Prognosezeitraum

Zeitraum, dessen wirtschaftliche Entwicklung im Rahmen einer Prognose vorhergesagt wird.

Progression

Begriff aus der Steuer- und Abgabenanalyse. P. bezeichnet den Anstieg des Steuer- oder Abgabensatzes mit steigendem Einkommen.

➡ Kalte Progression

Prohibitivpreis

Derjenige Preis, bei dem Konsumenten das angebotene Gut nicht mehr nachfragen. Ein Hersteller, der für sein Produkt den P. oder einen noch höheren Preis verlangt, wird es am Markt nicht verkaufen können.

Projektion

Im Unterschied zur Prognose werden bei einer P. die jeweils aktuellen Rahmenbedingungen mechanisch als auch für die Zukunft gültig unterstellt.

➡ Prognose

Protektionismus

Bezeichnung für alle Instrumente der Handelspolitik (Zölle, Einfuhrverbote und nicht-tarifäre Handelshemmnisse wie bestimmte, ausschließende Produktanforderungen und Standards), die heimische Produzenten vor konkurrierenden Importen schützen sollen. P. wird v. a. in Entwicklungsländern gerechtfertigt zum Schutz junger Industrien, die nur unter geschützten Bedingungen reifen können. In Industrieländern werden protektionistische Maßnahmen hauptsächlich damit begründet, dass bestehende Strukturen – und damit Arbeitsplätze – geschützt oder strukturelle Anpassungen erleichtert werden sollen. Ein weiteres Element ist die Sicherung der Autarkie in bestimmten – für strategisch wichtig erachteten – Wirtschaftsbereichen, etwa in der landwirtschaftlichen Produktion, in der Energieversorgung oder in der Rüstungsindustrie. Die Rechtfertigung des P. ist jedoch umstritten, weil er – so die Argumentation – den freien Handel und damit die produktivste Verwendung der Produktionsfaktoren sowie die Realisierung von Wohlfahrtsgewinnen verhindere.

➡ Freihandel

Public-Choice-Theorie

Theorien, die Entscheidungen politischer Institutionen und der Bürokratie mit wirtschaftswissenschaftlichen Argumenten zu erklären versuchten. Die Annahme, Politiker und Bürokraten orientierten sich selbstlos an der wirtschaftlichen Wohlfahrt der Staatsbürger, wird verworfen. Vielmehr versuchten diese, mit ihren Entscheidungen auch den eigenen Nutzen zu maximieren, z. B. über Wahlgeschenke an mächtige Interessengruppen. Staatliches Handeln bewirke daher nicht stets das wirtschaftlich optimale Ergebnis. Dieses »Staatsversagen« wird auch erklärt durch die Funktionsweise des Marktes für Wählerstimmen, auf dem die politischen Akteure miteinander konkurrieren. Insbesondere hohe Informations- und Transaktionskosten, die Wähler u. a. Kontrollinstanzen zur Steuerung der Institutionen aufbringen müssten, lassen auch suboptimale Ergebnisse zufrieden stellend erscheinen.

Qualifizierung

➡ Arbeitsmarktpolitik

Qualitatives Wachstum

Anders als beim quantitativen Wachstum von Volkswirtschaften, das sich z. B. durch Zuwächse des Bruttoinlandsprodukts vergleichsweise einfach darstellen lässt, wird im Rahmen des Q. auch die Zunahme an Lebensqualität berücksichtigt. Es wird argumentiert, dass quantitatives und Q. zueinander im Gegensatz stünden. Quantitatives Wachstum sei z. B. häufig nur über Umweltschäden möglich, die einen Verlust an Lebensqualität nach sich ziehen. Problematisch am Begriff des Q. ist, dass er sich kaum in messbare Größen fassen lässt. Es ist bislang kein Indikator für Lebensqualität durchgängig anerkannt.

Quantitätsgleichung

Besagt, dass das Produkt aus der Geldmenge M und der Umlaufgeschwindigkeit V des Geldes immer dem Produkt aus der gesamtwirtschaftlichen Produktion Y und dem Preisniveau P entspricht. Es gilt also: $M \times V = P \times Y$ oder Geldseite = wertmäßige Güterseite. Die Q. beschreibt keinen Kausalzusammenhang, sondern ist eine Identität. Doch werden mit ihr in der Quantitätstheorie wichtige Zusammenhänge der Geld- und Güterseite einer Volkswirtschaft erklärt.

Quantitätstheorie

Aus der Quantitätsgleichung ($M \times V = P \times Y$) abgeleitete Erklärung für den Zusammenhang zwischen der geld- und der güterwirtschaftlichen Sphäre einer Volkswirtschaft. In ihrer ursprünglichen Fassung geht die Quantitätstheorie auf den Schriftsteller Jean Bodin (* 1529/1530 † 1596) zurück. Er postulierte in der zweiten Hälfte des 16. Jh., dass eine Veränderung der Geldmenge in einer Volkswirtschaft nur eine proportionale Veränderung der Güterpreise bewirkt. In weiterentwickelten Formen der Q. wird angenommen, dass die Umlaufgeschwindigkeit V des Geldes ziemlich stabil und vorhersehbar ist. Eine drastische Erhöhung der Geldmenge M (so v. a. bei Vollbeschäftigung) wird nicht zu einer wirklich nachhaltigen Erhöhung der Produktion bzw. des Handelsvolumens Y – der umgesetzten Gütermenge – führen sondern sich in einem inflationären Anstieg des Preisniveaus P niederschlagen. Geldmenge und wertmäßige Gütermenge müssen nach dieser Lehrmeinung gesamtwirtschaftlich immer in einem richtigen Verhältnis stehen, um ein stabiles Preisniveau zu sichern. Der Monetarismus hat diesen Grundgedanken aufgegriffen.

Quasigeld

[Engl.: near money] Ein nicht exakt gefasster Begriff für Dinge, die zwar rasch in Bargeld oder Sichtguthaben umgewandelt werden können, aber nicht zum Geld einer Volkswirtschaft zählen. So v. a. Spareinlagen mit dreimonatiger Kündigungsfrist, aber auch Termingelder mit einer Laufzeit unter 4 Jahren.

Quellenabzugsverfahren

Verfahren der Steuererhebung, bei dem die Steuer direkt an der Quelle erhoben wird, wenn das zu besteuernde Einkommen entsteht. Beispiele für im Q. erhobene Steuern sind die Lohnsteuer, die direkt vom Arbeitgeber an den Fiskus abgeführt wird, sowie die Abgeltungssteuer bei Kapitalerträgen, die seit dem 1.1.2009 erhoben und von den Banken direkt an das Finanzamt abgeführt wird. Durch das Q.n verringert der Fiskus Möglichkeiten, die betreffende Steuer zu hinterziehen. Allerdings wird das Prinzip der Leistungsfähigkeit des Steuerpflichtigen im Q. weniger berücksichtigt, weil es nur die jeweils zu besteuernde Einkommensart erfasst. Ein hohes Gesamteinkommen, das sich aus verschiedenen Einkommensarten wie etwa Arbeitsentgelt und Kapitalerträgen zusammensetzt, kann nicht mehr in seiner Gesamtheit nach progressiven Tarifen besteuert werden.

➡ Abgeltungsteuer

Quellensteuer

➡ Quellenabzugsverfahren

Rabattkartell

Preiskartell, bei dem mehrere Verkäufer Absprachen über Preisnachlässe beim Absatzpreis getroffen haben.

➡ Kartell

Rat der Europäischen Gemeinschaften

Offizielle Bezeichnung für den sog. EU-Ministerrat vor dem Vertrag von Maastricht, der am 1.11.1993 in Kraft trat. Der Ministerrat wurde dann in Rat der Europäischen Union umbenannt. Seine Mitglieder sind Minister der EU-Staaten und unmittelbar an der Gesetzgebung der EU beteiligt.

Rat für gegenseitige Wirtschaftshilfe (RGW)

Ehemaliger ökonomischer Zusammenschluss der Länder des Ostblocks; wurde 1949 in Moskau als sozialistische Antwort auf den amerik. Marshall-Plan gegründet. Gründungsmitglieder waren die UdSSR, Bulgarien, Tschechoslowakei, Ungarn, Polen, Rumänien, später schlossen sich Albanien, DDR, Mongolei, Kuba und Vietnam an. Angestrebt wurden die Intensivierung der sozialistischen Zentralplanungen über den R. und auch die Nutzung seiner internationalen Arbeitsteilung z. B. über eine Spezialisierung der verschiedenen Länder auf bestimmte Produktbereiche. In den 1970er- und 1980er-Jahren schloss der RGW mit einer Reihe von Entwicklungsländern Kooperationsverträge ab. Die Sowjetunion versuchte, solche Länder über die RGW-Kontakte politisch an sich zu binden. Der RGW wurde aber v. a. von osteurop. Mitgliedsländern kritisiert und schließlich 1991 aufgelöst.

Rating

[Dt.: Einschätzung] bezeichnet eine Befragungsmethodik, mit der in der Marktforschung z. B. die Kreditwürdigkeit von Personen, Unternehmen oder Ländern eingeschätzt und auf einer Skala eingestuft wird. Der Begriff wird allerdings nicht einheitlich verwendet. Auch die Einschaltquoten von Rundfunk und Fernsehen z. B. werden R. genannt.

Ratingagentur

R. bewerten die Kreditwürdigkeit (Bonität) von Ländern, Unternehmen oder Wertpapieren. Die 3 bekanntesten sind Standard & Poor's, Moody's und Fitch Ratings, die weltweit agieren. Sie haben einen Marktanteil von über 90 % und genossen in der Vergangenheit den Nimbus der Unbestechlichkeit und des geballten Expertenwissens. Banken und Anleger orientierten sich in hohem Maß an den Bewertungen der Agenturen. Der Ruf dieser privat geführten Institute wurde 2001 beschädigt, als Standard & Poor's dem US-Energiekonzern Enron noch kurz vor seiner Insolvenz beste Zahlungsfähigkeit bescheinigte. In der Finanzmarktkrise hat der Ruf der Agenturen weiter gelitten. Bis Ende Juni 2007 hatten sie den US-Hypothekenderivaten immer noch Traumnoten vergeben. Dadurch wurde nach Meinung von Kritikern ein Herdenverhalten von Großanlegern verursacht, das die weltweite Krise des Finanzmarkts mit ausgelöst habe.

Rationale Erwartungen

Übliche Form der Erwartungsbildung in makroökonomischen Modellen, die von dem US-amerik. Ökonomen John Fraser Muth (* 27.9.1930 † 23.10.2005) eingeführt wurde. R. setzen voraus, dass die Marktakteure das Modell kennen, nach denen sich eine Wirtschaft entwickelt, und sie verhalten sich auch danach. Sie begehen nur unsystematische Irrtümer, da sie Zufallschwankungen nicht in ihrer Erwartungsbildung berücksichtigen können. Der unterstellte Informationsstand der Marktakteure ist bei R. extrem hoch, sodass die Verwendung von R. als Element in ökonomischen Modellen vielfach auch als unrealistisch kritisiert wird. R werden dennoch i. d. R. sowohl in neoklassischen wie auch neukeynesianischen Modellen unterstellt. Keynesianischen Modellen sind sie wesensfremd, da die dort unterstellte Unsicherheit nicht über Erwartungsbildung aufgefangen werden kann.

➠ Informationsasymmetrie

Rationalisierung

Durch R. wird die Effizienz der Produktion gesteigert, d. h., mit gleichem Mitteleinsatz wird mehr erzeugt, oder es wird gleich viel mit weniger Mitteleinsatz hergestellt.

Rationierung

Allgemein wird unter R. die Zuteilung von beschränkt vorhandenen Gütern durch den Staat verstanden. In der Ökonomie verwendet man den Begriff R. auch im Zusammenhang mit staatlich festgesetzten Preisen. Wenn z. B. politisch festgelegte Niedrigpreise für bestimmte Güter – etwa Lebensmittel – zu einer Verringerung des Angebots an diesen Gütern führen, liegt im Ergebnis eine R. vor.

Reaganomics

Schlagwort, zusammengesetzt aus »Reagan« und »economics«, mit der die angebotsorientierte und auf Steuersenkung setzende Wirtschaftspolitik des US-Präsidenten Ronald Reagan (* 6.2.1911 † 5.6.2004, Präsident 1981–1989) bezeichnet wurde. Die Reagan-Regierung erweiterte den Handlungsspielraum der Unternehmer; ermäßigte den Spitzensteuersatz von 70 % auf 33 %, reduzierte Kapitalertrags- und Unternehmenssteuern, um Investitionen und Wachstum zu stimulieren und den privaten Konsum anzuregen. Um die Steuersenkungen zu finanzieren, wurden die Staatsausgaben, insbesondere die Sozialausgaben, drastisch reduziert. In der Folge verschlechterte sich die soziale Absicherung der Arbeitnehmer. Neue Arbeitsplätze wurden v. a. bei Entlohnung zu Mindestlöhnen geschaffen. In Großbritannien hat die brit. Premierministerin Margaret Thatcher eine ähnliche Politik verfolgt.

➠ Thatcherismus

Real-Balance-Effekt

Von dem amerik. Ökonomen Don Patinkin (* 1922 † 1995) aufgezeigtes Phänomen, das beschreibt, wie bei fallenden Preisen die Realeinkommen steigen und damit der Konsum stabilisiert wird. Er ist verwandt mit dem Pigou-Effekt.

Reale Geldlücke

Wenn die reale Geldmenge langsamer zunimmt als durch den Referenzwert einer Zentralbank vorgegeben, entsteht eine R. Sie hat zur Folge, dass das Wachstumspotenzial nicht ausgeschöpft wird, weil die Zinsen aufgrund des in Relation zur Geldnachfrage zu niedrigen Geldangebots dann zu hoch sind.

Realeinkommen

Das R. bemisst die Menge an Gütern und Dienstleistungen, die mit einem bestimmten Nominaleinkommen gekauft werden können. Zur Berechnung des R. wird das Nominaleinkommen durch einen passenden Preisindex, i. d. R. den der Verbrauchsgüterpreise, dividiert.

Realer Wechselkurs

Als R. wird das Verhältnis des inländischen Preisniveaus zum ausländischen Preisniveau – gewichtet mit dem Wechselkurs – bezeichnet. Der R. zeigt eine Aufwertung an, wenn der nominale Wechselkurs stärker steigt als das Verhältnis von ausländischem zu inländischem Preisniveau. Steigen also die Preise im Ausland schwächer als im Inland und verändert sich der nominale Wechselkurs nicht, wertet der R. gleichwohl auf. Er gilt als wichtiges Maß für die internationale Wettbewerbsfähigkeit eines Landes.

Reales Austauschverhältnis

➠ Terms of Trade

Reales Bruttoinlandsprodukt

➠ Bruttoinlandsprodukt

Reallohn

Gibt an, wie viel Kaufkraft der Nominallohn (Bruttolohn) enthält. Dabei wird die Preissteigerungsrate berücksichtigt. Angenommen die Tariflöhne steigen um 4 %, und die Preise während der Laufzeit des Tarifvertrages um durchschnittlich 2,5 %, dann beträgt der durchschnittliche Reallohnzuwachs 1,5 % (4 % – 2,5 % = 1,5 %).

Realtransfer

Unentgeltliche Überlassung von Gütern und Dienstleistungen durch die öffentliche Hand.

Realzinssatz

Gibt die reale Verzinsung (den realen Ertrag) einer Geldanlage an. Er entspricht dem Geldzinssatz (Nominalzinssatz) vermindert um die für die Laufzeit eines Kredits erwartete Inflationsrate. Weil diese nicht präzise vorhergesagt werden kann, ist der R. letztlich nur am Ende eines Zeitraums exakt bestimmbar.

Referenzwert

Der Wert, auf den Bezug genommen wird.

Reformlüge

➠ Reformpolitik

Reformpolitik

Kein exakt definierter Begriff, der gleichwohl in der dt. Debatte um die Notwendigkeit entschiedener Reformen verwendet wird. Ausgelöst wurde sie durch die Agenda 2010 des ehemaligen Bundeskanzlers Gerhard Schröder im Jahre 2003. Viele Politiker, Wirtschaftswissenschaftler, der Bundespräsident, Kirchen und Medien schlossen sich der Meinung an, dass einschneidende Reformen dringlich seien, und beklagten einen Reformstau. In der Folge wurden z. B. weit reichende Steuersenkungen, Einschränkungen der umlagefinanzierten Rente, die Lockerung des Kündigungsschutzes, die tief greifende Umgestaltung der Bundesanstalt für Arbeit zur Agentur für Arbeit und die Gründung neuer Institutionen wie der »Ich-AG« oder Personal-Service-Agenturen sowie die Einführung von Hartz IV als wichtige Ergebnisse der R. vorgestellt. Kritiker bestreiten allerdings Erfolge der R. Nach ihrer Meinung ist die reformgeprägte Wirtschaftspolitik durch den Neoliberalismus gekennzeichnet. Sie habe v. a. zu einer Ausweitung des Niedriglohnsektors und zu mehr Armut geführt. Das eine derartige R. hohe Arbeitslosigkeit und anhaltende volkswirtschaftliche Schwäche wirksam bekämpfen könne, sei eine »Reformlüge«.

Reformstau

➡ Reformpolitik

Regionalförderung

Bezeichnet die gezielte Unterstützung strukturschwacher Regionen. Die R. soll regionale Entwicklungsunterschiede abbauen, das Wirtschaftswachstum stärken und Strukturwandel erleichtern. Jährlich wird ein Rahmenplan von Bund und Ländern erarbeitet, der Fördergebiete und Fördersätze enthält. Die Förderung erfolgt i. d. R. über Zuschüsse, mit der die regionale Investitions- und Wirtschaftstätigkeit in Gebieten mit Nachholbedarf gestärkt werden soll. Sie wird mit Mitteln aus dem Europäischen Fonds für die regionale Entwicklung (EFRE) koordiniert. Der Schwerpunkt der R. ist auf die neuen Bundesländer und Berlin konzentriert.

➡ Strukturfonds

Regionalpolitik

Bezeichnet eine Standortpolitik, mit der die Strukturschwächen ausgewählter Regionen gezielt behoben werden sollen. Das Mittel dazu ist die Regionalförderung. In Deutschland hat man die Herstellung gleichwertiger Lebensverhältnisse in allen Regionen als Gemeinschaftsaufgabe von Bund und Ländern gesetzlich verankert (Art. 91 a GG; Gesetz über die Gemeinschaftsaufgabe »Verbesserung der regionalen Wirtschaftsstruktur«, WiStruktG).

➡ Strukturpolitik

Registrierte Arbeitslose

Arbeitslose werden als solche bei der Bundesagentur für Arbeit registriert, wenn sie folgende Kriterien aufweisen: sie sind Arbeitssuchende, die vorübergehend nicht in einem Beschäftigungsverhältnis stehen, sie suchen eine versicherungspflichtige Beschäftigung, sie wollen sich von einer Agentur für Arbeit vermitteln lassen, sie haben sich dort persönlich arbeitslos gemeldet und sie können und dürfen die angestrebte Arbeitnehmertätigkeit ausüben. Nicht als Arbeitslose gelten in der Arbeitslosenstatistik z. B. Menschen, die ihre Verfügbarkeit für die Arbeitsagentur ohne zwingenden Grund einschränken, die sich nicht oder regelmäßig länger als 3 Monate nicht mehr bei der zuständigen Agentur für Arbeit gemeldet haben oder die sich etwa zwecks Qualifizierung in arbeitsmarktpolitischen Maßnahmen befinden. Ebenfalls nicht zu den Arbeitslosen gezählt werden erwerbsfähige Hilfebedürftige, wenn sie mindestens 15 Stunden pro Woche arbeiten, aber wegen zu geringen Einkommens hilfebedürftig sind und Arbeitslosengeld II erhalten, sowie die zahlenmäßig nicht kleine stille Reserve. Die veröffentliche Zahl der R. wird daher i. d. R. nicht mit der tatsächlichen Zahl der Arbeitssuchenden übereinstimmen.

Regulierung

Steht für ein Instrumentarium zur staatlichen Wirtschaftslenkung. Mit Gesetzen, Verordnungen u. a. Bestimmungen wurden Regeln geschaffen, um etwa die öffentlichen Versorgungs- oder Verkehrsbetriebe zu kontrollieren, Marktversagen oder den Missbrauch von Marktmacht durch Großunternehmen zu verhindern. Mit Regulierungsmaßnahmen können soziale Härten auf dem Arbeitsmarkt vermieden werden. Auch die Sozialgesetzgebung ist ein Instrument der R. Wirtschaftsliberale Kritiker sehen dabei häufig eine Behinderung marktwirtschaftlicher Kräfte und fordern Deregulierung.

Regulierungsarbitrage

Wenn Akteure auf den internationalen Finanzmärkten gezielt nationalstaatliche Vorschriften umgehen, spricht man von R. Damit wollen sie Preis- oder Kursvorteile z. B. beim Handel mit risikobehafteten Kreditforderungen erlangen. Juristen und Finanzfachleute können zu diesem Zweck u. U. durchaus legale Finanzkonstruktionen entwickeln, die von den geltenden Regeln nicht erfasst werden. Die zahlreichen nationalstaatlichen Unterschiede zwischen den Mitgliedsstaaten der EU bei der Regulierung der Finanzmärkte bieten v. a. den Banken erhebliche Gewinne durch R. Sie werden allerdings nicht durch wirtschaftliche Tätigkeit auf transparenten Märkten erzielt, sondern durch das Ausnutzen von Unterschieden bei Gesetzen, Verordnungen und Vorschriften der 27 EU-Staaten. Nach Einschätzung des Internationalen Währungsfonds ist dies gefährlich für die finanzielle Stabilität Europas.

Relative Einkommenshypothese

Nach der R., die von dem US-Ökonomen James Duesenberry (* 18.7.1918) 1949 eingeführt wurde, ist der Konsum der Haushalte nicht nur vom Einkommen der laufenden Periode, sondern auch vom höchsten jemals erreichten Einkommen der Vergangenheit bestimmt. Bei einem Rückgang des Einkommens werden sich die Haushalte daher am in der Vergangenheit erreichten Lebensstandard orientieren, was sich bremsend auf den Rückgang des Konsums auswirkt. Die Haushalte verhalten sich nach Duesenberry in ihrem Konsumverhalten bei Einkommenszuwachs und Einkommensverlust jeweils asymmetrisch.

Rendite

Tatsächlicher jährlicher Ertrag von Sachinvestitionen oder von Geldmitteln, die auf den Finanzmärkten angelegt sind, etwa in Aktien, Rentenpapieren, Derivaten oder Devisen. Die R. solcher Finanzanlagen wird auch Effektivverzinsung genannt und in Prozent des eingesetzten Kapitals angegeben.

Rentabilität

Betriebswirtschaftliche Erfolgsgröße, die aus dem Verhältnis von Gewinn und Kapitaleinsatz errechnet wird. R. ist gleich Gewinn dividiert durch den Kapi-

Rentenhöhe und -verteilung in Deutschland 2006

Von je 1.000 Renten der gesetzlichen Rentenversicherung haben diese Höhe[1]

		Westdeutschland	Ostdeutschland
1.500 € und höher	Männer	120	64
	Frauen	5	2
1.200 € bis 1.499 €	Männer	238	206
	Frauen	27	26
900 € bis 1.199 €	Männer	263	427
	Frauen	85	124
600 € bis 899 €	Männer	144	273
	Frauen	235	532
300 € bis 599 €	Männer	109	23
	Frauen	291	269
unter 300 €	Männer	125	6
	Frauen	357	46

Tab. 17 Rundungsbedingte Differenzen · [1] Zahlbetrag der Renten wegen Alters · Quelle: BMAS

taleinsatz. Steigt der Gewinn bei gleichem Kapitaleinsatz an, so erhöht sich die R. eines Betriebes.

Rente

V. a. regelmäßige Geldleistungen aus der gesetzlichen Sozialversicherung, aus den Finanztöpfen der Betriebsrente oder aus angelegtem Kapitalvermögen.

Rentenanpassung

Anpassung der Renten aus der gesetzlichen Rentenversicherung an die Entwicklung der Bruttolöhne zum 1. Juli eines Jahres. Berücksichtigt werden dabei auch Veränderungen der Beiträge zur gesetzlichen Rentenversicherung und zur privaten Altersvorsorge. Stagnieren die Bruttolöhne, sind für die Rentner sog. Nullrunden zu erwarten. Seit 2005 wird bei der Berechnung der R. ein Nachhaltigkeitsfaktor einbezogen, der aus dem Verhältnis von Beitragszahlern zu Rentnern besteht. Hat sich die Zahl der Rentner im Vergleich zu den Beitragszahlern im Verlauf der letzten 12 Monate erhöht, fällt über den Nachhaltigkeitsfaktor die R. tendenziell geringer aus.

Rentendynamik

➡ Dynamische Rente

Renteneintrittsalter

Das R. gibt Auskunft über das Alter, in dem eine Person erstmals Rente aus der gesetzlichen Rentenversicherung bezieht. Weil Rente aus den verschiedensten Gründen häufig schon vor Erreichen der Regelaltersgrenze von 65 Jahren bezogen wird, verwendet man den Begriff R. meist, um den Altersdurchschnitt der Neurentner eines Zeitabschnitts zu kennzeichnen. Mit der Rentenreform 2007 wird die Altersgrenze für die Regelaltersrente stufenweise zwischen 2012 und 2029 von 65 auf 67 Jahre angehoben.

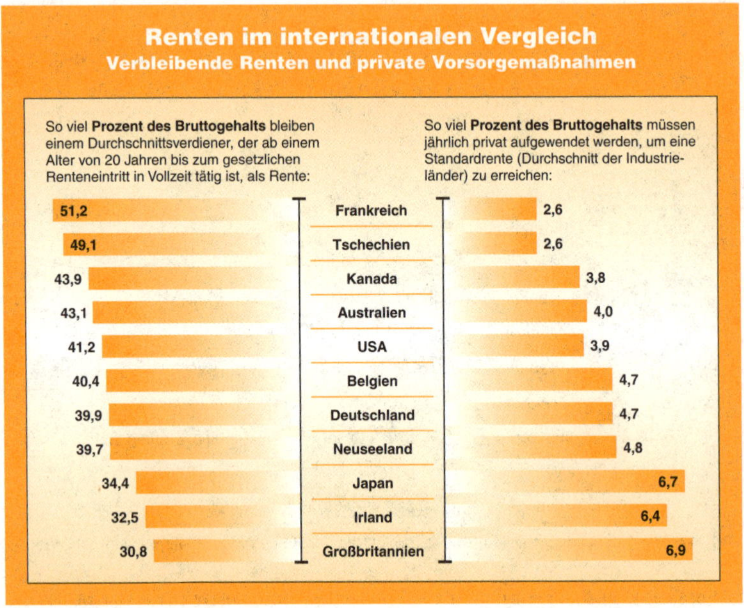
Renten im internationalen Vergleich
Verbleibende Renten und private Vorsorgemaßnahmen
So viel Prozent des Bruttogehalts bleiben einem Durchschnittsverdiener, der ab einem Alter von 20 Jahren bis zum gesetzlichen Renteneintritt in Vollzeit tätig ist, als Rente:
So viel Prozent des Bruttogehalts müssen jährlich privat aufgewendet werden, um eine Standardrente (Durchschnitt der Industrieländer) zu erreichen:
51,2
Frankreich
2,6
49,1
Tschechien
2,6
43,9
Kanada
3,8
43,1
Australien
4,0
41,2
USA
3,9
40,4
Belgien
4,7
39,9
Deutschland
4,7
39,7
Neuseeland
4,8
34,4
Japan
6,7
32,5
Irland
6,4
30,8
Großbritannien
6,9

Abb. 29 Quelle: OECD

Rentenformel

Mathematische Berechnungsgrundlage (§ 63 SGB VI) für die jährliche Rentenanpassung. Grundsätzlich folgt die Rentenentwicklung der Bruttolohn- und -gehaltssumme des Vorjahres. Damit wird erreicht, dass Rentner nicht von der Entwicklung des allgemeinen Lebensstandards abgekoppelt werden (dynamische Rente). Allerdings wird die Rentenanpassung in jüngster Zeit um demografische und Kostenfaktoren korrigiert. Zum einen soll der Nachhaltigkeitsfaktor, der das Verhältnis von beitragspflichtigen Arbeitnehmern zu Rentnern abbildet, die Kosten der demografischen Alterung auffangen. In der Tendenz vermindert dieser Faktor den Rentenanstieg. Zum zweiten führt auch der sog. Riester Faktor, der allerdings für 2008 und 2009 ausgesetzt wurde, zu einem weiteren Abschlag, da durch ihn die hypothetischen Rentenansprüche aus einer Riester Rente und Veränderungen der Beitragssätze Höhe auf die gesetzliche Rente angerechnet werden. Wegen dieser beiden Korrekturfaktoren wird die künftige gesetzliche Rente hinter der Entwicklung der allgemeinen Einkommen zurückbleiben.

Rentenmarkt

Der Teil des Kapitalmarkts, auf dem Rentenpapiere gehandelt werden.

Rentenpapiere

Im Börsenhandel festverzinsliche Wertpapiere wie etwa Bundesanleihen oder Bundesschatzbriefe, die auf dem Rentenmarkt gehandelt werden.

Rentenreform

Mit einer Vielzahl von Reformen der Rente sollte gesichert werden, dass die Menschen auch künftig eine ausreichende Rente erhalten können. Die gesetzliche Rentenversicherung, die in der Vergangenheit für die Absicherung des Alters der Arbeitnehmer und ihrer Angehörigen entscheidend war, steht vor Problemen: Die hohe Arbeitslosenzahl hat bei ihr zu erheblichen Einnahmeverlusten geführt, viele Beschäftigte nutzten außerdem die vom Gesetzgeber geschaffene Möglichkeit, frühzeitig in Rente zu gehen. Gleichzeitig werden die Rentnerinnen und Rentner immer älter, entsprechend erhalten sie länger Rente, während immer weniger Kinder geboren werden, sodass auf lange Sicht weniger Beiträge in die Rentenversicherung eingezahlt werden dürften, aber mehr Renten ausgezahlt werden müssen. Die Integration der Bürger der ehemaligen DDR ins bundesdt. Sozialsystem hat die gesetzliche Rentenversicherung zusätzlich finanziell belastet. Ausreichende Beitragserhöhungen, die Arbeitnehmer aber auch die Arbeitgeber belastet hätten, wurden in der Folge politisch verhindert. Bis zum Jahr 2020 darf der Höchstbeitrag des Rentenniveaus nicht über 20 % und bis zum Jahre 2030 nicht über 22 % steigen. Das wurde per Gesetz festgelegt. Mit Gesetzesreformen und kurzfristigen Einsparmaßnahmen hat man 2001 den jährlichen Rentenanstieg für die Zukunft deutlich verringert. Entstehende Rentenlücken sollen die Beschäftigten mit eigenen Beiträgen über staatlich geförderte, kapitalgedeckte betriebliche oder/und private Altersvorsorge schließen, die sog. Riester-Rente. Die R. der Jahre 2004 und 2005 brachten weitere Einschnitte für die Versicherten. Etwa die den Rentnern auferlegte vollständige Übernahme des Pflegeversicherungsbeitrags oder der Wegfall von schulischen Ausbildungszeiten als bewertete Anrechnungszeiten für die Rente. Außerdem wurde der sog. Nachhaltigkeitsfaktor eingeführt, der den Anstieg der Renten weiter hinter der Lohn- und Gehaltsentwicklung absinken lassen dürfte. Mit der Rentenreform 2007 wird das Renteneintrittsalter ab 2012 stufenweise von 65 auf 67 Jahre angehoben, um die Rentenversicherung gegen die Alterung der Bevölkerung abzusichern. Ziel ist es, die umlagefinanzierte gesetzliche Rentenversicherung auf niedrigerem Niveau langfristig zu sichern, wobei künftig die kapitalgedeckte betriebliche Alterssicherung und private Zusatzvorsorge immer mehr an Bedeutung gewinnen werden. Die Rentenreformen finden allerdings auch Kritik. Profitieren würden von den Reformen v. a. Arbeitgeber, Banken und Versicherungen. Die Senkung des Niveaus der gesetzlichen Rente durch einen willkürlich festgelegten Beitragssatz sei verfehlt und werde künftig selbst bei langjährigen Beitragszahlerinnen und Beitragszahlern zu großer Altersarmut führen. Richtig sei es dagegen, die gesetzliche Rentenversicherung als solidarisches Sicherungssystem auszubauen.

➡ Rentenformel ➡ Rentenanpassung

Rentenversicherung

➡ Gesetzliche Rentenversicherung

Reservewährung

Währungen oder Sonderziehungsrechte, die von Zentralbanken als Devisenreserven gehalten werden, um die internationale Liquidität zu sichern. Es werden dabei international meist nur voll konvertible Währungen akzeptiert, die im Welthandel von Bedeutung sind. Die mit Abstand bedeutendste Reservewährung ist der US-Dollar gefolgt vom Euro.

➡ Konvertibilität

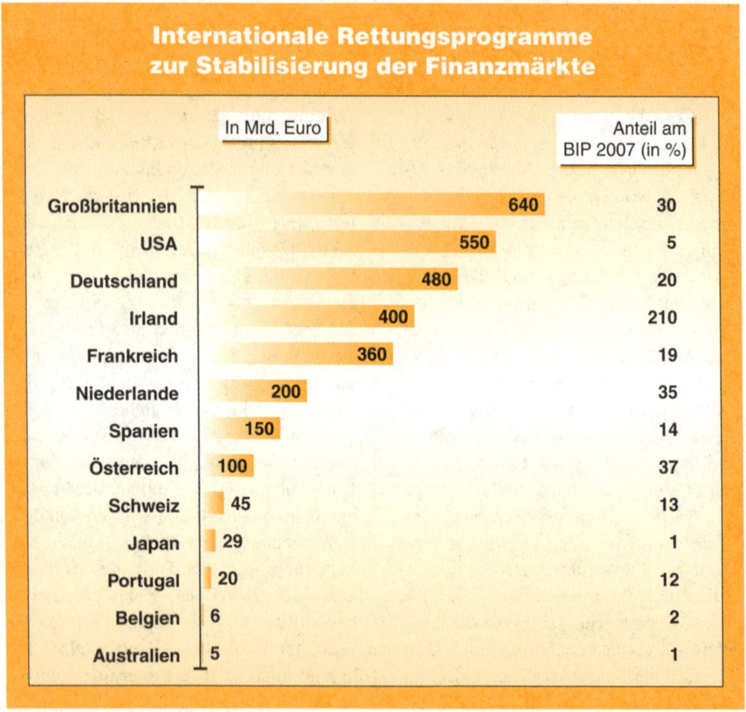
Internationale Rettungsprogramme
zur Stabilisierung der Finanzmärkte
In Mrd. Euro
Anteil am
BIP 2007 (in %)
Großbritannien 640 30
USA 550 5
Deutschland 480 20
Irland 400 210
Frankreich 360 19
Niederlande 200 35
Spanien 150 14
Österreich 100 37
Schweiz 45 13
Japan 29 1
Portugal 20 12
Belgien 6 2
Australien 5 1

Abb. 30 Quelle: Bundeswirtschaftsministerium

Ressourcen

In der Volkswirtschaftslehre Mittel, die zur Produktion von Gütern und Dienstleistungen dienen; v. a. die Produktionsfaktoren Arbeit, Boden, Umwelt und Kapital. Zu den R. im engeren Sinn zählt man die auf der Erde vorhandenen natürlichen Rohstoffe wie Eisenerz oder Wasser und Energiequellen wie etwa Rohöl. Bildung und Forschung gehören zu den gesellschaftlichen R., die eine sich im ökonomischen Sinn entwickelnde Produktion von Gütern ermöglichen.

Restposten der Zahlungsbilanz

Bezeichnung für Transaktionen, die in der Zahlungsbilanz statistisch nicht erfasst bzw. nicht weiter aufgegliedert werden.

Rettungspaket für Banken

Bezeichnung für das Finanzmarktstabilisierungsgesetz, das im Oktober 2008 vom Bundestag verabschiedet wurde, um die Finanzmärkte nach dem Bankrott der Investmentbank Lehman Brothers vor dem Kollaps zu bewahren. Das R. besteht aus drei Komponenten. Die wichtigste ist die Bereitstellung von 400 Mrd. € für Bürgschaften. Diese übernimmt der Staat für die Ausgabe von Bankschuldverschreibungen, die damit staatlich garantiert sind. Ferner besteht die Möglichkeit, dass der Staat den

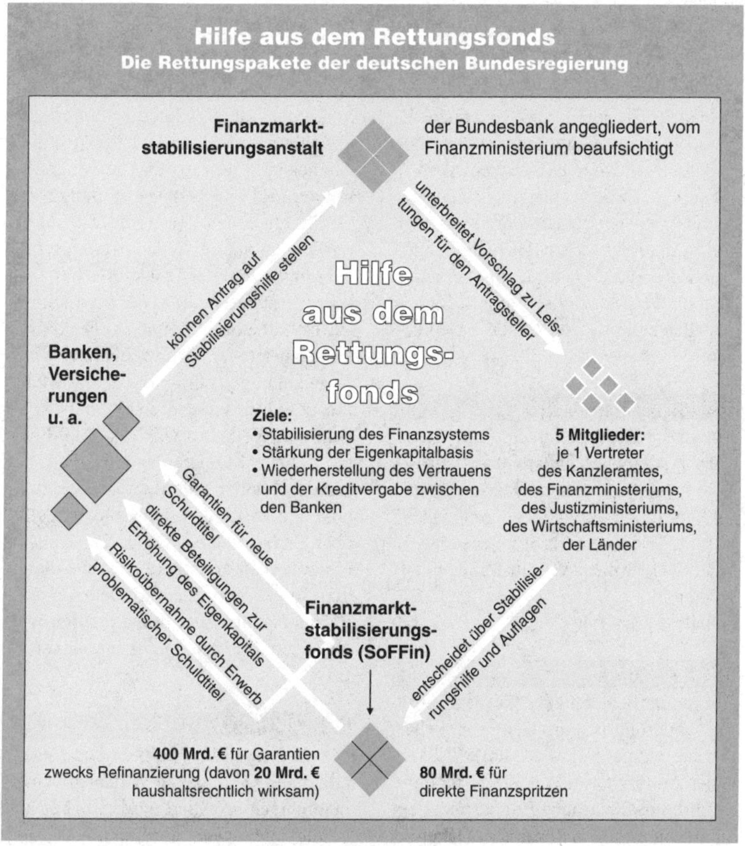
Hilfe aus dem Rettungsfonds
Die Rettungspakete der deutschen Bundesregierung
Finanzmarkt-stabilisierungsanstalt
der Bundesbank angegliedert, vom Finanzministerium beaufsichtigt
unterbreitet Vorschlag zu Leistungen für den Antragsteller
können Antrag auf Stabilisierungshilfe stellen
Hilfe aus dem Rettungs-fonds
Banken, Versicherungen u. a.
Ziele:
• Stabilisierung des Finanzsystems
• Stärkung der Eigenkapitalbasis
• Wiederherstellung des Vertrauens und der Kreditvergabe zwischen den Banken
5 Mitglieder:
je 1 Vertreter des Kanzleramtes, des Finanzministeriums, des Justizministeriums, des Wirtschaftsministeriums, der Länder
Garantien für neue Schuldtitel
direkte Beteiligungen zur Erhöhung des Eigenkapitals
Risikoübernahme durch Erwerb problematischer Schuldtitel
Finanzmarkt-stabilisierungs-fonds (SoFFin)
entscheidet über Stabilisierungshilfe und Auflagen
400 Mrd. € für Garantien zwecks Refinanzierung (davon 20 Mrd. € haushaltsrechtlich wirksam)
80 Mrd. € für direkte Finanzspritzen

Abb. 31 Quellen: Bundesfinanzministerium, SoFFin

Banken Eigenkapital von bis zu 10 Mrd. € pro Bank zur Verfügung stellt. Hiefür wurden 80 Mrd. € zur Verfügung gestellt. Schließlich ist auch der Aufkauf notleidender Schuldtitel möglich. Keine dieser Leistungen ist kostenlos, sondern an schmerzhafte Bedingungen geknüpft: Staatliche Garantien gibt es nur gegen marktübliche Gebühren und Eingriffe in den Geschäftsablauf, Eigenkapital nur gegen Eigentumstitel der Bank (je nach Rechtsform Stamm- und Vorzugsaktien oder Genussscheine). Zudem behält sich der Staat im Gegenzug für diese Leistung Eingriffe in die Vergütung der Bankangestellten, der Boni, der Dividendenausschüttungen und den Geschäftsablauf vor.

Return on Investment (ROI)

Gewinn eines Betriebes im Verhältnis zum eingesetzten Kapital. R. ist eine Maßzahl zur Beurteilung der Rentabilität.

Rezession

Abschwungphase des Konjunkturzyklus, die durch stagnierendes oder sogar negatives Wirtschaftswachstum und rückläufige Beschäftigung gekennzeichnet ist. In einigen Ländern wie den USA wird auch ein längeres Zurückbleiben hinter dem Trendwachstum als R. bezeichnet. Nach gängiger Definition liegt eine R. dann vor, wenn das reale Bruttoinlandsprodukt 2 Quartale hintereinander nicht wächst oder schrumpft. Eine dramatische Form der R. ist die Depression.

Reziprozitätsprinzip

Prinzip der Gegenseitigkeit. Grundsatz in der Außenwirtschaftspolitik, demzufolge im internationalen Handel einem Land nur dann Vergünstigungen eingeräumt werden, wenn es im Gegenzug ebenfalls bereit ist, Vergünstigungen zu gewähren.

➠ Meistbegünstigung

Riester-Rente

Verbreitete Bezeichnung für die staatliche Förderung von privater zusätzlicher Altersvorsorge. Sie wurde am 1.1.2002 in der Amtszeit von Walter Riester eingeführt, des damaligen Bundesministers für Arbeit und Sozialordnung. Daher der Name.

➠ Private Altersvorsorge

Risiko

Das R. ist Bestandteil der Marktwirtschaft. Neben der Chance auf Gewinn sind Unternehmer mit einer Fülle von R. konfrontiert: z. B. Produktions-, Absatz-, Preis-, Kapital-, Konjunktur-, Inflations-, Liquiditäts-, Steuer- oder Währungsrisiken. Mit Marktanalyse, Kaufvertragsklauseln, Risikoprämien, kaufmännischer Sorgfalt und geeigneten Versicherungen können R. zwar eingeschränkt, aber nie ganz ausgeschlossen werden. Zu diesem Zweck geschaffene Kartelle oder getroffene Absprachen sind in aller Regel rechtlich nicht zulässig. Auch Kapitalanleger haben in der Marktwirtschaft die Chance auf Gewinn, aber verbunden mit dem R., eingesetztes Vermögen zu verringern oder zu verlieren. Die Auswirkungen unerwarteter ökonomischer Ereignisse in einer Volkswirtschaft oder Veränderungen in der staatlichen Wirtschaftspolitik können z. B. Aktienkurse zu schwer vorhersehbaren Schwankungen veranlassen. Das Maß dieser Schwankungen in einem bestimmten Zeitraum wird als Volatilität bezeichnet. Kapitalanlagen in Wertpapiere mit hoher Volatilität können zwar eine höhere Risikoprämie bieten, gelten aber als besonders riskant, da sie auch ein höheres Verlustpotenzial in sich tragen. In ökonomischen Modellen wird R. zumeist als Unsicherheit, deren stochastische Verteilung bekannt ist, erfasst.

Risikokapital

[Auch: Wagniskapital] bezeichnet ganz allgemein Geld, das in Wirtschaftsunternehmungen investiert wird. Solche Kapitalanlagen bieten die Chance auf Erträge, sind allerdings oft mit hohem Risiko verbunden.

Risikoprämie

Finanzieller Ausgleich für ein übernommenes Risiko. Die R. für das allgemeine vom Unternehmer getragene Risiko (Ausfall von Forderungen etc.) wird häufig als Aufschlag in die Verkaufspreise kalkuliert und ist damit Teil des Unternehmergewinns. Bei riskanten Kapitalanlagen wird auch der Zinsaufschlag, den die Anleger einfordern können, als R. bezeichnet.

Ruinöse Konkurrenz

Wenn wenige große Wettbewerber auf dem Markt versuchen, sich gegenseitig mit immer niedrigeren Angebotspreisen unter den Selbstkosten vom Markt zu drängen und damit den eigenen Ruin riskieren.

➡ Oligopol

Sachkapital

Bezeichnet die Gesamtheit aller Produktionsmittel eines Unternehmens, d. h. materielle Güter. S. besteht aus Anlagen, Maschinen, Gebäude und Grundstücken, die für die Produktion verwendet werden. Im Unternehmenskreislauf wird Geldkapital oft in S. verwandelt und neben Arbeit werden diese Sachgüter auch im Produktionsprozess verwendet. In jeder Bilanz und jedem Jahresabschluss stehen sich die Positionen Kredit und Geldkapital sowie S. gegenüber. Wobei das S. auf der Aktivseite zu finden ist. Dadurch wird u. a. der Wert des Unternehmens berechnet.

Sachverständigenrat

Kurzform für den »Sachverständigenrat zur Begutachtung der gesamtwirtschaftlichen Entwicklung«. Der S. besteht seit 1963. Er soll die Urteilsbildung aller wirtschaftspolitisch Verantwortlichen, aber auch der Öffentlichkeit erleichtern. Zu seinen Aufgaben gehört die Untersuchung, wie in der Marktordnung gleichzeitig Stabilität des Preisniveaus, hoher Beschäftigungsstand und außenwirtschaftliches Gleichgewicht bei stetigem und angemessenem Wirtschaftswachstum gewährleistet werden können. Dabei soll auch die Bildung und Verteilung von Einkommen und Vermögen einbezogen sein. Jährlich zum 15. November leitet der S. der Bundesregierung sein Gutachten der Bundesregierung zu. Der S. besteht aus 5 Mitgliedern (den sog. »5 Weisen«), die über besondere wirtschaftswissenschaftliche Kenntnisse verfügen. Sie werden für einen Zeitraum von jeweils 5 Jahren auf Vorschlag der Bundesregierung vom Bundespräsidenten berufen. Häufig ist der S. kritisiert worden, die Gutachten seien nicht selten angreifbar und im Wesentlichen aus neoliberaler Perspektive geschrieben.

➡ Neoliberalismus

Sachverständigenrat
Derzeitige Besetzung des Sachverständigenrates
Vorsitzender: Prof. Dr. Dr. h. c. mult. Wolfgang Franz [* 7.1.1944; Uni Mannheim (seit 1997). Im Rat: 1994–1999, erneut seit 2003; Vorsitzender seit Mrz. 2009]
Prof. Dr. Peter Bofinger [* 18.9.1954; Uni Würzburg (seit 1992). Im Rat: seit 2004]
Prof. Dr. Christoph M. Schmidt, Ph. D. [* 25.8.1962; Uni Bochum (seit 2002); Präsident des RWI Essen (seit 2002). Im Rat: seit 2009]
Prof. Dr. Beatrice Weder di Mauro [* 3.8.1965; Uni Mainz (seit 2001). Im Rat: seit 2001]
Prof. Dr. Wolfgang Wiegard [* 17.2.1946; Uni Regensburg (seit 1999). Im Rat: seit 2001, Vorsitz 2002–2005]

Tab. 18 Quelle: www.sachverstaendigenrat-wirtschaft.de

Saisonale Arbeitslosigkeit

➡ Arbeitslosigkeit

Saison-Kurzarbeitergeld

Finanzielle Hilfe – früher: Schlechtwettergeld, Winterbauförderung –, auf die Arbeitnehmer des Baugewerbes für die Dauer des Arbeitsausfalls in der Schlechtwetterzeit (1. Dezember bis 31. März) Anspruch haben können. Dieser kann geltend gemacht werden, wenn der Betrieb von saisonbedingtem Arbeitsausfall betroffen ist, der Arbeitsausfall erheblich ist und ausschließlich durch Witterungsgründe verursacht wurde (SGB III, § 175).

➠ Kurzarbeitergeld

Schattenwirtschaft

Sammelbezeichnung für alle wirtschaftlichen Tätigkeiten, deren Leistungen bei der Berechnung des Bruttoinlandsprodukts (BIP) nicht erfasst werden oder nicht erfasst werden können. Dazu zählen z. B. Schwarzarbeit, Steuerhinterziehung, Geschäfte ohne Rechnung auf dem Schwarzmarkt, Drogenschmuggel oder andere illegale Aktivitäten. Im erweiterten Sinne gehören zur S. Tätigkeiten wie Hausarbeit, Selbstversorgung, Nachbarschaftshilfe oder ehrenamtliche Leistungen. Der Umfang der S. in Deutschland für 2007 wird auf einen Anteil von 14,7 % gemessen am BIP geschätzt.

Scheinselbstständigkeit

S. liegt dann vor, wenn Erwerbstätige als Selbstständige geführt werden, obwohl sie wie Arbeitnehmer de facto abhängig beschäftigt sind. Für Arbeitgeber hat das den Vorteil, dass keine Sozialversicherungsbeiträge für die angeblich Selbstständigen abzuführen sind, die Arbeitnehmer aber verlieren damit an sozialer Sicherheit. Ein Beispiel wäre der Fall eines Arbeitnehmers, dem eine Kündigung nahegelegt wird, um die gleiche Arbeit bei seinem Arbeitgeber als Selbstständiger zu leisten. Im Einzelfall kann die Abgrenzung zwischen Selbstständigkeit bzw. S. allerdings schwierig sein. Um Klarheit zu schaffen, könnte z. B. nach § 7 a, Abs. 1 Sozialgesetzbuch IV eine Entscheidung durch die dt. Rentenversicherung schriftlich beantragt werden, die unter Berücksichtigung aller Umstände abzuwägen hat, ob eine abhängige Beschäftigung oder Selbstständigkeit vorliegt.

Schlechtwettergeld

➠ Saison-Kurzarbeitergeld

Schlichtung

Verfahren zur Beilegung von streitigen Tarifauseinandersetzungen zwischen Arbeitgeberverbänden und Gewerkschaften. Wenn Tarifverhandlungen gescheitert sind, kann durch die Einschaltung mehrerer unbeteiligter, aber von beiden Seiten akzeptierter Vermittler (Schlichter) versucht werden, doch noch eine Einigung zu erreichen. Ein Arbeitskampf ist in diesem Fall erst dann möglich, wenn die Kompromissvorschläge der Schlichter nicht die Zustimmung beider Tarifpartner finden.

➠ Streik

Schulden

Privatrechtlich die Verpflichtung aus einem Schuldverhältnis gemäß § 241 Bürgerliches Gesetzbuch (BGB). Der Schuldner ist verpflichtet, dem Gläubiger die vereinbarte Zahlung zu erbringen. In der Terminologie des unternehmerischen Bilanzrechts umfassen S. die Verbindlichkeiten und Rückstellungen. Die Verbindlichkeiten von Bund, Ländern und Gemeinden werden als Staatsschulden oder Staatsverschuldung bezeichnet.

➠ Fremdkapital

Schuldenbremse

Eine S. ist eine gesetzlich oder verfassungsmäßig verbindliche Regel, nach der öffentliche Haushalte im Falle von Schulden konsolidiert werden müssen. Die Regel besteht aus Vorschriften über Zeiträume, innerhalb derer eine Konsolidierung zu erreichen ist, und der Festlegung von Defizitgrenzwerten, die vom Gesetzgeber einzuhalten sind. I. d. R. scheitern S. an ihrer mangelnden konjunkturellen Flexibilität, da bei Konjunktureinbrüchen die Grenzwerte oder auch die Zeiträume meist nicht einzuhalten sind, ohne die Konjunkturkrise zu verschärfen. Zudem sind sie ein schwer wiegender Eingriff in das Budgetrecht des Parlaments.

Schuldendienst

Bezeichnung für die Zins- und Tilgungszahlungen, die die Schuldner eines Kredits oder einer Anleihe zu festgelegten Terminen entrichten müssen. Entsprechend umfasst der S. der Entwicklungsländer die Zins- und Tilgungszahlungen, die aufgewendet werden müssen, um bei privaten Banken, anderen Staaten, Internationaler Währungsfonds (IWF) oder Weltbank aufgenommene Schulden wieder auszugleichen. I. d. R. werden dabei Zahlungen in harter Währung gefordert.

➠ International Monetary Fund (IMF)

Schuldenquote

Der gesamte Bestand öffentlicher Schulden im Verhältnis zum Bruttoinlandsprodukt.

➠ Staatsverschuldung

Schwarzarbeit

Mit S. werden allgemein unterschiedliche Arbeitsleistungen bezeichnet, bei denen die Zahlung von Steuern und Sozialversicherungsbeiträgen vermieden werden soll. Als Schwerpunkte der S. gelten v. a. Großbaustellen der Bauwirtschaft, das Taxi- und Mietwagengewerbe, Reinigungs- und Spielhallenbetriebe, das Hotel- und Gaststättengewerbe sowie Privathaushalte. S. führt zu Einnahmeverlusten der öffentlichen Kassen und der gesetzlichen Sozialversicherung. S. ist ein Teil der sog. Schattenwirtschaft. Keine S. sind hingegen Dienst- und Werkleistungen, die von Angehörigen oder Lebenspartnern, aus Gefälligkeit oder Nachbarschaftshilfe oder als Selbsthilfe ohne nachhaltige Absicht der Gewinnerzielung erbracht werden (§ 1, Abs. 3 SchwarzArbG).

Schwarzmarkt

Entsteht z. B., wenn der Staat Höchstpreise und Rationierungen für knappe und begehrte Güter festlegt, aber ein Nachfrageüberhang durch Käufer vorhanden ist, die bereit sind, mehr als diese Höchstpreise zu zahlen. Es besteht dann ein Anreiz, Waren unter Umgehung staatlicher Vorschriften »schwarz« zu handeln.

➠ Schattenwirtschaft

Schwellenländer

Bezeichnung für ehemalige Entwicklungsländer, die an der Schwelle zu fortschreitender Industrialisierung stehen, aber noch nicht zu den Industrieländern gerechnet werden. Einheitliche Kriterien für diese Einstufung fehlen allerdings. Brasilien, China, Indien, Mexiko und Südafrika zählte das Bundesministerium für wirtschaftliche Zusammenarbeit und Entwicklung 2007 zu den wichtigsten S.

Segmentberichterstattung

Offenlegung von Vermögens- und Ergebnisinformationen eines Unternehmens, untergliedert nach Tätigkeitsbereichen (Unternehmensbereichen) und geografischen Merkmalen (Regionen).

Seigniorage

Erträge der Zentralbank und des Staates, die durch Geldschöpfung entstehen. Die Herstellungs- und Bereitstellungskosten eines 50-Euroscheines etwa dürften bei ca. 10 Cent liegen. Der Differenzbetrag von 49,90 € ist dann der Banknotengewinn bzw. die S., wenn der Schein in Verkehr gebracht ist. Die Europäische Zentralbank (EZB) verteilt den Gewinn auf die nationalen Zentralbanken der Teilnehmerländer. Bei Münzen liegen die Prägekosten höher, entsprechend niedriger fällt hier die S. aus. Weil in der Bundesrepublik das Recht zur Münzprägung dem Staat zusteht, fließt diese S. dem Bundesfinanzminister zu. Eine weitere Quelle der S. sind Zinsgewinne der Zentralbank. Sie fallen an, weil Geschäftsbanken verpflichtet sind, verzinsliche Reserven bei der Zentralbank zu halten. Der Begriff S. leitet sich ab von frz. »seigneur« (Grundherr). Im Mittelalter lag das Recht zur Münzprägung meist bei Fürsten und Königen. Häufig wird S. als Anreiz für den Staat beschrieben, zu viel Geld zur Verfügung zu stellen, also die Inflation hochzuhalten. Bei einer unabhängen Zentralbank ergibt sich dieses Problem allerdings nicht.

➠ Mindestreserve

Sektor

In der Ökonomie allgemein: ein bestimmter Ausschnitt des Wirtschaftsgeschehens, also ein Wirtschaftsbereich.

➠ Sektoren der Volkswirtschaft

Sektorale Strukturpolitik

➠ Strukturpolitik

Sektoraler Strukturwandel

➠ Strukturwandel

Sektoren der Volkswirtschaft

Aus klassischer Sicht die 3 Produktionssektoren der Volkswirtschaft:

- Primärer Sektor = Land- und Forstwirtschaft, Fischerei;
- Sekundärer Sektor = Industrie und Handwerk;
- Tertiärer Sektor = Dienstleistungsbereich (auch Handel, Banken, Versicherungen oder Staat).

Die volkswirtschaftliche Gesamtrechnung unterscheidet heute folgende Sektoren:

1. Nichtfinanzielle Kapitalgesellschaften (AG und GmbH, Personengesellschaften wie OHG und KG, aber auch private Organisationen ohne Erwerbscharakter wie Krankenhäuser oder Pflegeheime sowie Wirtschaftsverbände).
2. Finanzielle Kapitalgesellschaften (Banken und Versicherungen).
3. Staat (Bund, Länder, Gemeinden und Versicherungen).
4. Private Haushalte (selbstständige Landwirte, Einzelunternehmer, Freiberufler usw.).
5. Private Organisationen ohne Erwerbscharakter (politische Parteien, Gewerkschaften, Kirchen, Wohlfahrtsverbände, Vereine).
6. Übrige Welt (Gesamtheit aller Wirtschaftseinheiten, die ihren ständigen Wohnsitz außerhalb des Wirtschaftsgebietes haben).

Selbstfinanzierung

S. liegt vor, wenn Gewinne oder Gewinnteile einer Unternehmung nicht an den Eigentümer oder die Gesellschafter ausgeschüttet werden, sondern als Finanzierungsquelle etwa für Investitionen herangezogen werden.

Selbstheilungskräfte des Marktes

Klassik, Neoklassik und Monetarismus vertrauen darauf, dass über einen funktionierenden Preis-, Lohn- und Marktmechanismus S. freigesetzt werden, die z. B. in einer Rezession ohne staatliche Eingriffe zur Vollbeschäftigung führen.

Der Keynesianismus hingegen verneint das und verweist auf das von Keynes beschriebene Gleichgewicht bei Unterbeschäftigung, das nur durch energische Maßnahmen der Wirtschaftspolitik zu beheben ist.

Selbstständige

Alle Erwerbstätigen, die in eigenem Namen und auf eigenes wirtschaftliches Risiko arbeiten, ihre Tätigkeit und die Arbeitszeit im Wesentlichen frei gestalten oder als Eigentümer oder Pächter eine eigene Betriebsstätte führen, wobei die Vergütung des S. von dem Gewinn abhängt, der mit den produzierten Waren oder Dienstleistungen erzielt wird. S. in diesem Sinn sind also z. B. Handwerker, Hausgewerbetreibende, selbstständig tätige Lehrer und Erzieher, Hebammen und Entbindungshelfer, Hoteliers oder Angehörige freier Berufe wie Ärzte oder Anwälte.

➡ Scheinselbstständigkeit

Shareholder-Value

S. kann mit »Wert für den Aktionär« übersetzt werden. Das dahinterstehende betriebswirtschaftliche Konzept fordert eine sog. wertorientierte Unternehmensführung, deren vorrangiges Ziel nicht die Maximierung des Unternehmensgewinns ist. Vielmehr gilt es, v. a. den Wert eines Unternehmens für den Eigenkapitalgeber, den Aktionär, an der Börse über steigende Aktienkurse zu maximieren und Dividendenansprüche ausreichend zu berücksichtigen. Langfristig soll dadurch die Wettbewerbsfähigkeit und Profitabilität des Unternehmens optimiert werden. Durch neue Vergütungssysteme – Aktienpakete oder Aktienoptionen – wurde das Interesse von Topmanagern an schnell steigenden Aktienkursen erweitert. Seit sich schon die Ankündigung, Beschäftigte entlassen zu wollen, für ein Unternehmen kurssteigernd an der Börse auswirkte, steht der S. in der Kritik. Er orientiere sich in der Praxis zu sehr an der Kapitalrendite der Aktionäre und berücksichtige zu wenig die Interessen aller am Wirtschaftsprozess Beteiligten, der Beschäftigten, der Betriebsräte, der Gewerkschaften, der Kunden, der Lieferanten oder der Standorte und Regierungen. Die Zukunft von Unternehmen sei gefährdet, wenn statt betrieblicher Innovationen die Steigerung des Aktienkurses und die Zahlung hoher Dividenden im Vordergrund stünden.

Sockelarbeitslosigkeit

➡ Hysterese

Solidaritätszuschlag

Zur Finanzierung der Kosten der dt. Wiedervereinigung wird ein Zuschlag auf die Einkommensteuer und Körperschaftsteuer i. H. v. 5,5 % erhoben. Das Solidaritätszuschlaggesetz (SolzG) regelt die Bemessung und Erhebung des S. Das Aufkommen steht allein dem Bund zu.

Solidarpakt

Bezeichnung für die Einigung zwischen dem Bund und den alten Bundesländern, den ostdt. Ländern für den infrastrukturellen Nachholbedarf und die Angleichung der Lebensverhältnisse nach der Wende Finanzmittel im Rahmen des Länderfinanzausgleichs über Sonderbedarfs-Bundesergänzungszuweisungen von 1995 bis zum Jahre 2019 zu gewähren. Insgesamt werden es ca. 156 Mrd. € sein, mit denen die langfristige Sicherung des Aufbaus in den neuen Bundesländern erreicht werden soll. Eine deutliche Verringerung des Mittelzuflusses setzt allerdings ab 2009 ein. Von 1990–1994 waren nicht zweckgebundene Lei-

Deutsche Rettungsprogramme zur Stabilisierung der Finanzmärkte
Insges. 400 Mrd. Euro für Garantien bei der Emission neuer Bankschuldverschreibungen.
Laufzeit max. 36 Monate.
Kernkapitalquote soll mindestens 8 % erreichen, marktgerechte Verzinsung (max. rd. 1 %).
SoFFin
Sonderfonds Finanzmarktstabilisierung · Finanzmarktstabilisierungsanstalt
Insges. 80 Mrd. Euro für Rekapitalisierung von Banken und Ankauf fauler Wertpapiere.
Kapitalzufuhr über stille Einlagen oder direkte Beteiligungen (max. 33 %).
Erwerb von Risikopapieren, max. 5 Mrd. Euro pro Bank; Rücknahme nach spätestens 3 Jahren.
Bis Mitte Februar 2009 wurden vom SoFFin rund 200 Mrd. Euro bewilligt, darunter für
52* Hypo Real Estate
30 HSH Nordbank
15 Commerzbank 10 + 8,2** (Kapitalerhöhung) (stille Einlage)
15 BayernLB
5 IKB
4 Aareal Bank 0,53** (stille Einlage)
6,7 Einlagensicherungsfonds d. Privatbanken
* Garantien für die Hypo Real Estate i. H. v. 45 Mrd. Euro sind bereits wieder ausgelaufen.
** Verzinsung i. H. v. 9 % pro Jahr.

Abb. 32 Quelle: SoFFin

stungen von insgesamt 82,2 Mrd. € über den Fonds Deutsche Einheit in die neuen Länder geflossen.

Sonderabschreibung

➠ Abschreibung

Sonderfonds Finanzmarktstabilisierung (SoFFin)

Hilfsfonds für durch die in der Finanzmarktkrise 2008 in Schwierigkeiten geratene Banken und Versicherungen. Bewilligen kann der Fonds Garantien bis zur Höhe von 400 Mrd. €. Außerdem kann er Beteiligungen an Finanzunternehmen erwerben und Vergütungen für Garantien erheben. Das Bundesfinanzministerium kann zur Finanzierung Kredite bis zur Höhe von 70 Mrd. € aufnehmen. Wenn der Haushaltsausschuss des Deutschen Bundestages zustimmt, kann dieser Rahmen um 10 Mrd. € ausgeweitet werden. Geschaffen wurde der Fonds am

17.10.2008 durch das Finanzmarktstabilisierungsgesetz.

Sondervermögen

Vermögensmasse von Bund, Ländern oder Gemeinden, die zur Erfüllung besonderer Aufgaben herangezogen wird. Als Ausnahme vom Haushaltsgrundsatz Einheit und Vollständigkeit sind für das S. im Haushaltsplan nur die Zuführungen und Ablieferungen aufzustellen. Die vollständigen Einnahmen und Ausgaben ergeben sich hier aus besonderen Haushalts- und Wirtschaftsplänen (§ 26 BHO).

➡ Haushaltsgrundsätze

Sonderziehungsrechte (SZR)

S. ist die Bezeichnung für die offizielle Rechnungseinheit des Internationalen Währungsfonds (IWF). Die Kredite des IWF an Mitgliedsländer werden in S. vergeben. Der Wert eines S. richtet sich nach dem Marktwert eines Währungskorbs, der feste Beträge der 4 wichtigsten Weltwährungen US-Dollar, Euro, Yen und brit. Pfund enthält und täglich neu festgesetzt wird.

Sorten

Banknoten und Münzen ausländischer Währungen.

➡ Devisen

Sozialabbau

Begriff für das Ergebnis einer Wirtschaftspolitik, die umfassende Kürzungen im System der sozialen Sicherung durchsetzt.

Sozialabgaben

Beiträge der versicherungspflichtig Beschäftigten und der Arbeitgeber zur Renten-, Arbeitslosen-, Kranken- und Pflegeversicherung. Bei der Berechnung des Beitrags wird das versicherungspflichtige Arbeitsentgelt bis zur Beitragsbemessungsgrenze berücksichtigt. Für die Teile des Gehalts, die über dieser Grenze liegen, müssen keine Beiträge mehr entrichtet werden. Grundsätzlich werden die zu entrichtenden Beiträge je zur Hälfte von Arbeitnehmer und Arbeitgeber getragen. Es gibt allerdings Ausnahmen. Von Mitgliedern der gesetzlichen Krankenversicherung etwa wird ein zusätzlicher Beitrag i. H. v. 0,9 % der Beitragsbemessungsgrenze erhoben. Er ist allein vom Arbeitnehmer aufzubringen.

Sozialabgabenquote

Summe der Sozialabgaben im Verhältnis zum Bruttoinlandsprodukt.

Sozialbeiträge

➡ Sozialabgaben

Sozialbudget

Eine Aufstellung aller Sozialleistungen und ihrer Finanzierung. Die Leistungen werden nach Funktionen unterschieden und erbracht für

- Alter und Hinterbliebene,
- Gesundheit,
- Ehe und Familie,
- Beschäftigung (Arbeitsförderung einschließlich Grundsicherung für Arbeitssuchende)
- Sonstige.

Finanziert werden die Sozialleistungen durch die Sozialbeiträge der Arbeitgeber und der Versicherten sowie durch Zuschüsse des Staates. Die Bundesregierung berichtet jährlich über das aktuelle S. Im Jahr 2006 betrugen die Sozialleistungen insgesamt 700,2 Mrd. €.

Soziale Gerechtigkeit

S. als staatliches Ziel wird aus dem Sozialstaatsgebot des Art. 20, Abs. 1 Grundgesetz abgeleitet, der die Bundesrepublik zu einem sozialen Bundesstaat erklärt. Jedem soll ein Leben in Würde, Selbstachtung und mit Teilhabe an der Gemeinschaft garantiert werden. Die Verpflichtung des Staates zu einer gerechten Sozialordnung verlangt auch, Ungleichgewichte in der ökonomischen Verteilung auszugleichen. Eine unfaire Einkommensverteilung hat der Staat durch eine Besteuerung mit Umverteilungswirkungen abzumildern. Auch die Soziale Marktwirtschaft enthält diesen Grundgedanken.

➠ Sozialstaat ➠ Soziale Marktwirtschaft

Soziale Kosten

Externe volkswirtschaftliche Kosten.

➠ Kosten

Soziale Marktwirtschaft

Leitbild der dt. Wirtschaftsordnung nach 1948, das von Ludwig Erhard und Alfred Müller-Armack geprägt wurde. Der vom Ordoliberalismus ausgehende Grundgedanke war, die Leistungsfähigkeit einer freien Wettbewerbswirtschaft mit einer Politik des sozialen Ausgleichs zu verbinden. Zu den wichtigsten Aufgaben des Staates in der S. gehört die Schaffung einer Rechtsordnung, in deren Rahmen die freie wirtschaftliche Betätigung, das Privateigentum an Produktionsmitteln, freie Preisbildung und die Erhaltung eines freien marktwirtschaftlichen Wettbewerbs gewährleistet sind. Kartelle oder Monopole, zerstörerischer Wettbewerb und Arbeitslosigkeit sollen verhindert werden. Der Staat ist allerdings aufgerufen, für soziale Gerechtigkeit, soziale Sicherheit und sozialen Fortschritt zu sorgen. Dazu gehört etwa die Erarbeitung einer geeigneten Arbeits- und Sozialordnung, eine aktive Sozialpolitik, die Gestaltung der sozialen Sicherungssysteme (Renten-, Kranken-, Arbeitslosen-, Pflege- und Unfallversicherung), die Korrektur unfairer Einkommensverteilung z. B. durch eine progressive Einkommensteuer oder andere steuerrechtliche Maßnahmen. Von den Unternehmern wird soziales Verantwortungsbewusstsein verlangt. Das Ziel der von Erhard und Müller-Armack konzipierten S. war der Wohlstand für alle bei bestmöglicher sozialer Absicherung. Sie führte in der Nachkriegszeit zu einem nie gekannten Wohlstand und zu sozialer Sicherheit breiter Bevölkerungsschichten. Unter dem Eindruck der Massenarbeitslosigkeit ist die von der europ. und dt. Politik gestaltete S. in der heutigen Form zunehmend umstritten.

➠ Soziale Gerechtigkeit ➠ Sozialstaat ➠ Sozialpolitik

Sozialer Wohnungsbau

Der S. verschaffte Millionen von Menschen in der Nachkriegszeit ein Dach über dem Kopf. Ziel des späteren Wohnraumförderungsgesetzes (2002) sind Haushalte, die am Markt keine angemessene Wohnung erhalten und auf Unterstützung angewiesen sind. Gefördert werden soll der Mietwohnraum für Haushalte mit geringem Einkommen, für Familien mit Kindern, allein Erziehende, ältere Menschen, Behinderte, Wohnungslose oder andere Hilfsbedürftige. Auch die Bildung selbst genutzten Wohneigentums kann unter bestimmten sozial geprägten Voraussetzungen gefördert werden. Im Zuge der Föderalismusreform wurde am 1.9.2006 die Zuständigkeit der sozialen Wohnraumförderung vom Bund auf die Länder übertragen.

➠ Sparförderung

Sozialgesetzbuch (SGB)

Im SGB wurden seit 1969 zahlreiche Sozialleistungsgesetze zusammengefasst und zu einem zusammenhängenden Gesetzeswerk fortentwickelt. Es enthält derzeit (2009) 12 Bücher, die als jeweils eigenständige Gesetze gelten:

- SGB I: Allgemeiner Teil
- SGB II: Grundsicherung für Arbeitssuchende
- SGB III: Arbeitsförderung
- SGB IV: Gemeinsame Vorschriften für die Sozialversicherung
- SGB V: Gesetzliche Krankenversicherung
- SGB VI: Gesetzliche Rentenversicherung
- SGB VII: Gesetzliche Unfallversicherung
- SGB VIII: Kinder- und Jugendhilfe
- SGB IX: Rehabilitation und Teilnahme behinderter Menschen
- SGB X: Sozialverwaltungsverfahren und Sozialdatenschutz
- SGB XI: Soziale Pflegeversicherung
- SGB XII: Sozialhilfe.

Weitere Gesetze sollen künftig noch in das SGB eingeordnet werden, darunter das Bundesausbildungsförderungsgesetz, das Gesetz über die Krankenversicherung der Landwirte, das Bundeskindergeldgesetz, das Unterhaltsvorschussgesetz und das Altersteilzeitgesetz.

Sozialhilfe

Vorwiegend Geld-, aber auch Sach- und Beratungsleistungen, die seit dem 1.1.2005 auf der rechtlichen Grundlage des 12. Sozialbuchgesetzes (SGB XII) gewährt werden. Die S. soll den Leistungsempfängern, die nicht in der Lage sind, ihren Lebensunterhalt aus eigener Kraft zu bestreiten und keine Hilfe Dritter erhalten, ein Leben in Menschenwürde ermöglichen (Art. 1 GG i. V. m. Art. 20 GG: Sozialstaatsgebot). Die örtlichen Träger der S. sind meist die kreisfreien Städte und die Landkreise. Die S. umfasst u. a. Hilfe zum Lebensunterhalt, Hilfen zur Gesundheit, Eingliederungshilfen für behinderte Menschen, Hilfe zur Pflege und zur Überwindung besonderer sozialer Schwierigkeiten. Der Bedarf des notwendigen Lebensunterhalts wird nach Regelsätzen erbracht, die am aktuellen Rentenwert ausgerichtet sind. Es sind daher Forderungen laut geworden, die jährliche Anpassung der Regelsätze müsse die Steigerung der Lebenshaltungskosten berücksichtigen. Auch die für Schüler maßgebliche Regelleistung der S. sei zu erhöhen, um die Beschaffung von besonderen Lernmitteln zu ermöglichen.

➠ Soziale Gerechtigkeit

Sozialistische Marktwirtschaft

Wirtschaftsordnung, die aus einer Kombination von Elementen der Zentralplanwirtschaft und der Marktwirtschaft besteht. China hat 1992 als Ziel seiner Wirtschaftsreformen die sozialistische Marktwirtschaft genannt. Der schrittweise Übergang zur Marktwirtschaft, z. B. über die Gewährung von weitgehend freier Preisbildung oder von Konkurrenz zwischen Staatsbetrieben, setzte große Wachstumskräfte frei. Trotz Annäherungen an die freie Marktwirtschaft besteht die chinesische Regierung auf der Schlüsselrolle des Staates in der Wirtschaft Chinas. Auch die Wirtschaft des einst kommunistischen Vietnams könnte man auf dem Weg zur S. sehen. Das vietnamesische Wirtschaftssystem ist eine Mischung von Staats- und Privatbetrieben. Staatsbetriebe sollen künftig beschleunigt privatisiert, wichtige Schlüsselunternehmen jedoch im Besitz des Staates verbleiben. In der Vergangenheit war die Wirtschaftsordnung der Arbeiterselbstverwaltung im ehemaligen Jugoslawien eine Form S.

Sozialleistungen

➠ Sozialbudget

Sozialleistungsquote
Alle Sozialleistungen in % des Bruttoinlandsproduktes.

Sozialplan
Vereinbarung zwischen Betriebsrat und Unternehmer über einen Ausgleich oder die Milderung wirtschaftlicher Nachteile, die Arbeitnehmer in Betrieben mit mehr als 20 Beschäftigten durch geplante Betriebsänderungen erleiden (§ 112 und 112 a BetrVG). Der Unternehmer hat den Betriebsrat rechtzeitig und umfassend zu unterrichten, wenn wesentliche Nachteile auf die Belegschaft etwa durch die geplante Stilllegung, Einschränkung, Verlegung des Betriebs oder andere grundlegende Änderungen zukommen (§ 111 BetrVG). Der zwischen Betriebsrat und Unternehmer schriftlich vereinbarte S. kann z. B. Abfindungsregelungen bei Verlust des Arbeitsplatzes, Versetzungen, Maßnahmen der Umschulung und Qualifikation enthalten. Er hat die verbindliche Wirkung einer Betriebsvereinbarung. Kommt eine Einigung zwischen Arbeitgeber und Betriebsrat über einen Interessenausgleich nicht zu Stande, so entscheidet die Einigungsstelle über den S. Sie hat dabei sowohl die sozialen Belange der betroffenen Arbeitnehmer als auch die wirtschaftlichen Interessen des Unternehmens zu beachten.

Sozialpolitik
Sammelbegriff für Maßnahmen und Leistungen der sozialstaatlichen Politik und für nicht-staatliche Sozialleistungen von Trägern wie Wohlfahrtsverbänden, Kirchen, Gewerkschaften oder ehrenamtlichen Einrichtungen. Die Bundesregierung gibt jährlich im Sozialbudget einen Bericht über das Spektrum an Leistungen für Alter, Gesundheit, Ehe und Familie und Beschäftigte sowie über die Finanzierung der sozialen Sicherung. Sie betrug 2007 rund 706,9 Mrd. €. Ob allerdings der Sozialstaat zu teuer ist und reduziert werden muss, wie es Vertreter von Wirtschafts- und Arbeitgeberverbänden fordern, lässt sich erst beantworten, wenn den Kosten der Nutzen gegenübergestellt wird. Eine erfolgreiche S. gilt als Voraussetzung politischer Stabilität und als produktiver Faktor wirtschaftlicher Leistungsfähigkeit. Der Sozialstaat, den das Grundgesetz garantiert, ist nach Ansicht seiner Anhänger deshalb in einer Finanzierungskrise, weil die dt. und europ. Wirtschaftspolitik zu einer hohen Arbeitslosigkeit geführt habe, die von den sozialen Sicherungssystemen aufgefangen werden müsse.

Bundesminister für Arbeit und Soziales

Minister/in	Amtszeit
Anton Storch (CDU)	1949–1957
Theodor Blank (CDU)	1957–1965
Hans Katzer (CDU)	1965–1969
Walter Arendt (SPD)	1969–1976
Dr. Herbert Ehrenberg (SPD)	1976–1982
Heinz Westphal (SPD)	1982
Dr. Norbert Blüm (CDU)	1982–1998
Walter Riester (SPD)	1998–2002
Wolfgang Clement (SPD)	2002–2005
Ulla Schmidt (SPD)	2002–2005
Franz Müntefering (SPD)	2005–2007
Olaf Scholz (SPD)	seit 2007

Tab. 19

Sozialprodukt
➡ Bruttosozialprodukt

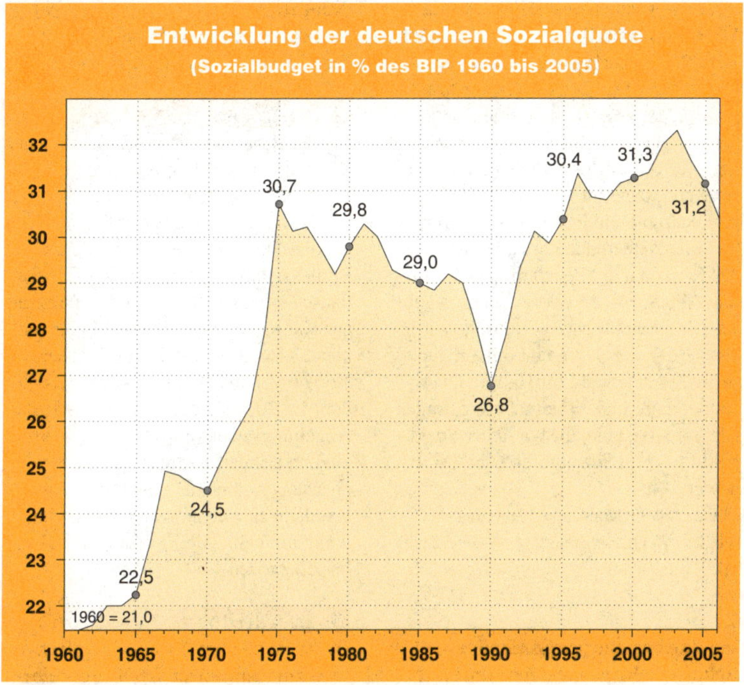
Entwicklung der deutschen Sozialquote
(Sozialbudget in % des BIP 1960 bis 2005)
32
31
30
29
28
27
26
25
24
23
22
1960 = 21,0
22,5
24,5
30,7
29,8
29,0
26,8
30,4
31,3
31,2
1960
1965
1970
1975
1980
1985
1990
1995
2000
2005

Abb. 33 Quelle: BMAS

Sozialstaat

Art. 20 Grundgesetz (GG) legt fest: Die Bundesrepublik Deutschland ist ein demokratischer und sozialer Bundesstaat. Das Sozialstaatsgebot gehört damit zur Verfassungsordnung. Eine Änderung des Grundgesetzes mit dem Ziel, dieses Prinzip zu beseitigen, ist nach Art. 79, Abs. 2 GG unzulässig. Das Grundgesetz verpflichtet also zum Aufbau eines Staates, der in Gesetzgebung, Verwaltung und Rechtsprechung soziale Gerechtigkeit und soziale Sicherheit verbunden mit einer Milderung ökonomischer Ungleichverteilung zu verwirklichen sucht. Eine wichtige Rolle im sozialstaatlichen System spielt die Sozialpolitik, über deren Leistungsspektrum die Bundesregierung jährlich im Sozialbudget berichtet. Der Sozialstaat wird zunehmend kritisiert, seine Leistungen seien zu hoch und böten so keine Anreize etwa für Arbeitslose, eine Erwerbstätigkeit aufzunehmen. Als Folge stecke der Sozialstaat in Finanzierungsschwierigkeiten. Dabei ist allerdings zu berücksichtigen, dass der Sozialstaat Millionen von Arbeitslosen auffangen und verkraften muss, die trotz aller Anstrengung keinen Arbeitsplatz finden.

➡ Soziale Gerechtigkeit

Sozialversicherung

Wichtigster Teil des sozialen Netzes in Deutschland. Über 90 % der Bevölkerung sind sozialversichert und damit großen Lebensrisiken wie Krankheit, Arbeitslosigkeit, Betriebsunfällen, Alter und Pflegebedürftigkeit nicht schutzlos ausgeliefert. Die Zweige der S. umfassen v. a. die gesetzliche Rentenversicherung, die gesetzliche Krankenversicherung, die Arbeitslosenversicherung bei der Bundesagentur für Arbeit, Unfallversicherung und Pflegeversicherung. Im Grundsatz tragen die zu versichernden Risiken alle Versicherten gemeinsam. Die S. basiert also wesentlich auf dem Solidaritätsprinzip. Beiträge zur Finanzierung der S. werden mit einigen Ausnahmen jeweils zur Hälfte von Arbeitnehmern und Arbeitgebern getragen. Die S. ist Bestandteil staatlicher Sozialpolitik, die im Sozialgesetzbuch (SGB) geregelt ist.

➡ Gesetzliche Krankenversicherung ➡ Gesetzliche Rentenversicherung ➡ Gesetzliche Pflegeversicherung ➡ Arbeitslosenversicherung

Sozialversicherungsbeiträge

Beitragszahlungen, die Arbeitnehmer und Arbeitgeber auf der Basis Gehaltssumme des Beschäftigten an die Sozialversicherung leisten. S. sind keine Steuern, sondern Abgaben, da für eine konkrete Leistung gezahlt wird.

Sozialversicherungspflichtig Beschäftigte

Für alle abhängig Beschäftigten einschließlich Personen in der beruflichen Ausbildung, selten auch für Selbstständige besteht i. d. R. eine Versicherungspflicht in der Sozialversicherung. Der weit überwiegende Teil der Selbstständigen sowie die Beamten sind nicht versicherungspflichtig beschäftigt.

Sozialversicherungssystem

➡ Sozialversicherung

Sparen

Einnahmen, die nicht in der gleichen Periode ausgegeben werden.

Sparerfreibetrag

Bei der Besteuerung von Einkünften aus Kapitalvermögen können ab dem 1.1.2007 von Alleinstehenden 750 €, bei Zusammenveranlagung 1.500 € als S. von der Steuer freigestellt werden. Unter Berücksichtigung des Werbungskosten-Pauschbetrags von 51 € (bei Einkünften aus Kapitalvermögen) können Alleinstehende insgesamt 801 € und Ehepaare 1.602 € von der Steuer absetzen. Ab dem 1.1.2009 wird in Deutschland eine Abgeltungsteuer von pauschal 25 % zuzüglich Solidaritätszuschlag und Kirchensteuer erhoben. Abgeltungsteuer ist erst dann zu zahlen, wenn die Kapitaleinkünfte beim Alleinstehenden 801 €, bei Ehepaaren 1.602 € übersteigen.

Sparförderung

Die staatliche Förderung des Sparens erfolgt zum einen über den Sparerfreibetrag, zum anderen über vermögenswirksame Leistungen durch die Arbeitnehmersparzulage nach § 13 des 5. Vermögensbildungsgesetzes (VermBG). Über die Arbeitnehmersparzulage wird u. a. das Bausparen unterstützt, das außerdem durch das Wohnungsbau-Prämiengesetz mit Bundesmitteln gefördert wird. Auch den Aufbau einer zusätzlichen privaten kapitalgedeckten Altersvorsorge zu unterstützen, gehört zur S.

➡ Riester-Rente

Sparparadoxon

Beruht auf einem keynesianischen Einnahme-Ausgaben-Modell. Es besagt: Vermehrte einzelwirtschaftliche Sparbemühungen führen bei schlechter Wirtschaftslage, wenn die Kapazitäten nicht ausgelastet sind, zu einer verringerten gesamtwirtschaftlichen Ersparnis. Verabschiedet z. B. der Staat aufgrund hoher Defizite ein Sparpaket mit Ausgabenkürzungen, dann kürzt er zugleich die Einnahmen der privaten Haushalte und der Unternehmen. Diese reduzieren dann ihre Ausgaben und ihre Ersparnis. Ein Teil der reduzierten Ausgaben besteht in verminderten Steuerzahlungen, sodass auch die Einnahmen des Staates sinken. Damit geht zumindest ein Teil des ursprünglichen Spareffekts beim Staat wieder verloren. Bei den privaten Haushalten und den Unternehmen fallen die Ersparnisse sogar geringer aus. In der Summe hat sich die gesamtwirtschaftliche Ersparnis folglich verringert.

Sparquote

Anteil der Ersparnis in % am Bruttoinlandsprodukt. I. d. R. wird unter S. nur Ersparnisanteil der privaten Haushalte am verfügbaren Einkommen verstanden. Die S. liegt in Deutschland zwischen 10 und 12 %.

Special purpose vehicle (SPV)

Finanzierungsgesellschaft, die von einer Bank eigens zu einem bestimmten Zweck (purpose) gegründet wird, ohne den strengen Regulierungsvorschriften für eine Bank zu unterliegen: Sie soll dem Kreditinstitut vorhandene Kreditforderungen abkaufen. Die S. finanziert den Kauf über die Verbriefung von Krediten und die Ausgabe von Asset Backed Securities-Wertpapieren, denen die angekauften Forderungen einschließlich ihrer Risiken zu Grunde liegen. Über die S. wird so auch das Risiko von Forderungsausfällen an den Kapitalmarkt weitergegeben. Ihren Sitz haben S. häufig in einer Steueroase.

➡ Asset Backed Securities ➡ Finanzmarktkrise

Spekulationsblase

Als S. wird ein ungerechtfertigter und über längere Zeit anhaltender steiler Preisanstieg bei Aktien, Rohstoffen oder Immobilien bezeichnet. Die S. ist nicht auf reale Veränderungen der zu Grunde liegenden Wirtschaftsdaten, sondern auf die übertriebenen Gewinnerwartungen spekulierender Anleger zurückzuführen. V. a. unerfahrene Investoren, oft getrieben von euphorischen Medienberichten und Analysten, die dauerhafte Gewinnsteigerungen prognostizieren, drängen in Erwartung steigender Kurse und Preise auf den Markt und treiben die Preise weiter nach oben. S. sind häufig rational nur schwer erklärbar und oft auch nur schwer erkennbar. Platzt die S., weil schließlich der wahre Wert des Spekulationsobjekts erkannt wird und weitere Käufer ausbleiben, platzt auch der Traum vom schnellen Reichtum. Die Preise fallen fortgesetzt und Anleger sowie beteiligte Firmen erleiden große Verluste. Beispielhaft war der Zusammenbruch der Spekulation mit Internet- und Telekommunikationsaktien in Deutschland im Jahr 2000. Die Kursverluste betrugen am Ende oft mehr als 90 %.

Spekulationskasse

In der S. wird Geld in Erwartung günstigerer Anlagemöglichkeiten zurückgehalten. Nach Keynes ist die S. ein wichtiger Bestandteil der Geldnachfrage.

➡ Liquiditätspräferenztheorie

Spieltheorie

Mithilfe der S. werden Konfliktsituationen in der Wirtschaft analysiert, in denen das Ergebnis jedes Entscheidungsträgers von den Entscheidungen der anderen abhängt. Um etwa bei Preiskämpfen zwischen Unternehmen optimal zu entscheiden, müssen die Überlegungen konkurrierender »Mitspieler« berücksichtigt werden. Auf der Suche nach einer Theorie für rationales und strategisch richtiges Verhalten bei Gesellschaftsspielen, Skat oder Poker, entwickelten die Mathematiker John von Neumann und Oskar Morgenstern in den 1940er-Jahren Lösungswege, die schon bald Eingang in die Wirtschaftswissenschaften fanden. Wirtschaftsprozesse weisen i. d. R. ein Grundmuster wie bei konkurrierenden Spielern auf, deren Informationen über die »Karten« der Gegenspieler unvollständig sind. Die S. bietet keine Pauschallösungen für ökonomische Konfliktsituationen, aber sie findet Modelle, die beschreiben, dass auch bei wirklicher Konkurrenz die Möglichkeit zur Kooperation besteht. Die S. wird auch bei Verhandlungssituationen, Streiks, generellen Konflikten oder Kriegen, in der Evolutionsbiologie und Psychologie angewendet.

➡ Prinzipal-Agent-Problem

Spin-off

Ausgliederung oder Abspaltung eines Unternehmensteils in die Selbstständigkeit. Häufig bleibt ein S., z. B. über eine Holding oder andere Kanäle, mit dem Mutterunternehmen verbunden. Von S. wird insbesondere auch im Forschungsbereich gesprochen, wenn etwa Hochschulassistenten oder wissenschaftliche Mitarbeiter von Forschungseinrichtungen wie der Max-Planck-Gesellschaft oder der Fraunhofer Gesellschaft Forschungsergebnisse, deren wirtschaftliche Verwertung von der Mutterorganisation frei gegeben wurde, mit Gewinn zu vermarkten suchen.

Spitzensteuersatz

Der höchste Steuersatz, mit dem Einkommen besteuert wird. In Deutschland beträgt der S. 45 %, und zwar ab einem zu versteuernden Einkommen von 250.000 €.

Splitting

Bezeichnung für die Ermittlung der Einkommensteuer von Ehepaaren, die zusammen veranlagt werden wollen (§ 32, Abs. 5 EStG). Das zu versteuernde Einkommen beider wird zusammengefasst, dann halbiert, der Steuerbetrag für eine Hälfte errechnet und zur Festlegung der gemeinsamen Steuerschuld verdoppelt. Beim progressiv verlaufenden Einkommensteuertarif führt das S. zur Steuerersparnis beim Ehepaar, wenn die Einkommen beider unterschiedlich groß sind. Die Steuerersparnis ist umso größer, je unterschiedlicher die Einkommen sind. Nur bei gleich großen zu versteuernden Einkommen bietet die Zusammenveranlagung gegenüber der getrennten Veranlagung keinerlei Steuerersparnis.

Spotmärkte

S. dienen dem kurzfristigen Handel an den internationalen Warenbörsen. Geschäfte – etwa mit Mineralöl – werden dort nur gegen sofortige Bezahlung und Lieferung abgewickelt. Der Begriff S. wird inzwischen auch beim kurzfristigen Handel mit Erdgas, Strom oder Wertpapieren verwendet.

Staatlicher Konsum

Unter S. werden Ausgaben des Staates zur Befriedigung des Bedarfs an öffentlichen Leistungen etwa im Bildungsbereich, in der Gewährleistung von Sicherheit, Verteidigung usw. verstanden. Die Bezeichnung S. ist dabei leicht irreführend, weil der Staat diese Leistungen produziert, zur Verfügung stellt und nicht etwa für eigene Zwecke konsumiert. Besonders deutlich wird dies bei staatlichen Ausgaben für Forschung und Entwicklung, die eher investiven Charakter haben und doch den Konsumausgaben des Staates zugerechnet werden. Der S. ist eine Komponente der volkswirtschaftlichen Gesamtrechnung.

➠ Infrastruktur ➠ Volkswirtschaftliche Gesamtrechnung

Staatsanleihe

Finanzierungsinstrument der Haushalte von Bund, Ländern und Kommunen. Die Gebietskörperschaften geben i. d. R. festverzinsliche Schuldverschreibungen mit längerer Laufzeit aus, bieten sie zum Kauf an und erhalten so nötige Mittel.

➠ Finanzpolitik

Staatsausgaben

Die gesamten öffentlichen Ausgaben von Bund, Ländern und Gemeinden. Zu den S. zählen v. a. staatlicher Konsum, die öffentlichen Investitionen, die Sozialleistungen und die Subventionen.

➠ Infrastruktur ➠ Subventionen

Staatsbürgschaft

Von Staatsbürgschaft wird gesprochen, wenn der Staat als Bürge die Geschäfte privater Unternehmen absichert, weil die Bürgschaft von öffentlichem Interesse ist. Um z. B. die Kreditvergabe an förderungswürdige Wirtschaftsbereiche sicherzustellen, kann der Staat den beteiligten Banken die Rückzahlung der Darlehen garantieren. Auch die Bundesländer unterstützen die Wirtschaftsförderung immer wieder mit Bürgschaften. In der Außenwirtschaft werden häufig staatlich erwünschte Exporte abgesichert, indem der Staat dafür bürgt, dass die Forderungen der Exporteure erfüllt werden. Zahlt also der Kunde im Ausland nicht, springt der Staat ein. Um der mit dem Jahr 2007 entstandenen globalen Finanzmarktkrise und den Auswirkungen auf die reale Wirtschaft wirksam entgegenzutreten, hat die Bundesrepublik Deutschland am 17.10.2008 mit dem Finanzmarktstabilisierungsgesetz Garantien für Finanzunternehmen i. H. v. bis zu 400 Mrd. € vergeben, für Kapitalhilfen und Risikoübernahmen zusätzlich 80 Mrd. €. Weil selbst gewinnträchtige Industrieunternehmen Kredite nur noch zu Konditionen bekamen, die Geschäfte unrentabel machten, wurde das Bürgschaftsvolumen der Bundesrepublik Deutschland z. B. zur Absicherung von Unternehmenskrediten und Anleihen auf 100 Mrd. € angehoben. Mit unterschiedlichen Garantien wurden Unternehmen in der Krise auch von den Bundesländern unterstützt.

Staatseinnahmen

Die bedeutendsten Einnahmequellen des Staates sind die Steuereinnahmen und die Sozialabgaben. Hinzu kommen v. a. Beiträge und Gebühren, die Einnahmen aus aufgenommenen Krediten, Vermögensveräußerungen und Privatisierungserlösen, aus staatlichen Erwerbseinkünften und Bundesbankgewinnen.

➠ Staatsanleihe

Staatshandelsländer

Länder, deren Außenhandel in der Hand staatlicher Stellen liegt oder von ihnen kontrolliert wird. In der Vergangenheit traf dies v. a. auf die sozialistischen Länder zu.

Staatshaushalt

Der öffentliche Haushalt von Bund, Ländern und Gemeinden.

➠ Haushalt ➠ Haushaltsfunktionen ➠ Haushaltsgrundsätze ➠ Haushaltsplan

Staatsquote

Die S. gilt als zentrale Kennziffer für Umfang, Ausweitung oder Verringerung

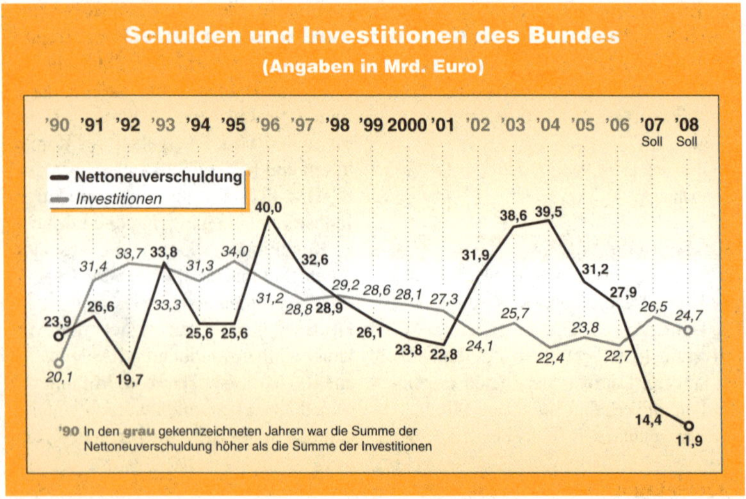
Schulden und Investitionen des Bundes
(Angaben in Mrd. Euro)
'90 '91 '92 '93 '94 '95 '96 '97 '98 '99 2000 '01 '02 '03 '04 '05 '06 '07 '08
Soll Soll
Nettoneuverschuldung
Investitionen
23,9 26,6 19,7 33,8 25,6 25,6 40,0 32,6 28,9 26,1 23,8 22,8 31,9 38,6 39,5 31,2 27,9 14,4 11,9
20,1 31,4 33,7 33,3 31,3 34,0 31,2 28,8 29,2 28,6 28,1 27,3 24,1 25,7 22,4 23,8 22,7 26,5 24,7
'90 In den grau gekennzeichneten Jahren war die Summe der Nettoneuverschuldung höher als die Summe der Investitionen

Abb. 34 Quelle: BMF

der Staatstätigkeit in der Wirtschaft. Sie wird üblicherweise als das Verhältnis der Staatsausgaben zum Bruttoinlandsprodukt definiert. Die Aussagekraft der S. ist umstritten, u. a., weil die Staatsausgaben auch Einkommenstransfers wie die Rentenzahlungen aus der Sozialversicherung enthalten.

Staatsverbrauch

➠ Staatlicher Konsum

Staatsversagen

➠ Public-Choice-Theorie

Staatsverschuldung

Bezeichnung für die Verbindlichkeiten des Staates, die durch staatliche Kreditaufnahme zur Finanzierung von Haushaltsdefiziten entstehen. Neben Steuern gehörten in der Vergangenheit Einnahmen aus Krediten zu den wichtigen Finanzierungsinstrumenten des Staates. Die Anhäufung von Budgetdefiziten der zurückliegenden Jahrzehnte hat den Schuldenberg Deutschlands v. a. nach der Wiedervereinigung auf rund 1.500 Mrd. € anwachsen lassen. Der Staat darf sich aber nicht unbegrenzt verschulden. Nach Art. 115 Grundgesetz dürfen die Einnahmen aus Krediten die Summe der im Haushaltsplan für Investitionen veranschlagten Ausgaben nicht überschreiten. Ausnahmen sind nur zur Abwehr einer Störung des gesamtwirtschaftlichen Gleichgewichts zulässig. In konjunkturellen Schwächephasen kann also die Konjunktur vorübergehend durch eine zusätzliche Verschuldung (deficit spending) angekurbelt werden. Die Kriterien des Maastrichter Vertrages lassen für Mitgliedsländer der EU allerdings nur eine jährliche Neuverschuldung von max. 3 % des Bruttoinlandsprodukts zu. Unstrittig ist, dass eine langfristige S. über hohe Zinslasten den Handlungsspielraum der Politik einengt. Von Crowding-Out (dt.: Verdrängung) wird gesprochen, wenn der Staat auf dem

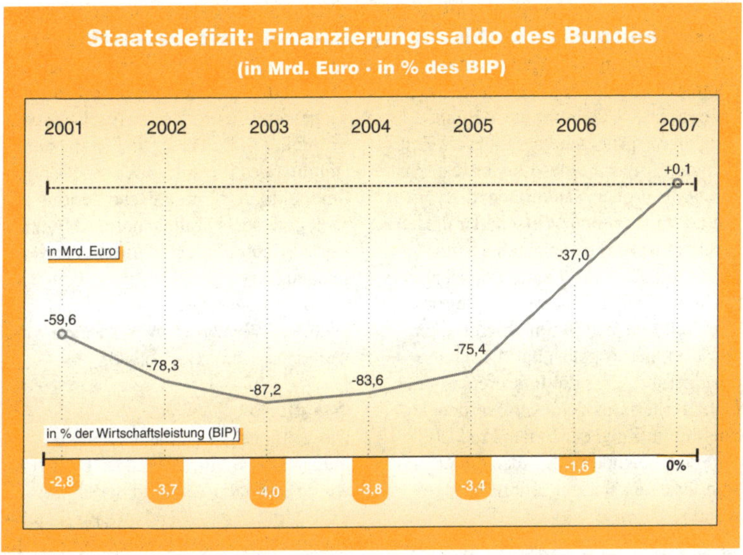
Staatsdefizit: Finanzierungssaldo des Bundes
(in Mrd. Euro · in % des BIP)
2001
2002
2003
2004
2005
2006
2007
+0,1
in Mrd. Euro
-37,0
-59,6
-75,4
-78,3
-87,2
-83,6
in % der Wirtschaftsleistung (BIP)
-2,8
-3,7
-4,0
-3,8
-3,4
-1,6
0%

Abb. 35 Quelle: Statistisches Bundesamt

Kapitalmarkt mit Privaten um Kredite konkurriert und den Marktzins nach oben treibt, sodass private Investitionen verdrängt werden. Die Behauptung, mit S. lebe man auf Kosten der kommenden Generation, ist dagegen im Grundsatz nicht haltbar. Denn wenn der Staat etwa die Infrastruktur (z. B. Bildungseinrichtungen wie Schulen oder Universitäten) kreditfinanziert aufbaut und erhält, so werden auch diese Einrichtungen und der Nutzen an ihnen an kommende Generationen weitergegeben. Die S. bewirkt dagegen eine Umverteilung von unten nach oben, denn die Zinsen der S. müssen alle steuerzahlenden Bürger aufbringen. Die Zinsbeträge aber fließen v. a. den Wohlhabenden zu, die einen erheblichen Teil der staatlichen Schuldverschreibungen etc. kauften. Ein radikaler, rascher Abbau der Gesamtverschuldung des Staates über allgemeine Steuererhöhungen, umfassende Kürzungen von Sozialtransfers oder Subventionen verbietet sich. Die Folge wäre ein Absinken der gesamtwirtschaftlichen Nachfrage, das zu geringerem oder sogar negativem Wirtschaftswachstum und steigender Arbeitslosigkeit führen würde. Die Sozialausgaben des Staates steigen in einer solchen Lage, während sich die Steuereinnahmen vermindern. Am Ende könnte die S. noch weiter angewachsen sein.

Stabilisierungspolitik

➡ Konjunkturpolitik

Stabilitäts- und Wachstumsgesetz

➡ Gesetz zur Förderung der Stabilität und des Wachstums der Wirtschaft

Stabilitäts- und Wachstumspakt

Im Vorfeld der Europäischen Währungsunion auf dem EU-Gipfel in Amsterdam 1997 verabschiedet worden. Er schreibt vor, dass das Defizit im Staatshaushalt maximal 3 % betragen darf. Dies war schon im Vertrag von Maastricht als Voraussetzung für den Beitritt festgelegt worden. Der S. schreibt diese Bedingung als verpflichtend auch für die Zeit nach dem Beitritt eines Landes fest. Anderenfalls drohen Sanktionen, die vom Rat der Finanz- und Wirtschaftsminister verhängt werden können. Der S. entspricht im Kern einer angebotsorientierten Wirtschaftspolitik, die die Begriffe Stabilität und Wachstum vollkommen von Konjunktur gelöst hat. Dies hat dazu geführt, dass die Interpretation des Defizitkriteriums gelockert werden musste. Im Zuge der Finanzkrise 2008/2009 wurde zudem die Ausnahmeklauseln für einen starken Einbruch angewendet.

Stabilitätsanleihe

Eine Regierungsanleihe, die am Kapitalmarkt aufgelegt wird. Die erzielten Einnahmen werden stillgelegt. Auf diese Weise soll Kaufkraft abgeschöpft werden, um eine Konjunkturdynamik, die die Stabilität gefährdet, zu bremsen. Die S. ist damit in ihrer unmittelbaren Wirkung einem Konjunkturzuschlag vergleichbar. Sie ist allerdings freiwilliger Natur, und zudem werden die Beträge zu einem späteren Zeitpunkt verzinst zurückgezahlt. Das mindert die konjunkturdämpfende Wirkung bereits in der Gegenwart. Die Bundesregierung nutzte dieses Instrument 1973 während einer Hochkonjunktur.

➠ Stabilitätspolitik ➠ Gesetz zur Förderung der Stabilität und des Wachstums der Wirtschaft

Stabilitätspolitik

In der Vergangenheit (1970er- und 1980er-Jahre) Bezeichnung für eine Wirtschaftspolitik, die das gesamtwirtschaftliche Gleichgewicht (hoher Beschäftigungsstand, angemessenes Wirtschaftswachstum, Preisstabilität, außenwirtschaftliches Gleichgewicht) zu erreichen und zu erhalten versucht. Heute wird unter S. im Wesentlichen die auf Stabilität des Preisniveaus ausgerichtete Geldpolitik der Europäische Zentralbank und eine stabilitätspolitisch motivierte Fiskalpolitik der Euroländer verstanden.

Gesetz zur Förderung der Stabilität und des Wachstums der Wirtschaft ➠ Stabilitäts- und Wachstumspakt ➠ Geldpolitik

Stagflation

Das zeitliche Zusammentreffen von Stagnation und Inflation. Der Begriff S. wurde erstmalig während der Ölpreiskrise Mitte der 1970er-Jahre für den damaligen Wachstumseinbruch bei gleichzeitig hoher Inflation verwendet.

Stagnation

Zustand, bei dem die gesamtwirtschaftliche Produktion nicht oder kaum zunimmt. S. ist i. d. R. von zunehmender Arbeitslosigkeit begleitet.

Standortdebatte

Seit Anfang der 1990er-Jahre geführte Auseinandersetzung um die Wettbewerbsfähigkeit von Industrie und Wirtschaft am Standort Deutschland. In ihrem »Bericht zur Zukunftssicherung des Standortes Deutschland« (3.9.1993) hatte die Bundesregierung festgestellt, dass nach ihrer Ansicht die Löhne und Lohnnebenkosten im internationalen Vergleich zu hoch seien und die Arbeitszeiten zu kurz (obwohl die Bundesrepublik 1992 auf Platz 2 der Exportnationen lag). Die Unternehmenssteuern müssten erheblich gesenkt werden, um die Wettbewerbsfähigkeit der Wirtschaft zu sichern. Aus demselben

Grunde seien Sozialabgaben und Sozialleistungen strikt zu begrenzen. Der Staat habe im Übrigen zu viele Aufgaben, die Private besser oder ebenso gut ausführen könnten. Die Bundesregierung sei deshalb entschlossen, die Privatisierung von öffentlichen Unternehmen oder Unternehmensbeteiligungen voranzutreiben. Für Arbeitslose sei die Zumutbarkeit von Arbeit auszuweiten und die private Arbeitsvermittlung zu testen. Insgesamt müsse mehr dereguliert werden. Vertreter von Wirtschafts- und Arbeitgeberverbänden forderten zusätzlich, ihnen auferlegte gesetzliche, bürokratische und flächentarifliche Verpflichtungen einzuschränken. Gefordert wurde mehr Markt und mehr Eigenverantwortung des Einzelnen statt staatlicher Leistungen. Nur so könne die Wettbewerbsfähigkeit von Industrie und Wirtschaft erreicht werden. Von der großen Mehrheit der dt. Medien wurden solche Forderungen unterstützt.
Mit der Reformpolitik Ende der 1990er-Jahre wurde ein entsprechender Kurswechsel durch die Regierung Schröder vollzogen, der v. a. auf einen umfangreichen Abbau von Leistungen gerichtet war. Zum Symbol dieser Politik wird das Hartz IV genannte Gesetzespaket, das zu den nachhaltigsten Kürzungen von Sozialleistungen seit Bestehen der Bundesrepublik führte. Kritiker unter den Wirtschaftswissenschaftlern führen die anhaltend schwache Binnennachfrage und das gegenüber anderen europ. Ländern unterdurchschnittliche Wirtschaftswachstum in Deutschland auf solche Leistungskürzungen und die niedrigen Lohnentwicklungen zurück. Die S. um die Wettbewerbsfähigkeit hält an, nachdem osteurop. Staaten mit ihrem Niedriglohn- und Niedrigsteuerniveau der EU beigetreten sind. Verbände fordern weiter Lohnzurückhaltung und verlängerte Arbeitszeit, obwohl die dt. Wirtschaft als sog. Exportweltmeister auf vielen Weltmärkten dominiert. Die strukturellen Handelsüberschüsse trugen in Verbindung mit einer gleichartigen Politik in China und Japan auch zur weltwirtschaftlichen Destabilisierung bei, die die Finanzmarktkrise mit auslöste.

→ Standortwettbewerb

Standortwettbewerb

Bezeichnet die Konkurrenz von Städten, Gemeinden, Regionen oder Staaten um Produktionsfaktoren und dabei v. a. um die Ansiedlung von Unternehmen. Eine große Rolle bei den Standortentscheidungen der Unternehmen spielen die Höhe der Lohnkosten, die Steuerbelastung, die Kosten der sozialen Sicherheit, die öffentliche Infrastruktur, das Bildungs- und Ausbildungssystem, die Qualität und Leistungsbereitschaft der Arbeitnehmer und Umweltgesichtspunkte. Innerhalb der EU hat sich gezeigt, dass v. a. neu beigetretene, wirtschaftlich noch unterentwickelte Länder mit niedrigen Steuern, Löhnen und Sozialstandards um Unternehmensinvestitionen aus den Nachbarländern werben. Wenn die übrigen EU-Länder mit noch niedrigeren Steuern usw. reagieren, könnte ein ruinöser S. in Gang gesetzt werden. Kritiker fordern deshalb z. B. eine Steuerharmonisierung in der EU. Drittstaaten außerhalb der EU bieten für Großinvestitionen oft höhere Subventionen, als es den EU-Staaten im Rahmen des europ. Beihilferechts erlaubt ist. Die Bundesregierung wünscht Ausnahmeregelungen, um solchen Verzerrungen des Wettbewerbs begegnen zu können. Ein Subventionswettlauf beim internationalen S. soll dabei allerdings vermieden werden.

→ Standortdebatte

Statistisches Bundesamt

Das S. ist eine selbstständige Bundesbehörde im Geschäftsbereich des Bundesinnenministers. Sein Auftrag auf der Grundlage des Bundesstatistikgesetzes ist, für eine am Sozialstaatsprinzip ausgerichtete Politik (§ 1 BstatG) statistische Informationen über Bevölkerung, Wirtschaft, Soziales und Umwelt zu liefern. Die Bundesstatistiken werden in enger Zusammenarbeit mit den 16 eigenständigen Statistischen Landesämtern durchgeführt und Parlament, Regierung und Öffentlichkeit zur Verfügung gestellt. Über 2 Drittel der statistischen Erhebungen in Deutschland werden dabei bereits auf europ. Rechtsgrundlage durchgeführt. Die rund 390 produzierten Statistiken enthalten wichtigste wirtschaftliche Daten wie etwa die Höhe und Veränderungsrate des Bruttoinlandsprodukts, die Entwicklung der Auftragseingänge in der Industrie, die Bewegung der Verbraucherpreisindices – die Auskunft über die Inflationsrate geben – oder aktuelle Zahlen von Erwerbstätigen und Erwerbslosen.

➡ Amtliche Statistik

Steuer

Geldleistungen, die ein Steuerpflichtiger an ein öffentlich-rechtliches Gemeinwesen zahlen muss, ohne dass er einen individuellen Anspruch auf Gegenleistung hat. S. sind die Haupteinnahmequelle des Staates.

Steuerausweichung

➡ Steuervermeidung

Steuerbemessungsgrundlage

Die der Steuerbemessung zu Grunde liegende Größe. Beim Einkommen ist die S. das zu versteuernde Einkommen, bei der Gewerbesteuer ist die S. der Gewerbeertrag, bei der Kraftfahrzeugsteuer ist die S. der Hubraum des Kraftfahrzeugs.

Steuerfreiheit bei Veräußerungsgewinnen

Veräußert eine Kapitalgesellschaft wie etwa eine Aktiengesellschaft Anteile, die sie an einer anderen Kapitalgesellschaft hält, so sind die Gewinne prinzipiell steuerfrei. Seit dem 1.1.2004 ist die Steuerfreiheit durch § 8, Abs. 3 Körperschaftssteuergesetz (KStG) eingeschränkt, sodass der Veräußerungsgewinn noch zu 95 % steuerfrei gestellt ist.

Steuerharmonisierung

Von der EU angestrebtes Ziel, die national geltenden Steuersätze und Gewinnermittlungsvorschriften der Mitgliedsländer der EU einander anzugleichen. Es gibt allerdings nur Ansätze dazu, denn die EU kann hier keine Regelungen allein herbeiführen. Vielmehr müssten sich die nationalen Regierungen der Euroländer zu Kompromissen in der Steuerpolitik bereitfinden, denen alle zustimmen können. Doch die Steuerpolitik ist ein Kernstück der nationalen Souveränität, an der bisher weitgehend festgehalten wird. Von Mitgliedsländern der EU wird sogar gezielt versucht, sich mit nationaler Steuerpolitik Vorteile gegenüber anderen Euroländern zu verschaffen. Beispiel: Die wichtigen Gewinnsteuersätze für Kapitalgesellschaften variieren in der EU zwischen 38,7 % und 10 %. Mit Niedrigsteuern ermuntern v. a. wirtschaftlich unterentwickelte Beitrittsländer Unternehmen, sich bei ihnen und nicht im Nachbarland anzusiedeln. Das Steuergefälle in der EU setzt außerdem Anreize (etwa für Aktiengesellschaften), Gewinne in EU-Niedrigsteuerländer zu verlagern. Selbst

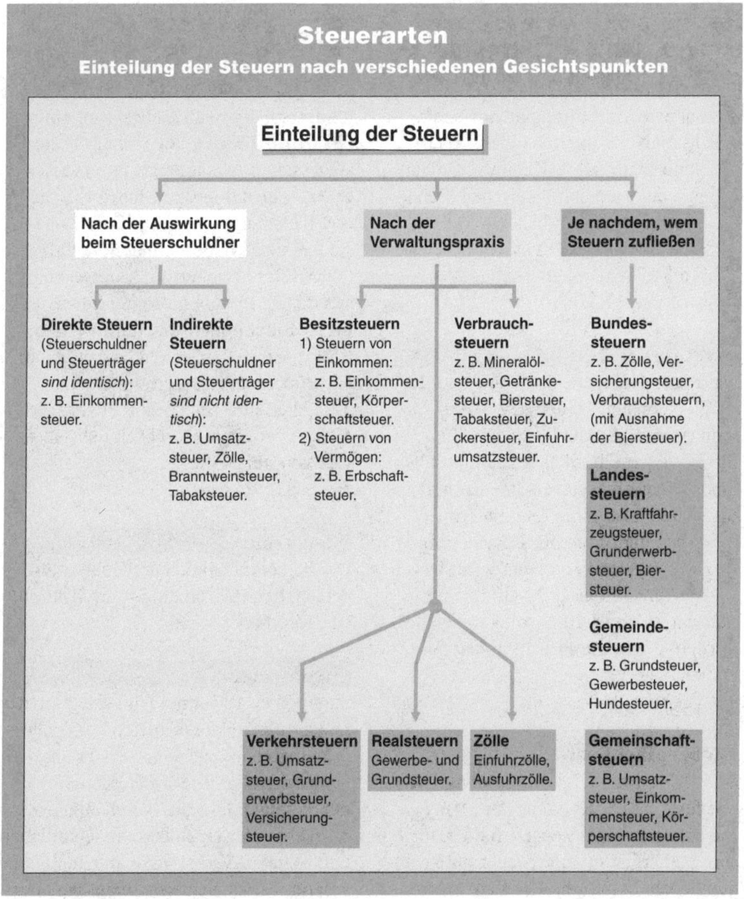
Steuerarten
Einteilung der Steuern nach verschiedenen Gesichtspunkten
Einteilung der Steuern
Nach der Auswirkung beim Steuerschuldner
Nach der Verwaltungspraxis
Je nachdem, wem Steuern zufließen
Direkte Steuern (Steuerschuldner und Steuerträger sind identisch): z. B. Einkommensteuer.
Indirekte Steuern (Steuerschuldner und Steuerträger sind nicht identisch): z. B. Umsatzsteuer, Zölle, Branntweinsteuer, Tabaksteuer.
Besitzsteuern
1) Steuern von Einkommen: z. B. Einkommensteuer, Körperschaftsteuer.
2) Steuern von Vermögen: z. B. Erbschaftsteuer.
Verbrauchsteuern z. B. Mineralölsteuer, Getränkesteuer, Biersteuer, Tabaksteuer, Zuckersteuer, Einfuhrumsatzsteuer.
Bundessteuern z. B. Zölle, Versicherungsteuer, Verbrauchsteuern, (mit Ausnahme der Biersteuer).
Landessteuern z. B. Kraftfahrzeugsteuer, Grunderwerbsteuer, Biersteuer.
Gemeindesteuern z. B. Grundsteuer, Gewerbesteuer, Hundesteuer.
Verkehrsteuern z. B. Umsatzsteuer, Grunderwerbsteuer, Versicherungsteuer.
Realsteuern Gewerbe- und Grundsteuer.
Zölle Einfuhrzölle, Ausfuhrzölle.
Gemeinschaftsteuern z. B. Umsatzsteuer, Einkommensteuer, Körperschaftsteuer.

Abb. 36 Quelle: BMF

wenn die Gewinnsteuersätze harmonisiert und angeglichen werden könnten, müssten zusätzlich auch die unterschiedlichen Gewinnermittlungsvorschriften der Euroländer, die erheblichen Einfluss auf die Höhe der effektiven Steuerbelastung haben, harmonisiert und angeglichen werden.

Steuerhinterziehung

Illegale Form der Steuervermeidung. Sie liegt vor, wenn der Steuerpflichtige über das steuerpflichtige Einkommen bewusst unrichtige bzw. unvollständige Angaben macht oder steuerlich erhebliche Tatsachen verschweigt. Zahlreiche Fälle von S. über sog. Stiftungen in Liechtenstein haben gezeigt, dass v. a. bei Einkünften aus Kapitalvermögen

u. U. mit dem Tatbestand der Steuerflucht zu rechnen ist. Einkommensbestandteile werden z. B. durch geheime Transfers der Besteuerung im Inland entzogen und in Stiftungen eingestellt, deren Inhaber anonym bleiben. Auch anfallende Zinsen aus Kapitalvermögen fehlen damit in den inländischen Steuererklärungen. Die rechtliche Definition und die rechtlichen Folgen von S. finden sich im § 370 Abgabenordnung (AO).

➠ Steueroase

Steueroase

Land oder Gebiet, das wie etwa Andorra, Liechtenstein, Guernsey, Jersey, Monaco oder Luxemburg, durch eine verschwiegene Bankenaufsicht und besonders niedrige Steuersätze Kapital aus Ländern mit höheren Steuern anlockt, das hierdurch der Besteuerung im Ausgangsland entzogen wird. Durch die Beschlüsse des G 20-Gipfels in London im April 2009 soll versucht werden, die S. durch Sanktionen auszutrocken.

➠ Steuervermeidung

Steuerpflichtiger

§ 33, Abs. 1 der Abgabenordnung (AO) legt fest, dass S. im Sinne der Steuergesetze ist, wer eine Steuer schuldet, für eine Steuer haftet, eine Steuer für Rechnung eines Dritten einzubehalten und abzuführen hat, wer eine Steuererklärung abzugeben, Sicherheit zu leisten, Bücher und Aufzeichnungen zu führen oder andere ihm durch die Steuergesetze auferlegte Verpflichtungen zu erfüllen hat.

Steuerprogression

Wenn bei zunehmender Steuerbemessungsgrundlage auch die prozentuale Steuerbelastung steigt, sodass z. B. hohe Einkommen prozentual stärker belastet werden als niedrige. Erreicht wird dies durch einen Steuertarif mit ansteigendem Grenzsteuersatz (Steuerbelastung auf einen zusätzlich verdienten Euro), der bei höherem Einkommen zu einer Erhöhung des Durchschnittssteuersatzes (gesamte Einkommensteuer bezogen auf das gesamte zu versteuernde Einkommen) führt. Der Grenzsteuersatz ist dabei immer höher als der Durchschnittssteuersatz. Ein Beispiel aus der steuerlichen Progressionszone im dt. Einkommensteuertarif (§ 32 a EStG): Ein Alleinstehender mit einem zu versteuernden Einkommen von 52.152 € hat einen Grenzsteuersatz von 42 %, aber einen Durchschnittssteuersatz von nur 27 %.

➠ Kalte Progression

Steuerquote

Die Steuereinnahmen der Gebietskörperschaften im Verhältnis zum Bruttoinlandsprodukt

Steuerreform

Sammelbegriff für die Umgestaltung der Steuergesetze, der dazu gehörenden Verordnungen und weiterer Verwaltungsvorschriften. Ausgelöst werden S. z. B. durch neue politische Anschauungen oder Veränderungen der wirtschaftlichen und sozialen Verhältnisse, die durch ein verändertes Steuerrecht beeinflusst werden sollen.

Steuersatz

Der zu zahlende Steuerbetrag in % der Steuerbemessungsgrundlage.

➠ Spitzensteuersatz

Steuertarif

Ist gesetzlich festgelegt und gibt je nach Höhe der Steuerbemessungsgrundlage den Steuersatz und damit den Umfang der Steuerschuld an. Der S. kann pro-

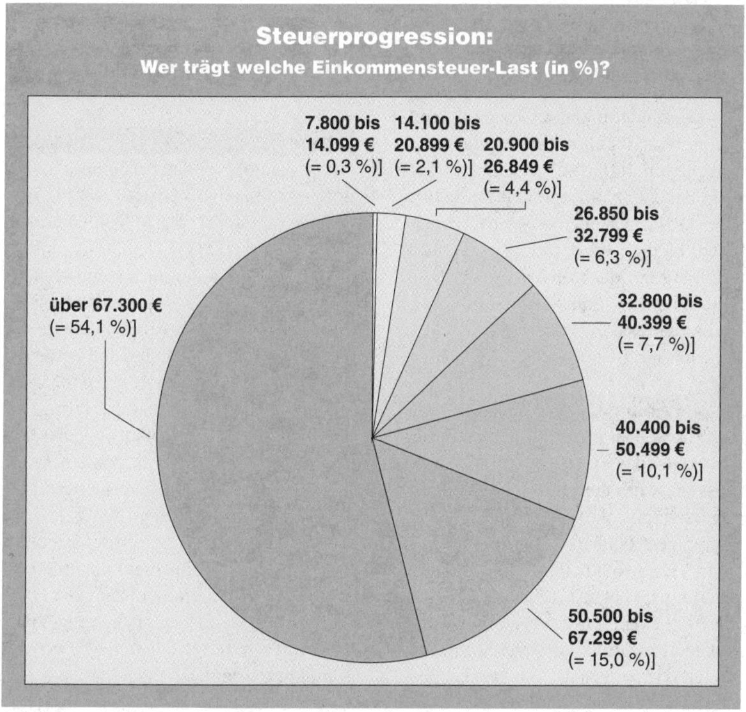
Steuerprogression:
Wer trägt welche Einkommensteuer-Last (in %)?
7.800 bis 14.099 € (= 0,3 %)]
14.100 bis 20.899 € (= 2,1 %)]
20.900 bis 26.849 € (= 4,4 %)]
26.850 bis 32.799 € (= 6,3 %)]
32.800 bis 40.399 € (= 7,7 %)]
40.400 bis 50.499 € (= 10,1 %)]
50.500 bis 67.299 € (= 15,0 %)]
über 67.300 € (= 54,1 %)]

Abb. 37 Quellen: iw, BMF

gressiv, proportional oder auch regressiv verlaufen.

Steuerüberwälzung

Überwälzung der Steuerlast auf Dritte. Bekanntes Beispiel: die Kaffeesteuer. Der Kaffeeimporteur zahlt sie an das Finanzamt und verlangt dann einen entsprechend höheren Bruttopreis für den Kaffee, sodass am Ende die Kaffeetrinker, die den Kaffeegenuss kaum einschränken werden, die Kaffeesteuer mit bezahlen. Man bezeichnet das als Vorüberwälzung der Steuer über höhere Preise auf den Nachfrager. Wenn aber der Kaffeeimporteur eine Erhöhung der Kaffeesteuer durch Druck auf die Kaffeeproduzenten kompensiert, nennt man dies Rücküberwälzung der Steuer.

Steuervergünstigungen

Besondere steuerliche Ausnahmeregelungen, die zur Verringerung der Steuerschuld führen. Mit S. werden wirtschafts-, sozial- oder gesellschaftspolitische Ziele angestrebt. Die Bundesregierung zählt einen Teil der S. zu den Subventionen.

➠ Subventionen

Steuervermeidung

Meist legale Form, der Steuer auszuweichen. Unternehmen können etwa ihren inländischen Standort aufgeben und sich in anderen Staaten niederlassen, die Ausländern besonders niedrige Steuersätze anbieten. Häufig werden Tochterfirmen in einem Niedrigsteuerland gegründet und die Gewinne der Muttergesellschaft dorthin verlagert und versteuert. Örtliche Firmen können den Firmensitz in Regionen mit niedrigerer Gewerbesteuer verlagern. Haushalten bleibt etwa bei Mehrwertsteuererhöhung nur die Konsumeinschränkung oder die Veränderung des Konsumverhaltens.

➡ Steueroase

Steuerzahler

Natürliche oder juristische Person, die Steuern an das Finanzamt zahlt. Sie muss nicht mit dem Steuerschuldner identisch sein. Beispiel Lohnsteuer: Der Arbeitgeber behält sie ein und überweist sie für den Arbeitnehmer an die zuständigen Finanzbehörden. Oder die ab 1.1.2009 eingeführte Abgeltungssteuer von 25 % auf Einkünfte aus Kapitalvermögen oder privaten Veräußerungsgewinnen aus Wertpapieren: Die Sparkasse oder Bank, bei der das Kapital bzw. die Wertpapiere angelegt sind, muss die Steuer direkt an das Finanzamt abführen. Sie ist der S.

➡ Quellenabzugsverfahren

Stille Reserve

Zur S. werden Personen gezählt, die grundsätzlich erwerbsbereit sind, aber in der offiziellen Arbeitslosenstatistik nicht erscheinen. Dazu gehören etwa Arbeitnehmer, die auf eine Arbeitslosenmeldung verzichten, weil sie bei schlechter Arbeitsmarktlage die Arbeitsplatzsuche aufgegeben haben, oder Arbeitnehmer, die vorzeitig in Rente gehen, weil sie am Arbeitsmarkt ohne Chance sind. Auch Arbeitslose, die an arbeitsmarktpolitischen Weiterbildungs- und Trainingsmaßnahmen teilnehmen, zählen zur S. so wie Schüler und Studenten, die ihren Abschluss wegen der Schwierigkeiten am Arbeitsmarkt hinauszögern.

Streik

Arbeitskampf von Arbeitnehmern, der durch Art. 9, Abs. 3 Grundgesetz gewährleistet ist. Das Recht des Arbeitskampfes ist im Detail nicht gesetzlich geregelt, sondern beruht wesentlich auf der Rechtsprechung. Danach ist ein S. eine vorübergehende Arbeitsniederlegung, mit der Forderungen auf Veränderung der Entlohnung oder der Arbeitsbedingungen über einen Tarifvertrag durchgesetzt werden sollen. Voraussetzung ist dabei, dass der S. von einer tariffähigen Gewerkschaft ausgerufen, organisiert und durchgeführt wird, nachdem mind. 75 % der gewerkschaftlich organisierten Arbeitnehmer einem Arbeitskampf zugestimmt haben. Der S. ist rechtmäßig, wenn nur tariflich regelbare Ziele angestrebt werden und alle Verständigungsmöglichkeiten ergebnislos ausgeschöpft wurden. Der S. verstößt gegen die Friedenspflicht, wenn bei noch geltendem oder ungekündigtem Tarifvertrag ein Arbeitskampf gegen Bestimmungen dieser Tarifvereinbarung begonnen wird. Das Gebot der Verhältnismäßigkeit ist beim S. zu beachten, er hat fair zu sein und darf nicht auf die wirtschaftliche Vernichtung des Arbeitgebers zielen. Bleiben Arbeitskampf und Tarifverhandlungen ohne Ergebnis, können sich die Tarifparteien auf einen Versuch zur Schlichtung einigen. Die Teilnahme an einem rechtmäßigen S. ist durch die grundgesetzlich verbürgte Koalitionsfreiheit geschützt. Sanktionen des Arbeitgebers wie Abmahnung oder Kündigung bleiben rechtlich unwirksam. Der Arbeitgeber hat aber das Recht zur Aussperrung. Während des S. ruhen die Rechte und Pflichten des Arbeitsvertrages. Der Arbeitnehmer muss nicht arbeiten, der Arbeitgeber keinen Lohn zahlen. Nur Arbeitnehmer, die Mitglied der Gewerkschaft sind, erhalten Unterstützung aus der gewerkschaftlichen Streikkasse.

➠ Arbeitskampf

Strukturanpassung

Hoch verschuldete Entwicklungsländer erhielten in der Vergangenheit vom Internationalen Währungsfonds oder über die Weltbank nur dann weitere Kredite, wenn sie zu einer von diesen Finanzinstitutionen festgelegten Strukturanpassung ihrer Wirtschaft bereit waren. Zu den Anpassungsmaßnahmen gehörten i. d. R. die Einschränkung öffentlicher Ausgaben, Privatisierung von Staatsbetrieben, Abbau von Handelsschranken und Kapitalverkehrskontrollen, Abwertung der Landeswährung und Konzentration auf Exportgüter. Der Staat sollte den Wirtschaftsprozess liberalisieren und sich selbst weitgehend daraus zurückziehen. Das sollte zu wirtschaftlichem Fortschritt und höherem Lebensstandard in den betroffenen Ländern führen. Doch der Erfolg blieb weit gehend aus. Teilweise war sogar das Gegenteil der Fall. Preise für Grundnahrungsmittel stiegen, es kam zu Unruhen, sodass dieses Anpassungsprogramm 1999 eingestellt und dann in Form einer Armutsbekämpfungsstrategie weitergeführt wurde, die aber gleichfalls immer wieder Kritiker gefunden hat.

➠ International Monetary Fund (IMF)

Strukturbruch

Kennzeichnet eine drastische ökonomische Verhaltensänderung, nach deren Eintreten vorher gültige Zusammenhänge ihre Aussagekraft verlieren.

Strukturelle Arbeitslosigkeit

➠ Arbeitslosigkeit

Strukturelle Inflation

➠ Demand-shift-Inflation

Strukturelles Defizit

Das S. ist der Anteil am Haushaltsdefizit, der auch bei normaler Auslastung der Wirtschaft bzw. des Produktionspotenzials bestehen bleiben würde. Berechnet oder geschätzt wird das strukturelle Defizit, indem der konjunkturabhängige Teil des Haushaltsdefizits herausgerechnet und Einmaleffekte wie z. B. Privatisierungserlöse nicht berücksichtigt werden. Das S. gibt als Indikator wichtige Hinweise für die Ausrichtung der Fiskalpolitik.

Strukturfonds

Finanzierungsinstrumente der EU, die gezielt den wirtschaftlichen und sozialen Zusammenhalt in der Gemeinschaft stärken und den Rückstand der besonders benachteiligten Regionen verringern sollen (Art. 158 EG-Vertrag). Die Mitgliedsländer müssen zur Finanzierung von entsprechenden Projekten stets auch eigene Mittel beisteuern, die EU-Regionalförderung erfolgt zusätzlich und darf die Anstrengungen der Mitgliedsländer nicht ersetzen. In der Förderperiode 2007–2013 gibt es mit dem Europäischen Fonds für regionale Entwicklung (EFRE) sowie dem Europäischen Sozialfonds (ESF) 2 Strukturfonds. Mit den Mitteln aus dem EFRE sollen regionale Ungleichgewichte in der EU abgebaut und u. a. Forschung, Innovation und Umweltschutz gefördert werden. Der ESF unterstützt Maßnahmen und Schwerpunkte, die mehr und bessere Arbeitsplätze schaffen. Die dt. Regionen werden in der aktuellen Förderperiode mit 25 Mrd. € aus den EU-

S. unterstützt. Der Schwerpunkt liegt dabei auf den neuen Bundesländern.
➠ Subsidiaritätsprinzip

Strukturpolitik

Zusammenfassender Begriff für Maßnahmen der Wirtschaftspolitik, mit denen die Wirtschaftsstruktur verändert oder der Strukturwandel beeinflusst werden soll. Die Aufgabe der S. ist insb. die Herstellung gleichwertiger Lebensverhältnisse in allen Regionen Deutschlands, wie sie als Zielvorstellung im Raumordnungsgesetz enthalten ist. Die S. ist eine der Gemeinschaftsaufgaben von Bund und Ländern, doch kommt ihrer Entwicklung im Rahmen der EG eine immer größere Bedeutung zu. Die EU-S. mit dem Ziel der Festigung des wirtschaftlichen und sozialen Zusammenhalts in Europa (Art. 158-162 EG-Vertrag) wird in enger Abstimmung mit den Mitgliedsländern verfolgt und etwa ein Drittel der EU-Haushaltsmittel dafür aufgewandt. Zu den wichtigsten Finanzierungsinstrumenten zählen dabei die Strukturfonds.

Strukturwandel

Häufige Bezeichnung für eingetretene oder angestrebte Strukturänderungen in den Wirtschaftssektoren eines Landes. Von S. wird gesprochen, wenn die einzelnen Wirtschaftszweige einer Volkswirtschaft sich – ablesbar an ihrem Beitrag zum Inlandsprodukt – sehr unterschiedlich entwickeln. Die Ursachen können in Gesetzesänderungen, Verschiebungen der gesamtwirtschaftlichen Nachfragestruktur, Veränderungen auf der Angebotsseite oder in der Strukturpolitik liegen. Neben dem sektoralen wird auch der regionale S. beschrieben. Er ist häufig in Regionen mit Strukturproblemen vorhanden, wie z. B. in traditionellen Industriegebieten mit rückläufiger Industrieentwicklung oder städtischen Problemgebieten. Als S. wird auch die wachsende Bedeutung des Dienstleistungssektors oder die zunehmende Verdrängung menschlicher Arbeitskraft durch den Einsatz von Automaten und Robotern begriffen.

Stückkosten

Die S. einer Produkteinheit werden gefunden, indem die Gesamtkosten durch die produzierte Menge an Produkteinheiten dividiert werden.

Subprime loans

Sog. zweitklassige Kredite, wie etwa die in den USA im großen Umfang vergebenen Immobilienkredite an Hauskäufer mit geringer Bonität.

Subsidiaritätsprinzip

Prinzip einer gesellschaftlichen Ordnungsform, die in der katholischen Soziallehre entwickelt wurde. Danach soll der Staat Angelegenheiten von untergeordneter Bedeutung den kleineren nachgeordneten Organisationseinheiten des Gemeinwesens überlassen. Diese Abkehr vom Zentralismus hat Eingang in den Vertragstext zur EG gefunden und definiert ihre Aufgaben: »In den Bereichen, die nicht in ihre ausschließliche Zuständigkeit fallen, wird die Gemeinschaft nach dem S. nur tätig, sofern und soweit die Ziele der in Betracht gezogenen Maßnahmen auf Ebene der Mitgliedstaaten nicht ausreichend erreicht werden können …« (Art. 5 EG-Vertrag).

Substanzsteuer

Steuer, die von einem vorhandenen Vermögensbestand erhoben wird. Dazu gehören Grund-, Gewerbekapital-, Schenkungs- und Erbschaftssteuer. Die Einnahmen aus S. betrugen nach einer Untersuchung der OECD in Deutschland 0,9 % des Bruttoinlandsproduktes.

Substitution

Als S. wird das Ersetzen eines Gutes durch ein anderes bezeichnet, das funktional austauschbar ist. Innerhalb von Konsumgütern kann z. B. Kaffee durch Tee, Butter durch Margarine oder Heizöl durch Kohle substituiert werden. Eine S. bei Produktionsfaktoren liegt vor, wenn bei der Produktion eines Gutes die menschliche Arbeitskraft durch Maschinen ersetzt wird. Häufig sind es technische Neuerungen oder Preisveränderungen, die S. auslösen.

Subventionen

Unter S. [von lat.: subvenire = zu Hilfe kommen] versteht man staatliche Geldleistungen, die nicht an eine direkte Gegenleistung gebunden sind sondern zur Erreichung wirtschaftspolitischer Ziele eingesetzt werden. Es gibt allerdings keine allgemein anerkannte Begriffsbestimmung der S. Die Bundesregierung verwendet im Subventionsbericht eine an § 12 Stabilitäts- und Wachstumsgesetz (StWG) orientierte Definition. Danach sind S. Geldleistungen des Bundes und Steuervergünstigungen der öffentlichen Hand, die an Betriebe und Wirtschaftsbereiche (z. B. Bergbau und Landwirtschaft) i. d. R. mit Auflagen vergeben werden, um ihre Erhaltung und Anpassung an neue Bedingungen zu ermöglichen oder ihnen zu Fortschritten bei Wachstum und Produktivität zu verhelfen. Bestimmte Hilfen für Privathaushalte wie die Unterstützung des Wohnungsbaus, die Vermögensbildung und die Sparförderung werden ebenfalls zu den S. gezählt. Die Finanzhilfen von Ländern und Gemeinden zählen ebenfalls dazu. Nicht aber z. B. Zuschüsse zur Forschungs- und Entwicklungsförderung. Art. 87 des EG-Vertrages enthält zwar ein grundsätzliches Verbot von sog. Beihilfen innerhalb der EU, das aber durch Ausnahmetatbestände gekennzeichnet ist.

Subventionsbericht

Seit 1967 legt die Bundesregierung alle 2 Jahre nach Maßgabe des § 12 Stabilitäts- und Wachstumsgesetz (StWG) den sog. S. vor. Er enthält eine Übersicht über Finanzhilfen des Bundes und über Steuervergünstigungen, die der Erhaltung von Betrieben und Wirtschaftszweigen sowie ihrer Anpassung an neue Bedingungen dienen und den Produktivitätsfortschritt und das Wachstum fördern. Der S. berücksichtigt auch einige Hilfen, die bestimmte Güter und Leistungen an private Unternehmen und Haushalte verbilligen. Dies gilt v. a. für Subventionen im Wohnungsbau, im Bereich Sparförderung und Vermögensbildung. In diesen Bereichen sind allerdings im Zeitraum 2005–2008 die Hilfen rückläufig. Der quantitativ bedeutendste Subventionsbereich bleibt die gewerbliche Wirtschaft, deren Einnahmen aus Subventionen im Zeitraum von 2005–2008 leicht angestiegen sind. Bei den Wirtschaftszweigen wird v. a. der Steinkohlebergbau unterstützt, aber auch die Bereiche Landwirtschaft, Ernährung und Verbraucherschutz. Im S. hat die Bundesregierung anzugeben, auf welchen Verpflichtungen die Finanzhilfen und Steuervergünstigungen beruhen und wann mit ihrer Beendigung zu rechnen ist. Sie hat zudem Vorschläge über einen früheren Abbau von Subventionen vorzulegen.

Sucharbeitslosigkeit

[Auch: friktionelle Arbeitslosigkeit] Kurzfristige Form der Arbeitslosigkeit, die z. B. entstehen kann, wenn der Arbeitnehmer entweder zu einem räumlich entfernten Wohnort wechselt oder es eine zeitliche Lücke zwischen mehreren Beschäftigungsverhältnissen gibt.

Swaps

S. bezeichnet den allgemeinen Austausch von Zahlungsströmen. Unterschieden wird z. B. zwischen Zinsswaps und Währungsswap. Der Zinsswaps meint den Tausch von Zinszahlungsströmen gleicher Währung mit unterschiedlichen Konditionen (beispielsweise fest/variabel). Der Währungsswaps bezeichnet den Tausch von Zinszahlungsströmen und Kapitalbeträgen in unterschiedlichen Währungen.

Swing

Überziehungskredit, den sich 2 Länder in Handelsverträgen gegenseitig einräumen. Der S. dient zur zeitweiligen Abdeckung eines Defizits im bilateralen Handels- und Zahlungsverkehr. Insbesondere im Handel zwischen Bundesrepublik und DDR hatten sich die Handelspartner auf einen gegenseitigen und zinslosen Swing geeinigt. Er wurde fast ausschließlich von der DDR genutzt und immer wieder aufgestockt, um zu vermeiden, dass es im innerdt. Handel zur Stagnation kommt.

System of National Accounts (SNA)

[Dt.: System volkswirtschaftlicher Gesamtrechnungen] Ein weltweit gültiges einheitliches Schema der volkswirtschaftlichen Gesamtrechnung. Das von den Vereinten Nationen bestätigte System soll weltweit die Vergleichbarkeit wichtiger ökonomischer Daten erleichtern. Das »Europäische System Volkswirtschaftlicher Gesamtrechnungen (ESVG) 1995« basiert auf der Grundlage des »SNA 1993«, ist jedoch stärker auf die Verwendung in der EU ausgerichtet.

Tarifautonomie

Das System der Tarifpolitik in Deutschland wird maßgeblich von den Arbeitgeberverbänden und den Gewerkschaften selbst bestimmt. Ihr Organisationszuschnitt und ihre konkreten Aufgaben weisen spezifische Strukturen auf, die sie von den entsprechenden Verbänden in den übrigen europ. Ländern z. T. unterscheiden. Im dt. System der industriellen Beziehungen hat die T. einen hohen Rang. Das lässt sich aus der im Art. 9, Abs. 3 Grundgesetz verankerten Vereinigungs- und Koalitionsfreiheit ableiten. Dort heißt es: »Das Recht, zur Wahrung und Förderung der Arbeits- und Wirtschaftsbedingungen Vereinigungen zu bilden, ist für jedermann und für alle Berufe gewährleistet.« Das Grundrecht auf Koalitionsfreiheit gilt nicht nur für den Einzelnen, es schützt auch den Zusammenschluss selbst. Der autonomen Regelung der Arbeits- und Wirtschaftsbedingungen durch die Tarifvertragsparteien wird Priorität eingeräumt. Die T. ist Ausdruck der hervorgehobenen Stellung der Tarifparteien im Grundgesetz.

➡ Flächentarifvertrag ➡ Gewerkschaften ➡ Tariffähigkeit ➡ Tariflohn ➡ Tarifkommission ➡ Tarifbindung ➡ Tarifvertrag ➡ Tarifvertragsgesetz

Tarifbindung

Grundsätzlich gelten die Regelungen des Tarifvertrags nur zwischen den Mitgliedern der Tarifparteien. Der Arbeitgeber muss also dem tarifgebundenen Arbeitgeberverband angehören, der Arbeitnehmer der tarifgebundenen Gewerkschaft. Tritt ein Unternehmen aus dem Arbeitgeberverband aus, bleibt es dennoch in vollem Umfang an den Tarifver-

trag gebunden, bis dieser endet. Danach gilt der Vertrag so lange weiter, bis er durch eine andere Abmachung ersetzt wird. Dies formuliert sinngemäß das Tarifvertragsgesetz.
➡ Flächentarifvertrag ➡ Gewerkschaften

Tariffähigkeit

Zum Abschluss von Tarifverträgen berechtigt. Dies sind einzelne Arbeitgeber oder Arbeitgeberverbände. Auf Arbeitnehmerseite sind nur Gewerkschaften tariffähig. Diese müssen als Organisation auf Dauer angelegt und in der Lage sein, auf den Gegenspieler Druck auszuüben. Die T. ist Voraussetzung für das Zustandekommen eines wirksamen Tarifvertrags. Kritiker zweifelten die T. der sog. christlichen Gewerkschaften in den vergangenen Jahren wiederholt an. Als Begründung wurde z. B. angeführt, dass deren Tarifverträge lediglich der Absenkung gesetzlicher Mindeststandards gedient hätten. Oder auch, dass sie wegen nicht nennenswerter Mitgliederzahlen über keinerlei demokratische Legitimation verfügten und letztlich niemanden repräsentierten.
➡ Tarifvertragsgesetz

Tarifkommission

Gewerkschaftliches Gremium, das sich mit der Vorbereitung und Durchführung von Tarifverhandlungen mit Vertretern des Arbeitgeberverbands befasst. Die gewerkschaftliche T. stellt in der Tarifrunde Forderungen auf, und aus ihrer Mitte wird die Verhandlungskommission gebildet. Diese begleitet die Verhandlungen und befindet über das erzielte Tarifergebnis. Die Beschlüsse der T. haben Empfehlungscharakter. Die endgültige Entscheidung, ob ein Angebot der Arbeitgeber angenommen oder abgelehnt wird, trifft der jeweilig für die entsprechende Branche zuständige Gewerkschaftsvorstand. In der T. sind i. d. R. überwiegend oder ausschließlich ehrenamtliche Mitglieder. Meist handelt es sich dabei um Betriebsräte und Vertrauensleute aus den wichtigsten Betrieben im Geltungsbereich des Tarifvertrages.
➡ Tariflohn ➡ Tarifpolitik

Tariflohn

Der im Tarifvertrag zwischen Gewerkschaft und Arbeitgeberverband vereinbarte Lohn in einem bestimmten Tarifgebiet. Er ist das Mindestgehalt, das der tarifgebundene Arbeitgeber an den gleichfalls tarifgebundenen Arbeitnehmer zu zahlen hat. Häufig wird in Arbeitsverträgen auf den geltenden Tarifvertrag Bezug genommen, sodass der nicht organisierte Arbeitnehmer den gleichen Anspruch auf den Tariflohn hat wie ein gewerkschaftlich organisierter Arbeitnehmer. Zwar ist es möglich, dass Arbeitgeber ihre Arbeitnehmer über den T. hinaus bezahlen, doch unterschreiten dürfen sie ihn nicht. Oft ist der T. ein Streitthema, sodass Gewerkschaften die Arbeitnehmer in den Betrieben zum Streik aufrufen, um für eine Verbesserung ihrer Lohnbedingungen zu kämpfen.
➡ Flächentarifvertrag ➡ Tarifkommission
➡ Tarifpolitik

Tarifpartner

T. sind die Arbeitnehmer, vertreten durch die Gewerkschaften, und die Arbeitgeber, vertreten durch die Arbeitgeberverbände. Sie verhandeln und beschließen die generellen Regelungen in Tarifverträgen. Das Tarifvertragsgesetz (TVG) berechtigt die T. Tarifverträge abzuschließen, welche die Gestaltung der Lohn- und Arbeitsbedingungen regeln. Sie tun dies in eigener Zuständigkeit und Verantwortung (Tarifautonomie). Die Tarifautonomie ist durch das Grundgesetz geschützt (Art. 9, Abs. 3). Dem Staat ist es deshalb verwehrt, in die Tarifautonomie einzugreifen.

Tarifpolitik

Die T. liegt in der Zuständigkeit der Arbeitgeberverbände und der Einzelgewerkschaften, die während der Tarifrunden in teils zähen Verhandlungen Verträge miteinander vereinbaren. Bei der Interessenvertretung der Arbeitnehmerinnen und Arbeitnehmer kommt dem Deutschen Gewerkschaftsbund (DGB), eine koordinierende Funktion zu. Die Arbeitgeberverbände nutzen ihrerseits die Zeit vor den Tarifrunden, um die Öffentlichkeit in ihrem Sinne zu beeinflussen. Dem Staat kommt in der T. keine offizielle Funktion zu. Gleichwohl übt jede Regierung, unabhängig von ihrer parteipolitischen Orientierung, direkt oder indirekt Einfluss auf die Tarifvertragsparteien aus, so über Einschätzungen und Stellungnahmen zur wirtschaftlichen Entwicklung, die häufig mit Empfehlungen an die Adresse der Tarifparteien verbunden sind. Insbesondere Gewerkschaften reagieren sensibel auf jeden Versuch staatlicher Einflussnahme auf die tarifliche Einkommenspolitik. Das von der sozialdemokratisch geführten Bundesregierung 1998 geschaffene »Bündnis für Arbeit« von Arbeitgeber- und Wirtschaftsverbänden, Gewerkschaften und Regierung scheiterte nicht zuletzt an Konflikten darüber, ob und in welcher Form dieses Bündnis Vereinbarungen über Lohnpolitik treffen sollte. Als öffentliche Arbeitgeber hingegen spielen Bund, Länder und Gemeinden eine aktive Rolle in der Tarifpolitik.

➡ Flächentarifvertrag ➡ Gewerkschaften ➡ Tariflohn ➡ Tarifkommission ➡ Tariffähigkeit ➡ Tarifbindung ➡ Tarifautonomie ➡ Tarifvertragsgesetz

Tarifvertrag

Zwischen Gewerkschaften und einzelnen Arbeitgebern oder Vereinigungen von Arbeitgebern abgeschlossener Vertrag. Er regelt die Rechte und Pflichten der Tarifvertragsparteien und enthält Rechtsnormen u. a. über den Inhalt, den Abschluss und die Beendigung von Arbeitsverhältnissen. Rechtsgrundlage für den T. ist das Tarifvertragsgesetz (TVG). Die tariflichen Normen gelten zwischen den tarifgebundenen Parteien. Sie wirken auf die Arbeitsverhältnisse ein, ohne dass es einer Umsetzung des T. durch eine Vereinbarung zwischen Arbeitgeber und Arbeitnehmer oder auch nur einer Kenntnis von dessen Bestand bedarf. Der T. genießt nach § 77, Abs. 3 Betriebsverfassungsgesetz Vorrang vor der Betriebsvereinbarung. Dies bedeutet, dass Arbeitsentgelte und sonstige Arbeitsbedingungen, die durch T. üblicherweise geregelt werden, nicht Gegenstand einer Betriebsvereinbarung sein können. Für die tarifgebundenen Arbeitgeber und Arbeitnehmer besitzt der T. selbst im Fall des Wegfalls Nachwirkung – solange bis ein neuer T. den beendeten ablöst. Abschluss, Aufhebung und Änderung eines T. werden in einem Tarifregister eingetragen.

➡ Arbeitgeberverbände ➡ Tarifbindung ➡ Tarifautonomie

Tarifvertragsgesetz (TVG)

Im T. sind in 13 Paragrafen die formalen Grundlagen des dt. Tarifsystems geregelt. U. a. sind dort folgende Aspekte berücksichtigt: Inhalt und Form des Tarifvertrages, unter welchen Bedingungen die Tarifvertragsparteien (Gewerkschaft und Arbeitgeberverband) berechtigt sind, diese Verträge abzuschließen, welche Rechtsnormen für sie gelten, wann der Vertrag als allgemein verbindlich gilt, in welcher Form er in den

Betrieben bekannt gegeben werden muss.

➡ Flächentarifvertrag ➡ Tariflohn ➡ Tarifkommission ➡ Tariffähigkeit ➡ Tarifbindung ➡ Tarifautonomie ➡ Tarifpolitik

TARP

Troubled Asset Relief Program, mit dem die US-Regierung im September 2008 den Zusammenbruch des US-Finanzsystems zu retten versuchte. Im Rahmen des T., dessen Volumen anfänglich mit 700 Mrd. US-$ beziffert wurde (= 5 % des US-amerik. BIP), stattete die amerik. Regierung in Not geratene Banken mit mehr Eigenkapital oder liquiden Mitteln aus. Ziel war es, auf diese Weise den Bankensektor in der Finanzmarktkrise zu stabilisieren. Ein Teil der Mittel wurde entgegen den ursprünglichen Zielen von T. auch als Kredit an die US-Autoindustrie vergeben. Im Allgemeinen wird T. als gescheitert angesehen.

Technischer Fortschritt

Veränderungen und Neuerungen in der Technik. Diese können sich z. B. in der Anwendung verbesserter oder neuartiger Methoden, Arbeitsabläufe, Fertigungsverfahren und Produkten niederschlagen. T. bewirkt eine Steigerung der Produktivität. Seit der industriellen Revolution hat er deshalb zu einem Zuwachs des Inlandsprodukts der Industriestaaten geführt. Arbeitserleichterungen, Arbeitszeitverkürzungen, höheres Lebensalter, Wachstum des materiellen Wohlstandes waren die positiven Begleiterscheinungen. Die Beschleunigung des T. wird von Forschung und Entwicklung sowie von wirtschaftspolitischen Maßnahmen flankiert. Seit der zweiten Hälfte des 20. Jh. rückten jedoch auch die negativen Folgen stärker ins Bewusstsein: Umweltzerstörung, nukleare Risiken und Arbeitsplatzvernichtung durch zunehmende Rationalisierung. Kritiker des T. monierten, dass den Industriegesellschaften auf diese Weise langsam »die Arbeit ausgeht«.

➡ FuE ➡ Technologie ➡ Wirtschaftswachstum

Technologie

Der Begriff wurde erstmals 1769 von Johann Beckmann (* 4.6.1739 † 3.2.1811) als »Wissenschaft, welche die Verarbeitung der Naturalien lehrt« eingeführt und wird gemeinhin als Verfahrenskunde bezeichnet. Er beinhaltet die Methodenlehre eines ingenieurwissenschaftlichen Gebiets oder eines Fertigungsablaufs. T. umfasst zudem notwendige Vorgänge zur Gewinnung und Bearbeitung von Stoffen, einschließlich der dazu gehörigen Arbeitsmittel, Werkzeuge und Arbeitsorganisation. Heute wird der Begriff auch verwendet, wenn es um technische Kenntnisse, Fähigkeiten und Möglichkeiten geht, z. B. Raumfahrttechnologie oder Gentechnologie.

➡ Technischer Fortschritt ➡ Technologietransfer

Technologietransfer

Weitergabe von technischem Wissen für die Anwendung im Produktionsprozess. Diesem Transfer von Forschungs- und Entwicklungsergebnissen liegt i. d. R. eine vertragliche Vereinbarung zu Grunde. T. kann privatwirtschaftlich zwischen Hochschulen, Erfindern, Forschungseinrichtungen und Firmen erfolgen sowie innerhalb multinationaler Konzerne oder zwischen unterschiedlichen Unternehmen. Er kann ebenso staatlich organisiert entweder zwischen verschiedenen Industrieländern oder Industrie- und Entwicklungsländern. Dabei geht es einerseits um die Übermittlung freier Technologien (z. B. Patente

oder Lizenzen), andererseits werden gütergebundene Technologien zur Verfügung gestellt, darunter fallen Spezialmaschinen oder vollständige Fabrikanlagen. In der Entwicklungspolitik stellt T. ein wichtiges Instrument dar und kann sich auf das wirtschaftliche Wachstum förderlich auswirken.
→ Technischer Fortschritt

Technologische Lücke

Die Theorie der T. erweitert das Konzept der komparativen Kostenvorteile auf die Technologie. Außenhandel wird demnach selbst dann befürwortet, wenn ein Land in der Produktion von Gütern anderen unterlegen ist. Nach dieser Theorie exportiert ein Land, dessen Produkt gegenüber den anderen einen technologischen Vorsprung besitzt, dieses Produkt so lange, bis andere Länder in der Lage sind, dasselbe Produkt herzustellen. In der folgenden Zeit werden die sog. komparativen Kostenvorteile entscheidend. Stellt dann ein Staat ein Produkt her, das im Vergleich zu anderen im Land gefertigten Waren relativ ausgereift ist, so geht der Export in die anderen Länder künftig von ihm aus.
→ Theorie der komparativen Kosten

Teilverstaatlichung

Die T. wurde im Rahmen des Rettungspakets für Banken ermöglicht, in dem, der Staat den Banken Eigenkapital gegen Eigentumsrechte zur Verfügung stellt. Dadurch wird der Staat Miteigentümer einer Bank, ohne sie komplett zu verstaatlichen. Angewendet wurde eine T. erstmalig im Fall der Commerzbank.

Tenderverfahren

Die Europäische Zentralbank (EZB) setzt ein Ausschreibungs- und Zuteilungsverfahren beim Verkauf von Wertpapieren ein, so werden Kreditinstitute mit Liquidität (flüssigen Mitteln) versorgt. Das T. ähnelt einer Auktion. Die Zentralbank setzt den Mindestzinssatz und eine Angebotsfrist fest. Die Kreditinstitute unterbreiten ihrerseits Angebote mit den Konditionen, zu denen sie eine bestimmte Menge von Wertpapieren an die EZB abgeben wollen. Läuft die Frist des Verfahrens ab, teilt die EZB die Summe, die sie in den Markt pumpen will, entsprechend den Angeboten zu. Beim sog. Mengentender legt die EZB den Zins selbst fest und setzt auf diese Weise ein geldpolitisches Signal. Beim Zinstender legt die EZB die Menge fest und die Kreditinstitute geben den Zinssatz an, zu dem sie Wertpapiere abgeben wollen.

Terms of Trade

Verhältnis von Exportpreis- zu Importpreisniveau. Anhand der T. können Wohlstandseffekte des Außenhandels erfasst werden. Steigen die Exportpreise stärker als die Importpreise, wird eine Volkswirtschaft durch den Außenhandel im internationalen Vergleich reicher, da sie sich mit jeder exportierten Gütereinheit mehr ausländische Güter leisten kann. Umgekehrt wird eine Volkswirtschaft relativ ärmer, wenn die T. fallen.
→ Reales Austauschverhältnis

Tertiärer Sektor

Der »dritte« (tertiäre) Sektor ist der Dienstleistungssektor. Daneben gibt es noch den primären Sektor (Landwirtschaft) und sekundären Sektor (Industrie).

Teuerungsrate

→ Inflationsrate → Inflation

Thatcherismus

Bezeichnet die Wirtschaftspolitik der ehemaligen brit. Premierministerin

Margaret Thatcher (* 13.10.1925) von 1979–1990. Deren Politik zielte auf die Privatisierung des öffentlichen Sektors, z. B. von Staatsbetrieben (Bahn, Luftfahrt, Telekommunikation), aber auch lokalen Versorgungsbetrieben wie Stadt-, Wasser- und Elektrizitätswerke. Sie minimierte staatliche Eingriffe in das Marktgeschehen, schränkte staatliche Sozialleistungen ein, betrieb Sozial- und Subventionsabbau, erhöhte die Mehrwertsteuern und versuchte den Einfluss der Gewerkschaften zu brechen. Sie betrieb eine am Monetarismus orientierte Wirtschaftspolitik, um so die Staatsdefizite zu reduzieren, und senkte den Spitzensteuersatz. Kritiker des T. bezeichneten diese Politik als neoliberale Ideologie, die den freien Markt einer sozialen Marktwirtschaft vorzieht.

➡ Monetarismus ➡ Neoliberalismus ➡ Reaganomics

Theorie der komparativen Kosten

Vom brit. Wirtschaftswissenschaftler David Ricardo (* 18.4.1772 † 11.9.1823) entwickelte Theorie, die besagt, dass jedes Land sich auf Produktion und Export der Güter spezialisieren sollte, die es mit dem kleinsten Kostennachteil produzieren kann. Außenhandel lohnt sich nach Ricardo also selbst dann, wenn ein Land bei der Produktion aller Güter dem Ausland unterlegen ist. Es muss sich nur auf die Produktion jener Güter konzentrieren, bei denen es noch relative Kostenvorteile besitzt, und diese ausführen. Umgekehrt muss es Güter importieren, bei denen vergleichsweise Kostennachteile vorliegen. Durch den internationalen Handel werden beide Länder reicher, wenn jedes Land sich auf Güter und Dienstleistungen spezialisiert, die es zu geringeren Kosten herstellen kann. Im Gegensatz dazu war der Ökonom Adam Smith der Ansicht, dass es einzig für Länder mit einem absoluten Kostenvorteil sinnvoll ist, ihre Güter zu exportieren.

➡ Außenhandel ➡ Technologische Lücke

Thesaurierung

Einbehaltung von Gewinnen z. B. bei einem Unternehmen oder auch bei einem Anlagefonds. T. ist das Gegenteil von Ausschüttung.

Tobin-Steuer

Diese vom amerik. Ökonomen und Nobelpreisträger James Tobin (* 5.3.1918 † 11.3.2002) 1972 vorgeschlagene Spekulationssteuer auf internationale Devisengeschäfte wurde nie eingeführt. Tobin hatte angeregt, eine sehr niedrige Steuer auf sämtliche Devisentransaktionen zu erheben, um so die kurzfristigen Spekulationen auf Währungsschwankungen einzudämmen. Heute fordern auch Globalisierungskritiker von Attac und viele Nichtregierungsorganisationen die Einführung einer T. i. H. v. 0,1–0,25 %. Mit den Einnahmen dieses finanzpolitischen Instruments soll die Bekämpfung der Armut und der Umweltschäden in der Dritten Welt gefördert werden.

➡ Devisen ➡ Devisenspekulation

Trade-off

Ökonomischer Zielkonflikt. Dieser beinhaltet das Abwägen von 2 Aspekten, wenn eine Problemlösung zugleich eine Verschlechterung nach sich zieht. Die Europäische Zentralbank hat etwa mit einem T. zu tun, wenn sie ihren Einfluss Konjunktur fördernd mit niedrigen Zinsen geltend machen will, aber zugleich damit zu kämpfen hat, dass diese Maßnahme die Preise erhöht.

Transaktionskasse

Zum Abwickeln ihrer täglichen Transaktionen, dem Sammeln von Informationen, Vorbereiten und Gestalten einzelner Unternehmungen, benötigen sowohl private Haushalte, Unternehmen als auch der Staat Geld. Wichtig ist, zu einem gewissen Grad liquide zu sein, um erwarteten und unerwarteten Zahlungsverpflichtungen nachkommen zu können. Je mehr die wirtschaftliche Leistung zunimmt, desto mehr steigen die Kosten der Transaktionen und die Nachfrage an eine T. Diese ist wesentlich durch die Höhe des Einkommens bestimmt.

➠ Liquiditätspräferenztheorie

Transaktionskosten

Bei Unternehmensentscheidungen ist zu berücksichtigen, ob zur Produktion notwendige Güter, Dienst- und Arbeitsleistung am Markt beschafft oder im eigenen Unternehmen bereitgestellt werden können. Zu den Produktionskosten müssen deshalb T. addiert werden. Zu Letzteren zählen Vertragsanbahnungskosten sowie Such- und Informationskosten, Vertragsgestaltungskosten, Verhandlungs- und Entscheidungskosten, Kosten der Vertragsüberwachung und Vertragsanpassung, Kosten der Durchsetzung von Leistungsverpflichtungen, Kosten bei Insolvenz des Vertragspartners. Für die öffentliche Verwaltung ist zu beachten, dass dies zum großen Teil »interne«, nicht haushaltswirksame Kosten sind. Sie müssen aber dennoch berücksichtigt werden, weil sie Personalkapazität binden. 1937 hat der brit. Ökonom Ronald Coase die T. erstmals beschrieben und in die Theorie eingeführt.

Transferausgaben

Leistungen von Bund, Ländern und Gemeinden an private Haushalte und Unternehmen. Diese Ausgaben tätigt der Staat, ohne eine Gegenleistung zu empfangen. So sollen aus dem Marktprozess entstandene Ungerechtigkeiten korrigiert werden. Staatliche Transferausgaben sind z. B. Arbeitslosengeld, gesetzliche Renten, soziale Grundsicherung, Entwicklungshilfe, Lastenausgleich.

➠ Arbeitslosengeld II ➠ Hartz IV ➠ Sozialbudget ➠ Transferleistungen ➠ Transfereinkommen

Transfereinkommen

Einkommen, die einem Wirtschaftssubjekt ohne ökonomische Gegenleistung zufließen, z. B. Grundsicherung, Wohngeld, Sozialhilfe oder Kindergeld. Transferleistungen beziehen nicht nur private Haushalte, auch der Staat erhält T. in Form von Steuern, Abgaben und Beiträgen. Unternehmen beziehen T., wenn sie subventioniert werden. Gezahlt werden diese T. zum großen Teil aus Primäreinkommen. Ziel der T. ist eine staatliche Umverteilungspolitik. Dabei geht es darum, Ungerechtigkeiten aus der primären Einkommensverteilung auszugleichen, die aus der direkten Teilnahme am Wirtschaftsgeschehen entstehen.

➠ Arbeitslosengeld II ➠ Hartz IV ➠ Sozialbudget ➠ Transferausgaben

Transferleistungen

Vom Staat gezahlte Sozialleistungen, ohne dass vorab Beiträge geleistet oder andere Gegenleistungen erbracht worden wären, wie dies etwa bei der Arbeitslosenversicherung, Krankengeld und Rente der Fall ist. Neben den typischen Sozialleistungen wie der Grundsicherung von 351 € plus Miete oder dem Kindergeld gibt es z. B. auch staatliche T., um Niedriglöhne aufzustocken, wenn diese nicht ausreichen, um den Lebensunterhalt des Arbeitnehmers zu bestreiten. Kritiker monieren, es könne nicht im Sinn der Allgemeinheit sein, wenn Arbeitsentgelte so weit nach unten gedrückt werden, dass der Staat ergänzende T. zahlen muss. Der Gesetzgeber selbst habe diesen Missstand mit den Hartz-IV-Gesetzen hervorgerufen. Durch die verschärften Regelungen der Zumutbarkeit, die mit Sanktionen seitens der Arbeitsagenturen gegenüber Arbeitssuchenden durchgesetzt werden, müssten immer mehr Menschen Löhne unterhalb des gesetzlichen Existenzminimums (Arbeitslosengeld II) akzeptieren.

➡ Transfereinkommen ➡ Transferausgaben

Trendbereinigung

Statistisches Verfahren, um die Entwicklung einer ökonomischen Größe über eine bestimmte Zeit in einen sich nur langsam verändernden Trend und in stärker schwankende (z. B. konjunkturabhängige) Komponenten aufzuspalten. Zieht man von der beobachteten Größe die Trendkomponente ab, gilt sie als trendbereinigt.

Treuhandanstalt

Öffentliche Einrichtung mit Sitz in Berlin, die das Volkseigentum der DDR treuhänderisch im Interesse der Allgemeinheit verwalten sollte. So hatte es der Ministerrat der DDR am 1.3.1990 beschlossen. Damals wurde auch die Gründung einer Dachgesellschaft, einer Staatsholding, diskutiert, an der das Volk Anteile behalten sollte. Nach der Wiedervereinigung am 3.10.1990 wurde die T. in eine öffentlich-rechtliche Anstalt umgewandelt, die dem Bundesfinanzministerium unterstand. Die vorübergehend größte Holding der Welt war bis zu ihrer Auflösung 1994 damit beschäftigt, rund 6.000 Kombinate und volkseigene Betriebe zu verkaufen, etwa 2.000 Betriebe an ihre ehemaligen Eigentümer zurückzugeben. Knapp 14.000 Betriebe mit fast 4 Mio. Beschäftigten wurden privatisiert. Rund 4.000 wurden liquidiert, wobei es immer wieder öffentliche Proteste gab. Einige der geplanten Stilllegungen mussten aufgrund des politischen Drucks aufgegeben werden. Die auf rund 153 Mrd. € geschätzten Schulden und Defizite, die aus dieser großen Privatisierungsaktion resultierten, trägt der Bund.

➡ Wiedervereinigungskosten ➡ Privatisierung

Überbrückungsgeld

Staatliche Subvention für arbeitslos Gemeldete oder in Arbeitsbeschaffungsmaßnehmen Beschäftigte, die in die Selbstständigkeit überwechseln und eine eigene Existenz aufbauen wollen. Ü. wurde bis 1.8.2006 von der Bundesagentur für Arbeit für einen Zeitraum von jeweils 6 Monaten gezahlt. Seit dem 1. August gehört diese Subvention genauso wie auch der Existenzgründungszuschuss (Ich-AG) der Vergangenheit an. Das Ü. wurde durch den sog. Gründungszuschuss abgelöst.

➡ Arbeitslosigkeit ➡ Arbeitsmarktpolitik
➡ Bundesagentur für Arbeit

Überschuldung

Wenn das Vermögen eines Unternehmens die Schulden nicht mehr deckt und das Eigenkapital infolge von Verlusten oder zu hoher Kapitalentnahme durch die Eigentümer aufgezehrt ist. Dann wird ein Insolvenzverfahren eröffnet. In der Schuldnerberatung spricht man bei der Ü. von Privathaushalten von einer Situation, in der es den betroffenen Personen nicht mehr möglich ist, ihre Schulden innerhalb eines überschaubaren Zeitraums unter Einsatz des vorhandenen Vermögens und freien Einkommens zu bezahlen, ohne die eigene

Grundversorgung aufzugeben. Studien zufolge sind in Deutschland 3,4 Mio. Haushalte von Überschuldung betroffen.

Übertragbarkeit

Ausnahme vom Haushaltsgrundsatz der Jährlichkeit und der zeitlichen Bindung. Weil mit dem Abschluss des Haushaltsjahres nicht verbrauchte Mittel verfallen, können bestimmte Mittel ins nächste Haushaltsjahr übertragen oder durch einen Vermerk im Haushaltsplan für übertragbar erklärt werden.

➡ Haushaltsgrundsätze

Umlageverfahren

Verfahren, in dem ein interessierter Personenkreis zu einem bestimmten Zweck Mittel aufbringt, um sie bei Bedarf wieder an die jeweiligen Beteiligten auszuzahlen. Bei Genossenschaften dient das U. dazu, die Geschäftsanteile, die die Nachschussbeträge übersteigend, auf die Mitglieder zu verteilen. Das U. wird in Deutschland bei der gesetzlichen Sozialversicherung angewendet, der Kranken- und Arbeitslosenversicherung und der Altersvorsorge. Die Beiträge der Versicherungspflichtigen sind dabei so zu bemessen, dass sie innerhalb des betreffenden Zeitraums anfallende Ausgaben decken. Kritiker monieren allerdings, dass bei der Rentenversicherung versicherungsfremde Leistungen mitfinanziert worden seien, z. B. die Kosten der Wiedervereinigung oder die Kriegsversehrtenrente.

Umlaufgeschwindigkeit des Geldes

Häufigkeit, mit der die Geldmenge innerhalb eines Jahres für das Transaktionsvolumen in Höhe des Bruttoinlandsprodukts (BIP) umgeschlagen wird. Erhöht sich die U., steht mehr Geld zur Verfügung und es wächst auch die Nachfrage der Konsumenten auf dem Markt. Dies steigert das Preisniveau und wirkt inflationär. Die Geschwindigkeit, mit der das Geld ausgeben wird, hängt von verschiedenen Einflüssen ab, z. B. von den Erwartungen an die künftige Preisentwicklung. Auch Zahlungsgewohnheiten wirken sich auf die U. aus, z. B. ob bar oder bargeldlos gezahlt wird. Werden Kredite aufgenommen, erhöht dies die Umschlaghäufigkeit des Geldes.

➡ Geldangebot ➡ Inflation ➡ Quantitätsgleichung

Umlaufrendite

Durchschnittliche Rendite aller im Umlauf befindlichen inländischen festverzinslichen Wertpapiere, v. a. Staatsanleihen. Die U. für Deutschland wird von der Deutschen Bundesbank ermittelt und spiegelt das Zinsniveau des Kapitalmarktes wider.

Umsatzsteuer

➡ Mehrwertsteuer

Umverteilung

Finanzpolitische Maßnahmen, um das Marktgeschehen zu korrigieren, wenn es im Widerspruch zu sozialpolitischen Zielen steht. Z. B. kann der Staat durch unterschiedlich hohe Steuerabzüge (Steuerprogression) Einkommens- oder Vermögensverhältnisse beeinflussen. Er kann die Bezieher höherer Einkommen stärker belasten als Niedriglöhner, größere Erbschaften stärker besteuern als geringe oder eine Vermögenssteuer erheben. Als Maßnahme der U. gilt auch die Zahlung von Sozialhilfe und Wohngeld, da diese staatlichen Transferleistungen ohne Gegenleistung bedürftigen Haushalten zufließen. Mit U. kann die Ungleichheit der Einkommens- und Vermögensverteilung reduziert werden. Im Zusammenhang mit der Diskussion um

Verteilungsgerechtigkeit entstand allerdings auch der Begriff der »Umverteilung von unten nach oben«. Damit wird eine Wirtschaftspolitik kritisiert, die das Ausmaß der U. verringert.
➡ Soziale Gerechtigkeit

Umweltabgaben

U. sollen Verursacher umweltschädigender Aktivitäten zur deren Reduzierung oder Vermeidung anregen. Als Umweltsteuern gelten in der EU Energiesteuern, Verkehrssteuern, Steuern auf Umweltverschmutzung und auf Ressourcen. In Deutschland zählt das Statistische Bundesamt zu den umweltbezogenen Steuern die Mineralölsteuer inklusive Ökosteuer, die Kraftfahrzeugsteuer und die Stromsteuer. Kritiker monieren jedoch, dass die ökonomischen Verlierer die Verbraucher sind. Die Industrie dagegen profitiere nicht nur bei der Energieerzeugung, sondern auch beim Verbrauch häufig von Ausnahmen.
➡ Umweltgebühren ➡ Umweltpolitik

Umweltauflagen

Über Gebote und Verbote steuert der Staat umweltbelastende Aktivitäten der Konsumenten und Produzenten. Neben Umweltabgaben sind die U. die am häufigsten angewandten umweltpolitischen Instrumente. Auflagen werden hinsichtlich der Produktion und der Produktionsverfahren erlassen, ebenso Ansiedlungsverbote, Produktionseinschränkungen oder -verbote. Bei Emissionsauflagen geht es darum, den Schadstoffausstoß zu reduzieren und im Rahmen der Grenzwerte zu bleiben. Es gibt Kennzeichnungspflichten, Verwendungsauflagen, Fahrverbote und -beschränkungen. Weiterhin gibt es marktwirtschaftliche Instrumente wie finanzielle Anreize, Umweltzertifikate oder Kompensationsregelungen. Unternehmen sollen durch Preissignale und höhere Kosten zu umweltgerechtem Verhalten gebracht werden. International zeigt sich aber, wie schwierig es ist, U. über Ländergrenzen hinweg miteinander abzustimmen. Die bisherigen internationalen Klimakonferenzen haben gezeigt, wie schwer konkrete umweltpolitische Ziele zu erreichen sind, obgleich globale Umweltprobleme wie die weltweite Klimaerwärmung dies dringend erfordern.
➡ Umweltgebühren ➡ Umweltlizenzen
➡ Umweltpolitik

Umweltgebühren

Von U. ist dann die Rede, wenn Umweltabgaben als Preis dafür interpretiert werden, dass man Umweltressourcen in Anspruch nehmen darf.
➡ Umweltauflagen ➡ Umweltlizenzen
➡ Umweltpolitik ➡ Umweltzertifikate

Umweltlizenzen

In der Umweltökonomie eines Staates werden U. als Alternative zu ordnungsrechtlichen Verfahren angesehen. Im Kyoto-Protokoll, benannt nach dem Weltklimagipfel von 1997 in der gleichnamigen japanischen Stadt, werden handelbare Umweltnutzungsrechte explizit als marktwirtschaftliche Instrumente empfohlen. Ökonomische Steuerungsanreize werden als effizienter Beitrag zum Umweltschutz betrachtet. Der Marktmechanismus tritt dann in Kraft, wenn die zulässige Gesamtemission in einzelne Lizenzen zerstückelt und diese an die emittierenden Unternehmen verteilt werden.
➡ Umweltgebühren ➡ Umweltpolitik
➡ Umweltzertifikate

Umweltpolitik

Erste Initiativen einer europ. U. gehen zurück auf den Pariser Gipfel 1972, bei dem sich europ. Staaten über eine Verbesserung des Umweltschutzes und der Lebensqualität einigten. Rechtlich verbindlich wurde dies 1987 in der Einheitlichen Europäischen Akte. Seit 1999 müssen bei der EU-Politik die Auswirkungen auf die Umwelt im Vorfeld berücksichtigt werden. »Die Erfordernisse des Umweltschutzes müssen bei der Festlegung und Durchführung aller Gemeinschaftspolitiken insbesondere zur Förderung einer nachhaltigen Entwicklung einbezogen werden«, heißt es im Vertrag (Art. 6). In der Landwirtschaftspolitik, der Energiepolitik, der Verkehrspolitik, in der Regionalförderung und auch in allen anderen Politikbereichen müssen seither Umweltaspekte berücksichtigt werden. Mehr als 300 europ. Rechtsakte wurden im Umweltschutz erlassen. Von den EU-Mitgliedsstaaten müssen diese in nationales Recht umgesetzt, durchgeführt und kontrolliert werden. Sie werden regelmäßig an den neuesten Stand der Technik angepasst und ergänzt. Zu den Schwerpunkten gehören Richtlinien zur Reinhaltung der Luft, zur Reinhaltung des Wassers sowie Regelungen in den Bereichen Abfallpolitik und Natur- und Artenschutz. Zentrales Thema ist der Klimaschutz. Dazu wurde 1997 beim Weltklimagipfel in Kyoto ein Protokoll zum Schutz des Klimas verabschiedet, das nach der Ratifikation durch Russland in Kraft getreten ist. In diesem hat sich die EU verpflichtet, die in der EU emittierten Treibhausgase bis zum Jahr 2012 um 8 % jährlich zu reduzieren. Dies ist auch dringend geboten. Der Weltklimarat (IPCC) hat Mitte November 2007 in Valencia im vierten Weltklimabericht konstatiert: Der Mensch ist »sehr wahrscheinlich« schuld an der globalen schnell voranschreitenden Erwärmung. Bis Ende des Jahrhunderts werden die Temperaturen um bis zu 6,4 Grad, der Meeresspiegel um bis zu 1,40 Meter steigen. Die Zerstörungskraft von Naturkatastrophen wird deshalb größer. Nicht nur den Vereinigten Staaten drohen in Zukunft neue Wirbelstürme; durch die Erwärmung der Meere könnte es ebenso im Mittelmeerraum zu Hurrikans kommen. Für Klimawandel, Umweltschäden und die Ausbeutung der natürlichen Ressourcen sind v. a. die Industrienationen verantwortlich – am meisten leiden aber die armen Länder des Südens darunter.

➠ Umweltabgabe ➠ Umweltauflagen
➠ Umweltgebühren ➠ Umweltlizenzen
➠ Umweltzertifikate

Umweltzertifikate

Der Staat definiert ein Sollziel der Umweltbelastung und gewährt in diesem Rahmen kontingentiert Emissionsgenehmigungen (auch Verschmutzungsrechte genannt) an Unternehmen. Diese Verschmutzungsrechte sind zwischen den Unternehmen handelbar. Wenn ein Unternehmen die Emissionsgenehmigungen nicht mehr in vollem Umfang benötigt, kann es diese an andere Unternehmen verkaufen. Auf diese Weise entsteht ein Markt für U. mit Angebot und Nachfrage. Emissionszertifikate berechtigen ihren Besitzer, pro Zeiteinheit eine bestimmte Schadstoffmenge (z. B. CO2) in die Umwelt zu abgeben, wobei die insgesamt zulässigen Emissionen durch die Menge der in Umlauf befindlichen Zertifikate begrenzt werden.

➠ Umweltauflagen ➠ Umweltlizenzen
➠ Umweltpolitik

Unterbeschäftigung

Situation, in der das volkswirtschaftliche Produktionspotenzial nicht ausreichend genutzt wird. Für den Arbeitsmarkt bedeutet das, dass der Beschäftigungsgrad insgesamt niedriger als möglich ist. Die Zahl der arbeitswilligen Erwerbspersonen übersteigt die am Markt angebotenen offenen Stellen. Ebenso ist Kurzarbeit im Betrieb ein Zeichen für U., denn die im Unternehmen Beschäftigten können nicht tatsächlich solange arbeiten, wie es in ihrem Arbeitsvertrag vereinbart ist. U. ist typisch für Konjunkturabschwung und Depression. U. kann auch bedeuten, dass die Zahl voll sozialversicherungspflichtiger Beschäftigter insgesamt zurückgeht. Sog. Normalarbeitsverhältnisse werden dann durch eine Erwerbsarbeit im Bereich marginaler Tätigkeiten abgelöst, die durch geringe Arbeitszeiten und Einkommen geprägt sind. 2006 stieg die Zahl der Unterbeschäftigten in Deutschland auf 13,9 % an. U. bedeutet für viele Deutsche brüchige Erwerbsbiografien und kann auch Verarmung im Rentenalter zur Folge haben: Zwischen Phasen der (Unter-)Beschäftigung liegen immer wieder Zeiten der Erwerbslosigkeit, der Beschäftigungssuche und Inaktivität. Im Jahresdurchschnitt 2005 arbeiteten nach einer Studie der International Labour Organisation (ILO) knapp 60 % der Unterbeschäftigten weniger als 35 Stunden pro Woche, und insgesamt 40 % erhielten weniger als 400 € Lohn im Monat. Als zeitbezogen unterbeschäftigt gilt nach Definition der ILO eine Person, die zwar erwerbstätig ist, aber den Wunsch äußert, gegen entsprechend höheres Entgelt mehr arbeiten zu wollen.

➡ Arbeit ➡ Arbeitslosigkeit ➡ Arbeitsmarktpolitik ➡ Unterbeschäftigungsgleichgewicht

Unterbeschäftigungsgleichgewicht

U. beschreibt der brit. Volkswirtschaftler John Maynard Keynes als eine wirtschaftliche Situation, in der auf dem Güter- und Geldmarkt ein Gleichgewicht von Angebot und Nachfrage herrscht. Auf dem Arbeitsmarkt dagegen ist die Nachfrage nach Arbeitsstellen größer als das Angebot, es herrscht Arbeitslosigkeit. Insofern pendelt sich die Volkswirtschaft auf eine niedrigere Produktionsweise ein. Durch die Entlassungen von Arbeitnehmern sinkt die Nachfrage weiter. Jetzt sei der Staat gefragt, die Wirtschaft aus der Krise, dem U., herauszuführen, indem er seine Ausgaben für öffentliche Aufträge wie den Bau von Straßen, Schienenwegen oder öffentlichen Gebäuden erhöht. Möglich sei auch, indirekt gegenzusteuern und Steuervergünstigungen für Investitionen zu gewähren, meint Keynes. So könnten neue Arbeitsplätze und Einkommen bei privaten Haushalten entstehen. Die Nachfrage für Konsumgüter steige, dies bewirke Investitionen der Unternehmen und schaffe weitere Arbeitsplätze. Im konjunkturellen Abschwung soll der Staat die gesamtwirtschaftliche Nachfrage beleben und mehr ausgeben, als er einnimmt, und dadurch seine Schulden erhöhen. Im Aufschwung müsse die gesamtwirtschaftliche Nachfrage dagegen gebremst und die entstandenen Schulden durch Steuererhöhungen getilgt werden. Eine solche antizyklische Wirtschaftspolitik nach Keynes wurde in den 1960er- und 1970er-Jahren in der Bundesrepublik Deutschland betrieben. Im Stabilitätsgesetz hat sie ihren Niederschlag gefunden. Belebt der Staat die gesamtwirtschaftliche Nachfrage nicht, könne ein marktwirtschaftliches System im U. mit Arbeitslosigkeit verharren.

➡ Arbeit ➡ Arbeitsmarktpolitik ➡ Beschäftigungsgrad ➡ Unterbeschäftigung ➡ Keynesianische Theorie

Unternehmen

➡ Unternehmer ➡ Kapitalgesellschaft ➡ Aktiengesellschaft (☛ Abb. 38, S. 288)

Unternehmenstypen am Markt

Rechtsformen · Branchen · Größenklassen · Programmtypologie

Typologie der Rechtsformen

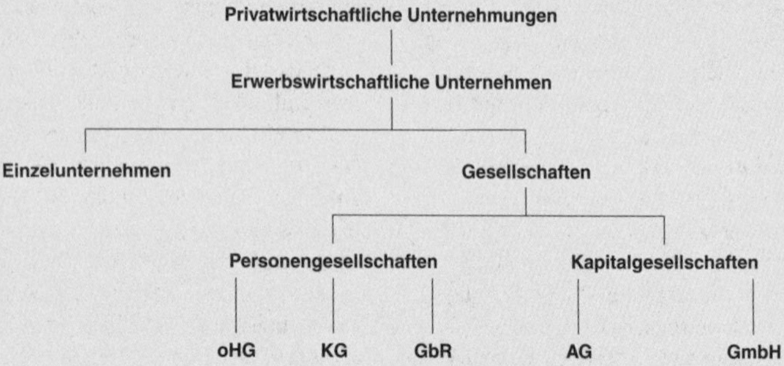
Privatwirtschaftliche Unternehmungen
Erwerbswirtschaftliche Unternehmen
Einzelunternehmen
Gesellschaften
Personengesellschaften
Kapitalgesellschaften
oHG
KG
GbR
AG
GmbH

oHG: offene Handelsgesellschaft • **KG:** Kommanditgesellschaft • **GbR:** Gesellschaft bürgerlichen Rechts
AG: Aktiengesellschaft • **GmbH:** Gesellschaft mit beschränkter Haftung

Typologie der Branchen

Sachleistungsunternehmen			Dienstleistungsbetriebe
Gewinnungsbetriebe	Veredelungsbetriebe	Fertigungsbetriebe	

Typologie der Größenklassen im Handelsgesetzbuch (HGB)

Merkmale / Größenklassen	Beschäftigte	Bilanzsumme in Euro	Umsatz in Euro
Kleinbetriebe	≤ 50	≤ 3,436 Mio.	≤ 6,872 Mio.
Mittelbetriebe	51–250	≤ 13,749 Mio.	≤ 27,498 Mio.
Großbetriebe	> 250	> 13,749 Mio.	> 27,498 Mio.

Programmtypologie

Homogenes Leistungsprogramm		Heterogenes Leistungsprinzip	
Undifferenziertes Massenprogramm	Differenziertes Massenprogramm	Serienprogramm	Individualprogramm
Einproduktprogramm	Mehrproduktprogramm		
Auflagenhöhe > 1			Auflagenhöhe = 1

Abb. 38

Unternehmenssteuern

Alle Steuerarten, die Unternehmen an den Staat abführen. Dazu gehört die Körperschaftssteuer. Sie ist die Einkommenssteuer für Kapitalgesellschaften wie etwa Aktiengesellschaften oder Gesellschaften mit beschränkter Haftung (GmbH). Dafür werden betriebliche Einnahmen und Ausgaben verrechnet. Bleibt ein Plus, muss dieses versteuert werden. Die Kommunen verlangen von Unternehmen aller Rechtsformen eine Gewerbesteuer auf ihre Gewinne. Diese kann bis zu einem kommunalen Hebesatz von 360 % als Betriebsausgabe vom Gewinn abgezogen werden, was die Körperschaftssteuer entsprechend reduziert. Den Kommunen steht es frei, den jeweiligen Hebesatz für ihre Gemeinde festzulegen. 2008 senkte kein EU-Land die durchschnittliche Belastung durch Unternehmenssteuern so stark wie Deutschland.

➔ Besteuerungsgrundsätze ➔ Direkte und indirekte Besteuerung ➔ Mehrwertsteuer

Unternehmer

Allein- oder Miteigentümer einer Firma, der diese auch leitet. Er bietet Güter oder Dienstleistungen auf dem Markt an, strebt nach Gewinn, hat die Entscheidungshoheit über den Einsatz der Produktionsmittel und des Personals, trägt aber auch das Geschäftsrisiko. Traditionell ging man davon aus, dass das Eigentum am Unternehmen und die Verfügungsgewalt darüber eine Einheit bilden. Bei großen Kapitalgesellschaften delegiert der U. jedoch seine Leitungsfunktion zunehmend an angestellte Mitglieder der Geschäftsleitung (Manager). Häufig werden auch sog. »Ich-AGler« und Freiberufler, die ohne Personal arbeiten, als U. bezeichnet. Im Dunstkreis der Scheinselbstständigkeit werden mitunter Arbeitnehmer als Subunternehmer angeheuert. Sie sind somit nicht mehr sozialversicherungspflichtig tätig und müssen für die Kosten der Produktionsmittel selbst aufkommen.

Unternehmerlohn

Vergütung, die dem Gesellschafter einer Personengesellschaft oder dem Geschäftsführer einer GmbH, der zugleich auch Gesellschafter ist, für die Tätigkeit im eigenen Unternehmen zusteht. Die Mitarbeit des Unternehmers im eigenen Betrieb wird bei einer einfachen Personengesellschaft in der Kostenrechnung als kalkulatorischer U. erfasst und berücksichtigt. Der Lohn, den der Inhaber an sich selbst zahlt, ist dem Gewinn zuzurechnen und somit steuerlich irrelevant. Das Gehalt, das ein Gesellschafter, der zugleich Geschäftsführer ist, bei einer Kapitalgesellschaft erhält, zählt hingegen als Betriebsausgabe. Im Regelfall ist dann auch beim U. Lohnsteuer einzubehalten und abzuführen.

➔ Unternehmer

Unvollständige Konkurrenz

Wenn durch Wettbewerbsbeschränkungen, v. a. durch die Marktmacht von Unternehmen, die Konkurrenzsituation begrenzt ist. Im Fall von U. haben die Unternehmen die Macht, die Preise zu setzen. Diese liegen dann höher als bei vollständiger Konkurrenz und vermindern somit den Absatz der entsprechenden Güter. Im Gegensatz dazu hat die perfekte Konkurrenz unter liberalisierten Marktbedingungen eine größere Wettbewerbsintensität. Wird bei bisher unvollständiger Konkurrenz liberalisiert, dann treten neue Anbieter in den Markt und es gibt neue innovative Dienstleistungen. Durch die neue verschärfte Konkurrenz sinken die Preise und die Nachfrage steigt.

➔ Vollständige Konkurrenz

Ursprungslandprinzip

Das Prinzip ist für das Umsatzsteuerrecht von Bedeutung. Lieferungen und sonstige Leistungen sind nach dem U. dort versteuerbar und steuerpflichtig, wo sie ausgeführt werden, also im Herkunftsland. Es ist das Ziel innerhalb der EU, dieses Prinzip allgemein einzuführen. Bisher gilt als Übergangsregelung das Bestimmungslandprinzip, weil viele EU-Länder beim U. wegen unterschiedlicher Steuersätze sowie Einfuhr- und Ausfuhrquoten Nachteile befürchten. Besonders umstritten war das U. in Bezug auf grenzüberschreitende Dienstleistungen. Dienstleistende Unternehmen, die einzig den gesetzlichen Regelungen ihrer Heimatländer unterliegen, könnten z. B. zu wettbewerbsverzerrenden Bedingungen und Preisen in Deutschland tätig werden. Poln. Installateure könnten eine Heizung etwa wesentlich billiger und weniger qualifiziert reparieren als dt. Handwerker. Insofern drohe neben Abstrichen beim Konsumentenschutz auch Sozialdumping, hatten Kritiker eingewendet. In der EU-Kommission wird darüber nachgedacht, langfristig im Dienstleistungssektor gemeinsame Mindeststandards in allen EU-Ländern zu entwickeln.

➠ Mehrwertsteuer

Variable Kosten

In der Betriebswirtschaftslehre unterscheidet man bei der Produktion in einem Unternehmen variable und fixe Kosten. Die V. verändern sich im Verhältnis zur Auslastung und zum Umsatz, etwa wenn eine höhere Anzahl von Beschäftigten in einer Fabrik eine größere Stückzahl von Produkten fertigt. Bei Rohstoff- und Lohnkosten spricht man z. B. von V. Beispiel: Mengenrabatte bei größeren Einkaufsmengen oder Akkordlöhne bei Beschäftigungszunahme. Fixe Kosten sind dagegen z. B. Miet- oder Abschreibungskosten. Diese bleiben unabhängig von der Produktionsmenge konstant.

Venture Capital

[Dt. auch: Risiko-/Wagniskapital] Wird als privates Beteiligungskapital mit hohem Risiko in ein Unternehmen eingebracht. Mitunter ist es so hoch, dass diese Fremdfinanzierung zum Verlust des eingesetzten Kapitals führen kann. Erträge aus solchen Beteiligungen sind zum Zeitpunkt der Aufnahme nicht absehbar. Bei Gelingen kann der Kapitalgeber jedoch eine sehr hohe Rendite erwarten.

Verarbeitendes Gewerbe

Industriezweige des V. sind die Kraftfahrzeugindustrie, Ernährungsindustrie, chemische Industrie, Maschinenbau und Metall verarbeitende Industrie. Als V. werden alle Industriebetriebe bezeichnet, die Rohstoffe und Zwischenprodukte weiter verarbeiten. Das V. ist in der Wirtschaft der wichtigste Bereich des produzierenden Gewerbes.

Verbindlichkeiten

➠ Schulden

Verbrauch

Wenn ein Gut durch eine Tätigkeit abnimmt, weniger wird oder nicht mehr verfügbar ist. Es kann aufgebraucht oder nur verwertet werden und auf diese Weise in ein Folgeprodukt übergehen. Derjenige, der das Gut konsumiert, ist der Verbraucher. In der Wirtschaftsstatistik wird unterschieden zwischen Staatsverbrauch und privatem V.

➠ Konsum

Verbraucherpreise

Darunter ist der vom Verbraucher zu zahlende Preis für Waren und Dienstleistungen, inklusive Umsatzsteuer zu verstehen. Inbegriffen sind Verkaufspreise im Einzelhandel, Preise des Handwerks, der Energie- und Wasserversorgung und des Verkehrs sowie Ausgaben für Bildung und Freizeitgestaltung. Die statistische Erfassung der V. dient hauptsächlich dazu, die Lebenshaltungskosten der privaten Haushalte zu ermitteln.

➡ Harmonisierter Verbraucherpreisindex

Verbraucherschutz

Umfasst Gesetze, Vorschriften und gesellschaftspolitische Regelungen, die den Verbraucher vor Benachteiligungen im Wirtschaftsleben schützen und seine rechtliche Stellung stärken sollen. Z. B. gibt es die Lebensmittelkennzeichnungsverordnung und eine Preisangabenverordnung, um eine bessere Grundlage für die Kaufentscheidung zu gewährleisten. Weiterhin sind im Lebensmittel- und Arzneimittelrecht sowie im Produktsicherheitsgesetz Verordnungen enthalten, die der Sicherheit und Gesundheit der Verbraucher dienen sollen. Rechtliche Bestimmungen sollen zudem das Recht des Käufers auf Rücktritt von einem Vertrag regeln. Das Bundesamt für Verbraucherschutz und Lebensmittelsicherheit ist 2002 als selbstständige Bundesoberbehörde gegründet worden und ersetzt das bisherige Bundesinstitut für gesundheitlichen Verbraucherschutz und Veterinärmedizin. Zudem gibt es die Verbraucherzentrale Bundesverband (VZBV), eine Dachorganisation der 16 Verbraucherzentralen der Länder sowie von rund 25 weiteren Verbänden anderer Träger, die sich verbraucherpolitisch engagieren. Der VZBV informiert über V., Verbraucherpolitik und Verbraucherrecht. Kritiker monieren allerdings, dass dort teilweise nur eine kostenpflichtige Information angeboten wird. In einigen Fällen hätten Verbraucherzentralen auf Anfragen auch gar nicht reagiert.

Verbrauchssteuer

Steuer, die den Konsum von Gütern besteuert. Ziel kann zum einen die generelle Besteuerung des Verbrauchs sein, um die Spartätigkeit anzuregen. Darüber hinaus kann auch der Konsum bestimmter als schädlich erachteter Güter durch eine V. gebremst werden. Beispiel für V. in Deutschland sind die Mehrwertsteuer als allgemeine V. sowie die Alkohol-, Tabak- und Mineralölsteuer als spezielle V.

Verbriefung von Krediten

Die V. soll Kredite handelbar machen. Dazu gibt der Gläubiger ein Wertpapier über Zinszahlungen aus, das sich aus mehreren Krediten zusammensetzt.
I. d. R. werden dabei Kredite an Schuldner unterschiedlicher Bonität miteinander verknüpft, um Risiken zu streuen. Dieses Wertpapier wird auf den Finanzmärkten zumeist mit einem Sicherheitsabschlag auf die zu erwartenden Zinszahlungen verkauft. Der erste Gläubiger kommt damit sofort wieder in den Besitz von liquiden Mitteln, mit denen er neue Kredite vergeben kann, die dann gleichfalls auf dem globalen Finanzmarkt weiterkauft werden. Durch die V. sollte die Kreditvergabe kostengünstiger und so breiteren Schichten von Haushalten und Unternehmen der Zugang zum Kapitalmarkt erleichtert werden. Wie die Finanzmarktkrise von 2008 zeigte, erhöhten sich aber auch die Risiken. Zum einen vernachlässigten die ursprünglichen Gläubiger (wie die Krise im US-amerik. Immobiliensektor mit »subprime-Krediten« zeigte) die Boni-

tätsprüfung ihrer Schuldner, da sie die Kredite ja weiterverkaufen konnten. Zum Zweiten wurden die emittierten Wertpapiere Gegenstand spekulativer Kursübertreibungen. Als zahlreiche Schuldner ihren Verpflichtungen nicht mehr nachkommen konnten, brachen die Kurse ein und lösten die Finanzmarktkrise von 2008 aus.

Verdienste

In der Volkswirtschaftslehre wird unter V. das Geld verstanden, das man für seine Arbeit erhält. Es wird als Synonym für Einkommen, Entgelt, Gehalt oder Lohn verwendet.

Verfügbares Einkommen

Im privaten Haushalt: das Einkommen abzüglich Steuern und Sozialleistungen. Monetäre Sozialleistungen oder Subventionen (z. B. Kilometergeld) werden hinzugerechnet. Das V. entspricht dem Geld, das für Konsum und Sparzwecke zur Verfügung steht. Das V. einer Volkswirtschaft ergibt sich entsprechend aus der Summe der Nettoeinkommen zuzüglich der Transfers aus dem Ausland und abzüglich der Transfers an das Ausland. Es teilt sich auf in das V. von Kapitalgesellschaften, des Staates, der privaten Haushalte und privater Organisationen ohne Erwerbscharakter.

Vergabe öffentlicher Aufträge

Öffentliche Aufträge können in Deutschland nicht frei vergeben werden, sondern nur unter Beachtung der geltenden vergaberechtlichen Vorschriften. Hier ist der Austausch von Leistungen präzise geregelt, um eventuellen Streitfällen vorzubeugen. Die Auswahl des Auftraggebers muss mit dem Ziel erfolgen, das beste und günstigste Angebot zu finden. Dabei geht es darum, Wirtschaftlichkeit, Transparenz, Nachprüfbarkeit, Wettbewerb und Nichtdiskriminierung zu beachten. Auf diese Weise sollen Preisabsprachen und Bestechung seitens der Auftragnehmer sowie die Verletzung von Geheimhaltungspflichten und die Bestechlichkeit von Beamten oder gesetzwidrige Ausschreibungspraktiken verhindert werden. Die öffentlichen Auftraggeber sollen mit Steuermitteln sparsam umgehen. Kern des europ. Vergaberechts ist es, eine Öffnung der nationalen Märkte für Anbieter aus anderen Mitgliedstaaten zu erreichen: aus Mitgliedsstaaten des Europäischen Wirtschaftsraums (EWR) und, z. B. bei Aufträgen der Bundesregierung, auch für Anbieter aus den Mitgliedsstaaten der Welthandelsorganisation (WTO). Zu beachten sind das Verbot der Diskriminierung, die EU-weite Veröffentlichung, transparente Vergabeverfahren sowie die Durchsetzung über ein geregeltes Nachprüfungsverfahren. Informationen über das öffentliche Auftragswesen in der EU werden auf dem offiziellen Internetauftritt »Système d'Information pour les Marchés Publics« (SIMAP) angeboten.

Verkäufermarkt

Marktsituation, in der sich der Verkäufer verhandlungstaktisch in einer günstigeren Position befindet als der Käufer. Folgende Gründe kann es für die überlegene Stellung des Verkäufers am Markt geben: Es besteht ein Nachfrageüberhang, die Nachfrage übersteigt das Angebot. Z. B. verfügt der Verkäufer über höhere Fachkenntnisse, etwa in Anwaltskanzleien; der Käufer ist vom Verkäufer abhängig wie in der Seniorenbetreuung. Der Gegenbegriff ist Käufermarkt, dieser bezeichnet einen für den Käufer vorteilhafteren Markt. In diesen Fällen ist das Angebot größer als die Nachfrage.

Verlust

Das negative Ergebnis der Gewinn-und-Verlust-Rechnung eines Unternehmens. V. liegt im Jahresabschluss eines Unternehmens vor, wenn in einem Geschäftsjahr der Aufwand größer ist als der Ertrag. In der Gewinn-und-Verlust-Rechnung übersteigen die Kosten des Geschäftsjahrs dann die Erlöse. V. können das Eigenkapital eines Unternehmens mindern und im Extremfall zur Überschuldung führen.

Vermögen

Summe aller in Geld schätzbaren Güter und Rechte, die ein Wirtschaftssubjekt besitzt, z. B. Grundbesitz, Wertpapiere, Bargeld. Im Betrieb wird das Vermögen in der Bilanz dargestellt, in der Gewinn-und-Verlust-Rechnung erscheint es als Einnahmen und Ausgaben. Nach Abzug der Schulden und zuzüglich des jeweiligen Eigenkapitals ergibt sich das Reinvermögen. Das Volksvermögen besteht aus land- und forstwirtschaftlichem Besitz, aus Grund-, Betriebs- und sonstigen Besitzständen nach Abzug aller Schulden und Lasten.

Vermögensbildung

Ersparnisse privater Haushalte können auf Konten bei Kreditinstituten, in Wertpapieren, in Aktien, in Eigenheimen, Bausparverträgen und Lebensversicherungen angelegt werden. Zu unterscheiden sind Geldvermögen, Sachvermögen, z. B. Haus- und Grundbesitz, und das sog. Produktivvermögen, das eine Beteiligung an Wirtschaftsunternehmen voraussetzt. Der Staat hat durch steuerliche Vergünstigungen und Förderungen Anreize für spezielle Sparformen geschaffen. Allerdings hat der Staat mit der Hartz-Gesetzgebung das Gegenteil bewirkt: Hier wurde veranlasst, dass z. B. Partner von Langzeitarbeitslosen ihr Vermögen zunächst aufbrauchen müssen, bevor diese Arbeitslosengeld II erhalten.

Vermögenseinkommen

Einkünfte für die Überlassung von Boden, Grundeigentum und Finanzkapital, z. B. Mieten und Pachten, Zinsen oder Dividenden und Ausschüttungen aus Unternehmensgewinnen.

Vermögenssteuer

Steuer, deren Höhe sich nach dem Vermögenstand an einem Stichtag bemisst. In Deutschland wird eine Vermögensteuer seit 1997 nicht mehr erhoben. Das Vermögensteuergesetz wurde zwar nicht aufgehoben, wird jedoch nicht mehr angewendet. In seinen Beschlüssen im Juni 1995 hatte das Bundesverfassungsgericht beanstandet, die unterschiedliche Bewertung von Grundbesitz u. a. Vermögen sei nicht mit dem Gleichheitsgrundsatz vereinbar. Seit 2007 ist die Erhebung der V. wieder in der öffentlichen Debatte und wird von Gewerkschaften, linken Sozialdemokraten und der Partei Die Linke gefordert. Die Reichen und Superreichen sollen hierdurch einen höheren Beitrag zur Verteilungsgerechtigkeit leisten, so die Argumentation. Mit einem Freibetrag von 500.000 € sei die Masse der Bürger nicht betroffen, der Massenkonsum werde nicht beschnitten, die öffentlichen Haushalte könnten ihre Investitionen steigern.

Vermögensverteilung

Aufteilung des Volksvermögens auf die verschiedenen Bevölkerungsgruppen. V. ist eng verbunden mit der Einkommensverteilung, weil die Möglichkeit der Vermögensbildung u. a. von der Einkommenshöhe abhängt. Angelegte Vermögensbestände stellen eine weitere

Einkommensquelle dar (Zinsen oder Mieteinkünfte). Das Deutsche Institut für Wirtschaftsforschung (DIW) hat 2007 festgestellt, dass das reichste Zehntel der bundesdt. Bevölkerung fast 2 Drittel des Gesamtvermögens besitzt, hingegen verfügen fast 2 Drittel der Bevölkerung nur über einen Anteil von weniger als 10 % des Volksvermögens. Nur 1 % der bundesdt. Bevölkerung verfügen über 25 % des Geldvermögens.

➠ Umverteilung

Versicherungspflichtgrenze

[Auch: Jahresarbeitsentgeltgrenze] Legt fest, bis zu welcher Grenze ihres Bruttojahreslohns Arbeitnehmer verpflichtet sind, der gesetzlichen Krankenversicherung beizutreten. Arbeitnehmer, die mehr verdienen als das gesetzlich festgelegte Jahresgehalt, haben hingegen die Wahl, sich entweder freiwillig in der gesetzlichen Krankenkasse oder ausschließlich in einer privaten Krankenkasse zu versichern. Der Eintritt in die unabhängige private Versicherung kann erfolgen, wenn das Gehalt nach dem dritten Kalenderjahr in Folge diese vorgegebene Grenze übersteigt. Für das Jahr 2008 wurde die Grenze auf rund 4.000 € monatlich festgelegt, jährlich 48.150 €.

Versteckte Arbeitslosigkeit

V. ist jene Arbeitslosigkeit, die nicht von der offiziellen Statistik der Bundesagentur für Arbeit oder von Eurostat erfasst wird. Es handelt bei versteckten Arbeitslosen zumeist um Menschen, die zwar gerne arbeiten würden, sich aber, in der Regel durch Misserfolge verursacht, entmutigt vom Arbeitsmarkt zurückgezogen haben. Dies ist vor allem dann der Fall, wenn keine Ansprüche auf Arbeitslosengeld I bestehen. Vor allem ältere Arbeitnehmer, die möglicherweise schon Rentenansprüche haben, ziehen sich bei Arbeitslosigkeit häufig vom Arbeitsmarkt zurück, obwohl sie eigentlich noch arbeiten wollen und können.

Verteilungsgerechtigkeit

Betrifft die Verteilung von Einkommen und Vermögen. Das Volkseinkommen und -vermögen soll in der Bevölkerung gerechter verteilt werden. Der Staat soll durch staatliche Unterstützung und eine Einkommens- und Vermögenssteuer die Reichen stärker fordern und die Armen entsprechend entlasten. Damit soll eine Korrektur der Marktergebnisse bewirkt werden. Sinn dieser staatlichen Verteilungspolitik ist u. a.: Durch die progressive Einkommenssteuer sollen die laufenden Einkommen belastet werden, Vermögenszuwächse sollen mit einer Kapitalertragssteuer belegt werden, bestimmte private Ausgaben mit einer Luxussteuer. Auf der anderen Seite soll den Armen mehr Geld zukommen, z. B. Wohngeld. Weiterhin sollen Erbschaften und Schenkungen stärker besteuert werden. Verteilungsfragen stellen sich auch auf globaler Ebene, z. B. durch den Nord-Süd-Konflikt oder regionale Entwicklungsunterschiede ein. Dabei ist auch die sog. Humankapitalbildung ein wichtiges Thema. Bei ihr geht es darum, die Aus- und Weiterbildung strukturell zu fördern. Es gibt allerdings auch Kritiker, die monieren, dass rund 20 % der Staatsausgaben wieder als Zinszahlungen an die Großgläubiger des Staates wanderten, also unmittelbar wieder in die Taschen der Reichen. Der Staat samt Steuern und Gebühren sei schuld an der Armut, so die Kritik. Insofern sei er Teil des Armenproblems und keine Lösung.

Verteilungskampf

Gibt es hohe Wachstumsraten und prosperiert die Wirtschaft, wird im Rahmen der Sozialpolitik viel verteilt. Ein Verteilungskampf tritt erst dann auf, wenn Krisen sich häufen. Im globalen Raum wird um die Verteilung der knapper werdenden Rohstoffressourcen gekämpft. Innenpolitisch wird der V. auch zwischen der Interessenvertretung der Arbeitnehmer (Gewerkschaften) und den Arbeitgebern ausgetragen. Dabei gilt es, die Schere zu schließen, die sich immer stärker zwischen den Löhnen und den Kapitaleinkommen aufgetan hat. Häufig wird auch der Generationenkonflikt zwischen Alt und Jung als V. dargestellt. Der 1990 verstorbene österr. Bundeskanzler Bruno Kreisky definierte den gesellschaftlichen V. als ein Wort der modernen Ökonomie, um das Wort Klassenkampf zu vermeiden. Klassenkampf bezeichnet den Kampf zwischen den Inhabern der Arbeitskraft (Proletariern) und den Besitzern der Produktionsmittel (Kapitalisten).

Verteilungspolitik

Wirtschaftspolitische Maßnahmen, die eine Veränderung der Einkommens- oder Vermögensverteilung zum Ziel haben.

Verteilungsspielraum

Zentraler Begriff aus der Lohnpolitik. Er bezeichnet den Spielraum für Lohnsteigerungen, wenn die Verteilung zwischen Lohn- und Gewinneinkommen unverändert bleibt. Der V. errechnet sich aus der Summe der Produktivitätssteigerungen und der Inflationsrate sowie der Terms of Trade und der Lohnnebenkosten. Die Löhne sind demnach an die Produktivität gebunden und folgen dem Zuwachs an wirtschaftlicher Leistungsfähigkeit. Außerdem gibt es einen Inflationsausgleich. Ferner werden auch veränderte Kosten, die sich durch Preisschocks aus dem Ausland (Terms of Trade) oder veränderte Kosten des Sozialsystems ergeben, berücksichtigt. Gibt es einen Preisschocks aus dem Ausland oder steigen die Kosten des Sozialsystems, verengt sich der V. entsprechend. Sowohl die konkrete Berechnung des V. als auch die Frage, wie seine Ausschöpfung auf die Beschäftigung wirken würde, sind umstritten. Damit stark schwankende Löhne Konjunkturausschläge nicht verstärken, ist es nach vielen Theorien sinnvoll, sich am Trend der Produktivität zu orientieren und nicht an den ebenfalls stark variierenden Terms of Trade, die sich früher oder später in der Inflationsrate niederschlagen. Von neoklassischer Seite wird zudem empfohlen, die Produktivität um die Entlassungsproduktivität zu bereinigen. Wichtig ist ferner, dass das Inflationsziel der Zentralbank anerkannt und respektiert wird. Nur dann ist dessen Einhaltung möglich. Ansonsten würde sich bei Abweichungen eine deflationäre bzw. inflationäre Lohn-Preis-Spirale herausbilden.

Verteilungstheorie

[Auch: Distributionstheorie] Umfasst in der Volkswirtschaftslehre wirtschafts- und sozialpolitische Fragestellungen. Hierbei wird unterschieden zwischen rein ökonomischen Markttheorien und Machttheorien. Die vorherrschende wirtschaftswissenschaftliche Auffassung ist, dass es prinzipiell wirtschaftliche Gesetzmäßigkeiten sind, die die Einkommensverteilung bestimmen. Mitunter werden aber auch außerökonomische Machteinflüsse von verschiedenen gesellschaftlichen Gruppen zur Erklärung herangezogen. Die Klassiker, die sich mit V. beschäftigten, waren der dt. Philosoph Karl Marx (* 5.5.1818

† 14.3.1883) und der brit. Ökonom David Ricardo (* 18.4.1772 † 11.9.1823). Nach Ricardo ist der Arbeitslohn durch die Reproduktionskosten des Arbeiters bestimmt. Marx hingegen erklärt den Profit als Abzug vom Lohn, er geht von einer besitzlosen Arbeiterklasse und einer besitzenden Kapitalistenklasse aus.
➠ Marxismus

Verwendungsrechnung

Neben der Entstehungsrechnung, die die Entstehung des Bruttoinlandsprodukts (BIP) von der Produktionsseite erklärt, und der Verteilungsrechnung, die über die Einkommen aus selbstständiger und unselbstständiger Arbeit in einer Volkswirtschaft Auskunft gibt, ist die V. eine Berechnungsweise der volkswirtschaftlichen Gesamtrechnung. Sie gibt Aufschluss darüber, auf welche Weise die produzierten Güter und bewertbaren Dienstleistungen einer Volkswirtschaft im Inland verwendet werden. In der Summe ergibt sich auch bei der V. das Bruttoinlandsprodukt (BIP). Man unterscheidet die folgenden 4 Kategorien:

- Privater Konsum;
- Staatsverbrauch im zivilen und militärischen Bereich;
- Investitionen und Außenbeitrag.

Letzterer umfasst den Export, von dem der Import abgezogen wird. Bewertet werden die Waren und Dienstleistungen nach den Wiederbeschaffungspreisen.

Volatilität

Eine mathematisch-statistische Größe, mit der gemessen wird, wie hoch das Risiko einer bestimmten Kapitalanlage gemessen an ihrem Erwartungswert (Mittelwert) ist. Sie gibt somit Auskunft über den Schwankungsbereich von Wertpapierkursen, Rohstoffpreisen, Zinssätzen oder auch Investmentfondsanteilen in einem bestimmten Zeitraum. Je größer die Schwankungsbreite ist, desto volatiler und damit risikoreicher ist eine Anlage.

Volkseinkommen

[Auch: Sozialprodukt] Summe aller Einkommen aus Erwerbsarbeit und unternehmerischer Tätigkeit sowie aus Kapitaleinkünften, die Inländer während eines bestimmten Zeitraums im Inland und Ausland erzielt haben. Erfasst werden z. B. Löhne, Gehälter, Mieten, Zinsen, Pachten und Vertriebsgewinne. Die Gesamtheit aller produzierten Waren und Dienstleistungen einer Volkswirtschaft, die verbraucht, investiert oder gegen ausländische Güter eingetauscht worden sind, wird in Geld ausgedrückt. Das V. gilt als zentrale Größe der Verteilungsrechnung des Inlandsprodukts und kann zur Analyse und politischen Gestaltung der Einkommensverteilung dienen.

Volkswirtschaft

Gesamtheit der unterschiedlichen Akteure eines Staates oder Staatenverbundes sowie ihre Wirtschaftsbeziehungen untereinander. Zentrale Wirtschaftseinheiten sind die Unternehmen, die über Art und Umfang der Produktion entscheiden und Gewinne anstreben, ferner die privaten Haushalte und der Staatshaushalt. Zwischen den Wirtschaftseinheiten fließt Geld, deshalb spricht man auch von einem Wirtschaftskreislauf. Die Erfassung aller wirtschaftlichen Aktivitäten geschieht mittels der volkswirtschaftlichen Gesamtrechnung.

Volkswirtschaftliche Gesamtrechnungen (VGR)

Die Güter- und Einkommensströme einer Volkswirtschaft werden buchhaltungstechnisch in Einnahmen und Ausgaben erfasst. Die V. liefern nach Abschluss einer Wirtschaftsperiode einen quantitativen Überblick über die wirtschaftlichen Aktivitäten in einer Volkswirtschaft. Festgehalten werden in den V. Güter-, Geld- und Leistungsströme zwischen unterschiedlichen Akteuren. Zu den erfassten Wirtschaftseinheiten gehören Produzenten, finanzielle Kapitalgesellschaften (Kreditinstitute, Versicherungen) und staatliche Institutionen, Bund, Länder, Gemeinden und Sozialversicherung sowie private Haushalte, Arbeitnehmer, selbstständige Landwirte, Einzelunternehmer, Freiberufler und private Wohnungsvermieter. Ebenso werden Organisationen wie Parteien, Gewerkschaften und Wohlfahrtsverbände als Teil des Wirtschaftskreislaufes in den V. berücksichtigt. Alle Geldströme werden zum einen in laufenden Preisen und, um Preissteigerungen herauszurechnen, in Preisen eines Basisjahres angegeben.

Volkswirtschaftslehre (VWL)

Teilgebiet der Wirtschaftswissenschaft, es umfasst gesamtwirtschaftliche Zusammenhänge. Kerngebiet ist die Wirtschaftstheorie, unterteilt in Mikroökonomik (einzelwirtschaftliche Vorgänge) und Makroökonomik (gesamtwirtschaftliche Prozesse). Weitere Themen sind die Wirtschaftspolitik, Finanzwissenschaft, Wirtschaftsgeschichte, Statistik, Ökonometrie sowie Umweltökonomik. Mathematische Theorien und Analysemethoden spielen eine Rolle. Die VWL versucht, Gesetzmäßigkeiten zu finden und daraus Handlungsmöglichkeiten für die Wirtschaftspolitik abzuleiten. Sie teilt sich in unterschiedliche Schulen ein, z. B. in die marxistische politische Ökonomie, den Keynesianismus, Monetarismus, die Neoklassik, die Neuklassik, die Neu-Keynesianer oder die Evolutionsökonomik.

Vollbeschäftigung

Zählt zu den wichtigsten wirtschaftspolitischen Zielen. Sie ist dann gegeben, wenn die Zahl der offenen Arbeitsstellen mit der Zahl der Arbeitssuchenden übereinstimmt. Allerdings ist dabei nicht gesagt, dass alle arbeitswilligen Arbeitnehmer tatsächlich auch einen zumutbaren Arbeitsplatz finden. Volkswirtschaftlich wird von einer V. bereits bei einer Arbeitslosenquote von etwa 2 % ausgegangen, weil einkalkuliert wird, dass eine bestimmte Zahl von Arbeitnehmern den Arbeitsplatz gerade wechselt. Nach Auffassung des Ökonomen Jeremy Rifkin stellt V. allerdings nur eine Illusion dar. Langfristig werde durch die digitale Revolution die Arbeit verschwinden. Insofern stellt sich die Frage, womit der Mensch seinen Lebensunterhalt bestreiten soll. Der frz. Sozialphilosoph André Gorz meinte ebenfalls, dass die menschliche Arbeitskraft durch den Einsatz von Maschinen überflüssig gemacht wird. Er befürwortet ein Grundeinkommen.

Vollständige Konkurrenz

Wenn kein Marktteilnehmer über die Macht verfügt, die Preise auf seinem Markt zu beeinflussen. Dann ist er machtlos gegenüber den Wettbewerbern und es herrscht V.

Vorgezogenes Altersruhegeld

Gesetzliche Rente, die vor dem Eintritt ins Renteneintrittsalter bezogen wird. Dies ist i. d. R. nur noch dann möglich, wenn eine Schwerbehinderung vorliegt oder eine Altersteilzeit in Anspruch genommen wird.

➠ Gesetzliche Rentenversicherung

Vorleistungen

Darunter ist der Wert aller im Produktionsprozess verbrauchten, verarbeiteten oder umgewandelten Waren und Dienstleistungen zu verstehen. Als V. sind Roh-, Hilfs- und Betriebsstoffe, Fertigteile, Halbfabrikate, Handelswaren oder Dienstleistungen zu verstehen, die ein Unternehmen von einem anderen kauft, um sie dem eigenen Produkt beizufügen. V. unterscheiden sich von Investitionen, indem sie im Endprodukt aufgehen. Z. B. ist die Melkmaschine keine Vorleistung, denn sie kann weiterhin eingesetzt und gemäß der Abnutzung abgeschrieben werden. Das Tierfutter für die Kühe ist indes eine Vorleistung, wenn es bei der Milchproduktion verbraucht wird und voll im Produkt aufgeht.

Vorprodukte

Keine Rohstoffe, sondern halb fertige Produkte, die bei der Herstellung weiterverarbeitet werden. Pflanzenfette gelten z. B. in einer Margarinefabrik als V., auch Kunststoffgranulat geht als V. in eine Kunststoffteilefertigung ein.

Vorruhestand

Durch Pensions- oder Rentenzahlung finanzierte Zeitspanne ab dem Beenden der Berufstätigkeit bis zum Eintritt in den Ruhestand, der bis 2012 noch mit dem 65. Lebensjahr beginnt. Von diesem Zeitpunkt an wird die Regelaltersgrenze jährlich um einen Monat verlängert. Ab 2029 ist das Rentenalter auf 67 Jahre heraufgesetzt. Wer vorzeitig in den Ruhestand geht, muss mit finanziellen Einbußen rechnen. Jeder Monat vor dem 65. Lebensjahr mindert die Rente um 0,3 %. Wer mit 60 Jahren in den Ruhestand geht, muss mit einem Abzug von 18 % rechnen.

Vorsteuer

Mehrwertsteuer, die ein Unternehmen auf seine Ausgaben zahlt und die es später von der eingenommenen Mehrwertsteuer wieder abziehen kann. Diese Verrechnung wird in der Umsatzsteuererklärung oder -voranmeldung für das Finanzamt vorgenommen.

Vorzieheffekt

Reaktion von Konsumenten, die aufgrund der bloßen Ankündigung einer maßgeblichen wirtschaftspolitischen Veränderung eintritt, ohne dass sie tatsächlich schon eingetreten ist. Der Umsatz vieler Produkte stieg z. B. im Vorfeld der Mehrwertsteuererhöhung im Januar 2007 sprunghaft an. Ende 2006 wurden viele für 2007 geplante Investitionen vorgezogen, um keine höheren Mehrwertsteuern zahlen zu müssen.

Wachstumsbeitrag

Der absolute Beitrag in Prozentpunkten einer Komponente der volkswirtschaftlichen Gesamtrechnung zum prozentualen Wachstum des Bruttoinlandsproduktes. So leisteten im Jahre 2006 die Investitionen einen W. von 1,1 Prozentpunkten zum Wachstum des Bruttoinlandsprodukts i. H. v. 2,6 %.

Wachstumsdelle

Begriff aus der Konjunkturforschung. Eine W. liegt vor, wenn sich die konjunkturelle Dynamik zunächst für eine kurze Zeit abschwächt und anschließend ihr vorheriges Tempo wieder aufnimmt.

Wachstumspolitik

Politisches Handeln einer Regierung, das sich auf die Förderung des Wirtschaftswachstums richtet. Gemessen wird dies an der Höhe des Sozialproduktes pro Kopf im Bezug auf die Entwicklung von Produkten und Dienstleistungen, aber auch an der Steigerung des Volkseinkommens. Dabei geht es um mehr Produktion, mehr Einkommen, mehr Nachfrage. Allerdings bedeutet W. nicht zwangsläufig eine Steigerung der Lebensqualität des Einzelnen. Mit der Förderung des technischen Fortschritts, einer wichtigen Komponente des Wachstums, können durchaus auch soziale Folgekosten anfallen. Zudem äußerte sich der Club of Rome in seiner 1972 veröffentlichten Studie »Grenzen des Wachstums« kritisch zur Zukunft der Weltwirtschaft wegen steigender Umweltverschmutzung. Eine positive Entwicklung des sozialen Wohlfahrtsstaats ist nicht automatisch ein Ziel von W.

➡ Wirtschaftspolitik ➡ Wachstumstheorie

Wachstumsrate

Zeigt das Wirtschaftswachstum durch Angabe der prozentualen Änderungen gegenüber der Vorperiode an.

Wachstumsschwäche

Länger anhaltende Verlangsamung des Wachstums. Die Politik wirkt dem häufig entgegen, indem sie Steuern für Unternehmen senkt, damit diese wieder investieren und Gewinne machen können. Kritiker äußern jedoch, dass W. häufig durch eine Nachfragedelle bedingt ist. Insofern habe die W. eher etwas mit der zu großen steuerlichen Dämpfung der Massenkaufkraft zu tun, als mit zu hohen Unternehmenssteuern.

➡ Wirtschaftswachstum ➡ Wachstumspolitik ➡ Wachstumstheorie

Wachstumstheorie

Zweig der Volkswirtschaftslehre, der sich mit den Ursachen des Wirtschaftswachstums befasst. Bereits Karl Marx und Joseph A.Schumpeter haben z. B. die Wirkung technischer Neuerungen und des Konkurrenzkampfes auf die Profitrate und das Wachstum untersucht. Vertreter der neoklassischen W. wie der brit. Ökonom John Maynard Keynes betrachten den technischen Fortschritt in diesem Zusammenhang nicht näher, sondern sehen ihn als gegebene (exogene) Größe an. Neuere Wachstumstheoretiker halten Investitionen in Bildung, Forschung und Entwicklung für unverzichtbar, um das Wachstum zu steigern.

➡ Wachstumspolitik

Währung

Geldsorten verschiedener Staaten und Währungsgebiete. Weltweit gibt es über 160 verschiedene W. In vielen europ. Staaten ist der Euro die gültige W. Neben dem US-Dollar gilt er derzeit als zweitwichtigste Leitwährung. I. d. R. gilt eine W. als ein Symbol nationaler Souveränität. Im Fall des Euro ist sie hingegen ein Zeichen für den europäischen Integrationsprozess.

➡ Währungsreform ➡ Währungssystem ➡ Währungsordnung ➡ Währungspolitik

Währungsordnung

Alle Regelungen zur Ausgabe, zum Umlauf und Tausch einer Währung. Insbesondere geht es dabei um die Arten von Zahlungsmitteln, deren rechtliche Regelungen sowie die Klärung der Frage, in welchem Verhältnis sie zueinander stehen. Der Fokus der W. richtet sich auf die Deckung der Währung, deren Einbindung in den internationalen Devisenmarkt und das Wechselkursystem.

Währungspolitik

Ziele der W. sind: äußere Preisstabilität und Wettbewerbsfähigkeit, eine hohe inländische Kaufkraft, außenwirtschaftliches Gleichgewicht sowie der Zugang zum internationalen Kapitalmarkt. Wichtigste Akteure der W. sind die Zentralbank eines Landes und seine Regierung. Die Deutsche Bundesbank war bis 1997 verpflichtet, für die Aufrechterhaltung der Währungsstabilität zu sorgen. Gleiches gilt seither für die Europäische Zentralbank. Die Zentralbank hat folgende Möglichkeiten: Sie kann in den Devisenmarkt unmittelbar eingreifen, als Anbieter oder Nachfrager auftreten. Mitunter kündigt sie einen Eingriff in den Markt nur an und erreicht schon dadurch die gewünschte Wirkung. Sie kann den Leitzins erhöhen, um die Inlandswährung aufzuwerten, oder ihn umgekehrt absenken. Regierungen können die Zentralbank per Gesetz verpflichten, den Wechselkurs stabil zu halten.

➡ Währung ➡ Währungsordnung ➡ Währungsreform ➡ Währungssystem

Währungsreform

Neuordnung eines zerrütteten Geldwesens durch gesetzliche Maßnahmen. Länder, die hohe Inflationsraten haben, versuchen häufig mittels eines Neustarts den Vertrauensverlust in die alte Währung zu beenden. Deutschland hatte z. B. 2 W. 1923 wollte man mit der Umstellung der Mark (M) auf die Rentenmark (später Reichsmark, RM) die galoppierende Inflation stoppen. Der Kurs betrug eine Billion M zu einer RM. 1948 wurde in den westlichen Besatzungszonen die D-Mark eingeführt. Damals wurden Verbindlichkeiten 10 RM zu 1 DM umgestellt. Löhne und Mieten wurden im Kurs 1:1, Bargeld und Sparguthaben zum Kurs von 100 RM zu 6,50 DM umgetauscht.

Währungsreserven

Aktiva eines Landes, die zur Verfügung stehen, um dessen internationale Zahlungsfähigkeit abzusichern. Sie können für Interventionen an den Devisenmärkten verwendet werden. Die internationale Bonität eines Landes wird u. a. auch an der Höhe seiner W. gemessen. Sie bestehen i. d. R. aus Devisen, Gold oder Reserveaktiva beim Internationalen Währungsfonds (IWF), der seit 1969 auch sog. Sonderziehungsrechte (SZR) geschaffen hat.

➡ Währung ➡ Währungspolitik ➡ Währungsordnung ➡ Währungssystem

Währungsspekulationen

Wenn Spekulanten z. B. auf die Über- oder Unterbewertung der Währung eines Landes setzen und dessen Währung verkaufen. Sie gehen davon aus, dass andere Devisenmarktakteure sich ähnlich verhalten wie sie selbst. So wird die Währung z. B. verstärkt verkauft und damit gleichzeitig abgewertet. Selbst ohne Einsatz eigener Mittel kann dies funktionieren; der Spekulant leiht sich Geld in der bedrohten Währung und erwirbt auf diese Weise eine noch starke Währung. Nach deren erfolgter Abwertung muss er dann weniger von der dann starken Währung einsetzen, um den Kredit in der abgewerteten Form zurückzuzahlen. Es verbleibt ein erheblicher Gewinn. Zumeist basieren W. auf der korrekten Vermutung einer Über- oder Unterbewertung der Währung.

➡ Tobin-Steuer

Währungssystem

Umfasst alle Regelungen, die den Zahlungsverkehr national und international sichern sollen. Eine entscheidende Rolle spielen dabei die Zahlungsmittel und wie ihr Verhältnis jeweils zueinander geregelt ist. Seit dem Zusammenbruch des »Bretton-Woods-Systems« 1973, das bis dahin ein stabiles W. vorgab, herrschen überwiegend flexible Wechselkurse. Der Internationale Währungsfonds (IWF) nimmt mithilfe von sog.

Anreizen, Währungskrediten, eine rudimentäre Steuerungsfunktion wahr.
➡ Währung ➡ Währungspolitik ➡ Währungsordnung

Währungsunion

Zusammenschluss von Staaten zur Bildung eines gemeinsamen Währungsgebietes mit einheitlicher Währung und Währungspolitik. In Deutschland wurde am 1.7.1990 die Währungsunion zwischen der Bundesrepublik Deutschland und der DDR umgesetzt. Dazu wurde die Ostwährung in D-Mark umgetauscht:

- Löhne, Gehälter, Renten, Mieten, Pachten u. a. wiederkehrende Zahlungen im Verhältnis 1:1, andere Forderungen und Verbindlichkeiten 2:1.
- Private Spareinlagen wurden bis zu einer gewissen Höhe 1:1 umgetauscht, darüber hinausgehende Einlagen 2:1.

Seit 1.1.1999 besteht die Europäische Währungsunion. Dabei wurden alle monetären Größen der Bundesrepublik im Verhältnis von Euro zu DM (1:1,955883) umgetauscht.
➡ Währungsordnung

Waren

Hauptkennzeichen von W. ist, dass sie explizit für den Handel produziert werden.

Warenkorb

Dient dazu, ein umfassendes Bild der Preisentwicklung darzustellen. Dabei geht es darum, die Verbrauchergewohnheiten in den privaten Haushalten zu erfassen. Das Statistische Bundesamt wählt aus der Fülle der Güter repräsentativ einige 100 Waren und Dienstleistungen aus, um sowohl den gesamten Verbrauch als auch die Preisentwicklung der von den Haushalten nachgefragten Güter zu skizzieren. Kurzfristige Veränderungen des Konsumverhaltens werden nicht abgebildet, wohl aber längerfristige. Berücksichtigt werden dabei das Angebot neuer Produkte auf dem Markt und das Verschwinden derer, die nicht mehr nachgefragt werden. So etwa wurden Schreibmaschinen entfernt, CDs hinzugefügt.
➡ Inflation ➡ Statistisches Bundesamt
➡ Harmonisierter Verbraucherpreisindex

Wechselkurs

Austauschverhältnis von Währungen auf dem Devisenmarkt (etwa das von Euro und US-Dollar). Den Wert einer Währung im Vergleich zu anderen Währungen bestimmen Angebot und Nachfrage. Der W. wird täglich an den Devisenbörsen ermittelt. Bei der Entwicklung des W. spielen Erwartungen von Anlegern und Spekulanten eine große Rolle. Eine erwartete Aufwertung des Euro gegenüber dem US-Dollar führt z. B. zu sofortigen Dollarverkäufen und gleichzeitig zu Eurokäufen, um so Gewinne zu erzielen. Ziehen andere nach, steigt die Nachfrage nach dem Euro und entsprechend auch der W. gegenüber dem US-Dollar.
➡ Wechselkursmechanismus ➡ Wechselkurspolitik

Wechselkursmechanismus (WKM)

Seit 1999 zwischen verschiedenen EU-Staaten bestehendes Abkommen über die Wechselkurse. Es legt die fest, wie stark eine europ. Währung im Wechselkurs zum Euro differieren darf. Länder, die den Euro einführen wollen, müssen zuvor 2 Jahre ohne Leitkursabwertung beim WKM II, Nachfolger des Europäischen Währungssystems (EWS), teilgenommen haben.
➡ Wechselkurspolitik

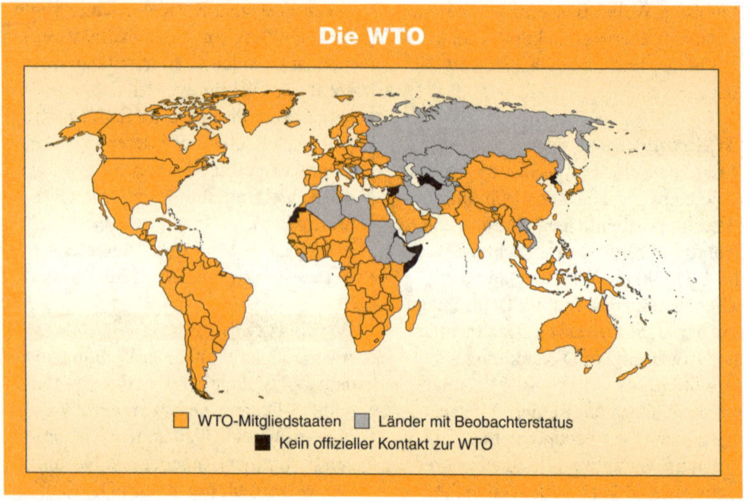
Die WTO
WTO-Mitgliedstaaten
Länder mit Beobachterstatus
Kein offizieller Kontakt zur WTO

Karte 7 (Stand 2009)
Länder mit Beobachter-Status: Afghanistan, Algerien, Andorra, Äquatorialguinea, Aserbaidschan, Äthiopien, Bahamas, Bhutan, Bosnien-Herzegowina, Irak, Iran, Jemen, Kasachstan, Komoren, Laos, Libanon, Liberia, Libyen, Montenegro, Russland, Samoa, Sao Tomé und Pricipe, Serbien, Seychellen, Sudan, Tadschikistan, Usbekistan, Vanuatu, Vatikanstadt, Weißrussland.
Länder ohne Kontakt zur WTO: Eritrea, Nord-Korea, Somalia, Syrien, Turkmenistan, Westsahara.

Wechselkurspolitik

Alle Maßnahmen, mit denen der Wert der Währung beeinflusst werden soll, z. B. die Anpassung von Leitkursen oder gezielte Käufe, um den Wechselkurs zu stützen. Seit der Europäischen Währungsunion 1999 nimmt die Europäische Zentralbank diese Einflussnahme auf die Wechselkurse vor. Für die Vereinigten Staaten nimmt die Funktion einer Zentralbank seit 1913 das Fed, das Federal Reserve System, wahr.

➡ Währungspolitik ➡ Währungsordnung
➡ Wechselkursmechanismus

Wechselkursregime

Grundlage für die Tauschrelation zwischen unterschiedlichen nationalen Währungen. Es gibt unterschiedliche Typen von W., flexible und fixe Wechselkurse. Flexible Wechselkurse bilden sich allein durch die Gegebenheiten auf dem Devisenmarkt heraus, ohne jeden Eingriff seitens der Zentralbanken. Im Fall eines fixen Wechselkurses sind die Notenbanken hingegen verpflichtet einzugreifen und z. B. ausländische Währungen zu einem fest vereinbarten Kurs aufzukaufen, um diese zu verknappen und so die entsprechende Währung zu stabilisieren. Die Zentralbank bestimmt in diesem Fall den Kurs einer Währung gegenüber anderen. Fixe Regimetypen sind z. B. in einer Währungsunion gegeben und ferner bei Übernahme einer Fremdwährung. Dann spielt die Notenbank selbst keine entscheidende Rolle mehr. Daneben gibt es auch zahlreiche Zwischenformen. So können freie Kursschwankungen nur innerhalb eines bestimmten Intervalls zugelassen sein. Erst wenn die Grenzen des Intervalls überschritten werden, intervenieren die Zentralbanken. Dies war z. B. beim Europäischen Währungssystem (EWS), dem Vorläufersystem zur Europäischen Währungsunion, der Fall.

Wechselkursspaltung

Von den Zentralbanken gesteuerter uneinheitlicher Wechselkurs. Ein fixer Wechselkurs ist z. B. für den Leistungsverkehr (Waren und Dienstleistungen) zu nutzen. Gleichzeitig kann ein flexibler Wechselkurs angewandt werden, um destabilisierende Kapitalbewegungen abzuwehren. Die Einhaltung dieser Regelung ist allerdings nicht leicht zu kontrollieren.

➠ Wechselkurspolitik ➠ Wechselkursmechanismus

Weltbank

[Auch: Internationale Bank für Wiederaufbau und Entwicklung] Offizielle Zielsetzung der 1945 gegründeten W. ist die Förderung der wirtschaftlichen Entwicklung und die Bekämpfung der Armut. Die Sonderorganisation der Vereinten Nationen, zu deren Aufgaben der Wiederaufbau nach dem 2. Weltkrieg gehörte, hat ihren Sitz in Washington. Die Darlehenspolitik der W. erfolgt nach strikt privatwirtschaftlichen Grundsätzen. Auch die Vergabe von Krediten ist daran geknüpft. Wettbewerb soll auf diese Weise gefördert werden. Kritiker monieren die neoliberale Haltung der W.; staatliche Betriebe würden auf ihren Druck hin privatisiert, was vielfach zur Ausbeutung von Beschäftigten und Rohstoffen führe sowie zur Umweltzerstörung durch internationale Konzerne.

➠ Entwicklungspolitik ➠ Weltwirtschaft

Welthandelsanteil

Prozentualer Anteil eines Landes am gesamten Welthandel oder am Handel mit einzelnen Güter- und Warengruppen. Im Jahr 2007 führte Deutschland z. B. im internationalen Maschinenhandel mit einem W. von 18,9 % (135,8 Mrd. €), gefolgt von den USA mit 11,8 % (85 Mrd. €) und Japan mit 10,8 % (78 Mrd. €).

➠ Export ➠ Import ➠ Weltwirtschaft

Welthandelsorganisation (WTO)

[Engl.: World Trade Organization] Die W. ist die internationale Organisation, die sich mit der Ordnung der weltweiten Handels- und Wirtschaftsbeziehungen beschäftigt. Gegründet wurde sie 1995; sie ist die Nachfolgeorganisation des GATT. Die W. ist eine eigenständige Organisation im System der Vereinten Nationen. Sie soll Handelshemmnisse aller Art abbauen, um so den internationalen Handel zu fördern. Die WTO umfasst nun auch Dienstleistungen, geistiges Eigentum und landwirtschaftliche Produkte. Zurzeit hat sie 153 Mitgliedstaaten.

➠ Weltwirtschaft

Weltmarktanteil

Anteil des Außenhandels (Ex- und Importe) am gesamten Welthandel.

➠ Weltwirtschaft

Weltwirtschaft

Gesamtheit der internationalen Wirtschaftsbeziehungen. Darunter befinden sich Teilmärkte wie Finanzmarkt, Informationsmarkt, Rohstoff- und Gütermarkt und Arbeitsmarkt. Die W. wird weitgehend von den Industriestaaten dominiert. Allerdings gewinnen Schwellenländer wie Brasilien, Indien und v. a. China über die Gruppe der großen 20 (G 20) an Einfluss. Institutionelle Rahmenbedingungen sind u. a. die Verträge

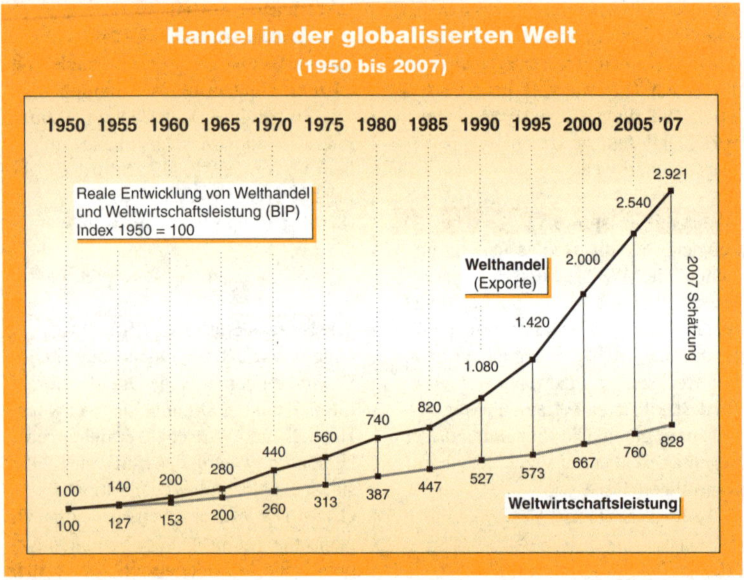
Handel in der globalisierten Welt
(1950 bis 2007)
1950 1955 1960 1965 1970 1975 1980 1985 1990 1995 2000 2005 '07
Reale Entwicklung von Welthandel und Weltwirtschaftsleistung (BIP) Index 1950 = 100
Welthandel (Exporte)
100 140 200 280 440 560 740 820 1.080 1.420 2.000 2.540 2.921
2007 Schätzung
Weltwirtschaftsleistung
100 127 153 200 260 313 387 447 527 573 667 760 828

Abb. 39 Quellen: WTO, IMF

der Welthandelsorganisation (WTO), Zoll- und Währungsabkommen sowie die Organisation für wirtschaftliche Zusammenarbeit und Entwicklung (OECD).

Weltwirtschaftsgipfel

Bezeichnung für das seit 1975 jährlich stattfindende Treffen der Regierungschefs der 7 führenden westlichen Industrienationen Deutschland, Frankreich, Großbritannien, Italien, Japan, Kanada und USA. Ehemals war dies die »Gruppe der Sieben« (G 7). Weiterhin nimmt seit 1977 der Präsident der Europäischen Kommission teil. Im Jahr 1994 wurde der Kreis um den russ. Präsidenten erweitert, man sprach dann von G 8. Seit der Finanzkrise von 2008 wurde die Gruppe um wichtige Schwellenländer wie China, Brasilien und Indien sowie andere mittlere Industriestaaten wie z. B. Spanien zur G 20 erweitert. Neben globalen Wirtschafts-, Entwicklungs- und Währungsfragen werden dort weltpolitische Sonderprobleme behandelt: z. B. Umweltschutz, Klimawandel, Terrorismus, Drogen- und Waffenhandel, Kernenergie, Arbeitslosigkeit und Schuldenkrise. 2007 fand der Gipfel unter dt. Präsidentschaft in Heiligendamm statt. Thema waren v. a. auch die durch Energieverschwendung hervorgerufenen Umweltschäden, zulasten der unterentwickelten Länder. 2008 tagte der Gipfel im japanischen Toyako zu globalen Finanzfragen und 2009 als G 20 zur Weltfinanzkrise in London.

Weltwirtschaftskrise

Wenn der wirtschaftliche Zusammenbruch mehrerer maßgeblicher Industrienationen sich auf die meisten Länder der Erde auswirkt. Das bekannteste Beispiel

ist die W. von 1929. Ursache war das Zusammenbrechen des spekulativ überbewerteten Aktienmarktes an der New Yorker Börse. Die von den USA in anderen Volkswirtschaften investierten Gelder wurden abgezogen. In einer Kettenreaktion kam es zu einem massiven Rückgang des Welthandels, der sich v. a. auf die europ. Staaten auswirkte. Arbeitslosigkeit und Deflation waren die Folge. In Deutschland brach bsplsw. der Warenexport zusammen, die Erwerbslosenzahl stieg auf über 6 Mio. an. Unternehmen und Banken mussten schließen, Löhne und Preise fielen. Die Staaten reagierten auf die weltweite Krise unterschiedlich: Funktionierende Demokratien wie die skandinavischen Staaten begannen als Wohlfahrtsstaaten in das Marktgeschehen regulierend einzugreifen. Franklin D. Roosevelt unternahm wachstumsfördernde öffentliche Investitionen, die er durch vermehrte Schuldenaufnahme finanzierte. Das Deutsche Reich unter Reichskanzler Heinrich Brüning versuchte, die Währung zu stärken und mit rapidem Sozialabbau die Krise zu beenden. Dies beförderte den Aufstieg der Nationalsozialisten und das Entstehen des Faschismus. Die Krise auf den Finanzmärkten 2008 führte zu einer weiteren Weltwirtschaftskrise, in der das wirtschaftspolitische Instrumentarium aus den 30er-Jahren wie keynesianische Investitionsprogramme und eine sehr expansive Geldpolitik rascher angewendet wurden.
➠ Finanzmarktkrise

Weltwirtschaftsordnung

Regelwerk aus Handels- und Finanzabkommen, die die führenden Industrienationen unter sich aushandeln und beschließen. Diese Nationen, die der Gruppe der Acht (G 8) angehören, dominieren die Entscheidungen des Internationalen Währungsfonds (IWF) und der Weltbank. Ferner befassen sich die Mitglieder der Welthandelsorganisation (WTO) mit der W. Ihrer Ministerkonferenz, die alle 2 Jahre tagt, gehören auch die Wirtschaftsminister von Entwicklungs- und Schwellenländern an. Dabei geht es u. a. um handelspolitische Vereinbarungen. Über den klassischen Warenhandel hinaus werden Regelungen zum Handel mit Dienstleistungen (GATS) diskutiert, handelsbezogene geistige Eigentumsrechte (TRIPS), handelsbezogene Investitionsmaßnahmen (TRIMS) und landwirtschaftliche Produkte (AoA). Kritiker von Attac u. a. Organisationen fordern allerdings einen Paradigmenwechsel der W., weg von der über WTO-Verträge betriebenen weiteren Öffnung der Märkte. Eine auf

Waren des Welthandels

Exporte im Jahr 2007: 13,6 Billionen US-Dollar – darunter in Mrd. US-Dollar

Produkt	Mrd. US-$
Energierohstoffe	2.038
Maschinen, Kraftwerke, Flugzeuge, Schiffe u. a.	1.740
EDV, Telekommunikation, Büromaschinen	1.514
Kraftfahrzeuge	1.183
Nahrungsmittel, Agrarprodukte	1.128
Chemieprodukte	1.115
Halbwaren	915
Textilien, Bekleidung	583
Eisen und Stahl	474
Pharm. Produkte	369
Nichteisenmetalle	362
Wiss.-techn. Instrumente	280
Erze, Mineralien	258

Tab. 20 Quelle: WTO

diese Weise geförderte Liberalisierung des Welthandels treibe die armen Länder nur weiter in eine von einer neoliberalen Finanzkrise geschüttelte Wirtschaft hinein. So würden weltweit Hunger, explodierende Nahrungsmittelpreise, Klimawandel und Rohstoffkriege verschärft.

Wertpapiere

Geldanlagen, die Staaten, Institutionen und Unternehmen zur Fremdfinanzierung dienen. Bei Aktien wird der Investor am Gewinn beteiligt. Käufer festverzinslicher Wertpapiere hingegen sind Gläubiger und haben nur Anspruch auf Zinsen und Tilgung ihres geliehenen Kapitals. Sie werden mit unterschiedlichen Modalitäten zur Zahlung, Tilgung und Laufzeit aufgelegt und haben bei der Auszahlung Vorrang vor anderen Verbindlichkeiten. Denn wenn die Herausgeber der Papiere ihrer Verpflichtung nicht nachkommen, kann das zum Konkurs führen.

➡ Wertpapierfonds

Wertpapierfonds

Bündel unterschiedlicher Wertpapiere wie z. B. Aktien, Investmentanteile und Anleihen. Sie werden von Kapitalanlagegesellschaften (KAG) gemanagt und sollen die Risiken der einen Anlageform durch die anderen ausgleichen.

Wertschöpfung

Summe der in den verschiedenen Wirtschaftsbereichen einer Volkswirtschaft hergestellten Gütermengen zu den jeweiligen Marktpreisen, abzüglich aller im selben Zeitraum erbrachten Vorleistungen. Dies ist der in einer Periode erwirtschaftete Wertzuwachs an Gütern und Dienstleistungen. In einem einzelnen Unternehmen ist von W. die Rede, wenn man von der Gesamtleistung die Vorleistung abzieht. Beispiel: Ein Bäcker kauft Mehl vom Müller und backt daraus Brot. Die W. ist der Verkaufswert des Brotes abzüglich der Kosten für das gekaufte Mehl. Dieser Betrag kann als Lohn an den Bäckergesellen ausbezahlt werden oder den Gewinn des Bäckers selbst mehren.

➡ Volkswirtschaftliche Gesamtrechnungen

Wettbewerb

Konkurrenz der Marktakteure untereinander und das Streben danach, so viel Gewinn wie möglich zu erzielen. Dies geht nur dann, wenn ein Unternehmen mit seinen Erzeugnissen und Dienstleistungen die Gunst der Käufer erlangt. Nur Unternehmen, die wettbewerbsfähig produzieren, können dauerhaft am Markt bestehen. Neoliberale Ökonomen sprechen vom »freien Spiel der Kräfte« in der Marktwirtschaft, und »einem Markt, der sich selbst reguliert«. Der Nationalökonom Adam Smith vertrat die Auffassung, das »Prinzip der unsichtbaren Hand« führe zur günstigsten Güterversorgung. Der amerik. Wirtschaftswissenschaftler John Maurice Clark war der Meinung, nur durch den W. ließen sich Wachstum und technischer Fortschritt erzielen.

➡ Wettbewerbsbeschränkungen ➡ Wettbewerbsintensität ➡ Wettbewerbspolitik

Wettbewerbsbeschränkungen

Staatliche Gesetze und Kontrollen, um den Missbrauch einer marktbeherrschenden Position zu verhindern. z. B. sollen auf diese Weise Unternehmenszusammenschlüsse unterbunden werden, die angestrebt werden, um eine Monopolstellung zu erreichen. Das Bundeskartellamt überprüft dies auf der Grundlage des Gesetzes gegen W. (GWB). Das Gesetz gegen unlauteren Wettbewerb (UWG) soll hingegen Sittlichkeit,

Lauterkeit und Fairness des Wettbewerbs gewährleisten.

➠ Wettbewerbsintensität ➠ Wettbewerbspolitik

Wettbewerbsfähigkeit

Der Begriff kann einzelwirtschaftlich verstanden werden (für einen einzelnen Marktteilnehmer) und gesamtwirtschaftlich (für eine Volkswirtschaft). Ein Marktteilnehmer ist wettbewerbsfähig, wenn er ein Produkt höherer Qualität zu gleichen Kosten oder ein Produkt gleicher Qualität zu höchstens gleichenKosten herstellen kann wie die Konkurrenz. Eine Volkswirtschaft ist wettbewerbsfähig, wenn die Produktion dort zu niedrigeren Kosten möglich ist als in anderen Volkswirtschaften.

Wettbewerbsintensität

Ausmaß des Wettbewerbs in einem Land oder einer Branche. Wie stark die W. ist, zeigt sich z. B. an der Geschwindigkeit, mit der Unternehmen die Vorsprünge eines Konkurrenten aufholen können.

➠ Wettbewerbsbeschränkungen
➠ Wettbewerbspolitik

Wettbewerbspolitik

Möglichkeit, mit staatlichen Mitteln und per Gesetzgebung in den unternehmerischen Wettbewerb einzugreifen. Ziel ist, einen fairen Wettbewerb zu erhalten und zu fördern. Dazu dienen das Gesetz gegen unlauteren Wettbewerb (UWG) und das Gesetz gegen Wettbewerbsbeschränkung (GWB). Ersteres dient dazu, die Marktpraktiken so zu gestalten, dass der Wettbewerb nicht zum Nachteil von Mitbewerbern, Verbrauchern oder sonstigen Marktteilnehmern ausfällt. Letzteres wird auch das Kartellgesetz genannt. Es hat den Zweck, Kartelle, Absprachen, Preisbindungen und Ähnliches zu unterbinden, um so einer Konzentration entgegenzuwirken. Für die Fusionskontrolle ist das Bundeskartellamt mit Sitz in Bonn zuständig. Die §§ 97-129 des GWB sollen gewährleisten, dass auch die Vergabe öffentlicher Aufträge nach den Gesichtspunkten des Wettbewerbs erfolgt. Seit 2007 ist zudem das Gesetz zur Bekämpfung von Preismissbrauch im Bereich der Energieversorgung und des Lebensmittelhandels in Kraft. Auch darüber soll die Kartellbehörde wachen.

➠ Wettbewerbsintensität

Wiedervereinigungskosten

Kosten, die mit der Wiedereinigung Deutschlands verbunden sind. Im Jahr 2007 wurden die W. mit mehr als 1.100 Mrd. € (Netto-Gesamttransfer) beziffert. Das Münchner Institut für Wirtschaftsforschung (ifo) konstatiert, dass die tatsächlichen Kosten über 2.000 Mrd. € liegen dürften, weit mehr als das 1990 prognostizerte Volumen. Die damals prognostizierten »blühenden Landschaften« sind nicht in Sicht. Von jedem Euro, der im Osten ausgegeben wird, kommen immer noch durchschnittlich 31 Cent aus dem Westen. Deutschland muss sich darauf einstellen, dass selbst nach dem offiziellen Ende des Solidarpakts 2019 weitere Kosten anfallen. Sozialverbände beklagen, dass die W. über die Sozialsysteme statt über Steuern finanziert werden und erstere deshalb überlastet sind.

Wirtschaft

[Auch: Ökonomie] Sämtliche Güter- und Geldbewegungen einer Gesellschaft. Volkswirtschaftlich werden damit die Transaktionen bezeichnet, die alle Wirtschaftsteilnehmer – wie Banken, Betriebe, private Haushalte und der Staat selbst – vornehmen.

➠ Geldwirtschaft ➠ Marktwirtschaft
➠ Ökonomie

Wirtschafts- und Währungsunion (WWU)

Wirtschaftlicher Zusammenschluss verschiedener Staaten in Fragen der Wirtschafts- und Finanzpolitik. So haben die europ. Staaten seit 1990 begonnen, sich in eine WWU zu begeben (Europäische Wirtschafts- und Währungsunion, EWWU). In der EWWU verzichten 16 Staaten auf ihre nationale Geldpolitik und haben als gemeinsame Währung den Euro eingeführt. Die Verantwortung für die Währung ist 1998 von den nationalen Zentralbanken auf die Europäische Zentralbank (EZB) mit Sitz in Frankfurt am Main übergegangen. Im EG-Vertrag ist als Grundregel festgeschrieben, dass sich die Mitgliedstaaten verpflichten, übermäßige öffentliche Defizite zu vermeiden. Im Stabilitäts- und Wachstumspakt haben sie sich verpflichtet, nahezu ausgeglichene Haushalte oder aber einen Überschuss zu realisieren. Der sog. Ecofin-Rat, der sich aus den Wirtschafts- und Finanzministern der EU-Staaten zusammensetzt, kann Empfehlungen an die Mitgliedstaaten richten. Diese sollen auf den im EG-Vertrag oder Stabilitäts- und Wachstumspakt festgehaltenen Vorschriften basieren. Das dt. Stabilitätsprogramm wird vom Bundesministerium für Finanzen erstellt.

➠ Europäische Union

Wirtschaftsforschungsinstitute

Institute, die sich im Wesentlichen mit empirischer Forschung über wirtschaftliche und v. a. wirtschaftspolitische Zusammenhänge befassen. Die bedeutendsten W. in Deutschland sind:

- Deutsches Institut für Wirtschaftsforschung e. V. (DIW), Berlin;
- ifo Institut für Wirtschaftsforschung e. V., München;
- Institut der deutschen Wirtschaft Köln e. V. (IW), Köln;
- Institut für Makroökonomie und Konjunkturforschung in der Hans-Böckler-Stiftung (IMK), Düsseldorf;
- Institut für Weltwirtschaft an der Universität Kiel (IfW), Kiel;
- Institut für Wirtschaftsforschung Halle (IWH), Halle/Saale;
- Rheinisch-Westfälisches Institut für Wirtschaftsforschung e. V. (RWI), Essen;
- Wirtschafts- und Sozialwissenschaftliches Institut in der Hans-Böckler-Stiftung (WSI), Düsseldorf;
- Zentrum für Europäische Wirtschaftsforschung GmbH (ZEW), Mannheim.

Wirtschaftskreislauf

Begriff, der ist in Anlehnung an den medizinischen Begriff des Blutkreislaufs von dem brit. Ökonomen Richard Cantillon (* um 1680 † 15.5.1734) und dem frz. Arzt und Ökonomen François Quesnay (* 4.6.1694 † 16.12.1774) entwickelt worden ist. Der W. umfasst die Güter- und Geldströme zwischen den Haushalten, den Unternehmen, dem Staat und dem Ausland.

Wirtschaftslenkung

Der starke Staat und das Vertrauen in die öffentliche Daseinsvorsorge spielen bei der W. eine große Rolle. Dabei geht es vorrangig darum, gemeinwirtschaftliche Ziele zu erreichen. In der Politik tobt ein heftiger Grundsatzstreit zwischen den Verfechtern eines unregulierten Marktes, die verstärkt auf Privatisierung auch bislang öffentlicher Bereiche setzen, und Befürwortern der W. In der Nachkriegsgeschichte befürworteten hingegen auch konservative Politiker regulierende Eingriffe des Staates. Lud-

wig Erhards Politik der »sozialen Marktwirtschaft« setzte darauf, »das Prinzip der Freiheit auf dem Markte mit dem Prinzip des sozialen Ausgleichs« zu verbinden. Die CDU verabschiedete in ihrem Ahlener Programm u. a. diesen Satz: »Das kapitalistische Wirtschaftssystem ist den staatlichen und sozialen Lebensinteressen des dt. Volkes nicht gerecht geworden.«
➡ Planwirtschaft ➡ Wirtschaftspolitik

Wirtschaftsordnung

➡ Wirtschaftssystem

Wirtschaftspolitik

Alle politischen Aktivitäten, die zum Ziel haben, den Wirtschaftsprozess zu regeln, zu ordnen und zu beeinflussen. Die quantitativen wirtschaftspolitischen Ziele sind ein hoher Beschäftigungsstand, Preisniveaustabilität, Wirtschaftswachstum und außenwirtschaftliches Gleichgewicht. Im innenwirtschaftlichen Bereich stehen Geldwertstabilität, Löhne, Arbeitszeitregelungen, Steuern und die Erfüllung sozialstaatlicher Aufgaben im Zentrum, z. B. im Bereich der Arbeitslosen- und Rentenversicherung. Eingriffe des Staates in die Wirtschaftsabläufe sollen v. a. der Steuerung und Überwachung des Wirtschaftskreislaufes dienen, damit er den gesellschaftlichen Bedürfnissen gerecht wird. Mit der zunehmenden Öffnung der Märkte im Zeitalter der Globalisierung treten Ziele wie Verteilungsgerechtigkeit und globaler Umweltschutz in den Vordergrund. Internationale Absprachen, Handelsabkommen, u. a. die fortschreitende Gestaltung der Europäischen Wirtschafts- und Währungsunion, nehmen mehr Raum ein, nationalstaatliche Regelungen werden entsprechend zurückgefahren.
➡ Angebotsorientierte Wirtschaftspolitik ➡ Antizyklische Fiskalpolitik ➡ Antizyklische Wirtschaftspolitik ➡ Arbeitsmarktpolitik ➡ Außenwirtschaftspolitik ➡ Konjunkturpolitik ➡ Strukturpolitik ➡ Technologiepolitik ➡ Verteilungspolitik ➡ Wachstumspolitik ➡ Wettbewerbspolitik ➡ Ziele der Wirtschaftspolitik

Bundeswirtschaftsminister

Minister	Amtszeit
Prof. Dr. Ludwig Erhard (parteilos)	1949–1963
Kurt Schmücker (CDU)	1963–1966
Prof. Dr. Karl Schiller (SPD)	1966–1972
Helmut Schmidt (SPD)	1972
Dr. Hans Friderichs (FDP)	1972–1977
Dr. Otto Graf Lambsdorff (FDP)	1977–1982
Manfred Lahnstein (SPD)	1982
Dr. Otto Graf Lambsdorff (FDP)	1982–1984
Dr. Martin Bangemann (FDP)	1984–1988
Dr. Helmut Haussmann (FDP)	1988–1991
Jürgen W. Möllemann (FDP)	1991–1993
Dr. Günter Rexrodt (FDP)	1993–1998
Dr. Werner Müller (parteilos)	1998–2002
Wolfgang Clement (SPD)	2002–2005
Michael Glos (CSU)	2005–2009
Dr. Karl-Theodor Freiherr von und zu Guttenberg (CSU)	seit 2009

Tab. 21

Wirtschaftsstatistik

W. erfasst, analysiert und beschreibt die quantitativen Tatbestände des Wirtschaftslebens. Statistiken werden z. B. erstellt über die Bevölkerungsentwicklung, den Arbeitsmarkt, Unternehmen, Einkommen und Konsumverhalten, Preisentwicklung und den Außenhandel.

Wirtschaftspolitische Konzepte		
Angebots- und Nachfragepolitik im Vergleich		
Nachfragepolitik: Keynesianische Nachfragesteuerung		**Angebotspolitik: Angebotsorientierung mit Geldmengensteuerung**
Kurzfristige Beseitigung von Gleichgewichtsstörungen	⇐ **Ziele** ⇒	Mittel- bis längerfristige Beseitigung gleichgewichtsstörender Auslösefaktoren
Stärkung der gesamtwirtschaftlichen Nachfrage durch Konsumsteigerung	⇐ **Ansatzpunkte** ⇒	• Stärkung des gesamtwirtschaftlichen Angebots durch Verbesserung der Produktionsbedingungen • Verstetigung des gesamtwirtschaftlichen Spielraums durch Geldmengensteuerung
• Stärkung der Massenkaufkraft durch Lohnerhöhungen und/oder höhere staatliche Zuschüsse für bzw. geringere Abgaben der Privathaushalte • Erhöhung des Staatskonsums durch öffentliche Ausgabenprogramme • Ausweitung des öffentlichen Sektors • Stärkere Regulierung • Schaffung verbrauchsfördernder Rahmenbedingungen	⇐ **Maßnahmen** ⇒	• Erhöhung der Unternehmensrentabilität durch Kostendämpfung (Lohnmäßigung und/oder Verringerung der Unternehmenssteuerbelastung) • Verringerung des effizienzschwachen Staatskonsums • Ausweitung des privaten Sektors • Investitionsförderung • Deregulierung • Abbau von Subventionen • Schaffung leistungsanreizender, innovationsfördernder Rahmenbedingungen

Tab. 22

Ein weiteres Ziel kann sein, aus der W. finanz- und steuerpolitische Schlussfolgerungen zu ziehen.

➡ Amtliche Statistik ➡ Empirische Wirtschaftsforschung

Wirtschaftsstruktur

Aufbau und Gestaltung der Wirtschaft eines Landes nach verschiedenen Gesichtspunkten: Produktion, Beschäftigungs- und Erwerbsstruktur, Einkommens- und Vermögensstruktur. Beim Erfassen der W. sind zudem besondere geografische Kennzeichen, Bodenschätze, agrarwirtschaftliche Bedingungen, Krisenherde oder die Verschuldung eines Landeshaushalts von Bedeutung.

Wirtschaftssubjekt

Jeder, der das Wirtschaftsleben in irgendeiner Weise mitgestaltet und trägt, sowohl Privatpersonen als auch juristi-

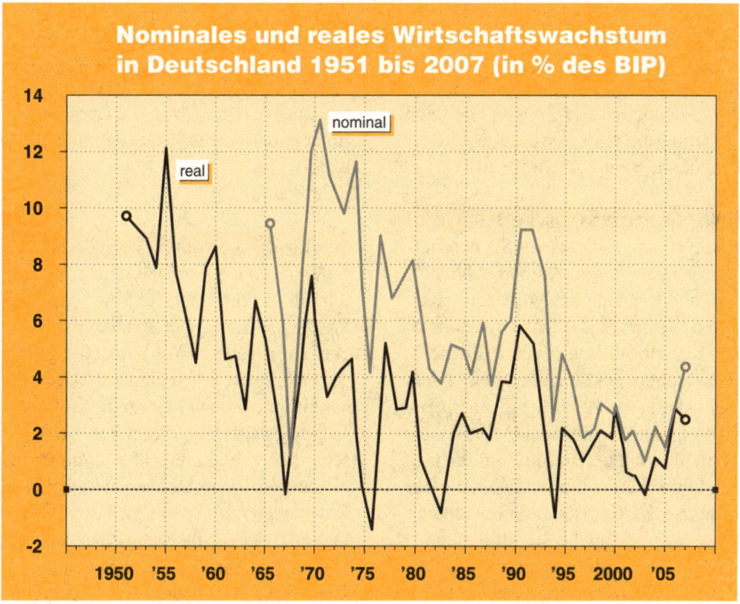
Nominales und reales Wirtschaftswachstum
in Deutschland 1951 bis 2007 (in % des BIP)
14
12
10
8
6
4
2
0
-2
nominal
real
1950
'55
'60
'65
'70
'75
'80
'85
'90
'95
2000
'05

Abb. 40

sche Personen, die z. B. ein Unternehmen oder den Staat vertreten. Arbeitnehmer und Arbeitgeber, Produzenten und Konsumenten, Investoren und Sparer, Steuerzahler und Rentenempfänger sind als W. zu bezeichnen, insofern sie die Wirtschaftsrealität eines Landes prägen.

➡ Privater Haushalt

Wirtschaftssystem

Wird häufig als synonym des Begriffs Wirtschaftsordnung verwendet. Zwar ist das W. entscheidend durch die Wirtschaftsordnung geprägt (entweder Kapitalismus mit weitgehend privatisierter Wirtschaft oder Sozialismus mit hauptsächlich verstaatlichten Produktionsmitteln), doch es umfasst darüber hinaus die Gesamtheit des Wirtschaftslebens einer Epoche. Dazu gehören alle wirtschaftlichen Elemente, z. B. Beziehungen, die in Produktions-, Verteilungs- und Konsumtionsprozessen von Bedeutung sind, aber auch der Reichtum an Ressourcen eines Landes.

➡ Marktwirtschaft ➡ Planwirtschaft

Wirtschaftswachstum

Zunahme des Bruttoinlandsprodukts (BIP), also das Anwachsen der Summe aller in einer Volkswirtschaft zu laufenden Preisen oder in Preisen eines Basisjahres bewerteten Waren und Dienstleistungen. Da im Regelfall von einem Wachstum ausgegangen wird, wird eine Stagnation als Nullwachstum angegeben. Nimmt die Produktion ab, wird ein Minuswachstum vermerkt. Beim realen Wachstum wird die Preissteigerung herausgerechnet. Nach diesem aussagekräftigeren Konzept wird die reale Leistungssteigerung der Gesamtwirtschaft erfasst. W. kann als rein quantitativer Wert erfasst werden. Wird es als qualitativer Wert ausgelegt, muss ein schonender Umgang mit der Umwelt oder eine gerechte Einkommensverteilung in die Berechnung einbezogen werden.

Wirtschaftswissenschaften

Lehre von der Ökonomie. Sie beschäftigt sich mit Wesen, Aufbau, Ablauf, Ziel und Ordnung der Wirtschaft. Sie unterteilt sich in Betriebswirtschaftslehre und Volkswirtschaftslehre. Letztere untersucht die Gesetzmäßigkeiten der Wirtschaft sowohl in Bezug auf einzelne wirtschaftende Einheiten (Mikroökonomie), als auch im Hinblick auf die Gesamtwirtschaft (Makroökonomie). Die Betriebswirtschaftslehre liefert Erkenntnisse für betriebliche Strukturen und Prozesse. Beim Studium der W. spielen u. a. die Teildisziplinen Wirtschaftsethik, Wirtschaftsgeschichte, Wirtschaftsmathematik, Wirtschaftspädagogik und Wirtschaftsrecht eine Rolle.

Wirtschaftszweige

Gruppen von Unternehmen oder wirtschaftlichen Einrichtungen, die ähnliche Produkte oder Dienstleistungen anbieten. Unternehmen schließen sich auf der Ebene verschiedener W. in Verbänden zusammen (z. B. Hauptverband des Deutschen Einzelhandels oder Verband der Elektro- und Metallindustrie). Auch Tarifverträge mit den Gewerkschaften handeln die Arbeitgeber in Deutschland auf Branchenebene (also nach W.) aus.

➡ Arbeitgeberverbände

Wohlfahrtsstaat

Bezeichnung für einen Staat, der mit unterschiedlichen Fürsorgeprogrammen dem sozialen, kulturellen und materiellen Wohlergehen der Bürger dienen will. Damit unterscheidet er sich vom Sozialstaat, der einzig das Ziel verfolgt, Menschen in unverschuldeten Notlagen beizustehen. Neoliberale Politiker kritisieren den W., da ein W. seine Bürger von Eigeninitiative und Verantwortung abhalte.

➡ Sozialstaat

Wohlfahrtstheorie

Befasst sich mit der Zielsetzung, wirtschaftliche Wohlfahrt im Sinn von Wohlstand zu definieren. Dieser wird von den jeweiligen Wertvorstellungen der beteiligten Wirtschaftssubjekte, einer Gruppe oder der Gesamtbevölkerung abgeleitet. Bei dieser volkswirtschaftlichen Theorie geht es darum, wie die zur Verfügung stehenden knappen Ressourcen optimal zur Wohlstandsmehrung der Bevölkerung eingesetzt werden können. Dazu gibt es unterschiedliche Auffassungen. Umstritten ist, ob eine ideale Marktwirtschaft zu einem Wohlfahrtsoptimum führen kann oder ob der Staat mittels steuer- und finanzpolitischer Maßnahmen korrigierend eingreifen muss.

➡ Wohlstand

Wohlstand

Wird als ökonomischer Begriff am Versorgungsgrad von der Gesellschaft mit Gütern und Dienstleistungen gemessen. Rein materiell wird er nach der Höhe des Bruttoinlandsprodukts oder des Pro-Kopf-Einkommens berechnet. Dabei geht es nicht um Glücksempfinden oder allgemeine Lebensqualität.

➡ Wohlstandsindikator

Wohlstandsindikator

Häufig wird das Bruttoinlandsprodukt (BIP) pro Kopf als Indikator für den Wohlstand eines Landes herangezogen. Das BIP misst jedoch nur den Marktwert aller in einem bestimmten Zeitraum im Inland hergestellten Waren und Dienstleistungen. Alle Formen der Schattenwirtschaft, u. a. Subsistenzwirtschaft, Tauschhandel und Schwarzarbeit werden jedoch vom BIP nicht erfasst. Somit werden all jene nicht berücksichtigt, die aus dem Wirtschaftskreislauf durch Armut heraus gefallen sind. Zusätzlich wird häufig der »Human Development Index« (Index der menschlichen Entwicklung) zurate gezogen werden, denn er berücksichtigt die Lebenserwartung und den Bildungsgrad.

Wohngeld

Zuschuss zur Miete oder zum selbst genutzten Wohneigentum, den Bürger erhalten, die aufgrund eines zu geringen Einkommens nachweislich zu wenig Geld haben, um für ihren Unterhalt selbst aufzukommen. Die Gesamtausgaben für das Wohngeld sanken von 5,18 Mrd. € im Jahr 2004 auf 1,16 Mrd. € im Jahr 2006. Dies liegt jedoch einzig darin begründet, dass die Empfänger staatlicher Transferleistungen seit Inkrafttreten des Hartz-IV-Gesetzes diese Unterstützung nicht mehr wie zuvor gesondert bei der Wohngeldstelle der örtlichen Stadtverwaltung beantragen. Die Unterkunftskosten werden nun mit der jeweiligen Sozialleistung verrechnet. Dies betrifft z. B. alle, die Arbeitslosengeld II, Sozialgeld, Hilfe zum Lebensunterhalt, Grundsicherung im Alter bzw. bei Erwerbsminderung und Asylbewerberleistungen erhalten.

Zahlungsbilanz

Bilanz des Zahlungsverkehrs zwischen In- und Ausland. Die Z. besteht aus der Leistungsbilanz – die die auf den Handel zurückgehenden Zahlungen abbildet –, der Kapitalverkehrsbilanz und der Devisenbilanz. In Deutschland gibt die Deutsche Bundesbank monatlich die Z. heraus.

➠ Zahlungsbilanzkrise ➠ Zahlungsbilanzungleichgewicht ➠ Zahlungsverkehr

Zahlungsbilanzkrise

Wenn ein Land seinen Lebensstandard nur über starke Kapitalzuflüsse aus dem Ausland halten kann, steuert es auf eine Z. zu. Erfahrungsgemäß entziehen internationale Anleger als Reaktion auf eine vermutete Überschuldung eines Landes ihre Einlagen, was die Krise verschlimmert. Dann kann unmittelbar eine Währungskrise folgen.

➠ Zahlungsbilanz ➠ Zahlungsbilanzungleichgewicht ➠ Zahlungsverkehr

Zahlungsbilanzungleichgewicht

Können bei einem Land durch Zahlungsbilanzüberschüsse oder -defizite hervorgerufen sein, wenn die Exporte größer bzw. niedriger sind als die Importe. Monetäre Eingriffe können regulierend wirken: Heraufsetzung oder Senken des Wechselkurses sowie Zinsanhebungen oder Senkungen.

➠ Zahlungsbilanz ➠ Zahlungsverkehr

Zahlungsverkehr

Sämtliche Geldbewegungen: sowohl Zahlungen in Bargeld (persönlich oder durch dritte Personen übergeben) als auch bargeldlose Zahlungen in Form von Überweisung, Verrechnungsscheck, EC- oder Kreditkarte, Electronic Banking oder Wechsel.

Zeitverzögerungen in der Wirtschaftspolitik

Können ihre Ursache in langwierigen und komplexen Entscheidungsprozessen haben oder auch darin, dass es häufig lange dauert, bis wirtschaftspolitische Maßnahmen greifen. Deshalb werden Z. oft als grundlegender Einwand gegen eine aktive Wirtschaftspolitik ins Feld geführt.

➠ Lags

Zentralbanken

[Auch: Notenbank, Zentralnotenbank] Sind für die Geld- und Währungspolitik eines Währungsraums zuständig und werden auch »Währungshüter« genannt. Es gibt Z. sowohl auf nationaler als auch auf supranationaler Ebene. Z. für Deutschland war bis 1997 die Deutsche Bundesbank in Frankfurt am Main. Dort befindet sich auch die Europäische Zentralbank (EZB), die seit 1998 für die Europäische Währungsunion als auch Deutschland zuständig ist. Z. sind zuständig für die Geldpolitik, sie führen die Finanzmarktaufsicht, verantworten die Geldversorgung und den Zahlungsverkehr. Den internationalen Zahlungsverkehr der Z. regelt die Bank für Internationalen Zahlungsbilanzausgleich.

Zentralbankgeld

Bargeld und Sichteinlagen der Banken bei der Zentralbank. Es ist also das Geld, das eine Zentralbank unmittelbar schafft.

Zentralverwaltungswirtschaft

Wirtschaftssystem, das die Produktion genauso wie Dienstleistungen und Handel verstaatlicht und vergesellschaftet. Die Wirtschaft soll von einer zentralisierten Instanz geplant werden. Dabei werden Preise bestimmt, die sich an den realen Kosten für die Herstellung des Produkts orientieren. Der Gegenbegriff für eine solche zentralstaatlich gesteuerte Ökonomie ist der Wirtschaftsliberalismus, der jeden regulierenden Eingriff in den Markt ablehnt und auf die sog. »freien Kräfte des Marktes« vertraut. In der sog. sozialen Marktwirtschaft hingegen wird der Markt durch ordnungspolitische Vorgaben geregelt (z. B. Kartellgesetze).

➠ Planwirtschaft ➠ Marktwirtschaft

ZEW-Index

Das Mannheimer Zentrum für Europäische Wirtschaftsforschung (ZEW) erhebt monatlich die Konjunkturerwartungen in Deutschland. An der Umfrage beteiligen sich bis zu 350 Finanzanalysten. So entsteht jeweils ein Frühindikator für die künftige Wirtschaftsentwicklung, der auf 6 Monate Gültigkeit angelegt ist. Der Z. gibt die Differenz der positiven und negativen Einschätzungen wieder. Sind z. B. 40 % der Umfrageteilnehmer der Ansicht, die wirtschaftliche Lage wird sich verbessern, aber 50 % meinen, sie wird sich verschlechtern, so ergibt sich ein Index von -10. Der Anteil derjenigen, die mit keiner Veränderung für die Konjunktur rechnen, spielt für die Erhebung keine Rolle.

➠ Wirtschaftsforschungsinstitute

Ziele der Wirtschaftspolitik

Die 4 quantitativen Z. sind: hoher Beschäftigungsstand, Stabilität des Preisniveaus, Wirtschaftswachstum und außenwirtschaftliches Gleichgewicht, worunter z. B. die Vermeidung von Auslandsverschuldung zu verstehen ist. Zusätzlich gibt es 2 qualitative Ziele: eine sozial gerechte Einkommens- und Vermögensverteilung sowie Umweltschutz. Diese wirtschaftspolitischen Ziele werden als »Magisches Sechseck« bezeichnet.

Zielkonflikt

Entsteht in der Wirtschaftspolitik immer dann, wenn mindestens 2 wirtschaftspolitische Ziele nicht gleichzeitig erfüllt werden können. Der bekannteste Z. ist der zwischen hohem Wachstum und Preisstabilität.

Zins

Preis für die zeitweilige Überlassung von Geld- oder Finanzvermögen.

Zinsparitätentheorie

Wechselkurstheorie, die die kurzfristige Bewegung von Devisenkursen mit Differenzen zwischen den Zinssätzen (preisbereinigt oder nominal) verschiedener Währungsgebiete erklärt. Ein Devisenmarktgleichgewicht ist dann erreicht, wenn eine Parität (Gleichheit) von Zinsen und erwarteten Wechselkursänderungen besteht.

Zinspolitik

Z. bedeutet, dass die Zentralbank Geldpolitik über Änderungen des Leitzinses betreibt. Sie versucht auf diese Weise, Einfluss auf die Zinsen am Kapitalmarkt auszuüben, die für die Finanzierungsbedingungen von Unternehmen und Konsumenten entscheidend sind. Diese Zinsen sind Ergebnis von Nachfrage und Angebot und können insofern nur indirekt beeinflusst werden, wenn z. B. die Zentralbank ihre Zinsen erhöht, um in einem konjunkturellen Hoch Preissteigerungen zu verringern. Geschäftsbanken werden in der Folge die Zinsen, die sie ihren Kunden in Rechnung stellen, ebenfalls erhöhen. Solche Zinserhöhungen bewirken eine geringere Geldnachfrage, z. B. werden dann weniger Kredite aufgenommen für Investitionen. Auf private Haushalte wirkt sich dies konsumhemmend aus. Dadurch stabilisiert sich das Preisniveau. Sinkende Zinsen haben die gegenteilige Wirkung.

➡ Europäische Zentralbank

Zinsstruktur

Abhängigkeit des Zinssatzes von der Bindungsdauer einer Anlage. Eine normale oder auch steigende Z. besteht, wenn der Anleger für längerfristig angelegtes Geld mehr Zinsen erhält als für kurzfristig angelegtes – der Zinssatz steigt also mit der Bindungsdauer. Als flach wird die Z. bezeichnet, wenn die Bindungsdauer nur einen geringen Einfluss auf die Zinshöhe aufweist. Werden für langfristige Anlagen weniger Zinsen bezahlt als für kurzfristige, spricht man von einer inversen bzw. fallenden Z.

Zinstender

Offenmarktgeschäft einer Zentralbank, wobei den Geschäftsbanken eine bestimmte Menge Zentralbankgeld angeboten wird, auf das sie mit Zinsgeboten reagieren. Der Gegensatz: Mengentender,

Zölle

Steuern im Sinn der Abgabenordnung, die im grenzüberschreitenden Warenverkehr mit Drittländern zu entrichten sind. Z. sind Instrumente der Außenhandelspolitik. Bei der Festlegung von Z. darf nicht zwischen den Handelspartnern unterschieden werden, sondern nur zwischen den Waren. Ausnahmen sind allerdings möglich, z. B. gegenüber Entwicklungsländern oder innerhalb einer Zollunion.

➡ Zollwirkungen

Zollunion

Zusammenschluss von Staaten, die ein gemeinsames Zollgebiet bilden. Binnenzölle u. a. Handelsbeschränkungen werden innerhalb dieses Gebietes abgeschafft. Durch den Wegfall von Zöllen verbilligen sich ausländische Waren, und der Außenhandel wird angeregt. Dadurch kommt es allerdings auch zur Handelsumlenkung. Handelspartner, die außerhalb der Z. bleiben, werden jenen gegenüber, die sich innerhalb befinden, diskriminiert. Letztere können ihre Waren billiger und effizienter anbieten, wo-

durch die Produzenten des Drittlandes häufig verdrängt werden.
➡ Zollwirkungen

Zollwirkungen

Folgen von Preisverschiebungen, die durch das Erheben von Zöllen entstehen: Die Konsumenten im Inland werden benachteiligt und im Exportland begünstigt. Hingegen werden die Produzenten im Importland begünstigt und im Exportland benachteiligt. Der den Zoll erhebende Staat verzeichnet Einkünfte. Das Handelsvolumen insgesamt sinkt.
➡ Zollunion

Zu versteuerndes Einkommen

Bruttoeinkommen reduziert um mögliche Freibeträge und Aufwendungen. Der so errechnete Betrag bildet die Bemessungsgrundlage, um die Steuer für das Einkommen zu ermitteln.

Zumutbarkeit

In der Sozialgesetzgebung spielt das Kriterium der Z. eine große Rolle für die Beurteilung eines Stellenangebots an Arbeitslose. Ist das Kriterium erfüllt, muss ein Arbeitsloser die Stelle grundsätzlich annehmen. Im Rahmen der Agenda 2010 ist die Z. im Hinblick auf die Entfernung zum Arbeitsort, die Entlohnung und Art der Tätigkeit deutlich verschärft worden. Dies hat dazu geführt, dass Arbeitslose kaum noch ein Stellenangebot ablehnen können und sich der Lohndruck nach unten verschärfte.
➡ Hartz I

Zuschlagskalkulation

Mit jedem Auftrag, den ein Betrieb annimmt, sind Kosten verbunden, die sich dem Produkt nicht direkt zurechnen lassen. So müssen z. B. Werkzeuge gekauft werden, bevor ein Tisch gebaut wird, bei einem Beratungsgespräch fallen Fahrtkosten an oder das Lagern des Produkts ist zu finanzieren. Für all diese Kosten, die im Betrieb anfallen, müssen Zuschläge ermittelt werden.

Zwangssparen

Unfreiwilliger Konsumverzicht aufgrund behördlicher Anordnungen oder durch allgemeine Steuer- und Preiserhöhungen bedingt. Unter Z. fallen z. B. Pflichtversicherungen oder in Krisenzeiten auch Zwangsanleihen, zu denen bestimmte Bevölkerungsgruppen oder Unternehmen gesetzlich gezwungen werden. Das zurückgehaltene Geld fließt dann in Investitionen für bestimmte Aufgaben (etwa Altersvorsorge oder Kriegswirtschaft).

Zweckbindung

Ausnahme vom Haushaltsgrundsatz Nonaffektation/Verbot der Z. öffentlicher Mittel. Die zweckgebundene Ausgabe von bestimmten Einnahmen – z. B. die Finanzierung der Abfallbeseitigung durch Müllgebühren – muss gesetzlich oder durch Vermerk im Haushaltsplan vorgesehen werden.

Zwei-Säulen-Konzept

Geldpolitische Strategie der Europäischen Zentralbank (EZB), die sich aus 2 Orientierungsmerkmalen speist. Zum einen orientiert sich die EZB bei ihren Entscheidungen an der Analyse der Inflationsentwicklung und deren Einflussgrößen. Zum Zweiten führt sie in Anlehnung an die frühere Strategie der Bundesbank eine monetäre Analyse durch, bei der die Entwicklung der Geldmengen mit Blick auf längerfristige Inflationstendenzen untersucht wird. Mit dem Z. unterscheidet sich die EZB merklich von anderen Zentralbanken, wie der Bank of England, die nur auf die Erfüllung eines Inflationsziels oder, wie die US-amerik. Fed, auf erweiterte gesamtwirtschaftliche Ziele achten, die Wachstum und Beschäftigung einschließen.

Zweiter Arbeitsmarkt

Arbeitsmarkt, der aus staatlich subventionierten Arbeitsverhältnissen besteht. Sein Ziel soll sein, die dort Beschäftigten wieder in den regulären ersten Arbeitsmarkt zu integrieren. Zum Z. gehörten bis 2004 v. a. Arbeitsbeschaffungsmaßnahmen (ABM) und Strukturanpassungsmaßnahmen (SAM). Mit den Hartz-Gesetzen sollten die für die staatlich subventionierte Arbeit zur Verfügung stehenden Mittel reduziert werden. Der Grundgedanke war weiterhin, Arbeit an Stelle von Arbeitslosigkeit zu finanzieren. Die Arbeit in den sog. Beschäftigungsgesellschaften sollte gemeinnützig und zusätzlich sein, d. h. nicht mit bestehenden Arbeitsplätzen konkurrieren. Die Gefahren des zweiten Arbeitsmarktes liegen darin, dass Arbeitsplätze des regulären Arbeitsmarktes vernichtet oder etwa zu Dumpinglöhnen angeboten werden. Aus einem Bericht des Bundesrechnungshofs 2008 geht hervor, dass dies bei 2/3 der Arbeitsgelegenheiten mit Mehraufwandsentschädigung der Fall ist. Kritiker monieren, dass es bisher nur wenigen, die im Z. tätig sind (»Ein-Euro-Jobber«), gelungen ist, wieder in den regulären Arbeitsmarkt vorzudringen und stattdessen viele Menschen in die Armut getrieben werden.

➡ Arbeitsmarktpolitik ➡ Bundesagentur für Arbeit

Zweitrundeneffekt

Mittelbare Folgewirkungen eines ökonomischen Impulses. Wenn z. B. Unternehmen gestiegene Kosten aufgrund höherer Energiepreise (Impuls) an die Verbraucher weitergeben und die Gewerkschaften versuchen, den auf diese Weise entstandenen Kaufkraftverlust mit Lohnzuwächsen zurückzuholen. Dann ergeben sich Preissteigerungen als unmittelbare Folge höherer Ölpreise und Lohnzuwächse mit weiteren Preissteigerungen als mittelbare Folge, die man als Z. bezeichnet. Unter diesen Umständen ist eine inflationäre Wirkung zu befürchten.

➡ Tarifverhandlung

Zyklenvergleich

Vergleich verschiedener Konjunkturzyklen.

Serviceteil

Weiterführende Internetlinks zur Wirtschaft

1. Kostenlose Datensammlungen zur Wirtschaft

Bundesagentur für Arbeit (BA), Nürnberg: http://www.pub.arbeitsamt.de/hst/services/statistik/000000/html/start/index.shtml

Deutsche Bundesbank: http://www.bundesbank.de/statistik/statistik_zeitreihen.php

Europäische Kommission (AMECO Datenbank mit Jahresdaten): http://ec.europa.eu/economy_finance/indicators/annual_macro_economic_database/ameco_en.htm

Europäische Zentralbank: http://www.ecb.int/stats/html/index.en.html

Eurostat: http://epp.eurostat.ec.europa.eu

Federal Reserve St. Louis (Daten für die USA): http://research.stlouisfed.org/fred2

Groningen Growth and Development Centre, Groningen, Niederlande: http://www.ggdc.net/index-dseries.html

Statistisches Bundesamt: http://www.destatis.de

Unctad (u. a. Datenbank internationaler Direktinvestitionen): http://www.unctad.org/Templates/Page.asp?intItemID=1888&lang=1

Europäische Kommission (Economy and Finance): http://ec.europa.eu/economy_finance

Europäisches Parlament: http://www.europarl.europa.eu

Europäische Zentralbank, Frankfurt: http://www.ecb.int

US-amerikanische Zentralbank (Fed): http://www.federalreserve.gov

Britische Zentralbank (Bank of England): http://www.bankofengland.co.uk/statistics/index.htm

Japanische Zentralbank (Bank of Japan): http://www.boj.or.jp/en/type/stat/index.htm

Internationale Arbeitsorganisation (ILO), Genf: http://www.ilo.org

Internationaler Währungsfonds (IMF), Washington, D.C.: http://www.imf.org

Organisation for Economic Cooperation and Development (OECD), Paris: http://www.oecd.org

United Nations Conference on Trade and Development (UNCTAD), Genf: http://www.unctad.org/

2. Deutsche Wirtschaftsforschungsinstitute

Deutsches Institut für Wirtschaftsforschung (DIW Berlin): http://diw.de/deutsch

Institut der deutschen Wirtschaft: http://www.iwkoeln.de

Hamburgisches Weltwirtschaftsinstitut (HWWI): http://www.hwwi.org

ifo Institut für Wirtschaftsforschung, München: http://www.cesifo-group.de

Institut für Arbeitsmarkt- und Berufsforschung (IAB), Nürnberg: http://www.iab.de/de

Institut Arbeit und Qualifikation (IAQ) an der Universität Duisburg-Essen: http://www.iaq.uni-due.de

Institut für Makroökonomie und Konjunkturforschung (IMK) in der Hans-Böckler-Stiftung: http://imk-boeckler.de

Institut für Weltwirtschaft (IfW), Kiel: http://www.ifw-kiel.de

Institut für Wirtschaftsforschung Halle (IWH): http://www.iwh-halle.de

Rheinisch-Westfälisches Institut für Wirtschaftsforschung (RWI), Essen: http://www.rwi-essen.de

Wissenschaftszentrum Berlin für Sozialforschung (WZB), Berlin: **http://www.wzb.eu**

Zentrum für Europäische Wirtschaftsforschung (ZEW): **http://www.zew.de**

3. Ausländische Wirtschaftsforschungsinstitute

Arbejderbevægelsens erhvervsråd, Kopenhagen: **http://www.aeraadet.dk**

Brookings Institution, Washington: **http://www.brookings.edu**

Center for Economic and Policy Research (CEPR), Washington: **http://www.cepr.net**

DARES, Paris: **http://www.travail.gouv.fr/etudes-recherche-statistiques/etudes-recherche/publications-dares/98.html**

Economic Policy Institute (EPI), Washington: **http://www.epi.org**

Economic and Social Research Institute (ESRI), Dublin: **http://www.esri.ie**

Elinkeinoelämän Tutkimuslaitos (ETLA), Helsinki: **http://www.etla.fi/index.php**

Europäisches Gewerkschaftsinstitut, Brüssel: **http://www.etui-rehs.org**

Institut de Recherches Economiques et Sociales (IRES), Noisy-le-Grand, Frankreich: **http://www.ires-fr.org**

Labour Institute for Economic Research, Helsinki: **http://www.labour.fi/english/about/about.htm**

National Bureau of Economic Research (NBER), Cambridge, Massachussetts: **http://www.nber.org**

National Institute of Economic and Social Research (NIESR), London: **http://www.niesr.ac.uk**

Prometeia, Bologna: **http://www.prometeia.it**

Observatoire Français de Conjonctures Economiques (OFCE), Paris: **http://www.ofce.sciences-po.fr**

Wifo, Wien: **http://www.wifo.ac.at**

4. Hintergrundmaterial zur Wirtschaftspolitik

BRUEGEL, Brüssel: **http://www.bruegel.org**

Bundesministerium für Wirtschaft und Technologie: **http://www.bmwi.de**

Bundesministerium der Finanzen: **http://www.bundesfinanzministerium.de**

Homepage von Dr. Heiner Flassbeck (Chefvolkswirt der UNCTAD): **http://www.flassbeck.de**

Nachdenkseiten: **http://www.nachdenkseiten.de**

Thomas Palley, Economics for Democratic and Open Societies, Washington: **http://www.thomaspalley.com**

Sachverständigenrat zur Begutachtung der gesamtwirtschaftlichen Entwicklung: **http://www.sachverstaendigenrat-wirtschaft.de**

Sozialpolitik aktuell (Universität Essen-Duisburg): **http://www.sozialpolitik-aktuell.de**

5. Weiterführende Linksammlungen

American Economic Association: umfangreiche Linksammlung (USA, international): **http://www.aeaweb.org/RFE**

Economic Education Web: umfangreiche Linksammlung (Schwerpunkt USA): **http://ecedweb.unomaha.edu/econinfo.htm**

ElWiS – Elektronische Fachinformation WirtschaftsStatistik, Uni-Würzburg: **http://www.wifak.uni-wuerzburg.de/elwis/econ**

Europäische Zentralbank: Links zu allen europäischen Zentralbanken: **http://www.ecb.int/home/html/links.en.html**

Global Union Research Network: Links zu gewerkschaftsnahen Forschungseinrichtungen: **http://www.gurn.info/contact/index.html**

Statistisches Bundesamt: Links zu anderen statistischen Ämtern: http://www.statistik-portal.de/Statistik-Portal/LinksUebersicht.asp

United Nations Economic Commission for Europe: Links zu statistischen Ämtern: http://www.unece.org/stats/links.htm

Zeittafel zum wirtschaftspolitischen Geschehen in der Bundesrepublik Deutschland von 1945–2008

1945

7./8./9. Mai

Unterzeichnung der bedingungslosen Kapitulation der deutschen Wehrmacht in Reims (US-Hauptquartier) und Berlin-Karlshorst (sowjetisches Hauptquartier).

5. Juni

Deutschland wird in vier Besatzungszonen eingeteilt; Alliierte übernehmen oberste Regierungsgewalt; Bildung eines gemeinsamen Kontrollrates.

1947

1. Januar

Vereinigung der britischen und amerikanischen Zone zum »Vereinigten Wirtschaftsgebiet« (Bizone).

5. Juni

Verkündung eines wirtschaftlichen Wiederaufbauprogramms für die Länder Europas durch den US-Außenminister George Marshall (»Marshall-Plan«).

25. Juni

Konstituierung des Wirtschaftsrates in Frankfurt am Main.

1948

1. März

Gründung der Bank deutscher Länder (Bundesbank) in Frankfurt am Main.

20. März

Ende des gemeinsamen Alliierten Kontrollrates der vier Siegermächte; die Sowjetunion verläßt diese Institution.

20. Juni

Währungsreform in den drei West-Zonen (ohne West-Berlin).

23. Juni

Einführung der »Ostmark« für die Sowjetische Besatzungszone und Berlin.

1949

5. Mai

Unterzeichnung des Statuts des Europarats.

8. Mai

Grundgesetz der Bundesrepublik Deutschland wird vom Parlamentarischen Rat gebilligt.

23. Mai

Gründung der Bundesrepublik Deutschland; Grundgesetz tritt in Kraft.

31. Oktober

Bundesrepublik Deutschland wird Mitglied der Organisation für Europäische Wirtschaftliche Zusammenarbeit (OEEC).

1950

31. März

Ende der Lebensmittelrationierung.

9. Mai

Vorschlag des französischen Außenministers Schumann zur Montanunion.

15. Juni

Beitritt der Bundesrepublik Deutschland zum Europarat.

19. September

Unterzeichnung des Abkommens über die Europäische Zahlungsunion (EZU).

1951

18. April

Vertrag über Montanunion durch Bundesrepublik Deutschland.

2. Mai

Die Bundesrepublik Deutschland wird vollberechtigter Mitgliedstaat des Europarates.

1. Oktober

Beitritt der Bundesrepublik Deutschland zum Allgemeinen Zoll und Handelsabkommen (GATT).

21. Dezember

Aufhebung des Ruhrstatuts.

1952

11. Januar

Bundestag ratifiziert Vertrag über die Gründung der »Europäischen Gemeinschaft für Kohle und Stahl« (EGKS, Montanunion).

10. Juli

Lastenausgleichsgesetz verabschiedet.

23. Juli

Montanunion tritt in Kraft.

14. August

Die Bundesrepublik Deutschland wird Mitglied des Internationalen Währungsfonds (IWF) und der Weltbank.

1. September

Lastenausgleichsgesetz tritt in Kraft.

11. Oktober

Verkündung des Betriebsverfassungsgesetzes.

1955

5. Mai

Proklamation der vollen Souveränität der Bundesrepublik Deutschland: Pariser Verträge treten in Kraft.

1.–3. Juni

Konferenz der Außenminister der Montanunion in Messina.

22. Dezember

Deutsche und italienische Regierung unterzeichnen Anwerbeabkommen in Rom; weitere Anwerbeabkommen folgen.

23. Dezember

Finanzverfassungsgesetz.

1958

25. April

Unterzeichnung des deutsch-sowjetischen Handelsabkommens.

1960

4. Januar

Unterzeichnung des Abkommens über die europäische Freihandelszone.

19.–20. Dezember

Beschluss des EWG-Rates, die Landwirtschaft in den Gemeinsamen Markt mit einzubeziehen.

1961

4. Mai

Bundessozialhilfegesetz wird verabschiedet.

1962

21. März

»Maßhalte-Appelle«, Wirtschaftsminister Ludwig Erhard warnt vor Überhitzung der Konjunktur.

1963

23. Juni

Gesetz über Bildung eines »Sachverständigen Rates zur Begutachtung der gesamtwirtschaftlichen Entwicklung«.

1964

19. März

Beschluss der Ministerpräsidenten, neue Hochschulen zu gründen (z. B. Konstanz, Regensburg, Bochum, Bremen).

19. September

ahl der Gastarbeiter in der Bundesrepublik Deutschland übersteigt die Grenze von 1 Mio.

24. September

Zweites Passierscheinabkommen zwischen West- und Ost-Berlin.

1965

26. Februar
Europäische Sozialcharta (ESC) tritt in Kraft.
7. April
Letzte Plenarsitzung des Bundestages in West-Berlin.
8. April
Vertrag über die Fusion von Montanunion, EURATOM und EWG zur EG.
1. Juli
Bundestag verabschiedet zweites Vermögensbildungsgesetz.

1967

14. Februar
»Konzertierte Aktion« von Wirtschaftsminister Karl Schiller (SPD): Gesprächsrunde aus Arbeitgeberverbänden, Gewerkschaften, Wissenschaft und Politik.
23. Februar
Bundestag verabschiedet erstes Konjunkturprogramm.
26. April
Bundestag verabschiedet Mehrwertsteuergesetz.
10. Mai
Bundestag verabschiedet Stabilitätsgesetz.
1. Juli
Fusion von Montanunion, EURATOM und EWG zur EG.

1968

1. Januar
Mehrwertsteuer löst Umsatzsteuersystem ab.

1969

13. Mai
Verabschiedung des Arbeitsförderungsgesetzes im Bundestag.
12. Juni
Verabschiedung des Lohnfortzahlungsgesetzes im Bundestag.
14. August
Verkündung des Berufsbildungsgesetzes nach Zustimmung des Bundesrates.
24. Oktober
Aufwertung der DM um 8,5 %.

1970

1. Februar
Unterzeichnung des ersten Erdgas-Röhren-Geschäfts deutscher und sowjetischer Firmen.
7. Juli
Konjunkturzuschlag.

1971

9. Mai
Bundesregierung beschließt konjunkturpolitisches Stabilitätsprogramm.
19. Juli
Verabschiedung des Städtebauförderungsgesetzes.
1. September
Bundesausbildungsförderungsgesetz (BAföG) tritt in Kraft.

1972

21. März
Einführung der sog. Währungsschlange durch den EG-Rat.
21. September
Verabschiedung des Rentenreformgesetzes.

1973

1. Januar
EG-Erweiterung tritt in Kraft (Großbritannien, Dänemark, Irland).
12. März
Zusammenbruch des Weltwährungssystem; sechs europäische Länder beschließen gemeinsam, den Dollar-Kurs freizugeben (block-floating).
17. Oktober
Erhöhung des Ölpreises durch die OPEC: Beginn der ersten Ölkrise.
23. November
Die Bundesregierung verfügt einen Anwerbestopp von Ausländern aus Nicht-EG-Staaten.

24. November
Energieeinsparungsverordnungen des Bundeswirtschaftsministeriums.

1974

9./10. Dezember
Gründung des »Europäischen Rates« der Staats- und Regierungschefs.

1975

1. Januar
Steuerreform tritt in Kraft (Neuer Tarif).

1976

1. Januar
Höchste Arbeitslosenquote in der Geschichte der Bundesrepublik Deutschland: mehr als 5 %.

18. März
Mitbestimmungsgesetz wird verabschiedet.

1977

9. Dezember
Konstituierende Sitzung der Internationalen Nord-Süd-Kommission.

1978

5. Dezember
Europäischer Rat beschließt Europäisches Währungssystem (EWS).

5. Dezember
Arbeitslosenzahl liegt erstmals seit 1974 unter 1 Mio.

17. Dezember
Beginn der zweiten Ölkrise.

1979

16. Juli
Benzinpreise erstmals über 1 DM pro Liter.

1981

1. Januar
EG-Beitritt Griechenlands.

20. November
Zweites Erdgas-Röhren-Abkommen zwischen der Bundesrepublik Deutschland und der UdSSR.

1982

14. Juli
Finanzielle Anreize sollen ausländischen Gastarbeitern die Rückkehr in ihre Heimat erleichtern.

9. September
Bundeswirtschaftsminister stellt neues Konzept zur Neuorientierung der Wirtschafts- und Sozialpolitik vor.

1983

17.–19. Juni
Verabschiedung der »Feierlichen Deklaration zur Europäischen Union« durch den Europäischen Rat in Stuttgart.

29. Juni
Erster »Milliardenkredit« (initiiert von Franz Josef Strauß) für die DDR.

1986

1. Januar
EG-Beitritt Portugals und Spaniens.

17.–28. Februar
Unterzeichnung der EEA: EG-Binnenmarkt bis 1993.

20. März
Verabschiedung des neuen § 116 des Arbeitsförderungsgesetzes durch den Bundestag.

1987

19. Oktober
Internationaler Börsenkrach (»Schwarzer Montag«).

1988

1. Juli
Einführung des Deutschen Aktienindex (DAX).

1989

9. November
Bundestag verabschiedet Rentenreformgesetz. Öffnung der Mauer.

28. November
Verkündung eines Zehn-Punkte-Programms für die DDR durch Bundeskanzler Kohl.

1990

6. Februar
Bundeskanzler Kohl schlägt Verhandlungen über eine Währungsunion mit der DDR vor.

10./11. Februar
Kohl und Hans-Dietrich Genscher besuchen Moskau; sowjetischer Staatschef Gorbatschow stimmt der deutschen Einheit zu.

20. Februar
Volkskammer der DDR verabschiedet Gesetz über freie, allgemeine, gleiche und direkte Wahlen.

18. März
Erste freie Wahlen der Volkskammer in der DDR: CDU: 40,9 %, DSU: 6,3 %, SPD: 21,3 %, PDS:16,3 %, Liberale: 5,3 %, Bündnis 90: 2,9 %, DIE GRÜNEN: 2,0 %.

18. April
Initiative des französischen Staatspräsidenten Mitterrand und Kohls zur Einberufung einer Regierungskonferenz über die »Europäische Politische Union«.

18. Mai
Erster Staatsvertrag zwischen der Bundesrepublik Deutschland und der DDR zur Einrichtung der Wirtschafts-, Währungs- und Sozialunion zum 1. Juli.

28. Mai
Unterzeichnung des Staatsvertrages über die Währungs-, Wirtschafts- und Sozialunion zwischen der DDR und der Bundesrepublik.

21. Juni
Ratifizierung des Staatsvertrages über die Währungs-, Wirtschafts- und Sozialunion durch den deutschen Bundestag und die Volkskammer der DDR.

1. Juli
Wirtschafts-, Währungs- und Sozialunion zwischen der Bundesrepublik Deutschland und der DDR; erste Stufe der Europäischen Wirtschafts- und Währungsunion tritt in Kraft: Einführung der DM und der sozialen Marktwirtschaft in der DDR, Umstellung von Löhnen, Gehältern, Renten und Pensionen zum Umtauschkurs 1:1.

23. August
Volkskammer beschließt Beitritt der DDR zur Bundesrepublik.

31. August
Unterzeichnung des zweiten Staatsvertrags (Einigungsvertrag) zwischen der DDR und der Bundesrepublik.

3. Oktober
Die DDR tritt dem Geltungsbereich des Grundgesetzes bei.

1991

9. Dezember
Beschluss der Gründung der Europäischen Union durch die Staat- und Regierungschefs der zwölf EG-Staaten auf einem Gipfeltreffen im niederländischen Maastricht.

1993

1. November
Der Vertrag von Maastricht über die Europäische Union tritt in Kraft.

1994

11. März
Beschluss der Bundesregierung, die Pflegeversicherung als vierte Säule der Sozialversicherungen neben Renten-, Arbeitslosen- und Krankenversicherung einzuführen.

1996

18. November
Aktien der Deutschen Telekom werden erstmals an allen acht deutschen Wertpapierbörsen sowie in den USA und Japan gehandelt.

1999

1. Januar

Die Europäische Währungsunion tritt in Kraft.

11. März

Bundesfinanzminister Oskar Lafontaine gibt schriftlich und ohne Angabe von Gründen seinen Rücktritt als Finanzminister, als SPD-Vorsitzender und als Bundestagsmitglied bekannt.

2000

15. Juni

Vertreter der Bundesregierung und der Energiewirtschaft einigen sich auf den Ausstieg aus der Atomenergie mit einer Frist von 32 Jahren.

2001

26. Januar

Bundestag verabschiedet Rentenreform. Das Gesetz sieht einen langsameren Anstieg der Renten vor; Kernpunkt ist die sog. Riester-Rente.

22. August

Der Traditionskonzern Mannesmann wird von dem Mobilfunkunternehmen Vodafone übernommen.

2002

1. Januar

Einführung des Euro als offizielles Zahlungsmittel in zwölf europäischen Ländern.

20. März

Bundeskabinett beschließt Dosenpfand.

2003

14. März

Bundeskanzler Schröder stellt im Bundestag die »Agenda 2010« vor.

1. Juni

SPD billigt »Agenda 2010« auf dem SPD-Sonderparteitag in Berlin.

2004

August

Zehntausende demonstrieren gegen die sog. »Hartz-IV-Bestimmungen«.

2006

Februar

Der größte Streik im öffentlichen Dienst seit 14 Jahren beginnt – und zieht sich bis Anfang März hin.

1. März

Die EU verschärft das Defizitstrafverfahren gegen Deutschland, das im fünften Jahr gegen den Stabilitätspakt verstößt. Im Oktober wird das Verfahren auf Eis gelegt, nachdem Finanzminister Steinbrück die Neuverschuldung drücken kann.

22. Mai

Der Bundestag beschloss die Erhöhung der Mehrwertsteuer auf 19 %.

29. Juni

Der Bundestag verabschiedet das Steueränderungsgesetz 2007. Dieses bringt Einschnitte für Pendler, Sparer, Familien und Spitzenverdiener.

26. Oktober

Vor dem Düsseldorfer Landgericht beginnt die Neuauflage des Mannesmann-Prozesses um Prämien und Pensionsabfindungen an Manager in Höhe von 57 Mio. €, später wird das Verfahren gegen Zahlung von 5,8 Mio. € eingestellt.

9. November

Berlin kippt das 50 Jahre alte Ladenschlussgesetz, kurz darauf beschließen weitere Bundesländer die weitgehende Freigabe der Ladenschlusszeiten.

2007

1. Januar

Der Mehrwertsteuersatz steigt von 16 auf 19 %.

1. Januar

Deutschland übernimmt für ein halbes Jahr die EU-Ratspräsidentschaft, gleichzeitig ist die Bundesrepublik für ein Jahr Vorsitzende der sieben führenden Industrienationen und Russlands (G 8).

2. Februar

Der Bundestag beschließt die Gesundheitsreform. Kernpunkt des wichtigsten Reformprojekts der Großen Koalition ist die Einführung eines Gesundheitsfonds in der gesetzlichen Krankenversicherung.

9. März

Die Große Koalition beschließt die »Rente mit 67«. Von 2012 an soll das Renteneintrittsalter schrittweise angehoben werden, 2029 wird es dann bei 67 angelangt sein.

6.–8. Juni

Auf dem G-8-Gipfel in Heiligendamm vereinbaren die Staats- und Regierungschefs der sieben wichtigsten Industrienationen und Russland eine globale Klimaschutzstrategie. Demnach sollen bis 2050 die Kohlendioxidemissionen halbiert werden.

30. Juli

Die schwere Krise auf dem US-Immobilienmarkt hat auch Auswirkungen auf Deutschland. Die Deutsche Industriebank (IKB) hatte in den USA mit riskanten Kreditpaketen spekuliert. Die staatliche KfW-Förderbank u. a. Banken müssen mit hohen Summen aushelfen, um die Zahlungsfähigkeit der Bank zu gewährleisten.

9. August

Aufgrund der anhaltenden Krise auf dem US-Hypothekenmarkt greifen die Europäische Zentralbank u. a. Notenbanken ein. Sie stellen kurzfristig mehr als 100 Mrd. € bereit, um Engpässe bei der Geldversorgung zu überbrücken.

26. August

Die Regierung in Dresden beschließt den Verkauf der Sachsen-LB an die Landesbank Baden-Württemberg. Der Schritt war notwendig geworden, um die wegen des Engagements am US-Hypothekenmarkt finanziell stark angeschlagene Landesbank vor der Insolvenz zu retten.

19. Oktober

Die Staats- und Regierungschefs der EU verabschieden in Portugals Hauptstadt die »Lissabonner Verträge« Dieses Reformprojekt soll die im Jahr 2005 in Frankreich und den Niederlanden abgelehnte EU-Verfassung ersetzen.

2008

15. Januar

Der deutsche Immobilienfinanzierer Hypo Real Estate wird von der Finanzkrise hart getroffen. Die Bank gibt einen Gewinneinbruch von rund einem Viertel im Jahr 2007 bekannt, HRE-Aktien stürzen um 37 % ab.

25. Januar

Ältere Arbeitslose erhalten wieder länger Arbeitslosengeld. Über 50-Jährige können künftig wieder bis zu 24 Monate Arbeitslosengeld I beziehen. Damit wird ein wesentlicher Punkt der »Agenda 2010« teilweise rückgängig gemach.

20. März

Die Mittelstandsbank IKB gibt erneut hohe Verluste bekannt. Die staatliche Förderbank KfW stützt die IKB erneut, nachdem sie bereits im Februar eine Kapitalspritze von 600 Mio. € gegeben hatte.

3. April

Die BayernLB hat durch die Finanzkrise 4,3 Mrd. € Verlust erlitten.

7. April

KfW-Chefin Ingrid Matthäus-Maier zieht Konsequenzen aus dem IKB-Debakel und tritt zurück. Sie geht im September in Ruhestand. Die KfW weist 2007 einen Konzernverlust von 6,2 Mrd. € aus.

9. April

Zum ersten Mal seit Beginn der Finanzmarktkrise geht in Deutschland eine Bank pleite. Die Bankenaufsicht BaFin schließt die Weserbank und beantragt ein Insolvenzverfahren.

19. Mai

Aus dem Armutsbericht der Bundesregierung geht hervor, dass 13 %der Deutschen arm sind. Weitere 13 % erhalten Transferleistungen, die das Abrutschen in die Armut verhindern sollen.

3. Juni

Die Slowakei kann 2009 den Euro einführen. Die Finanzminister der Europäischen Union sind sich einig, dass das Land die Maastrichter Beitrittskriterien erfüllt. Die Slowakei wird damit am 1. Januar 2009 das 16. Euroland.

6. Juni

Der Bundestag beschließt das erste Klima- und Energiepaket. Bis 2020 soll der Anteil von Ökostrom am Energieverbrauch auf 25 bis 30 % steigen.

21. August

Die KfW zieht einen Schlussstrich unter die IKB-Krise und verkauft die Mittelstandsbank an den US-Finanzinvestor Lone Star.

15. September

Die US-Investmentbank Lehman Brothers meldet Insolvenz an. Die Pleite gilt als Höhepunkt der Finanzkrise und als Schlüsselmoment.

Die staatliche Förderbank KfW hat Lehman Brothers noch kurz vor der Pleite 320 Mio. € überwiesen. Einem Prüfbericht zufolge hätte die Überweisung gestoppt werden können, wenn die Staatsbank die Entwicklung in den USA beobachtet hätte.

17. September

Die US-Notenbank rettet mit einem Milliardenkredit den Versicherungskonzern AIG.

29. September

Bund und Banken bewahren den Immobilienfinanzierer Hypo Real Estate mit einem Rettungspaket vor dem Untergang. Finanzminister Peer Steinbrück verteidigt die Aktion, die den Steuerzahler im schlimmsten Fall 26,6 Mrd. € kostet.

8. Oktober

In einer konzertierten Aktion senken die Europäische Zentralbank und die Notenbanken der USA, von Großbritannien, Kanada, Schweden und der Schweiz den jeweiligen Leitzins. Die Weltbörsen beruhigen sich jedoch nur kurz.

13. Oktober

Die Bundesregierung beschließt ein 500-Milliarden-Euro-Rettungspaket für die Finanzbranche. Der Bund springt angeschlagenen Banken notfalls mit Bürgschaften und Krediten zur Seite.

21. Oktober

Die BayernLB nimmt als erste Bank den Rettungsfonds des Bundes in Anspruch. Die Bank braucht 6,4 Mrd. €.

28. November

Mit Finanzspritzen und Garantien von insgesamt rund 31 Mrd. € soll die Zukunft der schwer angeschlagenen Bayerischen Landesbank abgesichert werden.

4. Dezember

Wegen der Rezession in vielen europäischen Ländern senkt die Europäische Zentralbank den Leitzins für den Euroraum so stark wie noch nie zuvor: um 0,75 auf 2,50 %.

Zeittafel zum wirtschaftspolitischen Geschehen in der Deutschen Demokratischen Republik 1945–1990

1945

9. Juni

Bildung der Sowjetischen Militäradministration in Ostdeutschland (SMAD).

3.–11. September

Verordnungen zur Bodenreform in der SBZ. Beginn der Enteignung des größeren land- und forstwissenschaftlichen Grundbesitzes.

1946

21.–22. April

Vereinigungsparteitag von KPD und SPD in Berlin zur Gründung der Sozialistischen Einheitspartei Deutschlands (SED).

17. August

SMAD-Befehl Nr. 253: Gleicher Lohn bei gleicher Arbeit für Arbeiter und Angestellte, Männer, Frauen und Jugendliche.

1947

11. Juni

Auf SMAD-Befehl Nr. 138 hin erfolgt die Gründung der Deutschen Wirtschaftskommission (DWK).

9. Oktober

Die SMAD befiehlt Maßnahmen zur Steigerung der Arbeitsproduktivität und zum Kampf gegen »Bummelantentum«.

1948

9. März

Die Deutsche Wirtschaftskommission (DWK) wird mit Vollmachten zur zentralen Lenkung der Wirtschaft in der SBZ ausgestattet.

23. Juni

Einführung der Mark als Antwort auf die Währungsreform in den Westzonen.

24. Juni

Beginn der Blockade Westberlins. Die Stadt wird über eine Luftbrücke versorgt.

29.–30. Juni

Die zentralistische Planwirtschaft beginnt mit dem von der SED beschlossenen ersten Zweijahrplan.

13. Oktober

Adolf Hennecke wird zum Vorbild der Aktivistenbewegung in der SBZ. Er hatte sein Soll um 380 Prozent übererfüllt.

1949

25. Januar

Gründung des Rates für gegenseitige Wirtschaftshilfe (RGW).

7. Oktober

Gründung der Deutschen Demokratischen Republik (DDR) in Berlin (Ost). Bildung einer provisorischen Regierung. Konstituierung der Provisorischen Volkskammer. Berlin wird zur Hauptstadt der DDR erklärt.

1950

19. April

Volkskammer verabschiedet das »Gesetz der Arbeit«. Garantie des Rechts auf Arbeit.

29. September

DDR tritt dem RGW bei.

1951

1. Januar

Beginn des 1. Zweijahrplans.

8. Oktober

Lebensmittelrationierung wird in der DDR aufgehoben (mit Ausnahme von Fleisch, Fett und Zucker).

1952

9.–12. Juli

Auf der 2. Parteikonferenz beschließt die SED den »planmäßigen Aufbau des Sozialismus in der DDR«. Die Kollektivierung der Landwirtschaft in landwirtschaftlichen Produktionsgenossenschaften (LPG) wird eingeleitet.

1953

28. Mai

Ministerrat der DDR beschließt Arbeitsnormerhöhungen.

17. Juni

Volksaufstand in Ostberlin und in der DDR.

1954

3. September

Der Ministerrat beschließt umfassende Preissenkungen für Lebensmittel, Genussmittel und Gebrauchsgüter sowie der Post- und Telegrammgebühren.

1955

25. Januar

Erklärung der Sowjetunion, der Kriegszustand mit Deutschland sei beendet.

18. August

Ministerrat beschließt die vollständige Eingliederung des Handwerks in die Planwirtschaft.

1956

16. November

Erhöhung aller Renten um 30 Mark. Die Mindestrente wird auf 105 Mark festgesetzt.

1957

18. Januar

Volkskammer beschließt Gesetz über die schrittweise Einführung der 45-Stunden-Woche.

4. Oktober

Die Sowjetunion schießt erfolgreich Sputnik in den Weltraum. Schock in den westlichen Ländern.

1958

29. Mai

Abschaffung der Lebensmittelkarten in der DDR.

10.–16. Juli

V. Parteitag der SED. Es wird ein Wirtschaftsprogramm mit dem Ziel beschlossen, den Lebensstandard Westdeutschlands binnen drei Jahren zu übertreffen.

2. Dezember

ZK der SED schlägt Aktionseinheit mit der SPD und Gewerkschaften der Bundesrepublik vor.

1959

11. Mai–20. Juni und 13. Juli–15. August

Delegationen beider deutschen Staaten nehmen an der Außenministerkonferenz der vier Großmächte in Genf teil.

3. Juni

Mit dem Gesetz über die Landwirtschaftlichen Produktionsgenossenschaften (LPG) beginnt die endgültige Vergesellschaftung der Landwirtschaft.

1. Oktober

Nach sowjetischem Vorbild beschließt die Volkskammer einen Siebenjahrplan für die DDR-Wirtschaft.

1960

14. April

Abschluss der Kollektivierung der Landwirtschaft.

1961

12. April

Verabschiedung des Gesetzbuchs der Arbeit durch die Volkskammer. Streikrecht wird darin nicht erwähnt.

30. Dezember

Interview Ulbrichts in der Prawda. Massenflucht in die Bundesrepublik führte zu einem »Schaden von 30 Milliarden Mark«.

1962

24. Mai

Bildung eines Volkswirtschaftsrates als Organ des Ministerrates.

1963

15. Juli

Die vom Ministerrat über die Richtlinie »Neues Ökonomisches System der Planung und Leitung der Volkswirtschaft«(NÖSPL) beschlossene Wirtschaftsreform wird vom Staatsrat bestätigt.

1. September

Bildung des Luftverkehrsunternehmens Interflug.

26. Oktober

Handelsabkommen zwischen der DDR und der Sowjetunion zur Steigerung des Warenaustauschs.

17. Dezember

Unterzeichnung des ersten Passierscheinabkommens. Westberlinern wird der Besuch von Verwandten im Ostteil der Stadt zu Weihnachten gestattet.

1964

1. August

Ausgabe neuer Banknoten mit dem Aufdruck »Mark der Deutschen Notenbank« (MDN).

9. September

Ministerrat gestattet Rentnern Besuchsreisen in die Bundesrepublik Deutschland und nach Westberlin.

25. November

Festsetzung eines Zwangsumtauschs von DM in Mark der Deutschen Notenbank der DDR für Besucher aus dem Westen.

1965

25. Februar

Verabschiedung des »Gesetzes über das Vertragsystem in der sozialistischen Wirtschaft«.

14. Juli

DDR und Sowjetunion schließen Abkommen über den Bau von Atomkraftwerken in der DDR.

1. August

Ulbricht schlägt Bildung einer gemeinsamen deutschen Wirtschaftskommission vor.

22. Dezember

Ministerrat beschließt Auflösung des Volkswirtschaftsrats und die Errichtung von 9 Industrieministerien.

1966

16. März

Für die ökonomische und wissenschaftlich-technische Zusammenarbeit zwischen DDR und UdSSR wird eine paritätische Regierungskommission gebildet.

1. April

Vom Tag an gilt für alle Werktätigen eine wöchentliche Arbeitszeit von 45 Stunden.

9. Mai

In Rheinsberg geht das erste Atomkraftwerk der DDR in Betrieb.

1967

28. August

Einführung der 5-Tage-Woche.

1. Dezember

Neubezeichnung der DDR-Währung in »Mark der Deutschen Demokratischen Republik«.

1968

15. März

Der Staatsrat beschließt Erhöhung der Mindestrente ab 1. Juli auf 150 Mark monatlich.

11. Juni

Volkskammer beschließt Pass- und Visapflicht im Reise- und Transitverkehr von und nach Westberlin.

1969

16. September

Erste Verhandlung zwischen Ministerien der DDR und der Bundesrepublik über Verkehrsfragen.

1970

29. April

Die beiden deutschen Staaten einigen sich in Postverhandlungen auf neue Fernsprech- und

Fernschreibleitungen sowie einen Kostenausgleich.

7. Mai

Außenhandelszentrum der DDR wird in Paris eröffnet.

1. Juli

Exportwaren der DDR erhalten die Bezeichnung »Made in GDR« (German Democratic Republic).

8. September

Das Politbüro der DDR berät über wirtschaftliche Krisen. Es ändert Wirtschafts- und Investitionspläne ab.

1971

1. März

Erhöhung der Mindestlöhne und Mindestrenten.

1. Juli

Einführung von Auslandstarifen für Postsendungen und Ferngespräche in die Bundesrepublik einschließlich Westberlin, mit der Folge einer drastischen Erhöhung der Tarife.

21. Oktober

Ministerrat beschließt Förderung des privaten Wohnungsbaus.

1972

18. Mai

Abschluss der letzten Verstaatlichungswelle. Firmen mit bisheriger halbstaatlicher Beteiligung im Industrie- und Baubereich werden »Volkseigentum«.

26. Mai

Unterzeichnung des Verkehrsvertrages zwischen der Bundesrepublik Deutschland und der DDR.

21. Dezember

Unterzeichnung des Grundlagenvertrages zwischen der Bundesrepublik Deutschland und der DDR.

1973

23. Februar

DDR wird Mitglied der Konferenz der Vereinten Nationen für Handel und Entwicklung (UNCTAD).

18. September

Aufnahme von DDR und Bundesrepublik Deutschland in die UNO.

2. Oktober

ZK-Plenum beschließt »Lösung der Wohnungsfrage« bis 1990.

5. November

Verdoppelung der Mindestumtauschsätze für Besucher aus nichtsozialistischen Staaten.

19. Dezember

DDR-Bürger dürfen mit Devisen in »Intershops« einkaufen.

1974

26. Oktober

Der Mindestumtauschsatz für den DDR-Besucher wird gesenkt.

11.–12. Dezember

Abkommen über die Entsorgung von Müll aus dem Westen gegen Devisen.

1975

1. Januar

Sonntagsausgaben der DDR-Zeitungen werden eingestellt, um Papierkosten zu sparen.

31. Januar

DDR und Sowjetunion vereinbaren Warenaustausch für das laufende Jahr. Die Sowjetunion hebt die Rohölpreise schrittweise auf Weltmarktniveau an.

1976

12. März

Westdeutschen Korrespondenten wird die Akkreditierung zur Leipziger Messe verweigert.

30. März

Beide deutschen Staaten unterzeichnen das ausgehandelte Post- und Fernmeldeabkommen.

18.–22. Mai
IX. Parteitag der SED. Beschlossen werden u. a. Direktiven zum Fünfjahrplan 1976–1980.
27. Mai
Erhöhung der Mindestlöhne und -renten.

1977

25. Februar
Für westliche Fahrzeuge in Ost-Berlin werden von der DDR Straßenbenutzungsgebühren erhoben.
16. Juni
Verabschiedung eines neuen Arbeitsgesetzbuches durch die Volkskammer.
23.–24. Juni
Das ZK beschließt die Erweiterung des Kombinats Robotron und Gründung des Kombinats Mikroelektronik.
9. August
Beschluss des Politbüros: Die Industrialisierung der der Landwirtschaft soll weiter vorangetrieben werden.
26. September
Honecker verteidigt die Intershops mit dem Hinweis auf den volkswirtschaftlichen Nutzen der Devisen für die DDR und kündigt den Aufbau der Exquisit-Läden an.
30. November
Die DDR ordert 10.000 VW-Golf, die nur in Ost-Berlin zugeteilt werden.

1978

24.–25. Mai
ZK beschließt die Einrichtung weiterer zentral geleiteter Kombinate.

1979

1. Januar
Für alle Beschäftigten wird der Mindesturlaub von 15 auf 18 Tage erweitert.
8. November
Ministerrat beschließt Kombinatsverordnung. Das »volkseigene Kombinat« wird als »grundlegende Wirtschaftseinheit« eingestuft.
14. Dezember
Preiserhöhungen für hochwertige Industriewaren.

1980

1. Januar
Abkommen über gegenseitigen Verzicht auf Straßenbenutzungsgebühren für LKW und Busse tritt in Kraft. Bei Zahlung einer jährlichen Pauschale von 50 Mio. DM bis 1989 durch die Bundesrepublik an die DDR für die Straßenbenutzung durch bundesdeutsche Pkw.
13. Oktober
Erhöhung des Mindestumtauschs für Reisen in die DDR führt zu erheblichem Rückgang der Besucherzahlen.

1981

19. März
Handelsabkommen für den Zeitraum von 1981 bis 1985 zwischen DDR und Sowjetunion. Sie sagt die Lieferung von 19 Mio. Tonnen Erdöl zu.

1983

15. Januar
Mitteilung der DDR-Zentralverwaltung für Statistik. Die aktuelle Wachstumsrate der DDR-Wirtschaft sei die niedrigste seit 20 Jahren.
18. April
Wirtschaftsgespräche in Bonn mit Günter Mittag.
1. Juli
Milliardenkredit für die DDR – vermittelt durch den westdeutschen CSU-Parteivorsitzenden Franz Josef Strauß – wird unterzeichnet.

1984

1. Januar
Agrarpreisreform tritt in Kraft.

9. Februar

Honecker übergibt in Ost-Berlin die »zweimillionste Wohnung« des Programms von 1971.

22.–24 Februar

Arbeitsvereinbarung zwischen DGB und FDGB.

25. Juli

Die Bundesregierung bürgt für einen 950-Mio.-DM-Kredit an die DDR. Senkung des Mindestumtauschs für Rentner.

1986

21.–26. Oktober

Honecker reist nach China. Ein Abkommen zur wirtschaftlichen und wissenschaftlich-technischen Zusammenarbeit wird unterzeichnet.

1987

25. August

Abkommen über wissenschaftliche und technische Zusammenarbeit zwischen der Bundesrepublik Deutschland und der DDR wird paraphiert.

13.–14. Oktober

Konferenz der RGW-Staaten. Es werden Wirtschaftsreformen vorgeschlagen. Die DDR lehnt ab.

1988

28. November

DDR-Regierung beschließt »umfassendste Rentenreform seit Bestehen der DDR«. Anhebung der Mindestrenten.

1989

27.–28. Juni

Honecker in Moskau. Gorbatschow drängt auf Reformen in der DDR.

ab Juli

Beginnende Massenflucht von DDR-Bürgern.

7. November

Rücktritt der DDR-Regierung.

9.–10. November

Öffnung der Grenzen zur Bundesrepublik und nach West-Berlin.

1990

13. Februar

Vereinbarung über die Einsetzung gemeinsamer Expertenkommissionen zur Vorbereitung von Währungsunion und Wirtschaftsgemeinschaft.

1. März

Beschluss des Ministerrates: Volkseigene Betriebe und Kombinate werden in Kapitalgesellschaften umgewandelt sowie eine Anstalt zur treuhänderischen Verwaltung von Volkseigentum gegründet.

16. Mai

Gründung des Fonds »Deutsche Einheit« (115 Mrd. DM) durch die Bundesregierung und die Bundesländer.

1. Juli

Die Wirtschafts-, Währungs- und Sozialunion tritt in Kraft. Zahlungsmittel in der DDR wird die DM.

3. Oktober

Die DDR tritt dem Geltungsbereich des Grundgesetzes bei.